U0636170

國家古籍整理出版專項經費資助項目

清代金石學家尺牘叢刊

國家圖書館藏

黄小松友朋書札

上

國家圖書館 編

王玥琳 整理

中華書局

圖書在版編目(CIP)數據

國家圖書館藏黄小松友朋書札/國家圖書館編;王玥琳整理. —北京:中華書局,2022.11
(清代金石學家尺牘叢刊)
ISBN 978-7-101-15898-4

Ⅰ.國… Ⅱ.①國…②王… Ⅲ.黄易-書信集 Ⅳ.K825.72

中國版本圖書館 CIP 數據核字(2022)第 169793 號

責任編輯:張　昊
裝幀設計:劉　麗
責任印製:管　斌

清代金石學家尺牘叢刊
國家圖書館藏黄小松友朋書札
(全三册)
國家圖書館 編
王玥琳 整理
*
中 華 書 局 出 版 發 行
(北京市豐臺區太平橋西里 38 號　100073)
http://www.zhbc.com.cn
E-mail:zhbc@zhbc.com.cn
天津圖文方嘉印刷有限公司印刷
*
787×1092 毫米 1/16 · 66¾印張 · 863 千字
2022 年 11 月第 1 版　2022 年 11 月第 1 次印刷
定價:598.00 元

ISBN 978-7-101-15898-4

《清代金石學家尺牘叢刊》序

「金石學」是清代學術體系的重要組成部分，它與考據學、文字音韻學、版本目録學等一起，構成了清代中期以來「樸學」研究的學術基礎。同時，「金石學」研究熱潮的興起，對中國書法藝術的流變産生了深刻影響，在中國古代藝術史上佔有不可忽視的重要地位。

作爲一種古已有之的應用性文體，「尺牘」兼具了記事陳情的實用性、詞藻瑰麗的文學性和筆走龍蛇的書法藝術性，同時，還因其往往具有私密性，而成爲研究古人人際交往情況的重要資料。

清代金石學昌盛，金石學家輩出。以往對清代金石學的研究，主要圍繞各類金石學著作展開，利用校勘、整理、考訂的方法，對金石目録、專著、拓本、收藏、藝術創作等進行研究。近年來，針對清代金石學家個體和群體的研究方興未艾，翁方綱、黄易、潘祖蔭、吴雲、陳介祺、繆荃孫、吴大澂等金石學大家與同時代學者、官員、友朋之間的交往互動情況，逐漸納入學術研究視野。

在當時，金石學家群體形成了一個聯繫緊密、互動頻繁的「金石學家朋友圈」，大家傳遞各類信息、餽贈金石作品、探討考訂文字，互動十分活躍。這種活躍的文化活動爲後代留下了數量可觀的尺牘信札，而這些尺牘也就成爲個人著述之外，瞭解、研究清代金石學成就的重要資料。同時，這些金石學家中不乏書法篆刻名家，尺牘便又成爲了難得的書法篆刻藝術作品。

我們策劃這套叢書，正是希望發掘、整理一批深藏在圖書館、博物館中的清代金石學家尺牘文獻，從而使更多的研究者、愛好者能够方便地閲讀和使用。

中華書局編輯部

二〇二二年十月

出版説明

黄易（一七四四—一八〇二），字大易，號小松，又號秋盦，浙江錢塘人。以篆刻著稱於世，爲「西泠八家」之一。又精於博古，喜集金石文字，廣蒐碑刻。「父樹穀，以孝聞，工隸書，博通金石。易承先業，於吉金樂石，寢食依之，遂以名家。官山東運河同知，勤於職事。嘗得武班碑及武梁祠堂石室畫像於嘉祥，乃即其地起武氏祠堂，砌石祠内。又出家藏精拓雙鈎鋟木。凡四方好古之士得奇文古刻，皆就易是正，以是所蓄甲於一時。自乾、嘉以來，漢學盛行，群經古訓無可蒐輯，則旁及金石，嗜之成癖，亦一時風尚然也。」〔一〕

《黄小松友朋書札》十三册，稿本，毛裝黏貼本，約一千一百八十面。現藏於中國國家圖書館。本書收録了錢坫、趙魏、武億、周震榮、潘有爲等一百三十餘位友人致黄易的信札，偶有少量致黄庭、陸飛等人的書信併入，共計三百餘通。這批信札多以問學、訪碑、治印等學術交流爲主，間有日常問候之札，内容豐富，再現了乾嘉時期金石學家們的交往場景。且寫信人多爲當時的書法藝術家和學者，配以精美的箋紙，書法藝術獨具。

原書共裝訂十三册，是經過黄易或後人整理黏貼的。書中有黄易手書的寄信人信息，包括姓名、字號、官

〔一〕《清史稿》，〔清〕趙爾巽等撰，卷四百八十六，北京：中華書局，一九七七年，頁一三四二〇。

職等，如「方别駕于野，新安人」「楚北觀察吴竹屏」；在同一册中，各家信札相對集中；每册末尾有總計尺牘數量，如「共尺牘××張」；每册書衣有題簽「古歡第××册」字樣，旁鈐「黄易私印」，書中亦有黄易印章多方；每頁箋紙邊緣有騎縫印「愛月齋」「堇封」；間有二齋觀款。

就版本價值而言，本書彙集了乾嘉時期一百三十餘位知名學者、各級官員和書畫藝術家的尺牘手稿，其内容鮮見於其他文獻，後世未經整理刊刻，具有「孤本」的唯一性。

就學術價值而言，乾嘉時期，金石學昌盛，學者交往頻繁，以黄易爲中心凝聚了一批「好古之士」，他們「得奇文古刻，皆就易是正」，其交流往還之間爲後代留下的這些書信手札，正是瞭解、研究清代金石學術環境、金石學者互動關係及文玩拓本流轉脈絡等情况的重要資料，具有極高的史料價值。此外，尺牘還是私人交流的產物，避免了公開資料中常見的各種「諱言」，更能看到往來雙方的真情實意，具有一手史料的意義。

就藝術價值而言，本書裝幀簡樸，僅經過簡單的毛裝黏貼，但其内葉却燦若華章。尺牘書體涵蓋真草隸篆，兼有摹寫金文，皆出自當時名家之手；所用箋紙亦是五光十色，紋樣百出，二者相得益彰，可謂紙精墨妙。

黄易雖被譽爲「西泠八家」之一，但在名家輩出的乾嘉時期，却仍難稱頂級學者，歷來對他的研究也多從書法、篆刻等藝術角度切入。直到近年，在故宫博物院、國家圖書館等機構，以及施安昌、白謙慎、秦明、盧方玉、楊國棟、薛龍春等諸多學者的不斷挖掘、研究探索下，「黄易與金石學研究」才略具規模。二〇一〇年，故宫博物院舉辦了「蓬萊宿約——故宫藏黄易漢魏碑刻特展」，並出版《蓬萊宿約——故宫藏黄易漢魏碑刻特集》一書，拉開了當代「黄易與金石學研究」的序幕。繼而在二〇一二—二〇一六年，故宫出版社先後出版了《黄易與金石學論集》（二〇一二年）、《故宫藏黄易尺牘研究・手迹》（二〇一四年）、《故宫藏黄易尺牘研究・考釋》（二〇一五年），以故宫所藏黄易舊藏碑帖、信札爲基礎，使有關黄易的資料出版和專題研究更爲深入，得到了海内外學界的關注。二〇一七—二〇二一年，先後有楊國棟《黄易年譜初編》（二〇一七年）、故宫博物院《内涵暨外延：故宫黄易尺牘研究國際學術研討會論文集》（二〇一八年）、薛龍春《古歡：黄易與乾嘉金石時尚》（二〇一九年）、白謙慎《武氏祠真僞之辯：黄易及其友人的知識遺産》（二〇一九年）、薛龍春《黄易友朋往來書札輯考》（二〇二〇年）以及許雋超《黄易往來書札考》（二〇二一年）等專題論著問世，進一步推動了黄易相關研究。

就目前學界對黄易書信資料收藏情況的瞭解，除故宫所藏之外，國家圖書館擁有的黄易信札最爲集中，而尤以《黄小松友朋書札》體量最爲巨大。該書雖早已在國圖的「中華古籍資源庫——數字古籍」網頁上全文公佈，但限於縮微膠片的拍攝質量，其頁面字迹往往不甚清晰，箋紙藝術細節也幾乎喪失殆盡，殊爲可惜。二〇二〇年，薛龍春《黄易友朋往來書札輯考》出版，該書以國圖所藏《黄小松友朋書札》爲主體，兼收其他多家機構所藏黄易信札。作者對全部信札進行了釋文，並按致書人歸納編排。薛書是《黄小松友朋書札》的首次釋文整理，其對黄易相關研究的推動大有裨益。但由於其採用了傳統的文獻整理方式，除書前有少量尺牘圖片作爲彩色插頁外，全書僅提供釋文的整理本，没有底本圖片作爲參考，因此在整理出版中存在的「訛脱衍倒」等情況也就難以爲讀者所發現，既影響了文獻的準確性，更無法體現尺牘底本的藝術價值。二〇一六年，我們注意到黄易研究在學界的蓬勃之勢。爲了向廣大讀者提供更清晰、更準確的研究資料，經過商洽，我們於二〇一七年與國家圖書館古籍館達成《黄小松友朋書札》的影印整理出版協議，並於同年邀請首都圖書館研究館員王玥琳女史承擔釋文整理工作。本次出版，我們按照底本原貌編排，圖片彩色印製，釋文依底本原樣起首、折行、抬格，並與圖片排在同一頁面，以便讀者閲讀比對。同時我們還以薛書釋文作爲參考，以期爲讀者提供更加準確的整理文本。誠然，《黃小松友朋書札》所收信札成於衆人之手，又多行草書，識讀難度較大，難免仍有錯漏之處，尚祈方家指正。

中華書局編輯部

二〇二二年十月

凡例

一、本書收録中國國家圖書館藏黄易友朋書札共計三百零七通，其中黄易作爲受札人的有二百七十七通，致黄庭、陸飛等人書札、石碑拓片、簽條等内容三十篇。

二、本書按底本順序編排，釋文與圖片排在同一頁面，圖文對照。

三、本書内容包括題名、編號、釋文、圖片、與薛龍春《黄易友朋往來書札輯考》之關聯，共五項。

（一）題名：《黄小松友朋書札》每通尺牘原無題名，爲便於讀者查找引用，本書爲每篇内容擬定題名。題名一般採用「××致××札」的形式，偶有無法判斷或者非書信者，則根據内容酌情擬名，如《李奉翰札》《題簽二種》等。

（二）編號：本書中存在一人多信的情況，相同寫信人的書札，在題名後按順序添加「之一」「之二」等編號，以便查找。

（三）釋文：

爲方便閲讀和内容比對，本書釋文在起首、折行、抬格、落款等書儀上完全遵循原書格式。

書札正文用宋體字，附言用黑體字，觀款用楷體字，以便區分。

全書除人名、器物名外，一般使用規範繁體字。

釋文採用新式標點。底本中起解釋説明作用的雙行小字或夾行小字，整理時加圓括號「（）」，隨正文排列；人名、器物名作並列之意時，按底本原文格式排列。

底本殘缺或文字難以辨別之處，於書札首尾處加省略號「……」表示。於行文中若字數可以確定，則使用相應數量的方框「□」代替；若字數不明，亦以省略號代替。

（四）圖片：原則上遵照原書順序排列，偶有原書粘貼順序錯亂之處，在整理時按照文意重新調整順序。

（五）與薛書的關聯：薛龍春《黃易友朋往來書札輯考》一書稍早出版，本書於每封書札釋文結尾處空一行標明薛書對應頁碼，頁碼用漢語數字表示，頁碼外加空心括號「〖〗」，以便讀者參考。

四、本書分爲三册，新編目録使用自擬題名。

總目録

上册

中册

下册

上册目録

古歡第一册

古歡第二册

古歡第三册

古歡第四册

古歡第一冊

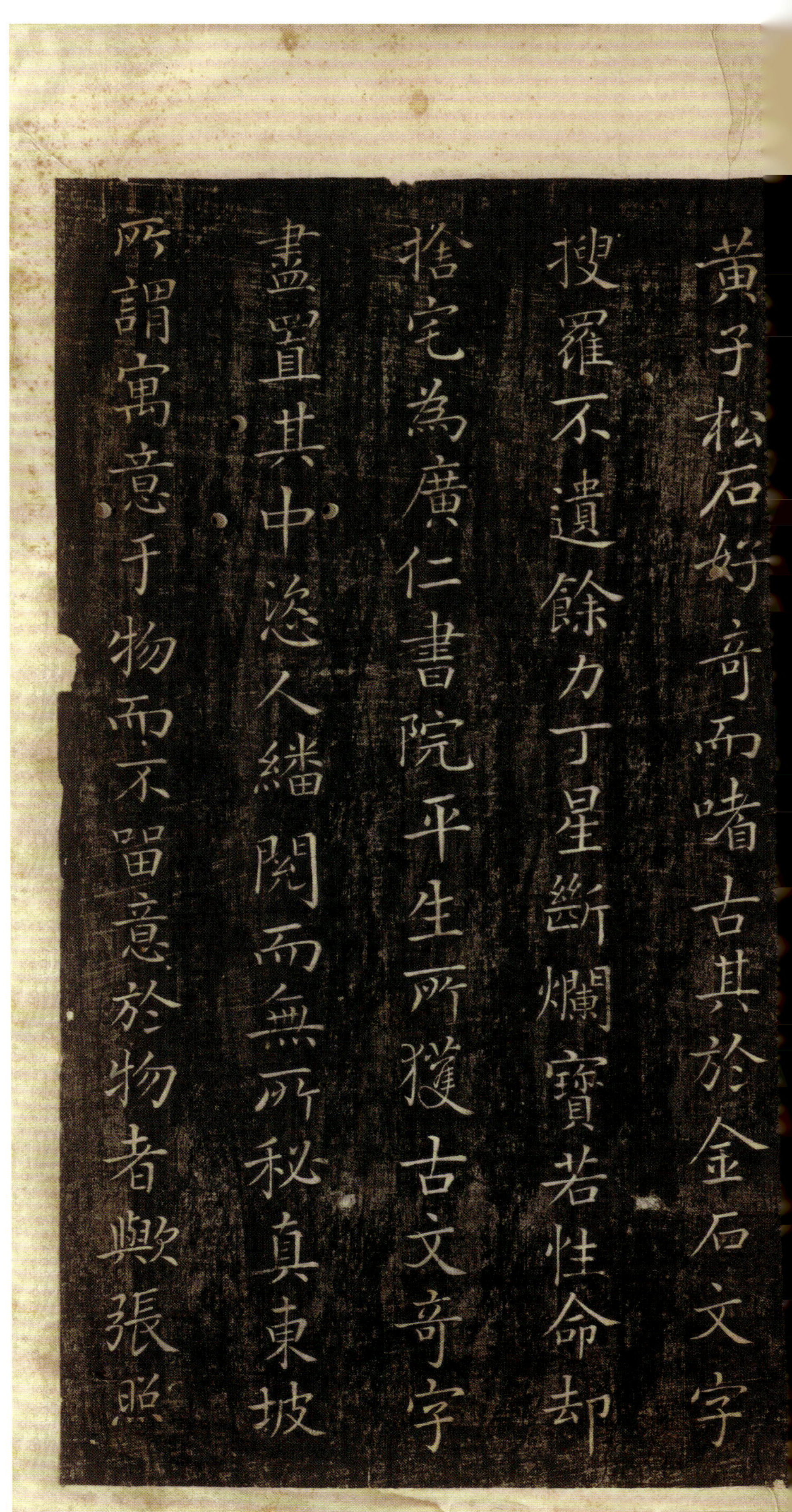

► 黄樹穀小傳拓本（張照）

黄子松石，好奇而嗜古，其於金石文字，搜羅不遺餘力，丁星斵爛，寶若性命，却捨宅爲廣仁書院。平生所獲古文奇字，盡置其中，恣人翻閱而無所秘。真東坡所謂寓意於物而不留意於物者歟。張照

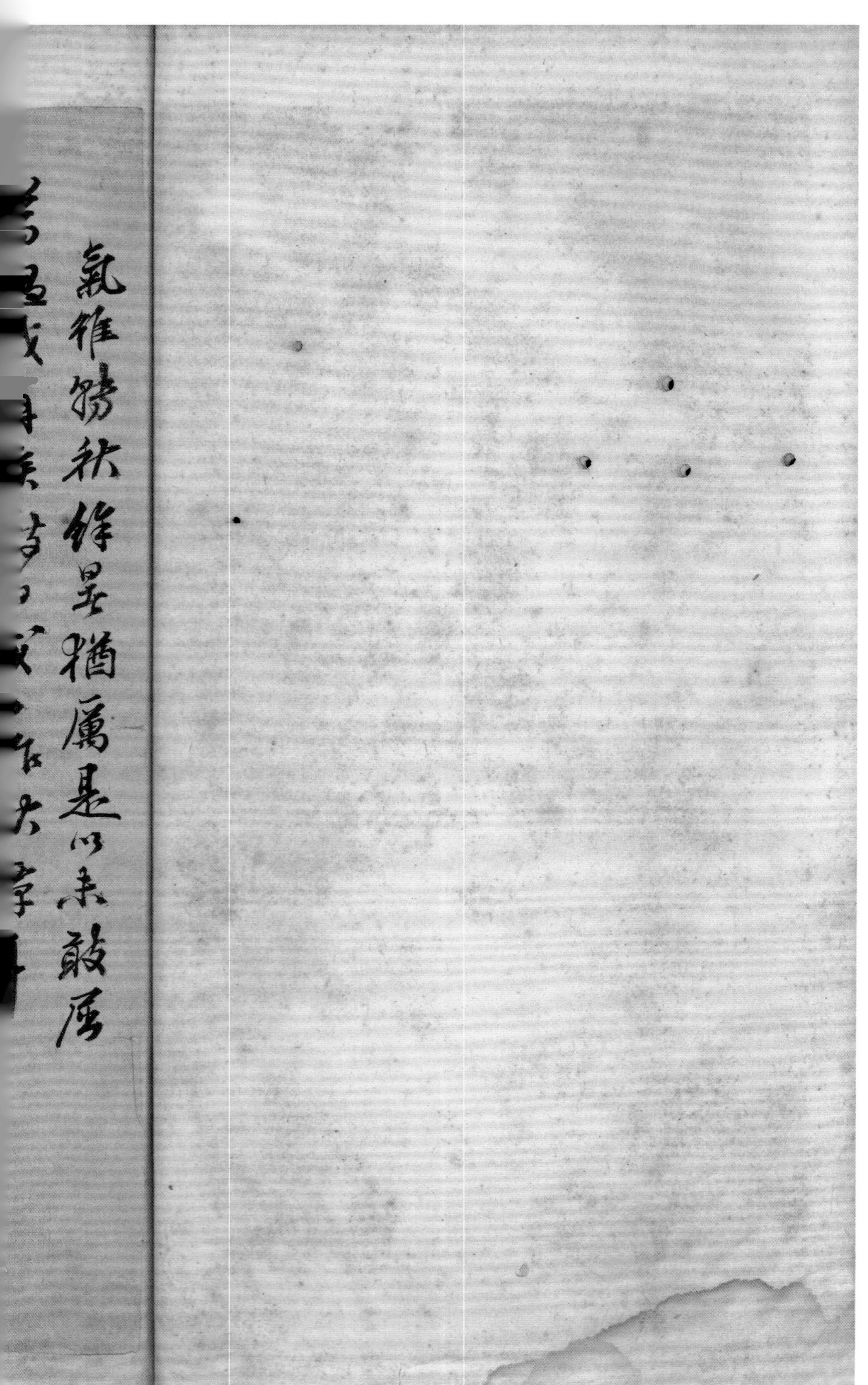
氣維歸秋絳星猶厲是以未敢居

彭湘懷致黃庭札之一

氣雖轉秋，餘暑猶厲，是以未敢屈

尊過我，再俟數日或可作快譚耳。

佳編乃偷閑讀竟，意欲跋以片言以識嚮往。

今奉

手函下索，權趙之，日内俗情酬酢，當蒙

鑒照。

《負骸圖》及《負米照》稍寛之，定索搜枯腸報

尊命也。率復，不一。

夢珠吾兄先生傳人　弟懷頓首

〔五八四〕

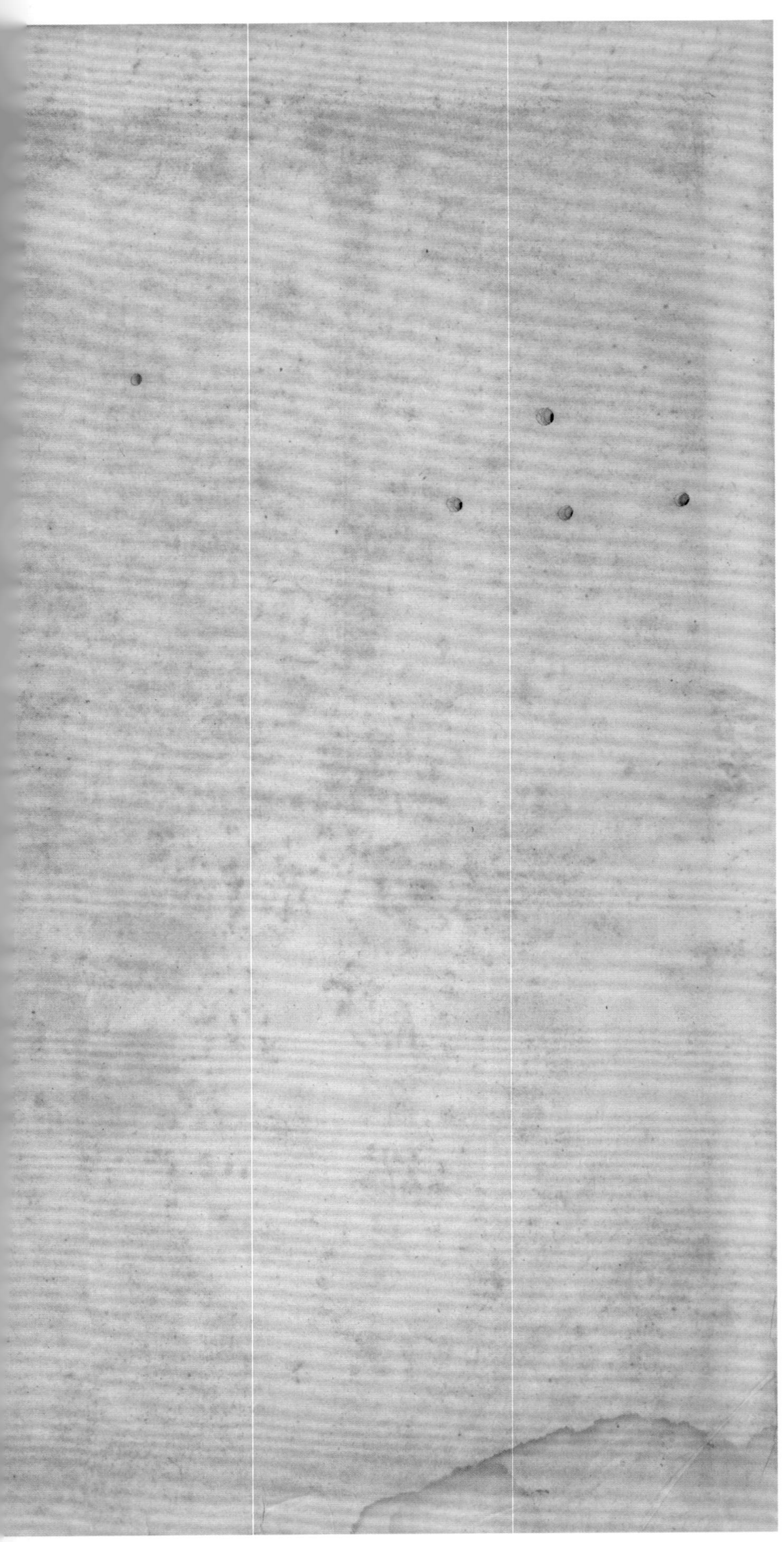

▶漢北海相景君碑陰（原闕）

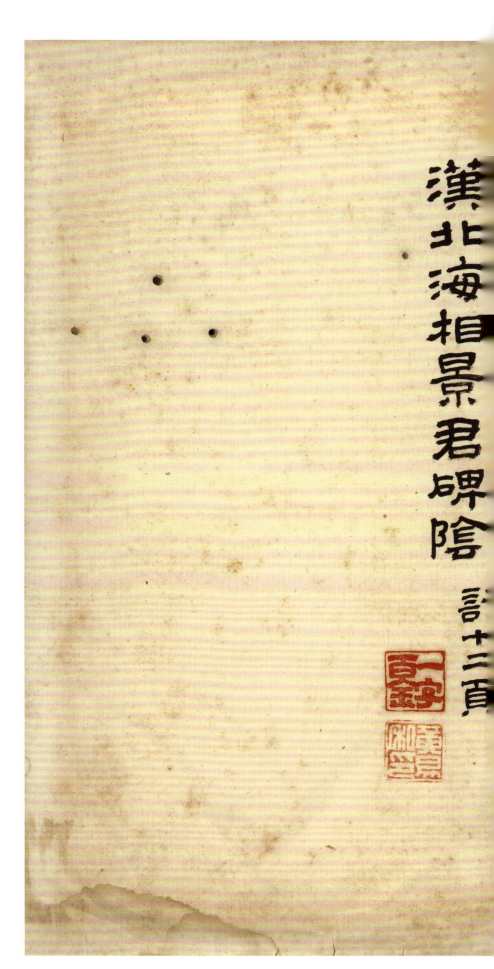

彭楝塘先生　楚之漢陽人
快晤之後又踰十日想念
伊人如隔三秋今晚弟在李太史處不知肯乘
月一聚首否
原韻和成多日亦以無使馳呈故遲至今茲
奉上乞
削正是幸餘面不一
夢珠學長先生　弟懷頓首

◀ **彭湘懷致黃庭札之二**

快晤之後，又踰十日，想念
伊人，如隔三秋。今晚弟在李太史處，不知肯乘
月一聚首否？
原韻和成多日，亦以無使馳呈，故遲至今，茲
奉上，乞
削正是幸。餘面，不一。
夢珠學長先生　弟懷頓首

〖五八四〗

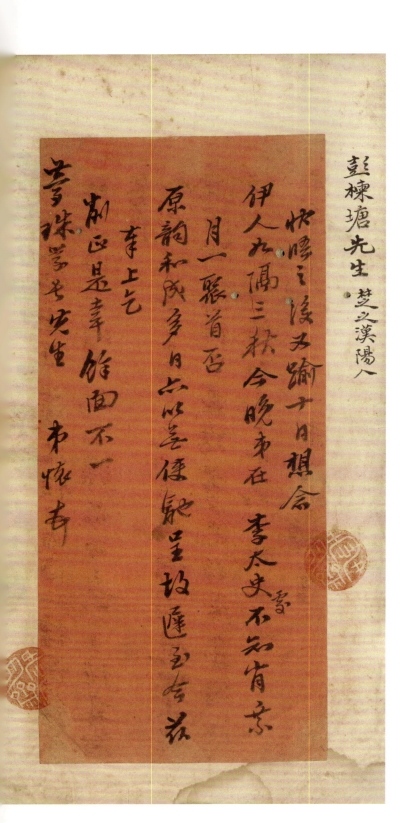

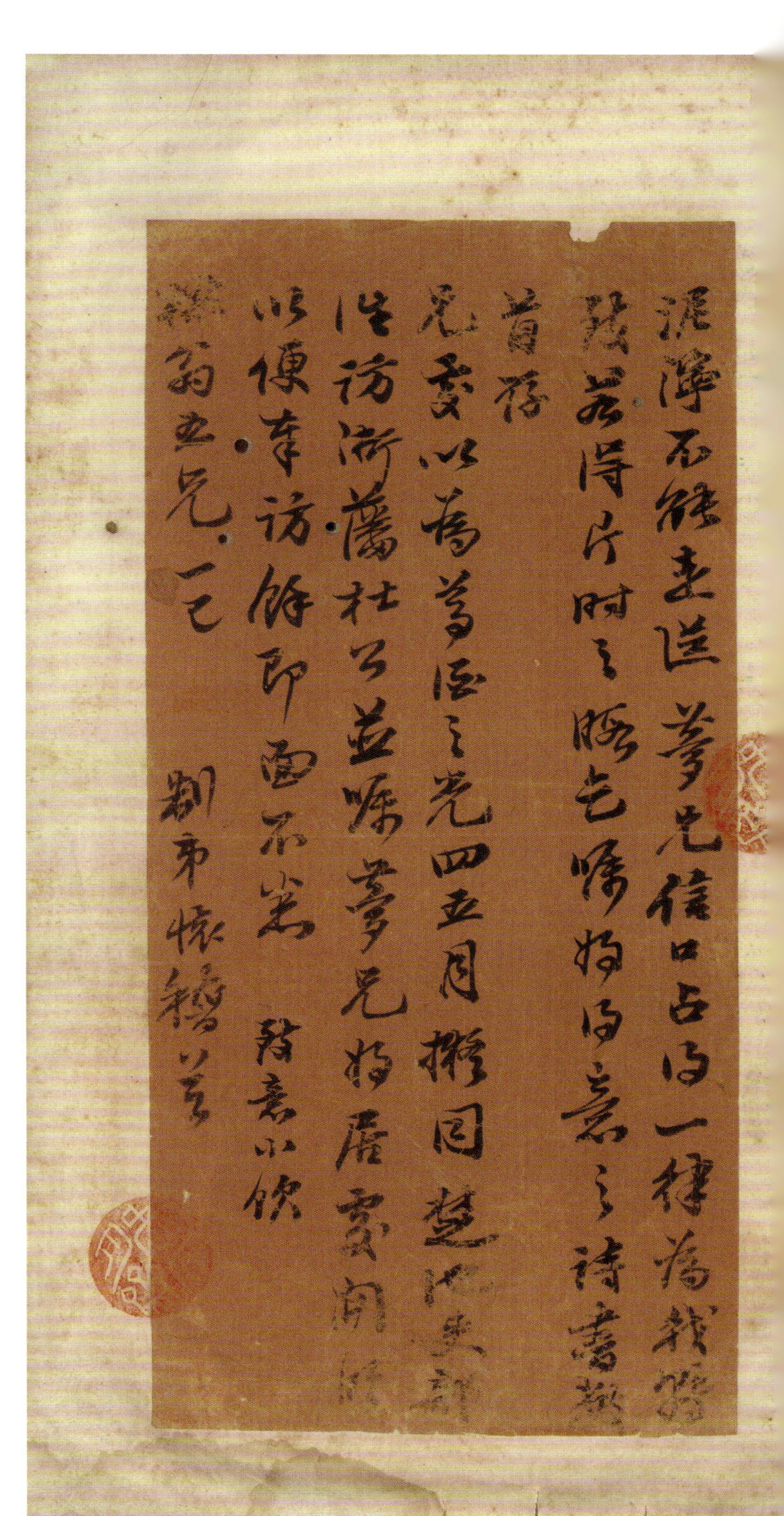

▶ 彭湘懷致梅翁札

泥濘不能走送夢兄，信口占得一律，爲我轉致。若得片時之暇，乞囑將得意之詩書數首存兄處，以爲尊酒之光。四、五月擬同楚池吏部往訪浙藩杜公，並囑夢兄將居處開臨，以便奉訪。餘即面，不悉。致意小飲。梅翁五兄一已　制弟懷稽首

〖五八四〗

張方理致黃易札之一

嘉平

臺駕自保州回，辱

賜手函，重承

青注。吴自新兄之札已收到矣。春來聞

九兄來往豫東，輪蹄未嘗寧息。弟亦因公事叢集

又兼署濟南，才拙事繁，刻無閑暇，致疏戔候，

摯好弟兄或弗以疏略罪也。青州都統慶大人係

尹相國之五子，仲春在省，因景仰

九兄筆墨，渴思圖晤。知弟素承

不棄，囑懇

隸書白紙對一副，乞雙款；又有圖石兩方，囑求

鐵筆。望

九兄公餘一辦，即日寄弟轉呈。叨

光不淺，肅泐抒意，並候

升安，臨出神溯。

小松九兄大人　愚弟張方理頓首

〖三三〇〗

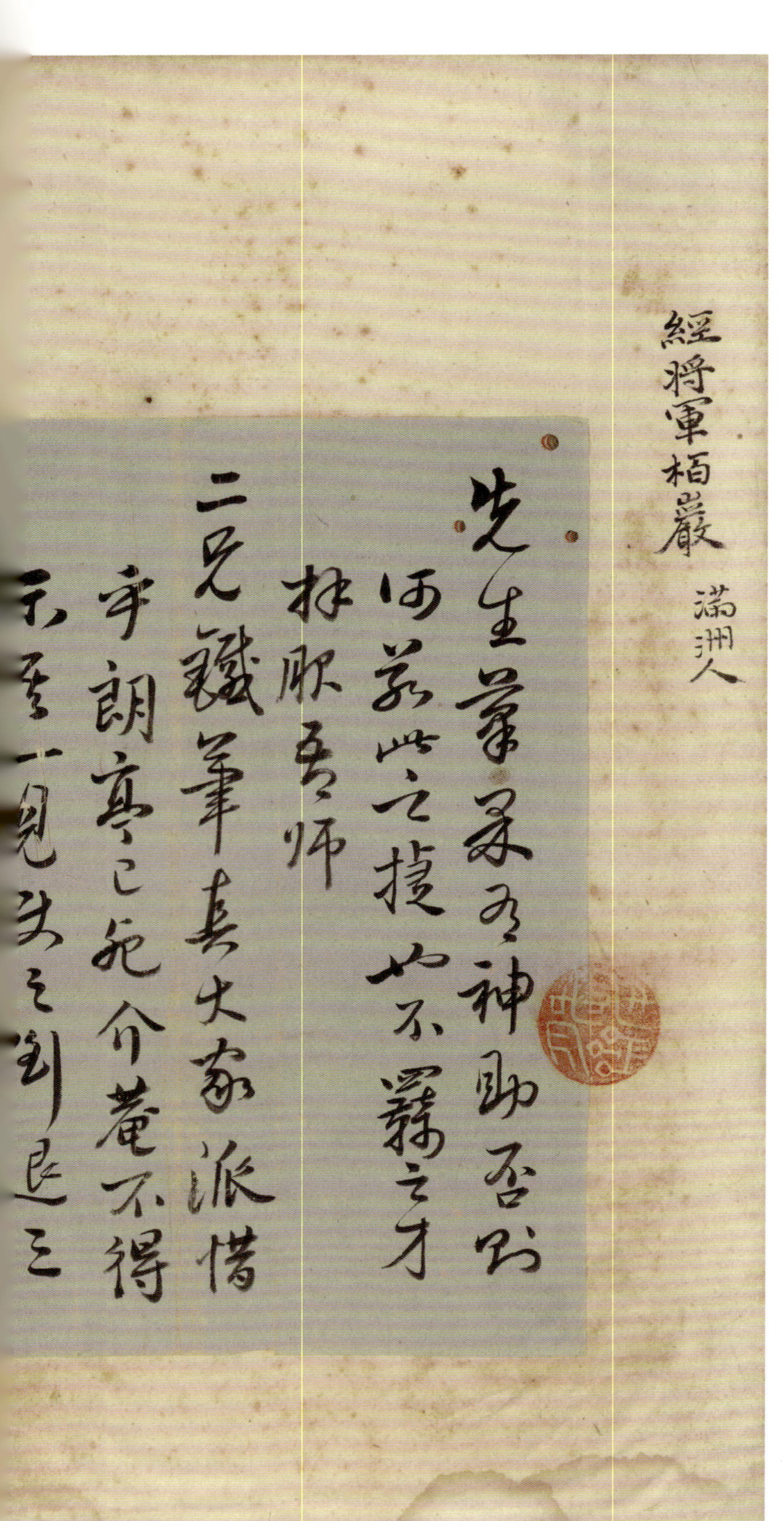

◀ **經泰致黃庭札**

先生筆果有神助，否則
何若此之捷也？不羈之才
拜服。吾師
二兄鐵筆真大家派，惜
乎朗亭已死，介菴不得
示其一見，使之倒退三

舍，乃知世有一入手即此
　蒼古秀勁。況
二兄方英年，再進二十年，
　當又另具一雙眼目賞之耳！
謝謝，不盡。並小畫一幅，聊爲
　補壁。上
夢翁老先生知我　弟經泰頓首

〖五八五〗

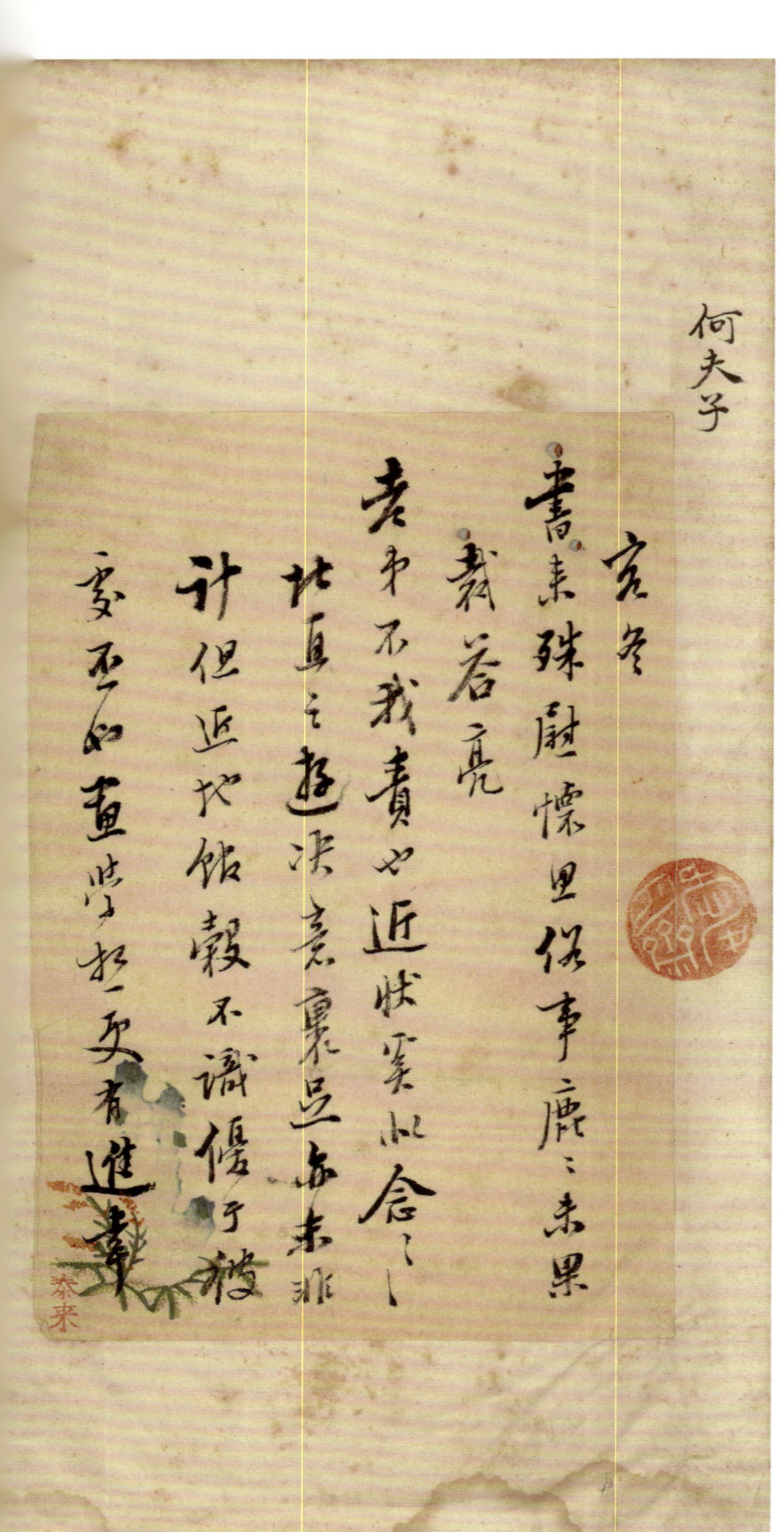

◀ **何琪致黃易札之一**

客冬

書來，殊慰懷思。俗事鹿鹿，未果

裁答，亮

老弟不我責也。近狀奚似？念之念之。

北直之遊決意裏足，亦未非

計，但近地館穀不識優於彼

處否也？畫學想更有進，幸

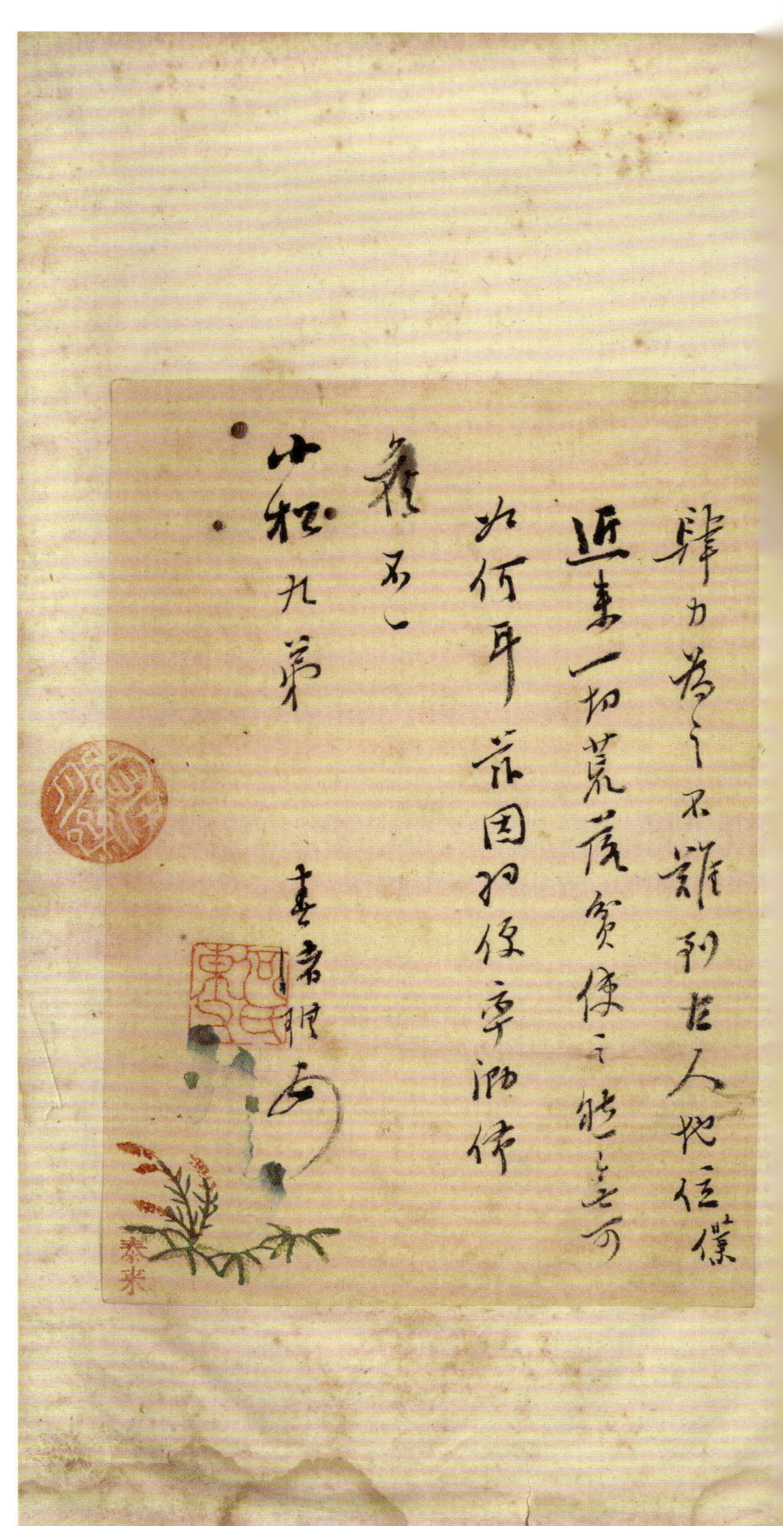

肆力爲之，不難到古人地位。僕近來一切荒落，貧使之然，無可如何耳。兹因羽便，率泐佈候，不一。

小松九弟　　春渚琪頓首

『二〇』

◀鄭辰致黄易札之一

九兄賜藥之功，漸可作字，然尚畏炎光，夜間不能
　看書，總由氣血兩虧故也。外呈古鏡一枚，
　字畫剥蝕，惟
賞鑒家辨之。又古鈎一枚，並呈
清玩。弟於十月杪派代，補缺之期漸可希冀，
　當再佈聞也。弟家書廳舊扁，明總戎施
二華公題曰「書帶草堂」，字如斗大；有柱

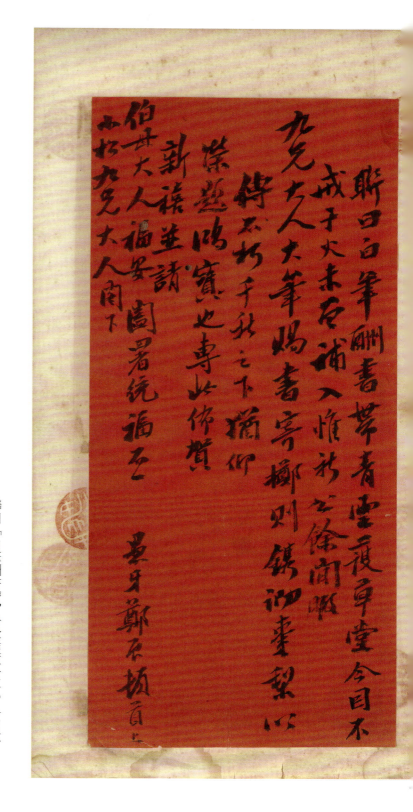

【二九】

聯曰「白筆酬書帶，青雲護草堂」。今因不
戒於火，未曾補入，惟祈公餘閒暇，
九兄大人大筆賜書寄擲，則鐫泐棗梨，以
傳不朽，千秋之下猶仰
榮題鴻寶也。專此佈賀
新禧，並請
伯母大人福安，闔署統福，不一。愚弟鄭辰頓首上
小松九兄大人閣下

◀李衍孫致黄易札

暌别

芝顔，倏經七載。每憶杏壇載酒，暢聆

九哥玉屑，令人神智頓增，幾時再奉

清塵，稍舒積悃耶？比閲《縉紳》，得悉吾

哥大人於前歲又晋一階，

長才偉抱，見重上游，指日聯膺

特詔，拔擢不次，逖聽好音，亦離索中一樂也。

伯母大人尊體定多康泰，

萱堂祗奉瑞靄，

庭閫曷勝欣藉。弟代庖南鄭幾及兩年，今春二月始履

汚任，毫無展布可告

知己。去臘遴紀迎請

老親，尚未能即來，約秋後始可束裝。弟日內新成小築，

思備

高堂遊息，栽花樹並移竹數百竿，已長新筍，額以

「春暉山館」，肯覓鴻寄贈一聯，奚翅百朋之錫。委拓

漢中成縣各石刻已如

命辦全。爲獻之兄行期太促，郵致一函，聊道遠忱，

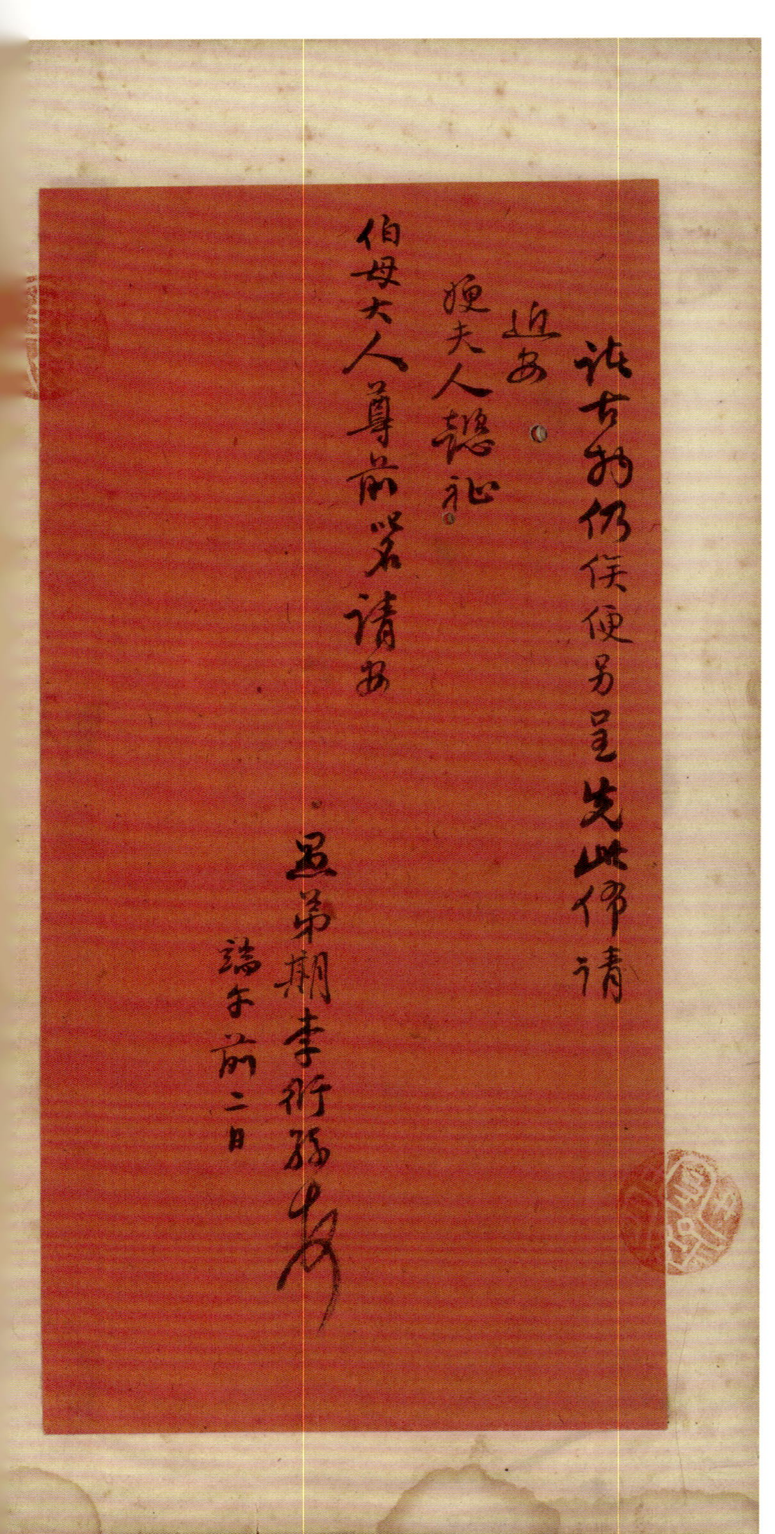

諸古物仍俟便另呈。先此佈請
近安，
嫂夫人懿祉，
伯母大人尊前叱名請安。
愚弟期李衍孫頓首
端午前二日

〔二九六〕

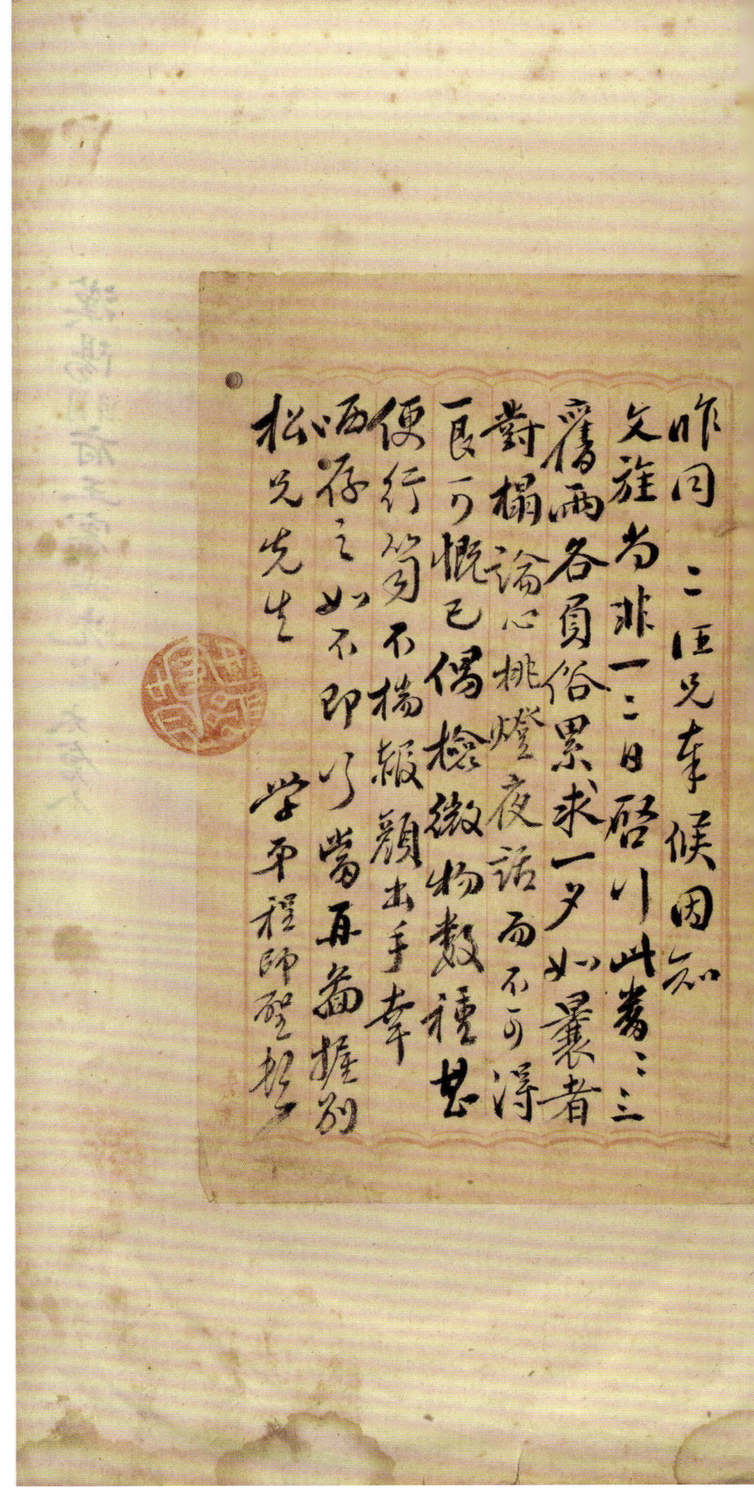

►程師聖致黃易札

昨同二汪兄奉候，因知
文旌尚非一二日啓行。此番二三
舊雨各負俗累，求一夕如曩者
對榻論心、挑燈夜話而不可得，
良可慨已！偶檢微物數種，甚
便行笥，不揣赧顔出手，幸
哂存之。如不即行，當再圖握別。
松兄先生　　學弟程師聖頓首

【五六】

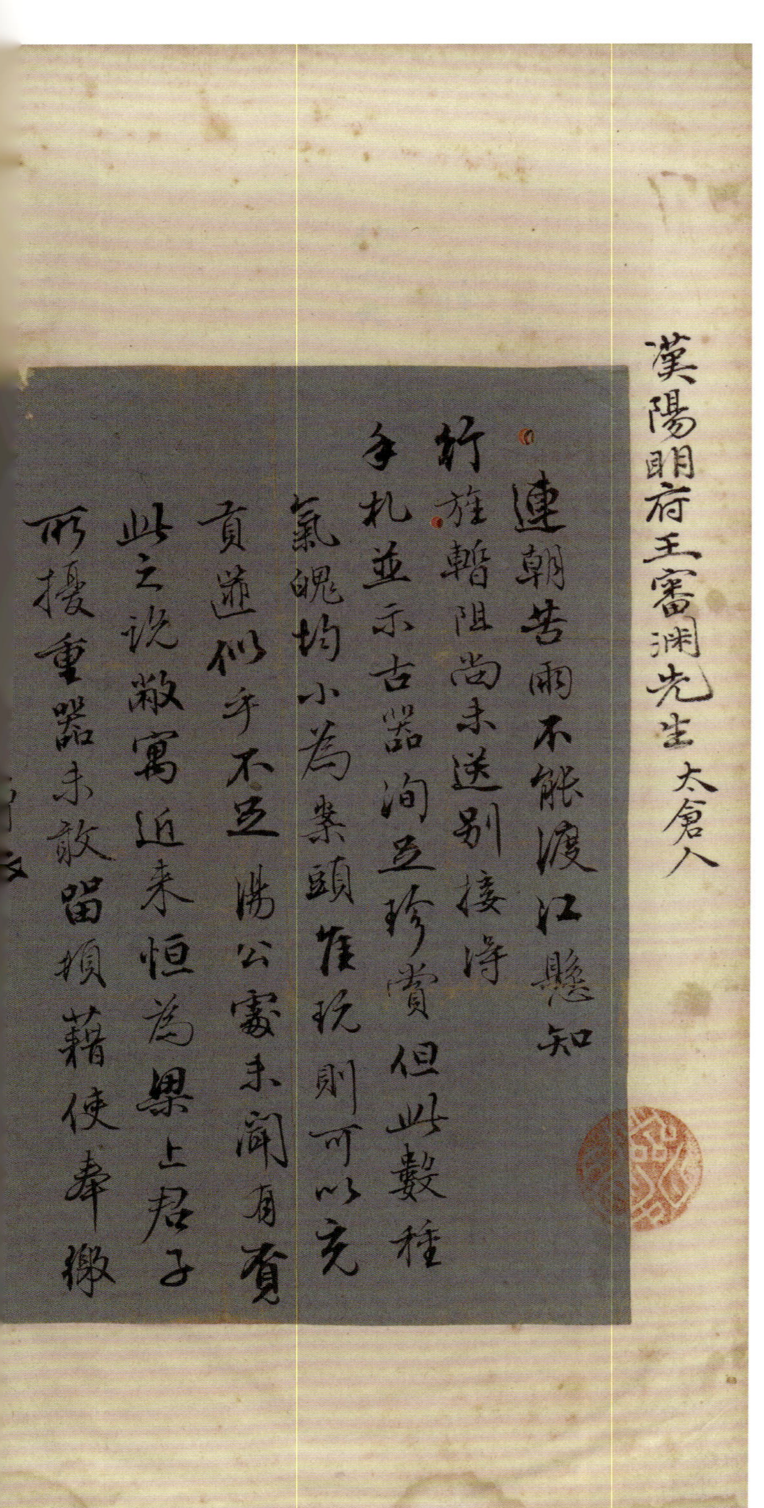

漢陽明府王審淵先生　太倉人

連朝苦雨不能渡江懸知
行旌暫阻尚未送別接得
手札並示古器洵足珍賞但此數種
氣魄均小爲案頭佳玩則可以充
貢篚似乎不足湯公處未聞有覓
此之說敝寓近來恒爲梁上君子
所擾重器未敢留頓藉使奉繳

◀ 王鳳儀致黃庭札

連朝苦雨，不能渡江，懸知
行旌暫阻，尚未送別。接得
手札，並示古器，洵足珍賞。但此數種
氣魄均小，爲案頭佳玩則可，以充
貢篚似乎不足。湯公處未聞有覓
此之說。敝寓近來恒爲梁上君子
所擾，重器未敢留頓，藉使奉繳
貴友，想即暫依

貴邸，晤當途者當爲遊揚之，有欲
　得者就而請焉可也。率此佈
復，順候
近祉，不一。
夢珠先生　　弟王鳳儀頓首

【五八五】

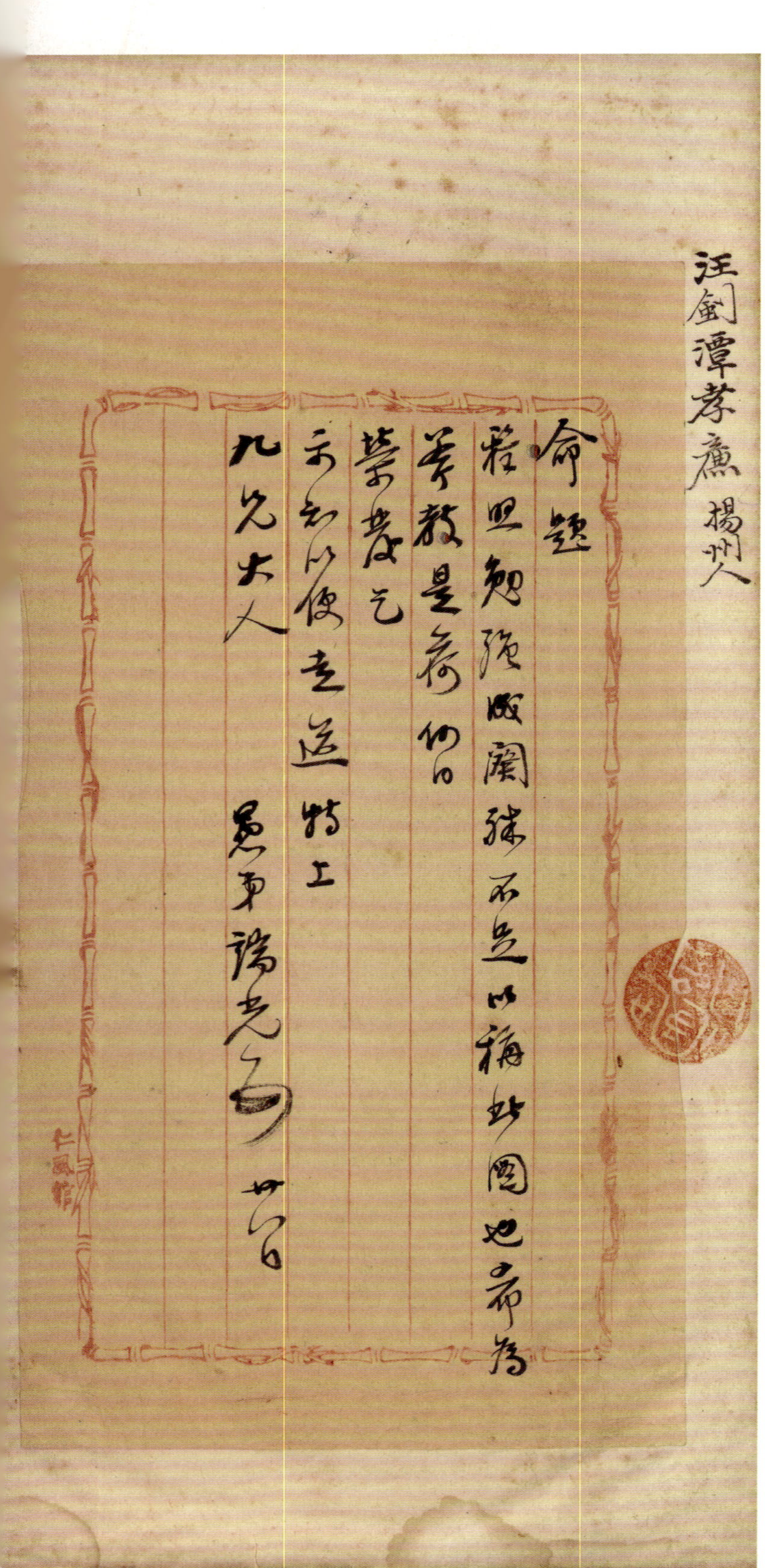

◀ 汪端光致黄易札之一

命題
雅照，勉强成闋，殊不足以稱此圖也，希爲
斧教是荷。何日
榮發，乞
示知，以便走送。特上
九兄大人　　　愚弟端光頓首　廿八日

〔一九一〕

九吾大人起居納福著
手書即承寸緘藉使奉
從寶之矣玉几先生諸兩
無得信至一束即當定
留至到下著將回趣省
承此奉之直安江大
秋庵九吾大人如手
書歲以見潘相雪小四如維精

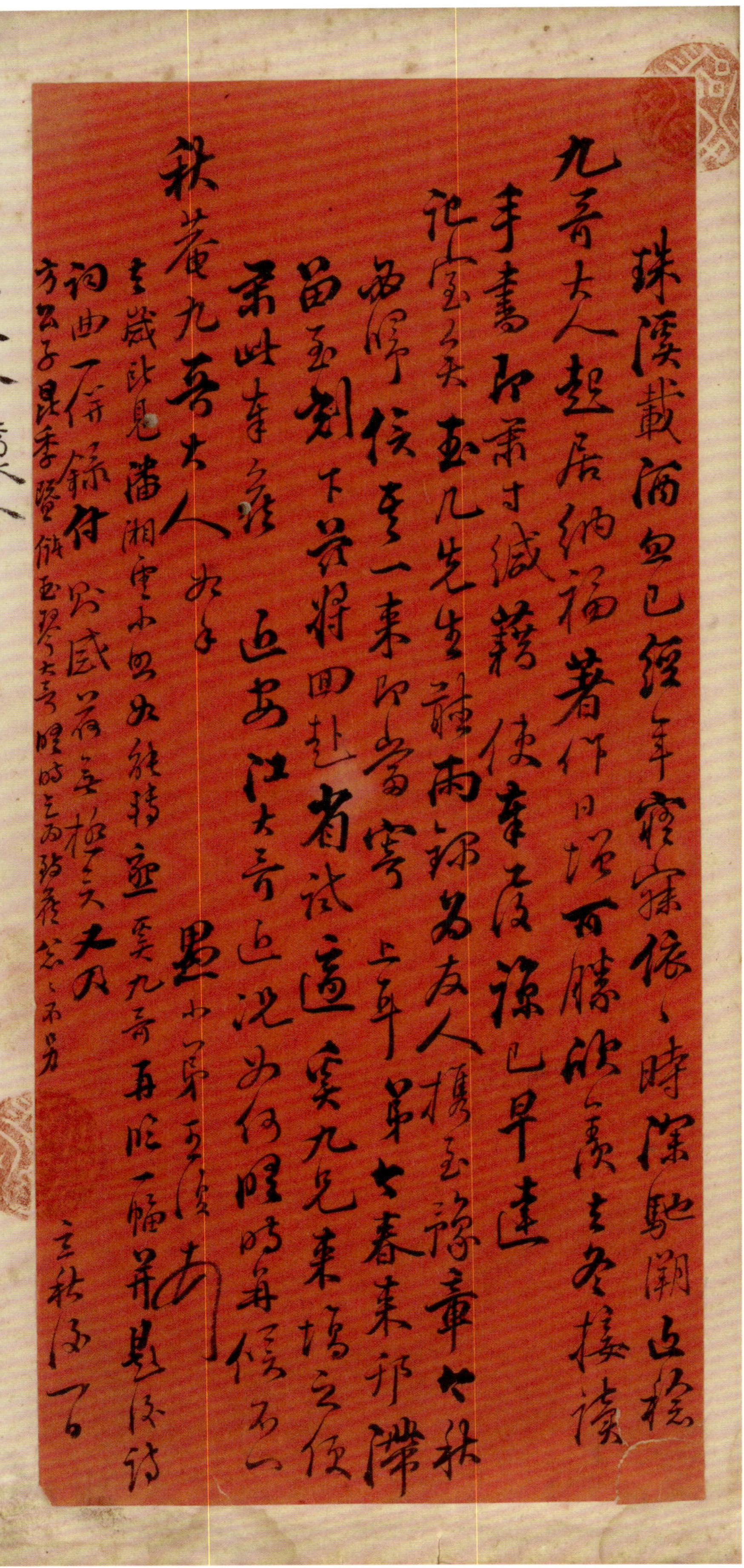

◀ 王復致黃易札之一

珠溪載酒魚已經年露索依依時深馳潮正稔
九哥大趣居納福著作日坦百勝欣讀玉屑主冬接讀
手書印柬寸緘藉使奉度孫已早連
記室云玉几先生辈兩球為友人攜玉琢豪七林
西際侯至一束即當寧上平弟七春來郅灣
苗玉劃下昇將囬赴省試適雲九兄來搪之使
柔此奉奏近安江大哥近沈此何呢時毎信乃以
思小民至後荷
主歲臥見蒲湘雲小魚五能精迊雲九哥再陀一幅昂昂話
詞曲一停錄付以咸罷年棲之大內
方公子昆季隆俯西邳千大寧喂時三而弘眉怎弟兄
立秋漢兄

王火鑒
秀水人

珠溪載酒，忽已經年，寤寐依依，時深馳溯。近稔
九哥大人起居納福，著作日增，百勝欣羡。去冬接讀
手書，即肅寸緘，藉使奉復，諒已早達
記室矣。玉几先生《聽雨録》爲友人携至豫章，今秋
必歸，俟其一來即當寄上耳。弟今春來邗，滯
留至刻下，兹將回赴省試，適奚九兄來揚之便，
肅此奉候近安。江大哥近況如何？晤時並候，不一。
秋菴九哥大人如手　　愚小弟王復頓首

去歲所見潘湘雲小照，如能轉懇奚九哥再臨一幅，並題後、詩、詞、曲一併録付，則感荷無極矣。又及。

方公子昆季暨儲玉琴大哥，晤時乞爲致候，匆匆，不另。

立秋後一日

【三一】

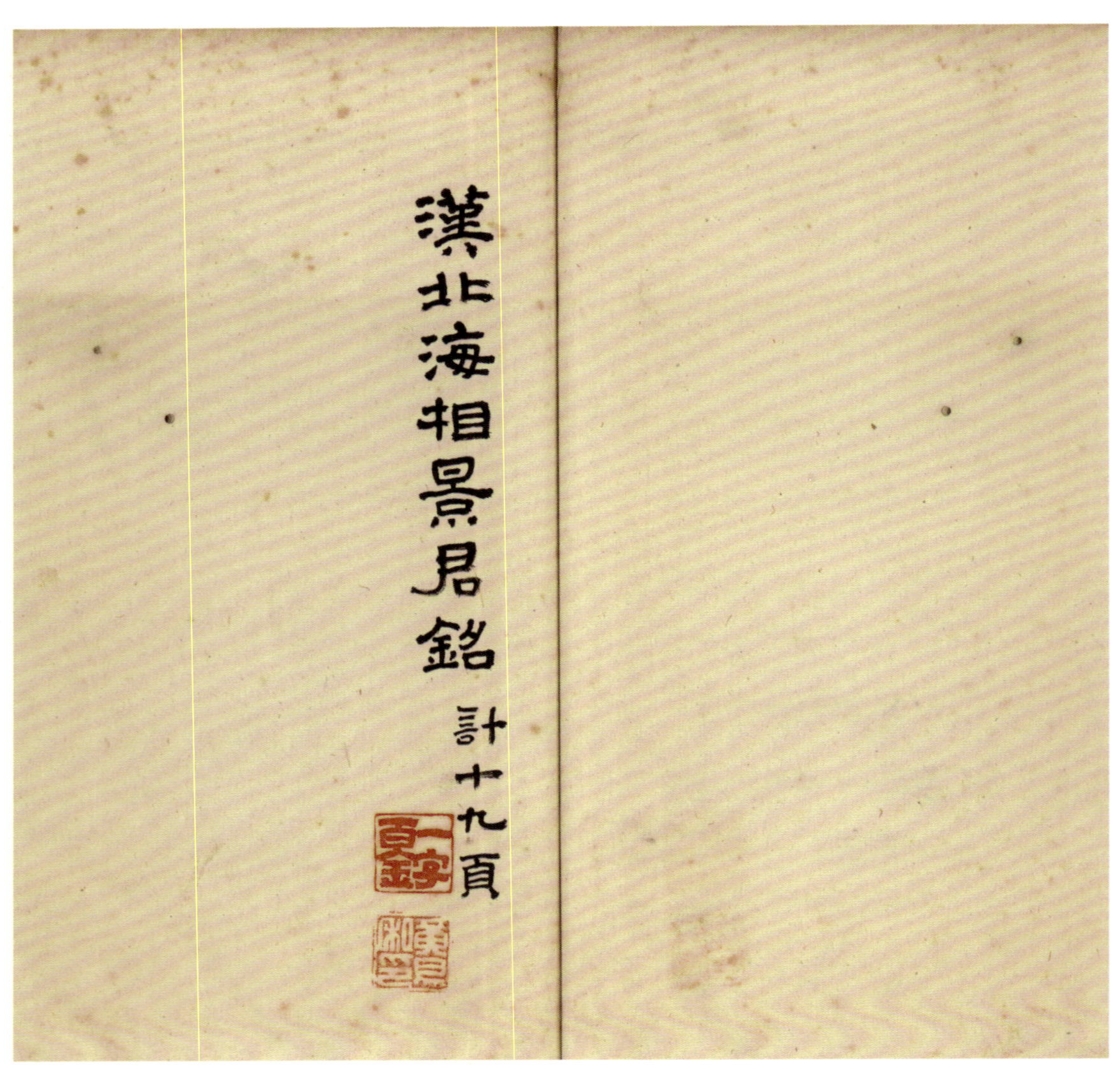

▲漢北海相景君銘（原闕）

得佳近一世曾專河中表董
九兄蔡興去請吾
丈乃會逢
篤入城不得一晤乘興而返上
寓門趣第過理歸擢大約月朝
江雨甚不得再過
書一札後為吾

鄭巘北 慈谿人

廿四日，偕近蓬母舅、東河中表、蘿龕九兄乘興走訪吾丈，乃會逢駕入城，不得一晤，竟興盡而返。今日得家問，趣弟亟理歸櫂，大約月朔必渡之江，雨甚，不得再過尊所話别。吾丈邗上之役，想不出端陽節後。後會

鄭辰致黄易札之二

廿四日，偕近蓬母舅、東河中表、蘿龕
九兄乘興走訪吾
丈，乃會逢
駕入城，不得一晤，竟興盡而返。今日得
家問，趣弟亟理歸櫂，大約月朔必渡
之江，雨甚，不得再過
尊所話别。吾
丈邗上之役，想不出端陽節後。後會

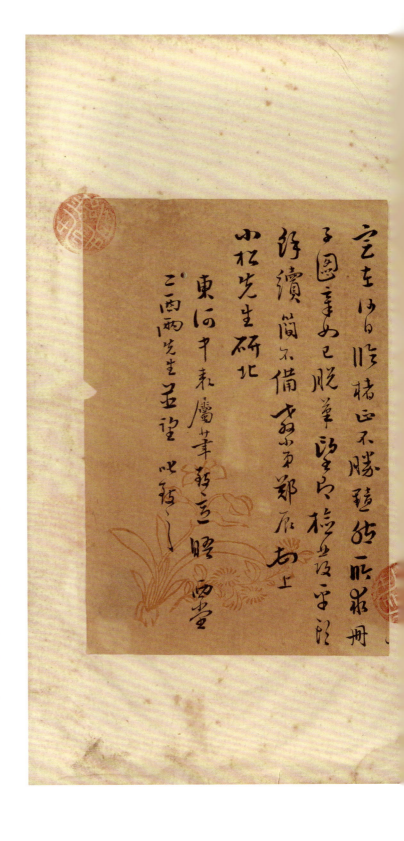

定在何日？臨楮正不勝黯然。所求册子、圖章如已脱筆，望即檢發平頭。餘續簡，不備。教小弟鄭辰頓首上
小松先生研北

東河中表屬筆致意。晤西堂、二酉兩先生，並望叱致之。

〖二七〗

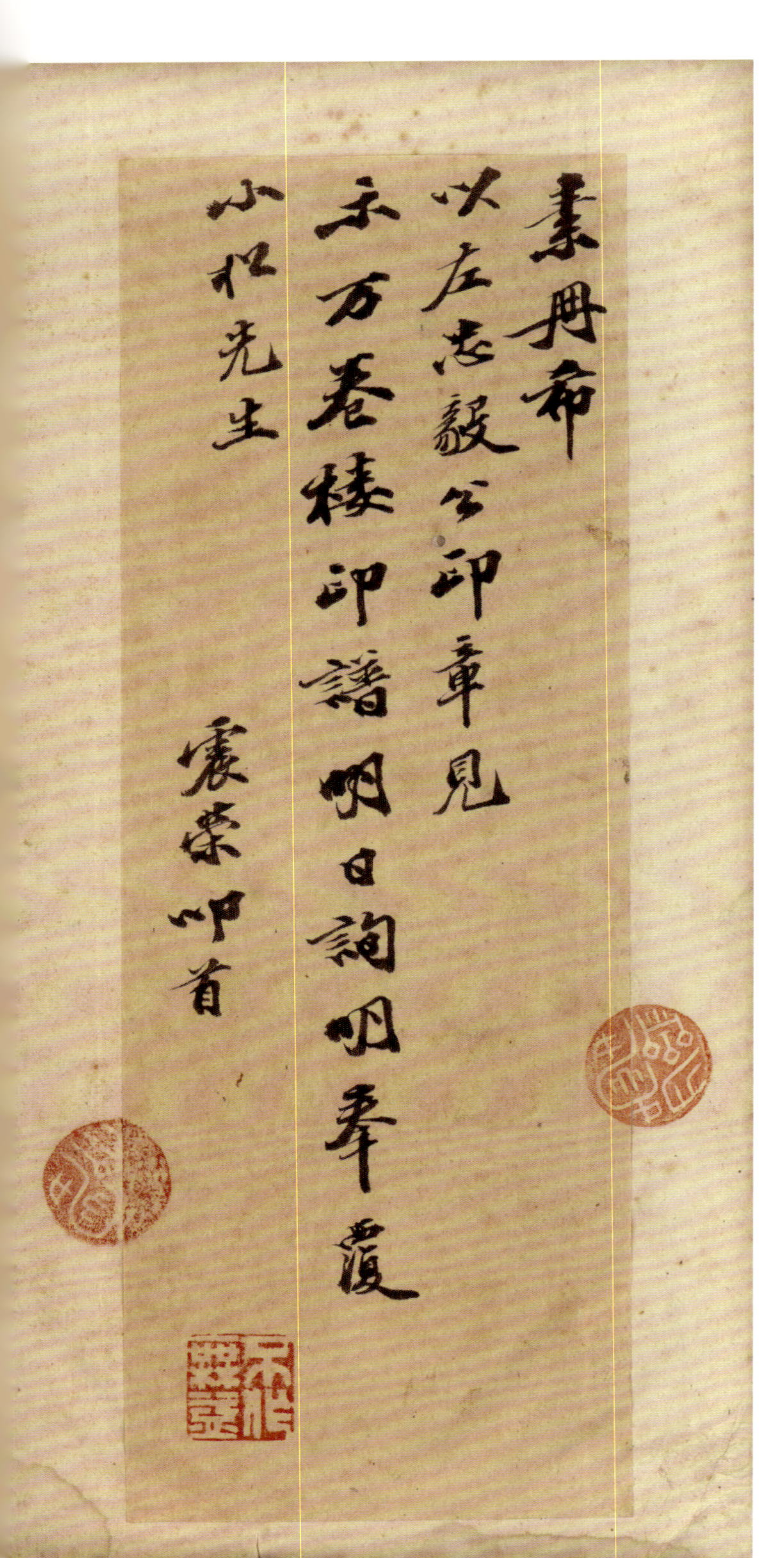

周震榮致黄易札之一

素册希

以「左忠毅公印章」見

示。《萬卷樓印譜》明日詢明奉覆。

小松先生　　　震榮叩首

〖六三〗

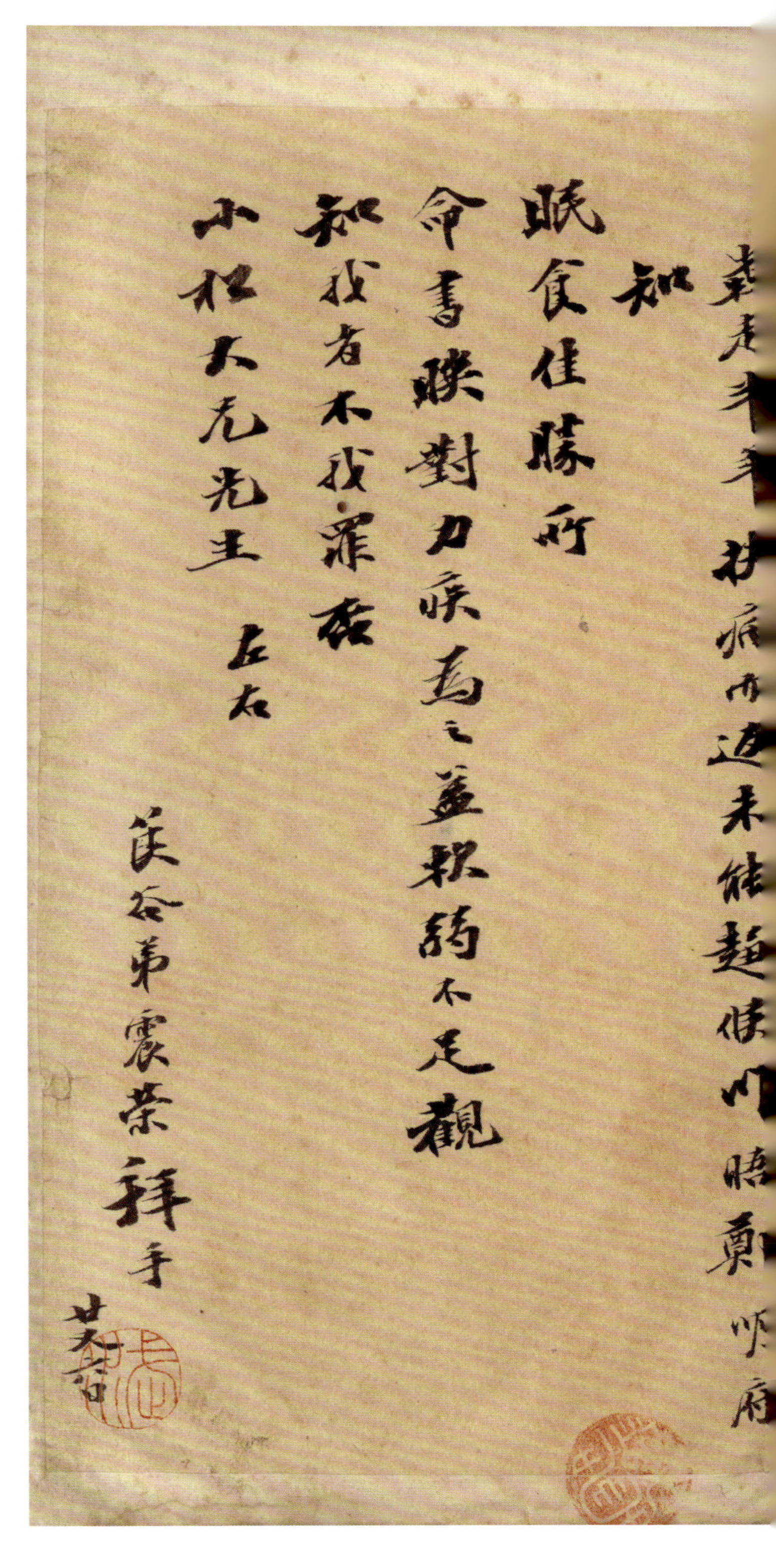

► 周震榮致黃易札之二

犇走半年，扶病而返，未能趨候。昨晤鄭明府，
知
眠食佳勝。所
命書聯對，力疾爲之，益輭弱不足觀。
知我者不我罪否？
小松大兄先生左右

篔谷弟震榮拜手

廿又六日

〖六三〗

周震榮致黄易札之三

曆讀
手書，知無日不憶弟也。弟十六日回署，因擡夫差迫，不及赴
省。蒙賜圖書，未獲接到，殊悵悵。如已付聽差，祈
指示來役往取，否則即付來役爲荷。舍弟匆匆出
塞，屬道相思之意。
小松九兄先生

弟震榮拜手

三月廿日

【六五】

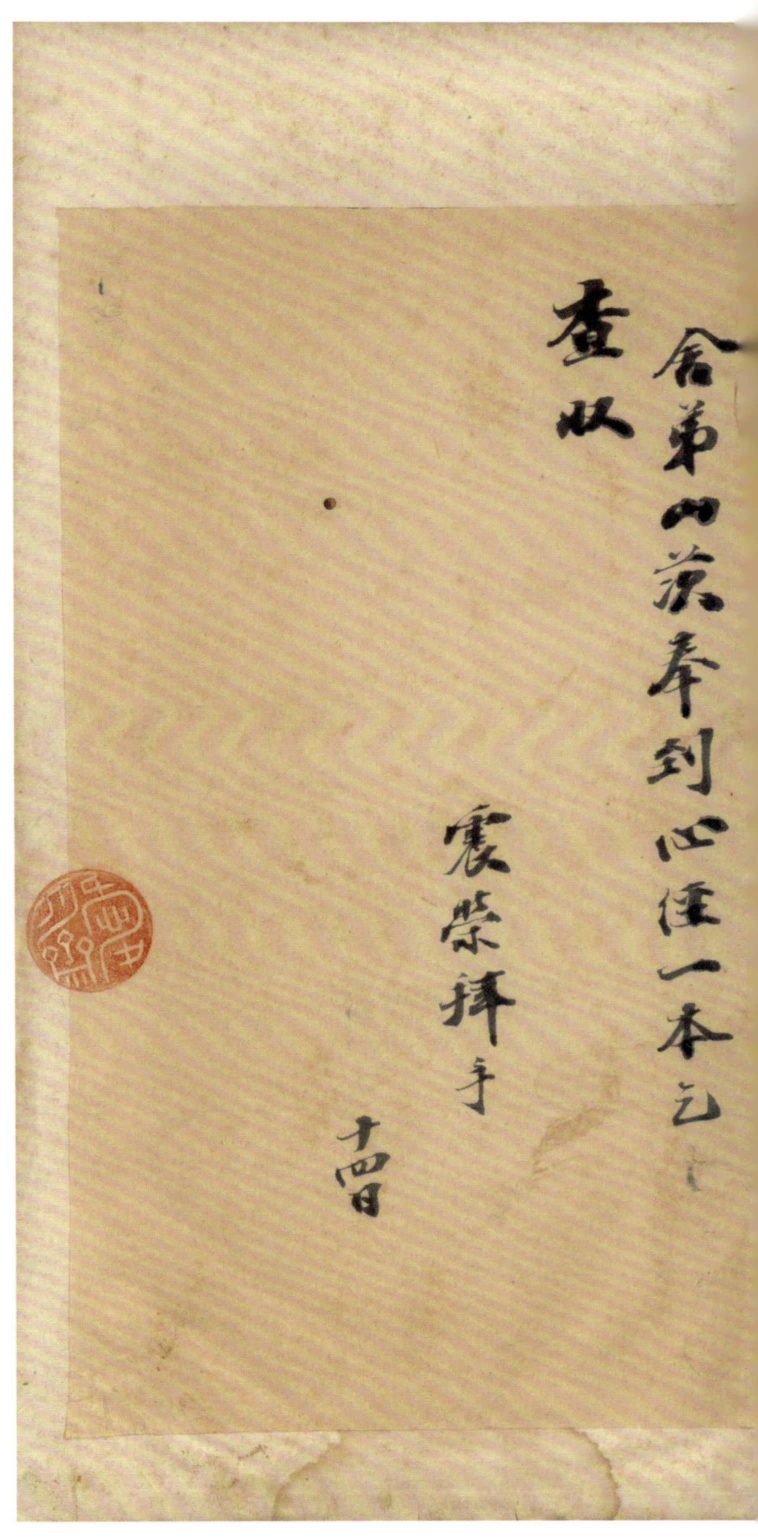

► 周震榮致黄易札之四

舍弟山茨奉到《心經》一本，乞查收。

震榮拜手

十四日

〖六六〗

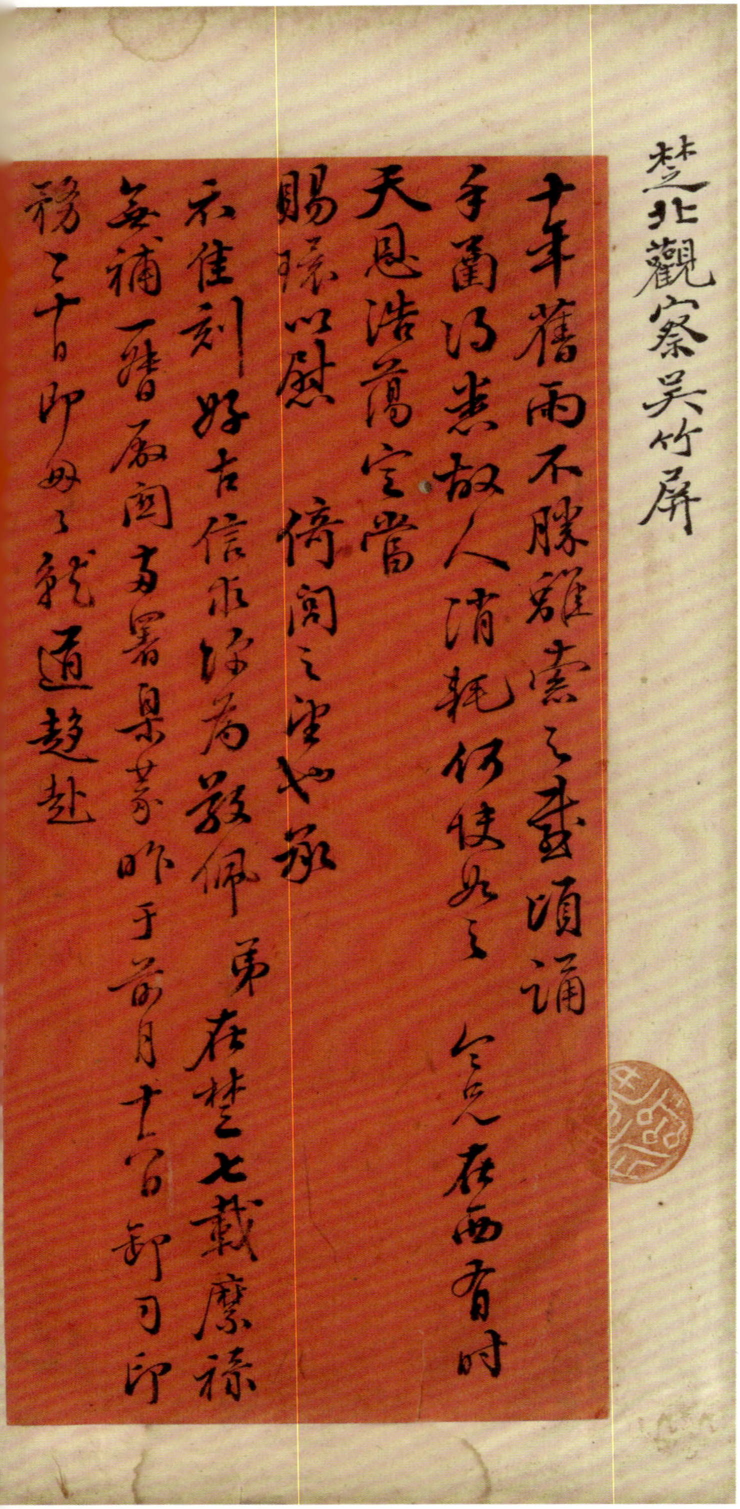

◀ 吴之黼致黄易札之一

十年舊雨，不勝離索之感。頃誦
手函，得悉故人消耗，何快如之？今兄在西有時，
天恩浩蕩，定當
賜環以慰倚閭之望也。承
示佳刻，好古信求，深爲敬佩。弟在楚七載，縻禄
無補，一督廠關，兩署臬篆，昨於前月十六日卸司印
務，二十日即匆匆就道，趍赴

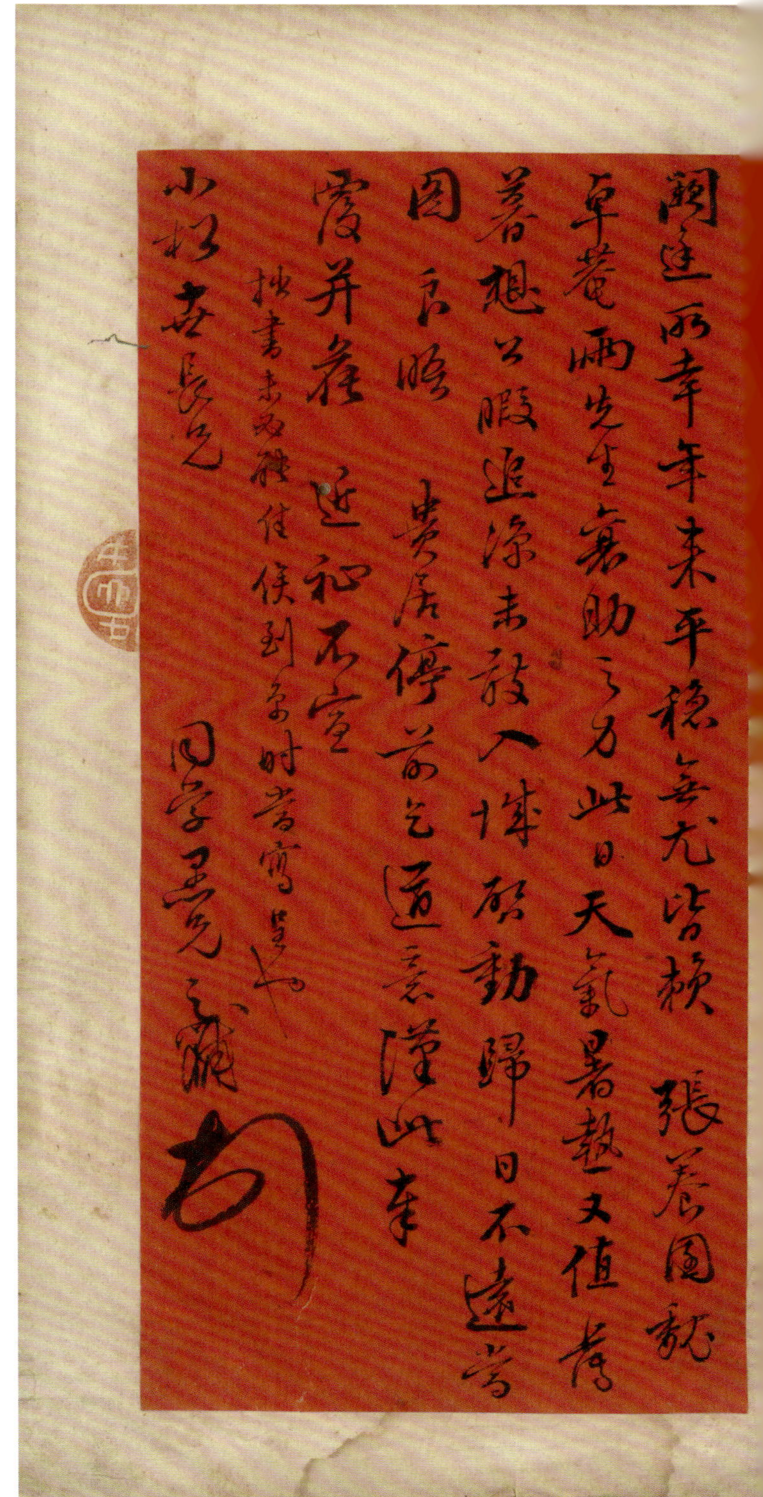

【一二三】

闕廷。所幸年來平穩無尤，皆賴張養園、魏卓菴兩先生襄助之力。此日天氣暑熱，又值薄暮，想公暇追凉，未敢入城啓動，歸日不遠，當圖良晤。貴居停前乞道意。謹此奉覆，並候近祉，不宣。

拙書未必能佳，俟到京時當寫呈也。

小松世長兄　　同學愚兄之黼頓首

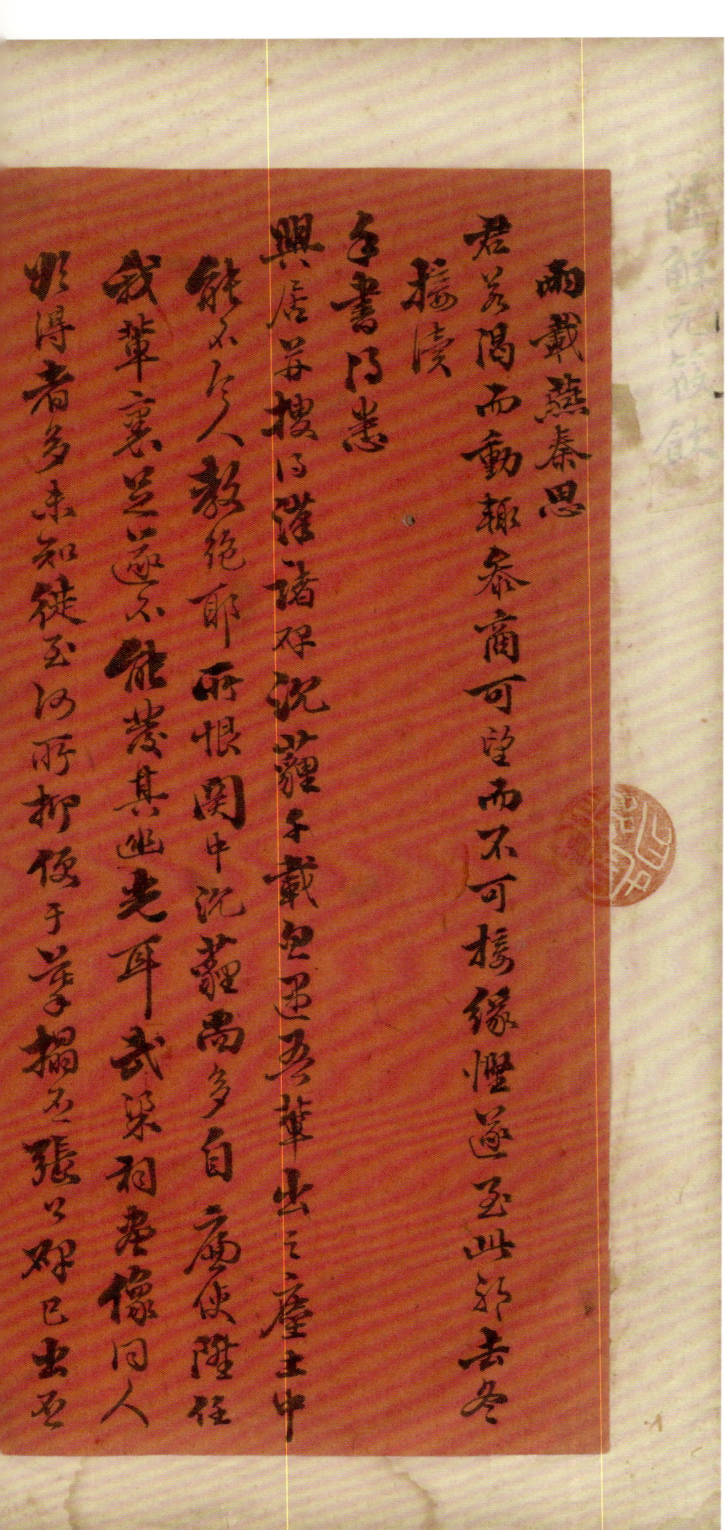

◀ 趙魏致黄易札之一

兩載燕秦，思

君若渴，而動輒參商，可望而不可接，緣慳遂至此耶？去冬

接讀

手書，得悉

興居並搜得漢諸碑，沉薶千載忽遇吾輩出之塵土中，

能不令人教絶耶！所恨關中沉薶尚多，自廉使陞任，

我輩裹足，遂不能發其幽光耳。《武梁祠畫像》同人

欲得者多，未知徙至何所？抑便於摹拓否？《張公碑》已出否？

所索《黄帝祠宇》《表忠觀》，容覓致。外附上李書《天清地
寧》《契苾明碑》二種。刻下將欲爲滇南之遊，未知更有所得否。
漢瓦拓本前寄四十番，刻下詩歌跋語裒然成集矣，惟不
獲
兄一題品爲悵，務懇作一暢跋寄我，以便付梓，至囑至囑。獻之
未知仍在中丞幕否，一札煩致之。沔縣李公衍孫聞丁間
回籍，聞有《天井道碑》，通札時乞爲弟索之。近來新獲若
何？亦望

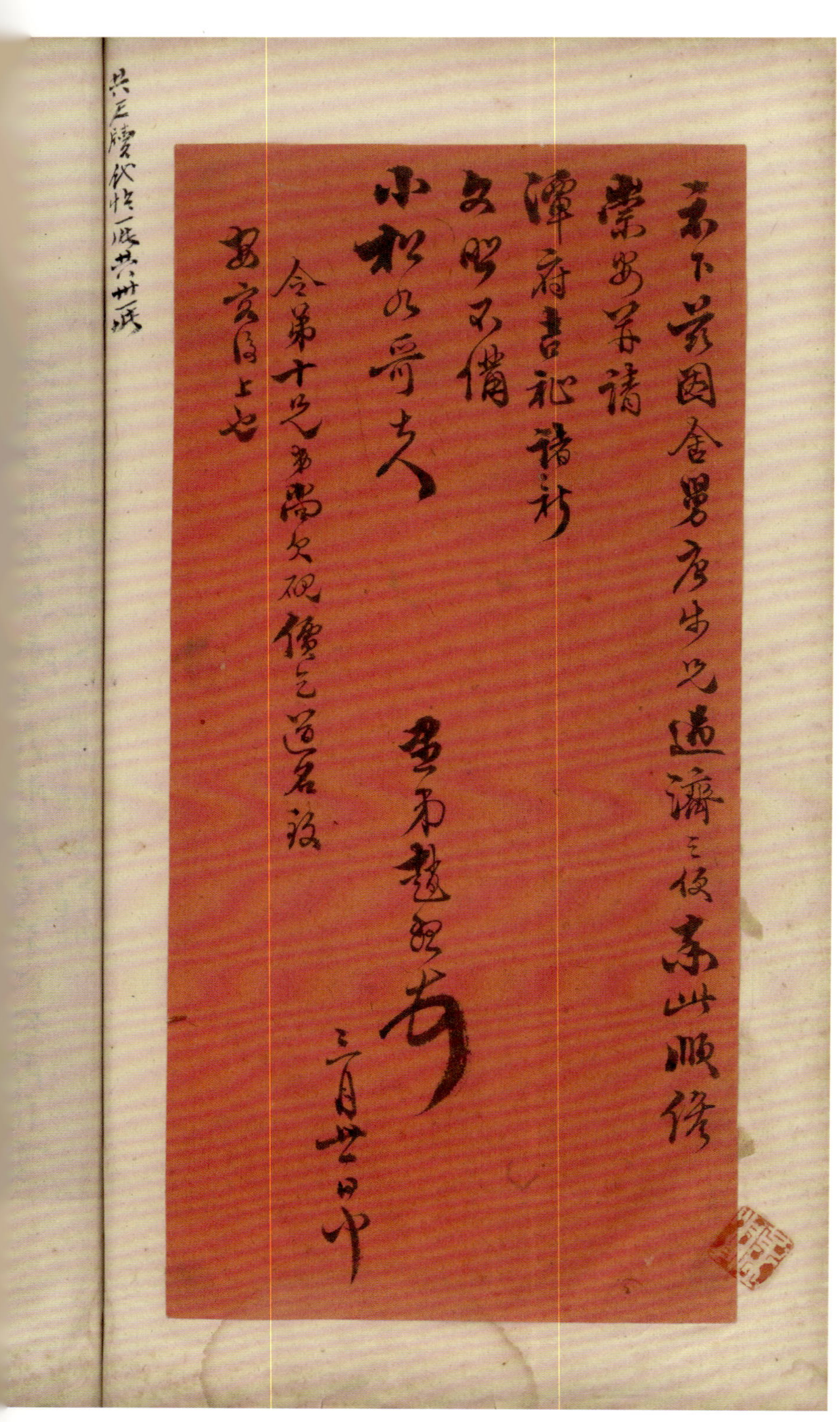

共三牘代收一紙共卅紙

前下榮園舍甥序生之過濟之後來此順候
崇安，并請
潭府吉祉，諸祈
亮照不備。
小松四哥大人
愚弟趙魏頓首
三月廿日冲
令弟十兄弟前欠硯價乞道名致
安宜得上也

示下，兹因舍舅唐步兄過濟之便，率此，順候

崇安，並請

潭府吉祉，諸祈

文照，不備。

小松九哥大人　　愚弟趙魏頓首

三月廿一日冲

令弟十兄，弟尚欠硯價，乞道名致

安，容後上也。

【九三】

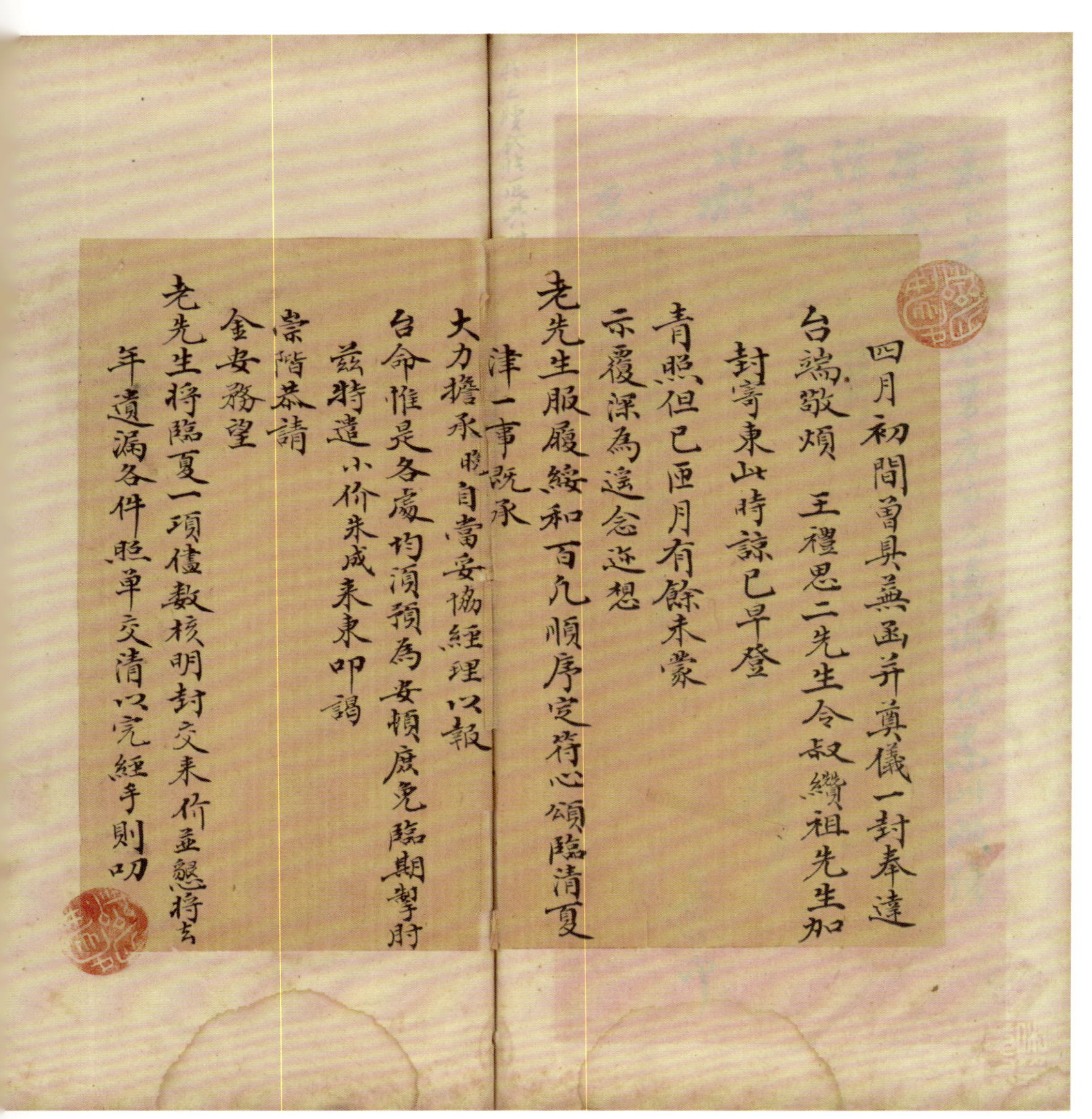

四月初間曾具燕函并奠儀一封奉達
台端敬煩　王禮思二先生令叔纘祖先生加
封寄東山時諒已早登
青照但已匝月有餘未蒙
示覆深為遥念迩想
老先生服履綏和百凡順序定符心頌臨清夏
津一事既承
大力擔承晚自當妥協經理以報
台命惟是各處均須預為安頓庶免臨期掣肘
兹特遣小价朱成来東叩謁
崇階恭請
金安務望
老先生將臨夏一項儘數核明封交来价並懇將去
年遺漏各件照單交清以完經手則叨

◀松茂致春暉主人札

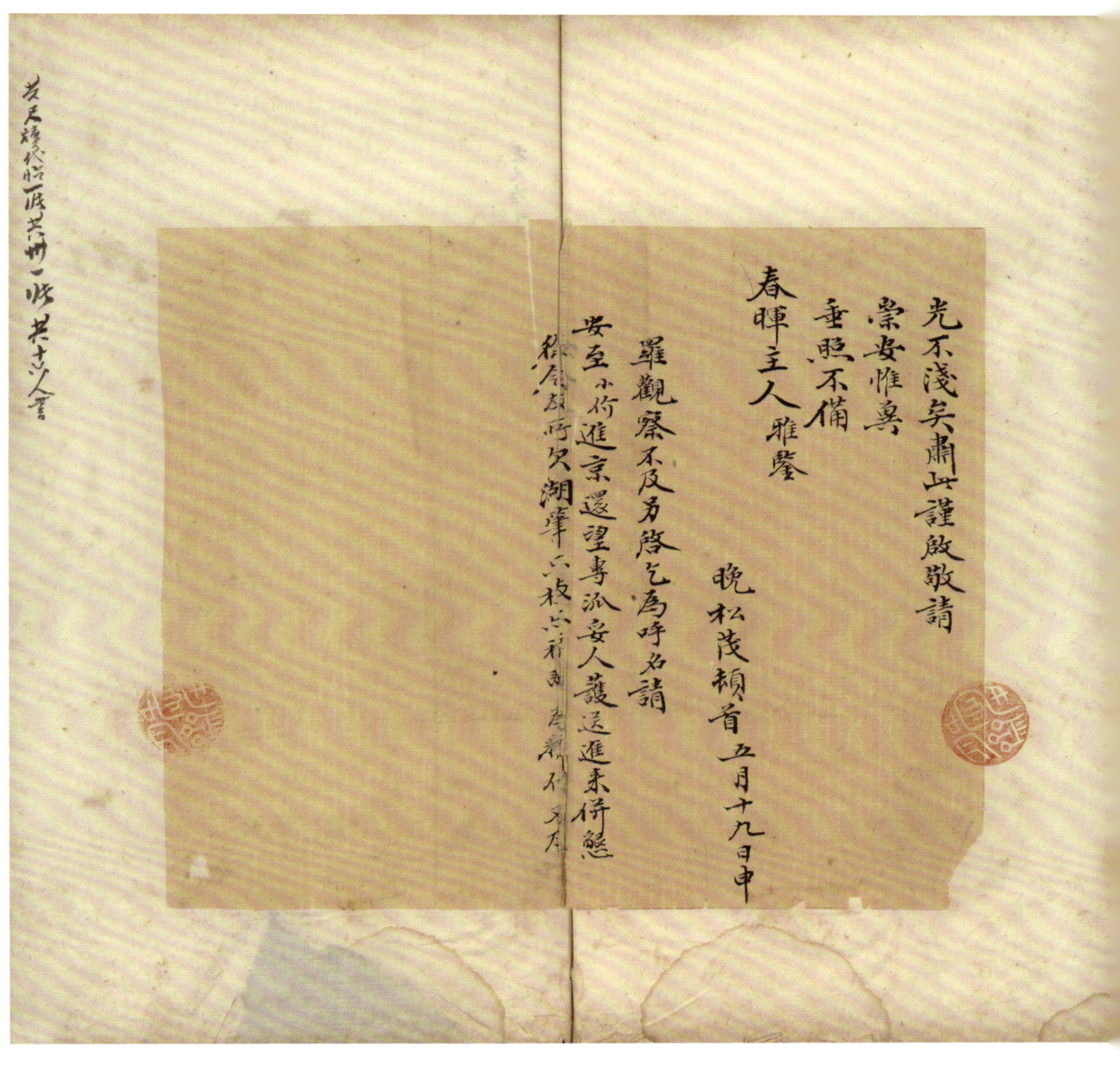

光不淺矣肅此謹啟敬請
崇安惟冀
垂照不備
春暉主人 雅鑒
晚松茂頓首 五月十九日申
羅觀察不及另啓乞爲呼名請
安至小价進京還望專派妥人護送進來併懇
飭令攜所欠湖筆六枝[illegible]

[illegible]尺牘[illegible]共卅一[illegible]共十[illegible]人書

四月初間，曾具蕪函並奠儀一封奉達
臺端，敬煩王禮思二先生、令叔纘祖先生加
封寄東，此時諒已早登
青照。但已匝月有餘，未蒙
示覆，深爲遥念。邇想
老先生服履綏和，百凡順序，定符心頌。臨清夏
津一事既承
大力擔承，晚自當妥協經理，以報
臺命，惟是各處均須預爲安頓，庶免臨期掣肘。
茲特遣小价朱成來東叩謁
崇階，恭請
金安，務望
老先生將臨夏一項儘數核明封交來价，並懇將去
年遺漏各件照單交清，以完經手，則叨
光不淺矣。肅此謹啓，敬請
崇安，惟冀
垂照，不備。
春暉主人雅鑒
晚松茂頓首　五月十九日申

羅觀察不及另啓，乞爲呼名請
安。至小价進京，還望專派妥人護送進來。並懇。
徐令友所欠湖筆六枝，亦祈即爲釋付，又及。

【五〇四】

書名
版別　冊數　13　紙
定價　160.
編号　字第　号
北京市中国書店定價簽

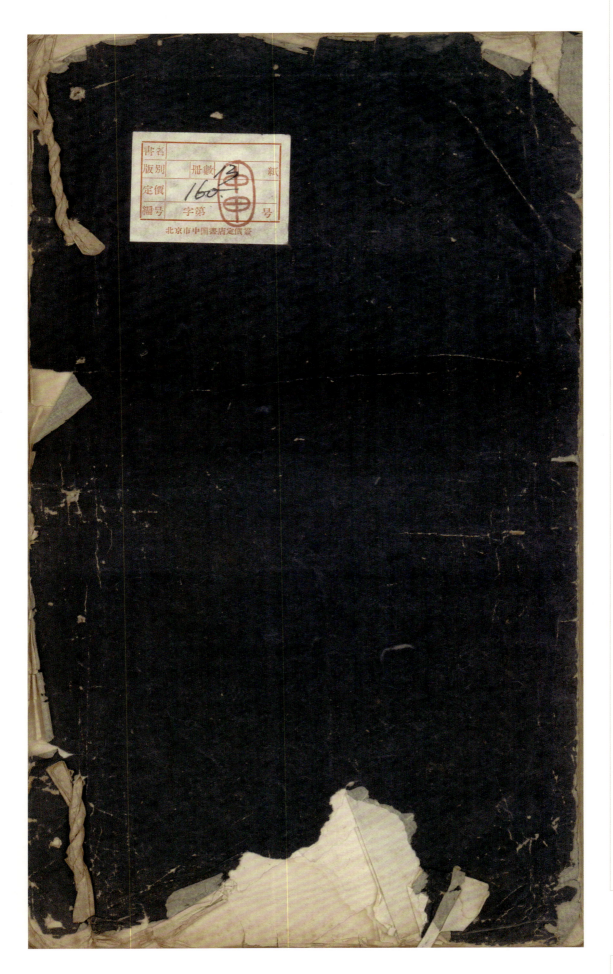

古歡第二册

古懽
第二冊

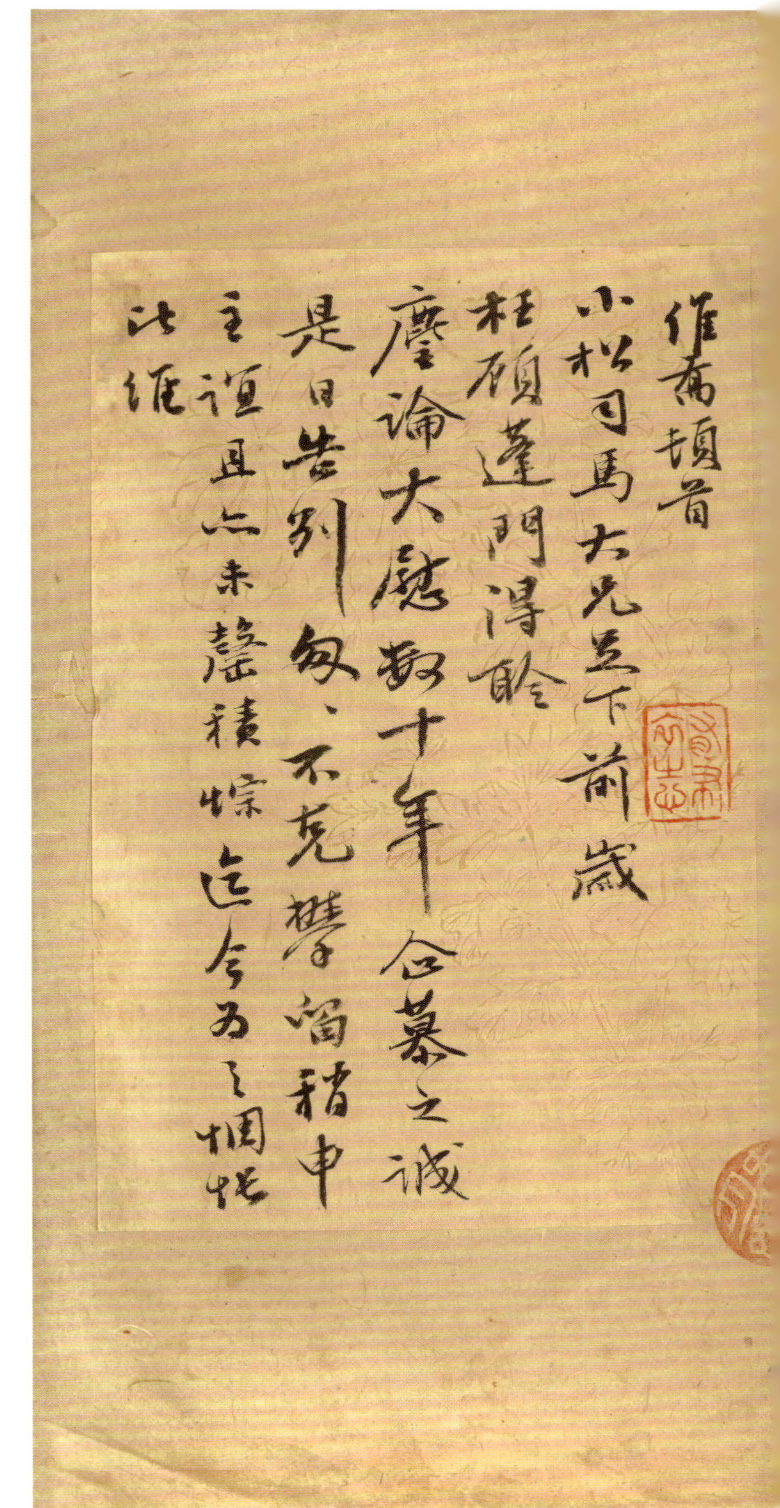

► 錢維喬致黃易札

維喬頓首
小松司馬大兄足下：前歲
枉顧蓬門，得聆
塵論，大慰數十年企慕之誠。
是日告别匆匆，不克攀留，稍申
主誼，且亦未罄積悰，迄今爲之惆悵。
比維

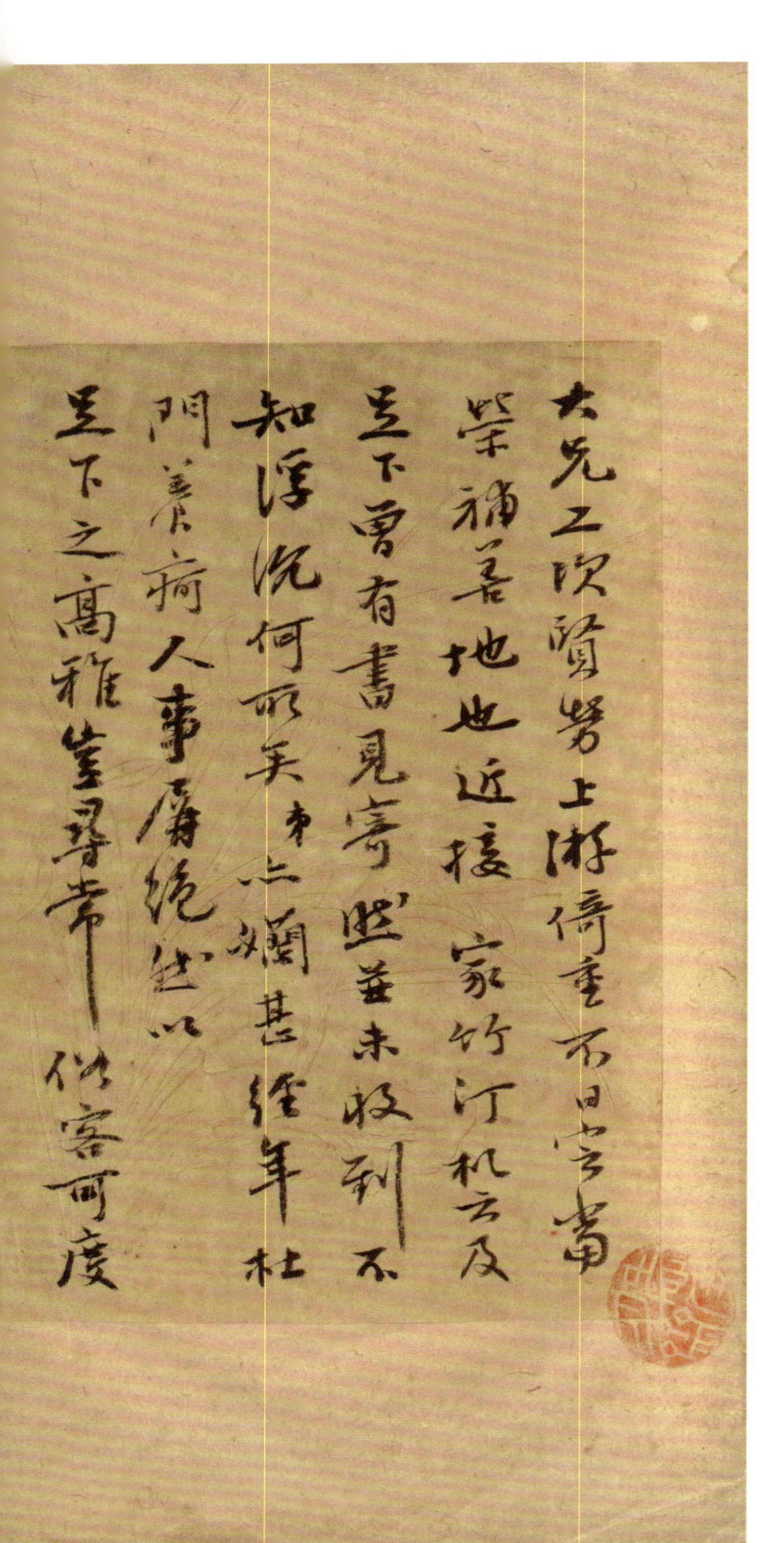

大兄工次賢勞，上游倚重，不日定當
榮補善地也。近接家竹汀札，云及
足下曾有書見寄，然並未收到，不
知浮沉何所矣。弟亦𡢃甚，經年杜
門養痾，人事屏絶。然以
足下之高雅，豈尋常俗客可度

外置之者哉。惟是朽癈之材，一無可取，乃久辱
足下注存之雅，孔北海知有劉備，弟何以當，抱慚而已。季俅觀察與
足下共事河壖，聞極相得金石文字，宦途中得此良契，羡何如之！

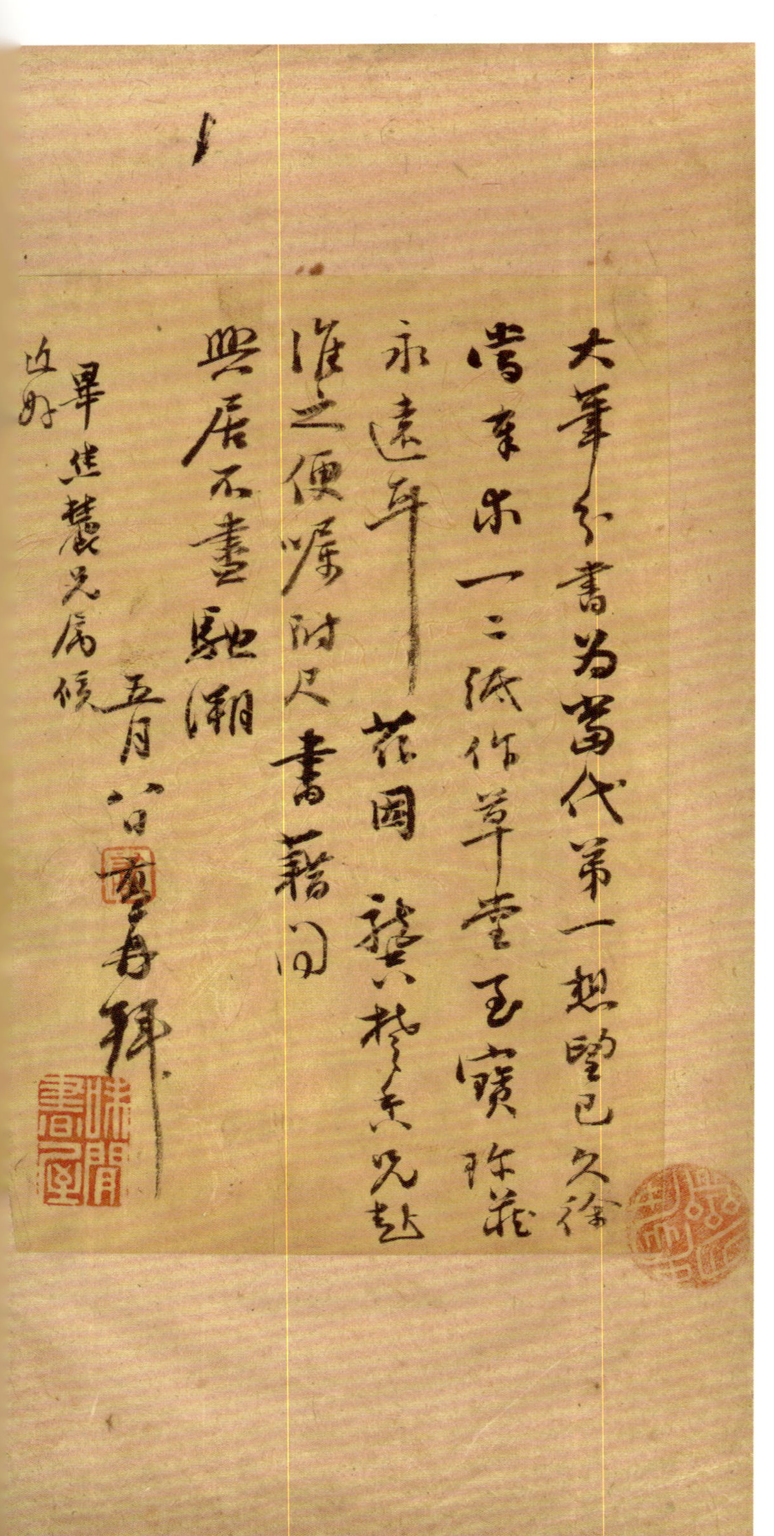

大筆分書爲當代第一，想望已久，徐當奉求一二紙，作草堂至寶，珍藏永遠耳。茲因龔楚香兄赴淮之便，囑附尺書，藉問興居，不盡馳溯。

五月八日喬再拜

畢焦麓兄屬候近好。

【五四五】

吴下愚弟陸恭頓首謹启
小松先生閣下自乙冬河干把别兩閱歲
矣中間屢蒙
手緘寄以兩朱先生之書又
賜以松下清齋之圖又
篆刻賤字俾附不朽以及鑑真之帖

► 陸恭致黄易札

吴下愚弟陸恭頓首，謹啓
小松先生閣下：自乙冬河干把别兩閲歲
矣，中間屢蒙
手緘，寄以兩朱先生之書，又
賜以《松下清齋》之圖，又
篆刻賤字，俾附不朽，以及《鑒真》之帖、

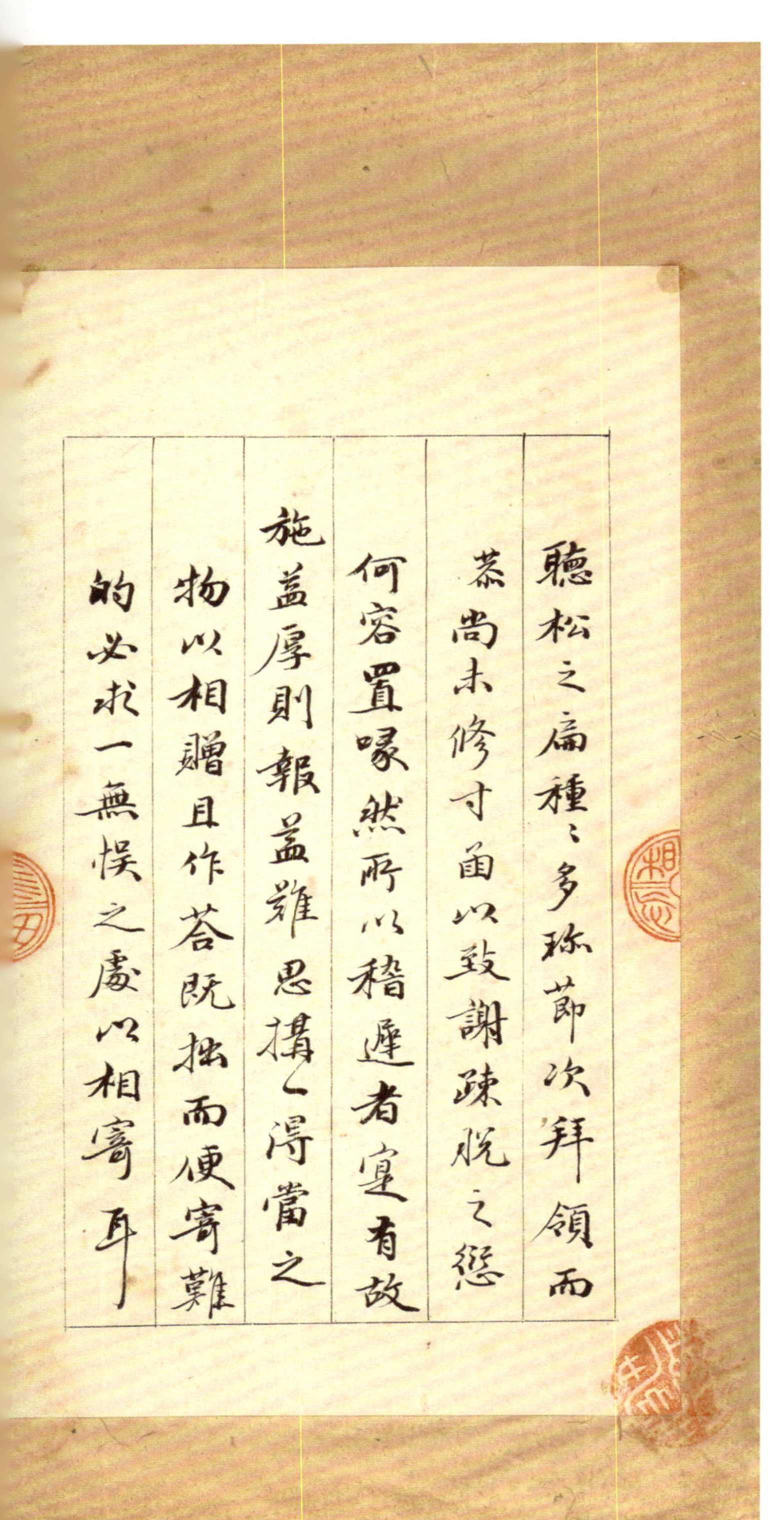

「聽松」之扁，種種多珍，節次拜領，而
恭尚未修寸函以致謝，疏脫之愆，
何容置喙。然所以稽遲者，實有故。
施益厚則報益難，思搆一得當之
物以相贈，且作答既拙而便寄難
的，必求一無誤之處以相寄耳。

蕚庭二兄，恭同譜弟兄也，晤時述

及

先生交滿天下，而賤名時及

齒芬，並疑音問之疏，或别有浮沉之

故。聞言之下，愧汗交迸，因敢縷述其

詳，以請於

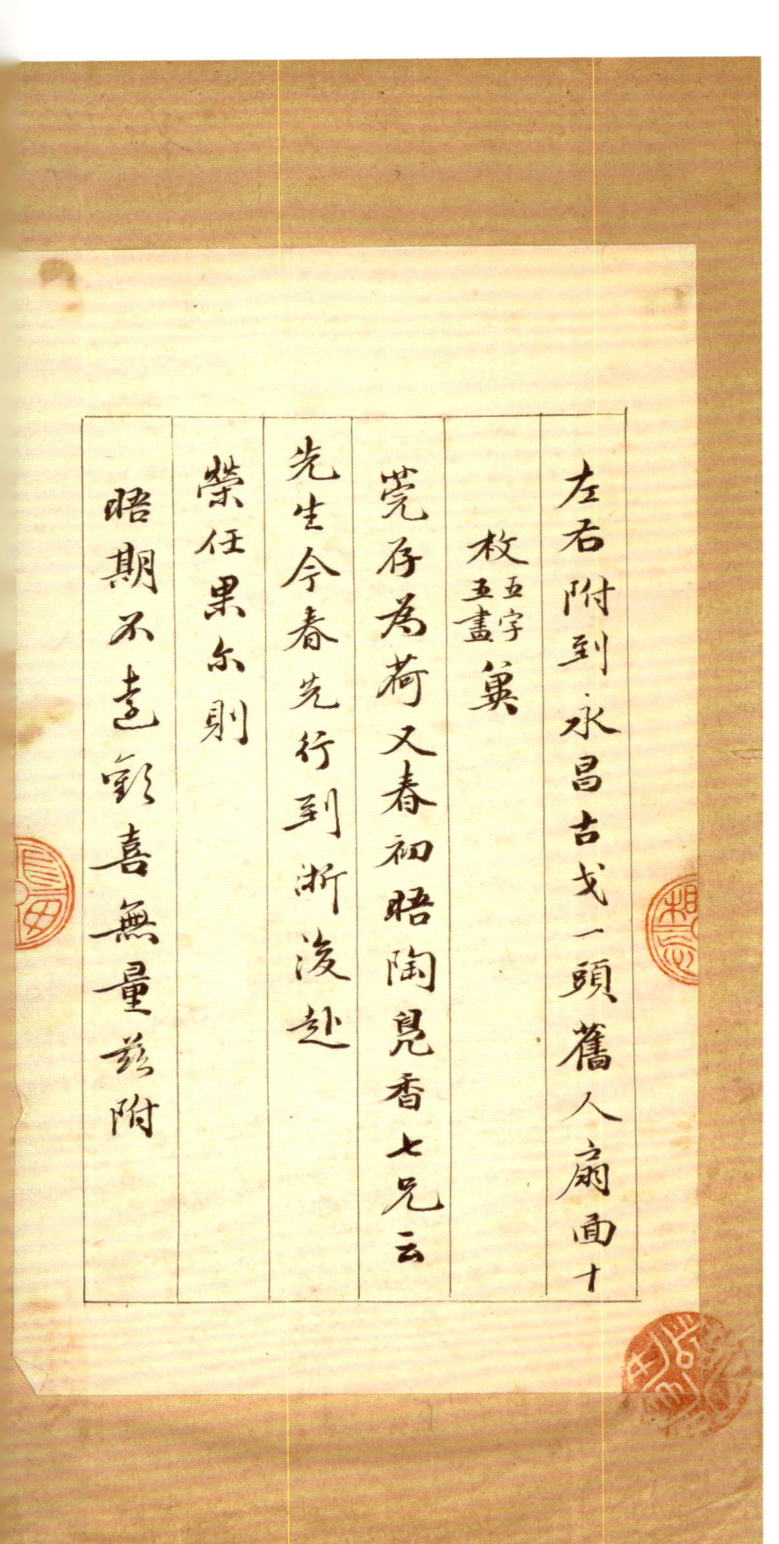

左右。附到永昌古戈一頭、舊人扇面十
枚（五字五畫），冀
莞存爲荷。又春初晤陶梟香七兄，云
先生今春先行到浙，後赴
榮任。果爾，則
晤期不遠，歡喜無量。玆附

萼庭二兄來東之便，泐此，順請
近祺，並鳴謝悃，餘再達不備。
三月廿七日陸恭頓首再拜
兒子 沅濬 稟請
鈞安。
烟客廉州扇面俟覓得再寄，
《兩朱先生集》俟續繳。
筆秀而腴。丁丑四月二齋觀。

【五三八】

周厚轅致黃易札之一

前宵暢談既醉，劇慰生平。昨蒙
惠頒珍品，謝謝。弟眷屬登舟，已於昨晚隨漕臺
船開去，弟今日巳午之間即行，意欲與
先生再談片刻，以慰離悰。未諗何時在
寓，弟當過從握別也。專啓，即請
晨安。　　愚弟周厚轅頓首
秋盦先生九兄閣下　　初六日卯刻

【三七五】

▶ 周厚轅致黃易札之二

快聚至樂，又得兩三次傾談，使弟塵顔頓洗，胸次豁開，别來却增一番悵結矣。遡想

綦履薦綏，

即日臺候萬吉爲慰。《觀碑圖》奉上，破漏蓬窗，轉側不便，詩與字皆草率應

命，乞庋置之，毋污寶册也。順請

秋盦先生即安　　愚弟周厚轅頓首

五月二十三日臨清舟中

若詩尚可用，或將來再寫一篇奉寄，可否？

〖三七五〗

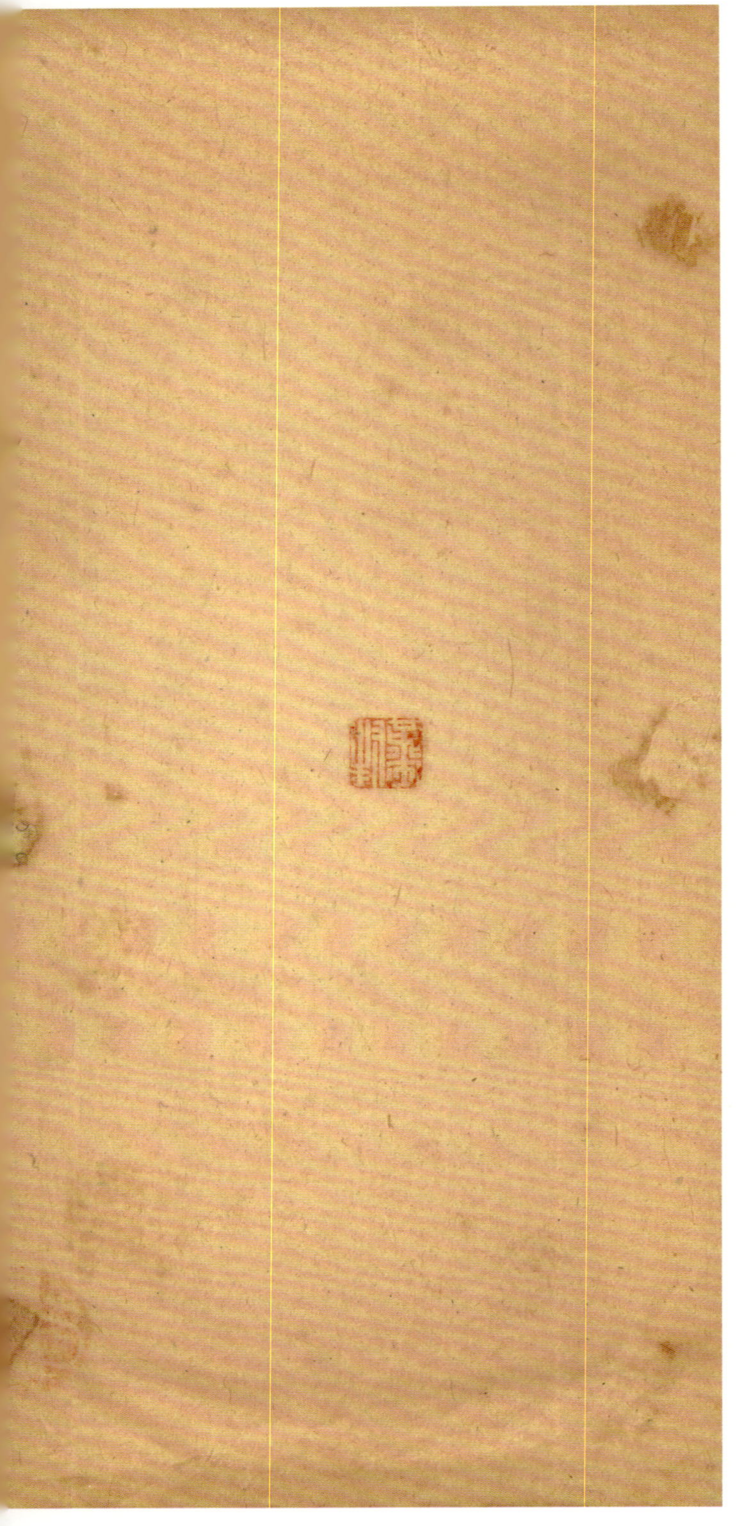

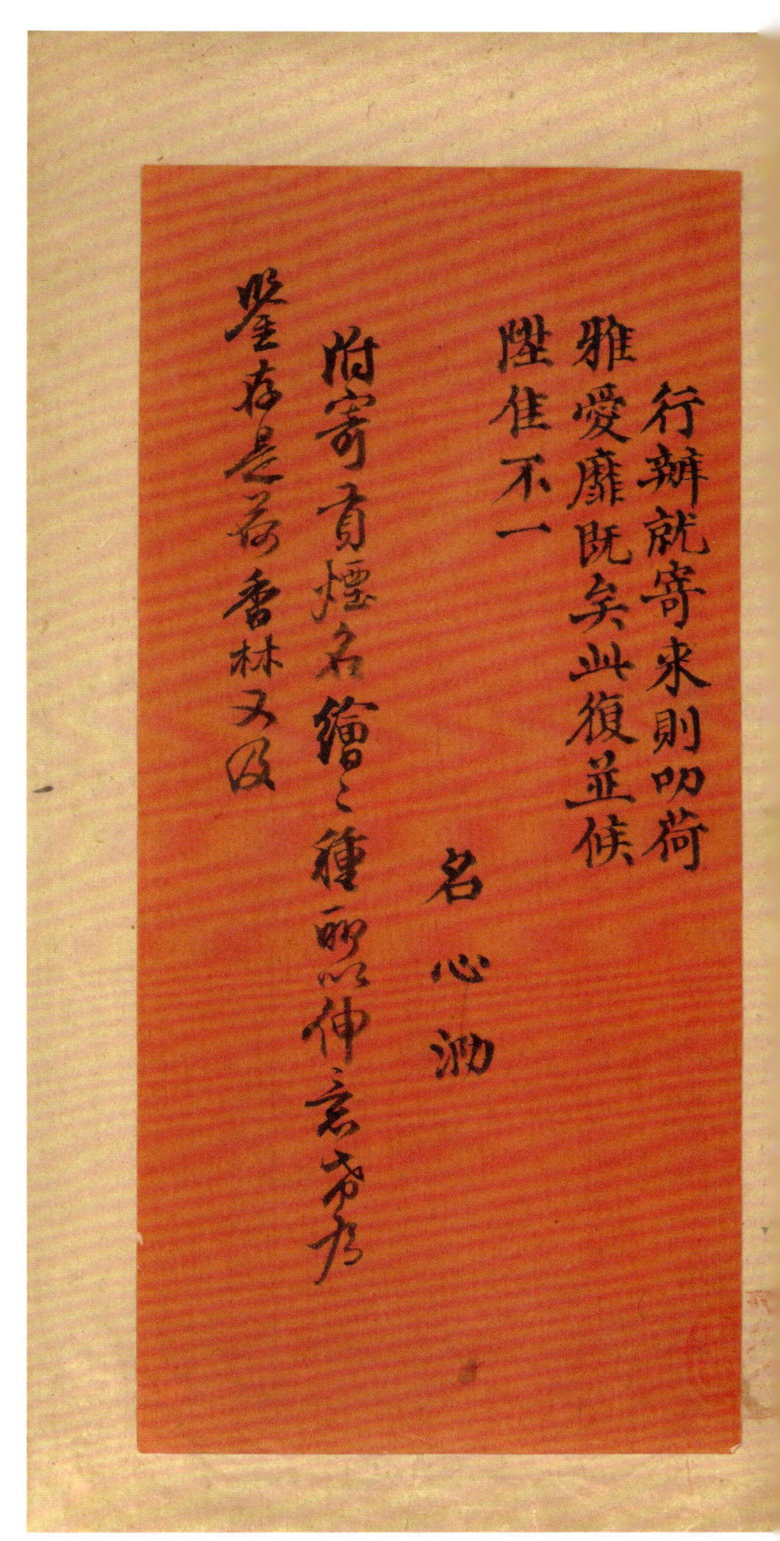

► 李奉翰札

行辦就寄來，則叨荷
雅愛靡既矣。此復並候
陞佳，不一。

名心泐

附寄貢烟、名繪二種，聊以伸意，希爲
鑒存是荷。香林又及。

【二二五九】

二

◀ 馮應榴致黄易札之一

久欽

大雅之材，嗜古涵今，學醇才大，自朗夫中丞以及青

齋諸公，其縷述於弟者非一日矣，不徒家弟之與

老先生有夙契也。衹以賤體善病，疏懶殊常，未獲

頻通款曲。頃從青齋家表兄處見

老先生寄舍表姪賓谷書，知兩犬子在濟報效，承

推摯愛，許爲多方照拂，寸私感泐難名。兩犬子學業

無成，一衿徒困，妄思乘時博取微名；又以弟官橐
蕭條，不能多費，只得下從末秩。然年輕識昧，閱
歷全無，出門以來，實深舐犢，今得
大賢古道，事事訓指，弟可無掛於懷矣。犬子素不知工程，
只可聽上游之委負承辦。惟旅費鉅繁，未審作
何安頓耳。乘便鳴謝，兼候
升祺。晤孫淵如，敝小門生，乞致意，餘容續佈。不宣。
小松先生朗鑒　　從吉弟馮應榴頓首　五月十九日

【五二八】

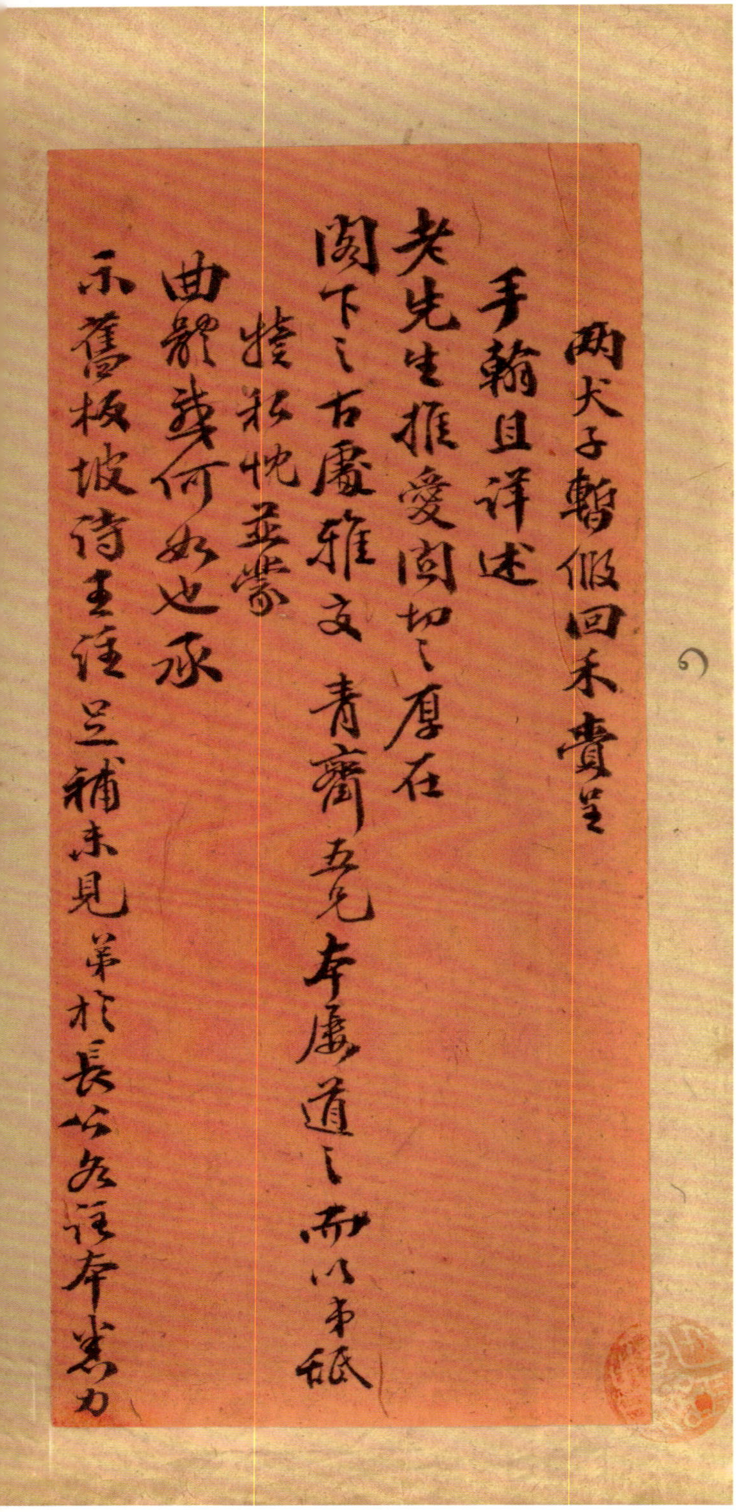

◀ 馮應榴致黄易札之二

兩犬子暫假回禾，賫呈
手翰，且詳述
老先生推愛關切之厚。在
閣下之古處雅交，青齋五兄本屢道之，而以弟舐
犢私忱，並蒙
曲體，感何如也！承
示舊板《坡詩》，王注足補未見。弟於長公各注本悉力

搜訪，惟鄭羽重刊補之《施注》宋本，有而未遇爲悵
耳。至
老先生之於金石文字囊括無遺，想比趙晉齋有過之
矣，敬佩敬佩！兩小兒蒙策道臺暨
老先生諸相好許以暫歸，而時近興工，究須親到，今促
令速行。祈事事訓策之，想不待諄懇也。匆匆復請
近安，附繳
謙光，不備。

弟從吉馮應榴頓首　七月朔日

〖五二九〗

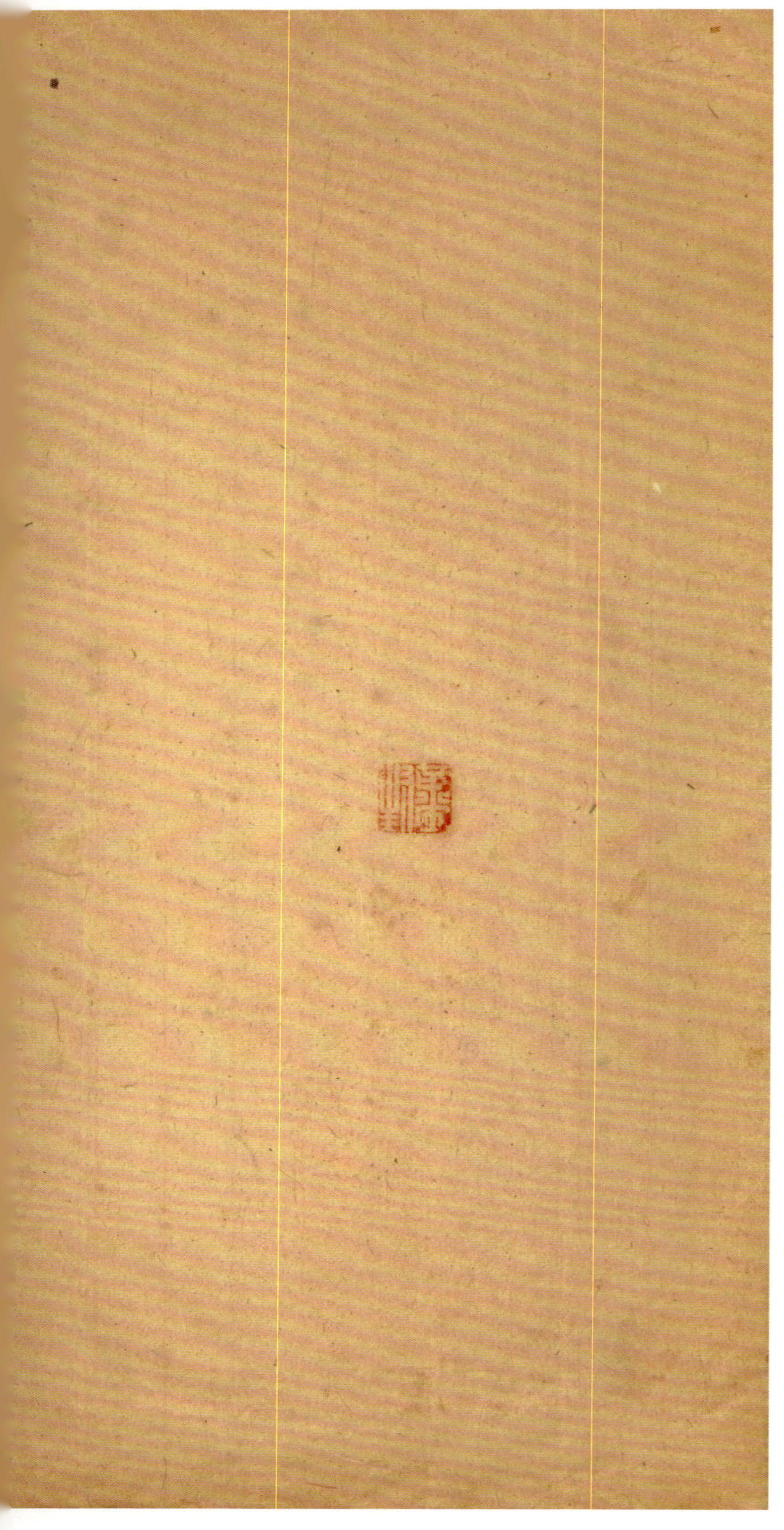

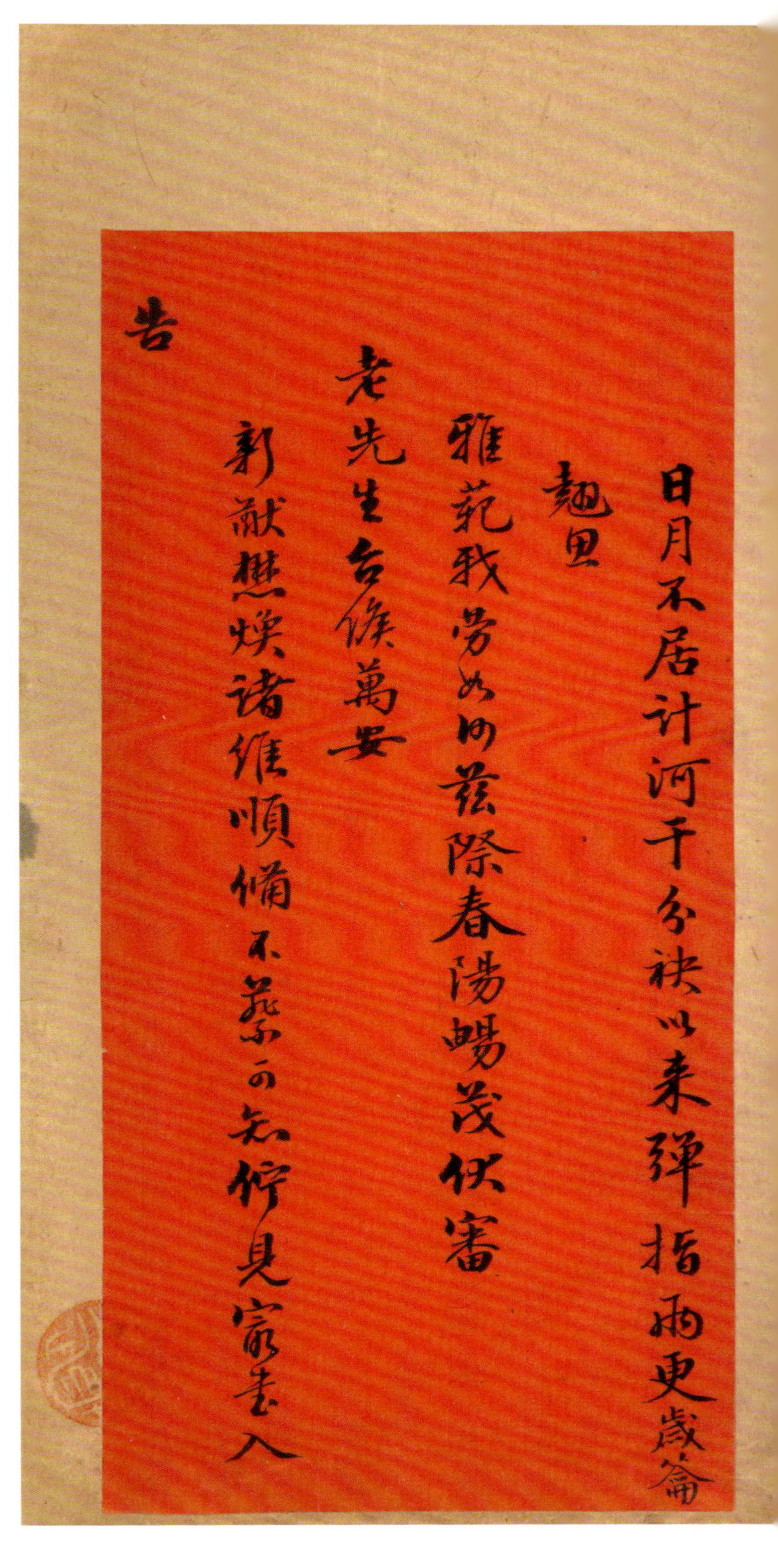

► 閻泰和致黄易札之一

日月不居，計河干分袂以來，彈指兩更歲籥，
翹思
雅範，我勞如何。茲際春陽暢茂，伏審
老先生臺候萬安，
新猷懋煥，諸維順備，不蔡可知，佇見最書入
告，

寵命榮膺，故旦夕間事也。弟於客冬改秩銀臺，
勉襄出納，頭銜雖换，歷禄如初，未悉
大雅何以教之。前承
賜法書，見者無不贊嘆欲絶，敝同年中有携
入
尚書房傳玩摹寫者，甚且以攫取爲快。敢祈

公餘暇晷，惠寄數幅，以慰都人渴慕，何如？肅此

泐佈，恭問

升祺，統祈

丙鑒，不既。

弟閻泰和頓首

附去錢、阮、顧三公處書各一函，便中懇即

分致是荷，又及。

〖四四三〗

◀ 王洽致黄易札

耳熱

聲華，匪朝伊夕，兹以蓬窗南發，獲遊
寶山，俾聞所聞而來者，竊幸見所見而去，何
快如之！祇緣解維較捷，未克沃聆
麈屑，深以爲悵。然蒙
大雅不棄，傾蓋而訂金蘭，已愜素願。且平
章時事不遇，落落客星散佈寰區，雖聚

散無常，或天假之緣，不久依然萍合，亦未可知也。古人云：「意氣之交，不遠千里。」他日關山風雨，夢寐相從，當不啻聚首一堂耳，夫亦何憾於此行！頻行感荷耑差遠送，各聞水微淺阻，深得啓閉之力，今於念九日已抵臺莊。凡此尺水丈波，莫非龍門之賜，聞由臺莊而下，水勢頗旺，可無涸

轍之虞。肅泐數行爲報，行人安穩，布帆無

恙，謹以鳴

謝，並請

安祺，統希

鑒照。上

小松九兄大人史席

愚弟曉峰王洽手奏

〖五六八〗

陸繩致黃易札之一

元宵日從藍三哥處奉到
手札，深荷
垂注，敬稔
九兄大人起居順適爲慰。弟去夏闗
中之遊，僅數往來盤費，咨追之項仍

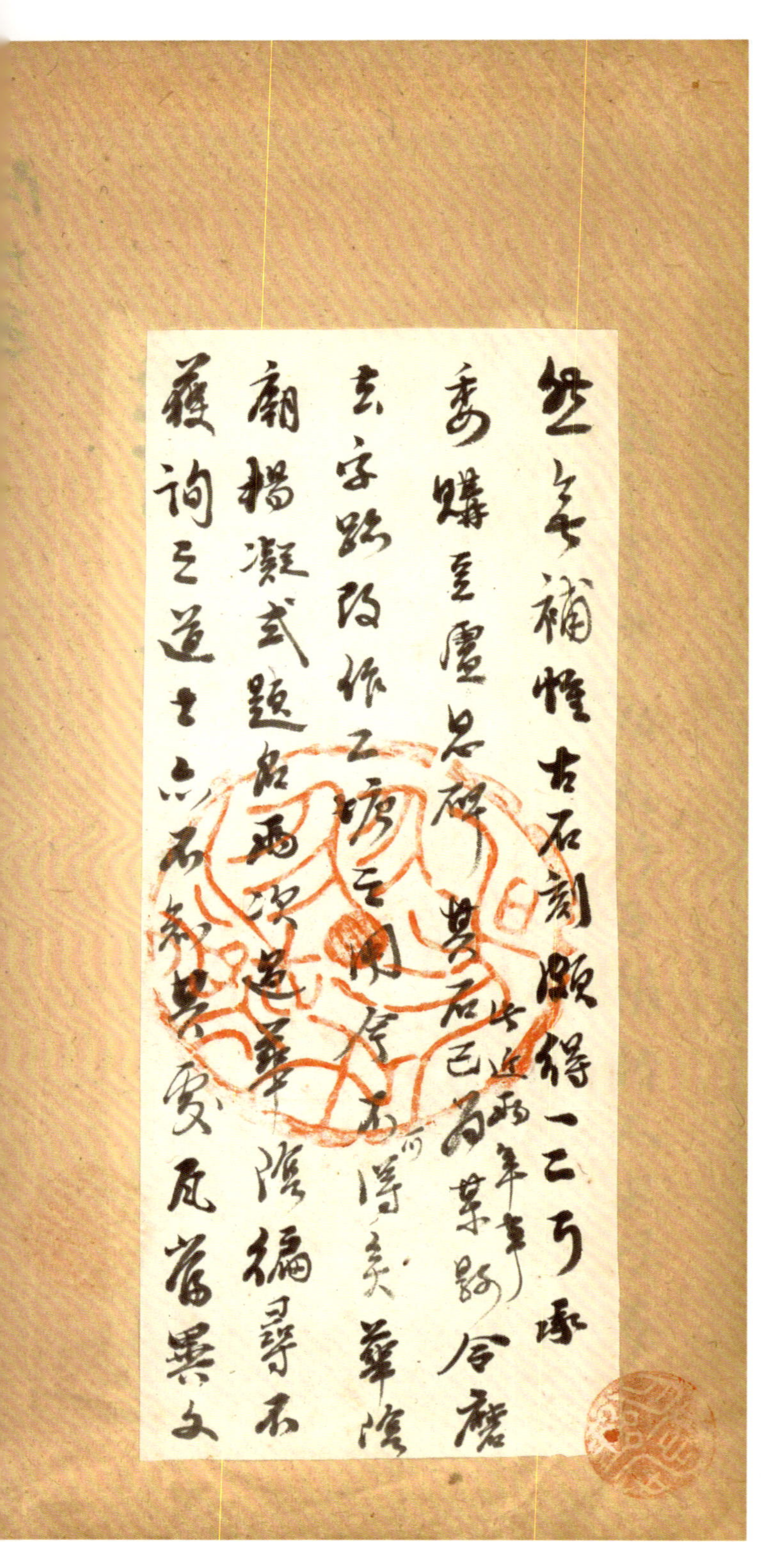

然無補，惟古石刻頗得一二耳。承
委購《豆盧恩碑》，其石已爲某縣令磨
去字迹，改作工塘之用（此近兩年事），今不可得矣。《華陰
廟楊凝式題名》，兩次過華陰遍尋不
獲，詢之道士亦不知其處。瓦當異文

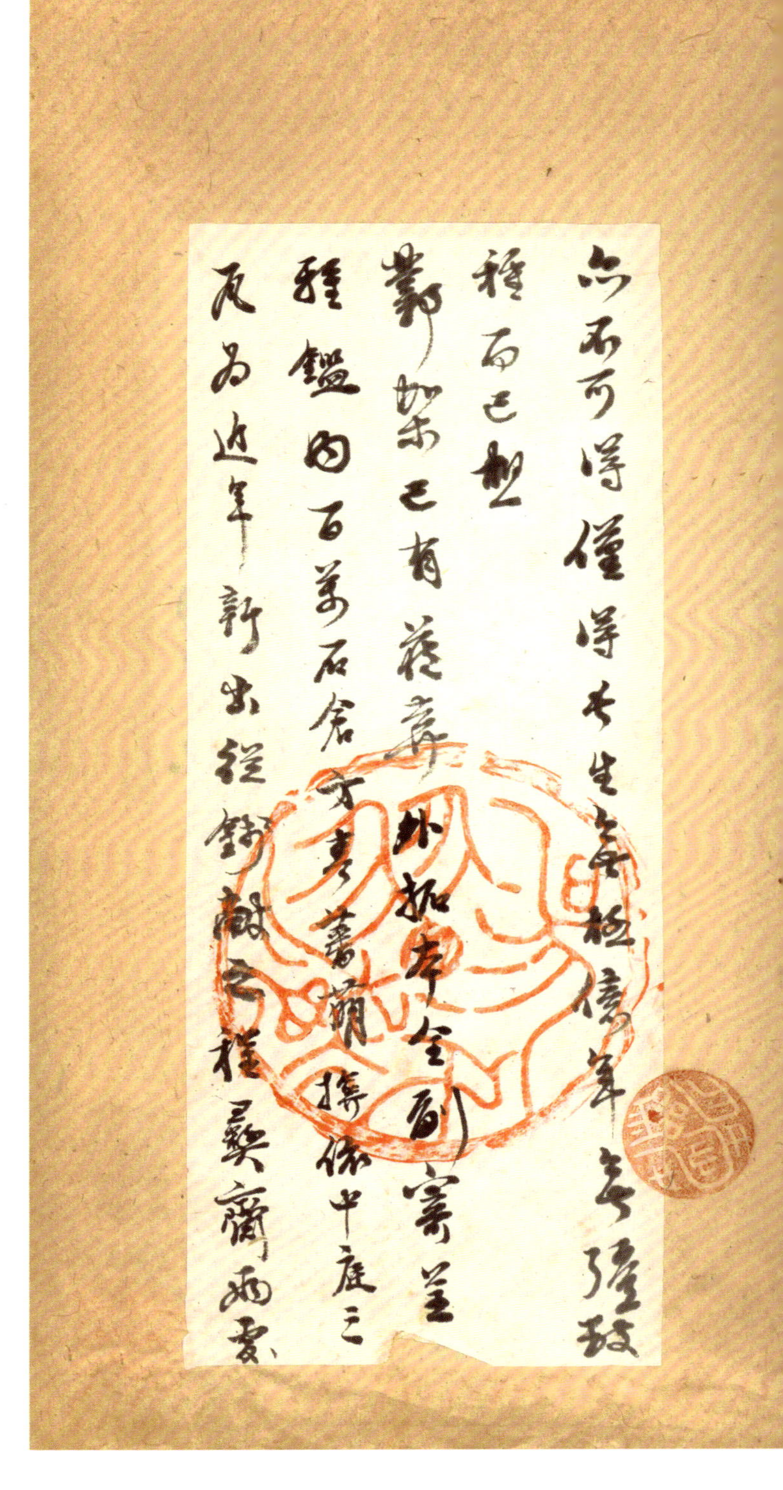

亦不可得，僅得「長生無極」「億年無疆」數
種而已，想
鄴架已有藏弆。外拓本全副寄呈
雅鑒，內「百萬石倉」「方春蕃萌」「搉依中庭」三
瓦爲近年新出，從錢獻之、程彝齋兩處

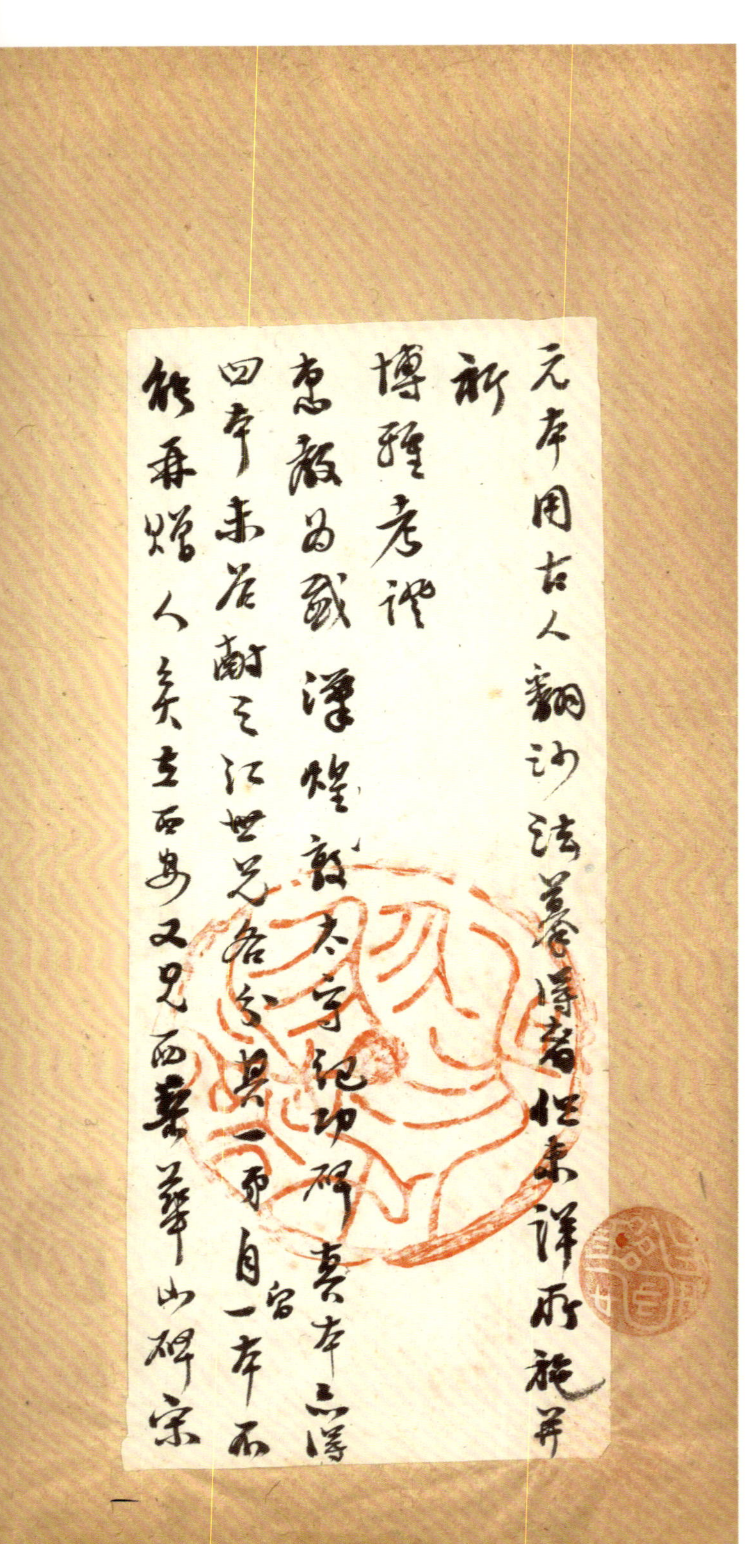

元本用古人翻沙法摹得者，但未詳所施，並
祈
博雅考證
惠教爲感。《漢煌敦（敦煌）太守紀功碑》真本亦得
四本，未谷、獻之、江世兄各分其一，弟自留一本，不
能再贈人矣。在西安又見《西嶽華山碑》宋

拓真本一册，缺一「河」字，其餘與天一閣本無異，惟碑額旁無唐宋人題名，蓋爲裝潢者割去。可惜其價太昂，力不能得，真真恨事。又得唐開元年佛座一，與尊處佛座相似而差大。兹乘藍三哥回濟之便，匆匆率勒布

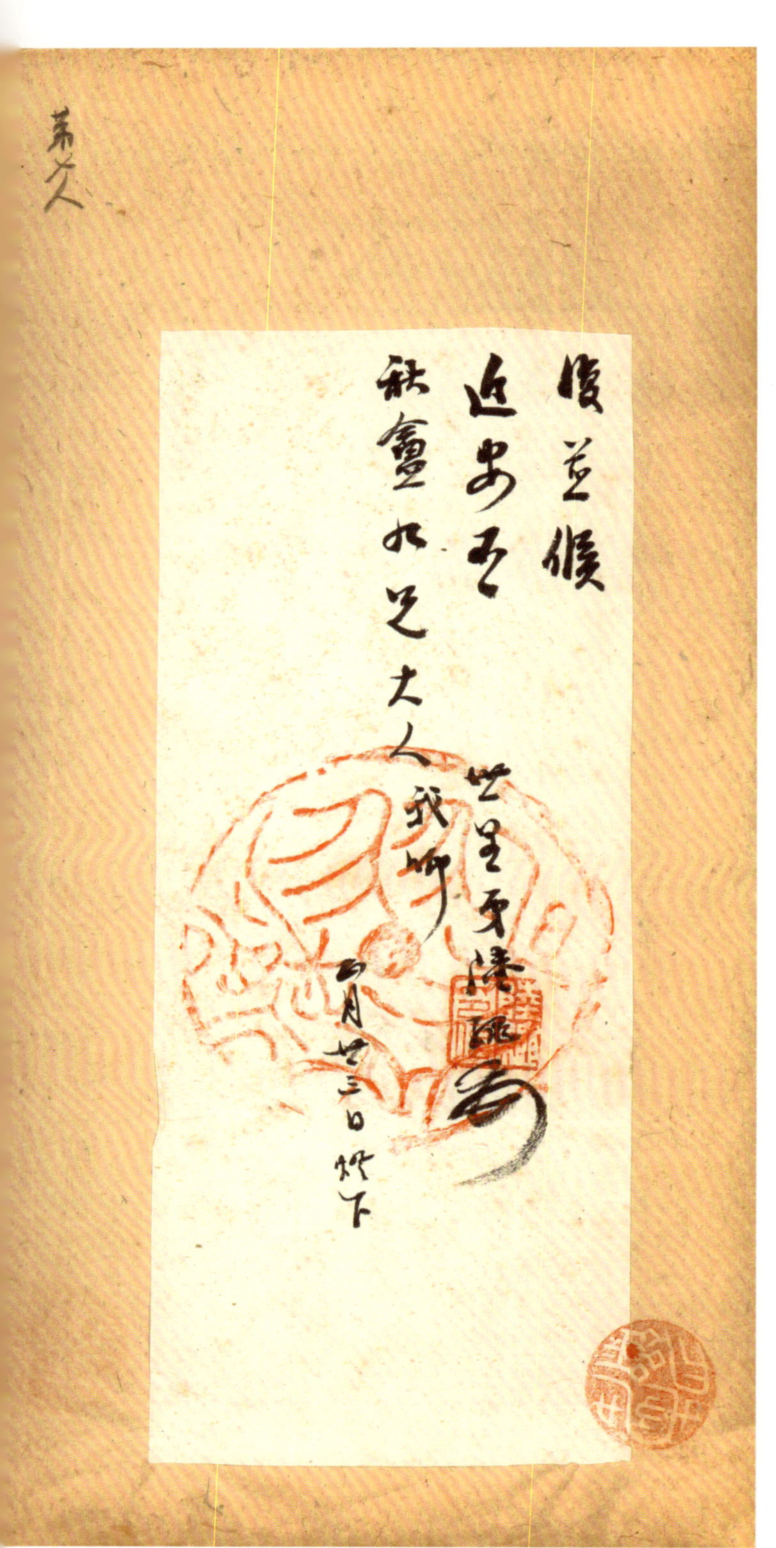

復，並候
近安，不一。
秋盦九兄大人我師　　世愚弟陸繩頓首
正月廿三日燈下

〖三三八〗

▶ 伊秉綬致黃易札之一

秉綬頓首

小松先生足下：朋友有聞聲相思之雅，秉綬

曾介葆初同年以交於

足下，淵如齋中得爲密坐，流連文酒，俯

仰嘯歌。芳訊來時，輒蒙

記念，感則深矣，思有極耶？飛光我遒，三

年契闊，想

文祉洊膺，
興居佳勝爲慰。敝鄉《般若臺銘》今以奉
上，其《王審知碑》俟計偕諸友帶來，再
當馳寄。綬托阮伯元宫詹購山左諸
碑全文，見間望爲促之。此請
近安，統希
照察，不宣。弟伊秉綬頓首再拜
望日
謹空

丁丑四月二齋觀。

【四九六】

張復純致黃易札

尊使遠至，領
賜漢碑二種，銘感之至。《經訓叢書》廿四種久
不刷印，秋間當存以奉送也。錢梅溪近寓杭
城，爲伊遠祖重建表忠祠，來
札有便即寄去不次。弟近將《夏承》《華嶽廟》
《譙敏》《婁壽》四碑以唐宋舊拓本鈎勒，大略季
秋竣事，容並《經訓》各書一總呈
政也。行人立待作

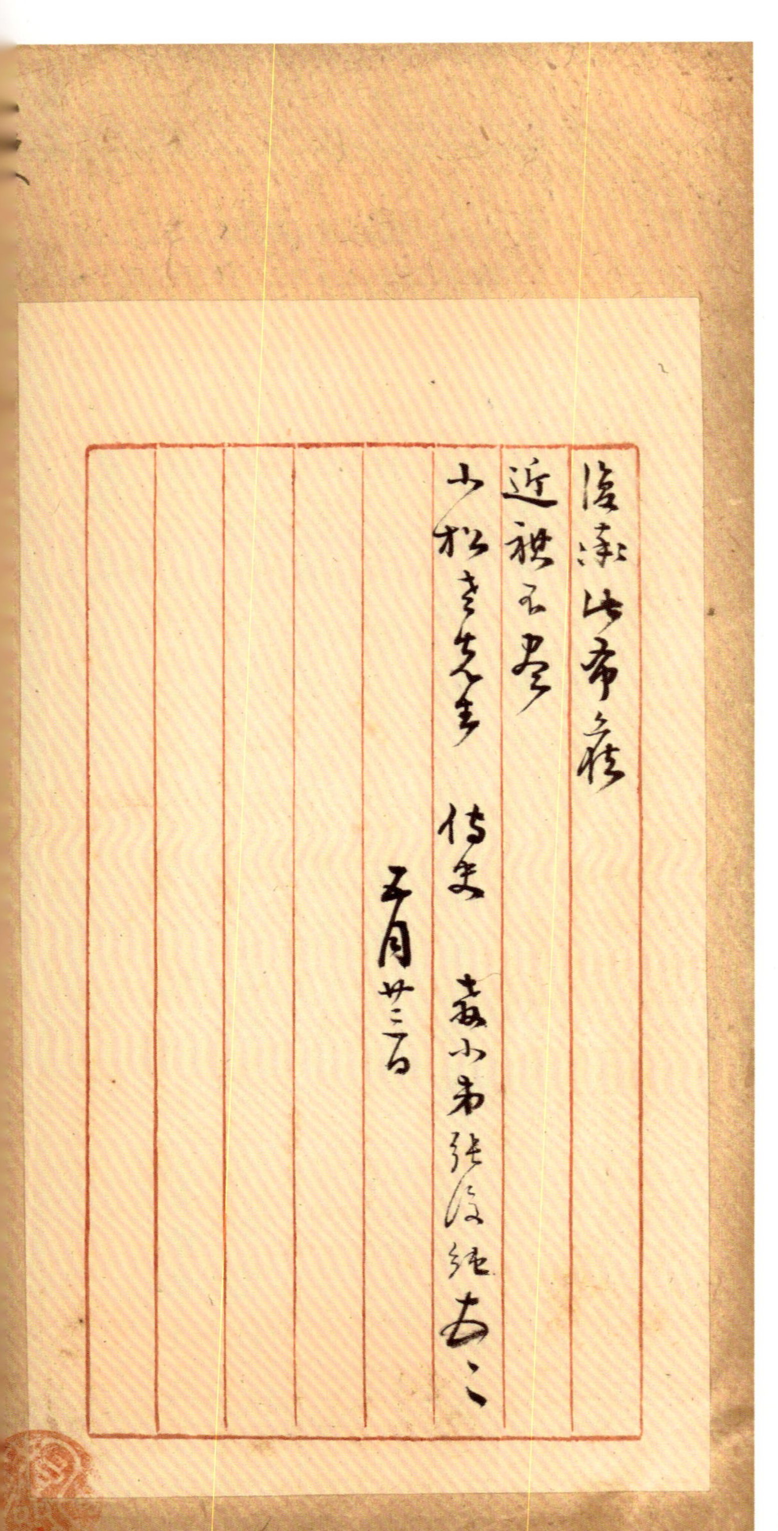

復，率此布候
近祺，不盡。
小松老先生侍史　教小弟張復純頓首頓首
五月廿三日

【四四五】

► 李鼎元致黄易札之一

使至，接讀
手書，備領一切。敬悉
九哥大人福履綏佳，諸凡迪吉，欣慰無
似。弟客歲南遊，原係苦中作樂，然借
此或可眼飽山川、囊括金石，則是行猶
爲不孤。乃瘧鬼爲殃，幾至不起，即令
先得

尊札，勢難臥理。如單中人物所見止簡
齋先生，所得止《校官》一石，猶幸《登岱圖》
已蒙簡齋題詩，今携入都，題咏又數
十家，差不虚
米老筆墨耳。至各處石刻，行即走
札知交托爲拓寄，了此一段因緣也。
闕里各碑，宋石已未全拓，無論元

明。曾托孔博士、顔廣文、□縣尉諸君代爲籌辦，杳未裁覆，便中希爲督之。《三公山碑》原委敬悉，然何以未入前人《金石》，《隸辨》所載又係何石，尚求後示。弟現需次薇垣，毫無善狀，鱗鴻有便，尚希時賜好音，以慰饑渴。肅此奉覆，恭請

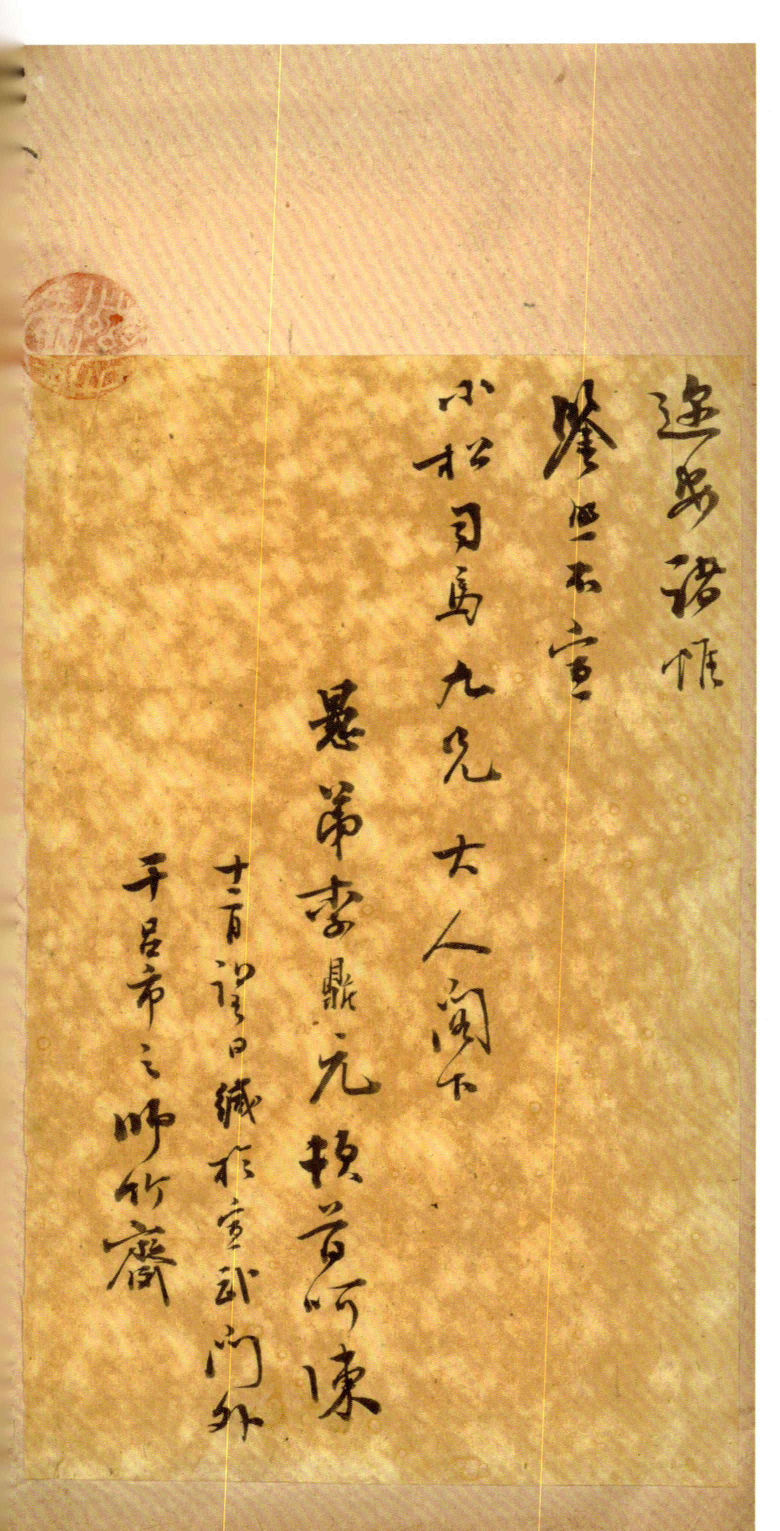

邇安，諸惟

鑒照，不宣。

小松司馬九兄大人閣下

愚弟李鼎元頓首呵凍

十二月望日緘於宣武門外

干吕市之師竹齋

〔四八二〕

► 沈默致黄易札

會城轣轆，久缺啓候爲念，際此空漕出境，公政稍閒，遥想
老先生高齋静對，菊影參差，落墨揮毫，定增逸致，羡何如之。陸古愚舍表兄自關中回豫，因事逗留，須得仲冬來濟。頃書來云：前過任城，承囑購《華陰楊凝式題名》，往來廟中遍尋不得，惟「清泰年月日」一條，字甚不

佳，非少師筆。其《豆盧恩碑》，訪於五十一年爲咸陽令斷爲塘工石用，致可惜也。今爲代寄上《武都太守題名》並《禹蹟圖》《華夷圖》共三種，祈鑒納。未谷屆二次俸滿，日來坐此較忙，或可得保叙也。小香一函並呈，敬此奉布，即候升安，不一。

後學沈默頓首

筆趣盎然。丁丑四月二齋觀。

【三四六】

► 歸朝煦致黄易札之一

廿七日酉刻行至留智，荷承
九哥專使遠來並示知一切，殊深銘
謝。夷使此時想早過境。巡漕係宗室
斐掌科，此人甚平常，且不懂禮，當留
心待之。濟寧離京甚近，外間之事京中

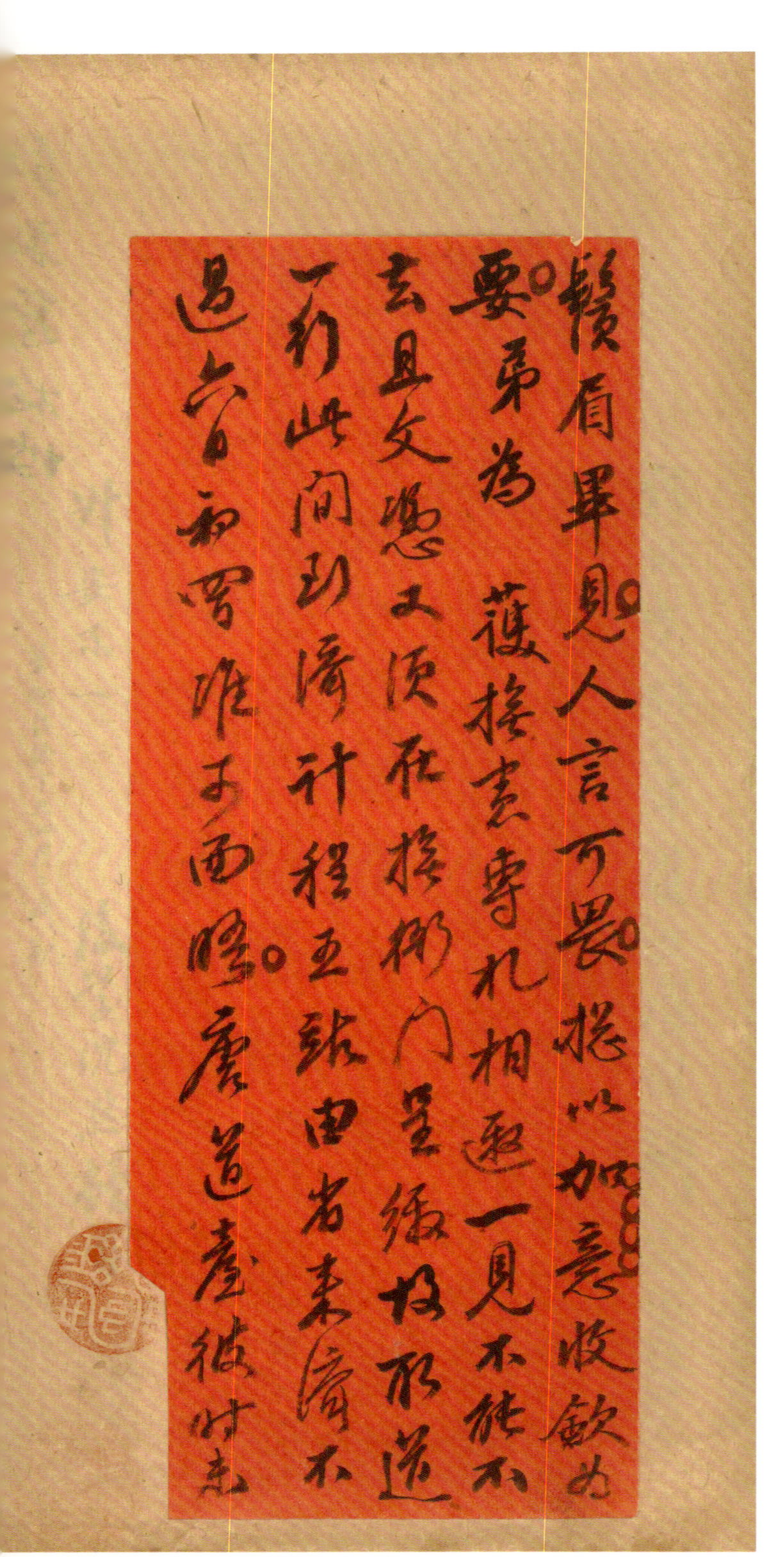

鬚眉畢見，人言可畏，總以加意收斂爲要。弟爲護撫憲專札相邀一見，不能不去，且文憑又須在撫衙門呈繳，故取道一行。此間到濟計程五站，由省來濟不過六日，初四日準可面晤。唐道臺彼時未

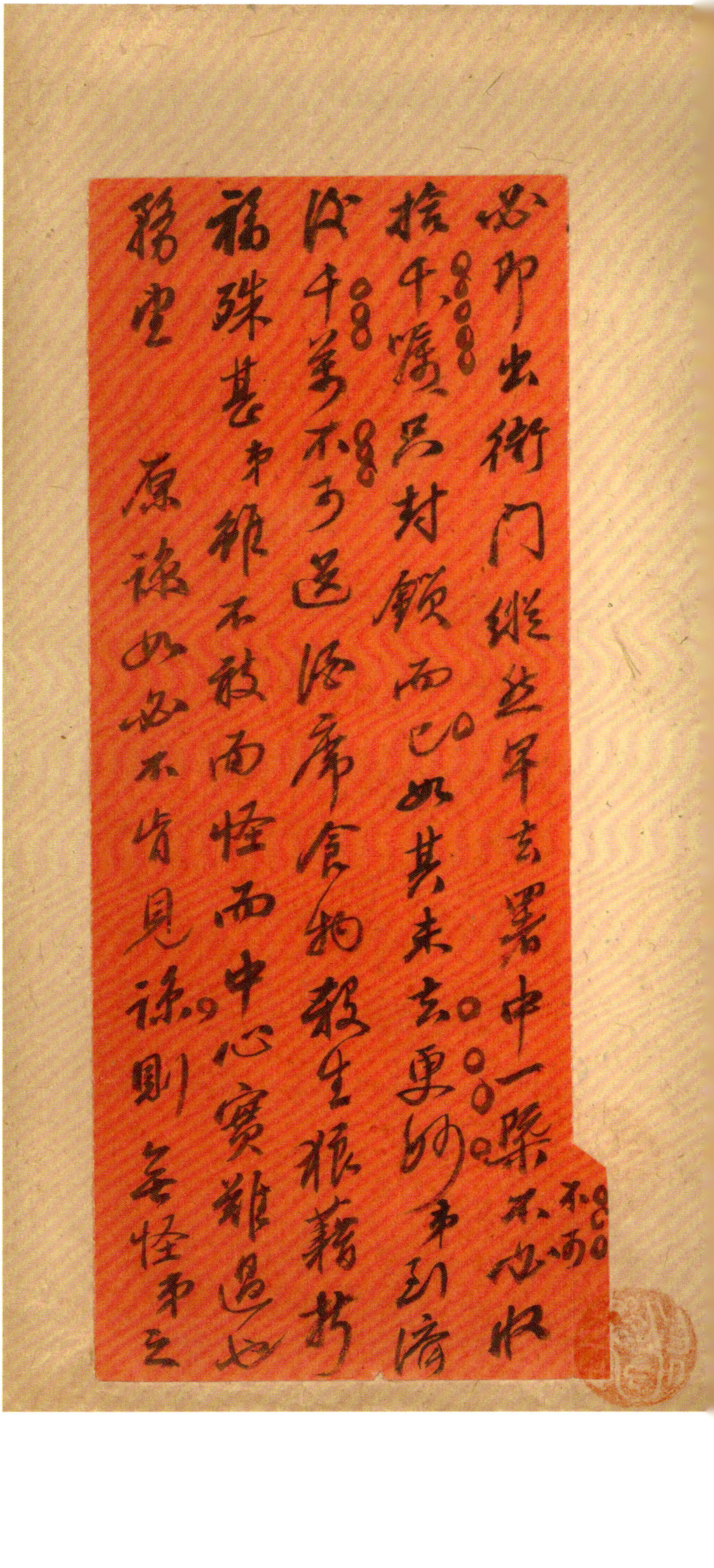

必即出衙門，縱然早去，署中一概不可收拾，千囑千囑，只封鎖而已；如其未去，更妙。弟到濟後，千萬不可送酒席食物，殺生狼藉，折福殊甚，弟雖不敢面怪而中心實難過也，務望原諒。如必不肯見諒，則無怪弟之

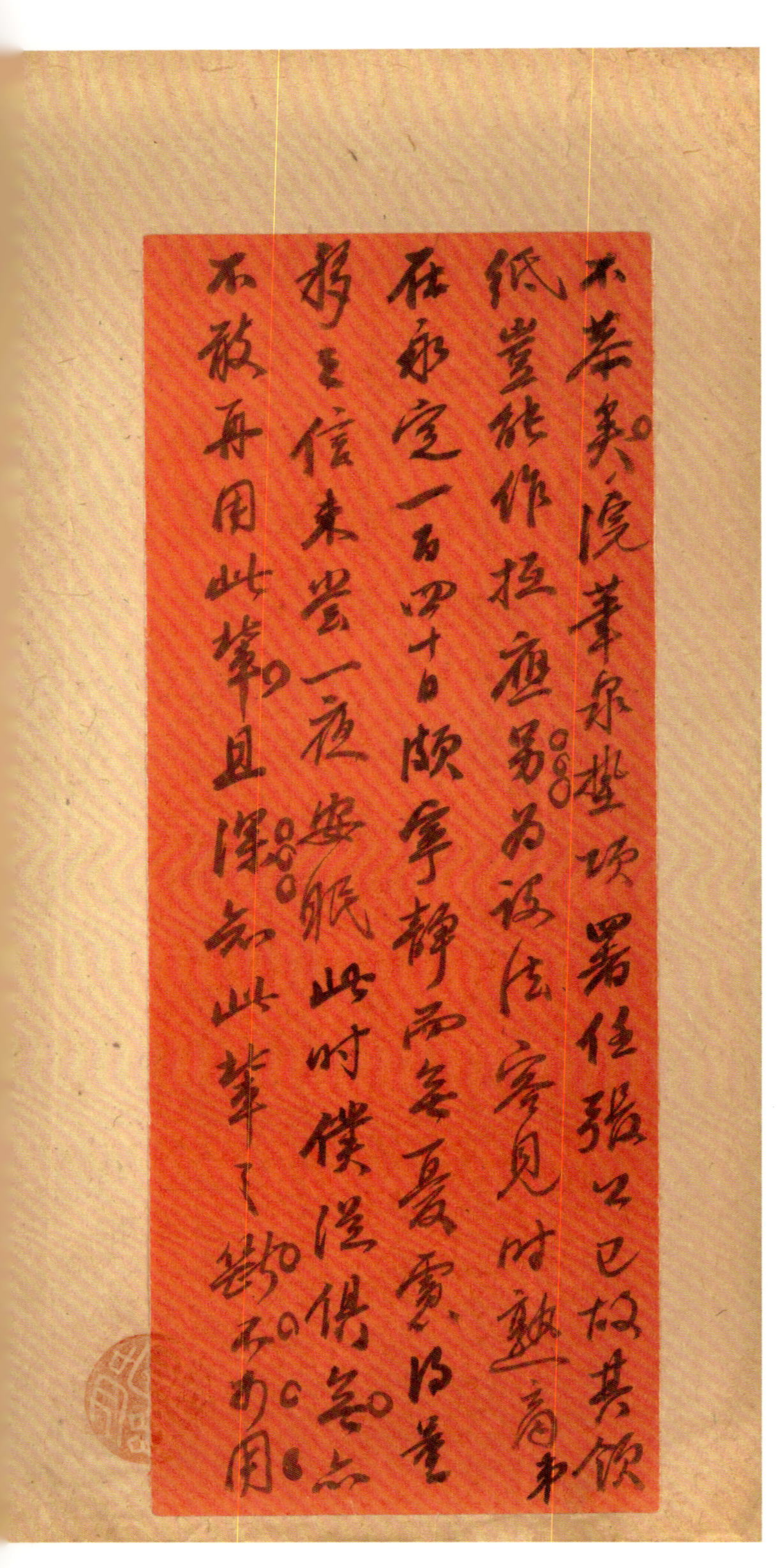

不恭矣。浣筆泉墊項，署任張公已故，其領紙豈能作抵，應另爲設法，容見時熟商。弟在永定一百四十日，頗寧静而無憂慮，得量移之信，未嘗一夜安眠。此時僕從俱無，亦不敢再用此輩，且深知此輩之斷不可用，

故所帶只一小子而已，如少有知識亦即遣去，
不留根株也。問王紀自悉。
大憲前帶手本請安，並望酌量面禀，先此
奉復，即候
陞祺，不一。　　學寅弟歸朝煦頓首
　　　　　　　　廿七日三鼓德水申

〔四二六〕

王明府札

◀王復致黄易札之二

月初接奉

手書，藉慰年餘積愫。敬稔

九兄大人起居安吉，潭署凝庥，欣慰奚似。復於月之十九日

馳赴襄城，迎謁

弇山夫子，一路送至蘭陽，追隨六日，暢所欲言。

閣下清況已爲細細告知，談次屢屢提及，意甚關切。俟

到東後

閣下謁見時，懇切言之，無不關照。並談及朱朗齋先

生現在

鈴齋，意欲延請課讀。又自撰楹帖，欲索

書八分種種，想當面言也。《受禪碑》在敝處之小樊城，離縣

四十里，所

示碑額三字，屢托友人往查，俱稱未見。復日前親至其

處，摩挲數遍，實有三字在上，現在命工摹拓。但此

碑於數十年前土人縱火燒之，是以下半漫漶之

至，殊爲可惜。《上尊號碑》有陰而無側，現亦拓取。但

此郵遞甚難，俟冬底或明春專价至節署，順便

送

上。又覃谿先生云，陳留學内有《宋石經》殘本，復已訪得，
　俟拓得一並呈
覽。復本負重累，自七月中至臨潁，事簡途衝，累而又
　累，將來正不知作何結局。
知己問之，定必代爲扼腕也。匆匆布復，順請
臺安，餘俟續布，不一。　愚弟復頓首上
小松九兄大人閣下

【三四】

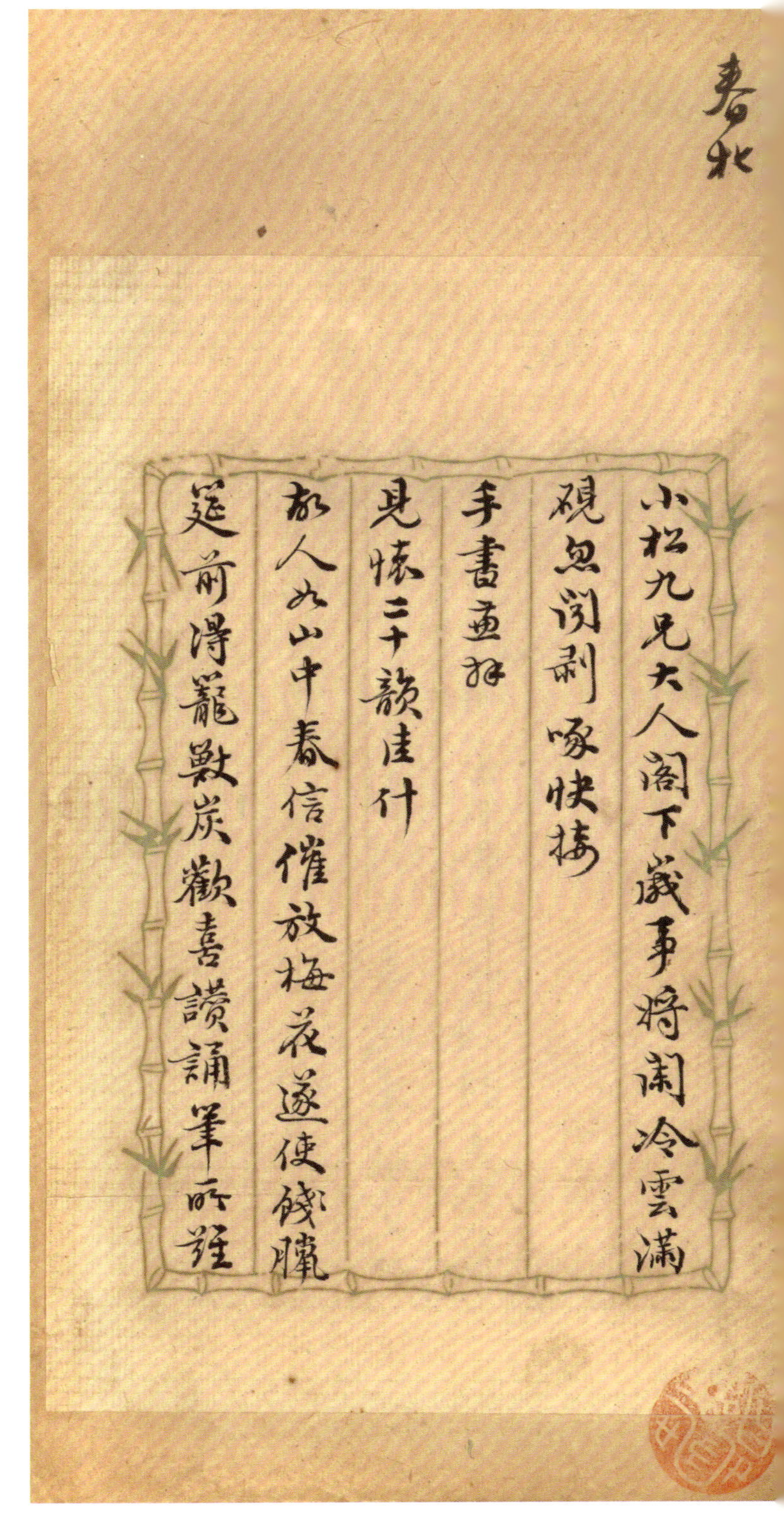

►魏成憲致黄易札之一

小松九兄大人閣下：歲事將闌，冷雲滿硯，忽聞剥啄，快接
手書，兼拜
《見懷二十韻》佳什。
故人如山中春信催放梅花，遂使餞臘
筵前得籠獸炭，歡喜贊誦，筆所難

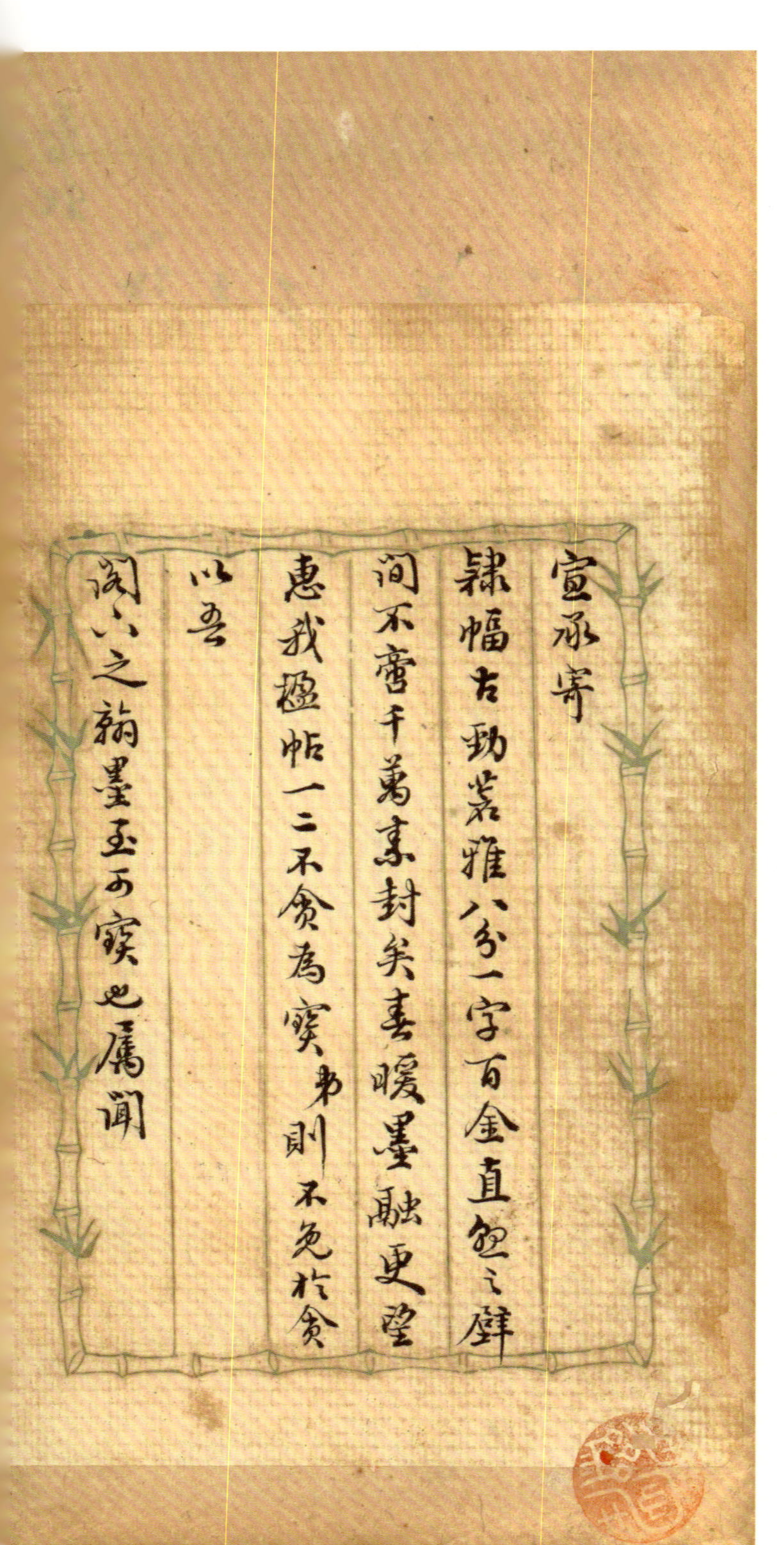

宣。承寄
隷幅，古勁蒼雅，八分一字百金直，懸之壁
間，不啻千萬素封矣。春暖墨融，更望
惠我楹帖一二，不貪爲寶，弟則不免於貪，
以吾
閣下之翰墨至可寶也。屬聞

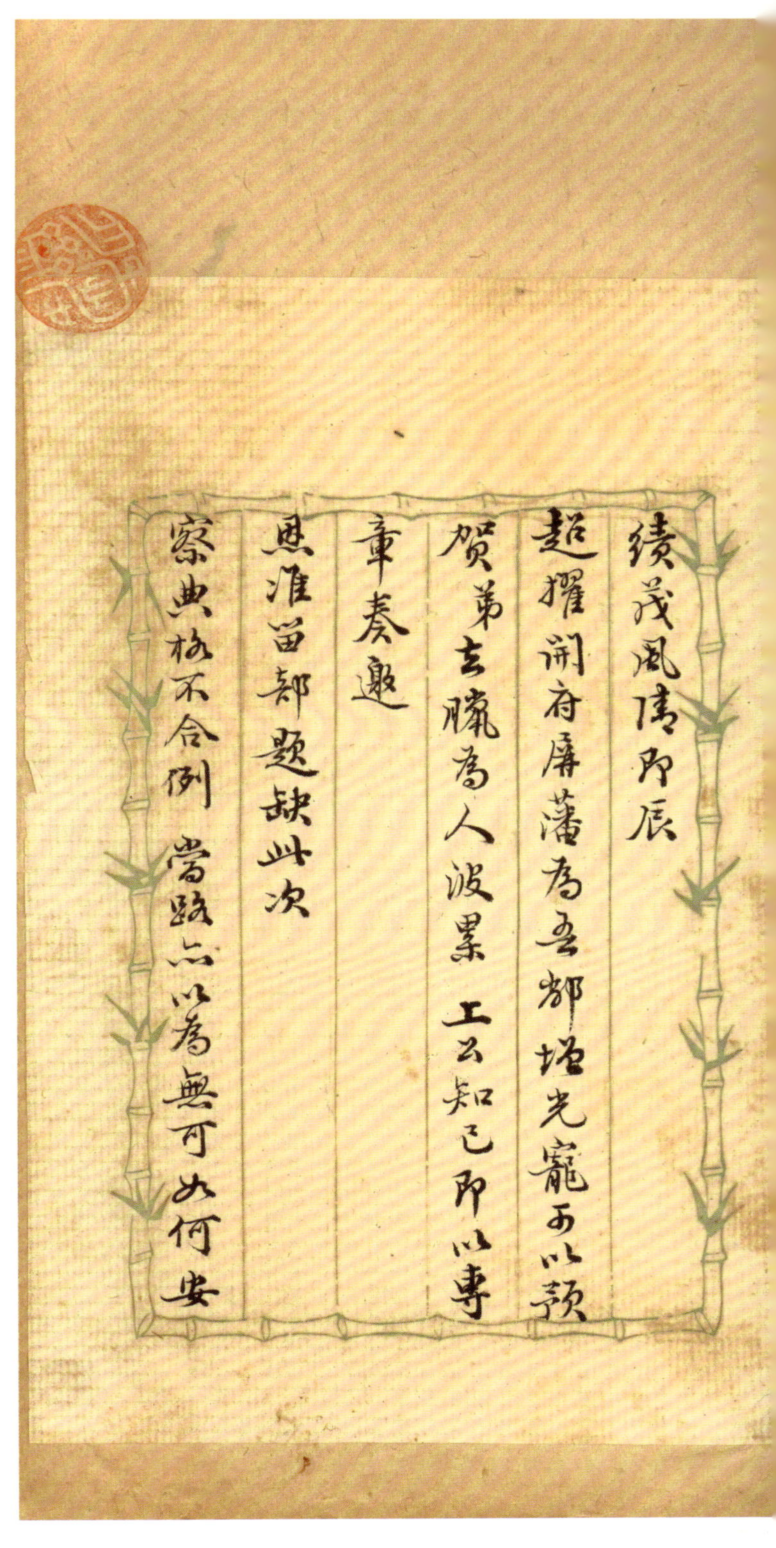

績茂風清，即辰
超擢，開府屏藩，爲吾鄉增光寵，可以預
賀。弟去臘爲人波累，上公知己即以專
章奏邀，
恩准留部題缺，此次
察典格不合例，當路亦以爲無可如何。安

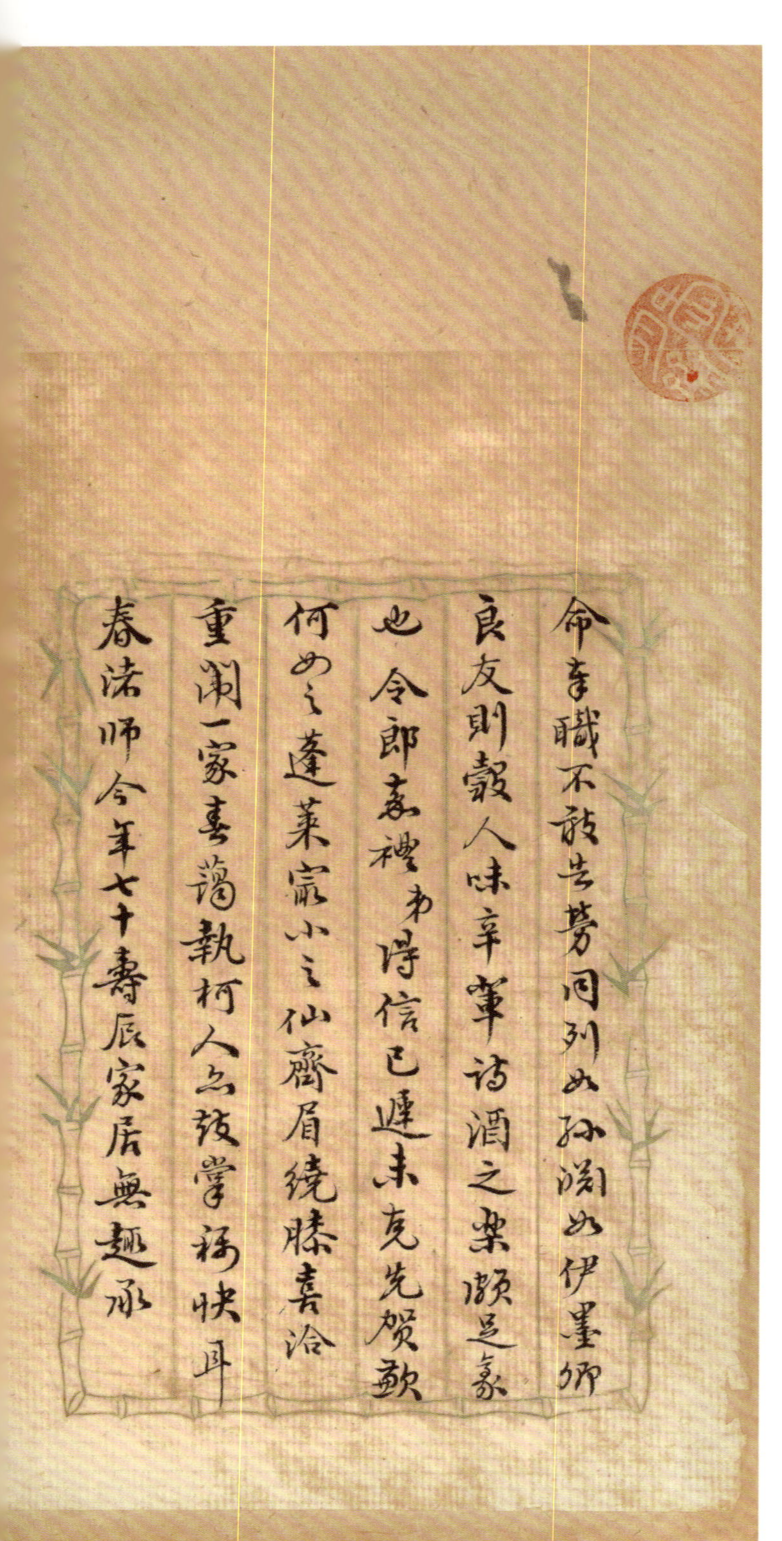

命奉職，不敢告勞，同列如孫淵如、伊墨卿，良友則穀人、味辛輩，詩酒之樂頗足豪也。令郎嘉禮，弟得信已遲，未克先賀，歉何如之。蓬萊最小之仙，齊眉繞膝，喜洽重闈，一家春藹，執柯人亦鼓掌稱快耳！春渚師今年七十壽辰，家居無趣，承

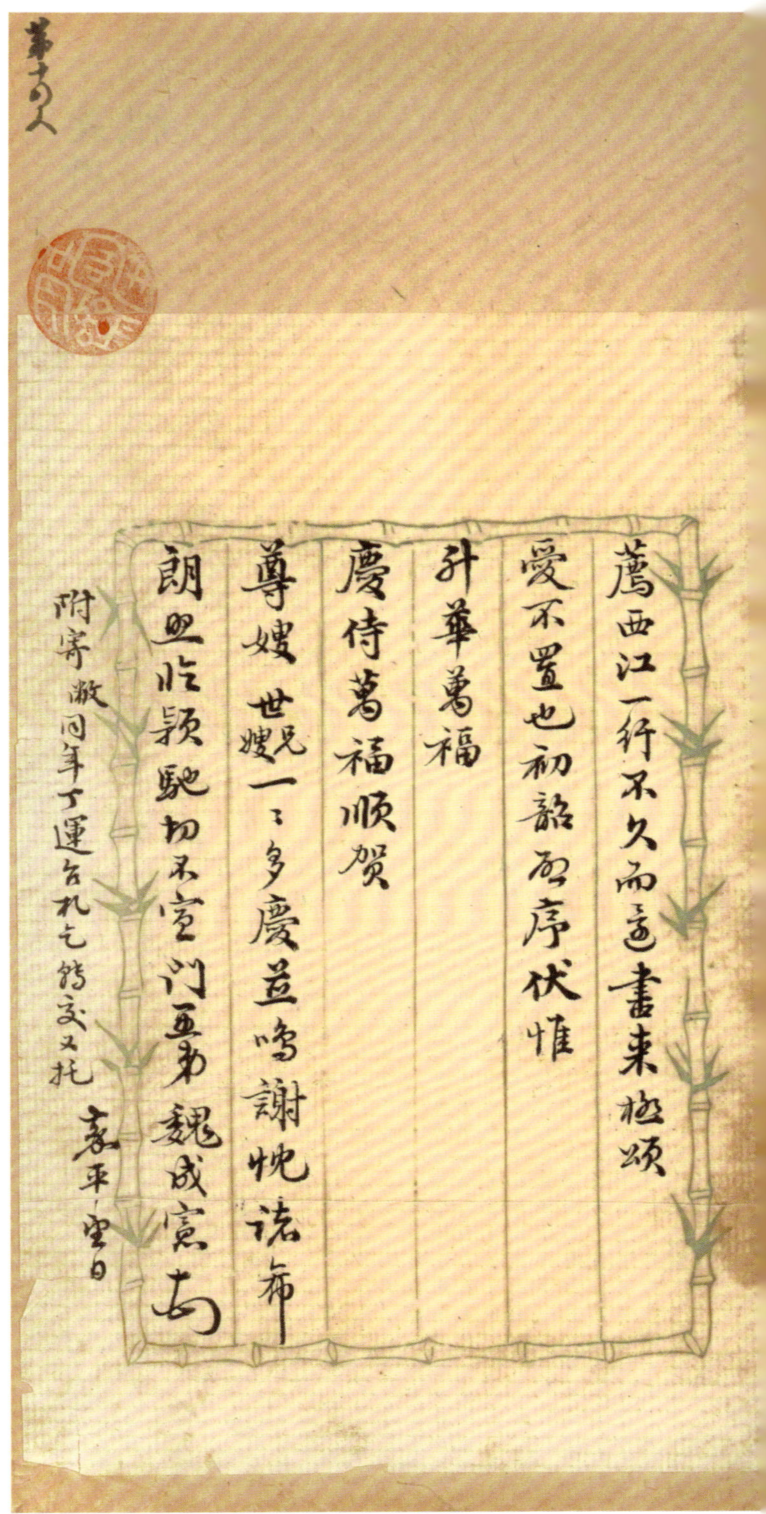

【二二〇】

薦西江一行，不久而還，書來極頌
愛不置也。初韶啓序，伏惟
升華萬福、
慶侍萬福，順賀
尊嫂、世兄嫂一一多慶。並鳴謝忱，諸希
朗照，臨穎馳切，不宣。門愚弟魏成憲頓首
嘉平望日
附寄敝同年丁運臺札，乞轉交，又托。

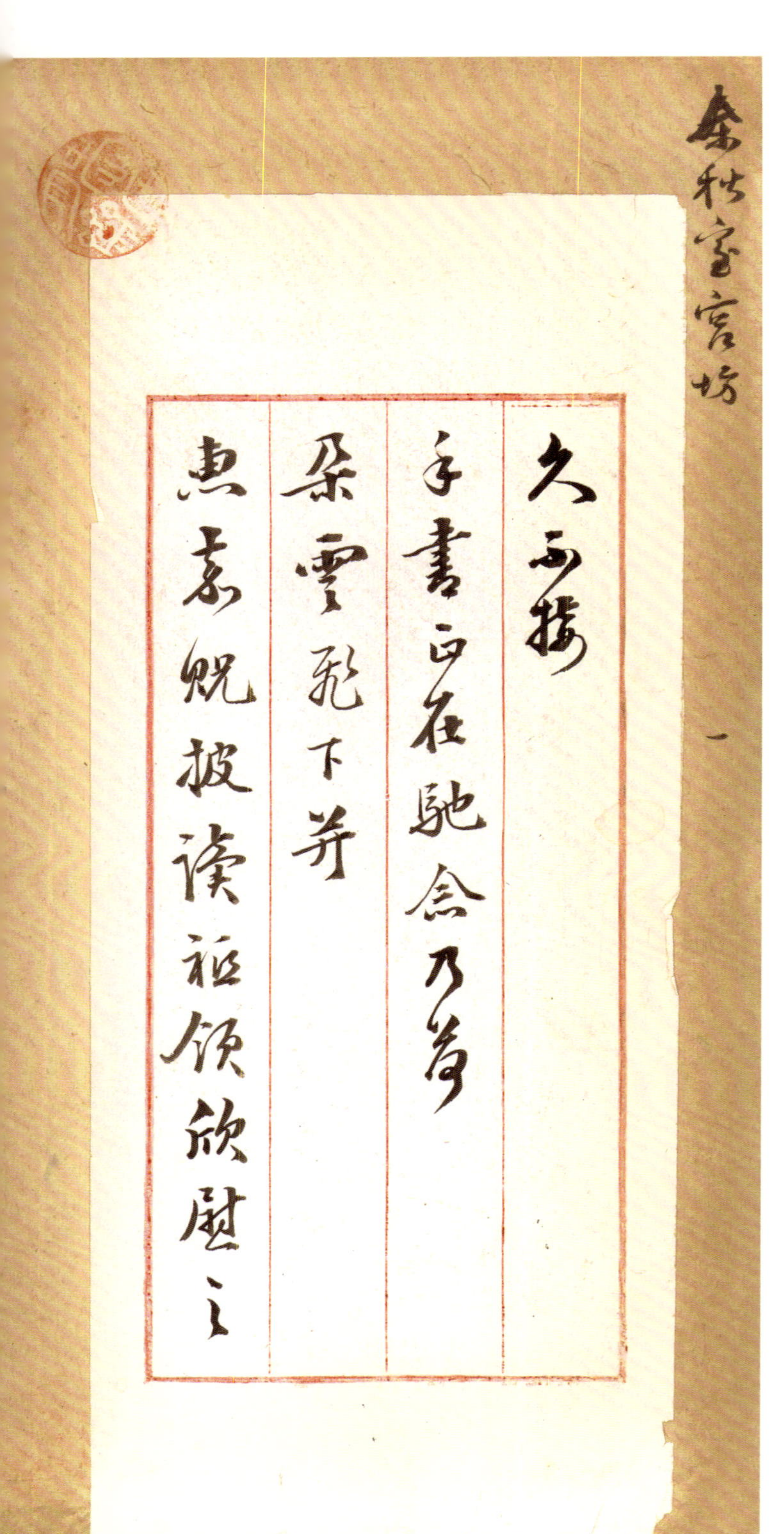

余秋室官坊

一

久不接
手書正在馳念乃荷
朵雲飛下并
惠嘉貺披讀祇領欣慰之

◀ 余集致黃易札之一

久不接
手書，正在馳念，乃荷
朵雲飛下，並
惠嘉貺，披讀祇領，欣慰之

至感謝之至弟於盛夏出使
今年淫雨遍天下日在炎歊
蒸鬱之際以致途次染患後
重下血之疾醫藥不便遷延

至，感謝之至！弟於盛夏出使，
今年淫雨遍天下，日在炎歊
蒸鬱之際，以致途次染患後
重下血之疾，醫藥不便，遷延

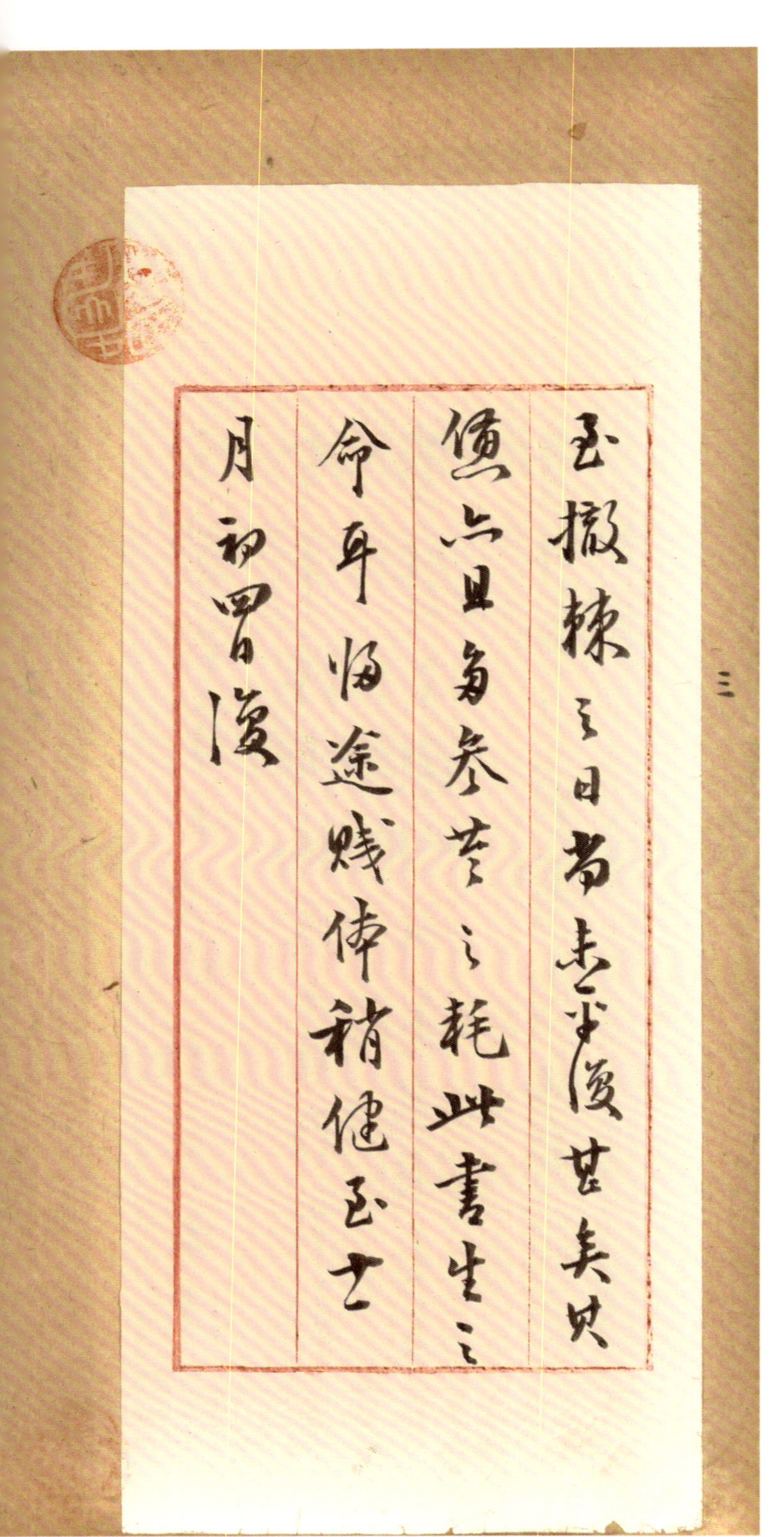

至撤棘之日，尚未平復。甚矣其
憊，亦且多參苓之耗，此書生之
命耳。歸途賤體稍健，至十一
月初四日復

命，托庇妥善。秦蜀山川雄秀甲
於天下，然以病軀日在艱難登
頓之中，自顧不暇，竟不能領其
奇趣矣。蜀中小住六七日，往還

諸公無一留心金石之人，僅有汪
君毅亭贈我《東坡像》及《馬券
帖》而已，然此二種皆不足著録也。
承詢及，赧顔之至矣。朗齋三

兄參訂《山左金石》，真快事也，不知其
已復來否？成書後，以先睹爲快
耳。顧南原《隸辨》所收頗闕略，
插架所得漢碑甚富，若仿其

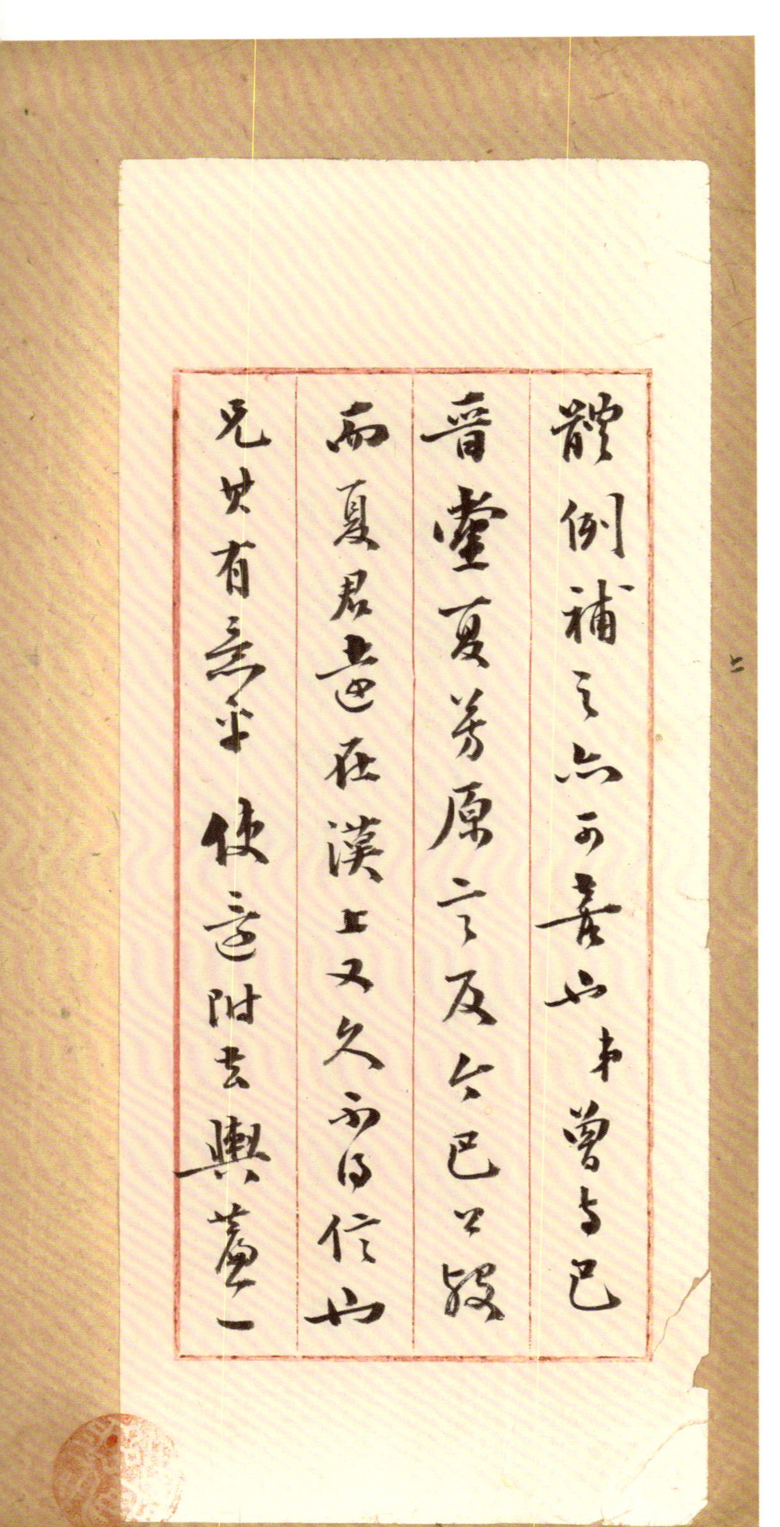

體例補之，亦可喜也。弟曾與巴
晉堂、夏芳原言及，今巴公殁
而夏君遠在漢上，又久不得信也，
兄其有意乎？使還附去輿簾一

具，此蜀産也，哂存以供夏月之用頗可觀。並候近安，不一。

小松九兄大人

弟集頓首　十二月十七

丁丑四月二齋觀。

【一九七】

附去《馬券帖》、《東坡像》、魁卷一本、

輿簾一捲、唐碑兩側畫一例。

此雖石刻，

然真唐人

畫也，亦可附

庸漢畫。

►余集致黄易札之二

久不奉

書，馳念之至。去年

九兄丁艱回南，弟得信後無便，未及稍致

東芻奉唁，後此又恐不便遠寄，無禮之

甚，抱疚多矣。聞

臺駕重赴東郡，想窀穸之事已辦就，

故仍北來耳。茲有沈大兄名楠，吴興茂才，醇謹可交，乃鮑以文大兄故人，弟之相識亦緣以文兄札來始定交耳。今沈大兄以京師居無可圖，且離家鄉較遠，甚屬不便，而又不能不仰給硯田，以資事育。倘山左有一席可假，幸

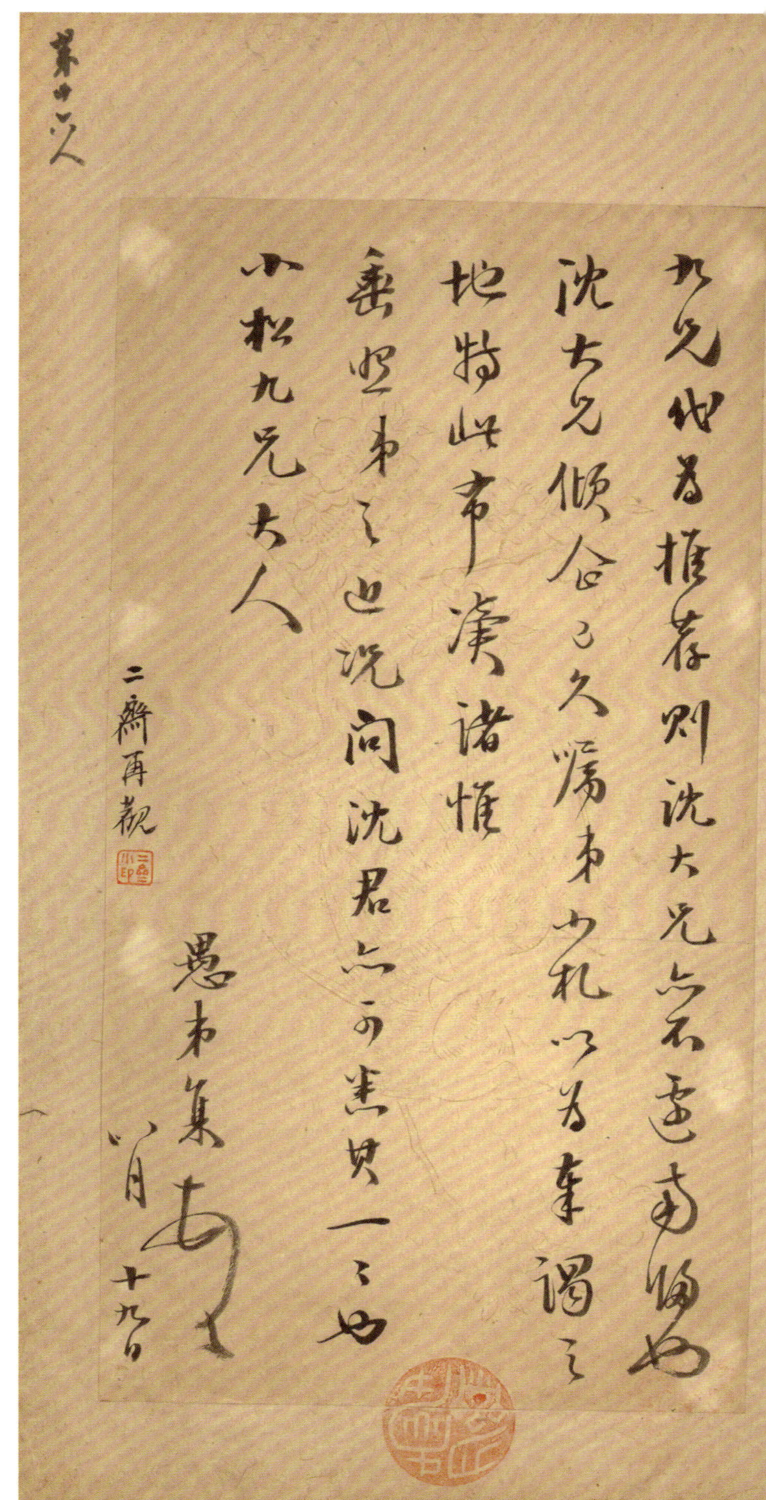

〖一九八〗

九兄代爲推薦，則沈大兄亦不遽南歸也。沈大兄傾企已久，囑弟小札以爲奉謁之地，特此布瀆，諸惟垂照。弟之近況，問沈君亦可悉其一二也。
小松九兄大人
愚弟集頓首
八月十九日

二齋再觀。

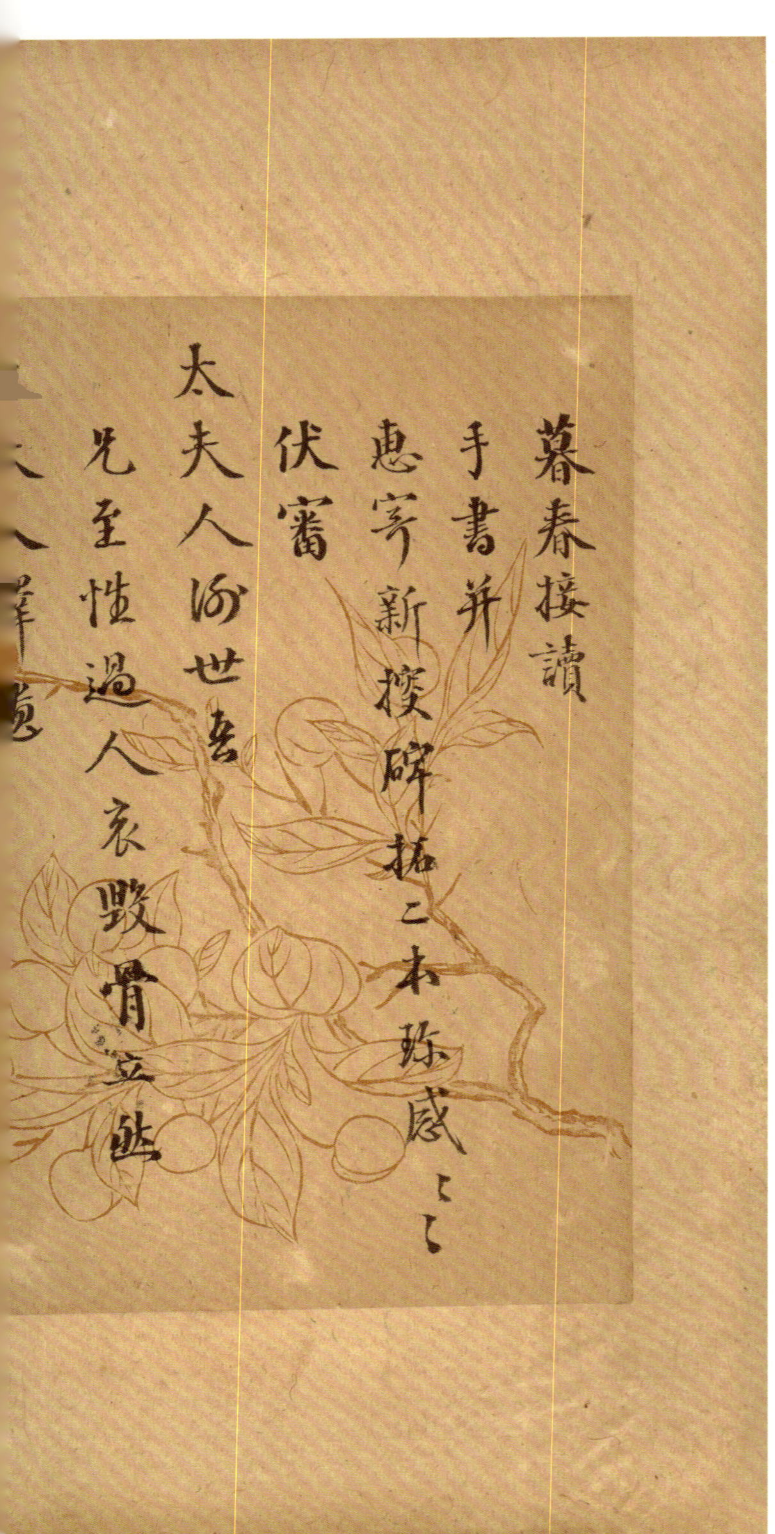

◀伊秉綬致黃易札之二

暮春接讀
手書，並
惠寄新搜碑拓二本，珍感珍感。
伏審
太夫人謝世，吾
兄至性過人，哀毀骨立，然
太夫人澤遺

賢嗣，使百世以下仰
先生如歐、趙，即百世以下仰
太夫人如歐、趙之母，孝孰大焉。
福滿壽歸，亦復何憾。聞扶
柩南旋，綿綿遠道，還望
節哀自愛。弟羈棲日下，末由
一致先弢，歉仄實甚。淵如新

除監司，以墜車傷足，暫時請假，尚未趨赴灤河。俟其之任，足下營葬亦畢，正可北來把晤矣。想彼未致書，爰述及之，

草此奉

唁，兼候

孝履，不宣。上

小松先生至孝足下

愚弟伊秉綬頓首

六月八日

謹　空

【四九六】

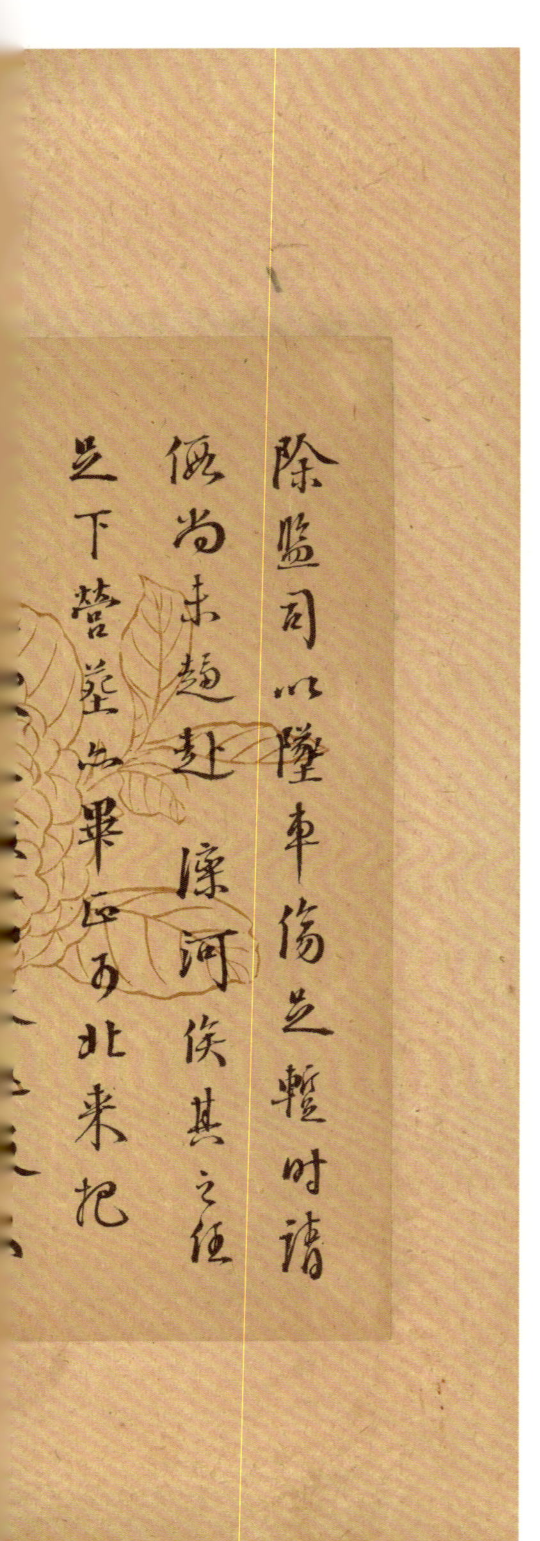
除監司以墜車傷足暫時請
假尚未趨赴灤河俟其之任
足下營葬亦畢正可北來把

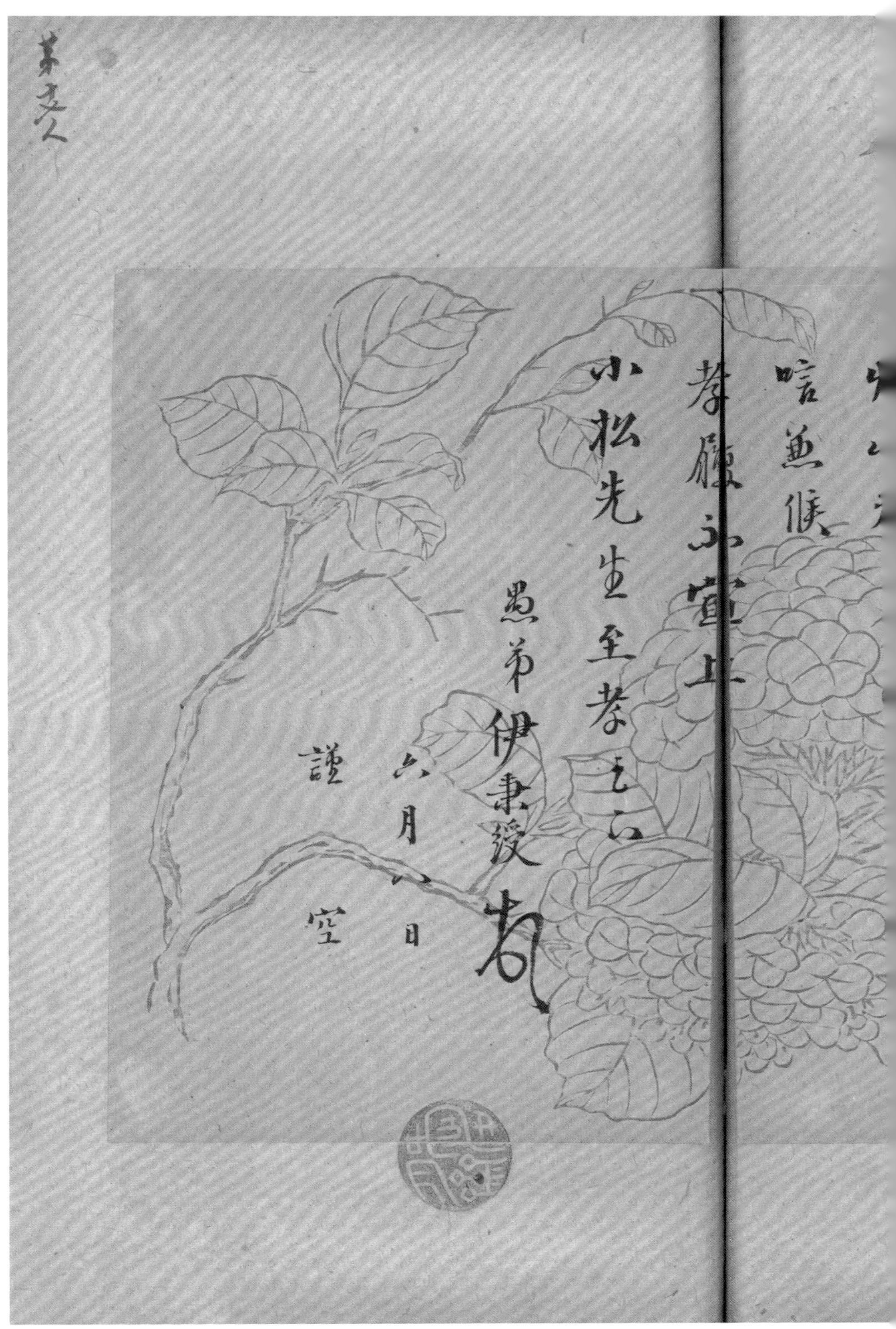
荼之人
喑無候、
孝履示寍上
小松先生至孝玉石
愚弟伊東綬
六月八日
謹空

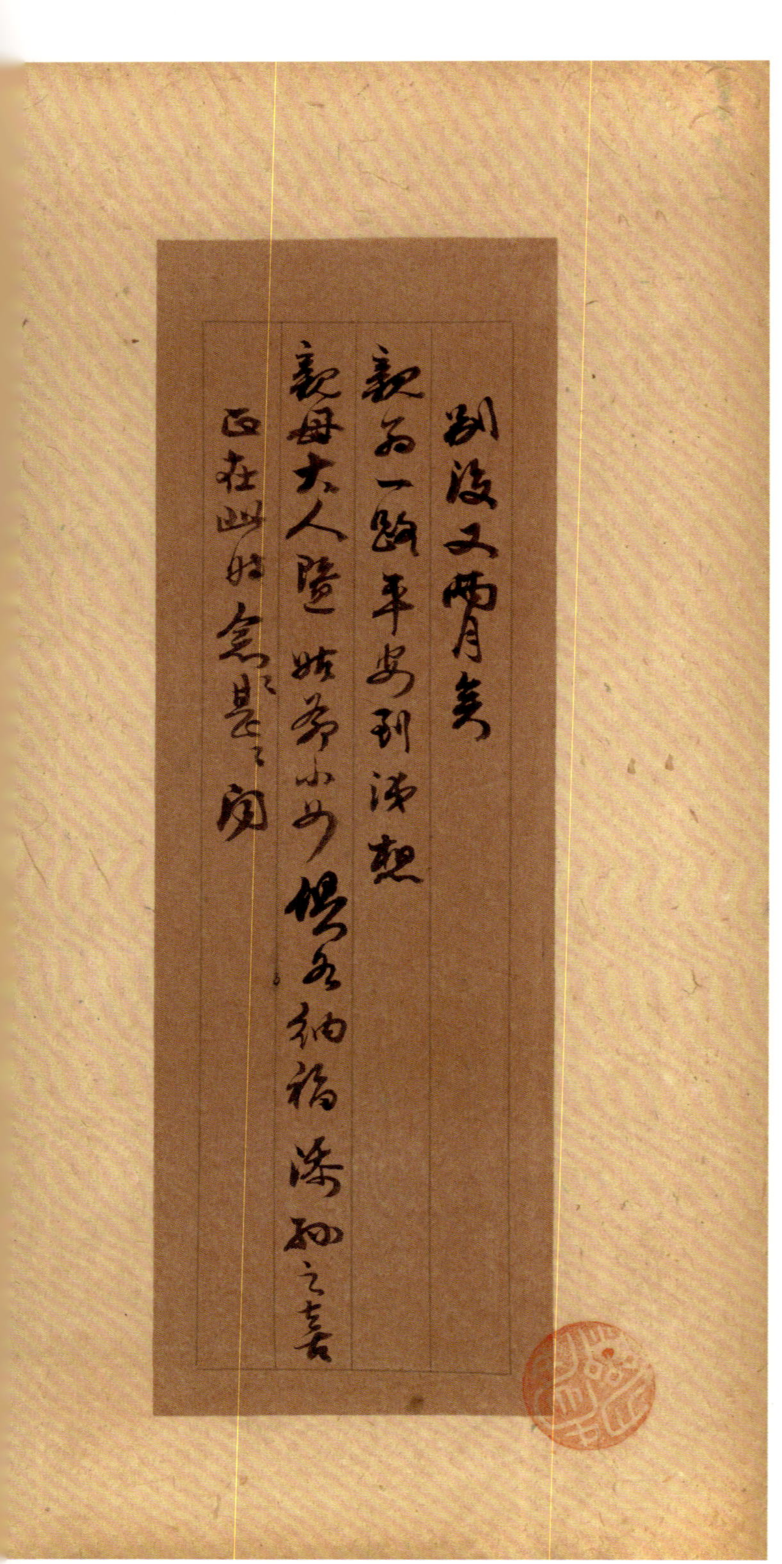

◀潘庭筠致黃易札之一

別後又兩月矣，
親翁一路平安到濟，想
親母大人暨姑爺、小女俱各納福，添孫之喜
正在此時，念甚念甚。聞

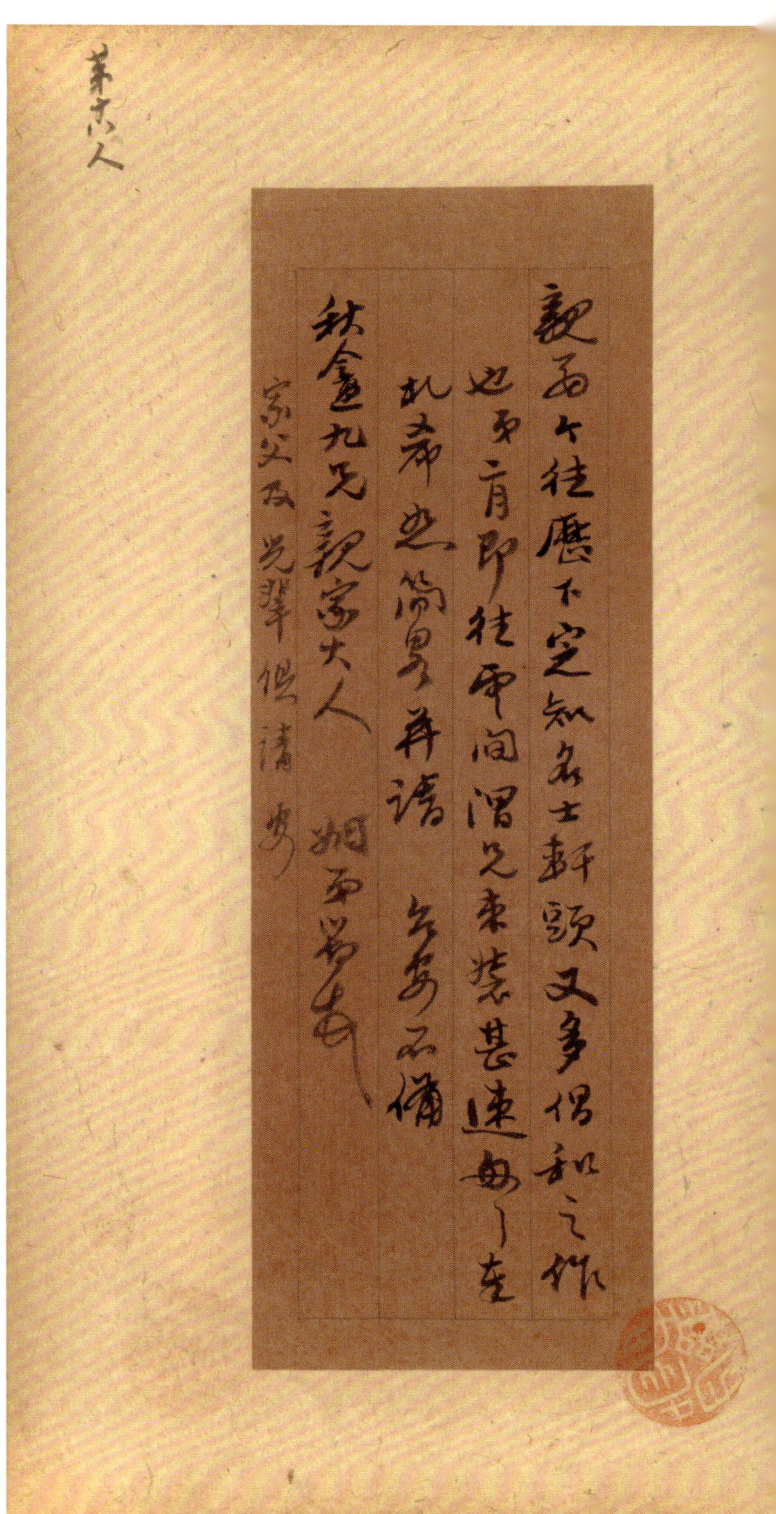

親翁今往歷下，定知名士軒頭又多倡和之作
　也。弟二月即往雲間，謂兄束裝甚速，匆匆奉
　札，希恕簡略，並請臺安，不備。
秋盦九兄親家大人　　　　　姻弟筠頓首
　家父及兒輩俱請安。

【二〇一】

昨由蘭陽龔公處奉到覆書具悉一切正擬裁答間月之五日尊紀至接誦手翰備荷垂注藉稔

蔡共武致黄易札

昨由蘭陽龔公處奉到
覆書，具悉一切。正擬裁答間，月之
五日
尊紀至，接誦
手翰，備荷
垂注。藉稔

九兄擇於望間旋里，爲
太夫人謀窀穸之事，冬間仍復北來，
至期可圖良晤爲快。惟是
臺旌遄發，弟緣羈留工所，弗
克躬送，殊深悵望。家信昨
已托便寄杭，承

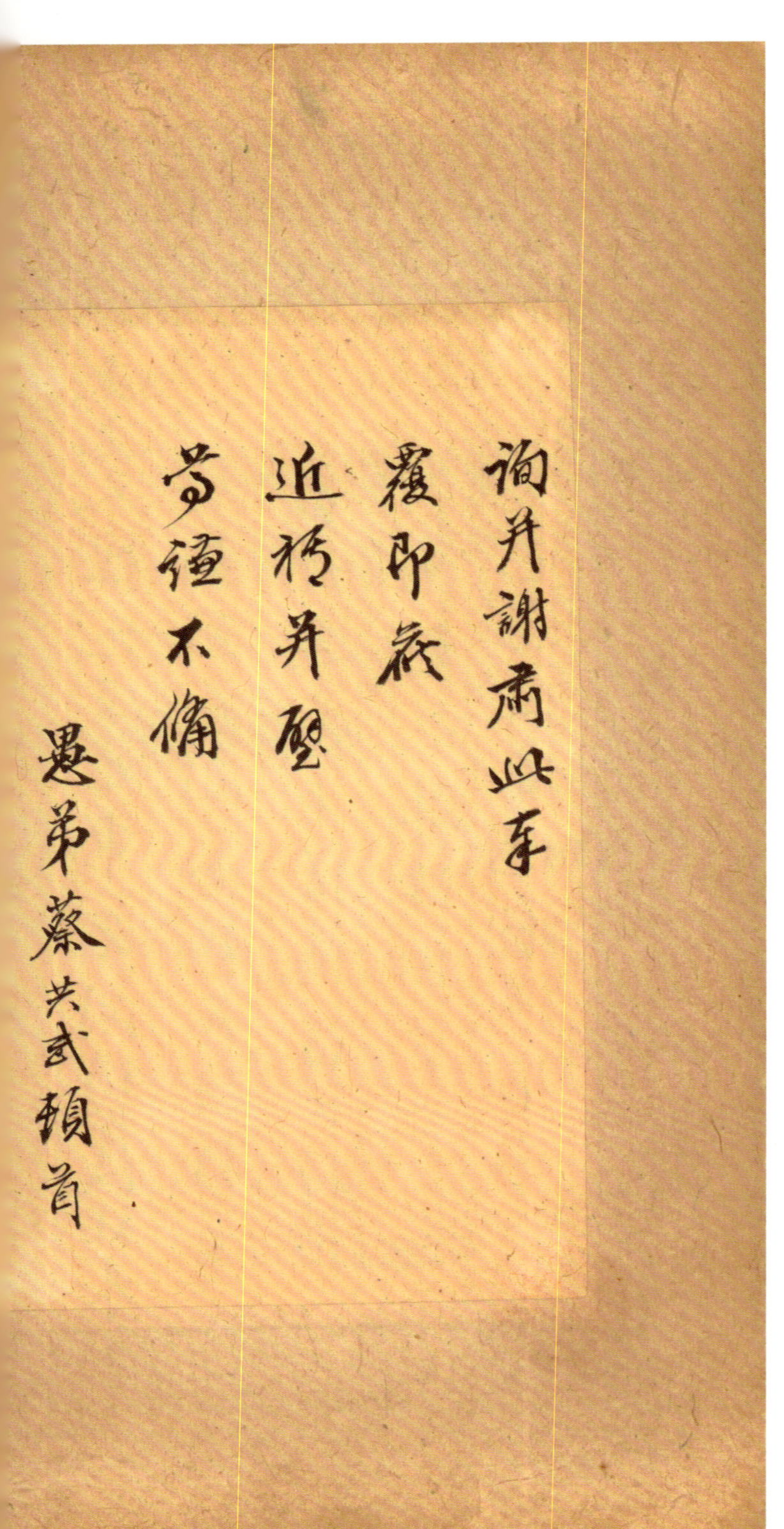

詢並謝。肅此奉
覆，即候
近祺，並璧
尊謙，不備。
愚弟蔡共武頓首

〖五〇五〗

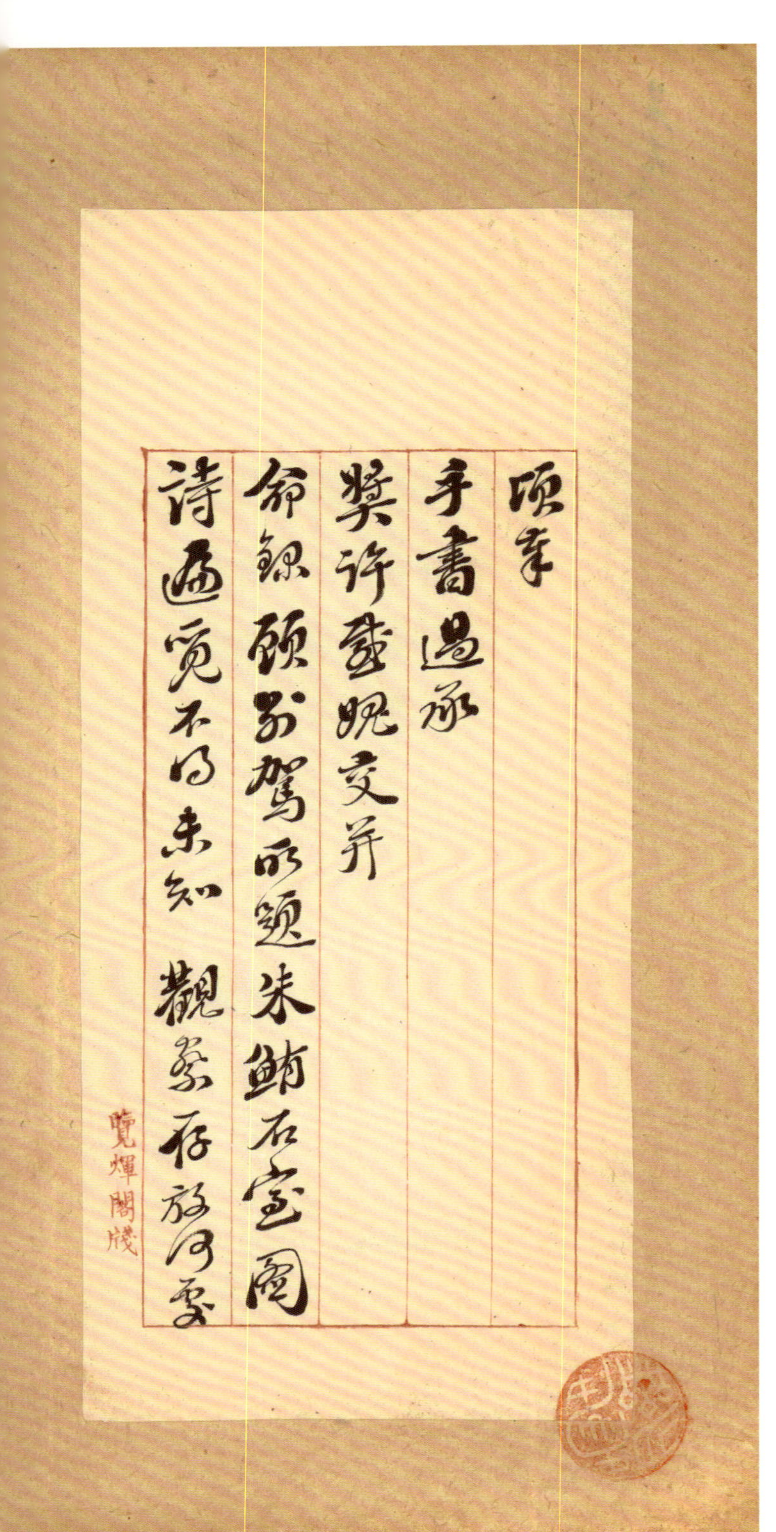

◀ **楊元錫致黄易札**

頃奉

手書，過承

奬許，感愧交並。

命録顧別駕所題《朱鮪石室圖

詩》，遍覓不得，未知觀察存放何處，

無從抄録奉寄。肅此望
復，並候
日安，不備。
秋盦先生閣下
教小弟制楊元錫叩頭
廿一日

〖五四八〗

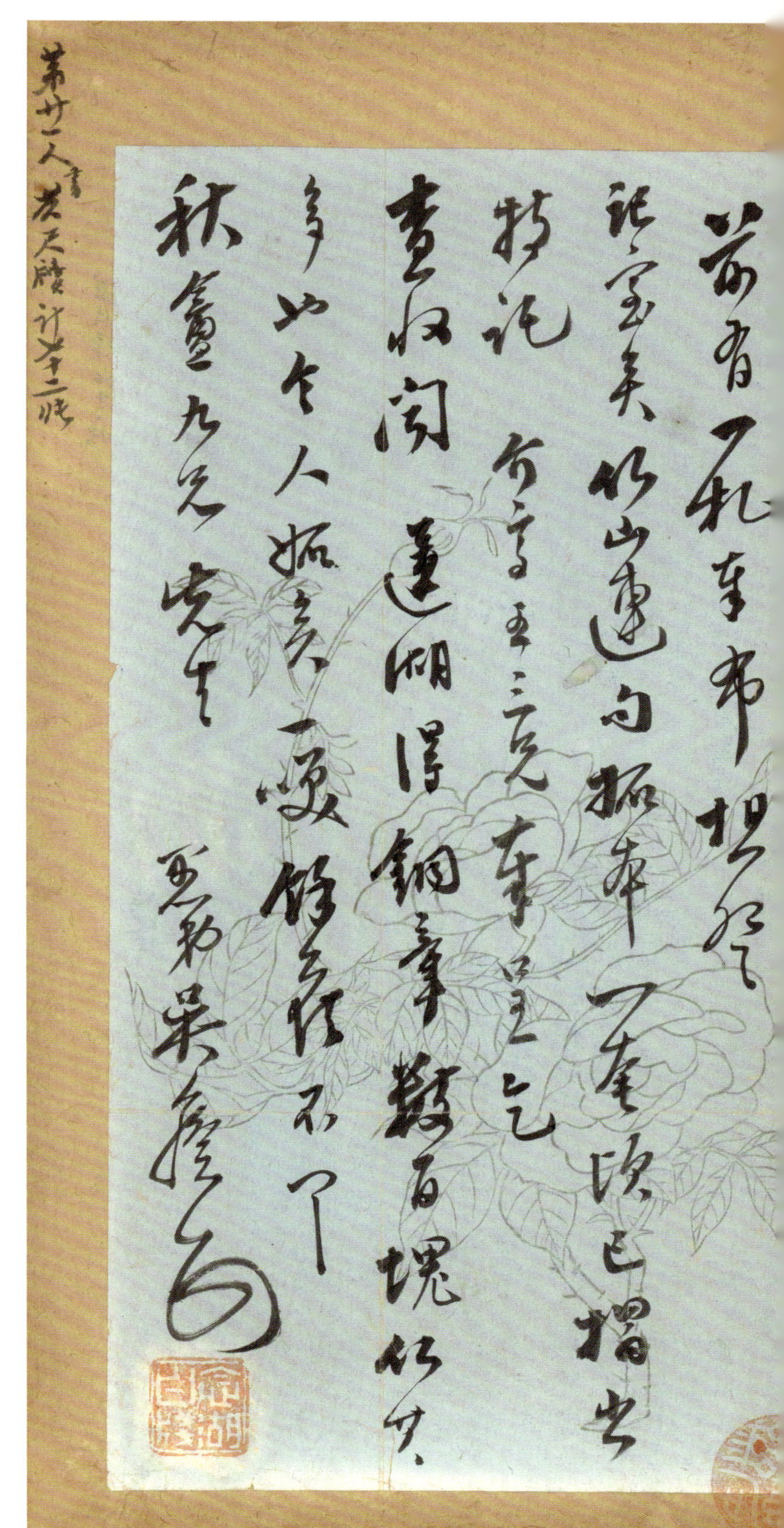

▶ 吴人驥致黄易札之一

前有一札奉布，想登
記室矣。《竹山連句》拓本一套頃已拓出，
特托介亭王三兄奉呈，乞
查收。聞蓮湖得銅章數百塊，何其
多也，令人妒矣。一笑。餘俟，不一一。
秋盦九兄先生　　愚弟吴人驥頓首

【三八七】

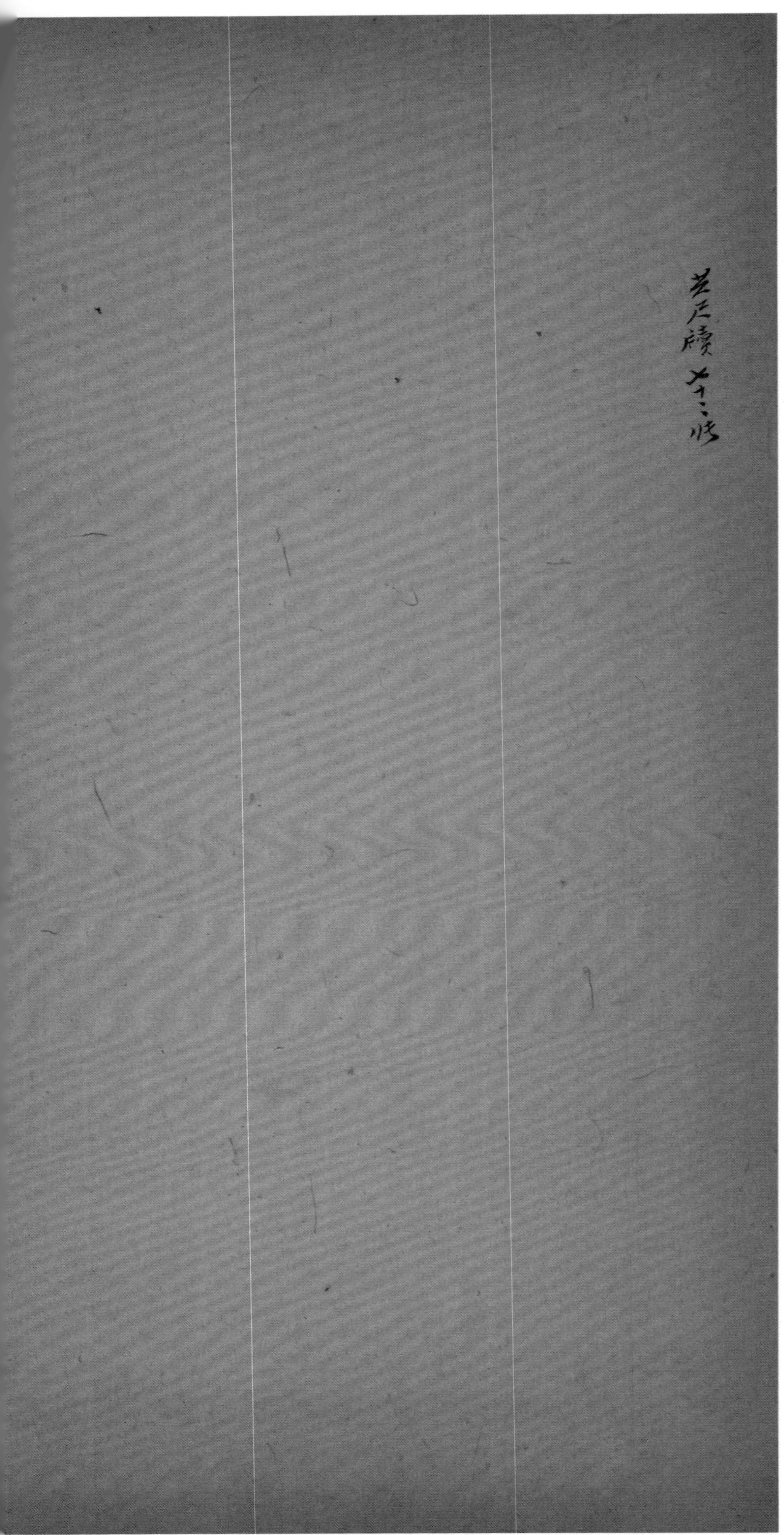
芸尺牘 第十二帖

古歡第三册

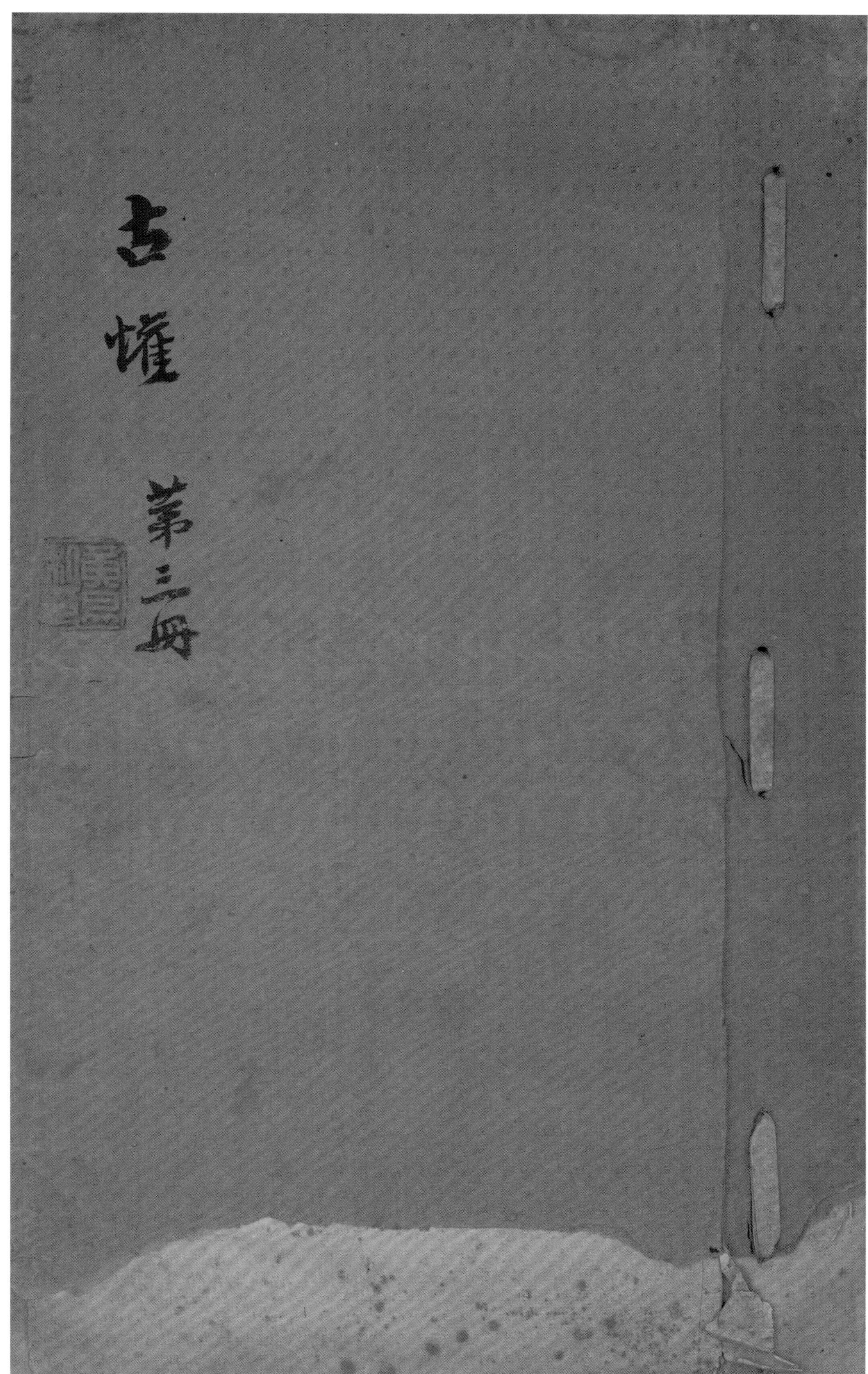
古懽
第三册

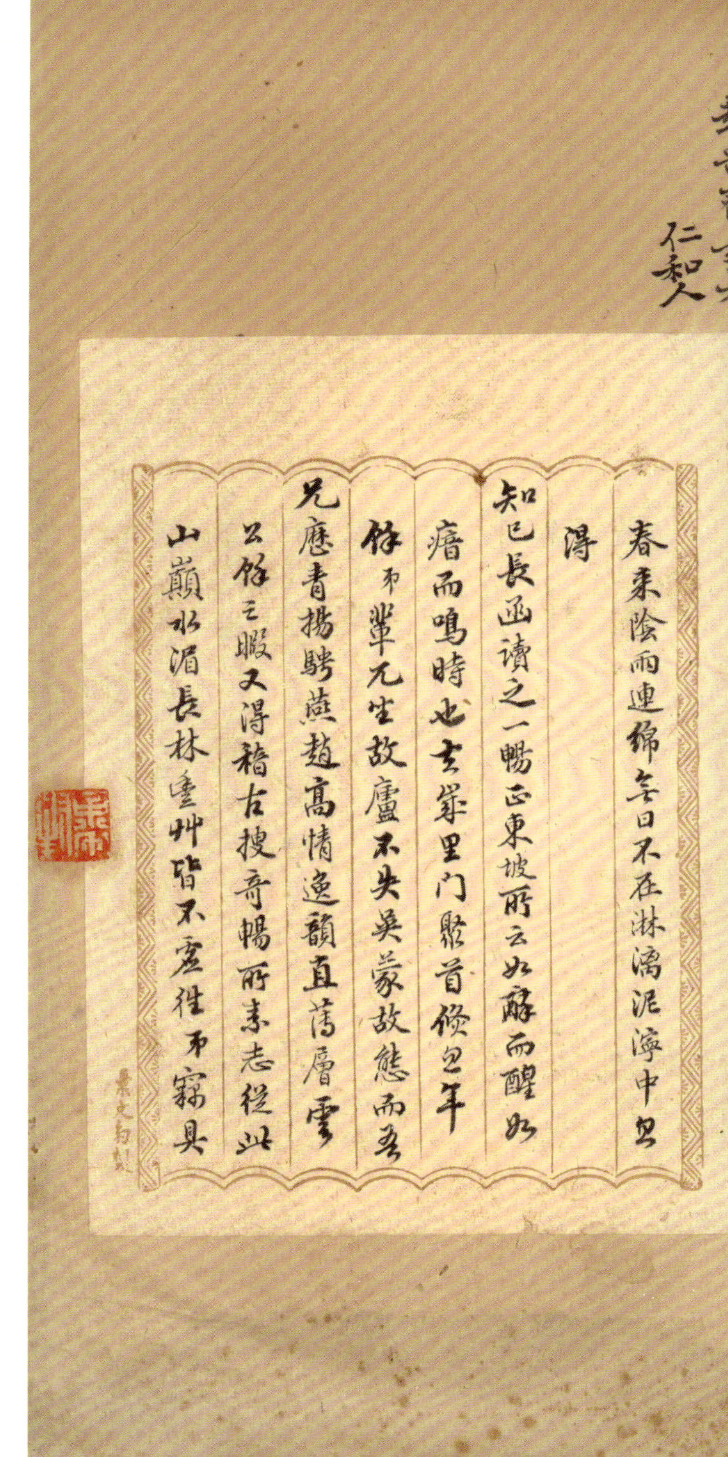

▶趙魏致黃易札之二

春來陰雨連綿，無日不在淋漓泥濘中，忽得知己長函，讀之一暢，正東坡所云「如醉而醒，如瘖而鳴」時也。去歲里門聚首，倏忽年餘，弟輩兀坐故廬，不失吴蒙故態，而吾兄歷青揚、騁燕趙，高情逸韻直薄層雲，公餘之暇又得稽古搜奇，暢所素志，從此山巔水湄，長林豐草，皆不虚往，弟竊具

執鞭之慕焉。遠
惠佳拓，拜貺實深。諸碑皆所習見，惟《三公
山碑》允稱奇寶，歐、趙所見皆光和中隸
書碑，在此石之後，此則安帝元初時立。拙
跋一紙録以附
政，祈爲改定。拓手惜劣，不能發其精彩古
勁之趣。大凡拓碑，紙須白而薄，墨宜淡而
輕，以細綢裹氈綿軟物，如婦人粉撲狀，醮

乾墨撲之，則輕均如蟬翼矣。此碑如可再
得，乞爲廣致數本。元氏古碑如《封龍》《無極》，
邈矣無存。《金石志》載有《唐李公緒碑》，想亦
在傳不傳間，然得此亦足以豪矣。《南宮令碑》
亦稱僅見，宋君何幸而得遇
兄耶？開示碑目，漢隸已稱大備，又得漢楊氏
二碑，望而知其爲宋拓矣。外此大率流傳
舊本無石者，帖友得之，皆索高價，非數

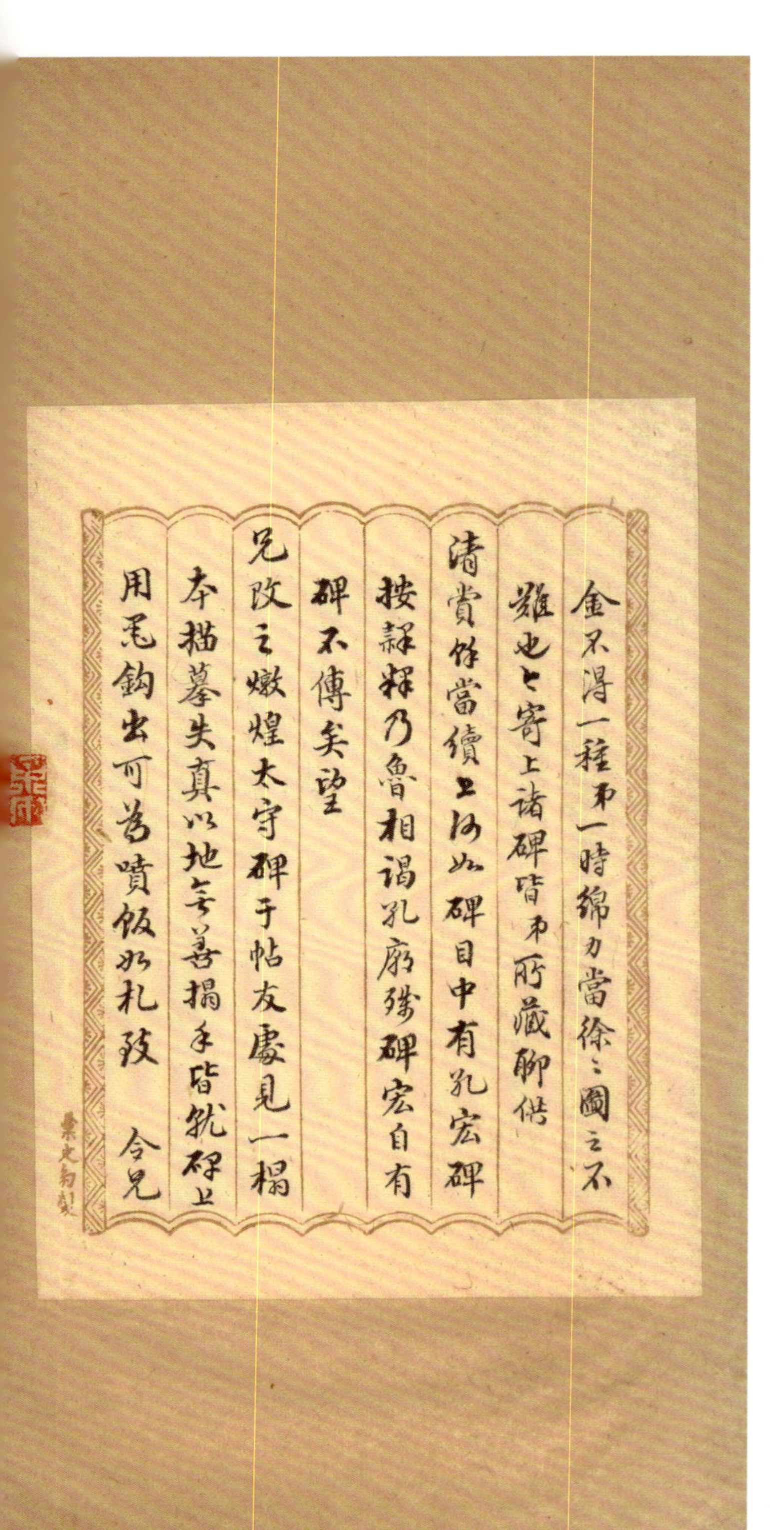

金不得一種。弟一時綿力，當徐徐圖之不
難也。今寄上諸碑皆弟所藏，聊供
清賞，餘當續上何如？碑目中有《孔宏碑》，
按《隸釋》，乃《魯相謁孔廟殘碑》，宏自有
碑，不傳矣，望
兄改之。《敦煌太守碑》，於帖友處見一拓
本，描摹失真，以地無善拓手，皆就碑上
用墨鈎出，可爲噴飯。如札致令兄，

可教以薄紙輕墨不鈎描者爲佳。《王
君碑》寄上，弟處所無，
兄如再遇，祈爲我致之。雙鈎《婁壽碑》
及《隋開堂疏》，便中寄觀。《屏風碑》弟處
所有，《元魏刁氏志銘》則尤所欲覽者。
汪韓門先生於春間忽患風疾，病卧
不起已有日矣，無庸往謁，當俟平覆
後再見之可耳。趙榮禄書《道德經》一本，

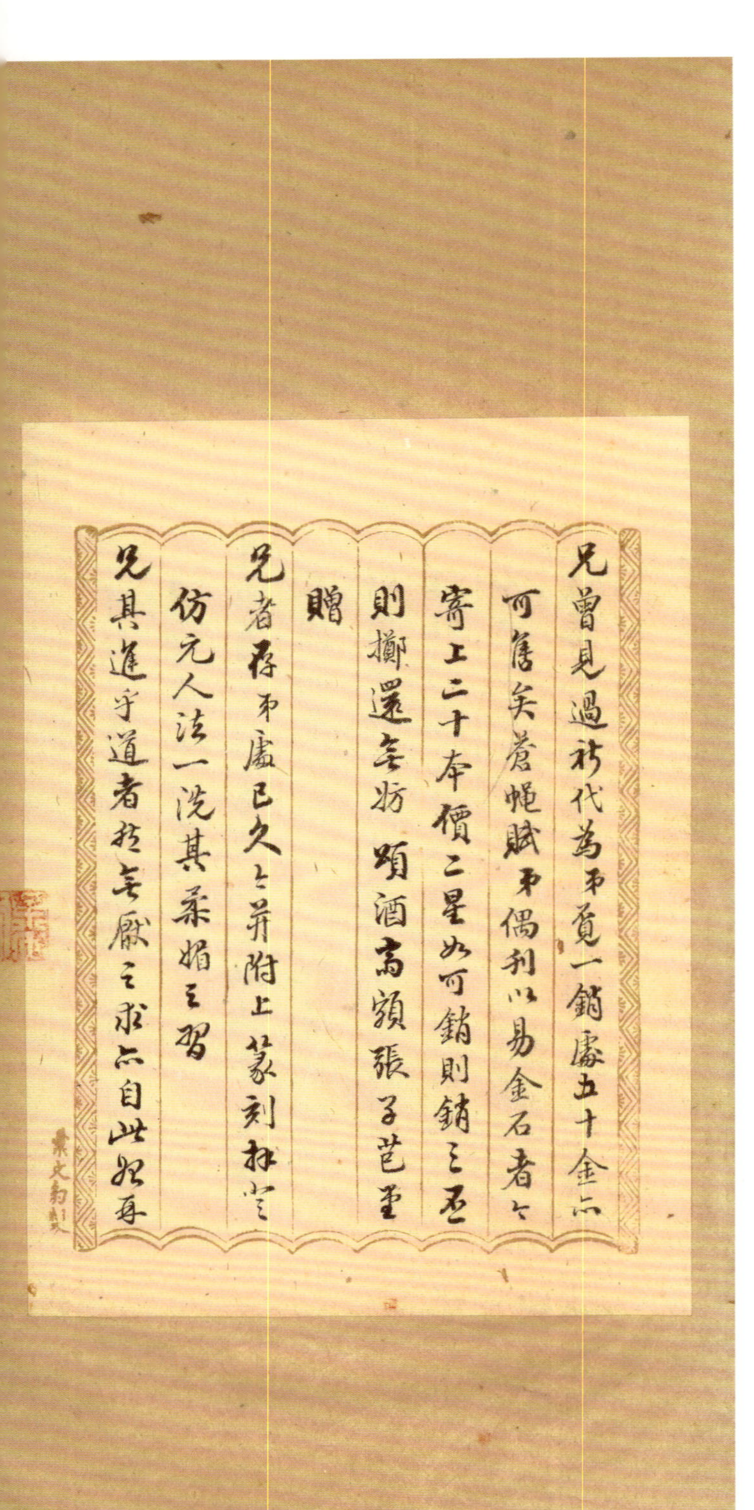

兄曾見過，祈代爲弟覓一銷處，五十金亦可售矣。《蒼蠅賦》，弟偶刊以易金石者，今寄上二十本，價二星，如可銷則銷之，否則擲還無妨。「頌酒齋」額，張子芑堂贈兄者，存弟處已久，今並附上。篆刻拜登，仿元人法，一洗其柔媚之習，兄其進乎道者！然無厭之求亦自此始，再

上三方，暇時作之，知不以我爲貪也。《天發神讖碑》，弟亦就紙本録之，前後未能考正，聞顧亭林先生有釋文次第，惜未之見。元氏縣封龍山西吴村有《唐開業寺碑》，涿州縣學有《范陽文宣王廟碑》，樓桑村蜀先主廟有唐殘碑，京師秀峰寺有貞觀廿二年《淤泥寺心經》，又有大足元年《心經》，皆見存者，兄如往覓，祈爲留意。《石鼓

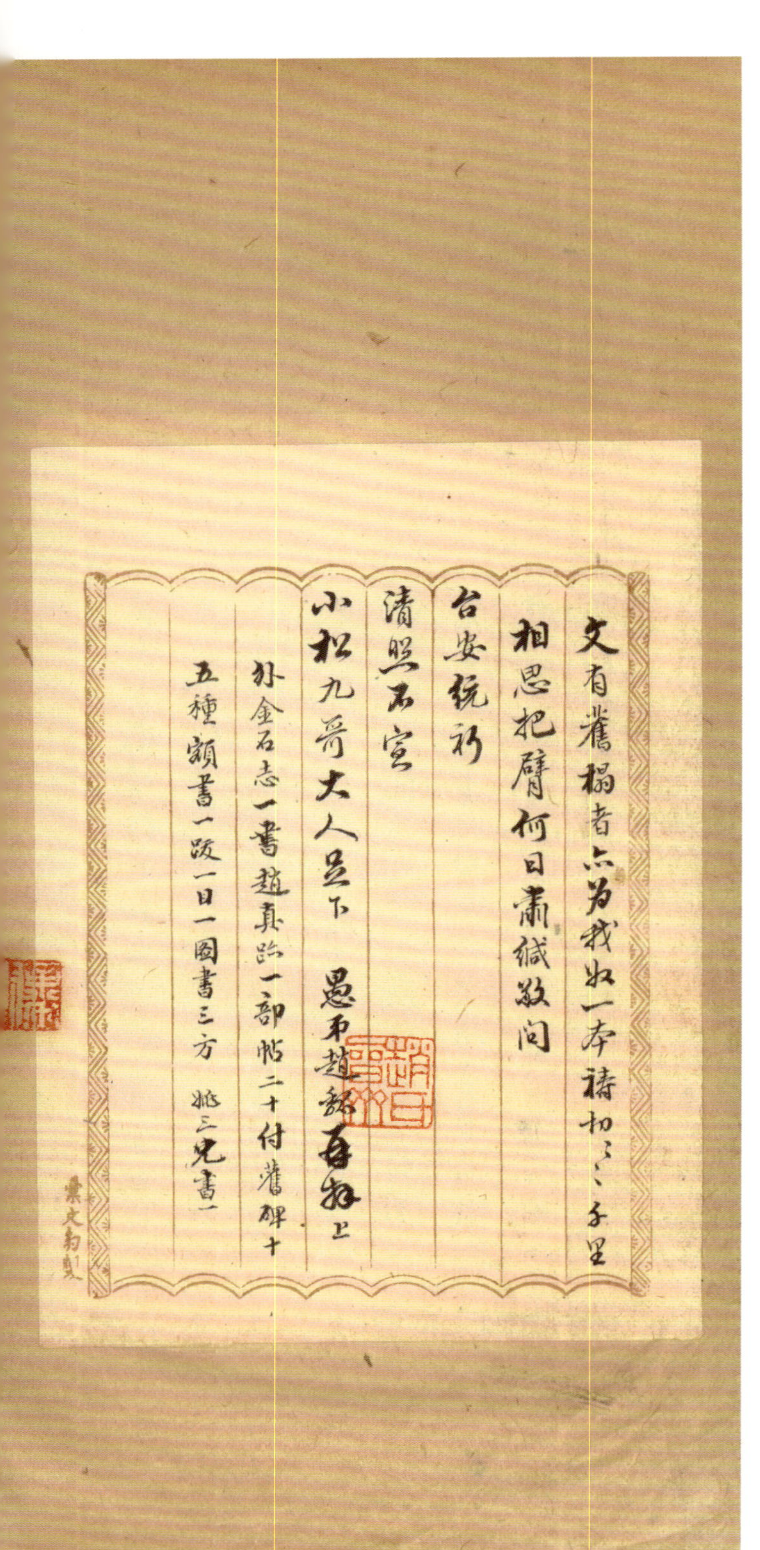

文》有舊拓者，亦爲我收一本，禱切禱切。千里相思，把臂何日？肅緘敬問

臺安，統祈

清照，不宣。

小松九哥大人足下　　愚弟趙魏再拜上

外《金石志》一書、趙真迹一部、帖二十付、舊碑十五種、額書一、跋一、目一、圖書三方、姚三兄書一。

甘肅哈密衛馬騌山望鄉嶺石龕上
有《漢李陵題字》，見《宋史》，可致令兄一
搜羅之。宣化府聞有《漢燕然山銘》，
此二種皆無人見過。《王君碑》，
兄處現存一額，便中見
賜以慰渴思，何如？二月十三日魏再書

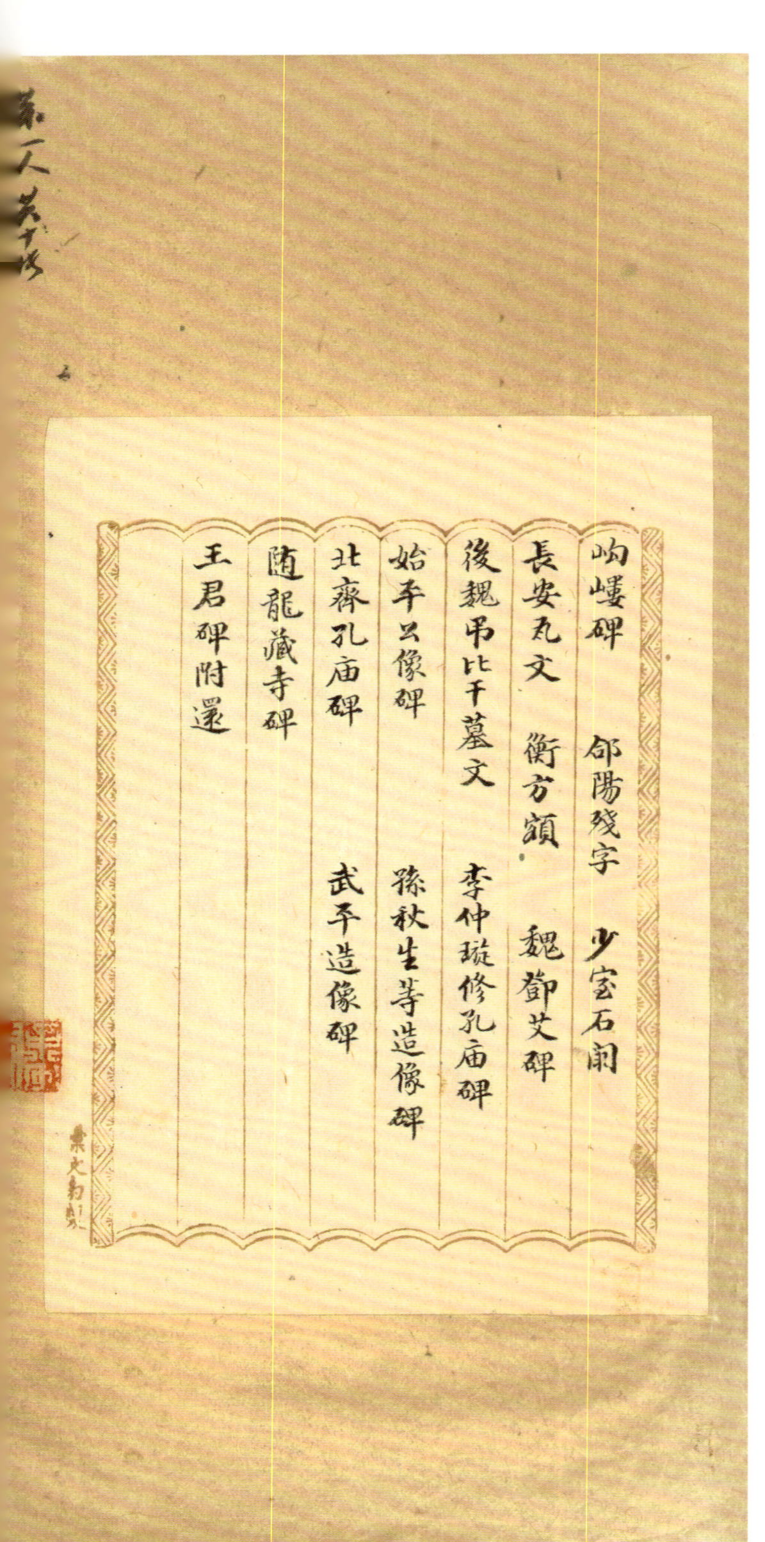

【七五】

《岣嶁碑》、《郃陽殘字》、《少室石闕》、長安瓦文、衡方額、《魏鄧艾碑》、《後魏吊比干墓文》、《李仲璇修孔廟碑》、《始平公像碑》、《孫秋生等造像碑》、《北齊孔廟碑》、《武平造像碑》、《隋龍藏寺碑》、《王君碑》附還。

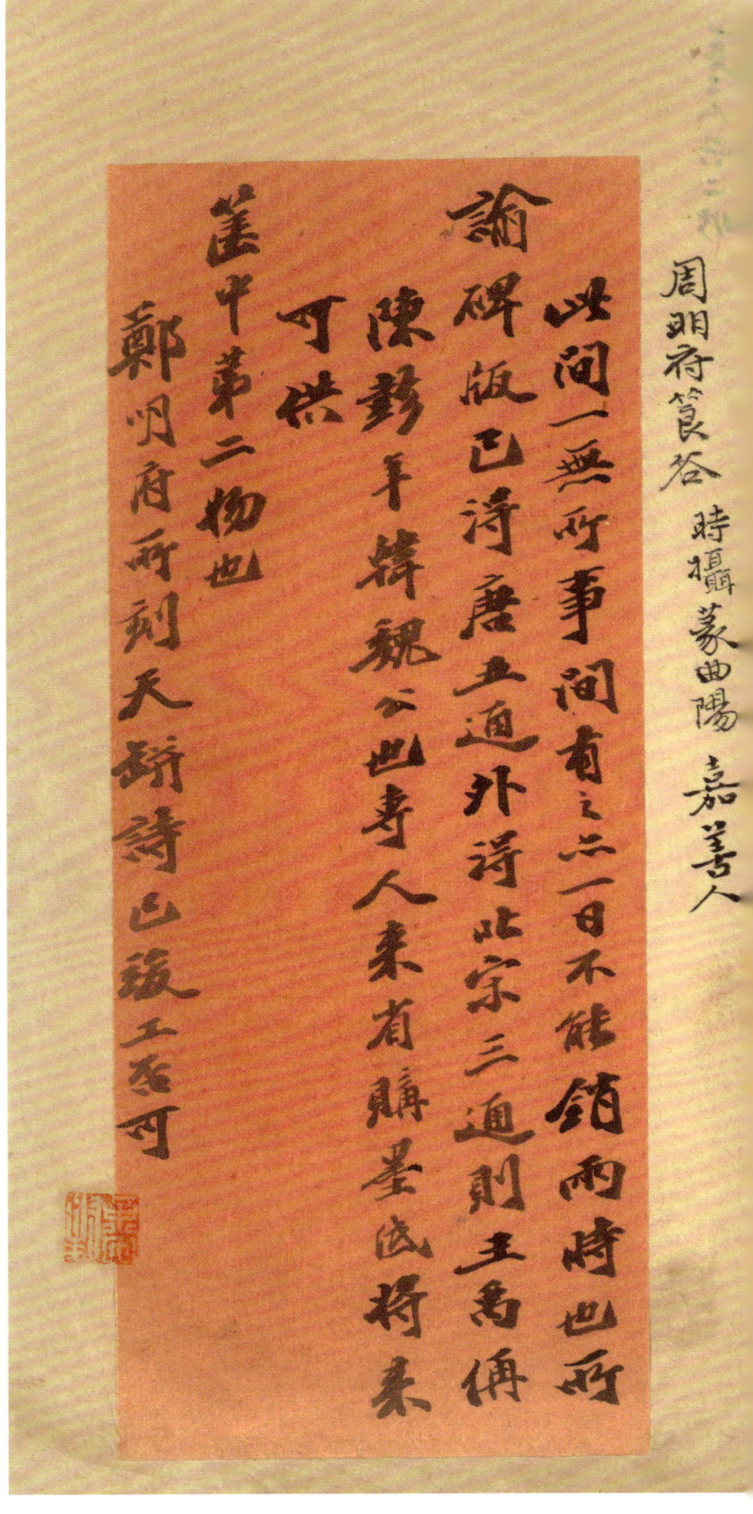

▶ 周震榮致黃易札之五

此間一無所事，間有之，亦一日不能銷兩時也。所
諭碑版已得唐五通，外得北宋三通，則王禹偁、
陳彭年、韓魏公也。專人來省購墨紙，將來
可供
篋中第二物也。
鄭明府所刻《天瓶詩》已竣工否？可

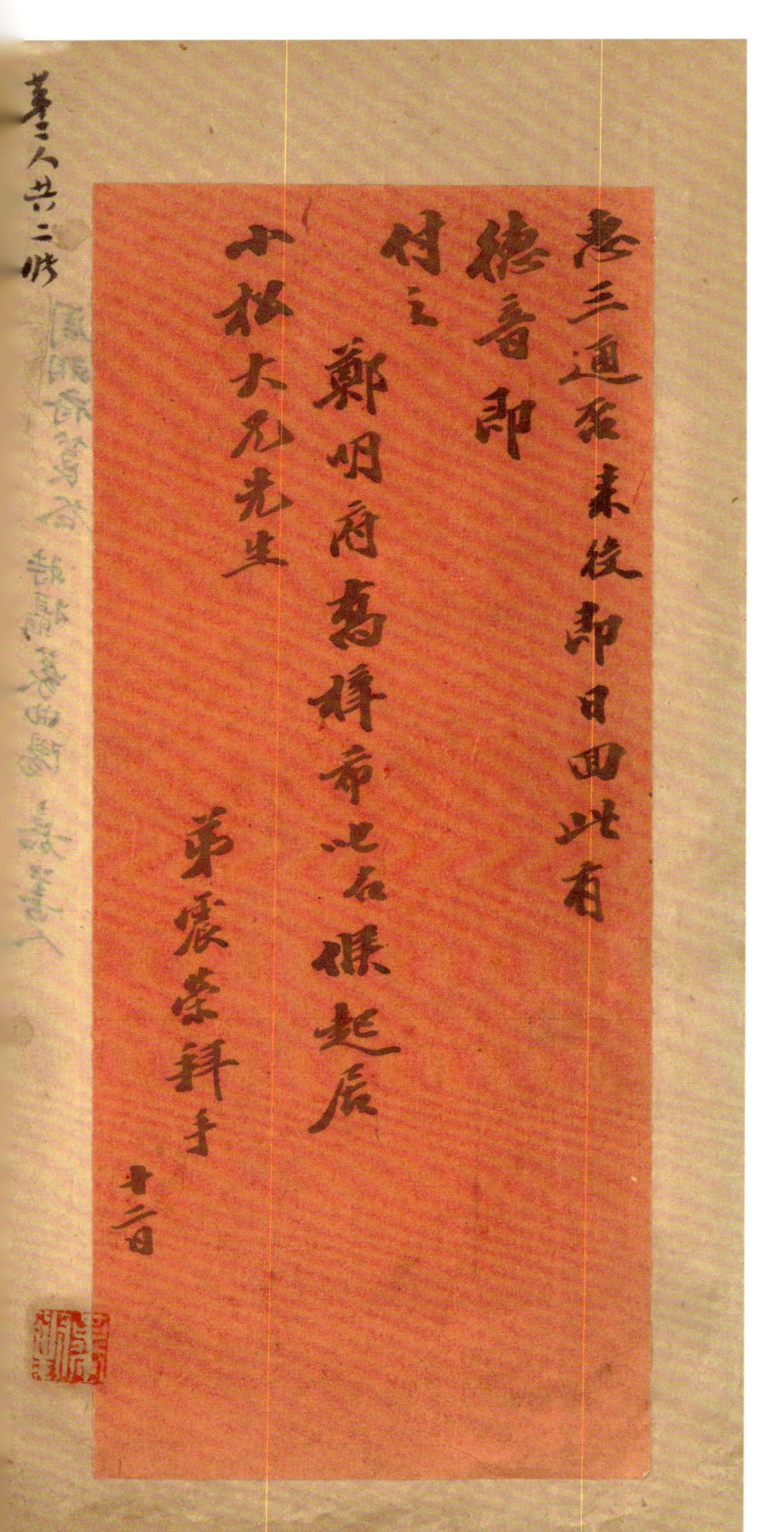

惠三通否？來役即日回此，有
德音即
付之。
　　鄭明府喬梓希叱名候起居。
小松大兄先生
　　　　　　　　弟震榮拜手
　　　　　　　　　　十二日

〔六四〕

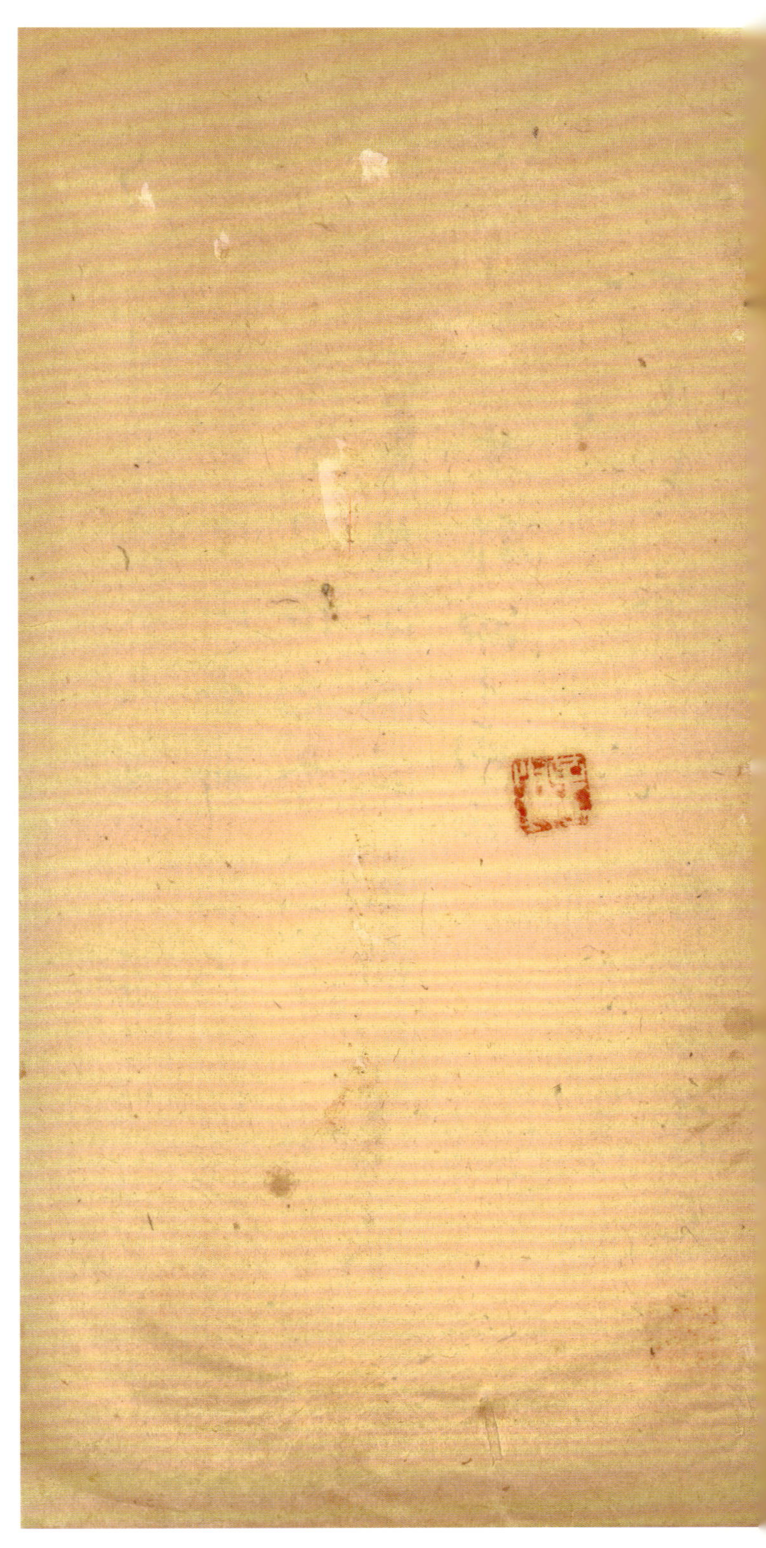

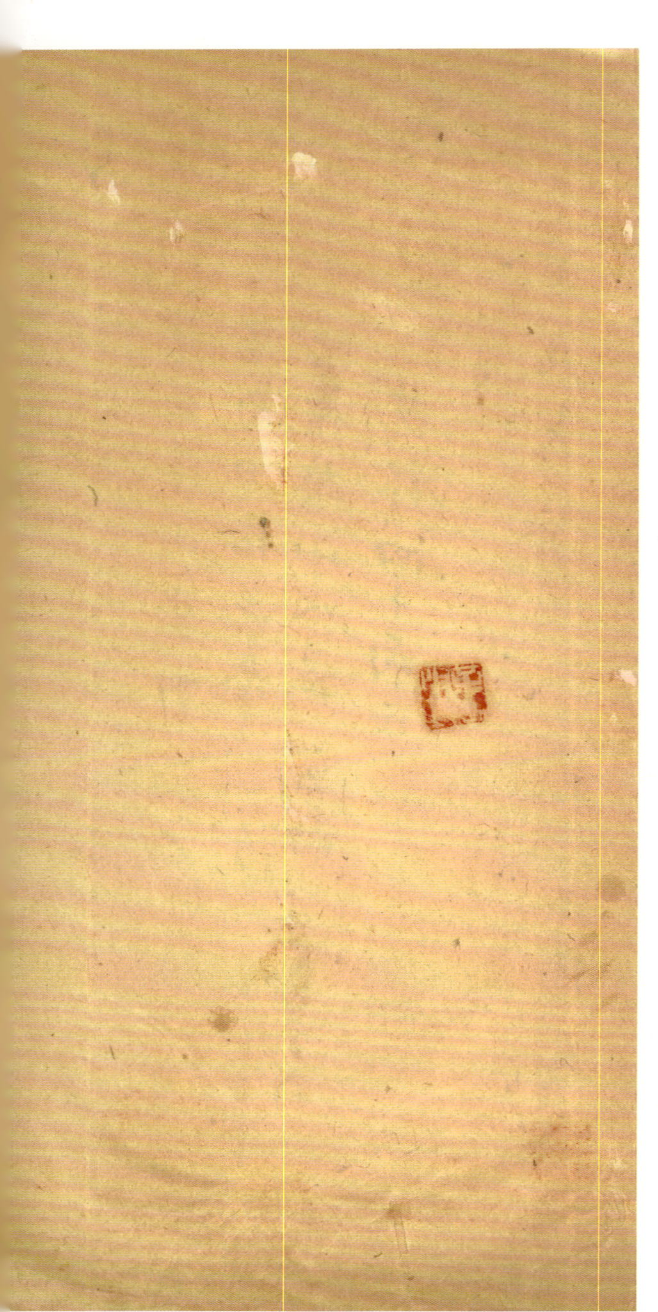

▲ 東讀畫樓字據

陳章侯人物册　一本　銀十六兩
張白𦵔山水册　一本　銀十兩
潘南田梅花卷　一個　銀八兩
明僧厺山水畫　一軸　銀十六兩
共銀四十兩正
上
黄九太爺　　東讀畫樓具

【二〇二】

張白亭山水册 一本 艮十兩

潘南田梅花卷 一个 艮八兩

明僧瞽山水画 一軸 艮六兩

共銀四十兩正

黃九太爺 上

東讀画樓 具

第三人共一紙

劉明府養園寶慶人

清苑署中獲瞻
雅範，快聆
教言，古心逸致至今未忘也。兩月來塵坱
鹿鹿，未一致書。春色漸佳，
眠食多勝，無任心祝。拙句二首，敬塵
座右，希爲
訂踳。寄和陳無軒一章並硯價四金，即祈
轉達。肅此布

◀ 劉啓秀致黃易札

清苑署中獲瞻
雅範，快聆
教言，古心逸致至今未忘也。兩月來塵坱
鹿鹿，未一致書。春色漸佳，
眠食多勝，無任心祝。拙句二首，敬塵
座右，希爲
訂踳。寄《和陳無軒》一章並硯價四金，即祈
轉達。肅此布

候。

小松學長先生吟几

同學弟劉啓秀頓首

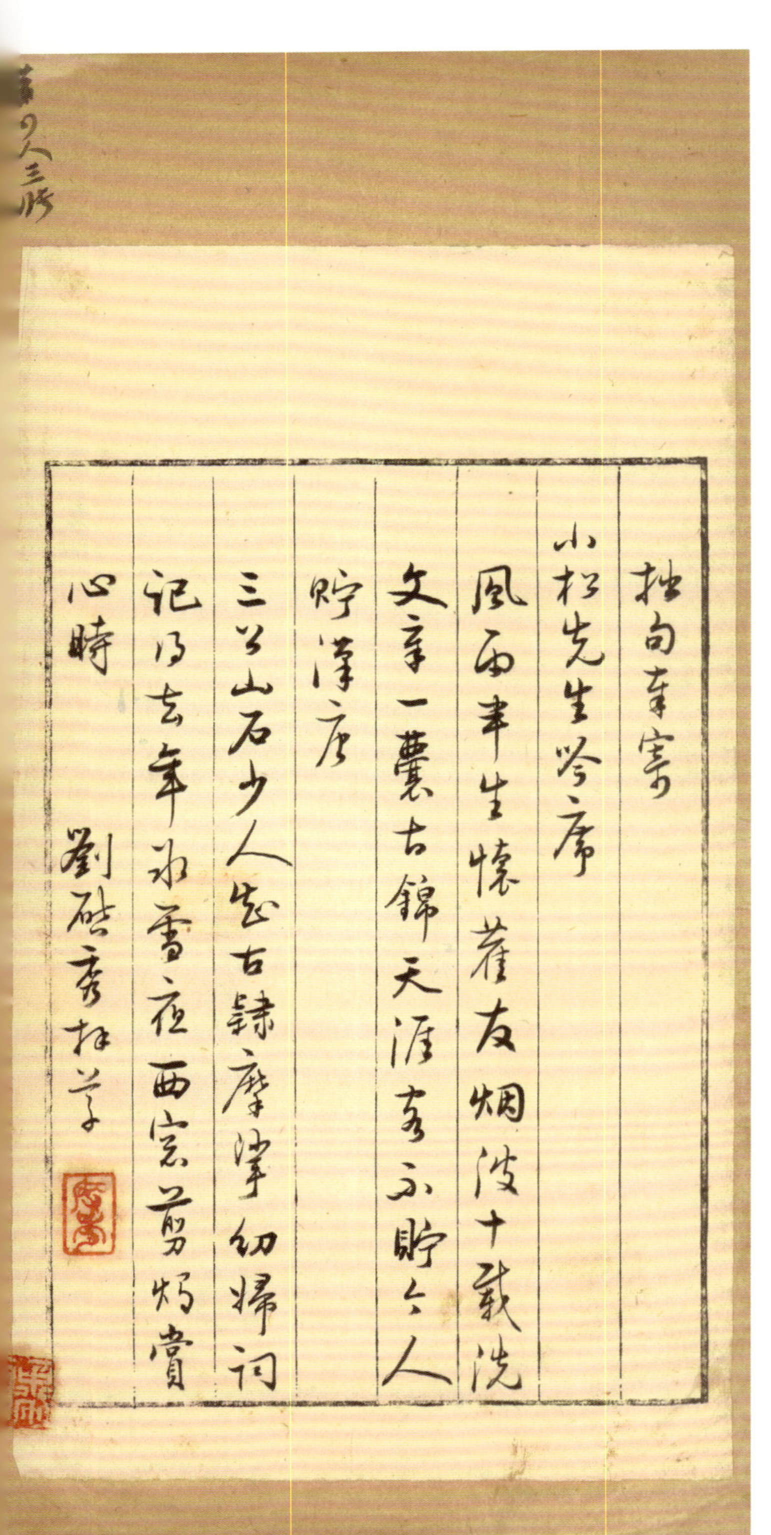

拙句奉寄

小松先生吟席：

風雨半生懷舊友，烟波十載洗

文章。一囊古錦天涯客，不貯今人

貯漢唐。

三公山石少人知，古隸摩挲幼婦詞。

記得去年冰雪夜，西窗剪燭賞

心時。　劉啓秀拜學

【一一六】

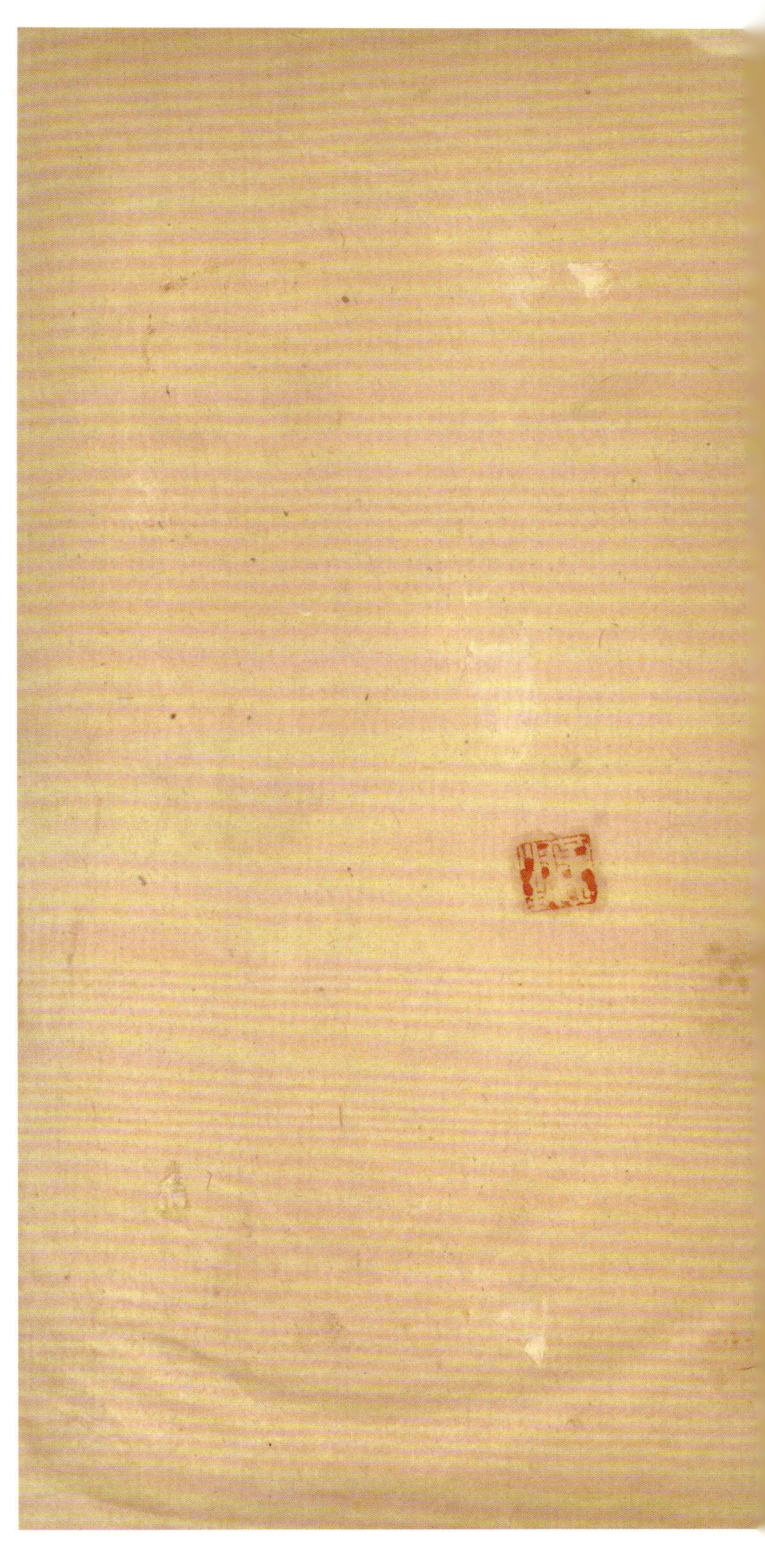

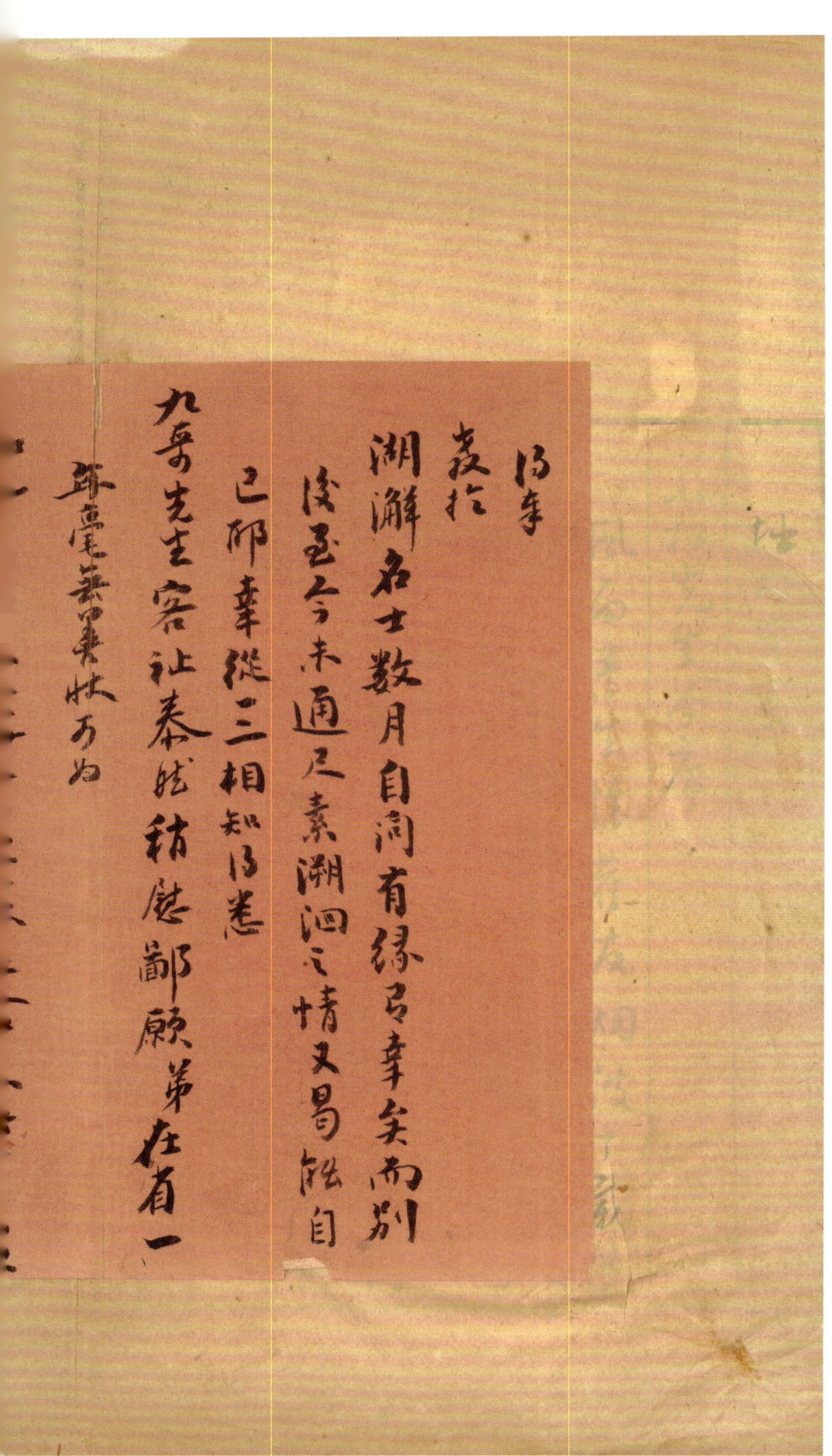

隔年
叙於
湖灘名士數月，自謂有緣召幸矣。而別
後至今未通尺素，湖洄之情又曷能自
已。卯奉從二三相知同遊
九兄先生客祉泰然，結慰鄙願。弟在省一
年寓筆墨無異狀可為

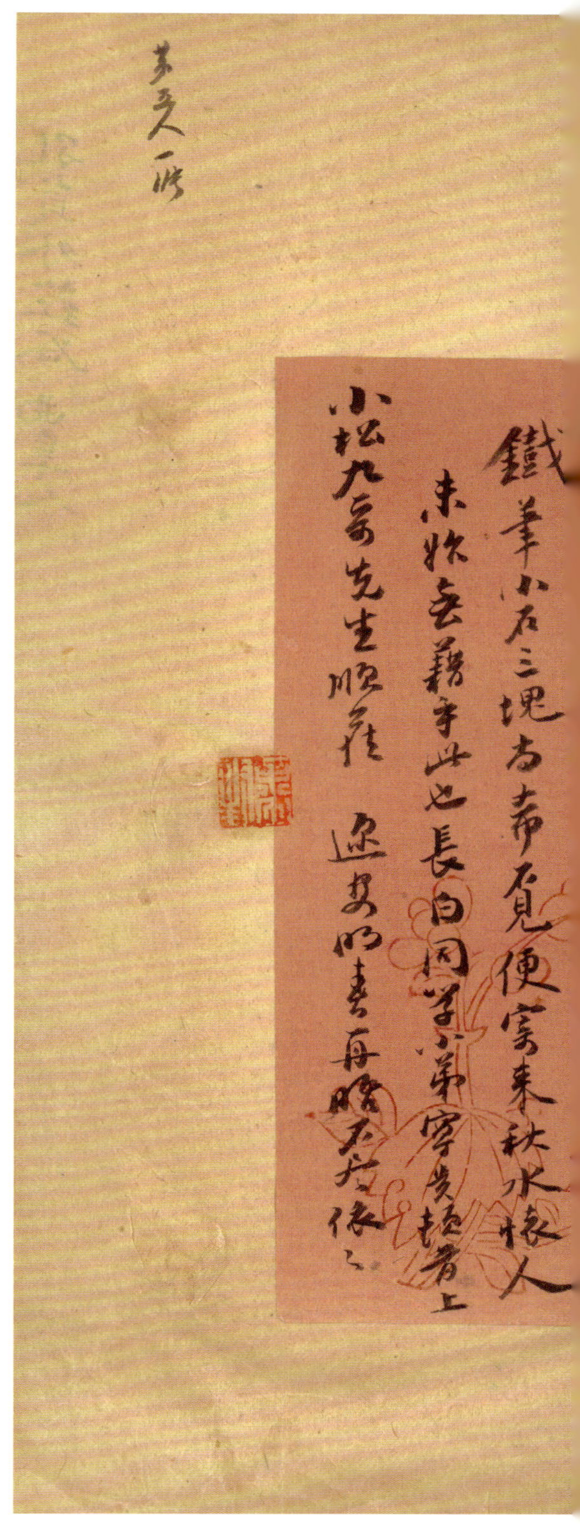
鐵筆小石三塊尚希覓便寄來秋水懷人
未始無藉乎此也長白同學小弟寧貴頓首上
小松九哥先生順候
邇安明春再晤不盡依依

▶ 寧貴致黃易札

得奉
教於
湖瀨名士數月，自問有緣有幸矣。而別後至今未通尺素，溯洄之情又曷能自已耶？幸從一二相知得悉
九哥先生客祉泰然，稍慰鄙願。弟在省一
年毫無善狀可爲
知己言者，兹於廿三日束裝返舍矣。所有前次
奉求
鐵筆小石三塊，尚希覓便寄來。秋水懷人，
未始無藉乎此也。長白同學小弟寧貴頓首上
小松九哥先生。順候邇安，明春再晤，不盡依依。

【一七〇】

【六七】

◀ 周震榮致黄易札之六

起居何似，伏惟萬福。宋祥符《北嶽醮告碑》新從曲陽拓歸，謹呈一通，其文其字非元以後所有，不知可備篋中珍藏否？外石二塊，一係舍弟所懇，伊號山茨，得款爲妙；一則弟所求者，恃

愛屢瀆，不

以爲厭否？

小松先生九兄侍史　　弟周震榮拜手

初七日冲

外石二，一刻「梅花里」，一刻「生於癸丑」。

胡德琳致黄易札之一

生平贈縞班荆於武林諸君子甚夥，嗣以一行作吏，遠隔西湖，博雅如
先生，惜不得一見。昨於無軒札中得悉
高誼，即擬一椷申意，而風塵鹿鹿未遑也。頃承
瑶札，詞翰之美與先施之雅，皆非近日所有。古人所謂「聞聲相思，千里神交」者，殆爲我兩人設也。承
許鐵筆，幸何如之！近有人贈林銕簫句，云「秋風凉月一聲簫」，僕甚愛之，欲鐫一印，未知肯爲
賜教否？附上唐摩崖碑一副，希
查收。其瑯琊臺秦碑、濟寧新出漢碑、樂陵劉氏《元魏刁遵墓銘》、李陽冰篆《庚公德政碑》，僕俱有之，但留東郡寓中，取至再當奉寄。數行順
覆，並候
興居，不備。琳再拜

【一六四】

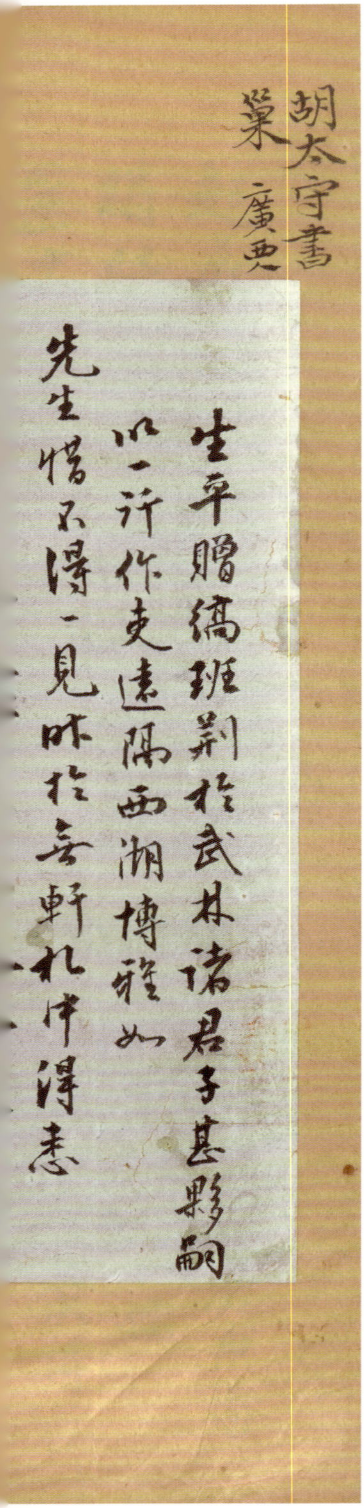

某文人一件

瑶札詞翰之美與先施之殷皆非近日所
有古人所謂聞聲相思千里神交者
殆爲我兩人設也承
許錢筆幸何如之近有人贈林錢簫句

[illegible]
云秋風涤月一聲簫僕甚愛之欲鐫
一印未知肯否
賜教否附上唐磨崖碑一副希
查收其瑯琊臺秦碑信寧新出漢碑宋
陵劉氏元魏刁遵墓銘李陽冰篆庚
公治政碑僕俱有之但留東郡帖取去
再當奉寄敬行順
霞翁先生
興居不備 琳再拜

趙魏致黃易札之三

月桂峰頭，黃花籬落，懷人千里，燕趙雲山，遠隔
良朋，惟深悵悼。所幸羽鴻時便，得悉
起居。弟株守舊廬，一無善狀，吴蒙故態，不卜可知，以視
兄高材逸足動協時宜者，不啻有鵷鵬之别。前月間林价北
來，知
兄已登仕籍，上足以慰高堂遲暮之思，次亦足兆我輩彈冠
之漸。來書未言，以弟爲不欲問耶？詎知弟之熱中更甚耳，
曷勝欣賀！蒙

頒佳拓，過於百朋，天壤寥寥，得此同志，從此山陬海澨，斷碣殘碑，
不難入吾手矣，快何如之！趙文敏書，弟本欲作卒歲之計，廿金
左右亦可去矣。承許以十金應用，謝謝。奈奚九兄近況頗艱，應
酬日劇，筆墨生涯半爲米鹽零雜之需，我輩財運未亨，所入
不償所出，大約如斯。故十金之說未知年終得歸楚否？奚九書
應自言之，無容縷覼也。《三公山》臨本甚精，識
兄苦心，列及謬語，殊增汗顔，覃溪異同，俟更定之可耳。此碑自
兄發之，又自

兄廣之，愛惜古人正當如是。但漫漶已甚，呵護宜亟，或置之學
宫，或砌之縣署，覆以亭趺，以石爲要，安得五丁巨靈趨負而歸
爲東南翠墨之冠耶？直隸今存碑刻，弟需者尚多，另單呈
覽，乘便致之。濟寧新出漢碑應是《膠東令王君廟門斷碑》，未
知尚存若干字，乞惠一紙。《漢石經殘字》，細審之不甚佳，定
爲翻刻無疑，明眼人不必以此勞夢寐也。尊處有二楊
碑，亦足以豪矣。西邊二種及《吴行本紀功碑》，皆所願見。《隋
開堂疏》，緣一時未有考據，俟續跋寄上。唐碑十種附來，不

甚佳，聊備種數而已。尊齋所藏祈開一總目，存弟處，以備補寄，緣前來一單偶爾失去故也。張芑堂二哥刻下未至杭城，且《金石契》一書未畢刻事，當俟另日索寄。彼處有元康銅鐎光一柄，有銘字二行，拓二本存弟，今奉上一紙，倘有所見款識，亦祈留神。姚竹似三兄五月間已他出，故無書。所存圖書無容汲汲，擇其雅而緻者先作之，拜惠不淺。又前乙兄作《竹崦盦圖》小幀，亦望於風日晴美時一揮灑之。無厭之求，

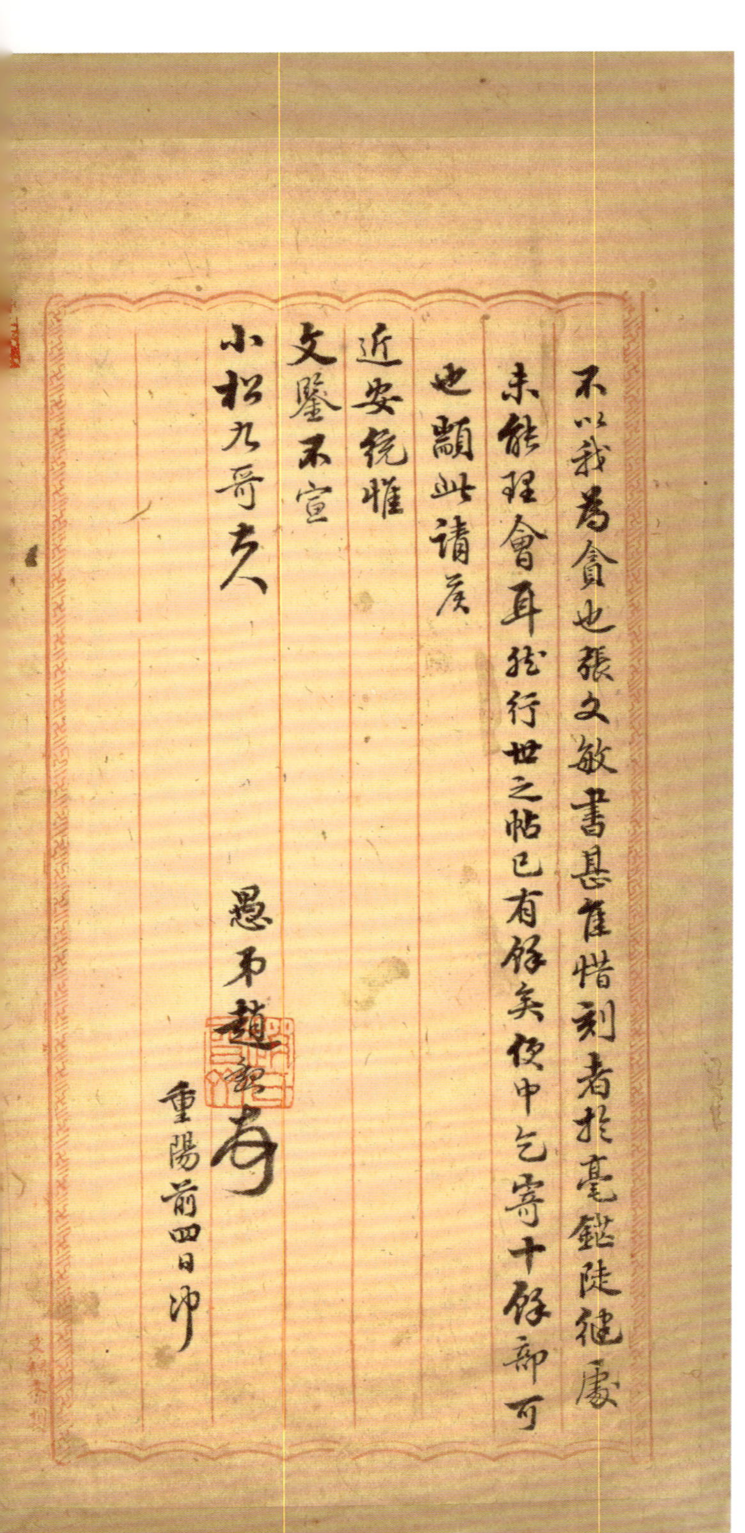

不以我爲貪也。張文敏書甚佳，惜刻者於毫鋩陡健處未能理會耳，然行世之帖已有餘矣，便中乞寄十餘部可也。顓此請候

近安，統惟

文鑒，不宣。

小松九哥大人

愚弟趙魏頓首

重陽前四日冲

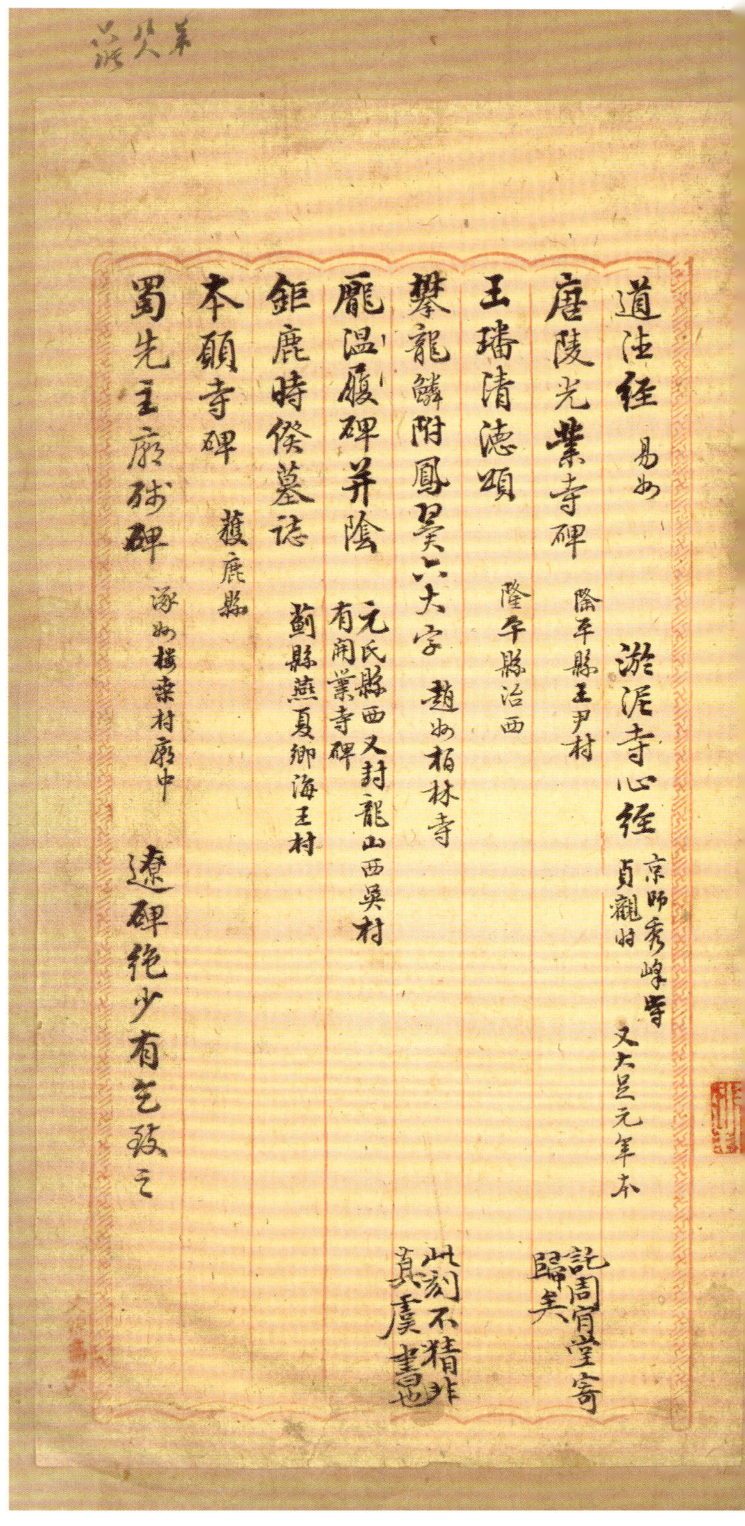

【八三】

《道德經》（易州。）《淤泥寺心經》（京師秀峰寺，貞觀時，又大足元年本。）
《唐陵光業寺碑》（隆平縣王尹村。）（托周肯堂寄歸矣。）
《王播清德頌》（隆平縣治西。）
「攀龍鱗附鳳翼」六大字（趙州柏林寺。）（此刻不精，非真虞書也。）
《龐履温碑並陰》（元氏縣西，又封龍山西吴村有《開業寺碑》。）
《鉅鹿時傒墓志》（薊縣燕夏鄉海王村。）
《本願寺碑》（獲鹿縣。）
《蜀先主廟殘碑》（涿州樓桑村廟中。） 遼碑絶少，有乞致之。

陳焯致黄易札之一

晋齋手翰把玩不釋手。寄到唐碑及元康銅鐎光柄銘，令人想慕之至。今將來札奉繳，看明日大媒躬領彩輿、同觀花燭時，或得脱空一出，作冷淡話言，亦未可定。弟近日亦集得素心師友各書，凡二册二本，奉呈雅鑒，將來意欲擇其尤雅者泐石，置諸素心閣壁間，蒼蠅附驥，實所欣慕焉耳！佳刻二印接到後，摩挲半夜，次早即寄與翁學士去矣。聞九兄現爲周蒼梧作印，可賜示否？順候佳安，不次。

小松九兄先生忙處

愚弟陳焯頓首

廿三日

【一六六】

第九[illegible]函

書凡二冊二本奉呈

雅鑒。樗素言錢梓甚尤雅者如石墨,請李忠閣鑒

問叢擺附據實所收叢考了

佳刻二印接到後摩挲半夜次早呈寄與[illegible]學士

台覽

旋見現有周叢精作印下

賜示石收候

佳安不次

叔兄先生 忙受

弟陳[illegible]頓首

廿三日

方别駕于野　新安人

别後於十月中有津門之行，奉派赴部領運帑項。自前月十八日到京守候，將匝月矣，不得時親博雅，離索之感良深。愬者，近晤舍親金殿撰名榜，偶談碑拓，詢及三公山馮君碑，弟因告以先生考訂之詳，極爲佩服。特金君亟欲

方鶴皋致黄易札之一

别後於十月中有津門之行，奉派赴部
領運帑項。自前月十八日到京守候，將
匝月矣，不得時親
博雅，離索之感良深。愬者，近晤舍親金
殿撰名榜，偶談碑拓，詢及《三公山馮君碑》，
弟因告以
先生考訂之詳，極爲佩服。特金君亟欲

第十八 二帖

得此揭本，無從購求，據云亦由翁處
一見耳。未識
先生可否分惠一幅、釋文一本，即給來差帶
回，代爲轉致。磁石引針，諒不歸咎
於弟也。天氣嚴寒，數年來未有之事，
手僵研凍，憑梧凛然。率此布瀆，
小松先生文席　　教弟鶴臯頓首
臘月十四日都門具

得此拓本，無從購求，據云亦由翁處
一見耳。未識
先生可否分惠一幅、釋文一本，即給來差帶
回，代爲轉致。磁石引針，諒不歸咎
於弟也。天氣嚴寒，數年來未有之事，
手僵研凍，憑梧凛然。率此布瀆，
小松先生文席　　教弟鶴臯頓首
臘月十四日都門具

【一六九】

◀ 周震榮致黄易札之七

判袂以來，兩月間頓成兩歲。此番相左，殊非意中所料，輒爲惘惘。所諭《蘭亭》已屬山茨矣。弟則筆極村笨，東施捧心，已爲千古笑柄，况村野醜婦耶？俟十年後乃下筆耳。南谿作《金塗瓦詩》，殊古雅，

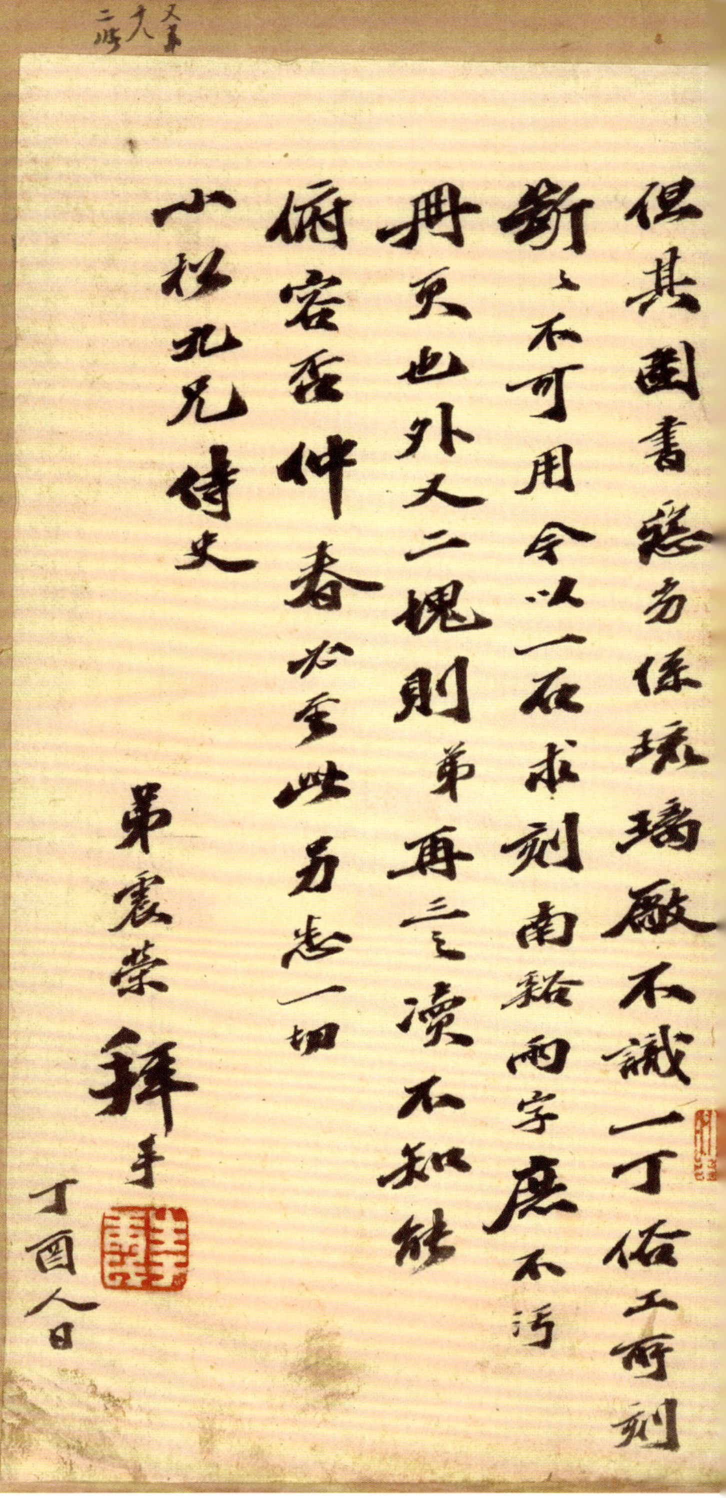

但其圖書惡劣，係琉璃廠不識一丁俗工所刻，斷斷不可用。今以一石求刻「南谿」兩字，庶不污册頁也。外又二塊，則弟再三之瀆，不知能俯容否？仲春必至此，另悉一切。

小松九兄侍史

弟震榮拜手

丁酉人日

〔六四〕

◀盧又紳致黃易札之一

上月杪接奉
手書，欣悉
近履佳勝爲慰。承
示《祀三公山文》，足徵
好古情深，胸羅萬有，佩服佩服。至《中州金石考》，弟當遍
致諸同寅廣爲搜羅。敝縣所有諸名迹，訪之故老，無一知
者。弟以初到未久，容再細詢明確，但有殘斷遺迹，無
不力爲訪求也。順此奉候

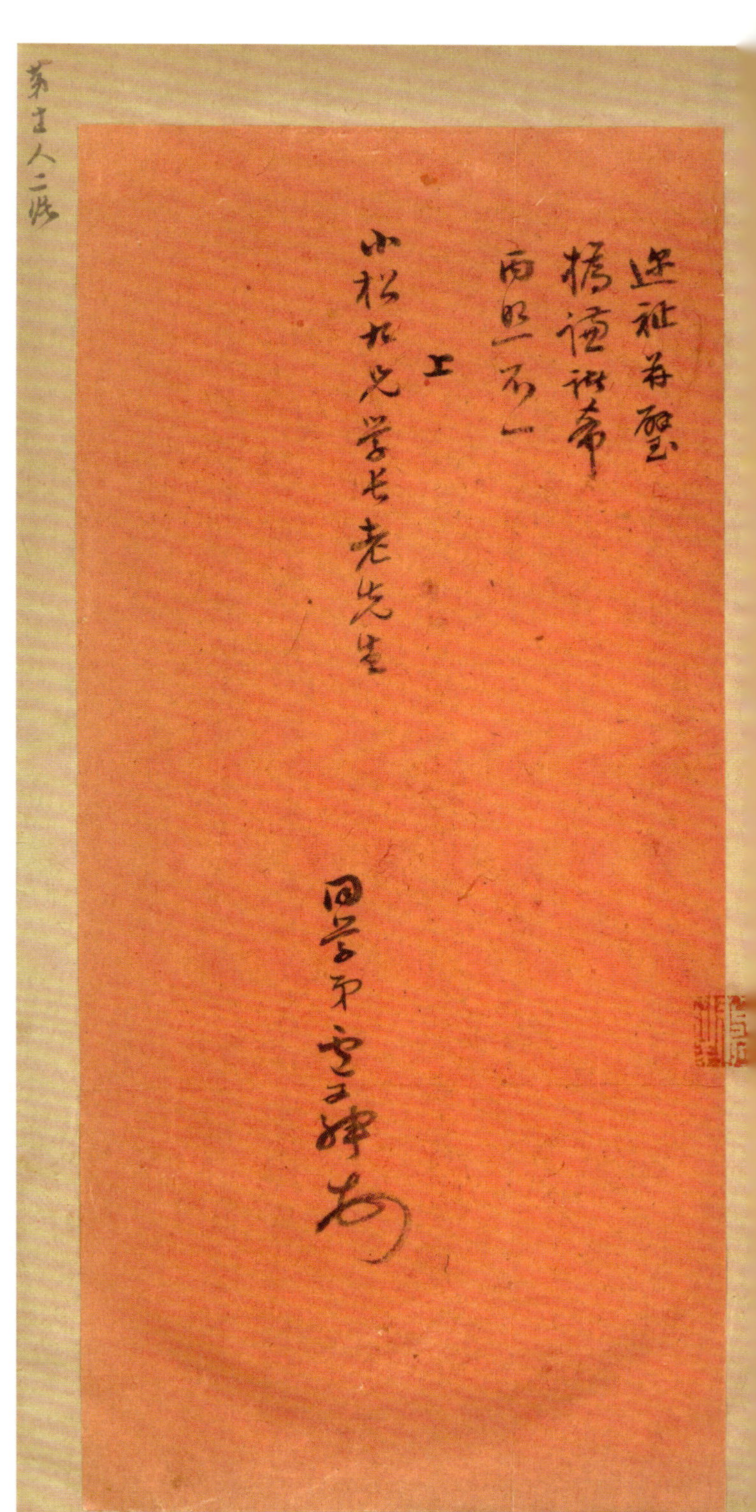

邇祉，並璧
撝謙，諸希
丙照，不一。
上
小松九兄學長老先生　　同學弟盧又紳頓首

【三五四】

▲ 陳焯致黄易札之二

李宓字羲民，福建龍溪人，家萬松關下，明萬曆間以書學著稱，梵宇琳宫多其遺迹。華亭董文敏愛慕其書，曾具幣求之云。焯向年在閩見其小楷《黄庭内景玉經》，極精妙，是手刻於龍池片石者，爲山東海豐張外郎穆庵購得之，今藏其家。承詢及，敢以所知對。　　陳焯又白

〔一六七〕

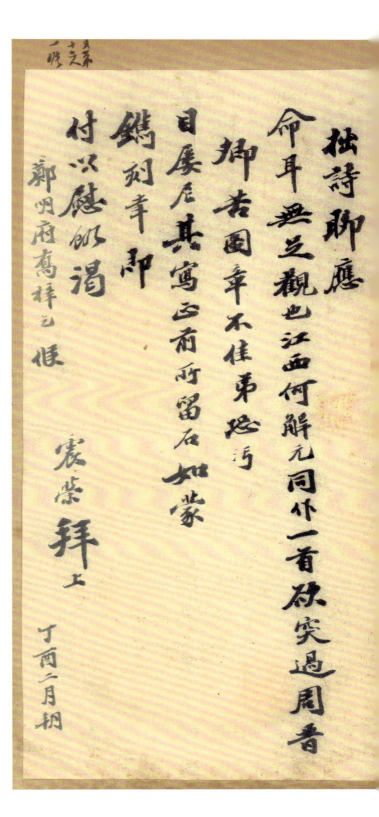

► 周震榮致黄易札之八

拙詩聊應
命耳，無足觀也。江西何解元同作一首，欲突過周晋
卿，苦圖章不佳，弟恐污
目，屢尼其寫正。前所留石如蒙
鎸刻，幸即
付以慰饑渴。　　　　震榮拜上
鄭明府喬梓乞候。　　　　丁酉二月朔

〔六五〕

潘應椿致黃易札之一

《古鼎》一歌，自慚筆力孱弱，特呈
斧削，過承
獎借，益深顏恧。蒙
惠尊刻，對之如睹法物，拜領，謝謝！率更《九歌》石刻，
旋署當多拓數本，以供
雅鑒。至
先生摹印之文，仰慕已久，不敢冒昧以請，茲荷
俞允，喜出望外，明日當擬數字面求
大教。附上分金二封共八兩，連知單一並奉繳，希
爲轉致
居停彙送。愚弟應椿頓首　啓上
小松先生侍史　　廿一日病指草之

〔一七七〕

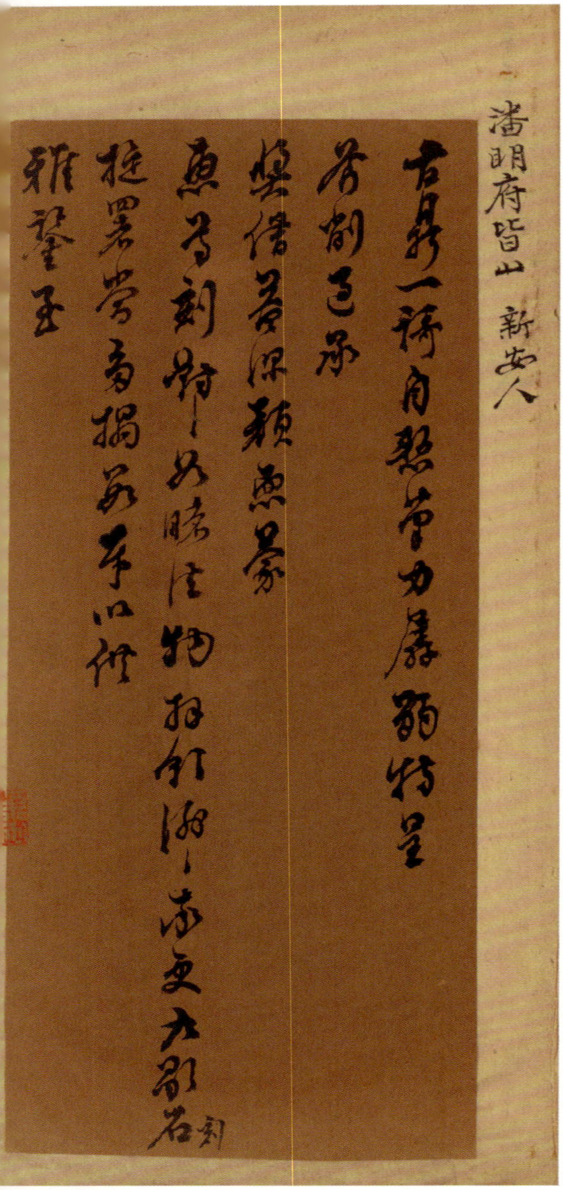

潘明府皆山　新安人
古鼎一詩自慚筆力孱弱特呈
斧削過承
獎借益深顏恧蒙
惠尊刻對之如睹法物拜領謝謝率更九歌石刻
旋署當多拓數本以供
雅鑒至

第十三之二幅　賦得□□□□

先生篆印之文仰慕已久承示眉睡清奇善骨
奇先生運筆明日當搆寫字西來
去歲附上乃室二村世八日達出榮一僧未知曾
為搨殳
居停屬色萬中忠捂　丙二　歷上
如紹先生傳史

朱太學豹全　長洲人

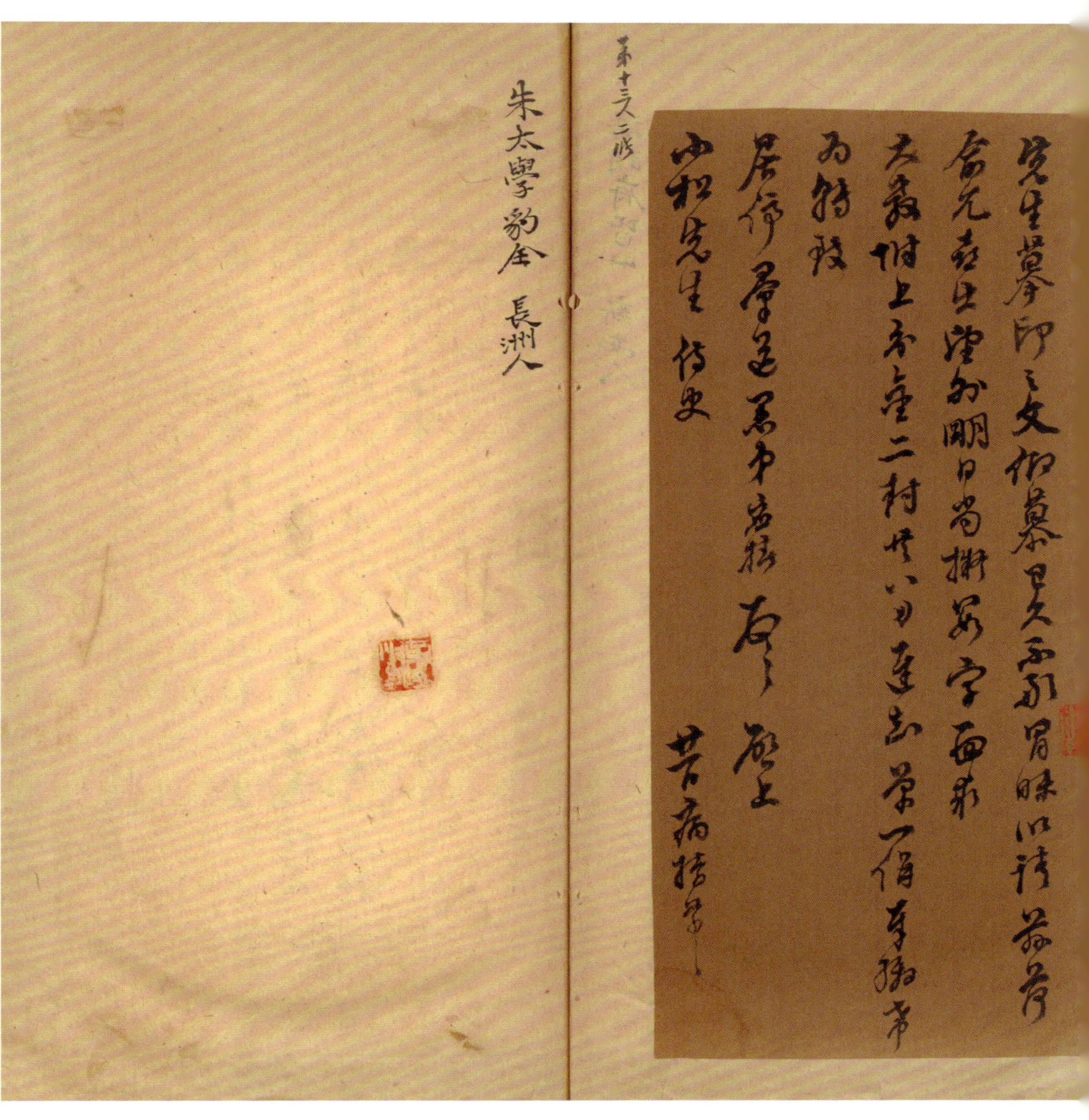

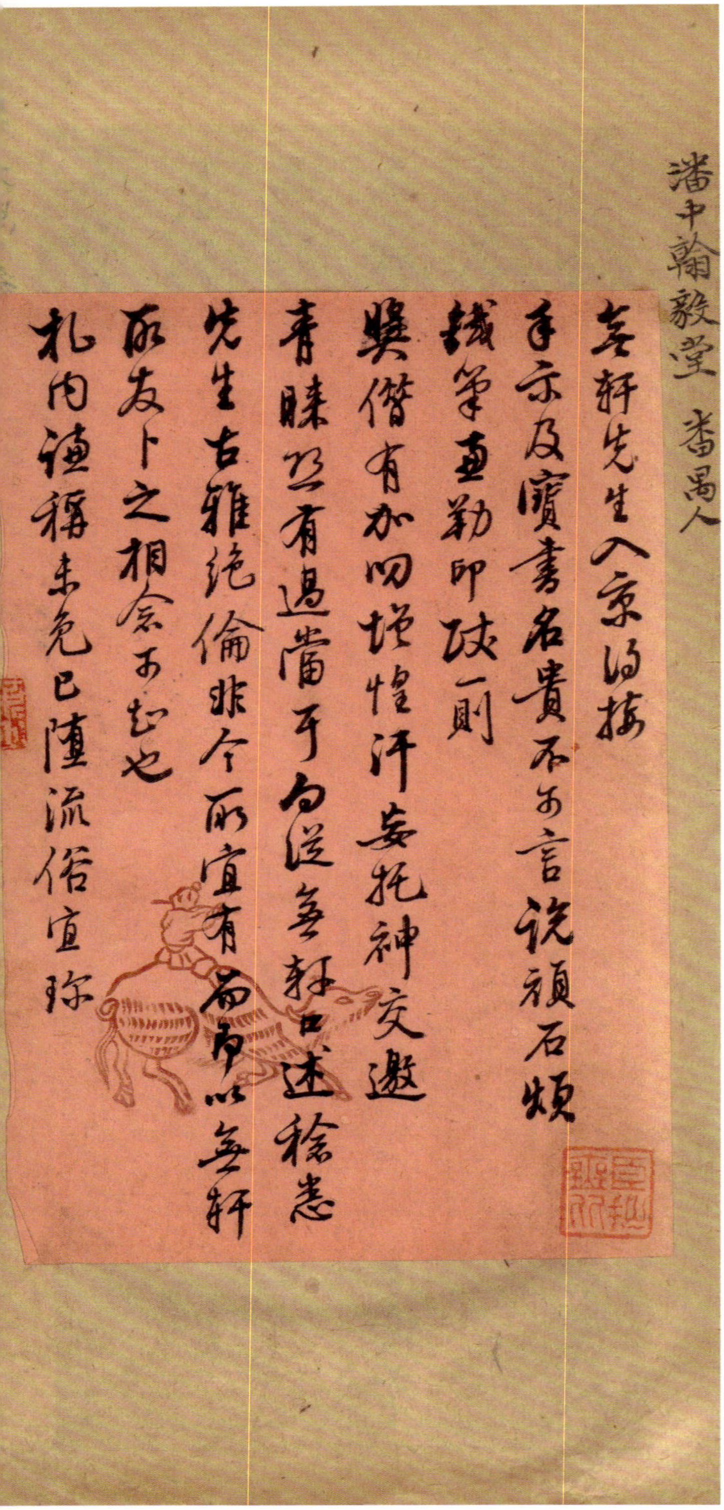

潘中翰穀堂　番禺人

無軒先生入京得接
手示及寶書名貴不可言說頑石煩
鐵筆兼勒印跋一則
奬偕有加叨增惶汗妄托神交邀
青睞恐有過當耳向從無軒口述稔悉
先生古雅絶倫非今所宜有而即以無軒
取友卜之相念可知也
札内謙稱未免已墮流俗宜珍

潘有爲致黃易札之一

無軒先生入京，得接
手示及寶書，名貴不可言説。頑石煩
鐵筆，兼勒印跋一則。
奬偕有加，叨增惶汗，妄托神交，邀
青睞，恐有過當耳。向從無軒口述，稔悉
先生古雅絶倫，非今所宜有，而即以無軒
取友卜之，相念可知也。
札内謙稱未免已墮流俗，宜珍

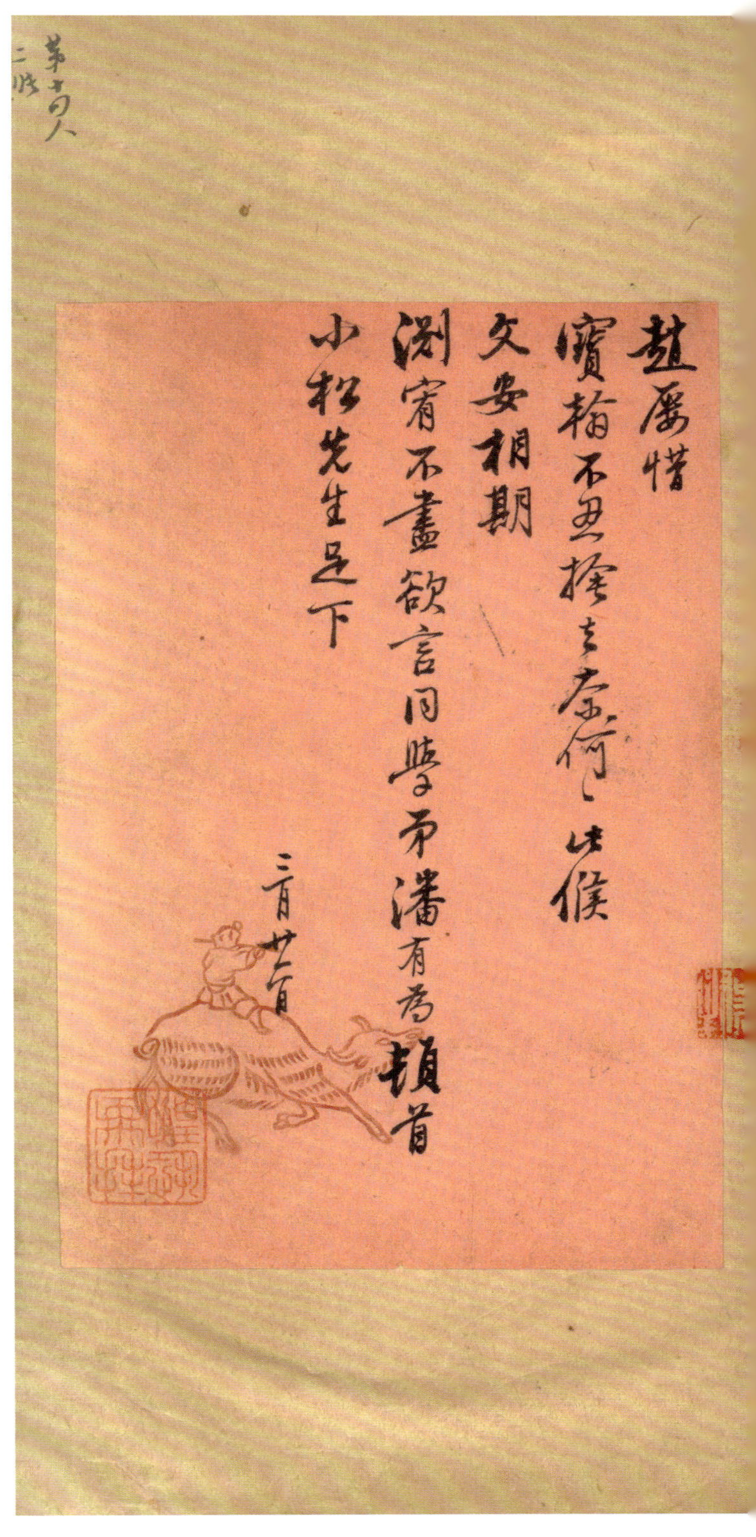

【一〇二】

趙。屢惜
寶翰，不忍捨去，奈何奈何。此候
文安，相期
淵宥，不盡欲言。同學弟潘有爲頓首
小松先生足下
三月廿二日

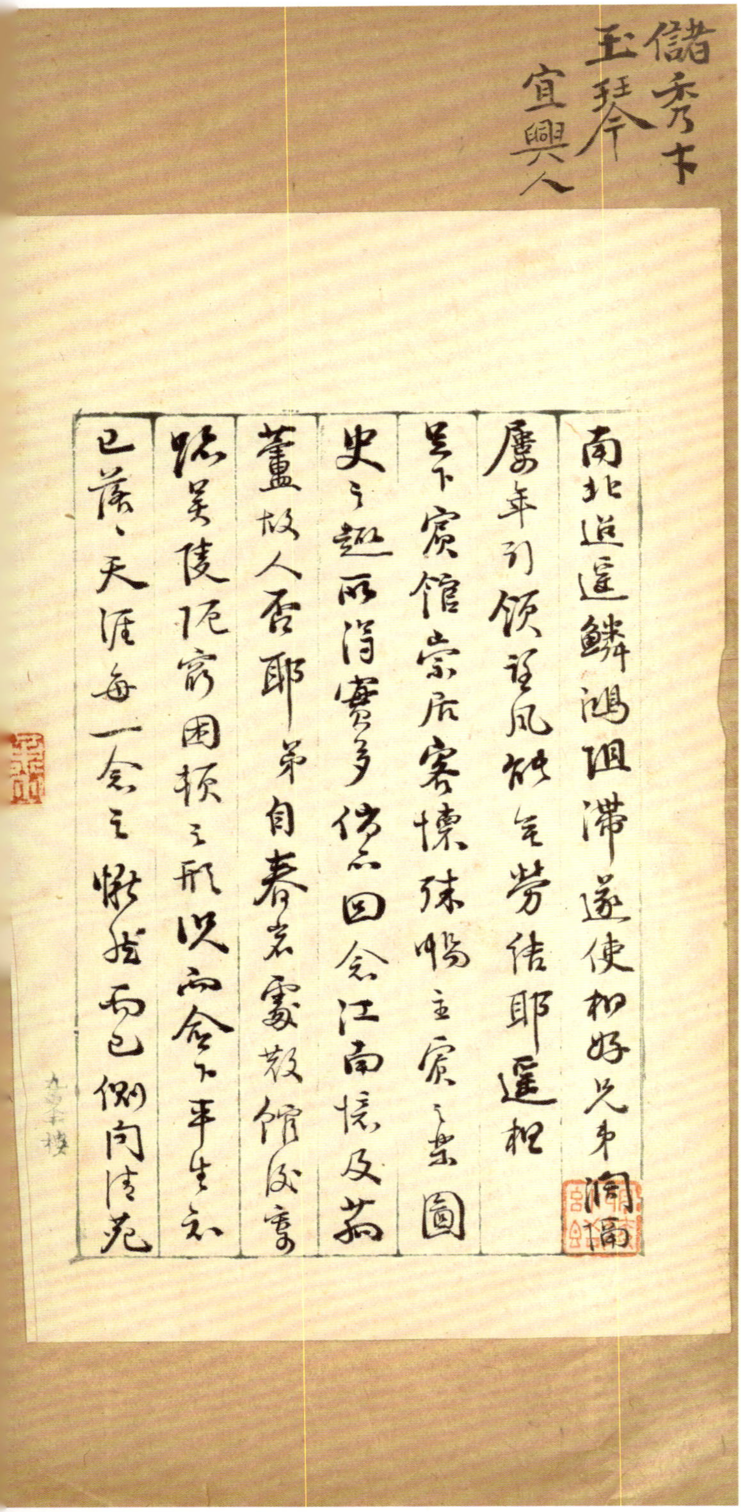

儲秀才
玉琴
宜興人

南北迢遥鱗鴻阻滯遂使相好兄弟闊隔屢年引領望風能無勞結耶遥想足下賓館崇居客懷殊暢主賓之樂圖史之趣所得實多倘亦回念江南憶及菰蘆故人否耶弟自春岩處散館後寄迹吳陵阨窮困頓之形況而愈下平生知己落落天涯每一念之愀然而已側聞清苑

◀ 儲潤書致黃易札之一

南北迢遥，鱗鴻阻滯，遂使相好兄弟闊隔屢年，引領望風，能無勞結耶？遥想足下賓館崇居，客懷殊暢，主賓之樂，圖史之趣，所得實多。倘亦回念江南，憶及菰蘆故人否耶？弟自春岩處散館後，寄迹吳陵，阨窮困頓之形況而愈下，平生知己落落天涯，每一念之愀然而已。側聞清苑

地屬通途，想消息尚易相連，
好音不惜，其有以示之，是所禱切也。因便
率泐數行，敬請
文安，諸祈
神照，臨池依溯，不盡。
秋盦九哥大人　　　　愚弟儲潤書頓首
　　　　　　　　　　　　　　十月十九日
鄭公處祈叱名候安，閤署諸公均希叱候。

〖四二〗

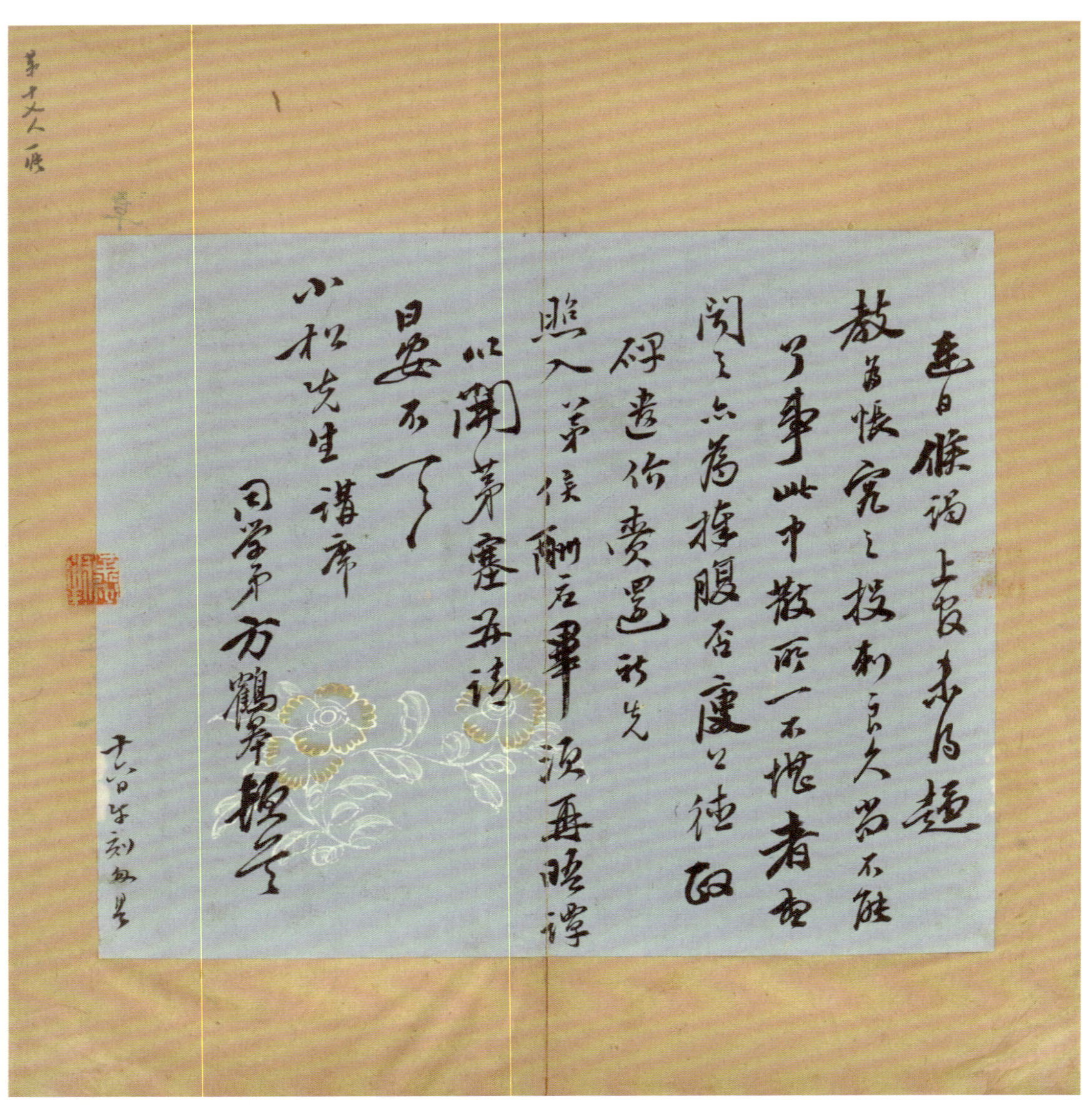

▲ 方鶴皋致黄易札之二

連日候謁上官，未得趨
教爲悵。究之投刺良久，尚不能
了事。此中散所一不堪者，想
聞之亦爲捧腹否？《庚公德政
碑》遣价賫還，祈先
照入。弟俟酬應畢，須再晤譚，
以開茅塞。並請
日安，不具。
小松先生講席
同學弟方鶴皋頓首
十六日午刻匆具

【一六九】

得遣价賫還於先
照入弟俟酬應畢須再晤譚
以開茅塞再請
日安不一
小松先生講席
同學弟方鴻舉頓首

阜平明府朱笠亭先生 海鹽人

春初鹿鹿未及札
候爲歉
先生佐理繁劇更以餘暇收拾秦漢
遺碑真神仙才也健羨健羨弟自去
冬怡堂先生辭去案牘勞形甚
無閒趣與念及

▶朱琰致黄易札之一

春初鹿鹿，未及札候爲歉。

先生佐理繁劇，更以餘晷收拾秦漢遺碑，真神仙才也！健羡健羡！弟自去冬怡堂先生辭去，案牘勞形，苦無閒趣，每念及先生，自愧益甚。今以元氏同寅言，延請湖州姚蘋洲先生到署，此後當稍稍息肩，公暇可理故業，亦一快事。

無軒二吾作來示弟近作有與
先生倡和諸篇未識可便中
賜讀否 鐵老六近可得地否甚念念
不另札也
如轉候
姚先生日內到[?]如缺華[?]
懇為傳諭伊長庄如要附
讀 貴東甚忙故此此啟

無軒二哥信來示弟近作，有與
先生倡和諸篇，未識可便中
賜讀否？程老六近可得地否？甚念之。
不另札，乞
爲轉候。姚先生日内到阜，如缺車，
懇爲傳諭，得官雇爲妥。附
瀆。貴東甚忙，故以此致
先生也，希恕，諸不盡。
小松先生　　愚弟琰頓首

【一七五】

朱排山先生
杭州人

尊公先生蓄書萬卷名動江國以未得
晤交爲悵今得
先生書睽隔千里如接
麈談遠
寄三公山拓本
考釋甚精弟老而嗜古今有同
好矣欽慕
高雅不勝拳依弟同小兒讀游闕
中得金石文字頗夥廣搜秦

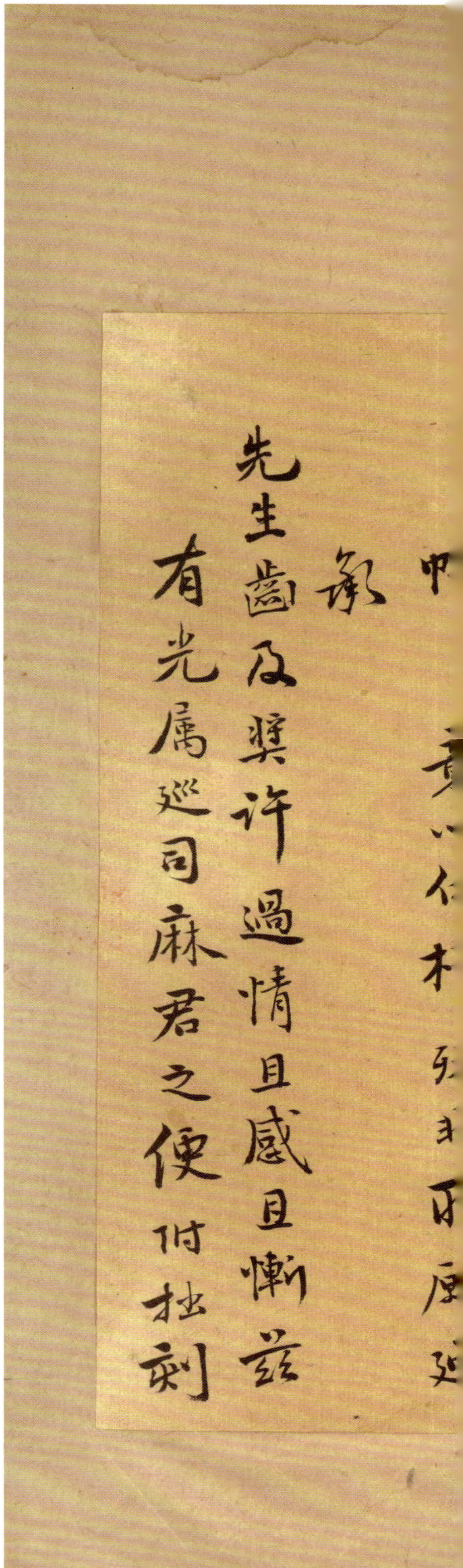
先生齒及奬許過情且感且慚兹
有光屬巡司麻君之便付拙刻

► 朱楓致黃易札

尊公先生蓄書萬卷，名動江關，以未得
晤交爲悵。今得
先生書，睽隔千里，如接
麈談。遠
寄《三公山》拓本，
考釋甚精。弟老而嗜古，今有同
好矣，欽慕
高雅，不勝拳依。弟同小兒薄遊關
中，得金石文字頗夥，廣搜秦
漢瓦頭。客中間有吟咏，積成卷
帙，小兒竟以付梓，殊非所願。乃
承
先生齒及，奬許過情，且感且慚。兹
有光屬巡司麻君之便，附拙刻

三種聯帖

雅鑒承圖記俟印出續寄承

詢車君聘延係搨手之工者向

在國中與之往來近久不通

信未知其在何所并覆恭

候

近祉附璧

尊謹臨池神湖

小松學長先生

同里弟朱風頓首 時年八

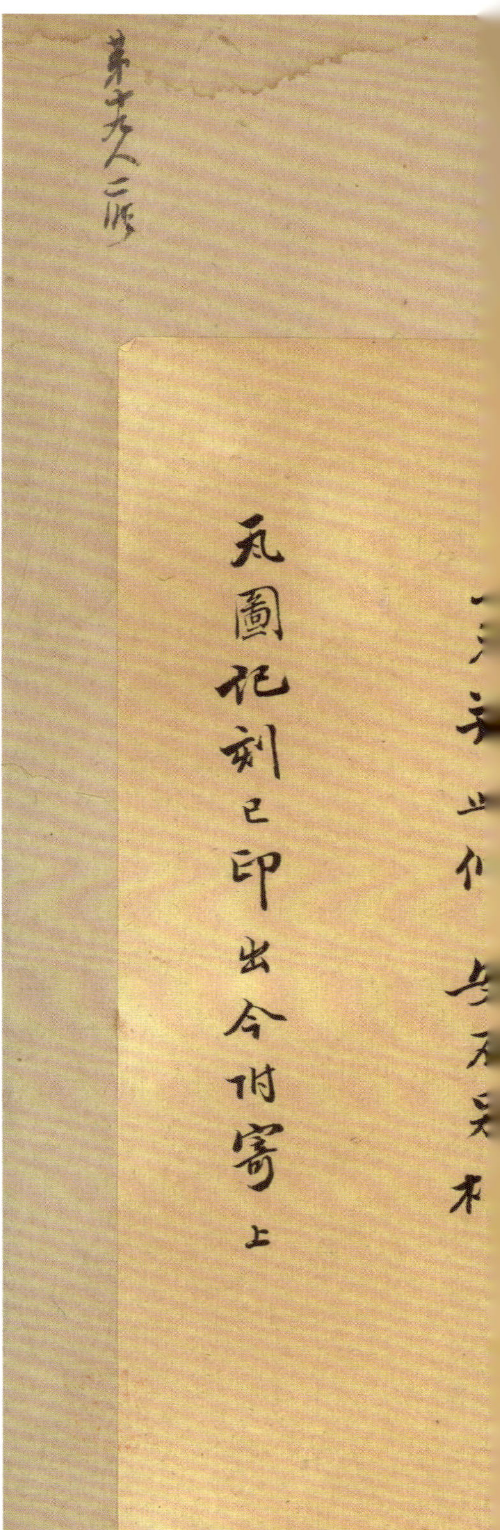
瓦圖記刻已印出今附寄上

三種，聊供
雅鑒。《瓦圖記》俟印出續寄。承
詢車君聘延，係拓手之工者，向
在關中與之往來，近久不通
信，未知其在何所。並覆，恭
候
近祉，附璧
尊謙，臨池神溯。
小松學長先生
同里弟朱楓頓首（時年八十有三）
小兒並此候安，不另札。
《瓦圖記》刻已印出，今附寄上。

【一八七】

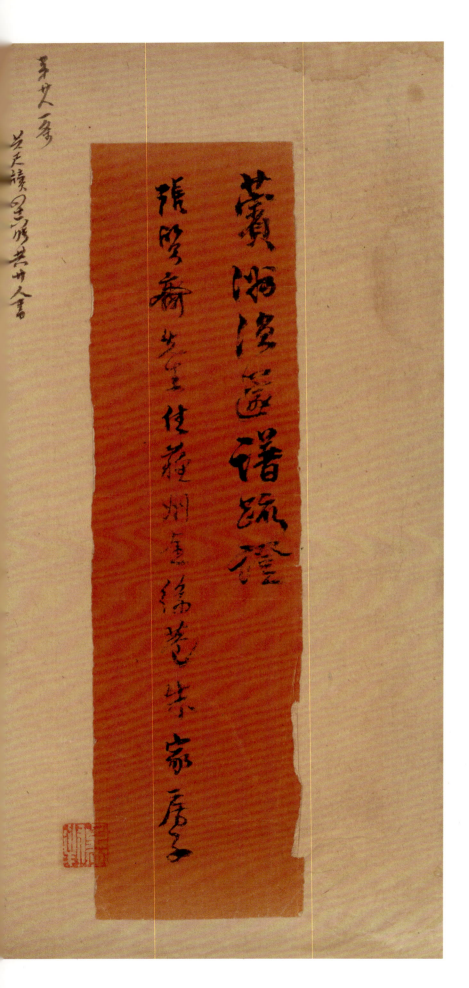

▲《蕡洲漁篴譜疏證》字條

《蕡洲漁篴譜疏證》
張質齋先生住蘇州金絲巷朱家房子

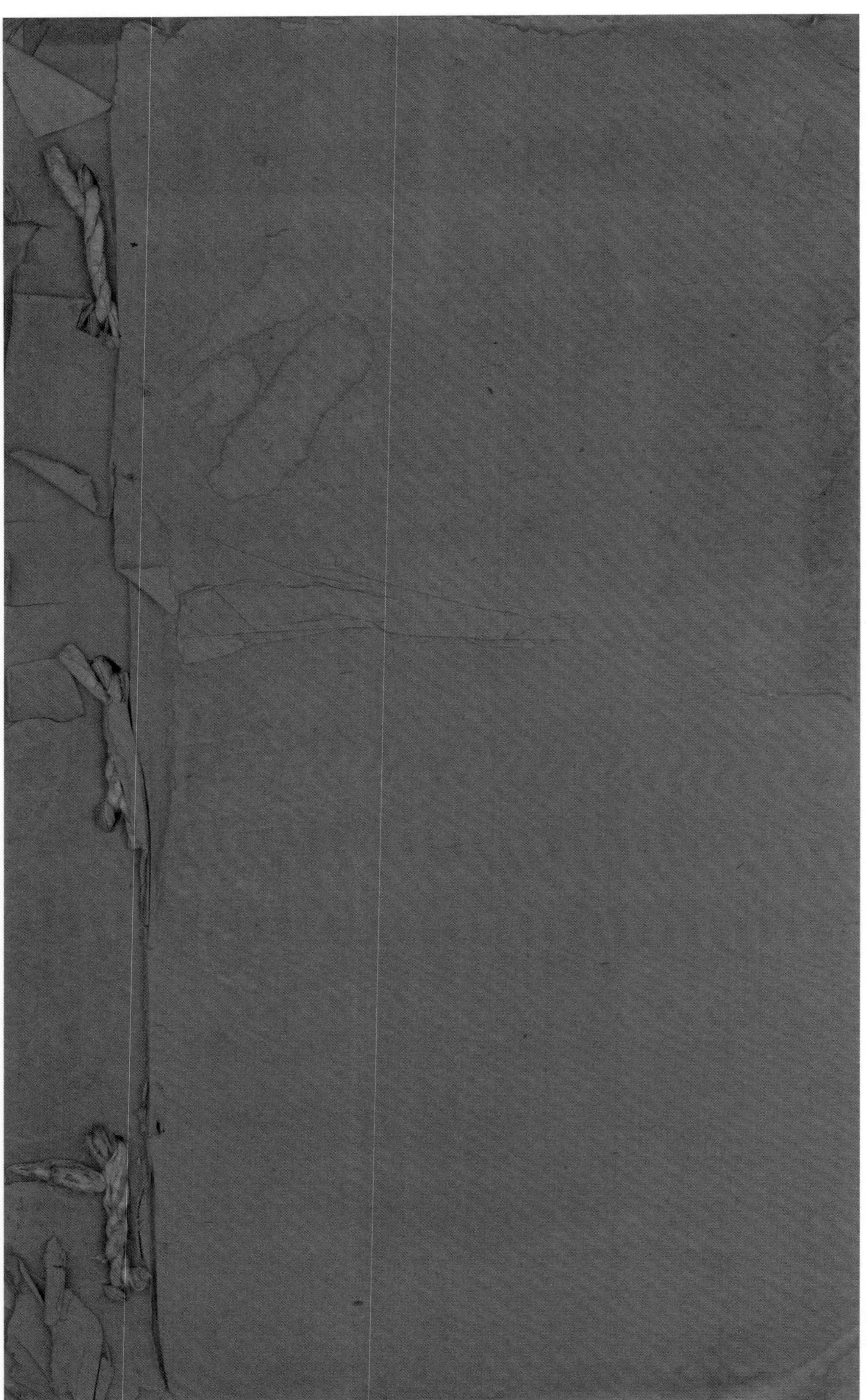

古歡第四册

古歡
第四冊

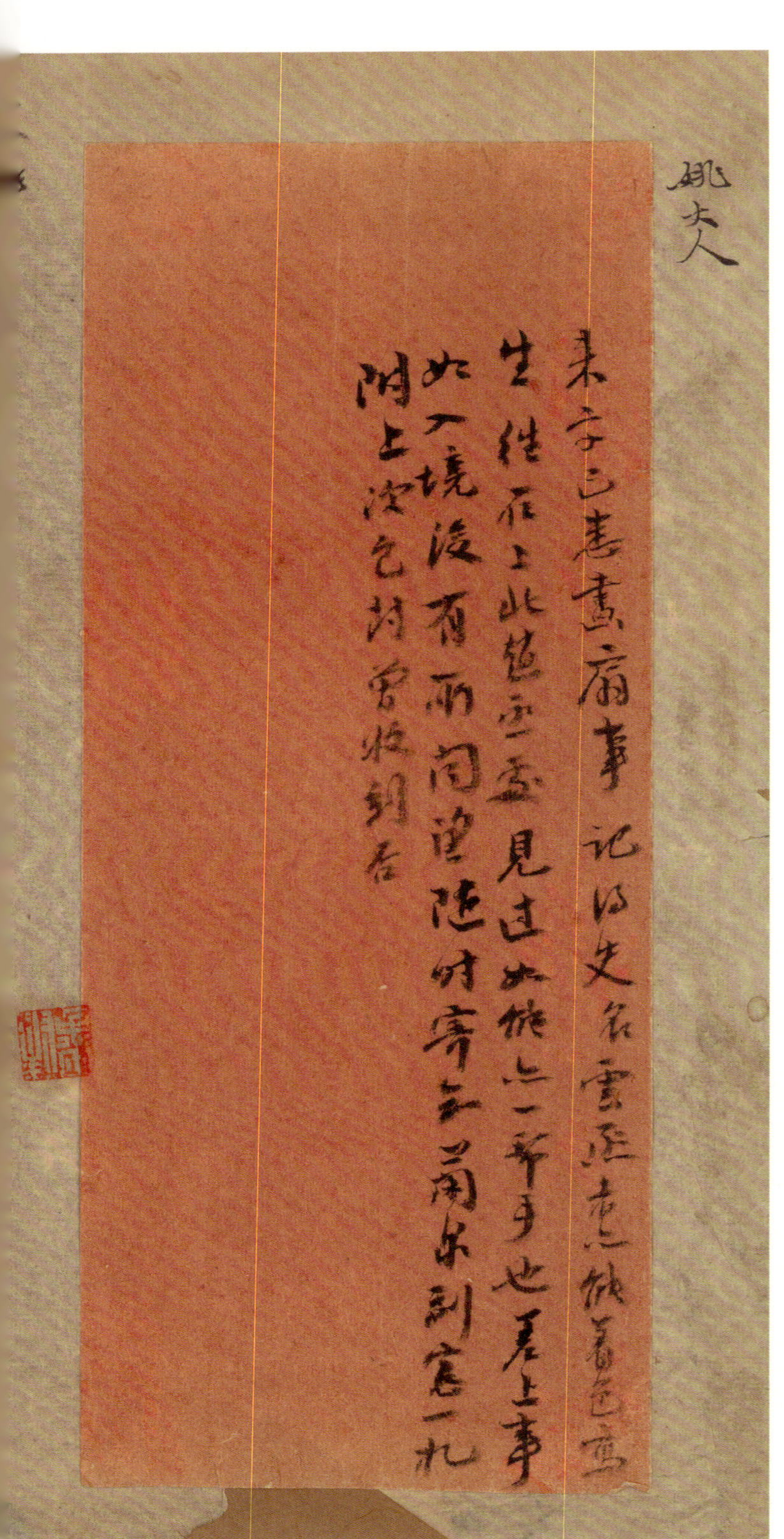

姚大人

來字已悉畫扇事記得史名雲丞者亦能著色寫生往在上北趙丞處見過如能亦一幫手也差上事如入境後有所聞望隨時寄知蘭泉副憲一札附上次包封曾收到否

◀ **姚大人箋**

來字已悉。畫扇事，記得史名雲丞者，亦能著色寫生，往在上北趙丞處見過，如能，亦一幫手也。差上事如入境後有所聞，望隨時寄知。蘭泉副憲一札附上次包封，曾收到否？

【二五二】

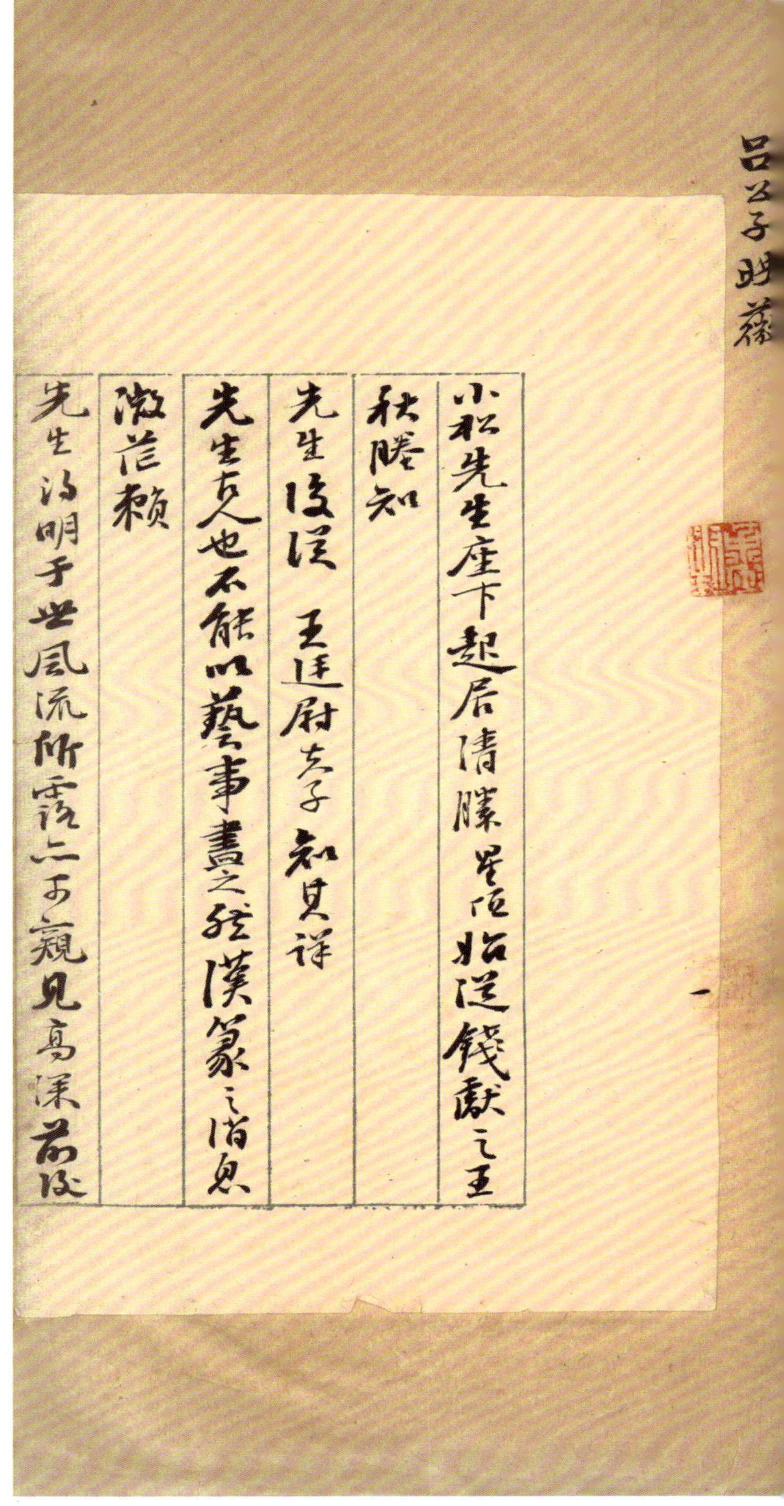
小松先生座下起居清勝星垣始從錢獻之王
秋塍知
先生後從王廷尉夫子知其詳
先生古人也不能以藝事盡之然漢篆之消息
微茫賴
先生得明於世風流所露亦可窺見高深前後

▶ 呂星垣致黃易札

小松先生座下：起居清勝。星垣始從錢獻之、王
秋塍知
先生，後從王廷尉夫子知其詳。
先生古人也，不能以藝事盡之，然漢篆之消息
微茫，賴
先生得明於世，風流所露亦可窺見高深。前後

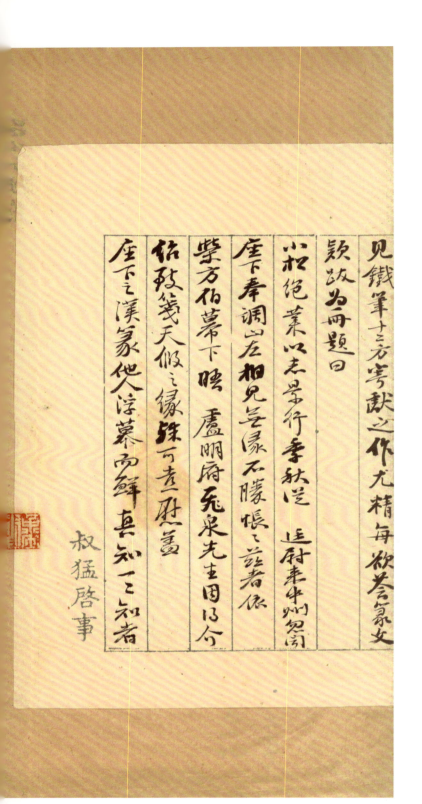

見鐵筆十二方，寄獻之作尤精，每欲薈篆文
款跋爲一册，題曰
「小松絶業」以志景行。季秋從廷尉來中州，忽聞
座下奉調山左，相見無緣，不勝悵悵。兹者依
榮方伯幕下，晤盧明府飛泉先生，因得介
紹致箋，天假之緣殊可喜慰。蓋
座下之漢篆，他人浮慕而鮮真知，一二知者

卒亦心喻而不能言，故道其苦心者絶少，竊嘗擬議之久矣。夫字體本於許君，不稍出入，不作聰明以借書减字，此古大家所争矣。布置疏密一唯自然，正如右文法律，無定有定，迨習而利之，即魏冰叔所云「落花灑地，自成文章」也。至於心和意精，聚眉目真氣於鋒石，相接之際，疾徐甘苦有天機焉。有興會遽到

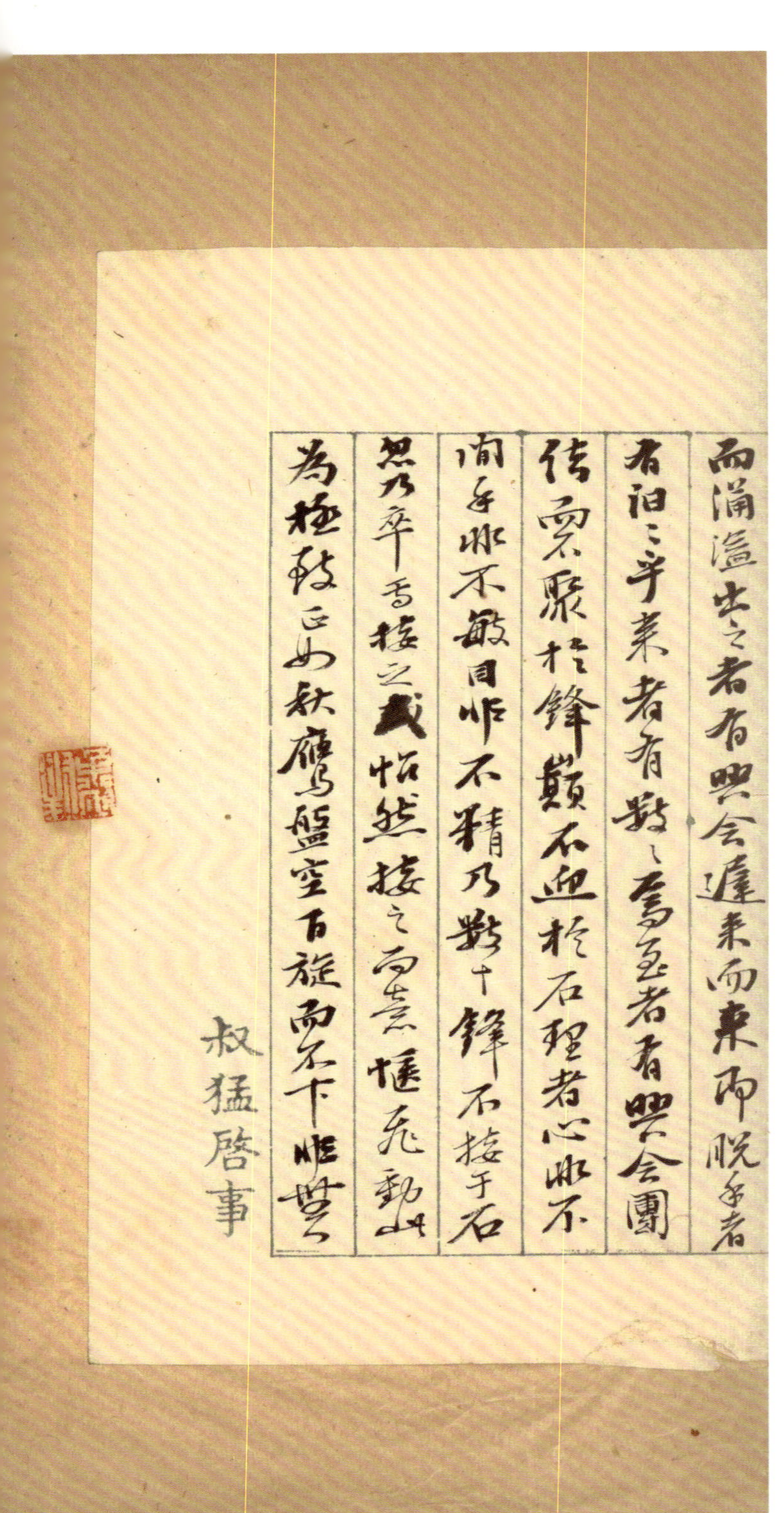

而涌溢出之者，有興會遲來而來即脱手者，有汩汩乎來者，有數之焉至者。有興會團結而不聚於鋒巔、不迎於石理者，心非不閒、手非不敏、目非不精，乃數十鋒不接於石，忽乃卒焉接之。怡然接之而意愜飛動，此爲極致，正如秋鷹盤空，百旋而不下，非無

所見，無當其意者也。意之所滿，即斜飛淺
落而增減無從，意所未滿，不妨百遍摩挲
以暢其意，而命意之始，總以自然流宕不强作
爲宗。以此道
座下苦心，十得其一二否？唯有深思，故有真氣，
以此行於隸書，故外枯中膏，簡嚴而勢放，
即如虞城客館中懸

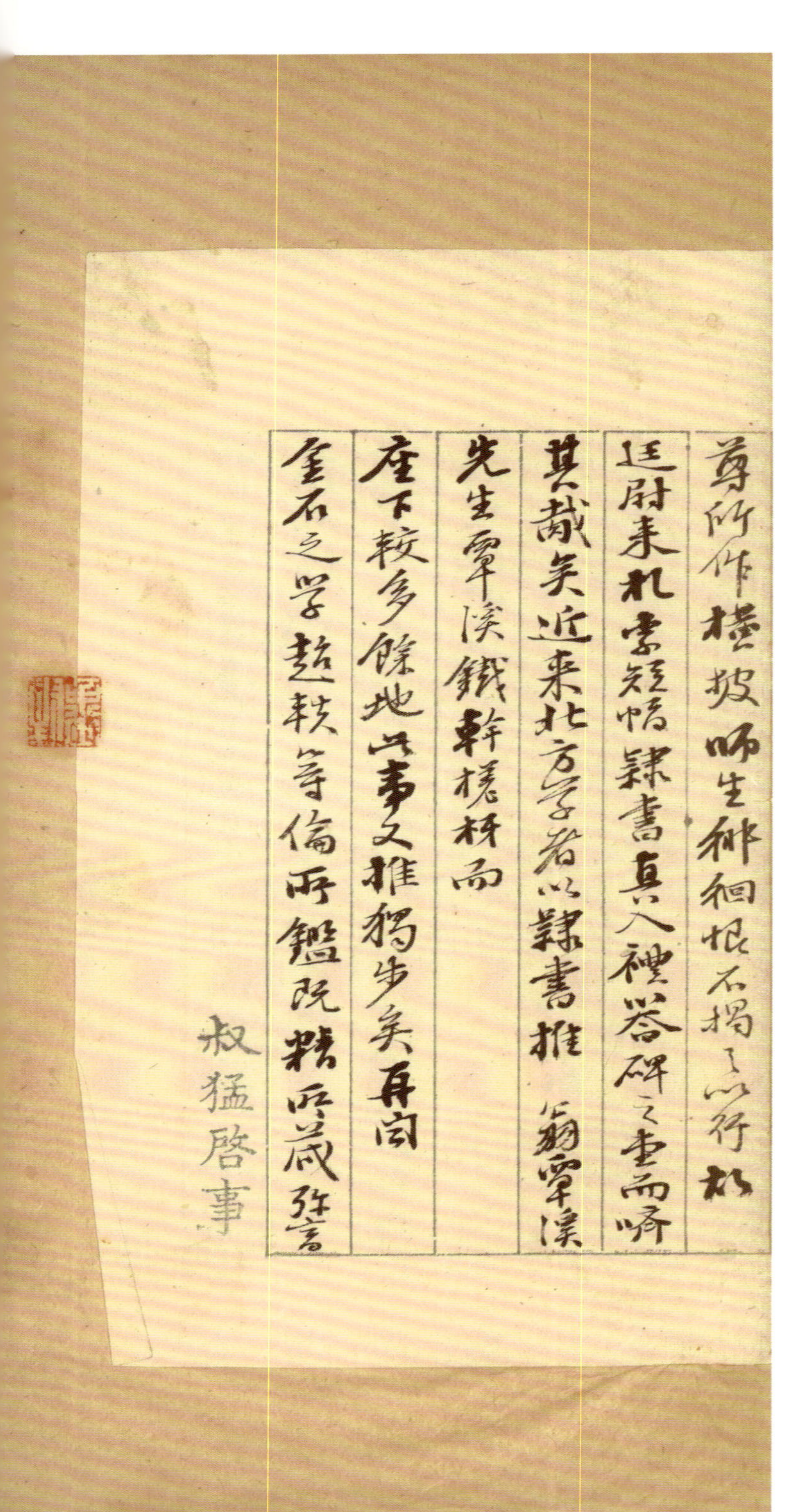

尊所作横披，師生徘徊，恨不揭之以行。故
廷尉來札索短幅，隸書真入《禮器碑》之堂而嚌
其胾矣。近來北方學者以隸書推翁覃溪
先生，覃溪鐵幹槎枒，而
座下較多餘地，此事又推獨步矣。再聞
金石之學超軼等倫，所鑒既精，所藏彌富，

何不寄目録於都門，與廷尉師各書全文，補其未有，此固快心事也。生平奔走江湖，唯到處有賢士大夫過從之樂，可謂「風雨如晦而鷄鳴不已」。乃至此邦懂得故人周進士景益，聊以自慰。盧明府以星垣知公姓名，即謂星垣不謬，此公可謂不凡，詢之周君，乃知東南名下。然盧公以星垣知篆章

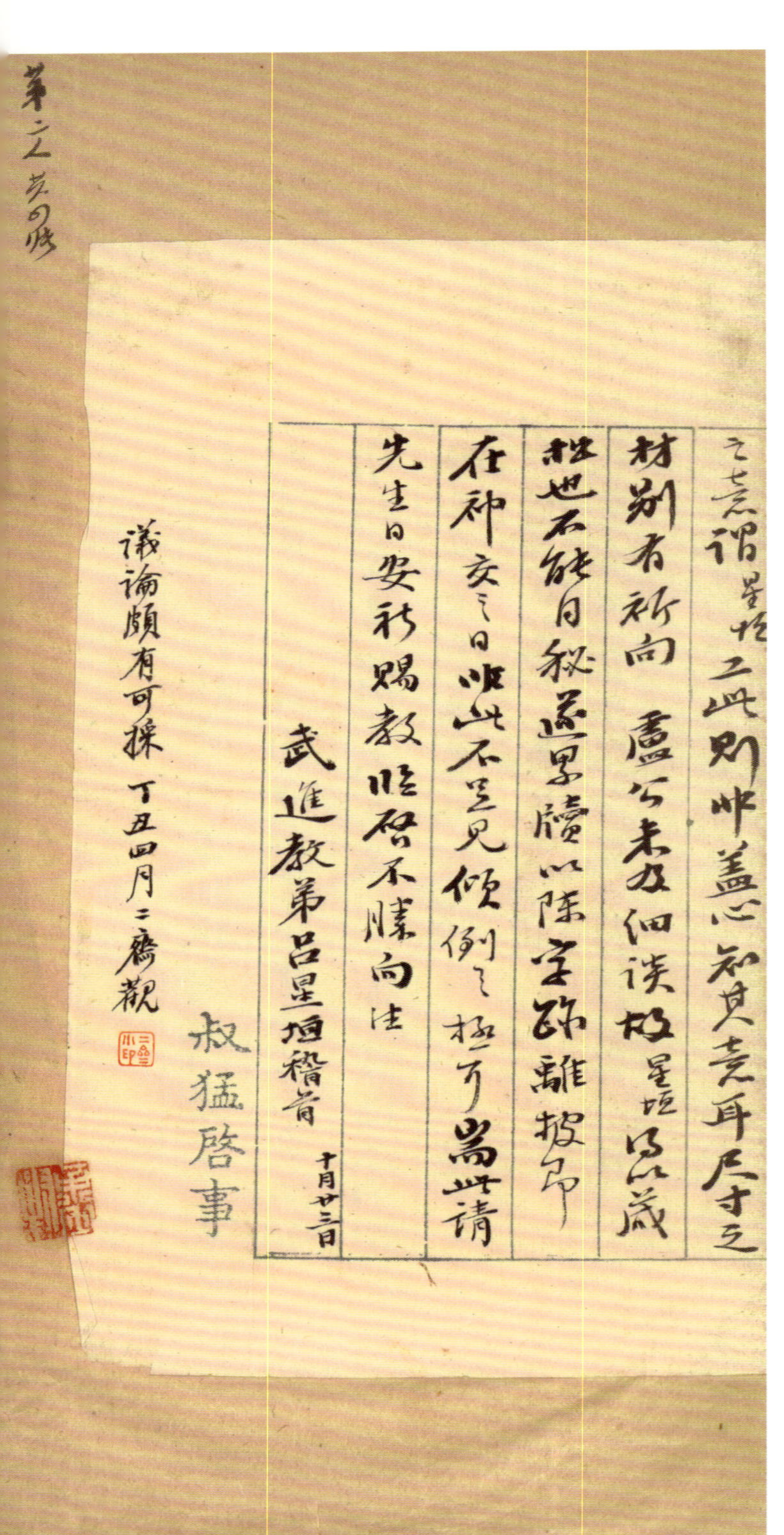

【三一二】

之意，謂星垣工此，則非，蓋心知其意耳。尺寸之材別有祈向，盧公未及細談，故星垣得以藏拙也，不能自秘，遂累牘以陳，字迹離披，即在神交之日，唯此不足見傾倒之極耳。耑此請先生日安，祈賜教，臨啓不勝向往。

武進教弟吕星垣稽首　十月廿三日

議論頗有可採。丁丑四月二齋觀。

畫家鄉所見雖多，恐入
目者少，且囊無餘錢，難于廣辦。今來
磁銅十餘件，開價奉
覽，稍爲增益，亦無不可。惟宋炙硯，希
世之物，弟本不欲去者，
知已能爲我謀一善價，亦可作禦冬之
計，佇候佇候。秋間使來，能假我數十金
爲轉輸之術，則他書畫物件可多搆
竹崦盦手簡

◀ 趙魏致黄易札之四

畫家鄉所見雖多，恐入
目者少，且囊無餘錢，難於廣辦。今來
磁銅十餘件，開價奉
覽，稍爲增益，亦無不可。惟宋炙硯，希
世之物，弟本不欲去者，
知已能爲我謀一善價，亦可作禦冬之
計，佇候佇候。秋間使來，能假我數十金
爲轉輸之術，則他書畫物件可多搆

矣。弟近況平平，兼之米鹽淩雜，清興
亦復少減。良朋千里，把臂何時，惟祈
惠我
好音，慰吾渴思耳。使還附候
福安，並請
伯母大人暨閤潭近祉，不一。
小松九哥大人　　　　愚弟趙魏頓首
　　　　　　　　　　四月初三日冲

【八七】

鳥篆戈銘一、遲伯敦銘一、漢鏡銘三、唐鏡銘一、六朝鏡銘一、金承安鏡銘一、節墨刀銘一、硯銘三、

魏墓志一、齊造像一、陽文碑一，

寄到魏碑乃太安二年《寇天師修中嶽廟碑》，弊齋已有，今特附還。此碑尚有陰，兄能致之否？

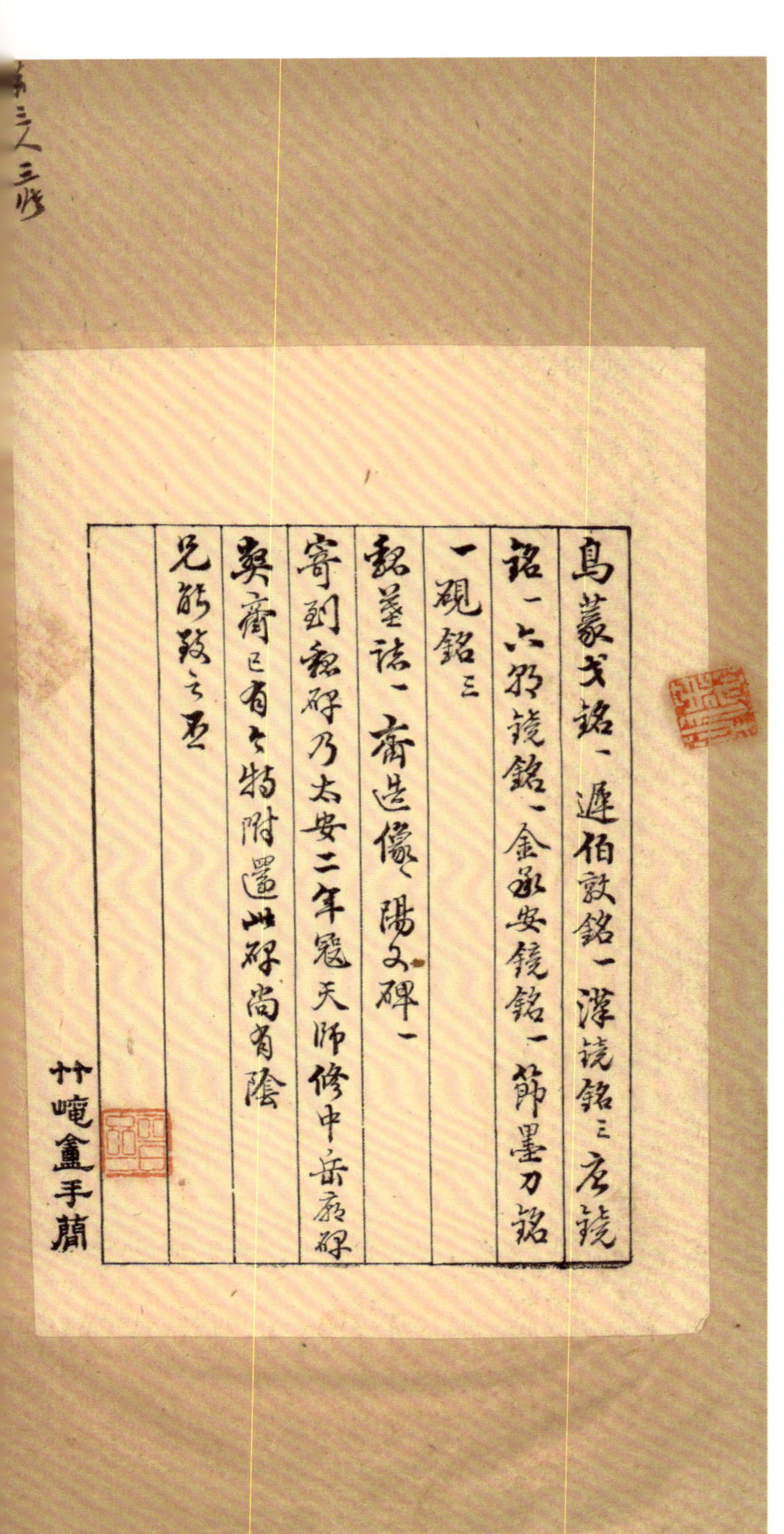

沈啓震箋

接
來翰，知署中諸事具費
清心。僕南路查工已竣，現在星馳回濟，大
約初四日晚間可到。諸俟面談，此復。
名心具

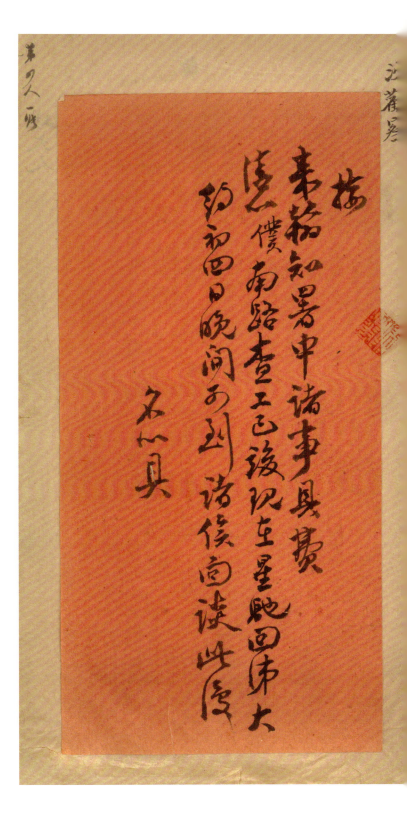

【二四四】

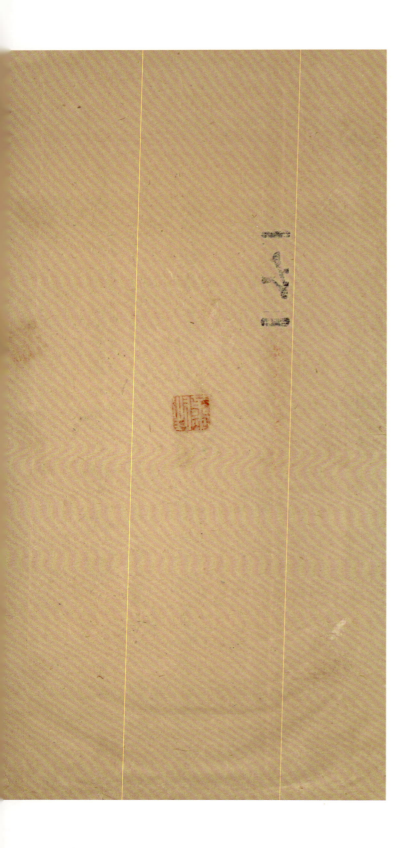

► 陳崇本致黄易札

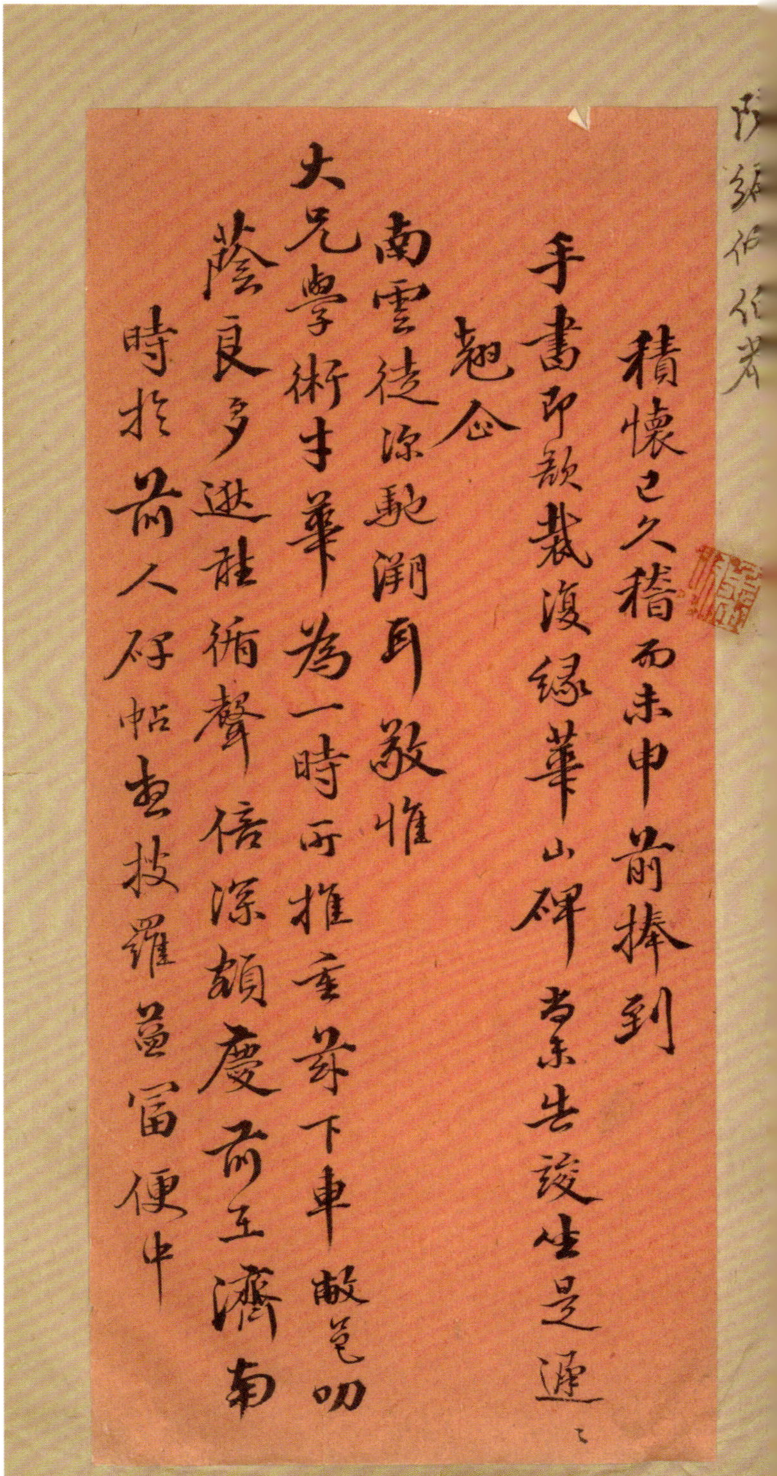

積懷已久，稽而未申。前捧到
手書，即欲裁復，緣《華山碑》尚未告竣，坐是遲遲。
翹企
南雲，徒深馳溯耳。敬惟
大兄學術才華爲一時所推重，玆下車敝邑，叨
蔭良多，逖聽循聲，倍深額慶。前在濟南
時，於前人碑帖想搜羅益富，便中

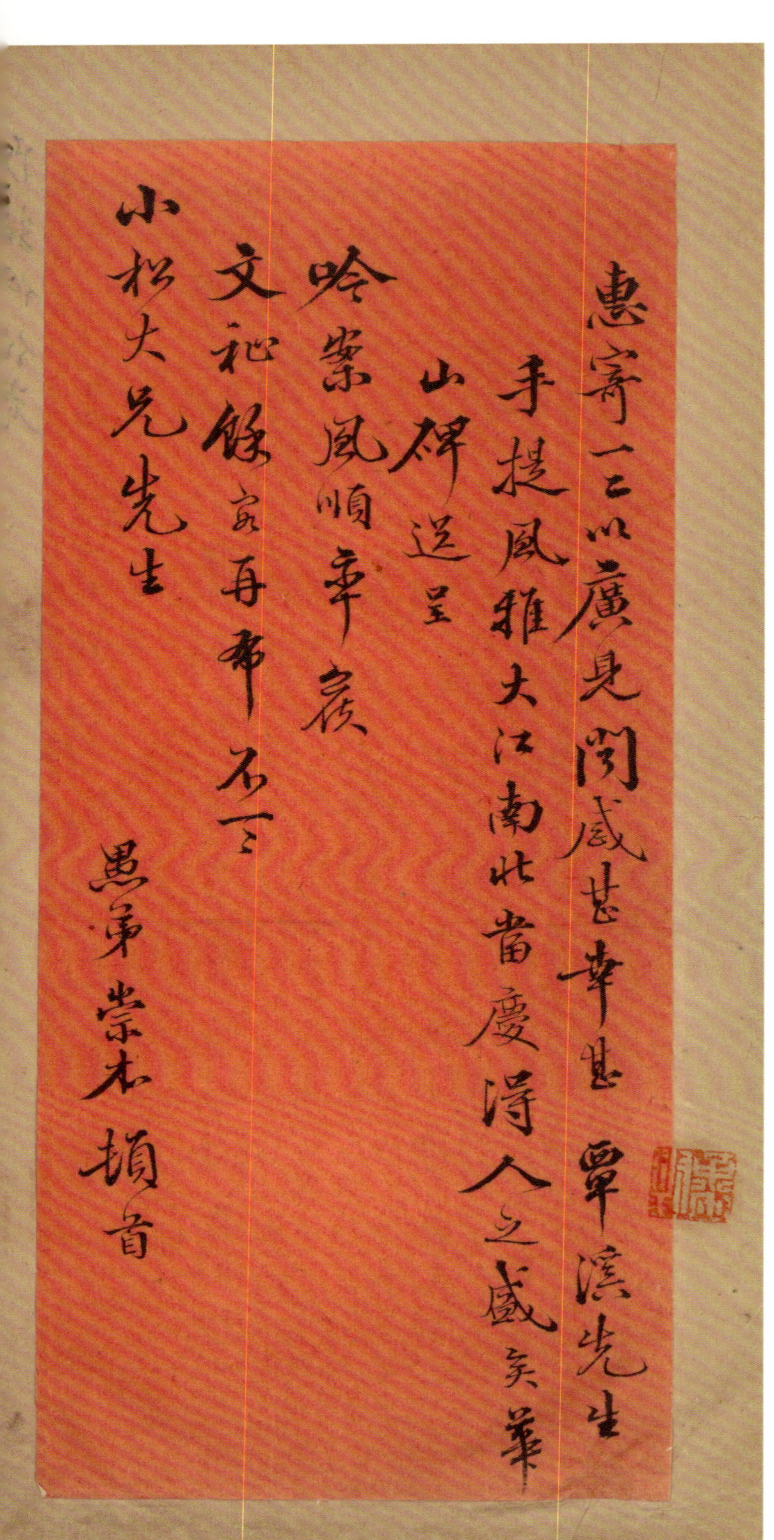

惠寄一二，以廣見聞，感甚幸甚！覃溪先生
手提風雅，大江南北當慶得人之盛矣。《華
山碑》送呈
吟案，風順率候
文祉，餘容再布，不一一。
小松大兄先生　　　　愚弟崇本頓首

【二四三】

龔孫枝致黄易札

自在書巢太守處窺見
製作，幾令人有生不同時之嘆，不圖臣里乃近
在肘腋間也！前接
名刺，如獲球璧，重以先施，榮感復何如耶？時
事沸羹，謀
面尚未知何日，即會面又未必遂有閒情逸致
作晨夕數番。
鐵筆之妙，聲臭俱無，深所愛慕。再欲少待，惟

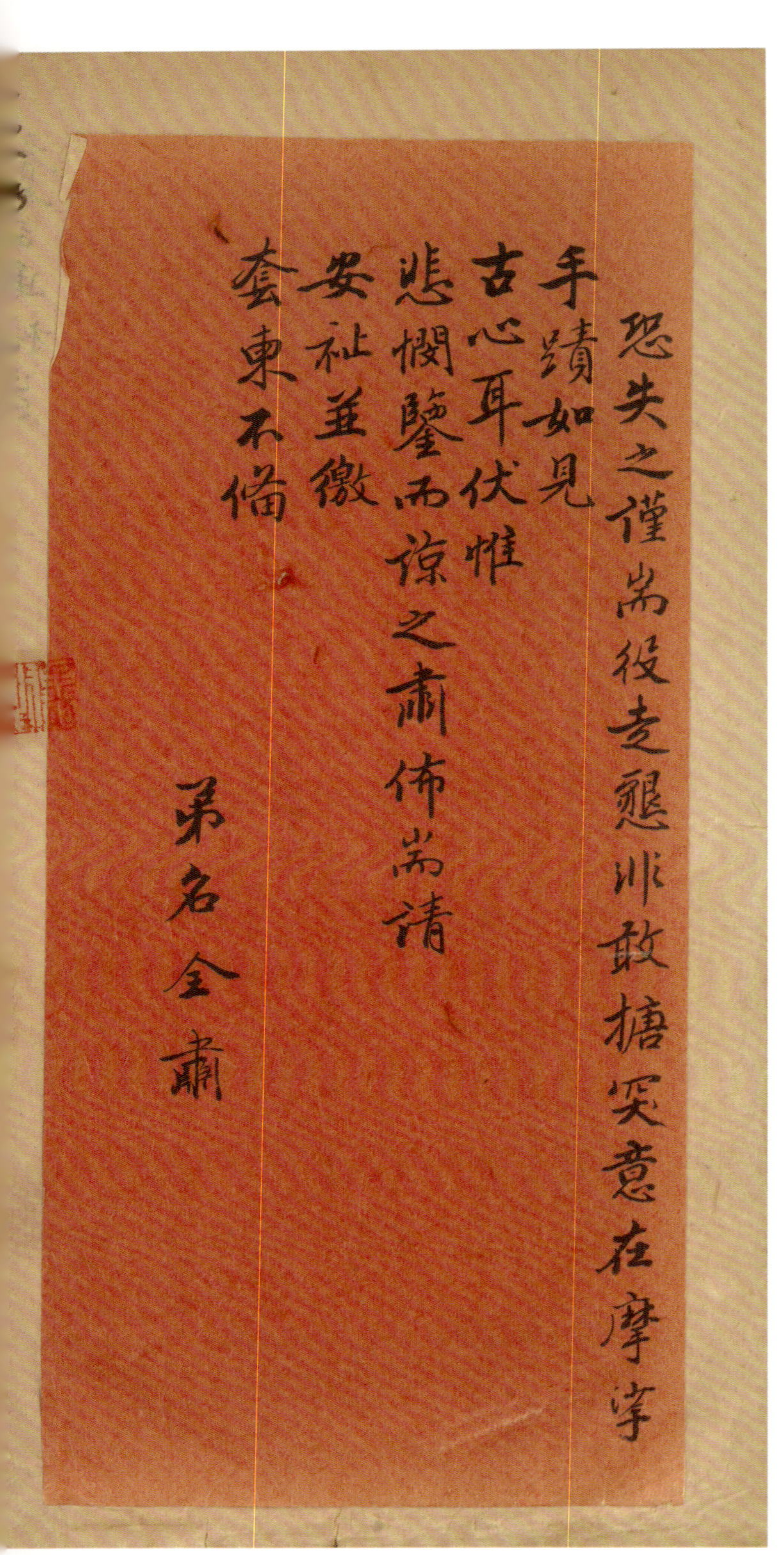
恐失之，僅耑役走懇，非敢搪突，意在摩挲
手迹，如見
古心耳。伏惟
悲憫，鑒而諒之。肅佈，耑請
安祉，並徼
套柬，不備。

弟名全肅

【二一三】

張慶源致黃易札

日前晤書巢太守後，脚疾陡發，一步不可行，擁爐枯坐如入定僧。目下漸漸痊可，尚未出門，每於閉目趺坐時追想
九哥緒論，如抽繭剥蕉，咀味不盡。又追摹所觀《石經殘字》，令人作十日想。寒威可畏，得羅、張二君雪中之惠，頓覺黍穀生春矣。竈養馬林，拙而不染時習，可驅策。客寓食指繁多，令其趨侍
左右，試用之，何如？ 愚弟張慶源頓首 十一月十三日

【二三四】

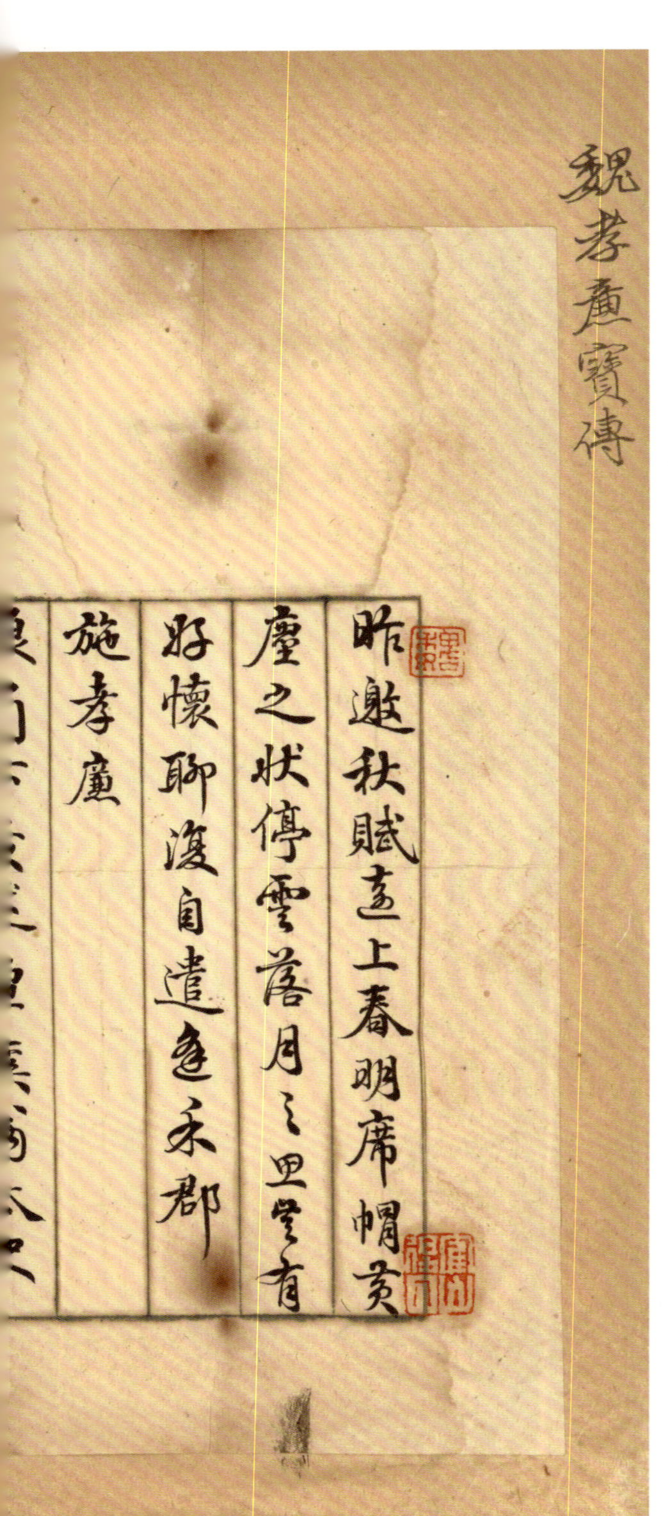

◀ 魏成憲致黃易札之二

昨邀秋賦，遠上春明，席帽黃塵之狀，停雲落月之思，無有好懷，聊復自遣。逢禾郡施孝廉琅函下賁，述覃溪翁太史錦注彌殷，猥以散材，過蒙噓植，實有心於磁引，更難喻夫感磯也。吾兄緗素怡情，《石經》入手，收羅風月，時復倚聲，供養烟雲，人從乞畫。即今吏隱，依然鸞鳳之棲，永固河防，大吐風雲

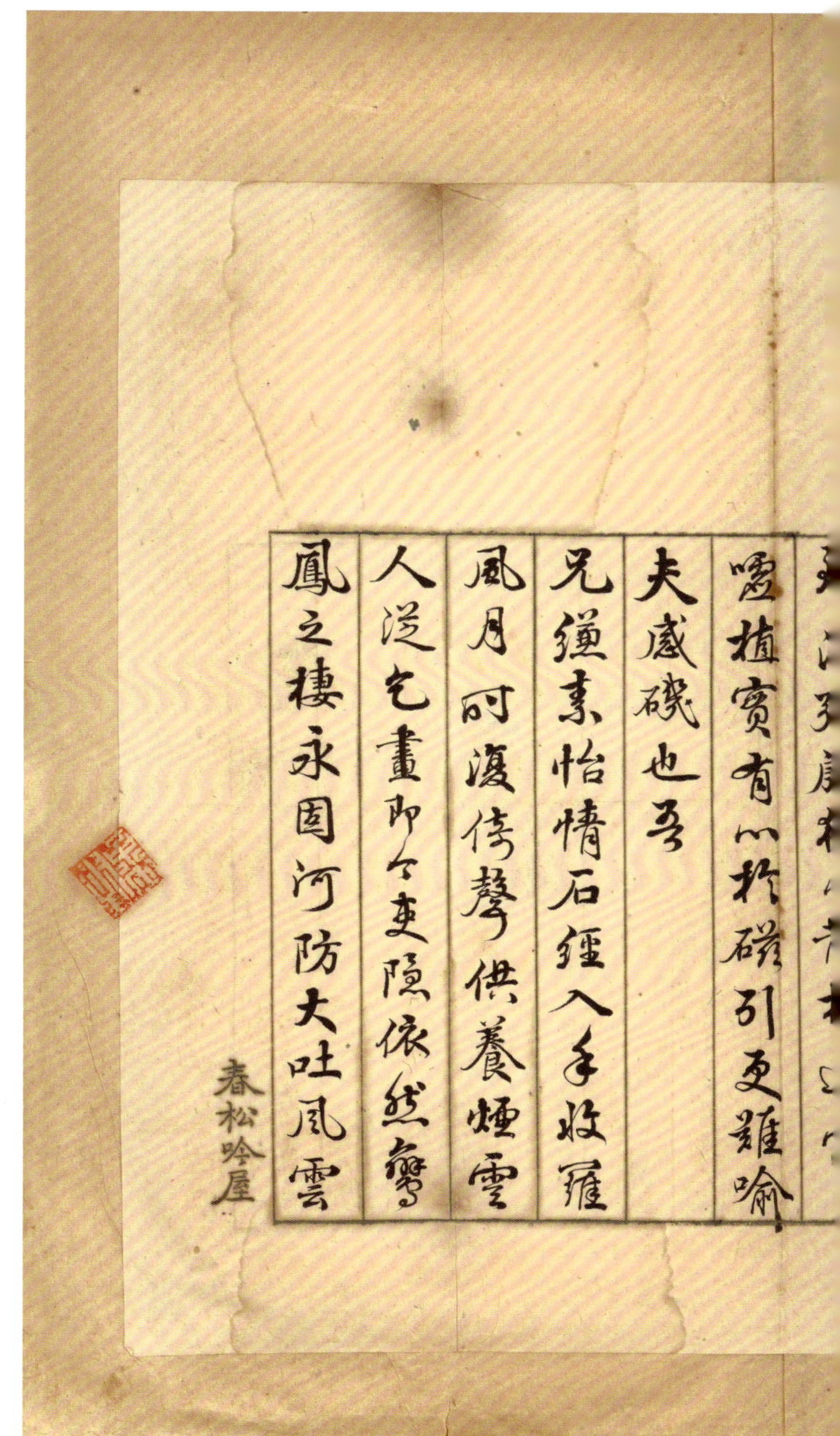

嘔植實有以於磁引更難喻
夫感磯也吾
兄纘素怡情石經入手收羅
風月可復傳聲供養煙雲
人從乞畫即令吏隱依然鸞
鳳之棲永固河防大吐風雲

春松吟屋

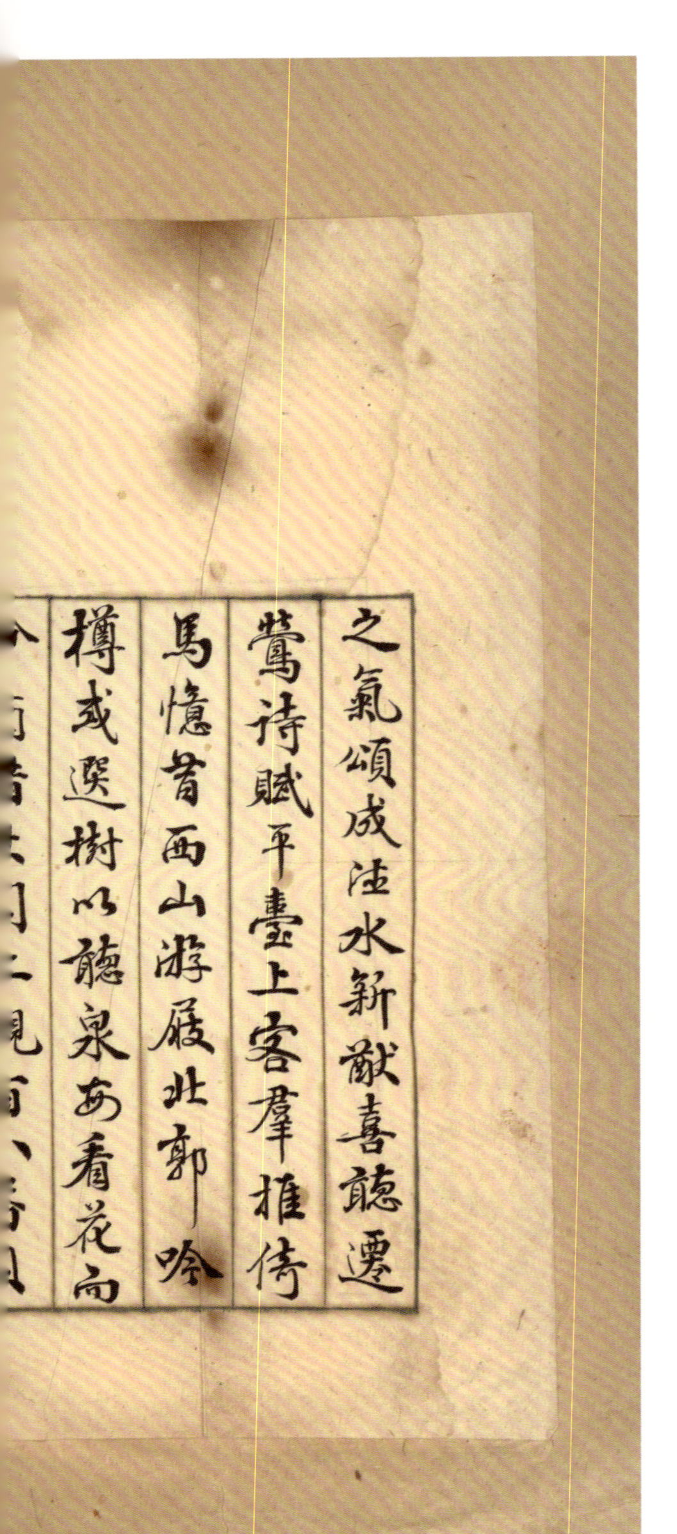
之氣頌成德水新猷喜聽遷
鶯詩賦平臺上客羣推倚
馬憶昔西山遊屐北郭吟
樽或選樹以聽泉每看花而

之氣，頌成德水，新猷喜聽遷鶯；詩賦平臺，上客群推倚馬。憶昔西山遊屐，北郭吟樽；或選樹以聽泉，每看花而命酒。借秋閣上，觀百八番貝葉之經；秋影庵中，披百二本《蘭亭》之拓。晨星易散，舊雨難忘，春渚師托迹韓江，玉池丈遠留燕邸。而弟則春風報罷，夏課届期，爲問適從何來？長安米貴，作計不如歸去；京洛衣緇，近惟息

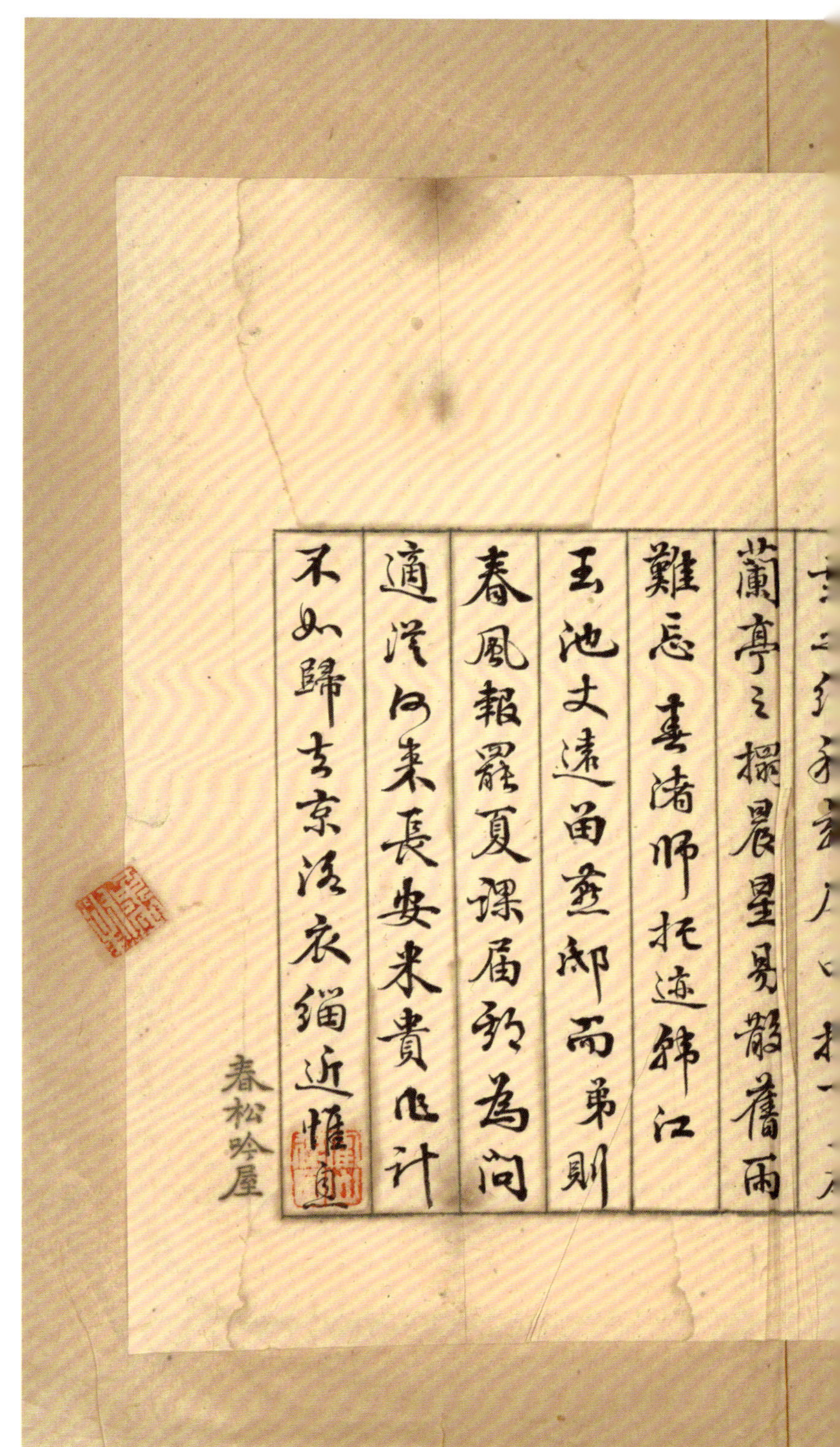
蘭亭之摑晨星易散舊雨
難忘　甚諸師托迹錦江
玉池丈遠留燕邸而弟則
春風報罷夏課屆頸爲問
適從何來長安米貴足計
不如歸去京洛衣緇近惟

春松吟屋

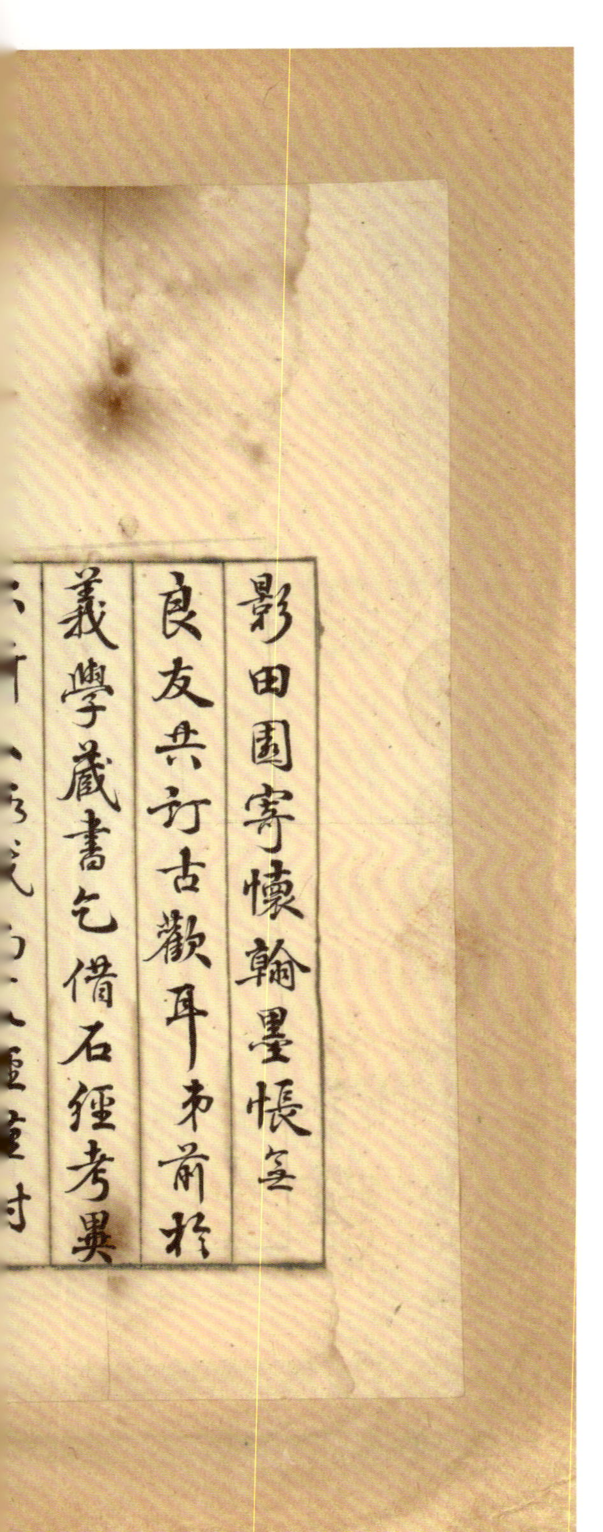

影田園。寄懷翰墨，悵無
良友共訂《古歡》耳！弟前於
義學藏書乞借《石經考異》，
深慚久假，我尚荒經，謹附
完歸。
君能鑒古，語長心重，憑尺
素之報章；古誼今情，冀
垂青之朗照。此日鱗鴻遠
信，正瞻雲樹以相思；明年
塵土勞人，擬向官河而話舊。
上　　門愚弟魏成憲頓首
小松九哥大人　六月二十一日

【二一五】

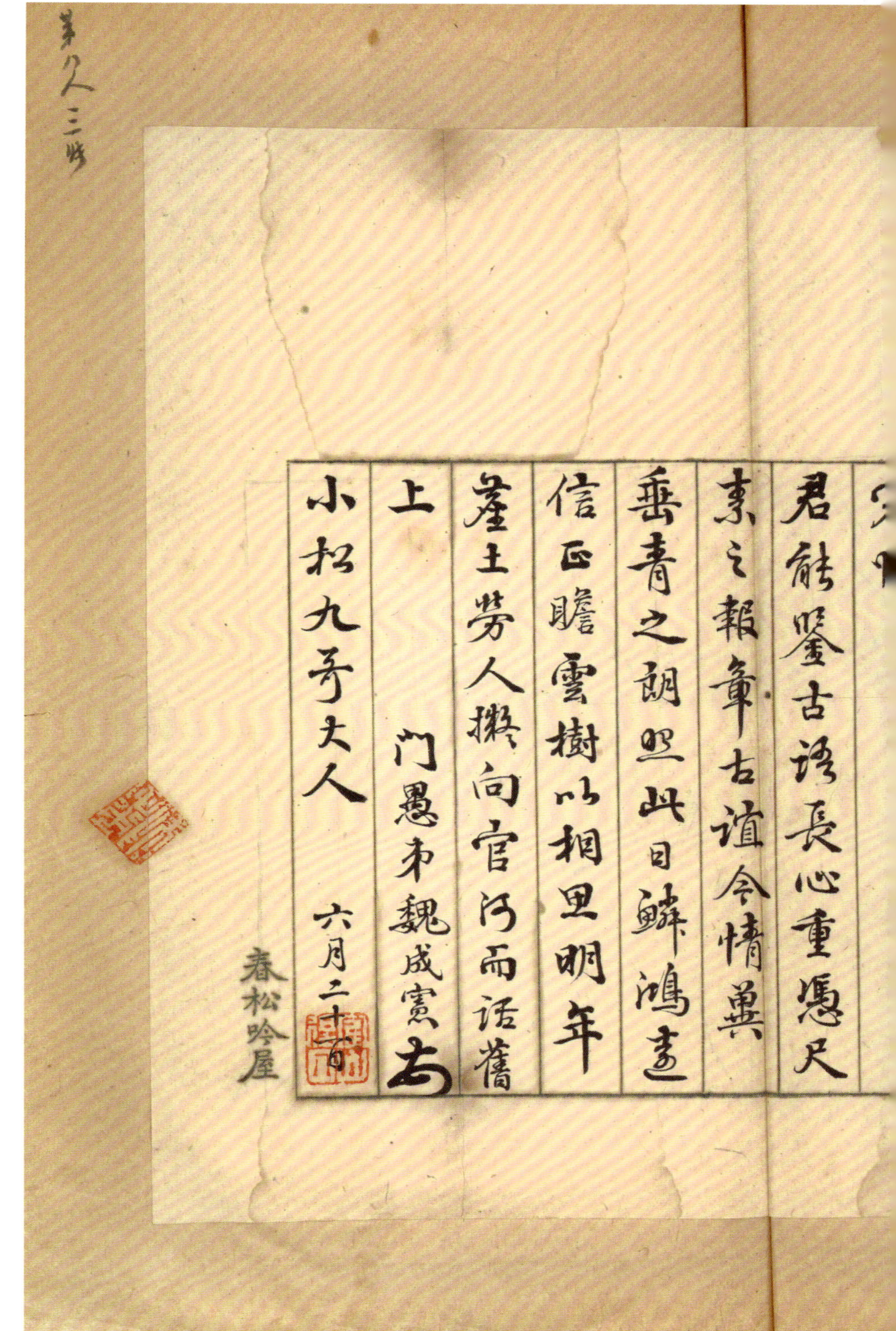
第八人三件

君能鑒古語長心重憑尺
素之報筆古誼今情異
垂青之朗照此日鮮鴻遞
信正瞻雲樹以相思明年
崖主勞人擬向官河而話舊
上　門愚弟魏成憲右
小松九哥大人　六月二十日

春松吟屋

周四九

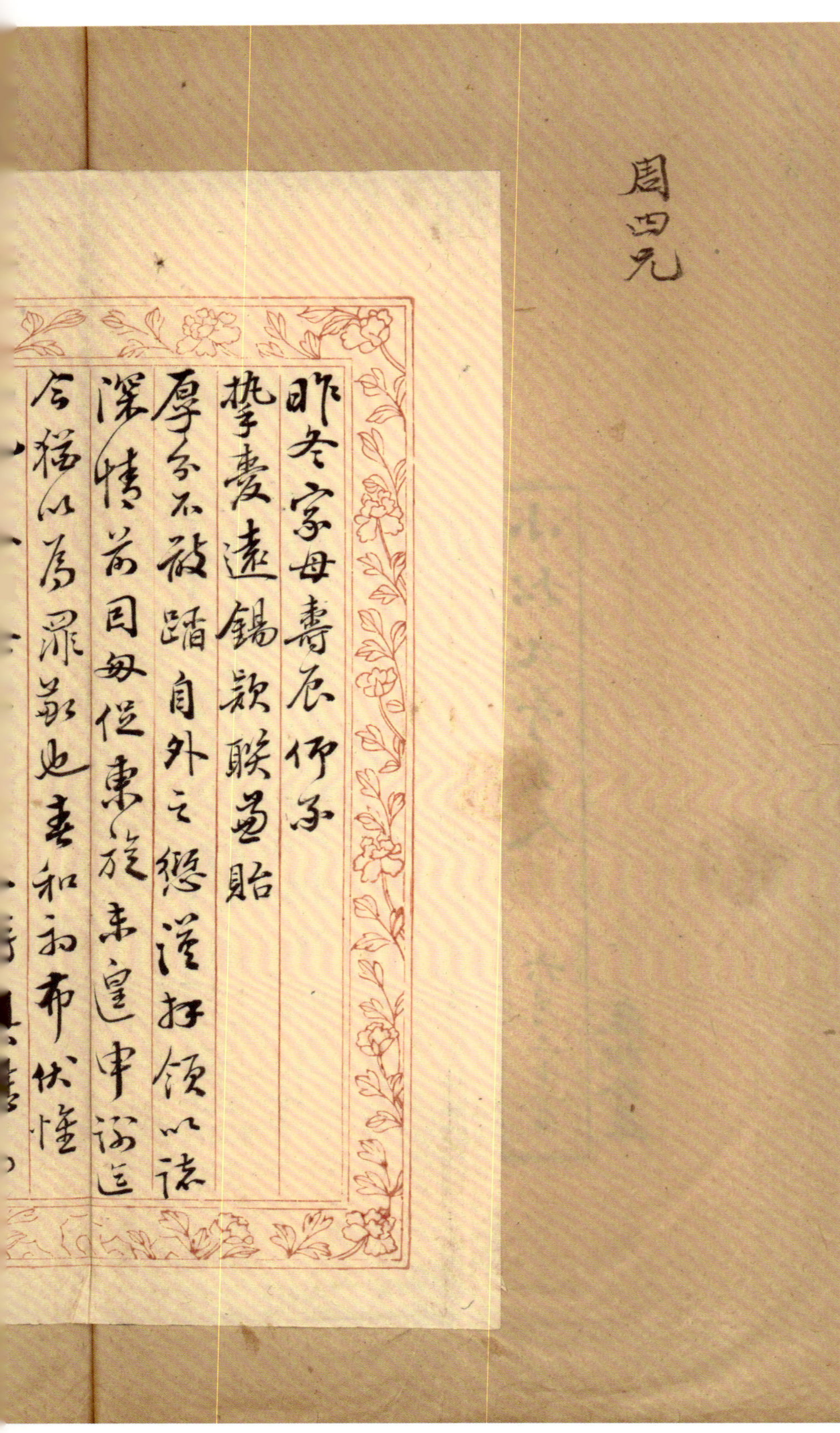

昨冬家母壽辰，仰承
摯妻遠錫款聯爲貽，
厚分不薄，踊自外之懸，謹拜領以誌
深情。前因毋從東旋，未遑申謝，适
令姪以爲羅敬也，來和和布，伏惟

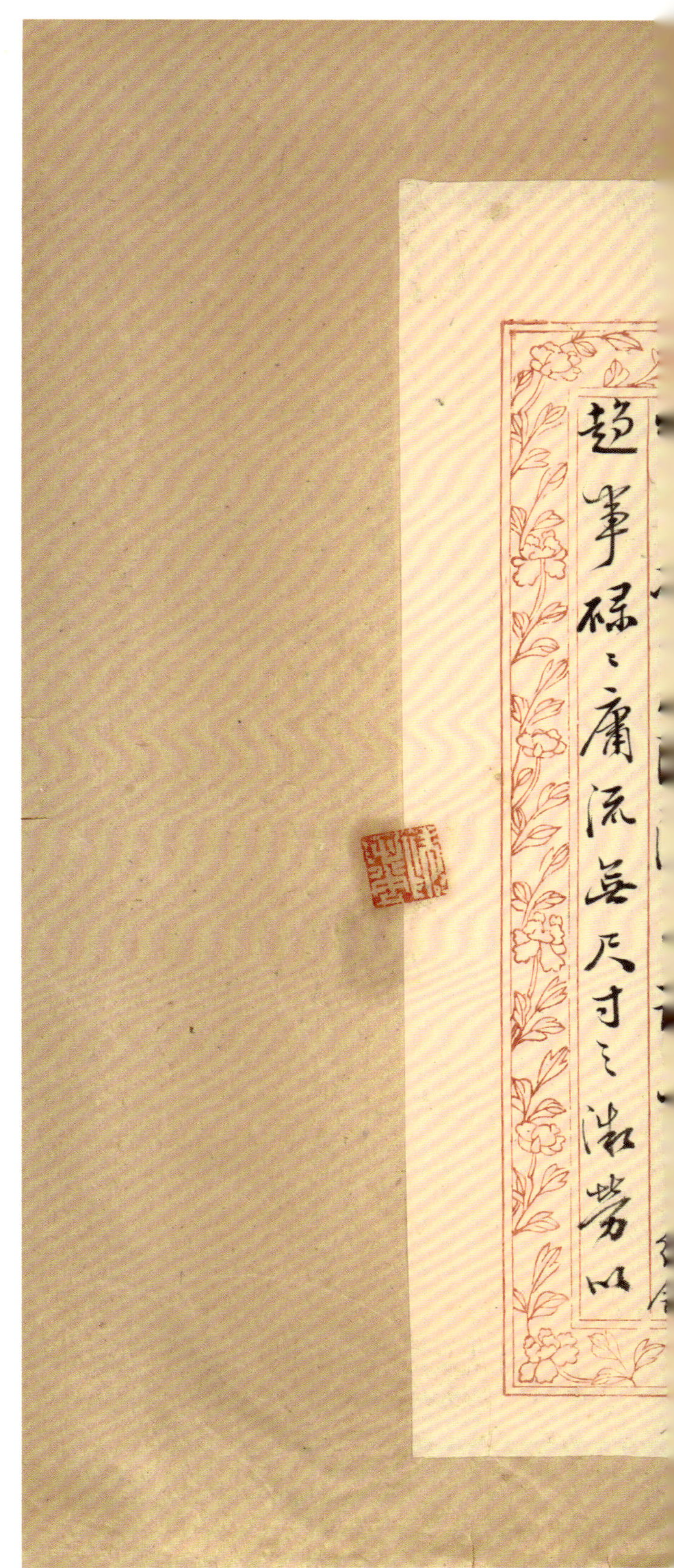
趨事碌碌庸流無尺寸之微勞以

▶ 周近仁致黃易札

昨冬家母壽辰，仰承
摯愛，遠錫款聯，兼貽
厚分，不敢蹈自外之愆，謹拜領以志
深情。前因匆促東旋，未遑申謝，迄
今猶以爲罪歉也。春和初布，伏惟
九兄大人政祉崇佳，與時俱懋爲
頌。弟於上元後復奉調來工，於行館
趨事，碌碌庸流，無尺寸之微勞以

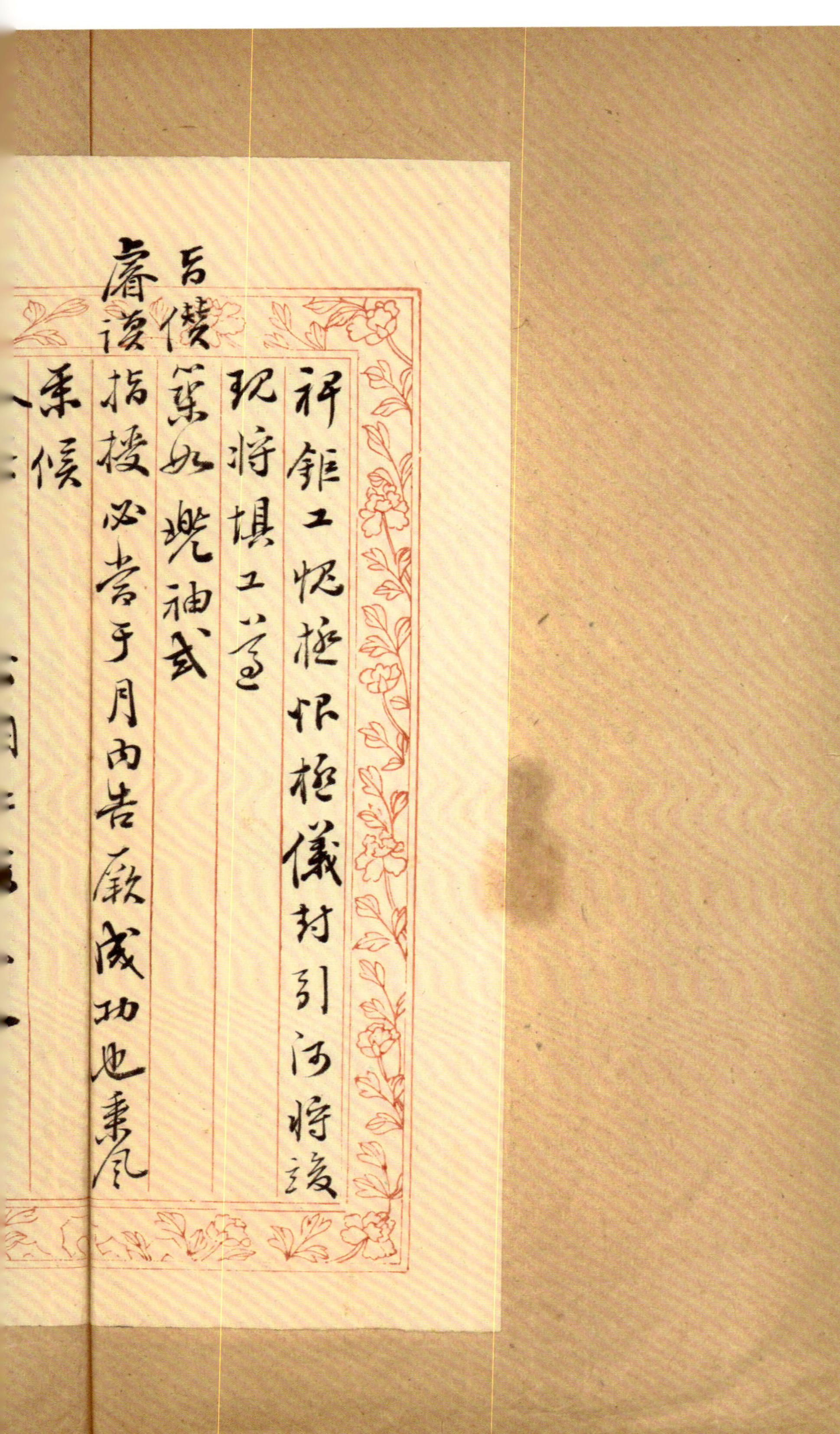
祥錐工悞極根極儀封引河將後
現將填工已竟
吾儕策如蜆袖武
睿謨指授必當于月内告厥成功也秉凤
采候

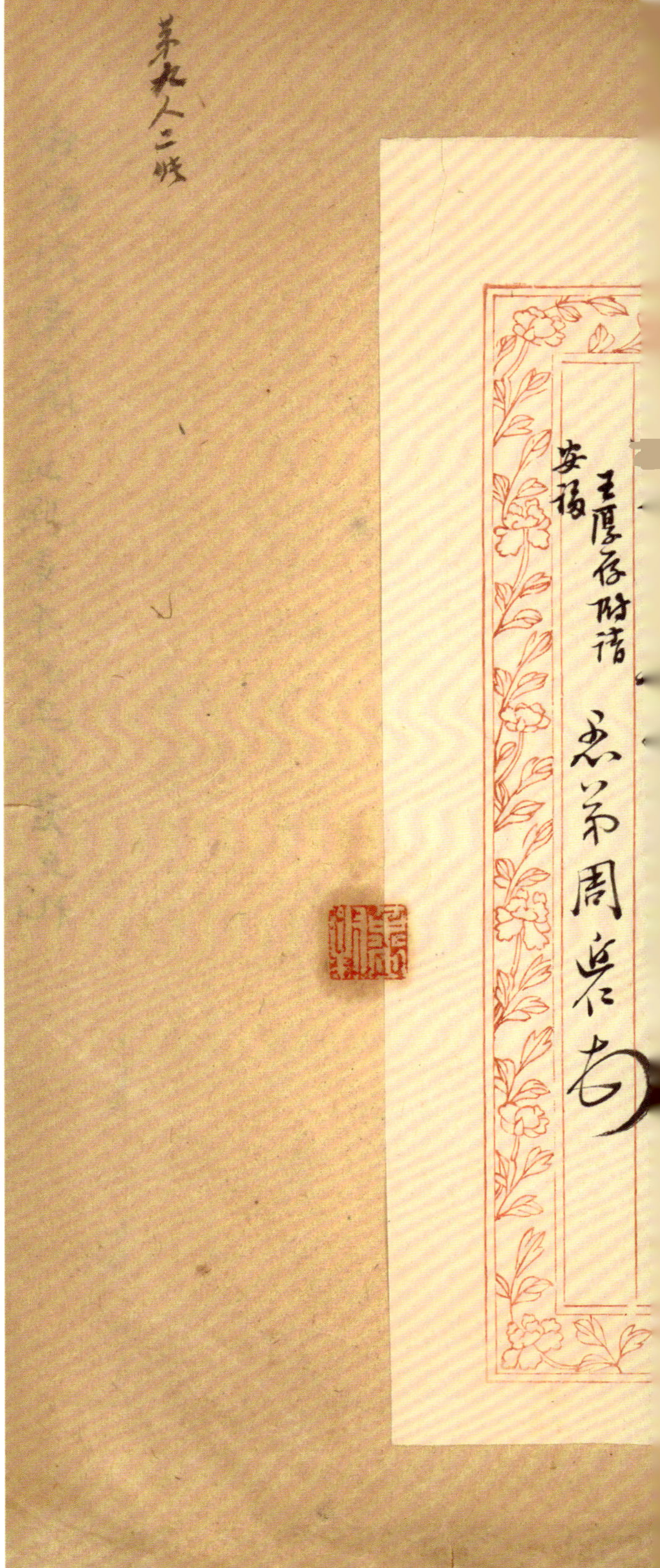

裨鉅工，愧極！恨極！儀封引河將竣，
現將堤工遵
旨儹筑如兜袖式，
睿謨指授，必當於月内告厥成功也。乘風
秉候
春祺，並達謝悃，餘縷縷不盡。
小松九兄大人如手
愚弟周近仁頓首
王厚存附請安福。

【二三八】

申發祥致洪哲燕札

阮溪道出白溝，竟不行迴一顧，不能無憾。既見苻麻子乃始釋然。長鬚胡姓不耐閑，仍依其故矣。忽一歲道，公庭如水，但看素逋人蹶之不置耳。揀發河工小松黃君，乃老友松石令嗣，心靈手敏，兼擅筆墨之長，尤癖嗜金石，到處剗苔剔蘚，如椎埋胠篋，一見自當把臂入林，不得徒以畚搧中輕視雅人也。但坐塞遨熏而沐之，非阮溪風雅主盟不能爲定，人亦不屑以此説進。發祥頓首　嘉平□前一日

【五八七】

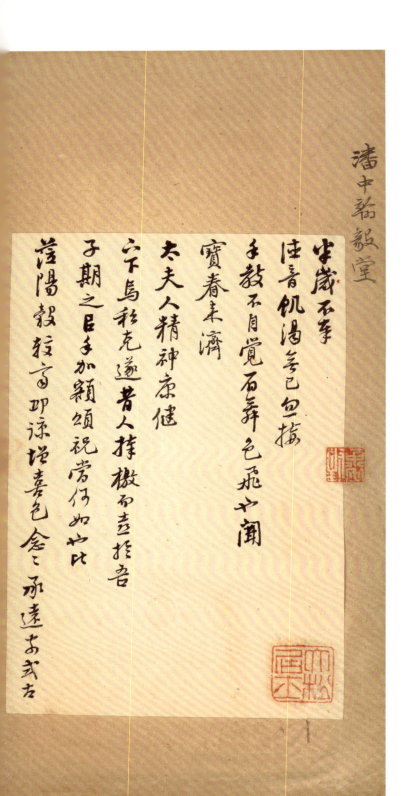

潘中翁穀堂

半歲不奉
德音，饑渴無已。忽接
手教，不自覺眉舞色飛也。聞
寶眷來濟，
太夫人精神康健，
足下烏私克遂，昔人捧檄而喜，於吾
子期之，以手加額頌祝，當何如也？比
蒞陽穀較齊邛諒增喜色，念念。承遠寄《式古

◀ 潘有爲致黃易札之二

半歲不奉
德音，饑渴無已。忽接
手教，不自覺眉舞色飛也。聞
寶眷來濟，
太夫人精神康健，
足下烏私克遂，昔人捧檄而喜，於吾
子期之，以手加額頌祝，當何如也？比
蒞陽穀較齊邛諒增喜色，念念。承遠寄《式古

堂帖》，是曩所渴欲一見者，得之，百忙中翻閲不去
手，珍重可知。《麻姑壇帖》此拓亦少，可寶之至。古泉十
三枚，北宋之景德、天聖不足貴，餘俱精美絶倫。
内一種兩字模滅不可辨，其九府圜法也。爲撰《泉
譜》未成，得此不殊嘉珍，謹謝，謹謝！東土搜尋尚易，乞
留意，倘續有
後命，尤珍感且跂切不已。來札述
尊藏古錢拓本十二册，在孔莁谷農部處，問予

欲一見否，是何異示饑人而故阻之以粒食也！其何
怪愸如者轉增劇耶？幸設法寄京爲億萬致
禱。番禺相國手書蠅頭楷，此
潭府所珍也，承
命爲識其尾，旬日躊躇，苦於讎校紛煩，深夜
不得少息，精力疲困，雙目幾就盲矣。又值天氣凝
寒，筆硯俱凍，不敢孟浪，請暫留小齋，俟春融
勉力完此舉，何如？素栝紙，吾粵省城無此物，想

〖一〇九〗

出於加應未可知，向見裹程鄉藺多用此。容札囑弱弟上緊搆辦，將來由京轉寄，然屈指尚須時日，奈何，奈何！近得無軒手書，知渠寄食於督糧使者楊公幕，未與攝廣文篆，爲之注念不已。芑堂竟無書來，聞渠抱病初愈竟未赴秋闈云云。不晤兩年，闕切豈能言既？統祈努力，寒暑諸惟節重，臨穎依切，不宣。　弟有爲頓首

小松九兄先生研右　　　　十一月二日謹冲

沈明府養源

►沈可培致黄易札

仲春别後，不勝離索之思，想吾
兄有同情也。弟已領到咨文，昨日來濟，值
臺駕公出，聞戴村民埝已經告竣，然未知何日言
旋耳？前
賜諸珍，銘謝何既！今帶得《曹全碑》一本，背有《御史臺
精舍碑》一張，東坡《馬券碑》一副，梅花道人竹字石
刻八幅，留在張先生處，祈爲收照。弟現已雇

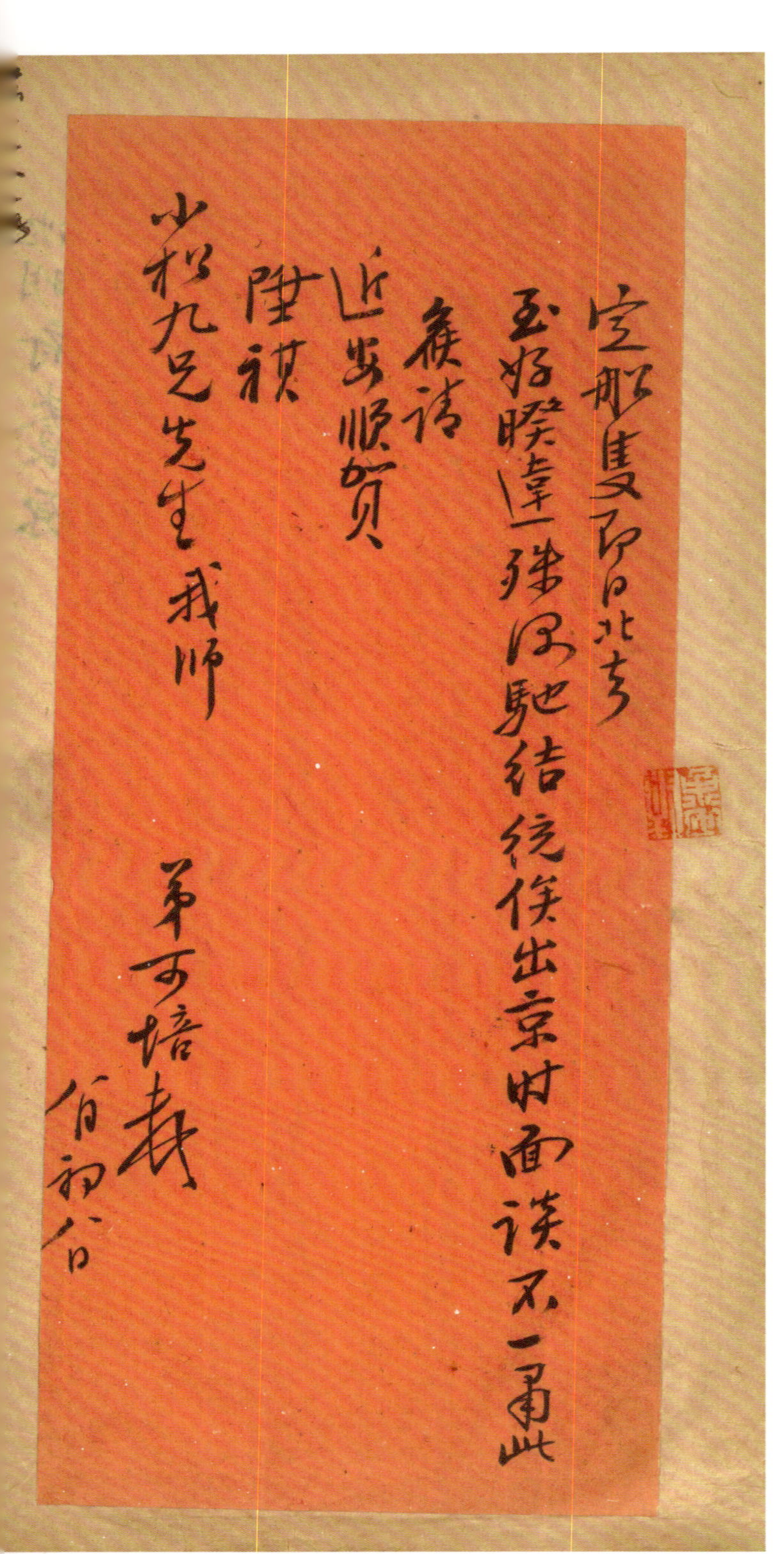

定船隻，即日北去，

至好暌違，殊深馳結，統俟出京時面談，不一。肅此

候請

近安，順賀

陞祺。

小松九兄先生我師　　　　弟可培頓首

八月初八日

【二五七】

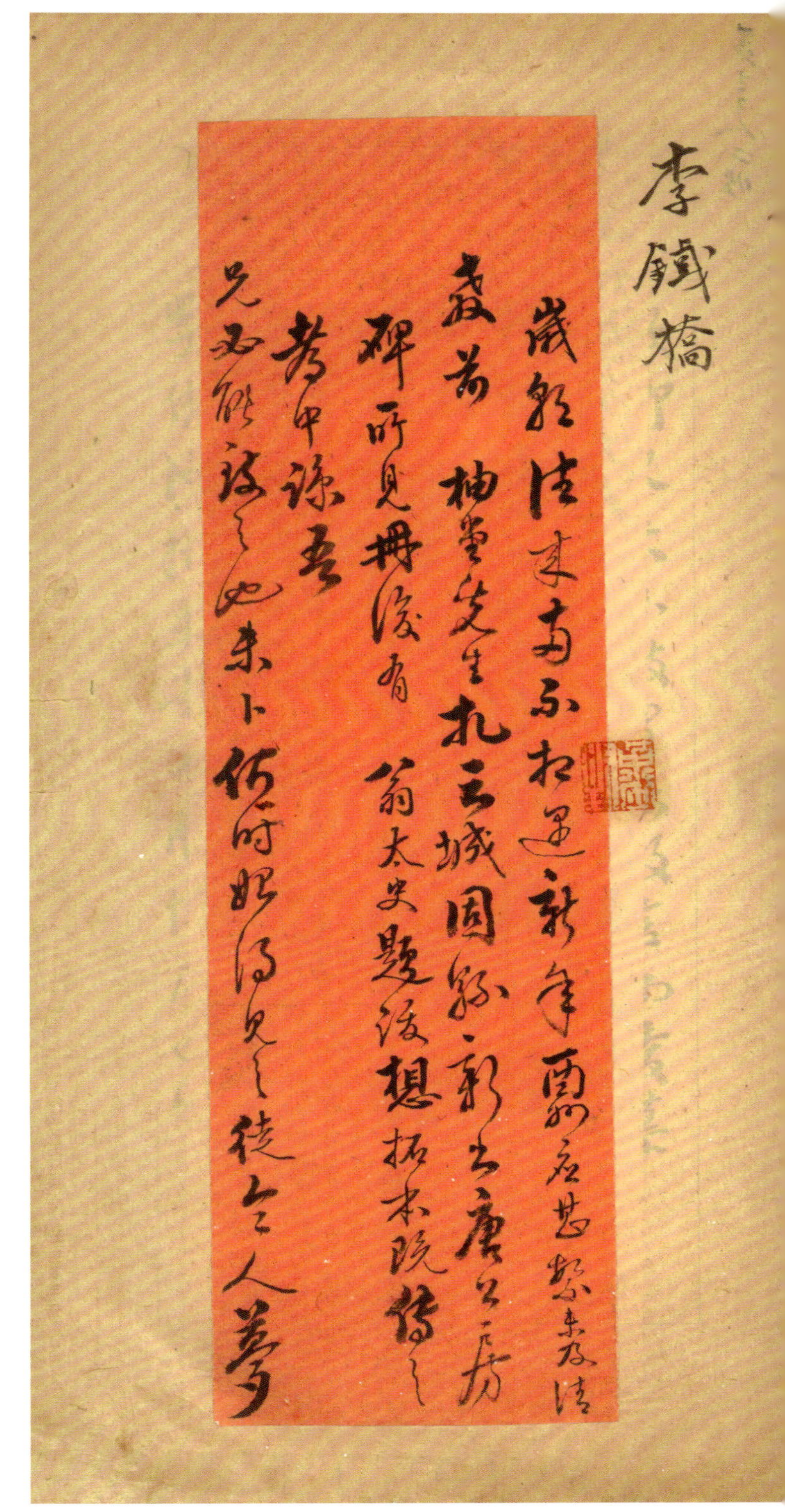

▶李東琪致黃易札之一

歲朝往來，兩不相遇，新年酬應甚繁，未及請教。前柚堂先生札云，城固縣新出《唐公房碑》，所見册後有翁太史題跋。想拓本既傳之都中，諒吾兄必能致之也，未卜何時始得見之，徒令人夢想不置。弟歲内已得李陽冰《般若臺》矣，爲王三進士所贈。適有人索楊桓《酒樓記》甚急，尊處若有副本，祈暫借以應之，俟再拓奉還。並候新禧，不一。愚弟李東琪頓首上

小松九哥大人　　新正九日

【二四六】

▶ 王增致黄易札之一

欽仰久矣，未敢冒昧致言，而愛慕
鐵筆之情莫能自已。因托知好轉求，蒙
賜二方，捧觀驚喜。重兹
教言，深自愧俗陋之見，不先專函拜求，乃
高懷曠度，不以爲罪，反承
獎借，冲挹異常，不勝悚仄。近以

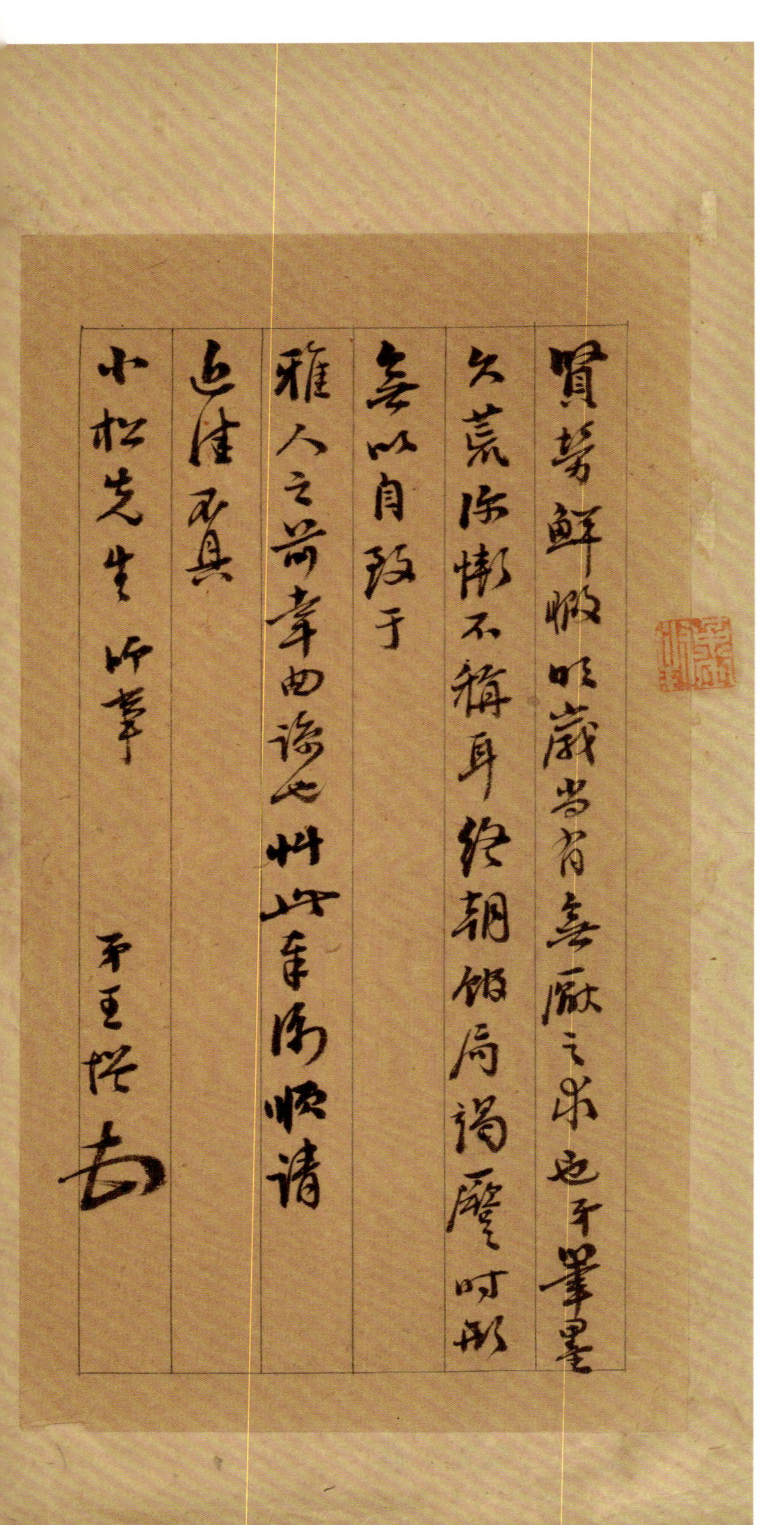

賢勞鮮暇，明歲尚有無厭之求也。弟筆墨久荒，深慚不稱耳，終朝館局，竭蹶時形，無以自致於雅人之前，幸曲諒也。草此奉謝，順請近佳，不具。

小松先生師事　　　弟王增頓首

〔二八一〕

▶ 王淳致黄易札

楊秋浦兄來省，讀
手教，備荷
注存，感甚！懇題《東坡像》，並未收到，尚望索回，别覔
妥便寄擲爲要。聶君秋末在省，已將
尊意轉述，渠意必須淳同往，而淳又急切不能
束裝。淳擬明春赴濟，當邀其同往。渠所藏
漢碑二十餘種，亦無《魏君》《范式》二碑，惟《劉

衡碑》亦係罕見之物，明春可預備百金，俱可為

先生所有也。續得《魏元丕碑》，其模糊與前碑相同，惟後有邢侗、李滄溟、周櫟園三先生跋語，爲可貴耳。秋間爲長山縣聶品壘兄借去雙鈎，約定明春送還，容當呈寄。所得濟南各碑並無可觀。郭君所藏漢

碑，東省所存者俱備，其中惟《鄭固碑》尚有「逡遁」二字，餘亦較全存者各別，現在裝裱，欲求椽筆作跋，並懇寄覃溪先生作跋，明春即可寄覽。嗣後如有信物，幸勿再交菊泉轉寄。肅此

復請

陞安，不備。

小松先生　從吉王淳頓首

十一月十三日燈下敬沖

【二六一】

顔崇槼致黄易札之一

兩次

惠書並領到《陳涉江畫册》，妙絶，謝謝。緣撫憲在曲，匆匆酬應，未及裁答，罪甚！舊拓《衡方碑》，向藏有四本，一贈覃溪先生，一贈芝山，一贈未谷，今衹此一本，不得不歸

小松先生矣。崇人奉

上，伏惟哂存。芝山獲雋，竟出覃溪之門，尤可喜也。此佈並

候，不一。弟顔崇槼頓首

小松九哥先生

【二六四】

第十三人一紙

雖有四本一贈覃溪先生一贈
芝山一贈未知今秋此一本不
得不歸
小松先生矣尚人奉
上伏惟兩存芝山處竟出
覃溪之門尤可喜也此
佈肯
覆石之弟顏崇槼頓首
小松九哥先生

十三行　磨墨亭白牋

鮑廷博致黃易札之一

南北殊途，關河迢遞，復又疏懶性成，以故候簡
缺如。八月間令弟素庭兄南還，辱蒙
雲翰下頒，臨風展讀，如與晤言。並稔
循聲懋績，益以
好古彌篤，以致上游倚畀，不次
榮擢定在指顧間也，曷勝顒頌！弟之近狀落落殊甚，
二西兄諒能縷述，惟是丹鉛之癖不減。曩時承

委購書籍，先將隨有者附呈，餘具別紙，並希
察入是荷。因風布悃，未抒所懷，諸惟
丙鑒，肅此敬請
陞祺，不一。
愚弟鮑廷博頓首上
小松九哥大人閣下
重九後一日辰刻敬冲

【二二一七】

《永懷卷》（留於桐鄉金雲兄處，容即取歸，附北上公車友寄覽可也。）

鈔本書五種（卷帙繁重，現在覓友寫録，隨時陸續寄呈。）

《隸續》《十六國春秋》（此二種乃省中汪氏藏版，現在刷印未畢，十月内一並寄上。）

聚珍書各種（此版公家分散已久，現在無從補印，兹將原單奉繳，並希查入爲禱。）

盛百二致黃易札之一

月前許公枉過，接奉
手書，深慰飢渴。《十種算書》内有數種久已無聞，
今忽出世，又有葯谷先生爲之板行，真快事也。邇
惟
九哥先生近祉休嘉，福隨時茂，收羅金石，富有日
新。惜濟陰一水之隔，未得縱觀一擴眼界爲
憾。平陰、肥城相爲唇齒，地域瓜分，古今沿
革不同，無可疑也。拙著《問水録》，令小兒帶

至南中，姑俟場後開雕，此時佽助之項尚未集也。曹州孤陋寡聞之地，一切書籍皆不可得，何況其他。適有晋帖一通，爲傅青主所重修者，聊奉
清玩。專此奉候
陛祺，餘令小兒口述，不盡。百二頓首上
小松九哥先生閣下　　　　四月九日冲

〖二二五〗

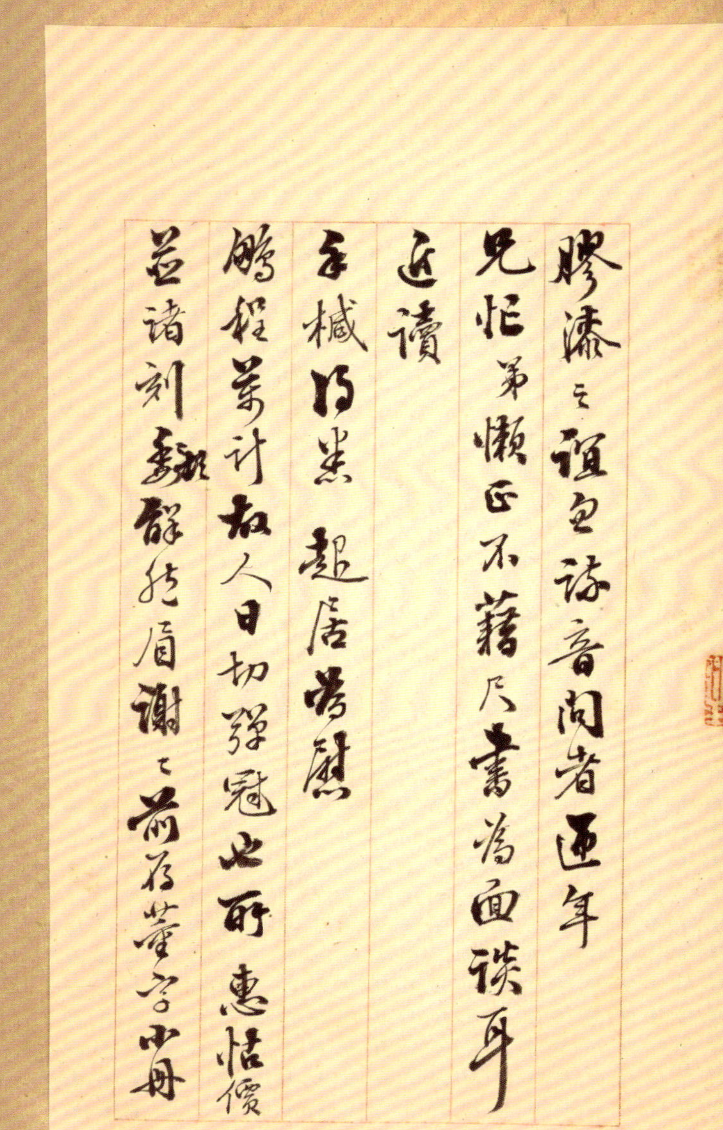

► 趙魏致黄易札之五

膠漆之誼，忽疏音問者匝年，兄忙弟懶，正不藉尺書爲面談耳。近讀手椷，得悉起居爲慰。鵬程萬計，故人日切彈冠也。所惠帖價並諸刻頓解燃眉，謝謝！前存董字小册之值已作札致意，望即寄到爲要。
尊藏目中所開如《金鄉畫像》、《高湛志》、
《水牛山佛經》、《渤海太守張君碑》、《郭巨畫
像》全副並《永平題字》，如可致得，更望爲弟
留神。《仙集留題》在蜀中，
兄得自何處？抑舊拓否？《凉州刺史魏君》

是原碑否？篆書《王君碑》，潘跋云得自蜀中，
弟近獲一本，細觀之，疑亦千峰輩狡獪也。
近得明人雙鉤李斯《會稽頌》篆書一本，
出《繹山碑》之上，意欲重摹公世，無如綿力，
兄能助我否？外《泛舟禪師塔銘》一本，在
安邑縣，係宋芝山兄搜出，自古無入録

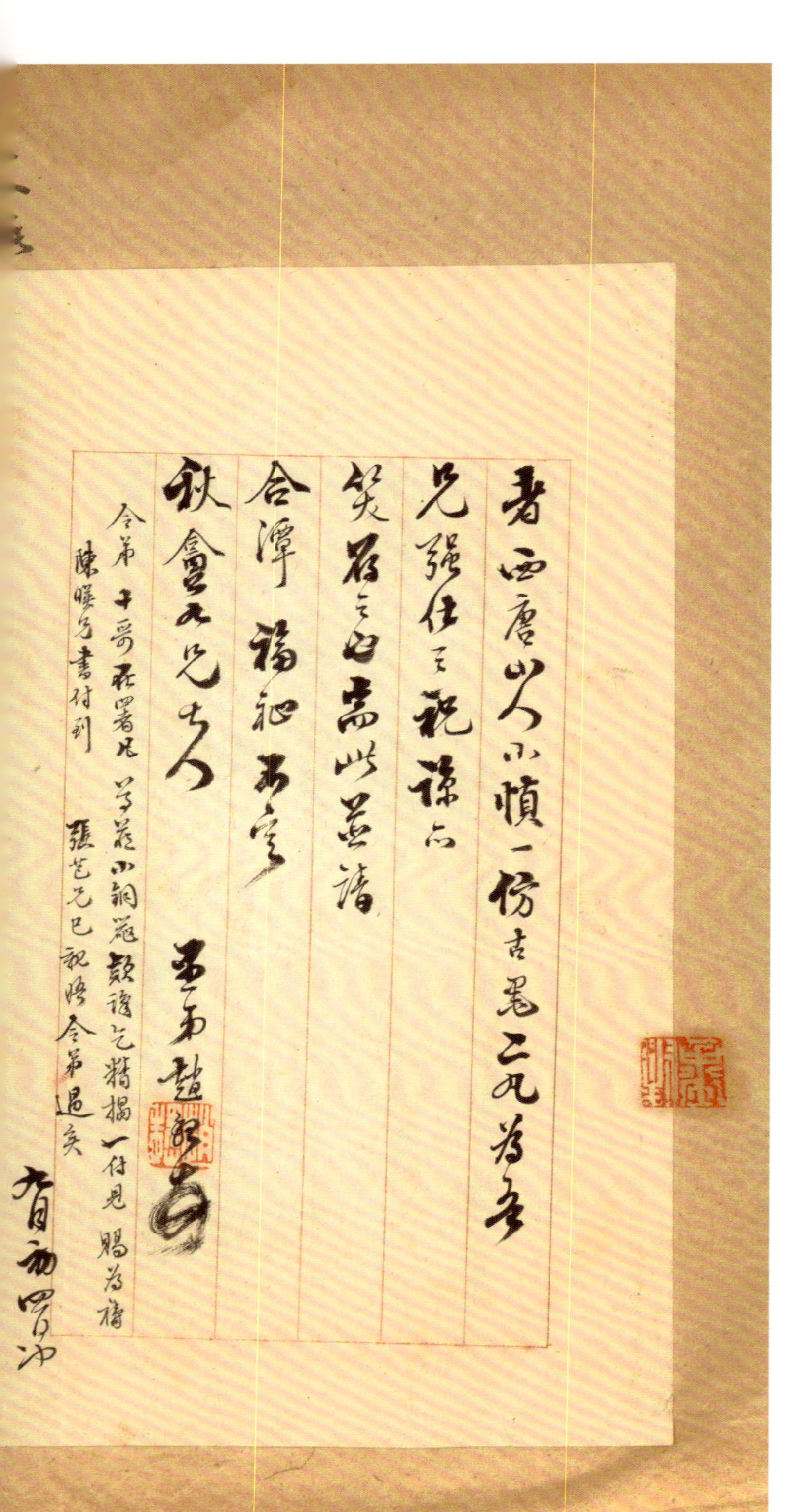

者。西唐山人小幀一，仿古墨二丸，爲吾
兄强仕之祝，諒亦
笑存之也。耑此並請
合潭福祉，不宣。
秋盦九兄大人　　愚弟趙魏頓首
令弟十哥在署，凡尊藏小銅器款識，乞精拓一付見賜爲禱。
陳暎兄書付到。　張芑兄已親晤令弟過矣。
九月初四日冲

【八九】

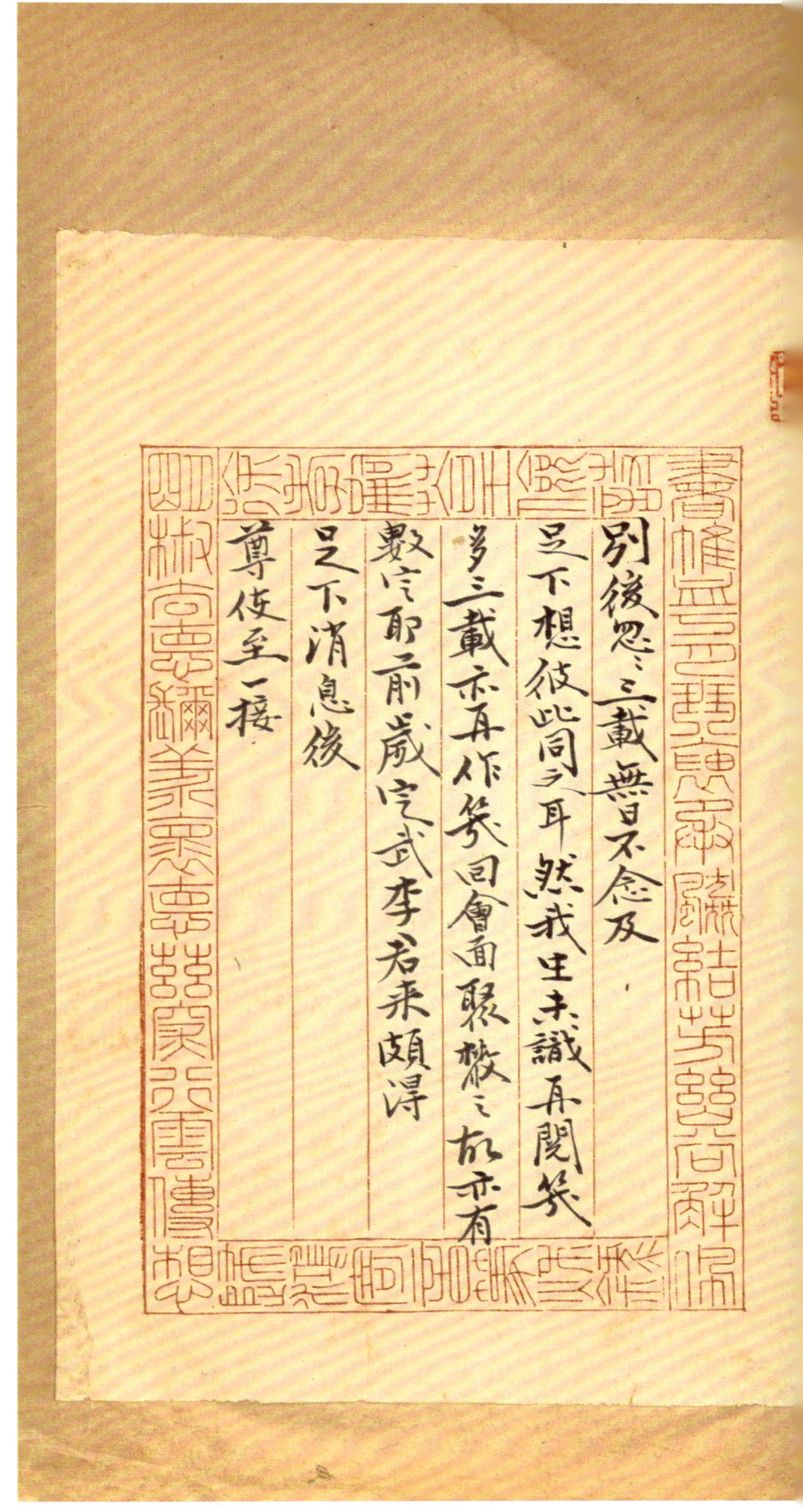

▶ 錢坫致黄易札之一

别後忽忽三載，無日不念及
足下，想彼此同之耳。然我生未識再閲幾
多三載，亦再作幾回會面，聚散之故亦有
數定耶？前歲定武李君來，頗得
足下消息。後
尊使至，一接

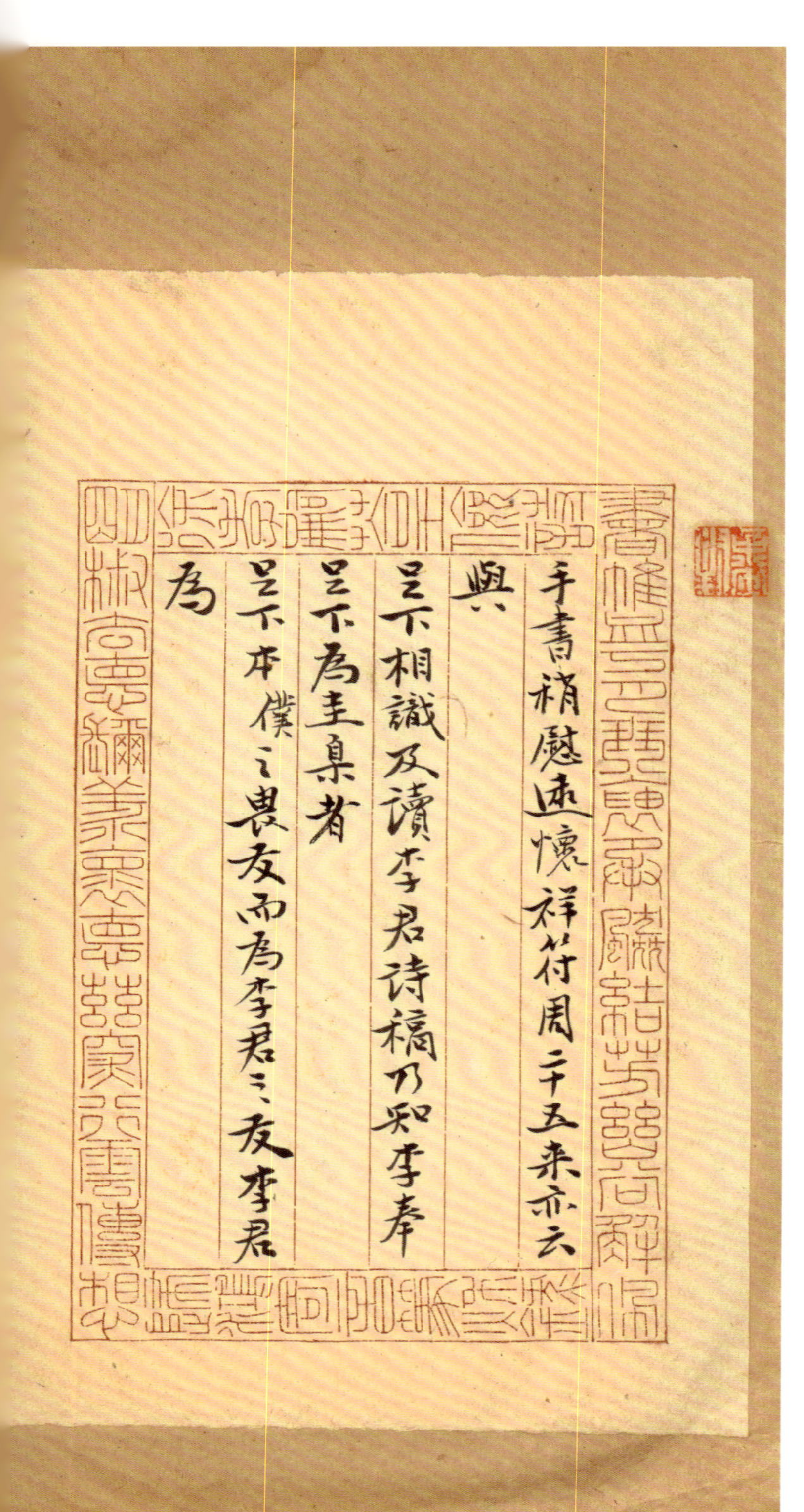

手書，稍慰遠懷。祥符周二十五來，亦云
與
足下相識。及讀李君詩稿，乃知李奉
足下爲圭臬者。
足下本僕之畏友，而爲李君之友，李君
爲

足下之交，亦即僕之交矣。李嘗自云平生
所見「三絶」，謂
足下分隸、周二十五印章及僕小篆，僕自
愧不倫也。僕年四十有一，與
足下同歲生，而月在
足下之先，肌肉漸退，筆力漸衰，視身世

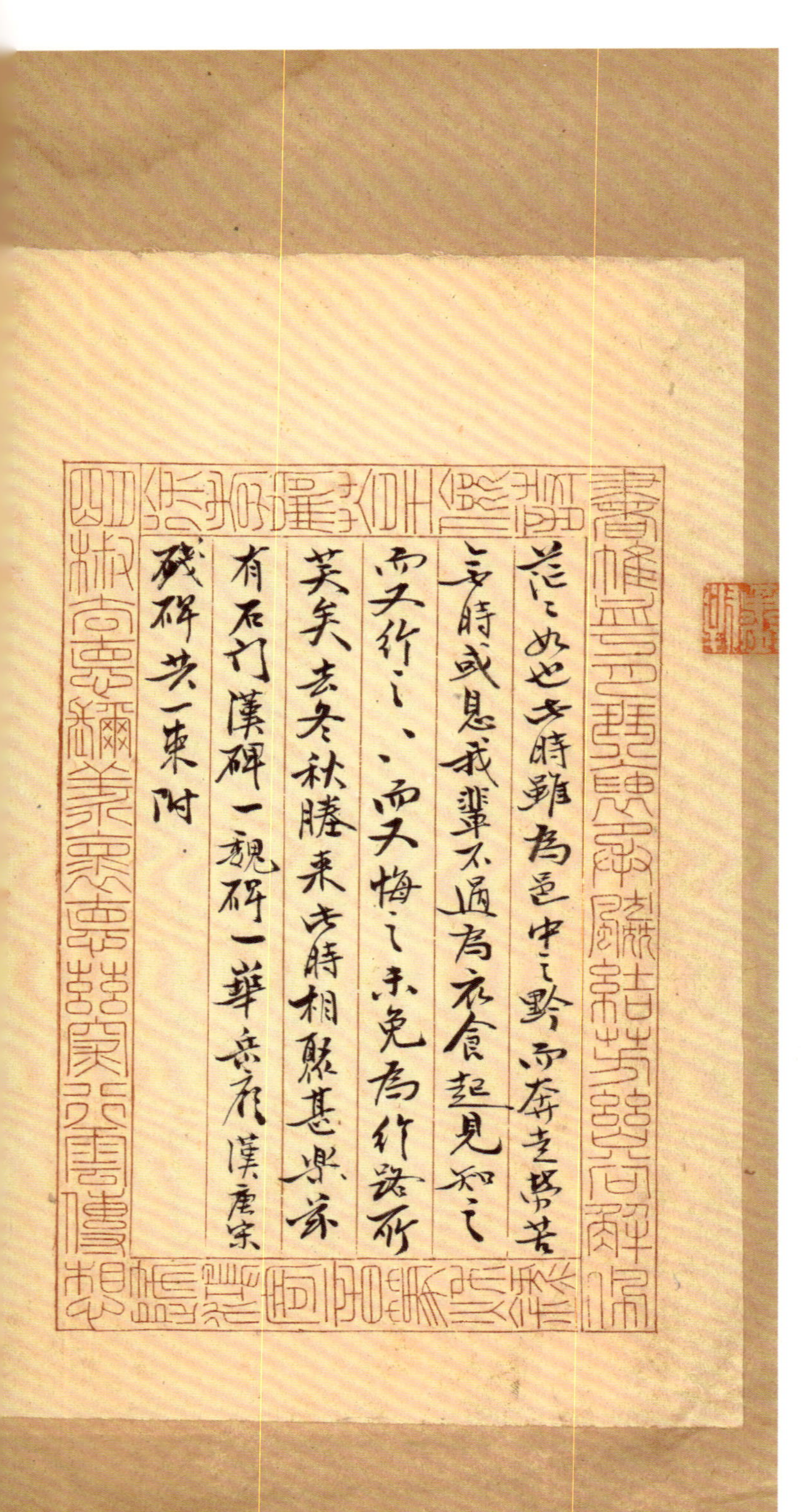

茫茫如也。此時雖爲邑中之黔而奔走勞苦，無時或息，我輩不過爲衣食起見，知之而又行之，行之而又悔之，未免爲行路所笑矣。去冬秋塍來此，時相聚，甚樂。兹有石門漢碑一、魏碑一、華嶽廟漢唐宋殘碑共一束，附

上，祈

檢收之。周二十五令弟歸汴，特此附候

近好。千里之思，短幅難罄，幸惟

珍攝，並

惠遠音，至望，至望。愚兄錢坫頓首上

小松二弟大人足下　　　上巳後十日

【二〇六】

潘應椿致黃易札之二

數年契闊，結想時縈夢寐。九月望日，豐潤魏孝廉寄到手書並承惠石刻，狂喜如獲珍奇，置之懷袖，匪直三歲字不滅已也。弟自己亥之夏，先子見背，流離困頓，不可名狀。客冬蒙恩，仍留直隸。新正到省，三月即補安州，雖免守候之苦，而此地疲瘠甲於通省，整理殊非易易，近狀不足爲知己道也。唯自歸里之後兩年來，所見法書、名畫及金石遺文甚夥，隨時寓目，詮次、登記，已得八卷，命曰《客窗過眼録》。竊憶此書之成，必藉高明細爲訂正，方免貽譏大方，所恨天各一方，未能昕夕就正耳。鄙意此書欲仿洪丞相《隸釋》義例，首録原文，後綴

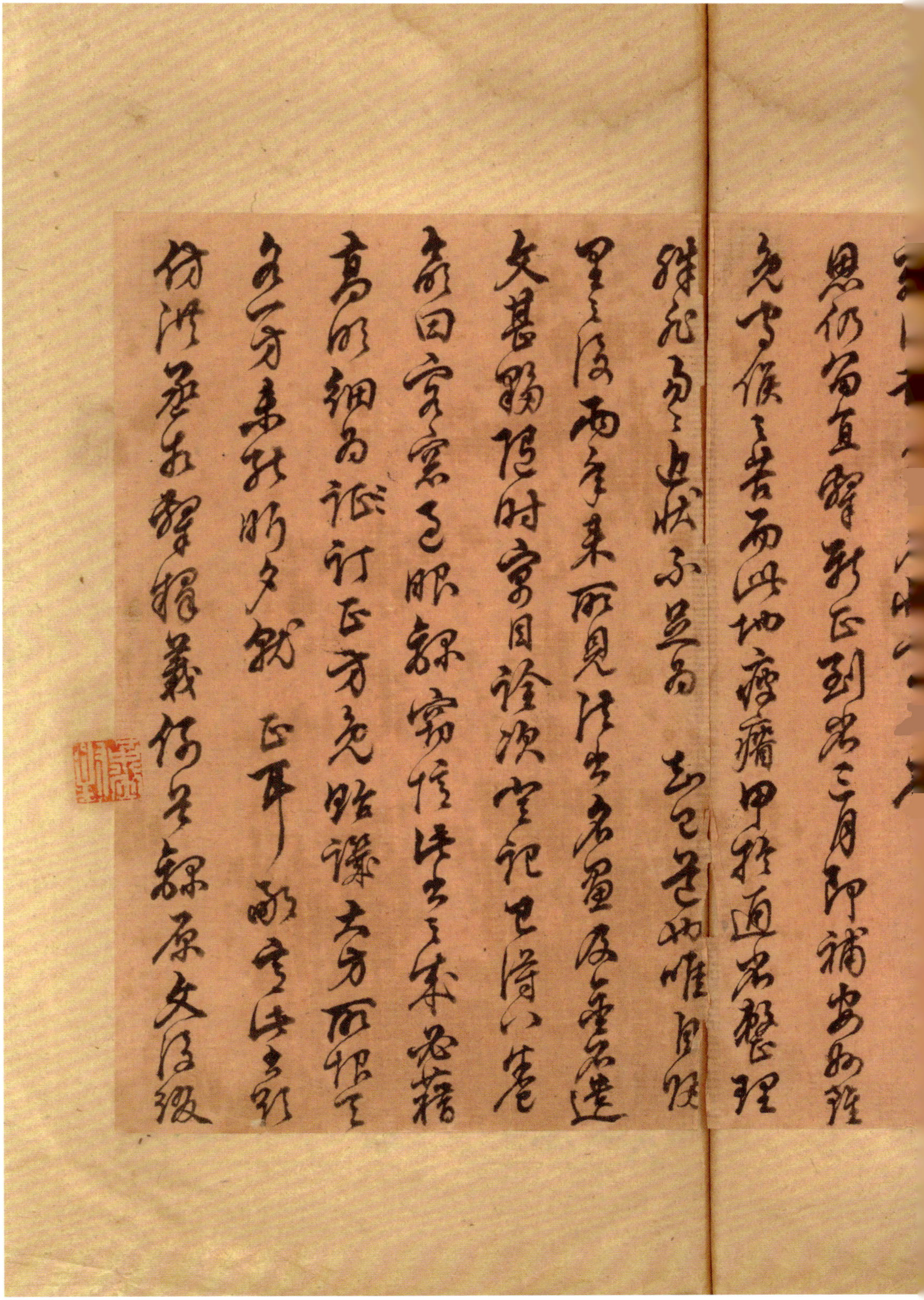

恩仍留直聲新正到京之月即補安知陞
免可俟之吉而此地瘠痛甲於通省整理
雖死勿之也然亦且為　在念為唯望賜
星之後兩年來所見諸生名蜚及第者達
文甚弱陪時當因詮次定記也得八卷
旂因寄家見眼録窮陳諸生之李思積
高明細為訂正方見鑒識大方所煩
矣一方未能略夕就正耳敢寄海之諸
附洪應赤聲揚義何以録原文候綴

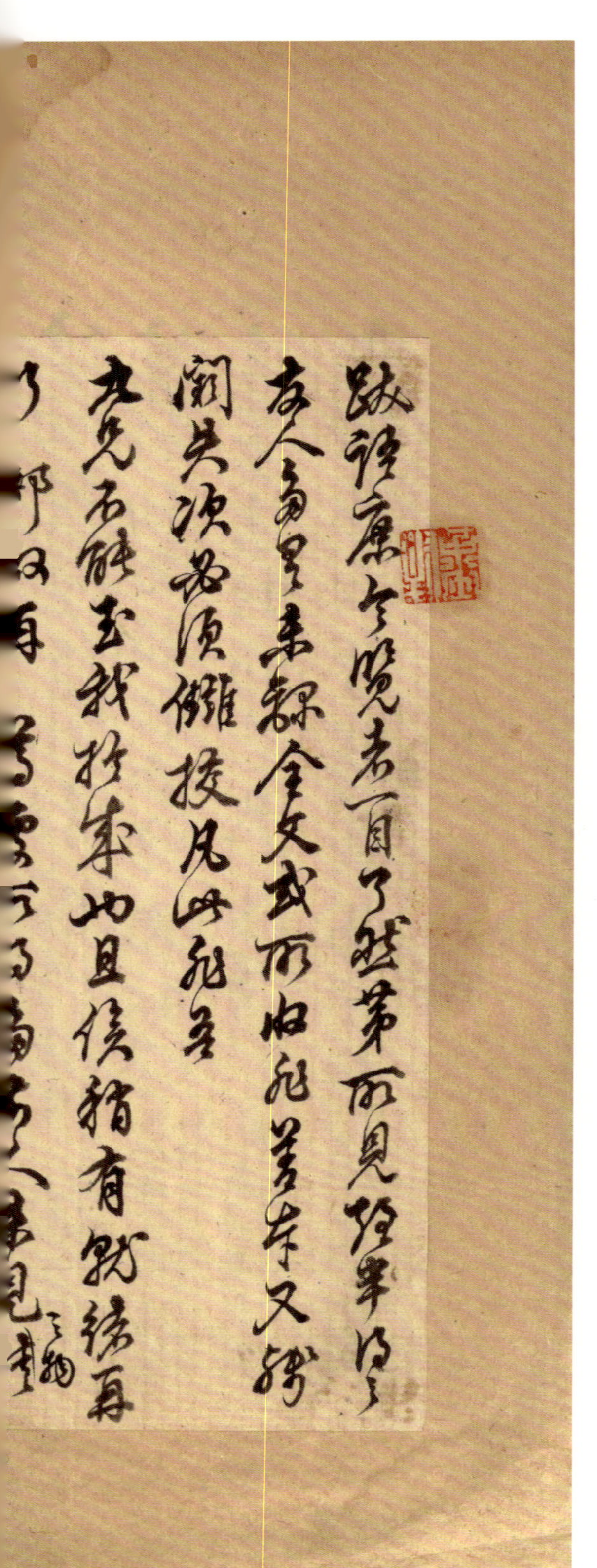

跋語，庶令覽者一目了然。弟所見雖半得之友人，多有未録全文，或所收非善本，又殘闕失次，必須讎校，凡此非吾九兄不能玉我於成也。且俟稍有就緒，再行郵政。再，尊處所得多前人未見之物，請於暇日隨筆登記另爲一册，他日倘得，並原本寄我，俾一過眼，斯集當更成大觀矣！奉上《古銅盤銘》一通，篆法古雅，不减石鼓，相傳春秋時物，蓋盟會歃血時所需器也。盤存敝鄉徐氏，前年歸里索得二紙，此其一也。此銘江君德量及敝鄉汪稚川、程易田、山東孔撝約俱有，釋文似皆未甚確，敢祈考正，另釋示我，千萬，千萬！松烟二匣（又自製墨二種，另一包）附呈，即候臺安，不一一。愚弟應椿頓首上

小松九兄大人侍史　　十二月四日

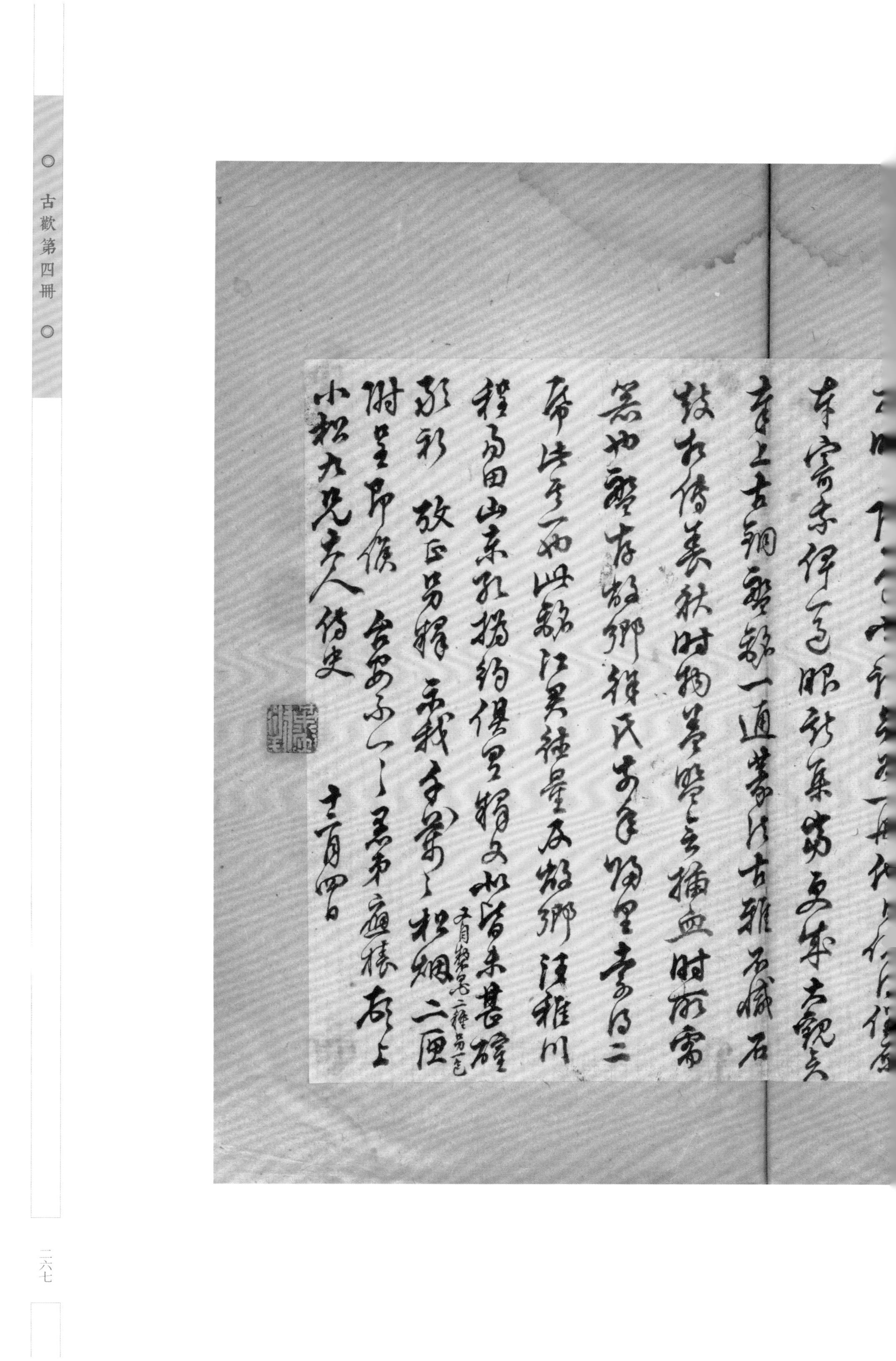

客歲於山東道中偶得《曹子建墓志》一通，乃隋開皇間人刻石者，金石著録諸家多未見收，想係近年出土者，未知此刻現在何地？吾兄必知其詳，希示知。又漢隸中□者最愛《華山碑》，然從未見真本，尊處藏有善本，便中可借一觀否？先子行狀並傳二本附覽。應椿再拜

【一八四】

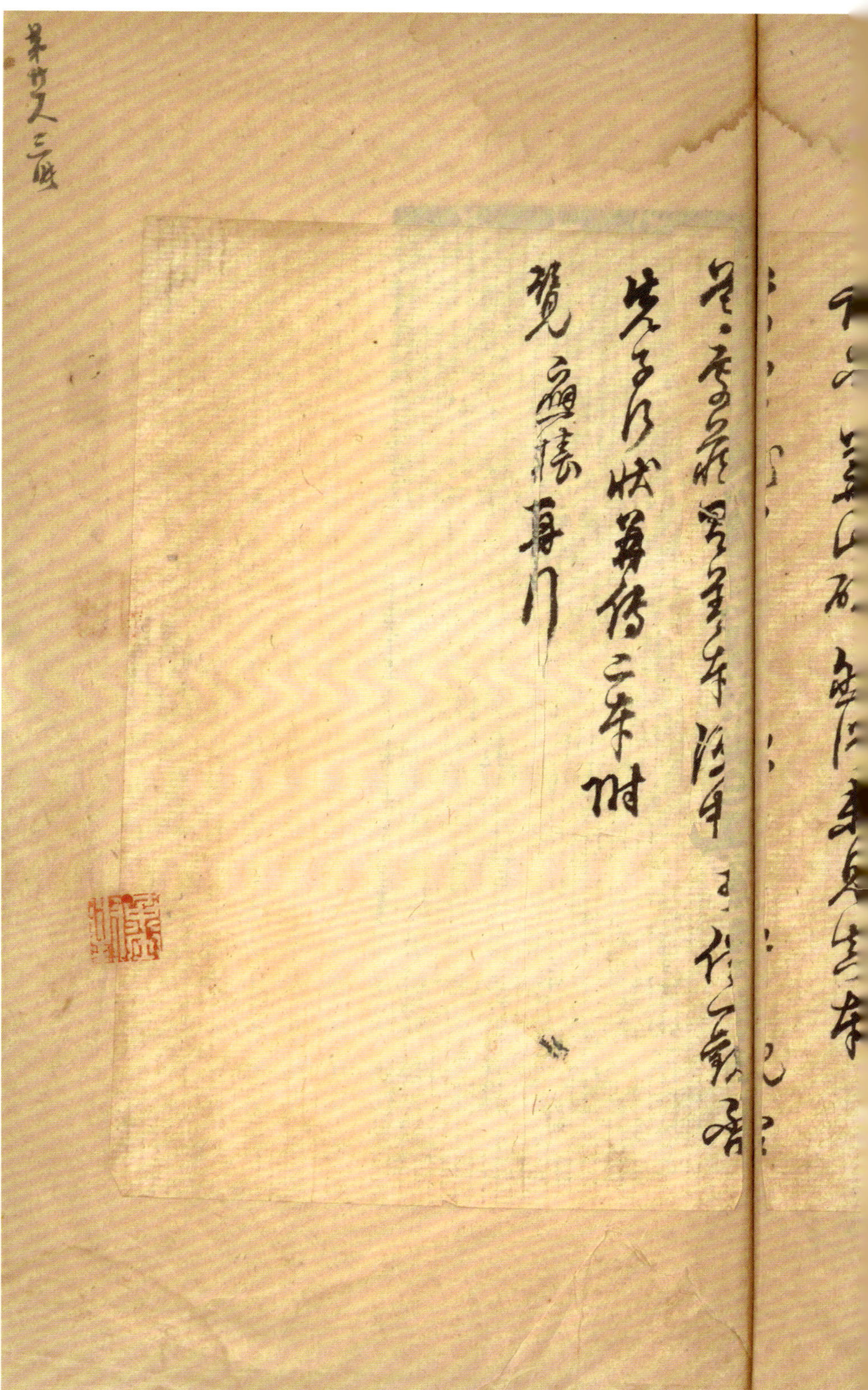

◀ 周震榮致黄易札之九

與

大兄別久矣。儷紫軒中昔時唱和侶儔，申止廬已

賦《歸田》，梁午樓化爲異物，時共梅皐、薌圃沽

酒促膝，未嘗不思

足下，不識

足下亦念及故人否耶？魚雁稀疏，又未悉

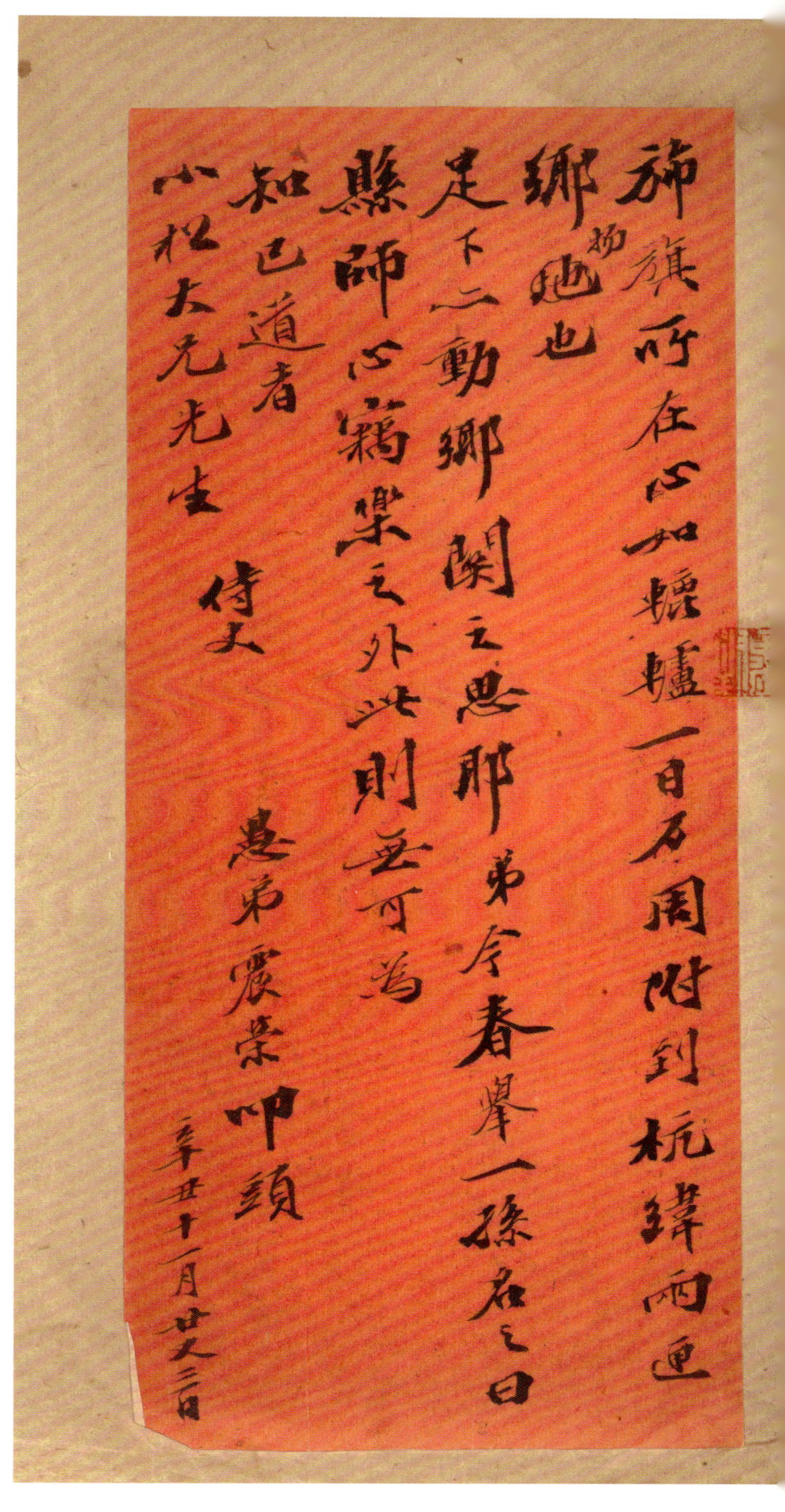

旌旗所在，心如轆轤，一日萬周。附到杭緯兩匣，
鄉物也，
足下亦動鄉關之思耶？弟今春舉一孫，名之曰
縣師，心竊樂之，外此則無可爲
知己道者。
小松大兄先生侍史　愚弟震榮叩頭
辛丑十一月廿又三日

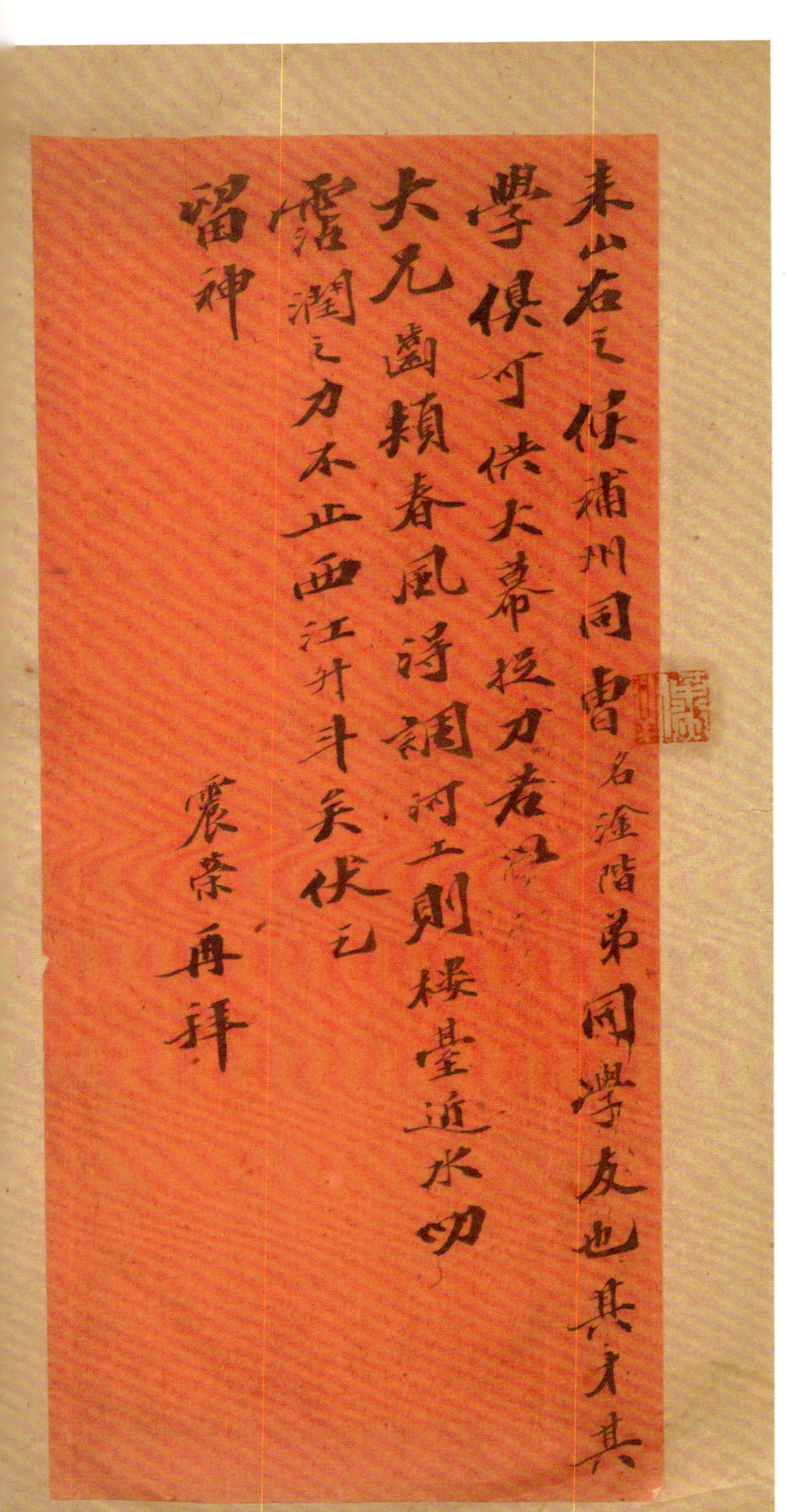

【六八】

來山右之候補州同曹，名淦階，弟同學友也，其才其學俱可供大幕捉刀。若以大兄齒頰春風，得調河工，則樓臺近水，叨霑潤之力不止西江升斗矣。伏乞留神。　震榮再拜

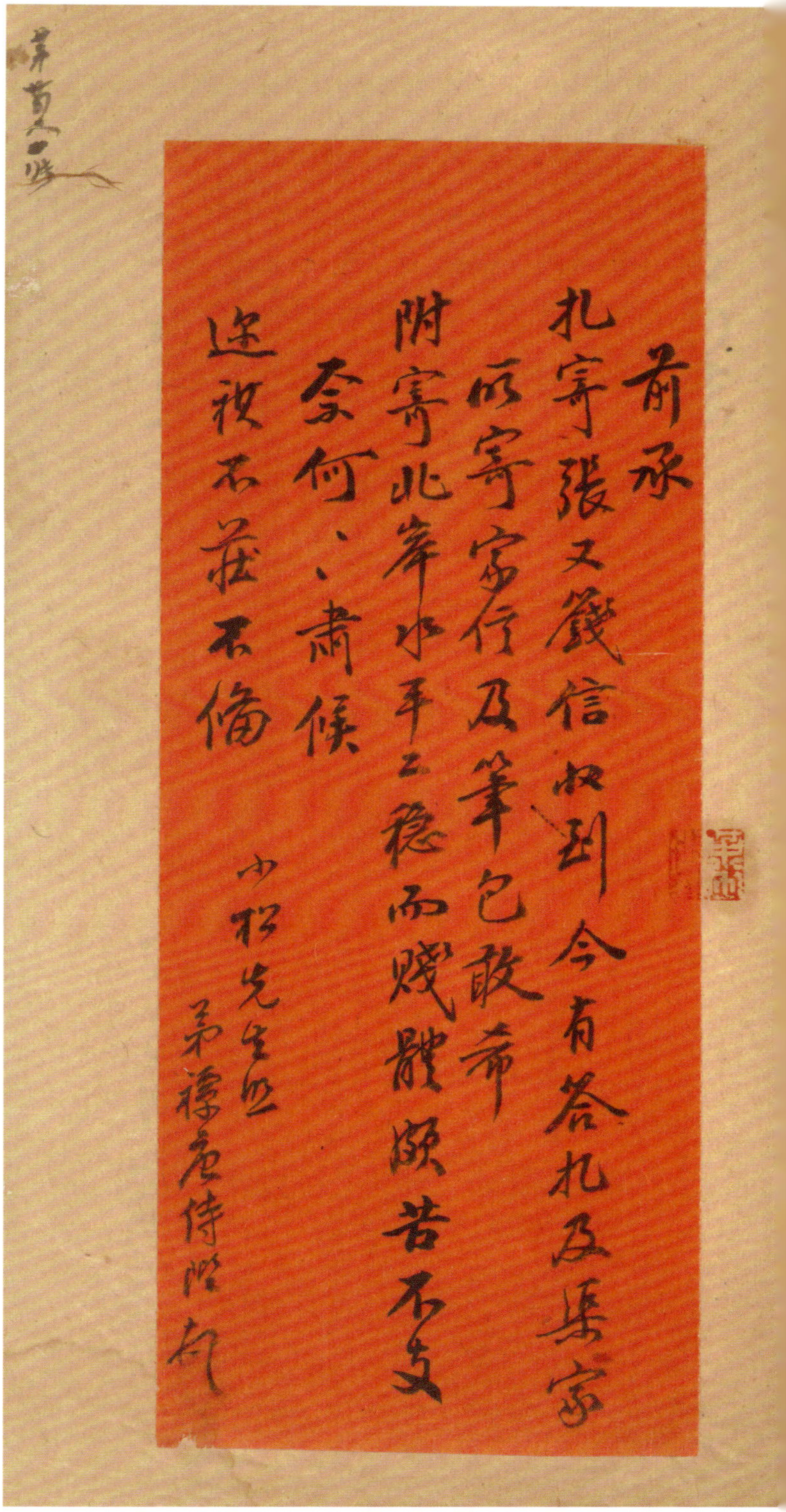

唐侍陞致黃易札

前承
札寄張又籛信收到，今有答札及渠家
所寄家信及筆包，敢希
附寄。北岸水平工穩，而賤體頗苦不支，
奈何，奈何。肅候
邇祺，不莊不備。　小松先生啓
弟禫唐侍陞頓首

〖四一五〗

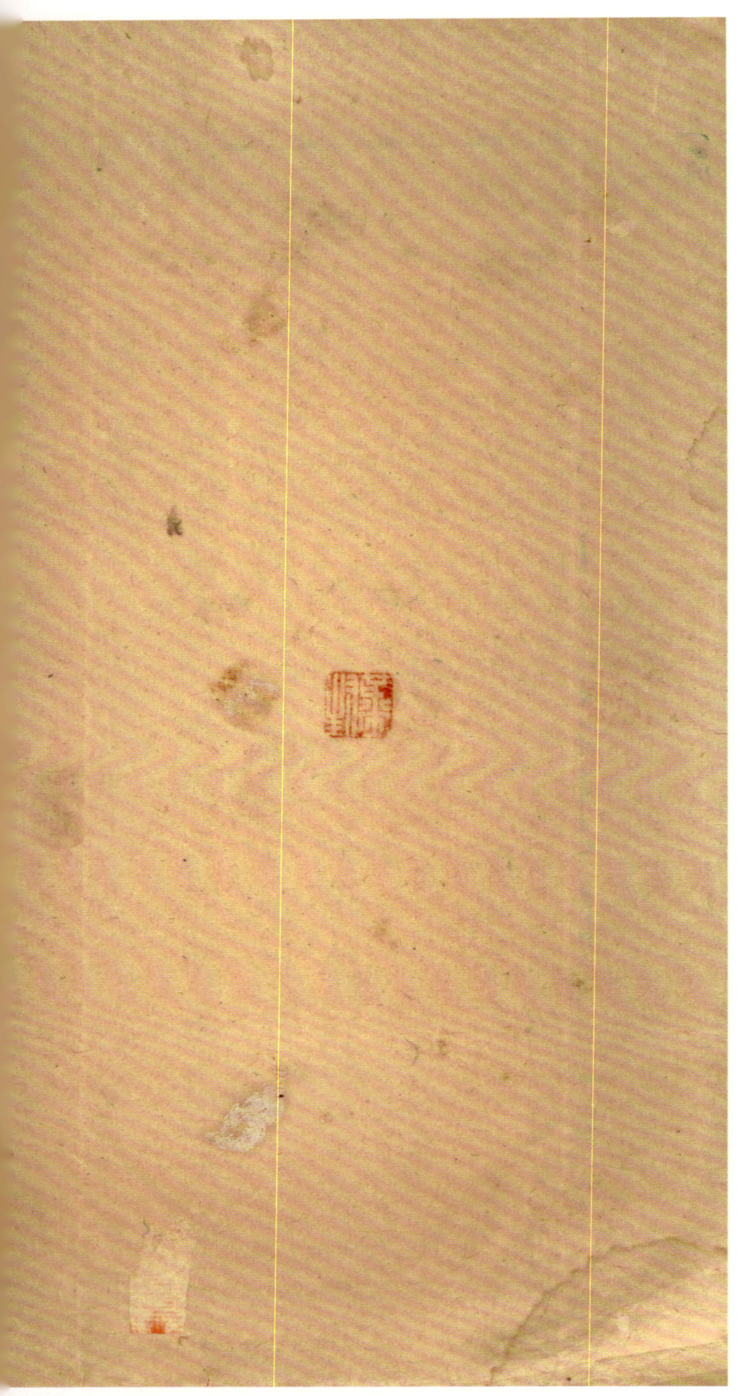

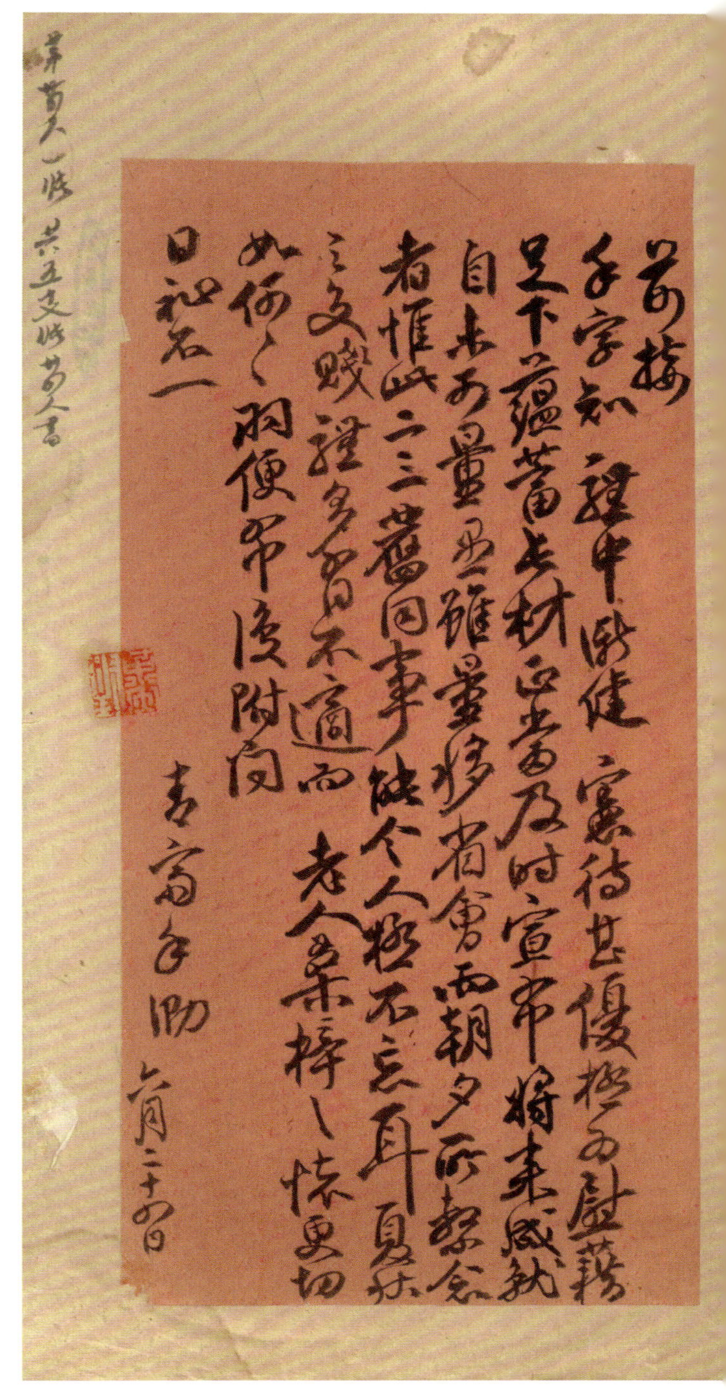

►沈啓震致黃易札之一

前接

手字，知體中漸健，憲待甚優，極爲慰藉。足下蘊蓄長材，正當及時宣布，將來成就自未可量。愚雖量移省會，而朝夕所繫念者，惟此二三舊同事，能令人極不忘耳。夏秋之交，賤體多有不適，而老人桑梓之懷更切，如何，如何！羽便布復，附問

日祉，不一。

青齋手泐　六月二十四日

【二四四】

清代金石學家尺牘叢刊

國家圖書館藏

黃小松友朋書札

中

國家圖書館 編

王玥琳 整理

中華書局

中册目録

古歡第五册

古歡第五册

古歡
第五冊

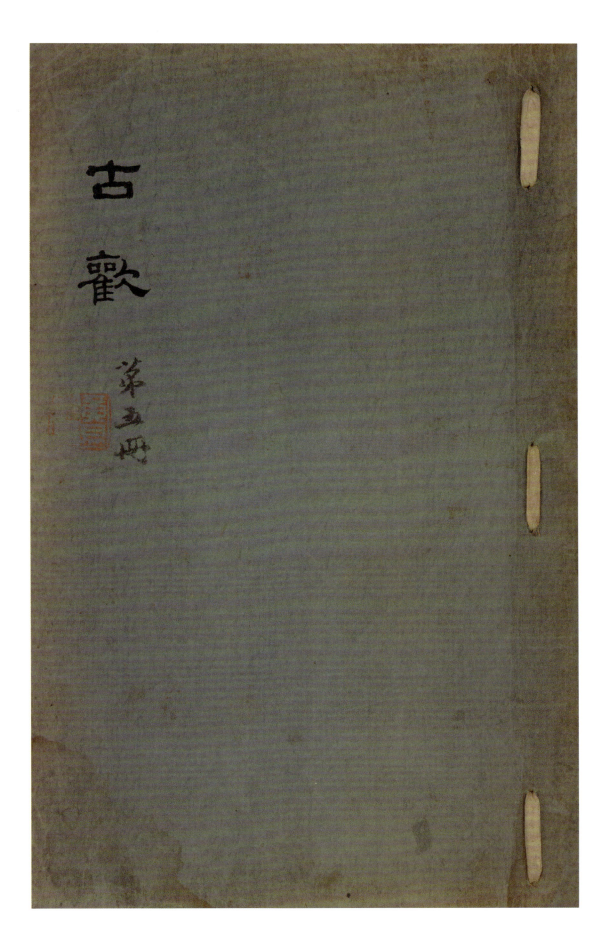

◀潘有爲致黃易札之三

握別倏忽冬春，相念無已。兩接
翰教，稔悉
德履安和，可勝欣慰。喜聞投轄帥府，暇
復娛情金石，韻事添增，遥想知遇之隆，
芳馨未艾，相期嗣我
好音，旦暮延伫而已。承
惠《郭雲磚拓》，珍玩不已，又勞代
鐫石印兩枚，謹謝，謹謝！爲别後多不如意事，
薄技料必不售，頗能灑然，弗復介意，弟
慙難爲
知己引慰耳。《西清古鑑》遍覓書肆無有，
武英殿向有官書發售，昨詣求之，亦告罄。
來札須之甚亟，悵觸不可言狀，奈何，奈何！只合
緩期商之耳。春波雙鯉，浩淼靡涯，何由
解吾饑渴？匆匆草此，問請
邇祺，臨穎洄溯。學弟有爲頓首
秋盦先生文侍　　四月三日
晚謙謹璧，謝罪，謝罪。

如此印，安得不可人？見之如見
良友也，珍重，珍重。

【一〇五】

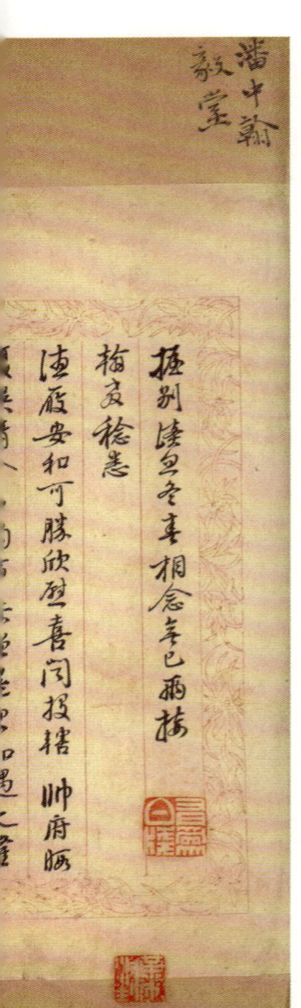
潘中翰
毅堂

握别倏忽冬春相念無已兩接
翰教稔悉
德履安和可勝欣慰喜聞投轄帥府暇

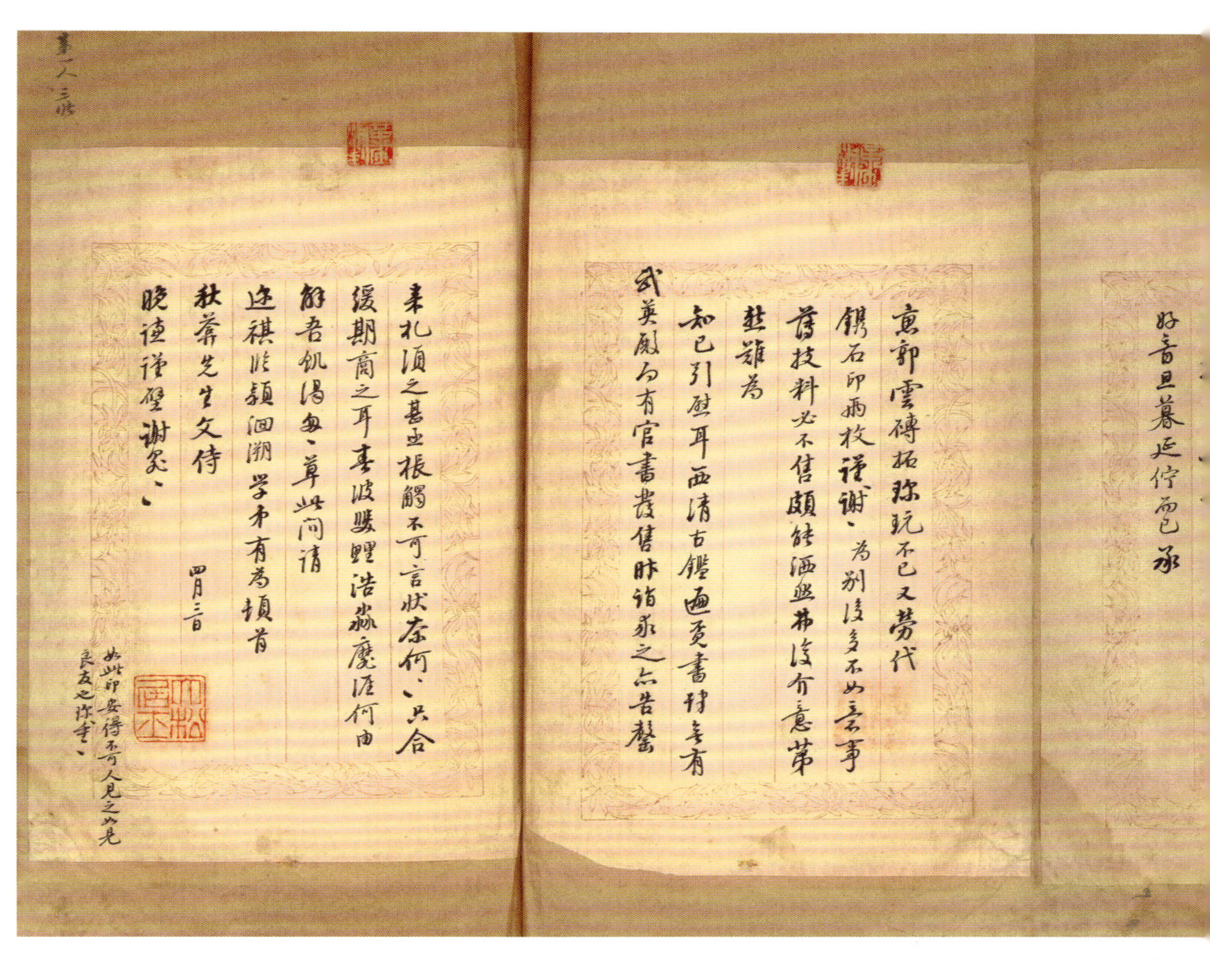
好音旦暮延佇而已承

惠郭雲磚拓踪玩不已又勞代
鐫石印兩枚謹謝謝為別後多不如意事
薄技料必不售頗能灑然棄後有意第
嫌難為
知己引慰耳西清古鑑通直書材無有
武英殿而有官書發售昨詣承之亦告罄

來札須之甚亟悵觸不可言狀奈何奈何只合
緩期商之耳李波蹊鯉浩淼麼涯何由
解吾飢渴也也草此問請
近祺諸頫洄溯　學弟有為頓首
秋蘅先生文侍
晚植謹璧謝矣矣
四月三日

如此印安得不可人見之如見良友之誅言言

錢文學獻之

別來又幾五月矣日居月諸去大甚
駛求如都門聚首酣歙快談又不知
定在何候也然以
大兄之才而一行紀試後來如虎頭館
蔗正當節節換差耳 弟千折事无
灰不復然矣少時以病累致胃積
闊奈約有廿年近日大作而心疾
復摯諄諄者如趙孟矣遑計及他乎

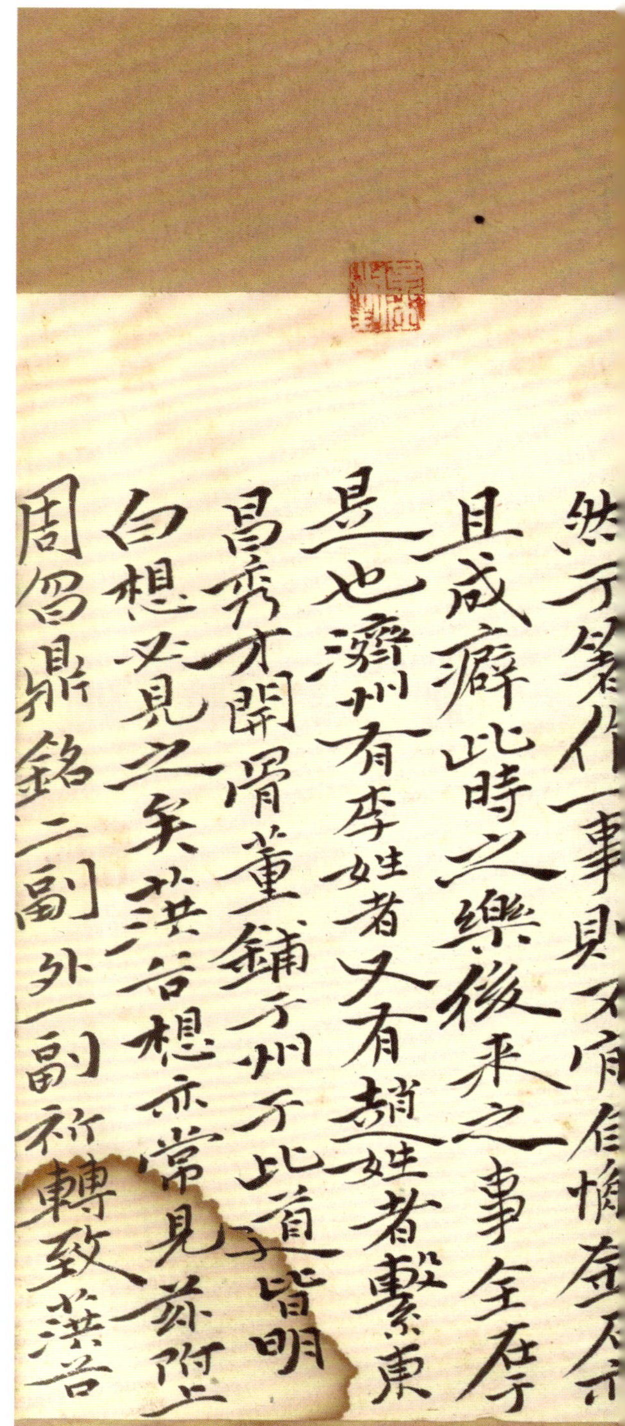
然於著作一事則不肯自懈金石亦
且成癖此時之樂後來之事全在於
是也濟州有李姓者又有趙姓者繫東
昌秀才開骨董鋪於州於此道皆明
白想必見之矣蕻谷想亦常見茲附上
周曶鼎銘二副外一副祈轉致蕻谷

► 錢坫致黃易札之二

別來又幾五月矣，日居月諸，去人甚駛。求如都門聚首酣飲快談，又不知定在何候也。然以

大兄之才而一行初試，後來如虎頭餡蔗，正當節節換佳耳。弟於斯事死灰不復燃矣，少時以病累致胃積，閱今約有廿年，近日大作而心疾復摯，諄諄者如趙孟矣，遑計及他乎？然於著作一事則不肯自懈，金石亦且成癖，此時之樂、後來之事，全在於是也。濟州有李姓者，又有趙姓者，繫東昌秀才開骨董鋪於州，於此道皆明白，想必見之矣。蕻谷想亦常見。茲附上《周曶鼎銘》二副，外一副，祈轉致蕻谷，

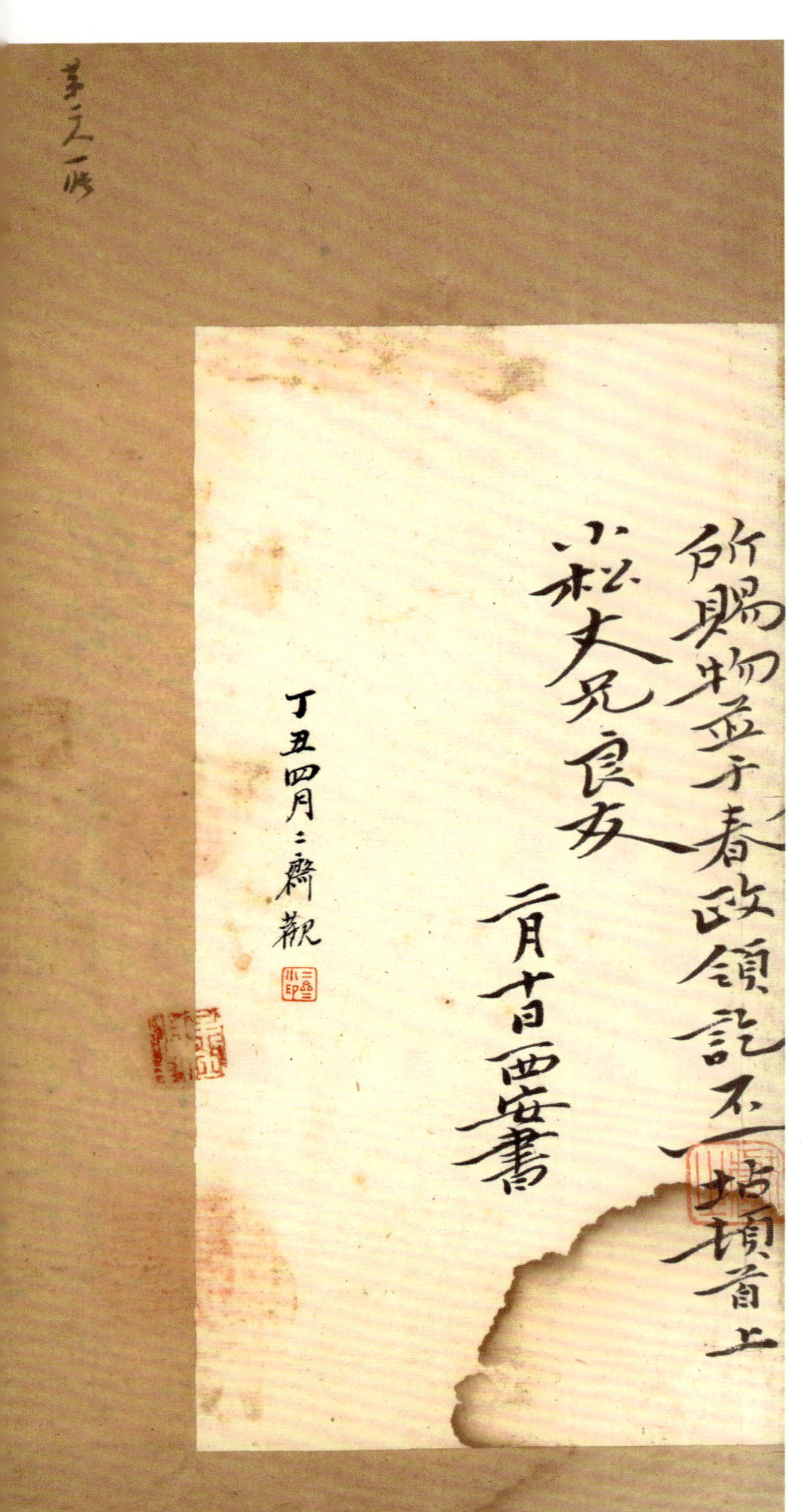

所賜物並於春政領訖，不一。坫頓首上
小松大兄良友
二月十日西安書

丁丑四月二齋觀。

【二〇四】

► 萬廷蘭致黄易札

三年前即讀
詩詞，心儀蓋至今也。俘因不足以辱
名賢，而篔谷、莆堂盛稱淹雅，坦白近人，吴蓀
圃亦時述芳躅，則不可不一晤也。圖書收到，其藉以
不朽耶？率此先謝，並候　　　汪札領悉
小兄先生史席

驫人蘭頓首

【二〇九】

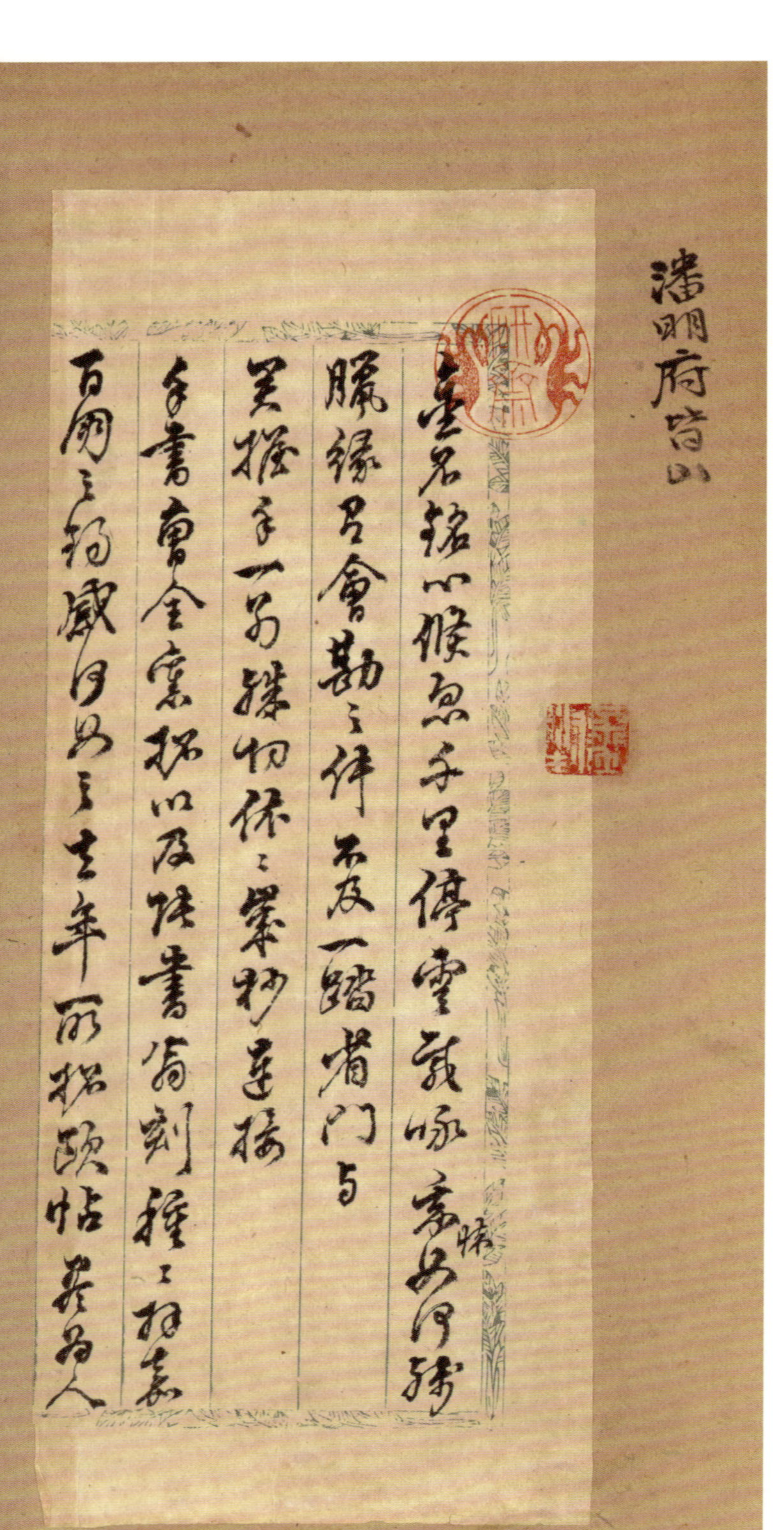

▲潘應椿致黃易札之三

金石銘心，倏忽千里，《停雲》載咏，我懷如何？殘臘緣有會勘之舛，不及一踏省門，與君握手一别，殊切依依。歲杪連接手書，《曹全》舊拓以及張書、翁刻種種，拜嘉百朋之錫，感何如之！去年所拓歐帖盡爲人索去，近又拓得數十本寄回南中，尚存十部，今分六部奉餉。又，弟近得古研一方，長不盈尺，高則六分其長而稍殺之，石質雖不甚佳而古色盎然，確然宋製無疑。其左方刻《赤壁圖》，右方及首刻坡公《前賦》，書法樸拙，不類惡札，今併拓一通，附呈

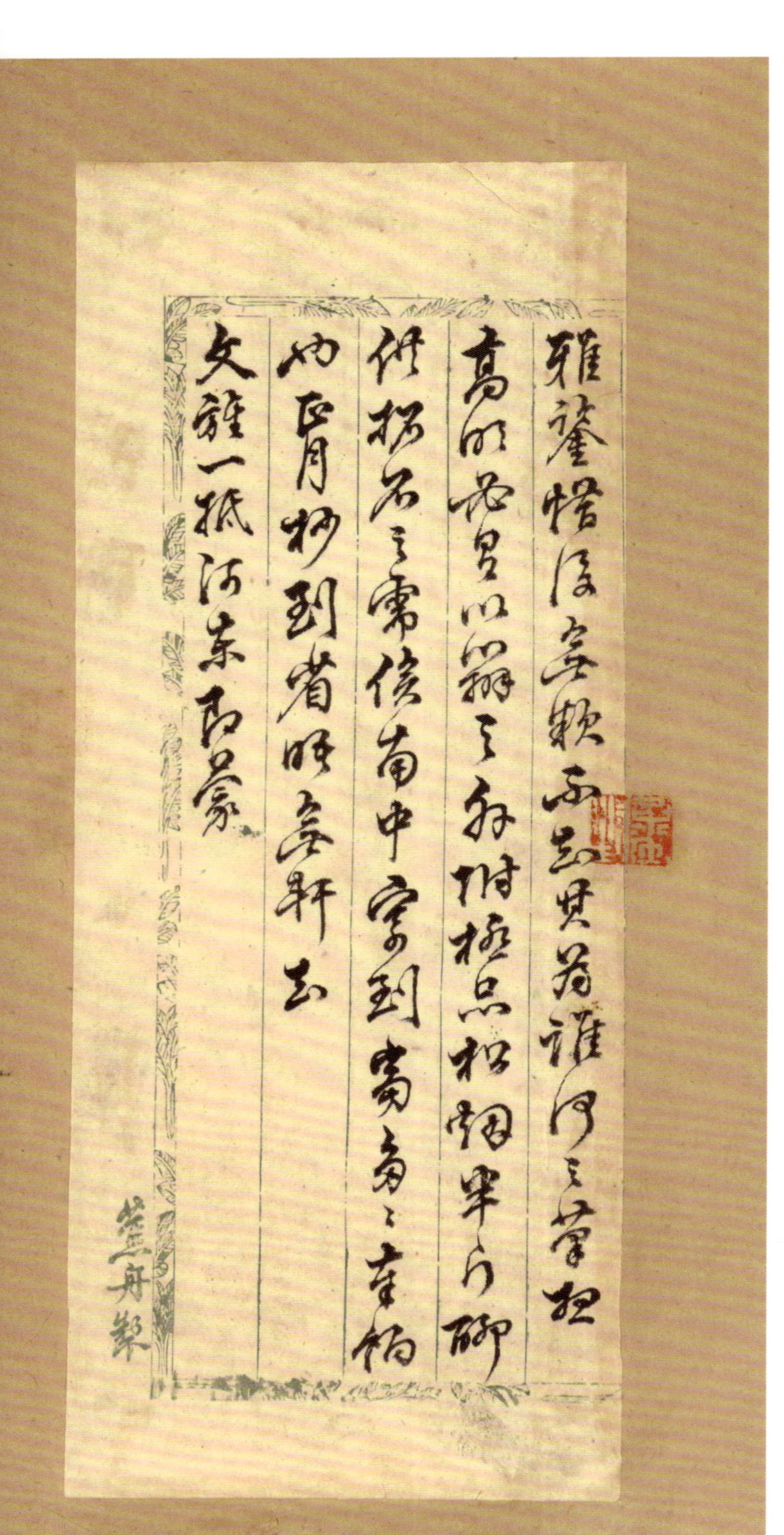

雅鑒，惜後無款，不知其爲誰何之筆，想
高明必有以辨之。外附極品松煙半斤，聊
供拓石之需，俟南中寄到，當多多奉餉
也。正月杪到省晤無軒，知
文旌一抵河東即蒙

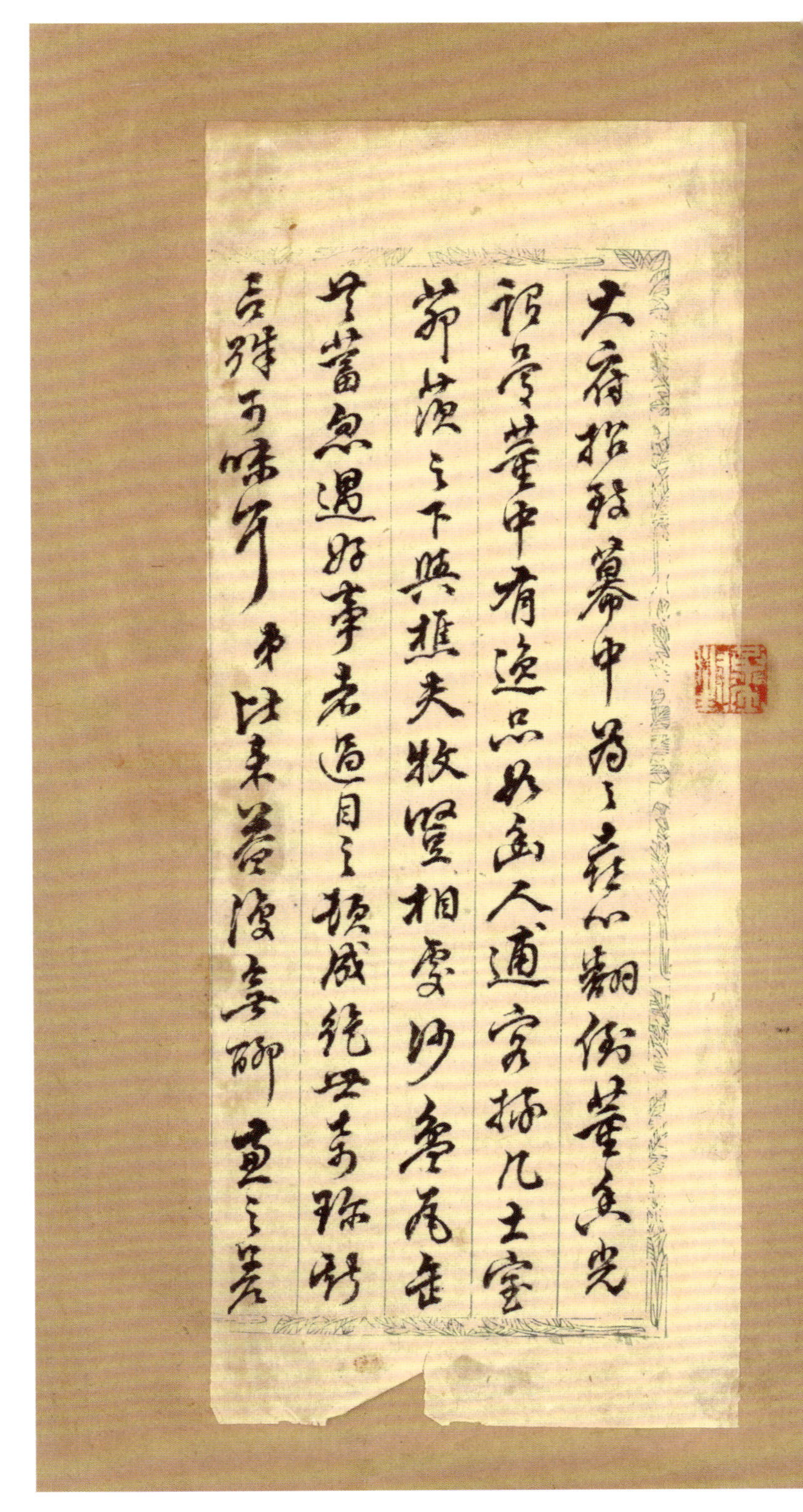

大府招致幕中，爲之喜心翻倒。董香光謂「骨董中有逸品，如幽人逋客捽几土室茆茨之下，與樵夫牧豎相處，沙盆瓦缶共蓄，忽遇好事者過目之，頓成絶世奇珍」，斯言殊可味耳。弟比來益復無聊，兼之差

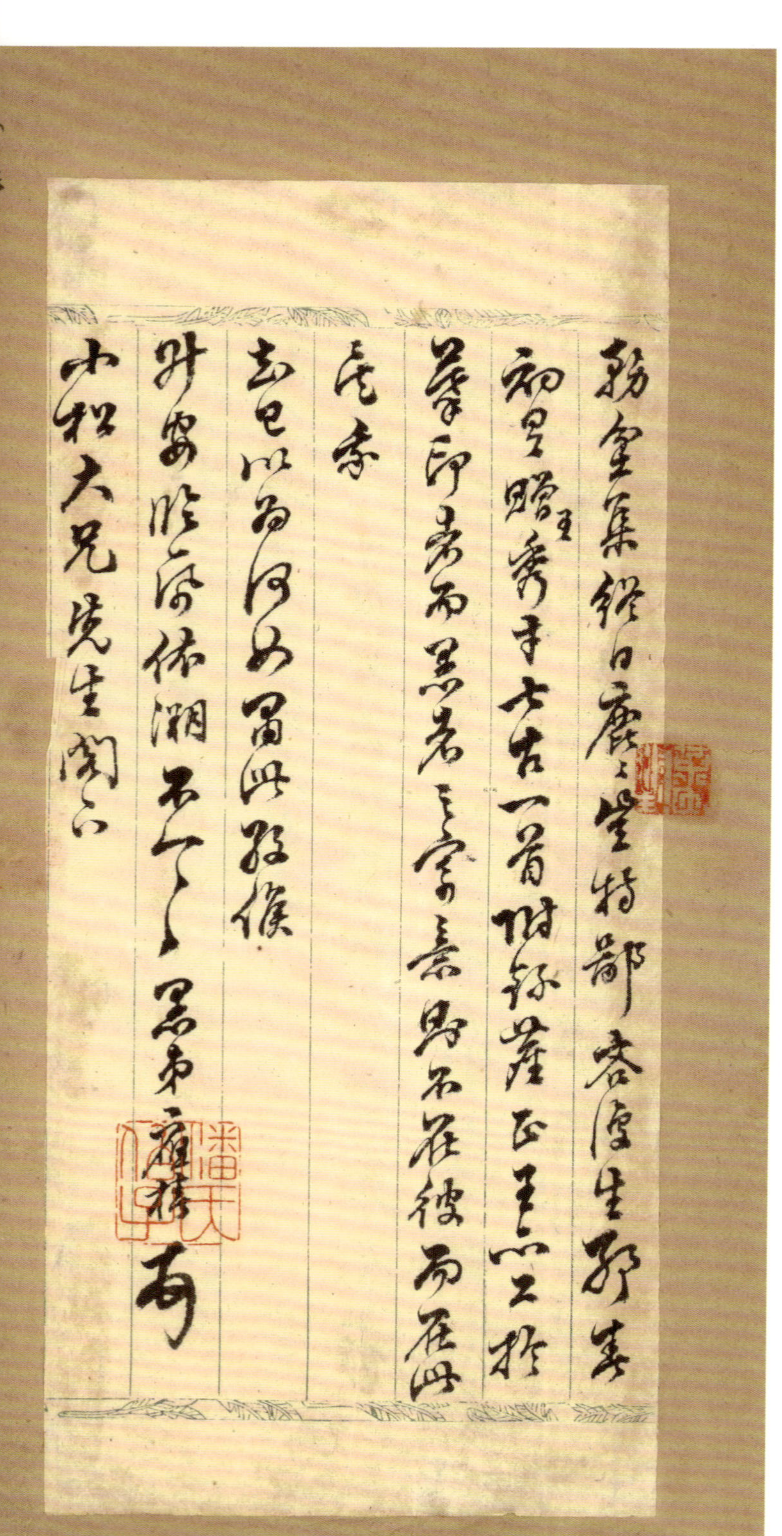

務𡖖集，終日鹿鹿，豈特鄙吝復生耶？春
初有《贈王秀才七古》一首，附録塵正。王亦工於
摹印者，而愚者之寄意，則不在彼而在此
矣，我
知己以爲何如？肅此敬候
升安，臨紙依溯，不一一。愚弟應椿頓首
小松大兄先生閣下

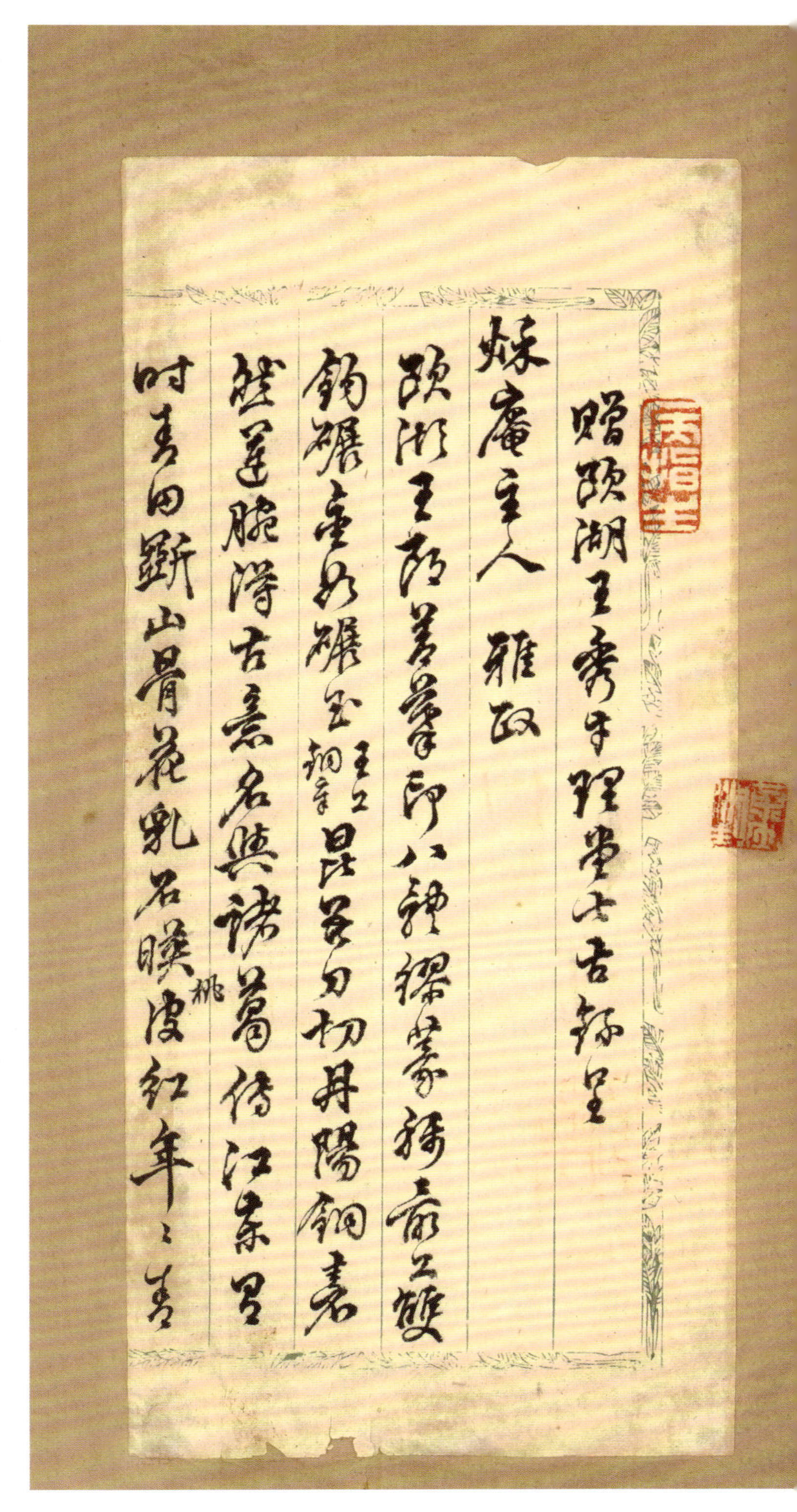

《贈歐湖王秀才理堂七古》録呈

秋庵主人雅政：

歐湖王郎善摹印，八體繆篆稱最工。雙鈎碾金如碾玉（王工銅章），昆吾刀切丹陽銅。砉然運腕得古意，名與諸葛傳江東。有時青田斲山骨，花乳石暎桃皮紅。年年青

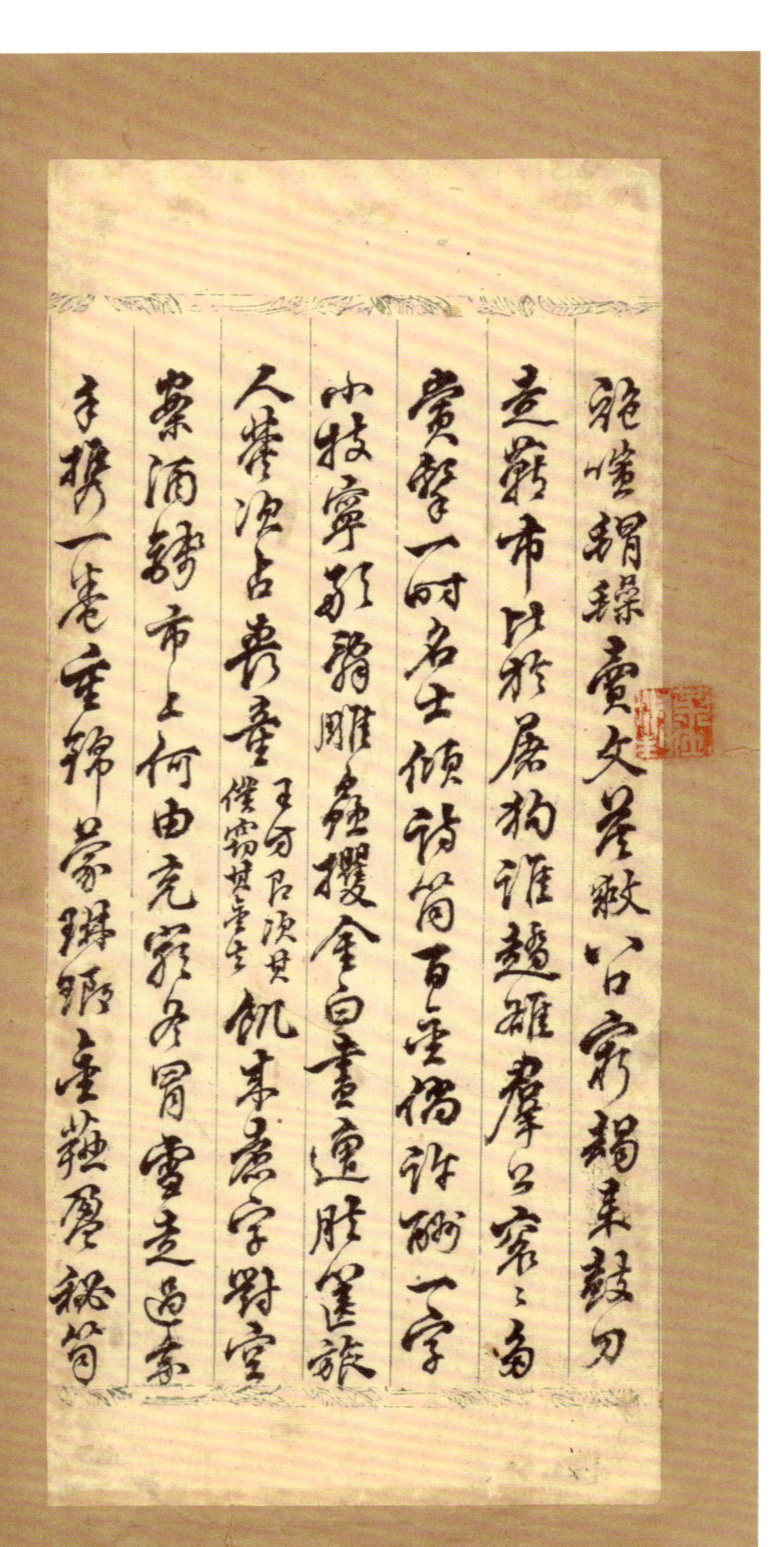

袍嗤氈毪，賣文莫救八口窮。揭來鼓刀走薊市，比於屠狗誰趫雄。群公袞袞多賞擊，一時名士傾詩筒。百金倘許酬一字，小技寧敢辭雕蟲。攫金白晝遭胠篋，旅人焚次占喪金。（王方即次，其僕竊其金去）饑來煮字對空案，酒錢市上何由充。嚴冬冒雪走過我，手携一卷重錦蒙。琳瑯金薤盈秘笥，

古文籀文能兼通。吾聞秦漢鑄私印，鏤金琢玉聲摩空。鞠花鋼針安用此，芒刃不頓三鍥礱。會稽王士始用石，燈光巧斸玉瓏璁。吴下周生工範土，官哥窯製餘青冬。「疾已」標名復有老道士，棗心方寸争中鋒。矜奇復兼姓，朱文兩面分初終。讀書堂傾小印出，至今猶識陳王宫。古人偏旁辨體勢，作僞寧許從同同。師心

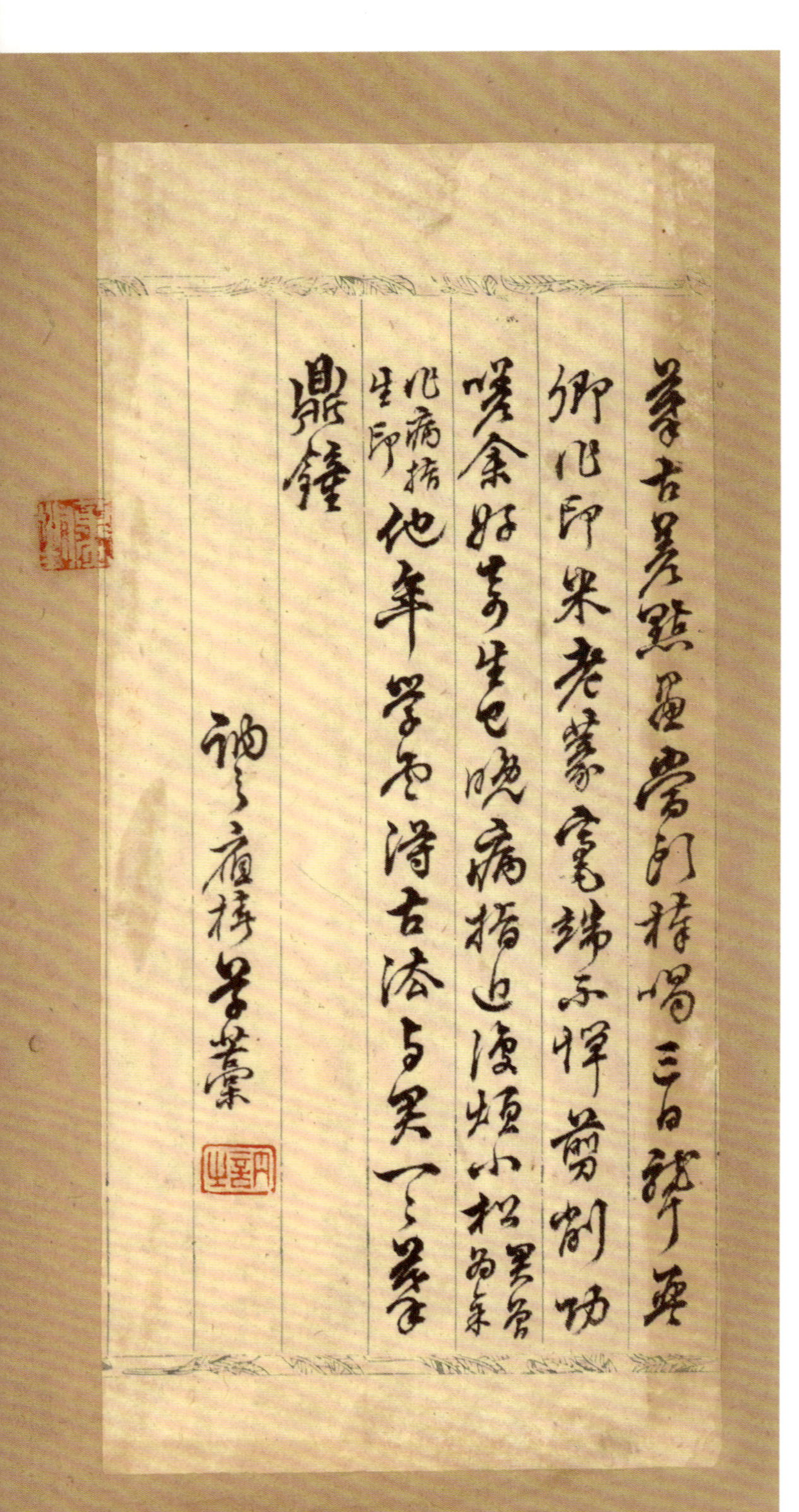

摹古差點畫，當頭棒喝三日聾。琴卿作印米老篆，毫端不憚剪削功。嗟餘好奇生已晚，病指近復煩小松（君曾爲余作「病指生」印）。他年學盡得古法，與君一一摹鼎鐘。

訥之應椿草稿

【一八三】

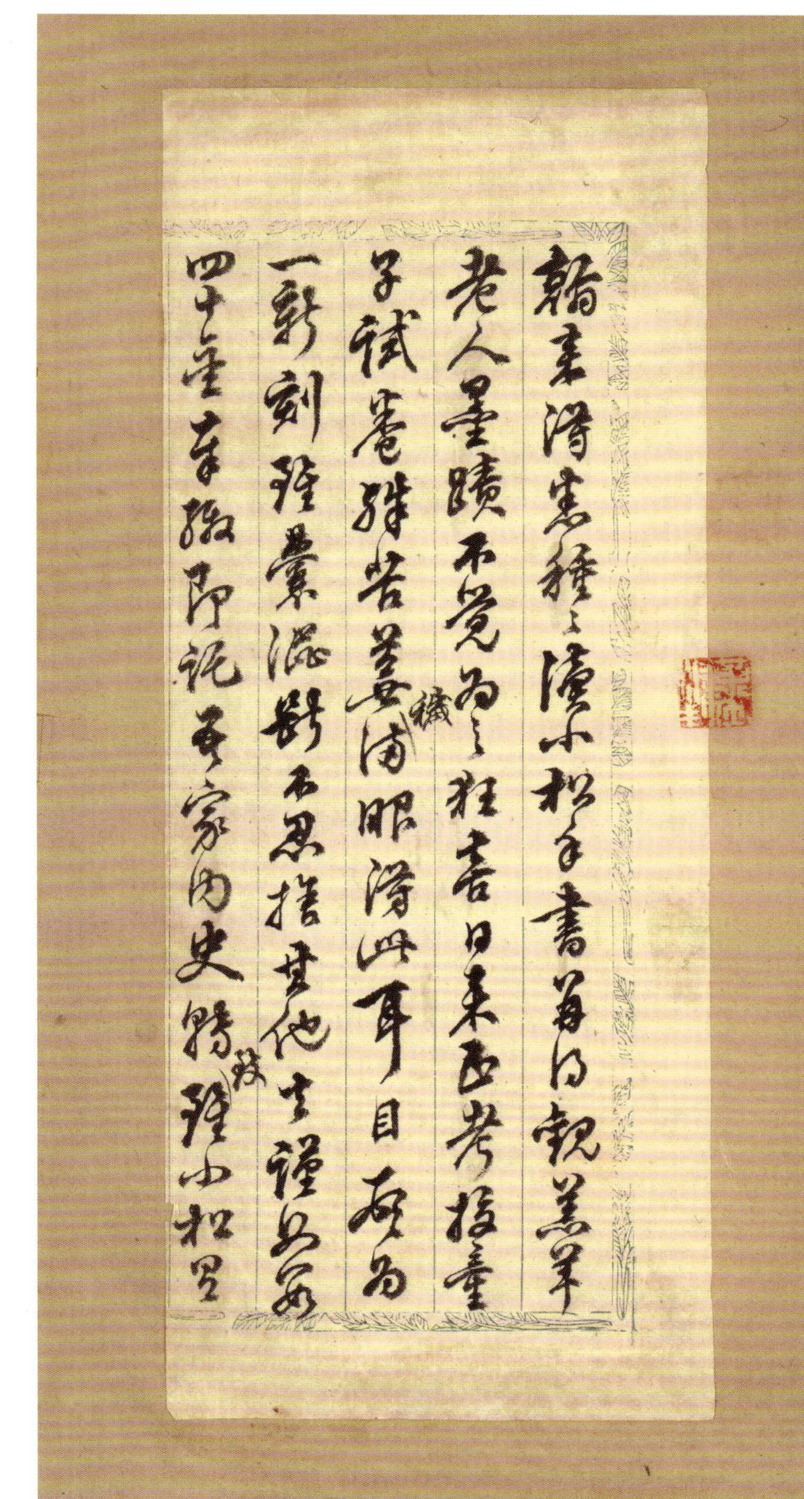

► 潘應椿致陳焯札

翰來得悉種種，讀小松手書並得觀羔羊老人墨迹，不覺爲之狂喜。日來正考校童子試卷，殊苦蕪穢滿眼，得此耳目頓爲一新。刻雖囊澀，斷不忍捨其他去，謹如數四十金奉繳，即托吾家内史轉致，雖小松有

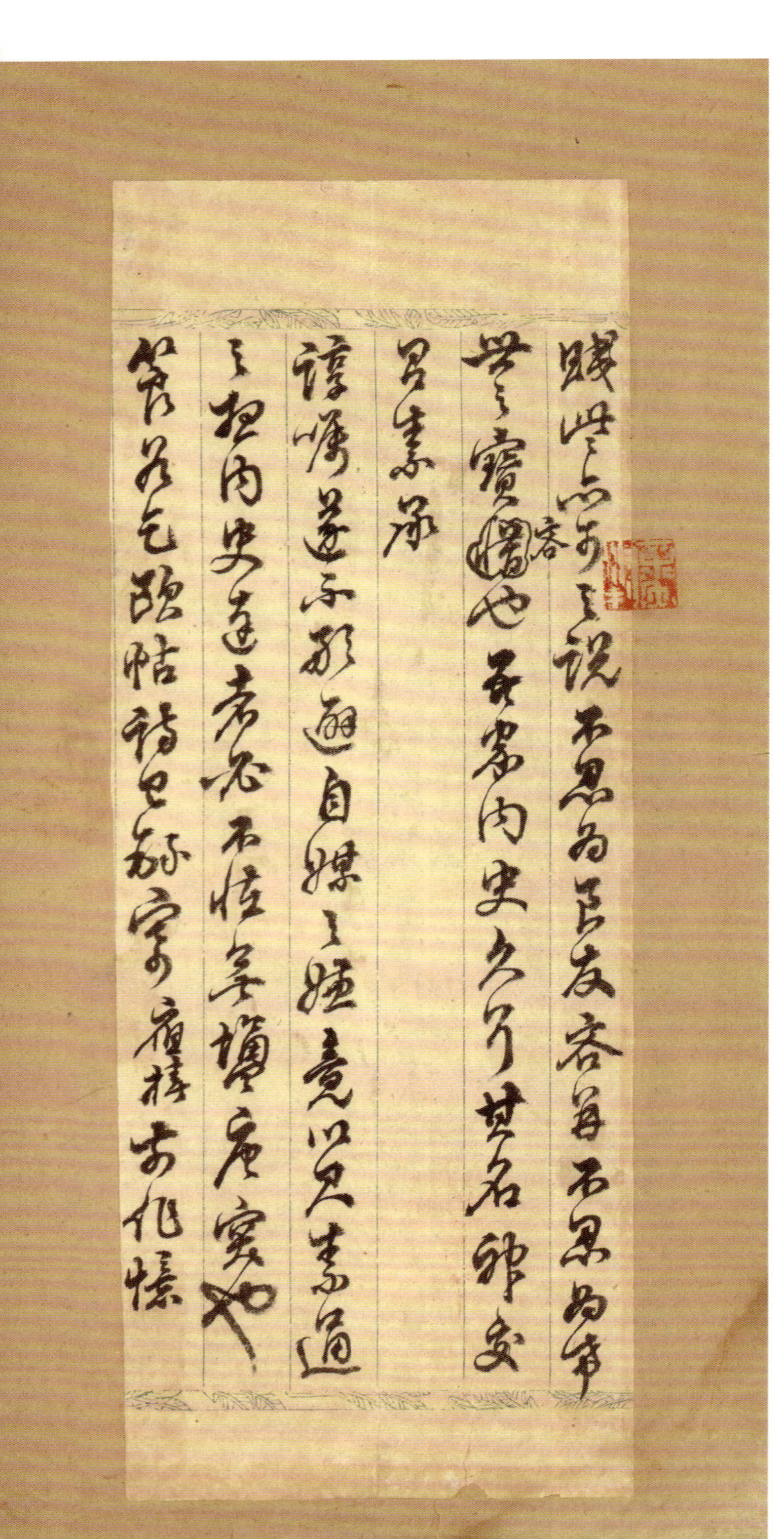

「賤些亦可」之説，不忍爲良友吝，並不忍爲希世之寶吝也。吾家内史久耳其名，神交有素，承
諄囑，遂不敢避自媒之嫌，竟以尺素通之，想内史達者必不怪無鹽唐突也。
萇谷《乞歐帖詩》已録寄。應椿前作，憶

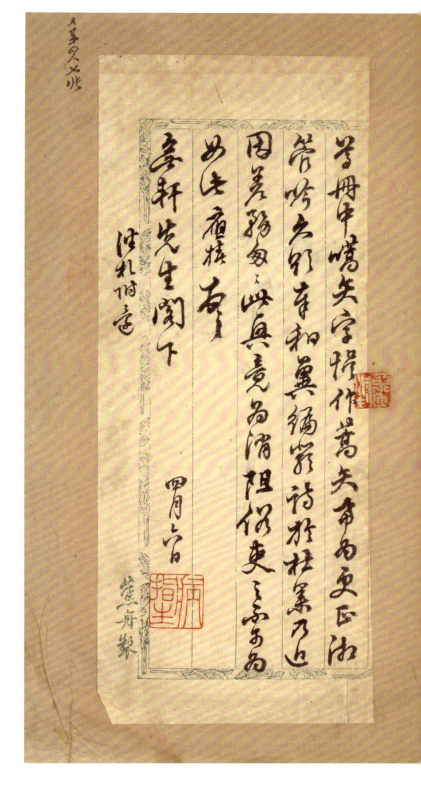

尊册中「嗃矢」字誤作「蒿矢」，希爲更正。湘管吟久欲奉和，冀編嚴詩於杜集，乃近因差務匆匆，此興竟爲消阻，俗吏之不可爲如此！應椿頓首

無軒先生閣下　　　四月六日

潘札附還。

【五八八】

年終擠到

手書得見

起居安吉　渾府將和遠懷一慰

來複速來

大兄階任四防弟隈前挪借之說

不過為甲辰家中卒歲之時可耳

需矣號

雅誼拳之恭謝耑此愧之穫中之趣

已亟之藏重望雖話目今此人尚甚

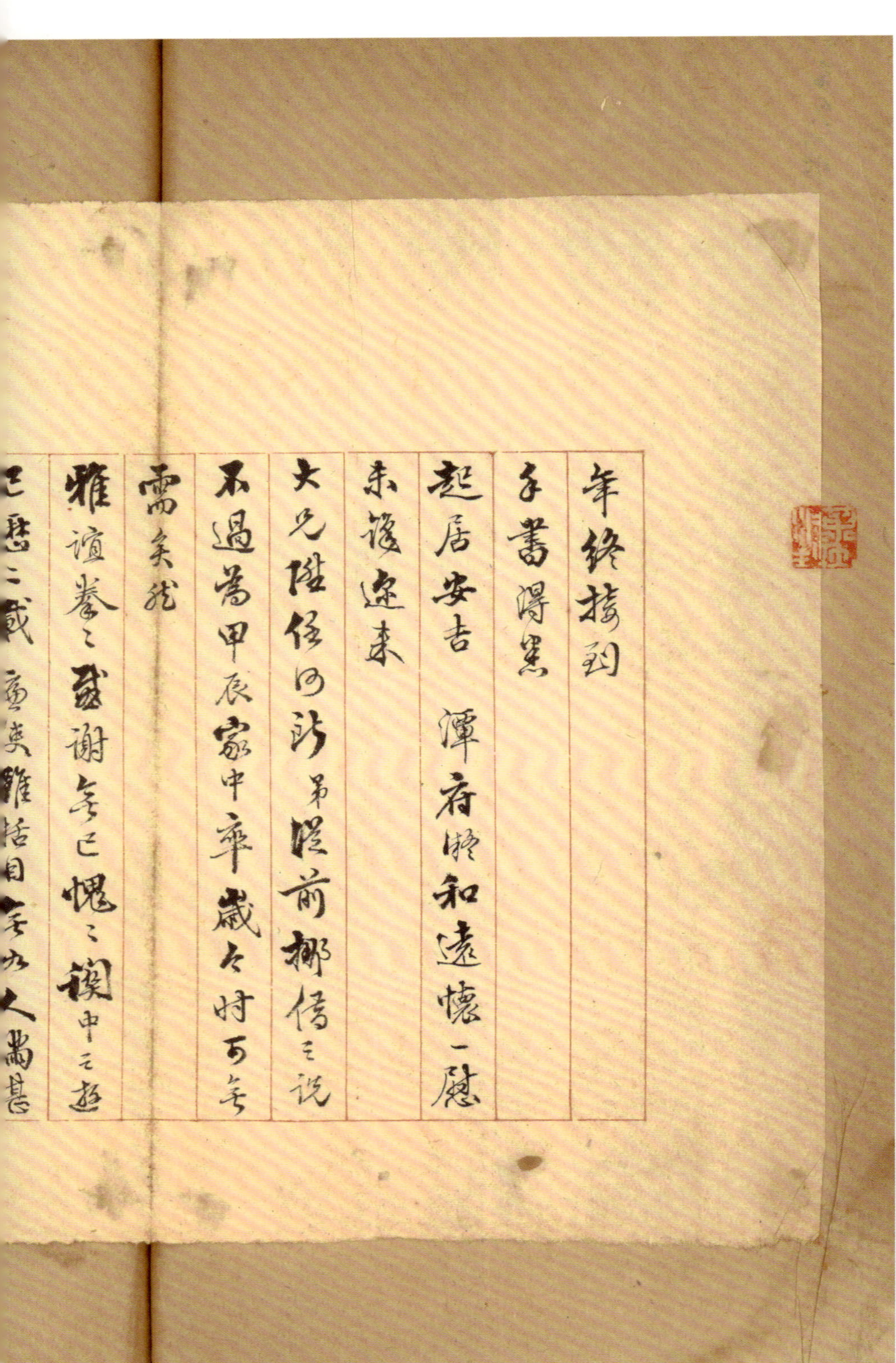

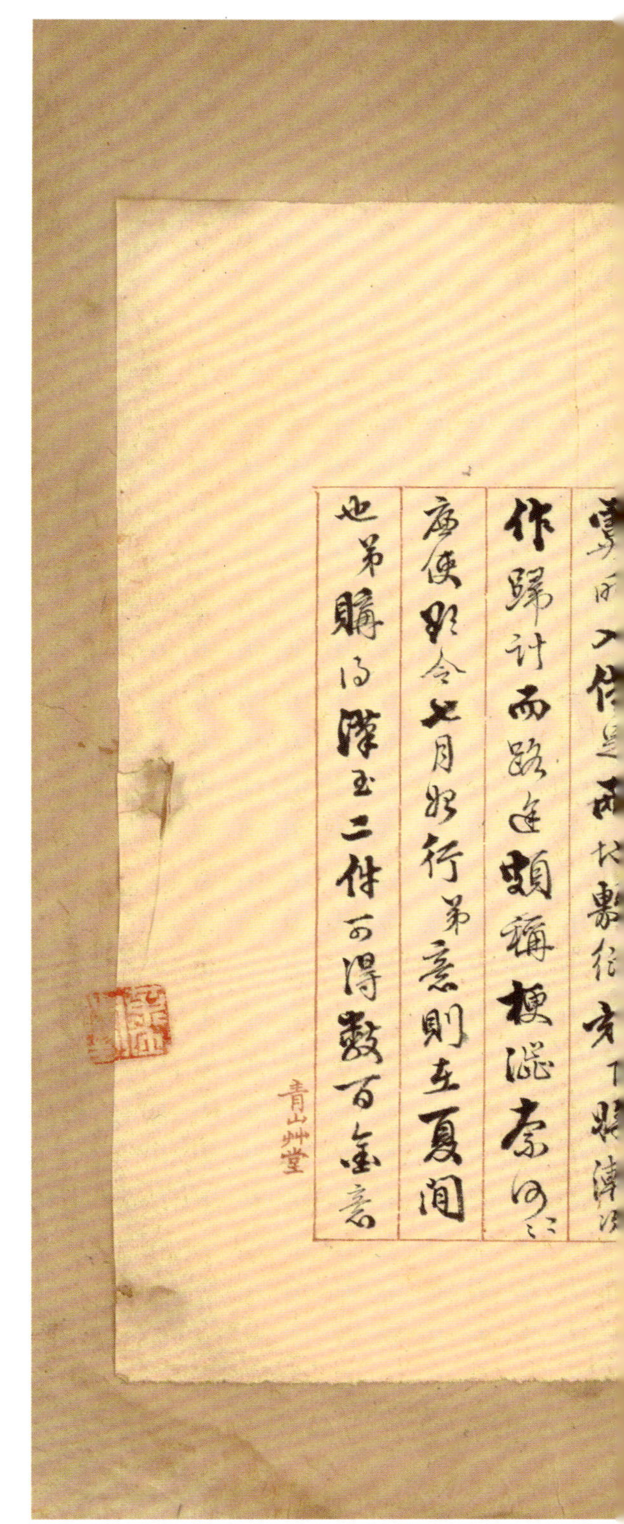

趙魏致黃易札之六

年終接到
手書，得悉
起居安吉，潭府凝和，遠懷一慰。
未識邇來
大兄陞任何所？弟從前挪借之說，
不過爲甲辰家中卒歲，今時可無
需矣。然
雅誼拳拳，感謝無已，愧愧。關中之遊
已歷二載，廉使雖括目，無如人滿堪
虞，所入僅足兩地敷衍。刻下將漸次
作歸計，而路途頗稱梗澀，奈何，奈何！
廉使欲令七月始行，弟意則在夏間
也。弟購得漢玉二件，可得數百金，意

形於歸時往刻上一謀得審否

先相好正多新作札寄我以便注

謀再沛縣李呂符衙㫋者閱与否

先甚好六律作札敢粘以照應弟

口此否

先處得學碑皆宋搨本の嚴三開

中古刻甾曰論三勢即

兄所開列以富平遺象殘刻豆云恩雾神嚴佛處
記梁羅墓志殺南舍利銘寺碑收華
山殘字龍光寺塔銘韋氏
十種之巨弟弟呈嵩

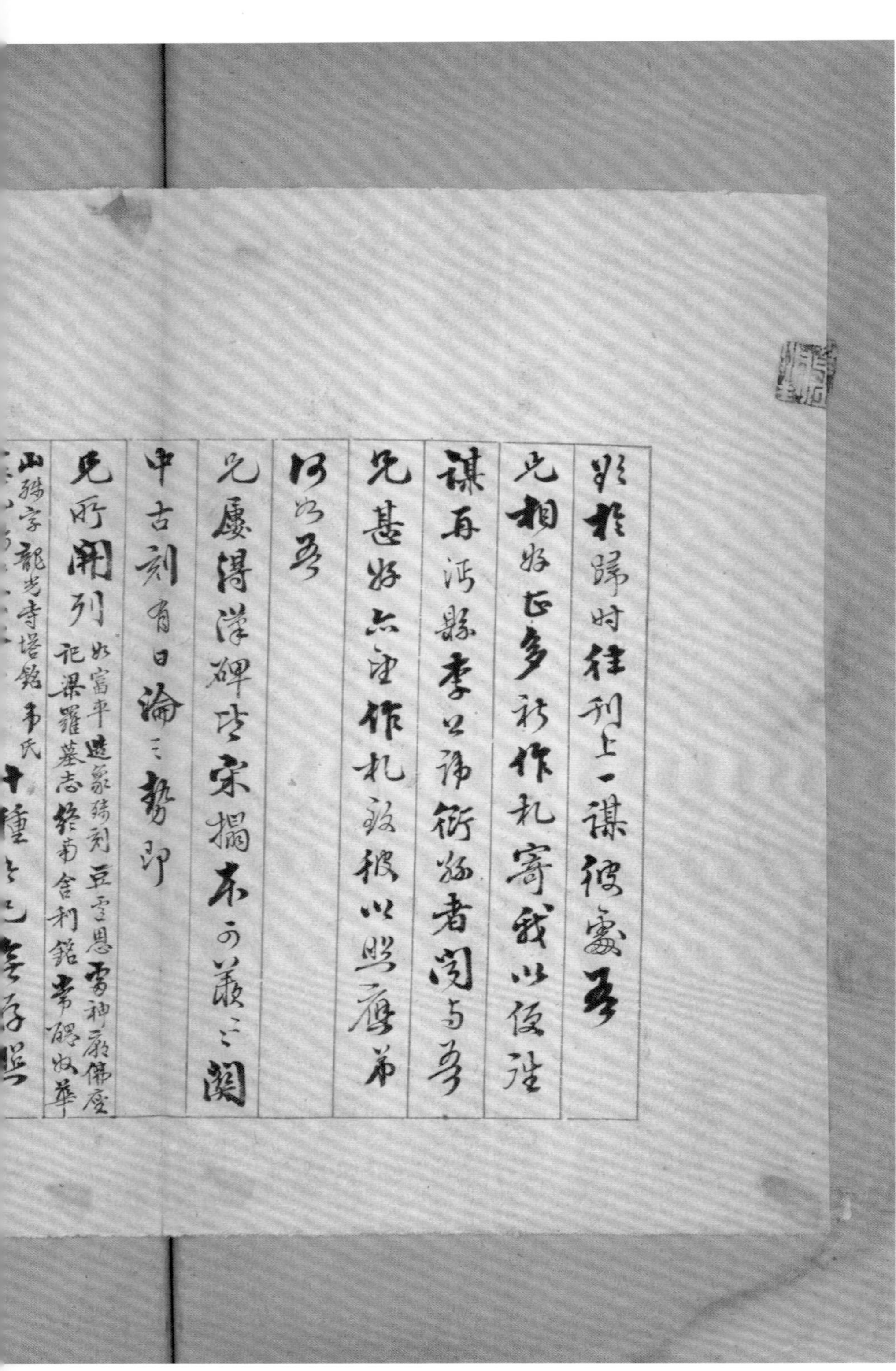

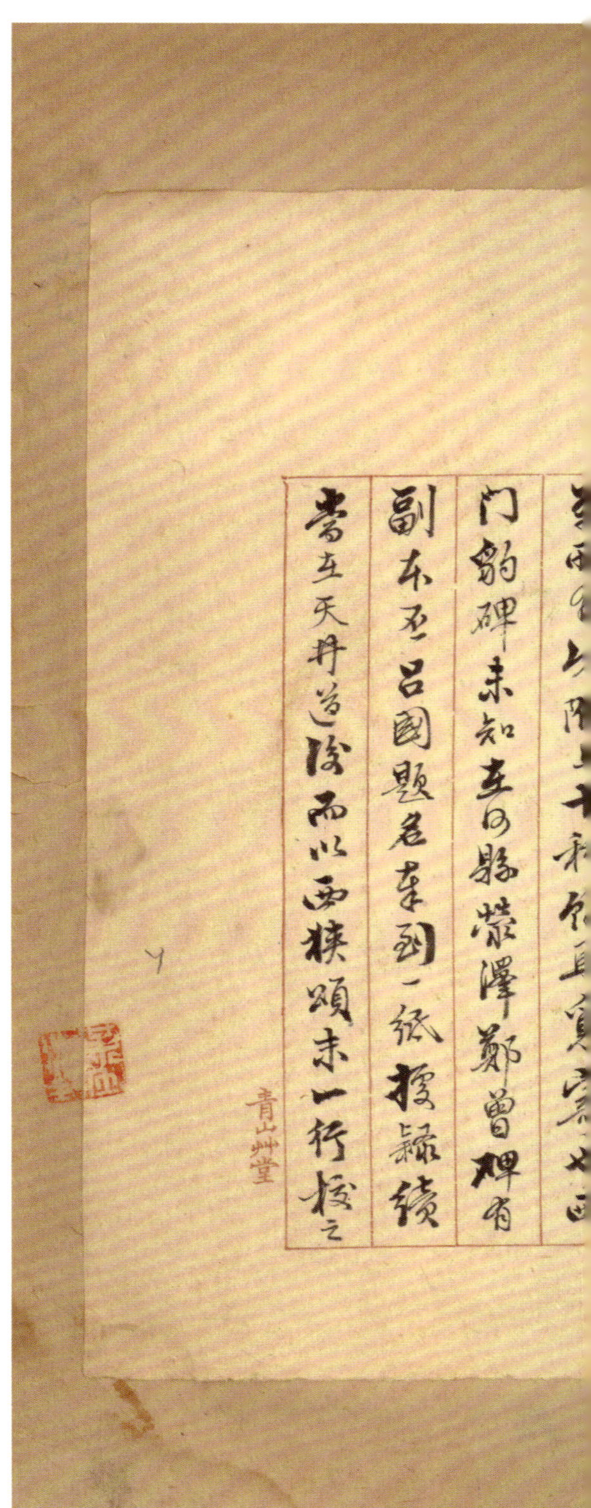

欲於歸時往刊上一謀，彼處吾
兄相好正多，祈作札寄我，以便往
謀。再，沔縣李公諱衍孫者，聞與吾
兄甚好，亦望作札致彼以照應弟，
何如？吾
兄屢得漢碑，皆宋拓本，可羨，可羨。關
中古刻有日淪之勢，即
兄所開列（如《富平造像殘刻》《豆盧恩》《雷神廟佛座記》《梁羅墓誌》《終南舍利銘》《常醜奴》《華
山殘字》《龍光寺塔銘》《韋氏墓誌》《楊凝式題名》）十種今已無存。照
單所有先附上十種，餘再覓寄也。《西
門豹碑》未知在何縣？滎澤《鄭曾碑》有
副本否？《呂國題名》奉到一紙，據《隸續》
當在《天井道》後，而以《西狹頌》末一行校之，

冕白二面西狹頌題名釋辭所啟
此二行復与此不同何也書覓一搨二開
之方可釋摹刻兩使以山左未得之
碑共列一目寄繆方伯第六錄一本
寄兄此中多第所未有者乞留
意焉関中古物甚多兩使得之晤
雁足鐙最佳第得漢瓦為多就中
十二字一枚不獨排山老人未見即
其人亦未見也渾源事已即一六

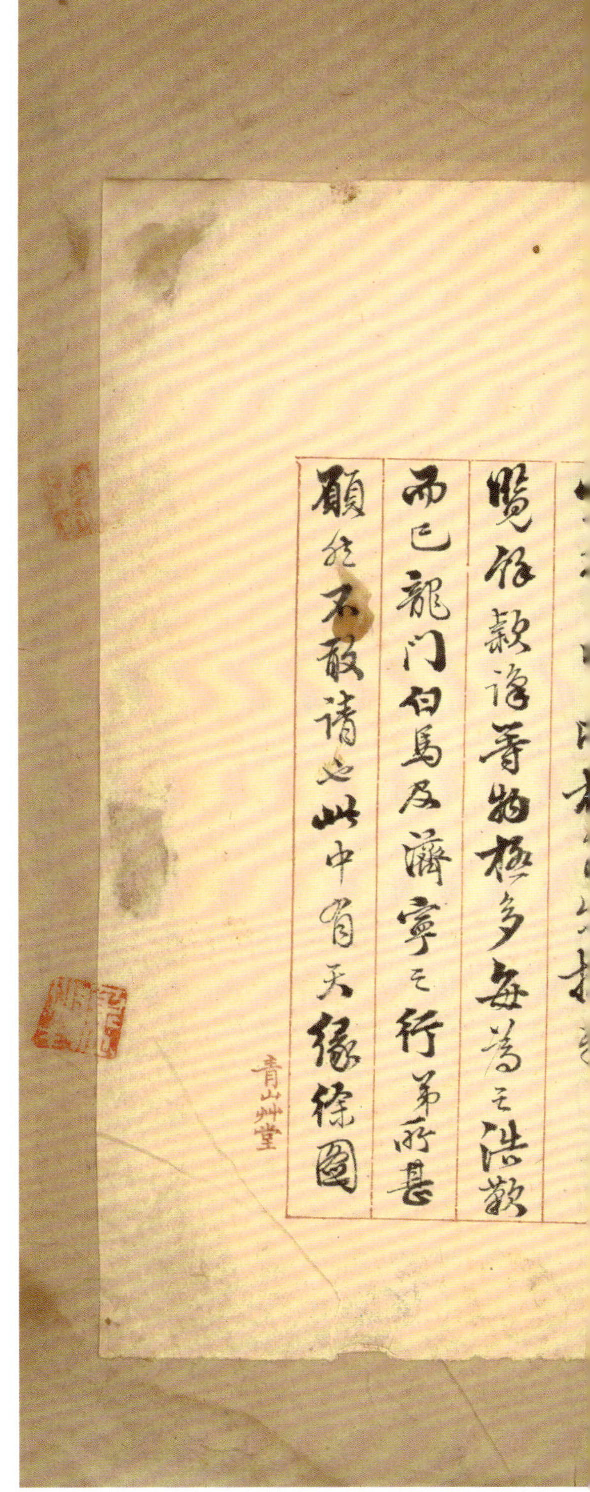
覽餘款識等物極多每爲之浩歎
而已龍门白馬及濟寧之行弟所甚
願然不敢請也此中有天緣徐圖
青山艸堂

毫忽無二；而《西狹頌題名》，《隸釋》所載止二行，復與此不同，何也？當覓一拓工問之，方可釋疑。刻廉使以山左未得之碑，共列一目寄繆方伯，弟亦録一本寄兄，此中多弟所未有者，乞留意焉。關中古物甚多，廉使得建昭雁足鐙最佳，弟得漢瓦爲多，就中十二字一枚，不獨排山老人未見，即古人亦未見也。「裨將軍銀印」一、六朝「宜侯王印」一，皆極佳，先拓奉覽。餘款識等物極多，每爲之浩歎而已。龍門、白馬及濟寧之行，弟所甚願，然不敢請也，此中有天緣，徐圖

三耳之西意暨令弟十兄尚非歸
數金書再寄並之爲送意參
安否外啟此目亦可寄之碑尚多緣包
封不可又大書再言到矣
此所得希目搁來珍翫先儔弟存別
貲泗尤切矣五頭兩須精搨墨再叔
主鄉南像需訪覓的此爲耽完景品
屬平常同人中更不知浮沈了万萬乞
恋之頁步之意

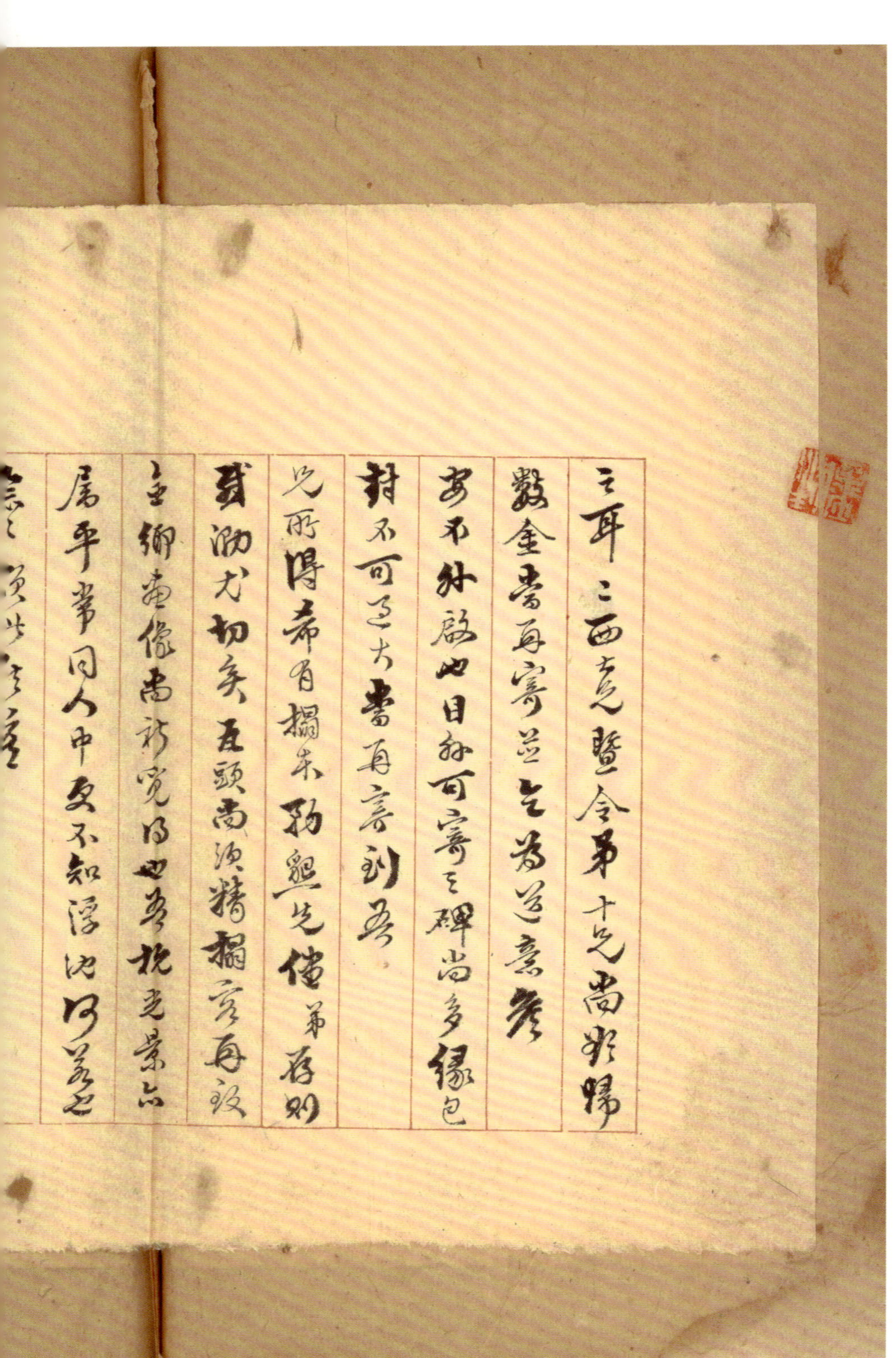

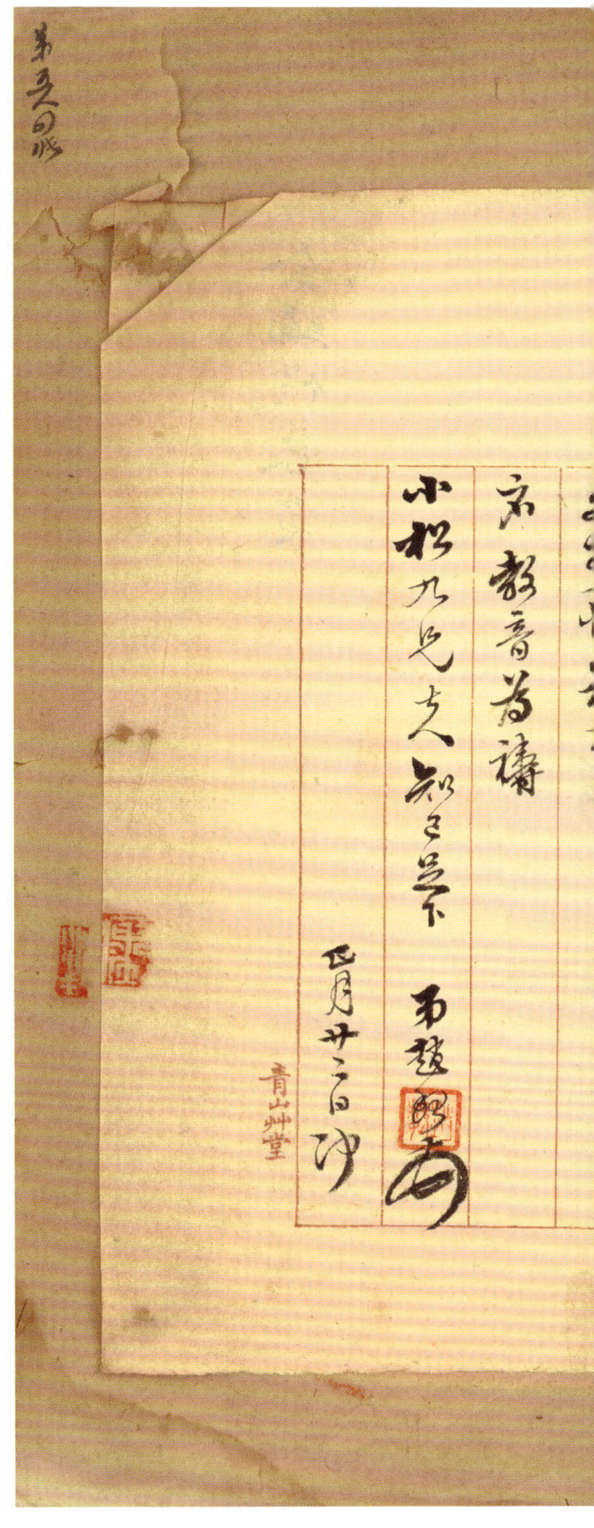

之耳。二西大兄暨令弟十兄尚欲歸
數金，當再寄，並乞爲道意候
安，不外啓也。目外可寄之碑尚多，緣包
封不可過大，當再寄到。吾
兄所得希有拓本，務懇先儘弟存，則
感渺尤切矣。瓦頭尚須精拓，容再致。
《金鄉畫像》尚祈覓得也。吾杭光景亦
屬平常，同人中更不知浮沉何若也，
念念。顓此敬候
文安，惟祈即
示教音爲禱。
小松九兄大人知己足下　弟趙魏頓首
正月廿二日沖

〖九〇〗

◀ 余集致黃易札之三

九兄兩進都門，僅邀一覿，積思未罄，新憶轉增矣。正在渴懷，忽奉手簡，承惠佳刻，謝慰兼至。榮行在即，練日何時？到東以後，新莅何地？尚望示知，以便報書。匆匆草復，諸惟珍重，不盡。

小松九兄　　學愚弟余集頓首

學晚附璧，謙光以後不必，又拜。

〔一九五〕

第四人一紙

[illegible]

手書承惠

佳刻，深感無已

榮行在即，練日何時到東，以後

新蒞何地，尚望示知，以便投書。匆

匆草復，諸惟珍重不具

小松九兄

學愚弟朱□頓首

學晚 附啟

蘭光以後不要五月

張明經芑堂

接讀

手教知欲得拙著金石契想晉齋已有

▲張燕昌致黄易札之一

接讀

手教，知欲得拙著《金石契》，想晉齋已有印本奉寄。但前所刻者僅十之五六，今載板來京，又補雕數十頁，如「建初尺」并「柚堂先生筆談」一則，亦已纂入。再遲十餘日便有印本奉上也。又《石經殘字》弟已付梓人，用棗木摹之，約一月後告成。來書云「金鄉漢人畫壁已物色得之」，未識可拓一二本分惠否？《唐周君墓誌跋》録得奉正。柚堂先生前爲弟道候，餘容續佈，不一。

小松九兄大人　　愚弟張燕昌頓首

濟寧南門内古董店有鄭魯門者，家世工書，魯門亦善漢八分，幸爲弟一訪之。昌又拜。

【二三〇】

第六十一帳

并柚堂先生筆談一則亦已纂入再遲
十餘日便有印本奉
上也又石經殘字弟已付梓人用棗木
摹之約一月後告成
來書云金鄉漢人畫壁已物色得之未識
可搨三本否
惠否唐周君墓志跋錄得奉
正柚堂先生前爲弟道候餘容續佈
不一
愚弟張燕昌頓首
小松九兄大人
濟寧南門内古董店有鄭魯門者家世工書魯門
亦善漢八分幸爲弟一訪之燕昌又拜

陳外翰無軒

◀ 陳焯致黃易札之三

前寄《西清古鑑》於故城，有一詳札。又五月中托翼田寄去一函，不知均入臺照否？弟於廿四日赴監報滿，並辦捐事。初三日已擬返保矣，不料忽患懸癰，卧床至今，大約尚得數日調養，深賴穀堂中翰照拂矣。前承寄東平處寶物，至今未有音，亦甚以爲念，祈九兄查問的確，不致失落爲祝。居停與章運臺會辦截漕於油坊，弟尚未能前往；倘得到彼，亦不遠清光，何快如之。至弟得照後亦不能遽行，大抵在秋冬間定奪。餘穀堂中翰詳之，並囑代筆作此，附候近祉，不宣。

小松九哥　　愚弟期陳焯頓首　十三日

此札庭筠代爲握管，順候九兄近佳，倥偬，不另札。

【一六七】

趣癖卧床至今大為苦隔暫調
養深頗 穀堂中稿只拂矣
前承寄來平安寶物至今未有
音亦甚以為念訝
九兄查問的確不致失落為就 店停
要 弟逕差會稽藏澹花油坊 弟尚未
能前往侍候到彼亦不遠
清光依依如之 至弟 浮無後亦不能還大抵
在秋冬間定奉謁 穀堂中稿詳之并囑
代書作此附候
近祉不宣
王弟姻陳焯 奇
少松九哥

此札庭筠代為摧管順候
九兄近佳侄焯不另札

◀張方理致黃易札之二

廿年摯好，九載同舟，而蹤迹之疏，終歲不獲一面，令人時企停雲。不謂出守荆州，踉蹌就道，不克與

九兄大人握手言别，依戀之私，更難筆罄。從此迢迢數千里，後會難期，益切停雲之望。兼彼處地當險要，工賑同時並舉，庸才慮難勝任，惴惴於心。一切風土人情，亦素爲聞見所不及。竊憶

【三三二】

九兄大人昔年久處漢陽，情形俱在
高明洞鑒中，伏望
指示一切，不致有隕越羞，足感
雅愛矣。肅函志別，恭候
臺安，臨書不勝依依。
愚弟張方理頓首
三十日潘家店行館

孫擴圖致黃易札

客秋承
札見存，旋聞
榮授之喜。僻處荒村，無從修賀，茲復
瑤函遠賁，欣以增歉。惟冀
調陞接近，得以時挹
清芬耳。無軒現在舍間，銀、信兩宗當即交
收。芑堂尚未來，再當面致也。肅此覆候
小松足下　　　　圖再拜

【一二三九】

鮑廷博致黃易札之二

春間接讀
手書，欣悉
九哥先生已拜
簡發河東之命，爲之快慰。嵇懶性成，尚稽裁賀，荷蒙
眷注，再辱
瑶華，益自愧其疎遬也。所需書籍謹附紀綱呈
上，惟《南宋小集》，因年來校刻《叢書》，近復恭刊
《武英殿聚珍版》各種，一時不遑兼及，尚未有以報

命也。小兒去秋本以藏拙不就院試，學使王公誤以引嫌，見許代
爲納粟入監，期望甚深，弟恐朽木糞牆不堪雕飾，懼深負
此知遇耳。屢承
垂詢，實切惶愧。近得楊忠愍公在獄中爲應養虛先生所書巨
册，歷經名賢題識，希世之寶，頗自珍襲，此則亟欲爲
知己告耳。承惠洋畫，得未曾有，欣謝之懷，匪言可喻，巨册之寄，
引領望之。萼岩、長青二君每見必動問
起居，至去歲寄畫及書，曾未談及，晤時當亟詢之。

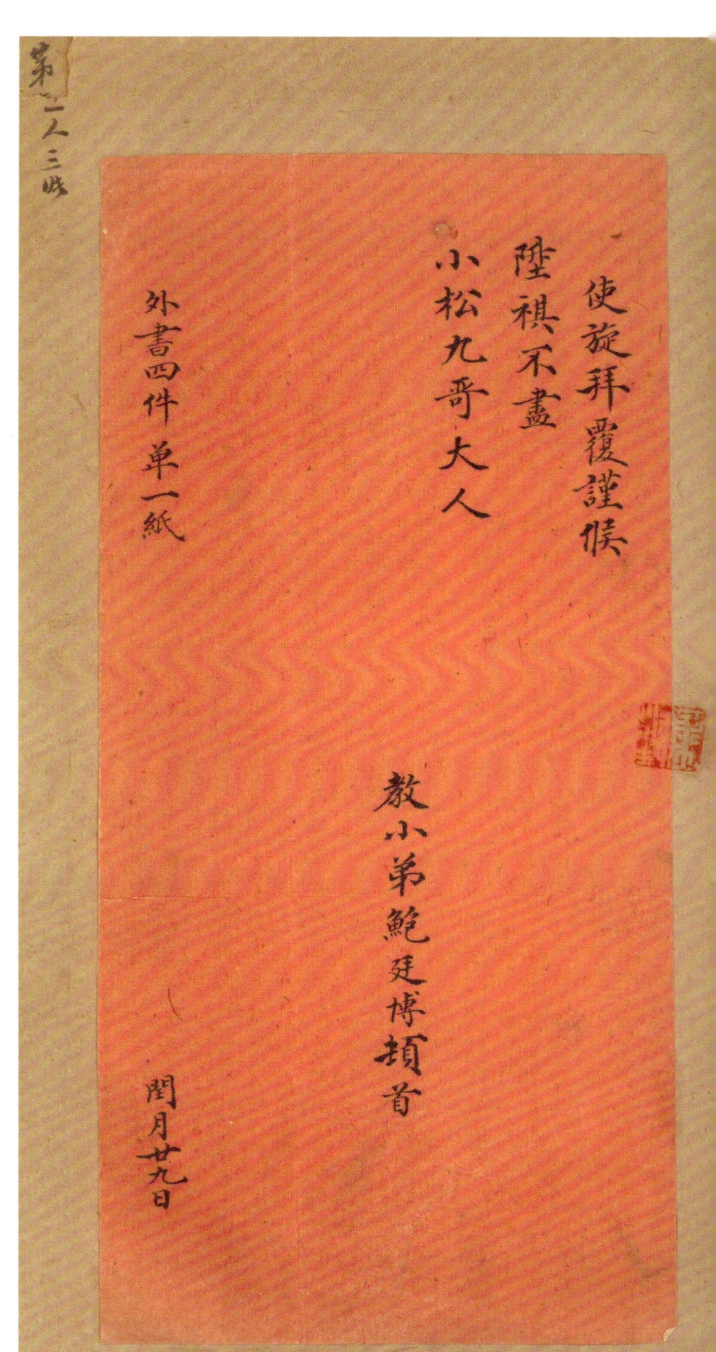

使旋拜覆，謹候
陛祺，不盡。
小松九哥大人
教小弟鮑廷博頓首
外書四件，单一紙。
閏月廿九日

寄上

《叢書》三集三部（第四集現已刊竣，俟印成附便續寄。）

重刊《聚珍版書》第一單三部（此書共計三十九種，約有十四函，現在刊竣者已得二十四種，俟刷印進呈後即當續寄。）

《鑾書》四本（此係少宰王惺園先生委刻者，共有十種，尚未刊竣。）

《汪水雲集》一部（舊刻。）

《林和靖集》二部（新購版。）

以上俱舍下藏版，切勿寄價外我也。

《十六國春秋》一部（價壹兩六錢。）

《隸釋》一部（價叁兩二錢。《隸續》尚未刻竣，在冬間寄上。）

【二二六】

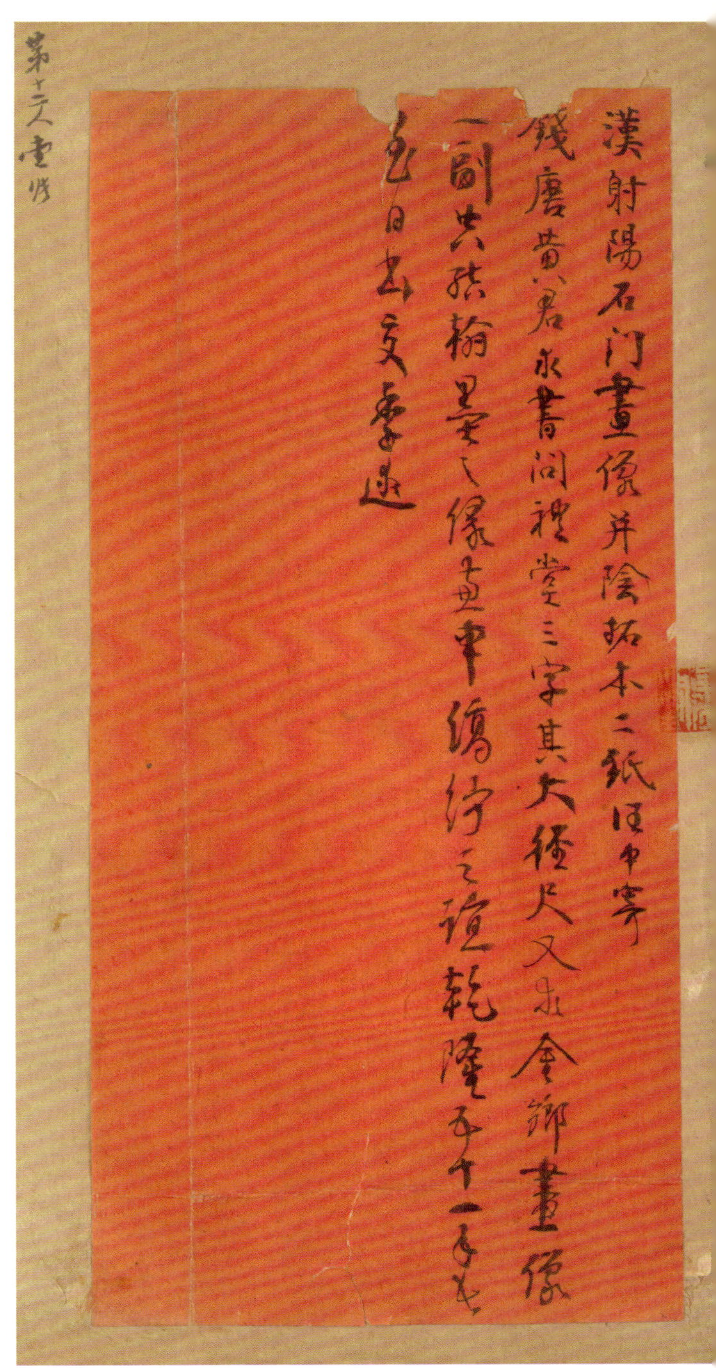

▶「乾隆五十一年」札

《漢射陽石門畫像並陰》拓本二紙，汪中寄。錢唐黄君求書「問禮堂」三字，其大徑尺。又求《金鄉畫像》一副，共結翰墨之緣，兼申縞紵之誼。乾隆五十一年長至日，書交季逑。

〖五九一〗

第十三人一函

太史家藏便面寄來可勝悶悶雖工作

書另取不無畧遲

清賞耳　弟續搨朱氏畫像寄到已將

兩月因忙甚未暇展觀近日暑滋無事

遂幅細審其東向後壁九人一幅上旁亦

有朱長舒長舒等字此外別幅有朱

▶「太史家藏」殘札

……太史家藏便面寄來，可勝悶悶，雖已作書另取，不無略遲清賞耳。弟續拓朱氏畫像寄到已將兩月，因忙甚未暇展觀。近日暑窗無事，逐幅細審，其東向後壁九人一幅，上首亦有「朱長舒」「長舒」等字，此外別幅有「朱……

〖五七九〗

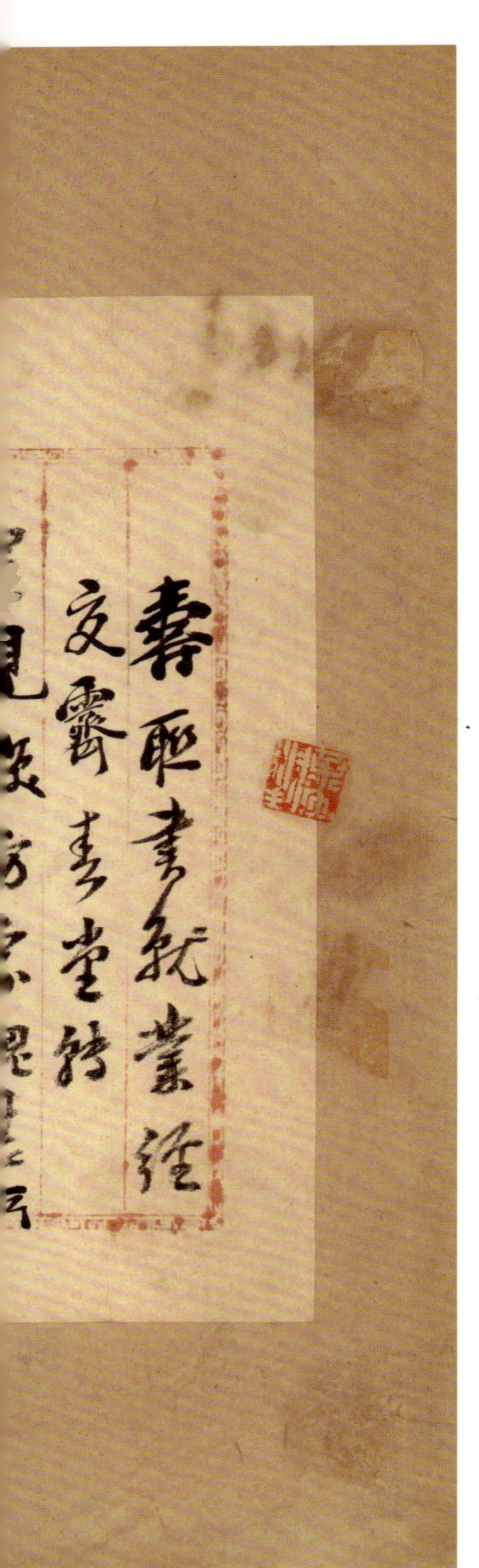

◀ 張兑和致異老賢甥札

壽聯書就，業徑
交霽春堂轉
呈，見笑方家，愧甚。所
稱「小松先生」是否即
係精通隸書、前寄
印章與小兒者？望
示知。聞
老賢甥有武林之行，幾
時歸來，定當趨
候。令兄賜顧，有失
迎迓，致意，乞
原恕。此佈
異老賢甥先生
兑和頓首

〖五八九〗

第奇人一紙

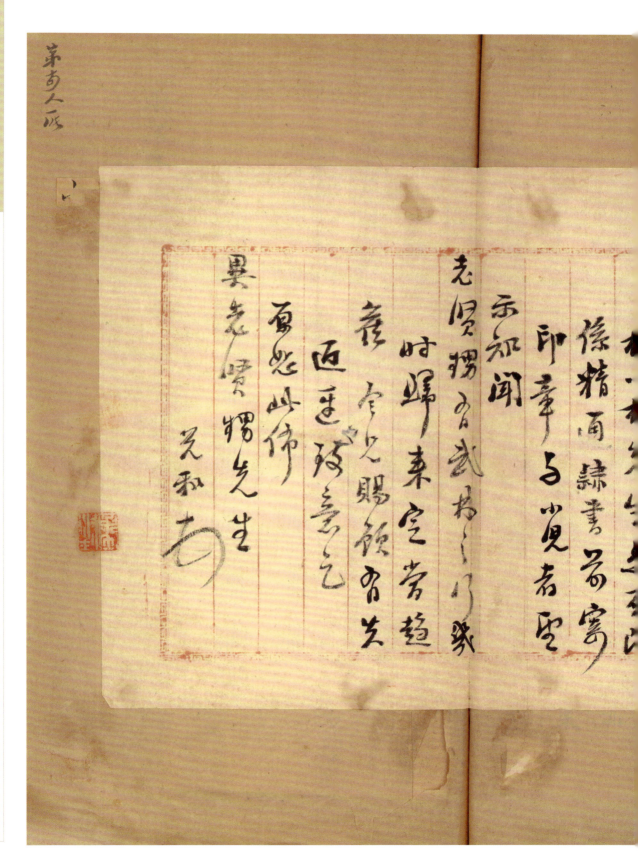

係精而隸書篆寫
印章与覽者罕
示知聞
老賢甥日前武林以行裝
時歸來定當趋
謁今之賜領肖先
道達致意乞
原恕此佈
晏老賢甥先生
兄稚 押

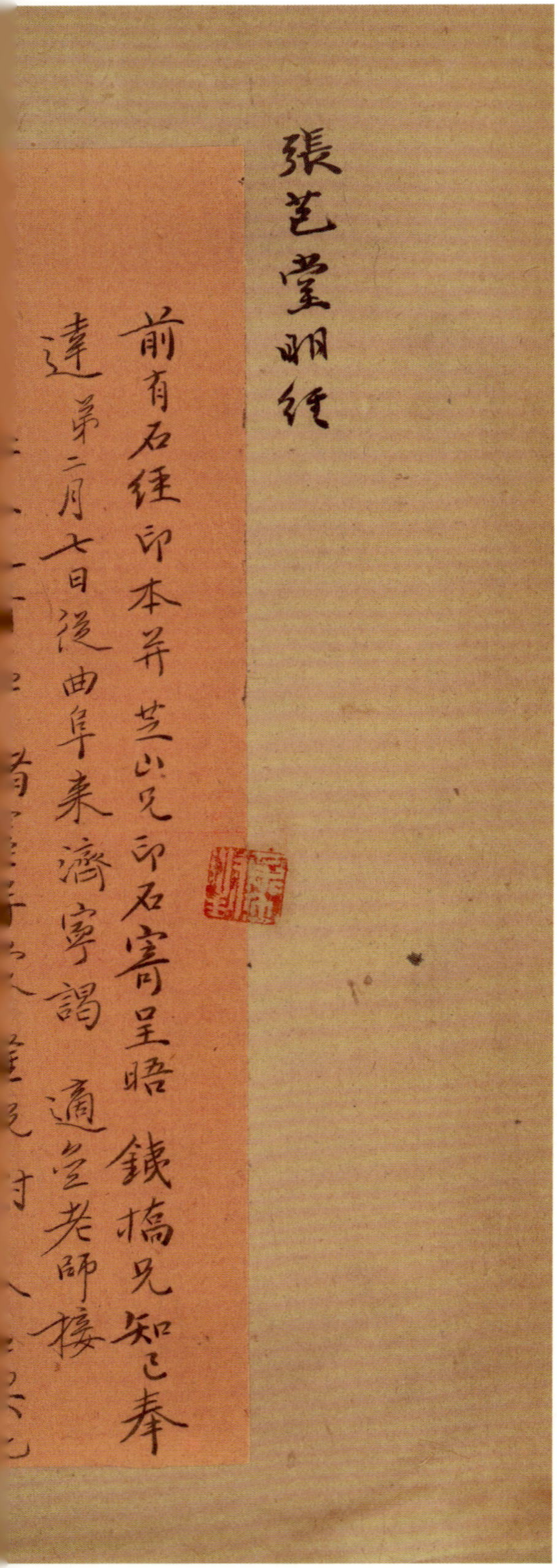

張燕昌致黄易札之二

前有《石經》印本並芝山兄印石寄呈，晤鐵橋兄，知已奉達。弟二月七日從曲阜來濟寧，謁適齋老師，接手書，垂注之情溢於楮墨，並蒙隆貺，謝謝！《金石契》托敎堂舍人轉達，未識檢收否？頃自來東，登泰山，謁孔林，瞻仰廟貌，摩挲古刻，爲平生快事。於濟寧與諸名流盤桓，亦頗興會。惟鄭魯門兄貧病不能晤，而行囊羞澀，不能厚贈，爲歉仄耳。此公有品，知交中須廣爲設法，毋使爲境累。蘆汀先生贈弟古戈一枚，上有篆文「〇公戈」三言，的是三代物。史虹亭先生贈弟鐵隱几，製作絶佳。但日受好友所賜，不能報效，奈何。花朝前三夕泊舟太白酒樓下，水光月色，雙白印心。

小松九兄大人侍史

門弟張燕昌頓首

【二三二】

第十五人一纸

孔林瞻仰廟貌摩挲古刻為平生快事於濟寧与
諸名流盤桓亦頗興會惟　鄭魯門兄貧病不能晤
而行囊羞澁不能厚贈為歎仄耳此公有品知交中須廣
為設法毋使為境累　蘆汀先生贈弟古戈一枚上
有篆文〇公戈三言的是三代物　史虹亭先生贈弟
錢隱几制作绝佳但日受　好友所賜不能報効柰何
花朝前三夕泊舟太白酒樓下水光月色逡白印心

小松九兄大人侍史

小門弟張燕昌頓首

潘
輸
中
毅堂

前月廿六日得接
來翰敬悉一切承寄到武榮碑上月即具札奉
謝兼致南漢鐵塔銘全副計大小廿五張未審
曾邀
青盼否昨承寄蘭亭一紙亦精美可愛惜搨
手不工不得其神氣也所寄
覃谿師太白酒樓記甚佳未知能分
惠一二否渴念〻

◀ 潘有爲致黄易札之四

前月廿六日得接
來翰，敬悉一切。承寄到《武榮碑》，上月即具札奉
謝，兼致《南漢鐵塔銘》全副，計大小廿五張，未審
曾邀
青盼否？昨承寄《蘭亭》一紙，亦精美可愛，惜拓
手不工，不得其神氣也。所寄
覃谿師《太白酒樓記》甚佳，未知能分
惠一二否？渴念，渴念。

札示新得種種金石，如同夢寐，頗惓懷不置，且妒且喜，或者
君之餘即爲我之有也，如何，如何？
無軒先生前月盡由保定來京報滿，適患癰，卧病敝廬，現幸十愈八九，將來廿外可望回署也。渠捐項業行湊足，秋冬間作歸計，準備春盤苜蓿，供一飽耳。承
示急須洋刀，發篋得兩持，皆非市中物，宜珍視之。

【一〇五】

恐續寄不能得其佳者，幸勿被人奪去也。爲新得
青田石數枚，其質頗文，屢思倩人捉刀，自晤
足下而觀海者難爲水矣，百忙中又增此不情之請，真
不自安，弟迫於中，不能自禁，幸
恕一切，惶汗，惶汗。爲新得漢銅印六百餘顆，暇當全
印以報
君惠耳。順候佳安，不備。弟有爲頓首
秋莽九兄先生文侍　　六月十三日

潘有爲致黄易札之五

午後接讀

手書，百忙中抽暇作此長札。千里故人，晤對如初，看篆樓中不曾寂寞也。無軒經於前月盡回保定去，昨得渠札具道無恙。述堂已决計南歸矣。爲羈居燕邸，鄉思奈何。

付來各札經轉致訖。芑堂有回札，内緘或即《石經》暨《金石契》，未可知也。覃溪師前有一札，申刻又付一札來，併檢交，望察收，爲囑。爲處所藏漢印，緣印譜之名未定，印格未經付梓，而用印復不得人以代，以此少稽。且爲終日鹿鹿，爲它人作嫁衣，校對甚忙，不得休息，入秋後或冀精神稍定耳。轉憶去年聚首，時乎不再，賴此片札以通契闊，棖觸何如！造次，尚祈

節重。匆匆，燈下草此問

安，瞻戀無已。弟爲頓首

秋莽先生文侍　　閏六月十七夜

芑堂先生作

二齋觀。

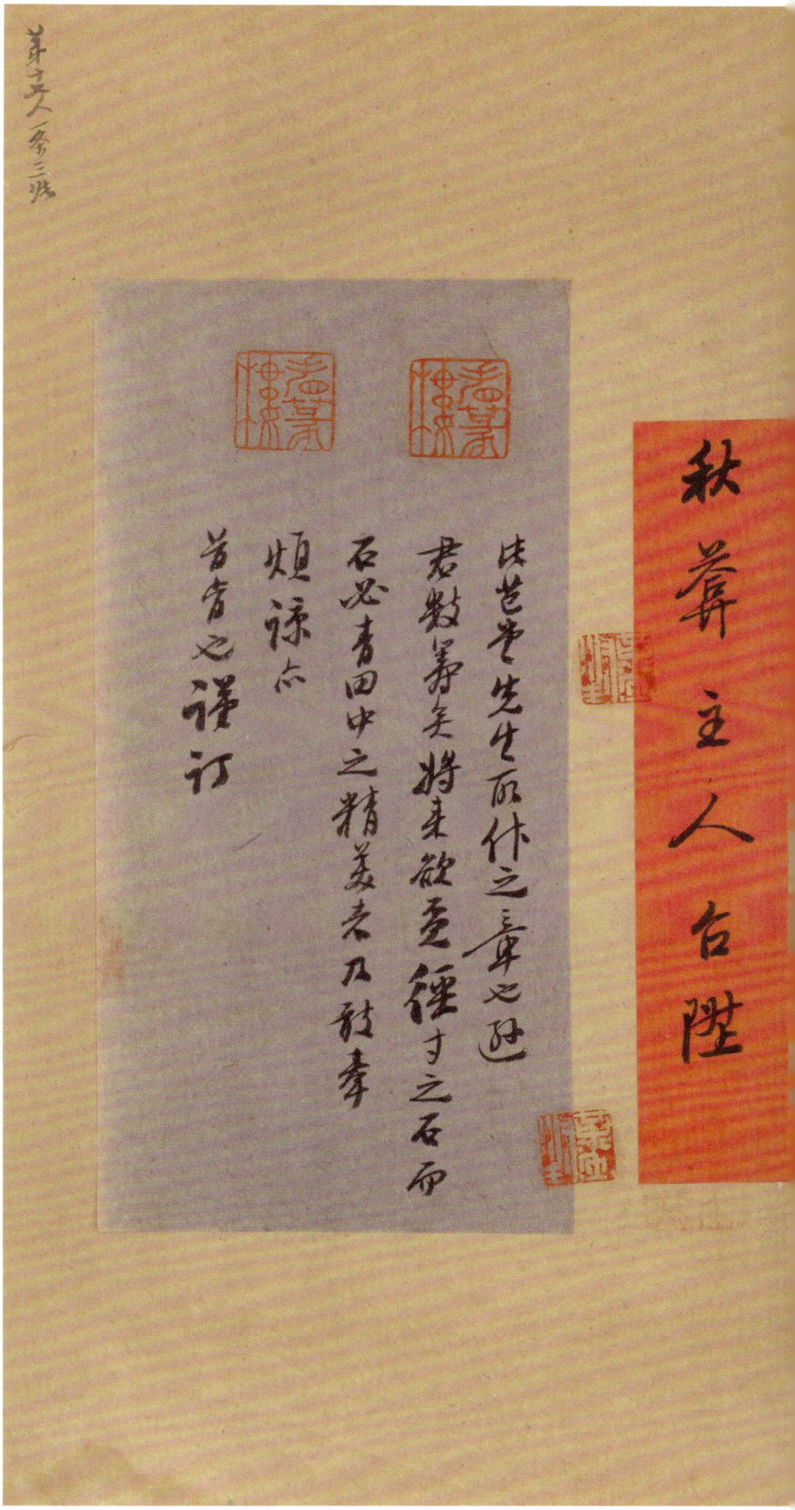

秋莽主人台陛

此芑堂先生所作之章也，逕

君數籌矣。將來欲覓徑寸之石，而

石必青田中之精美者，乃敢奉

煩，諒亦

首肯也。謹訂。

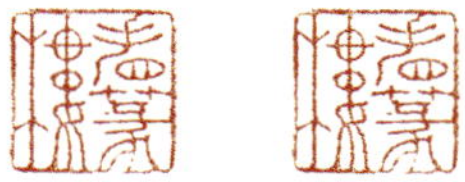

【一〇七】

潘有爲致黃易札之六

爲月餘愁緒萬端，筆墨一味偷懶。前敝本
家於十三日回任城，札成，遣小力追至彰義門
外，竟不及赴，乃托
貴居停之東床轉寄，未審曾接到否？昨燈
下重得
手書，似《西清古鑑》尚未收到者，悵念，悵念。承
惠濟寧六碑及新得二磚拓，精美已極，爲
於金石一道夢寐與俱，得淡拓，其寶貴可知
也，謹謝，謹謝！九頓，九頓！聞
足下赴洛，洛爲金石之藪，百忙中亦不宜錯過，
慧心人當許斯言也。倘能沾丐
餘波，日夜延佇。
札示欲得《快雪堂帖》補
清秘閣所藏，續得佳本，即當速寄。無軒先
生卧病敝齋，今已十愈八九，昨捐項已完，慰甚。渠

宜濟寧六碑及新得二磚搨精美已極為
千金石一道夢寐与俱得滇拓甚寶貴可知
也謹謝〻〻九頓〻〻問
足下赴汴〻為金石之藪百忙中亦不宜錯過
慧心人當許斯言也仿鈍治安
餘波日夜延佇
札示欲得快雪堂帖補
清秘閣所藏續得佳本即當速寄乞軒先
生以病教齋〻已十年八九日搨頃已完壁甚樂

【一〇六】

有札付寄。另芝山一札留無軒處已久，玆與芑堂
札並緘封。曹皇后玉印拓本，芑堂所贈也。爲
新得泉範一紙，另銅鏡銘、古鼎篆、古錢共五
紙並
上，不足一哂也。爲所藏秦漢銅印，前後共得八
百餘顆，其氣味稍涉唐宋以後者即不入選，以
此尚存七百廿餘顆。
足下僅以三百顆羨余，或亦輕量天下士耶？刻
下甚忙，稍暇即當印寄。敝齋中一長物，頗不敢
輕賤也。吾
兄能抽暇爲我多作數印，則以此報之矣。惡賴，惡賴！
罪過，罪過！許久不晤
足下，不覺茅塞。有爲頓首
秋莽先生文侍。匆匆走筆，不備。
芑堂新贈芝山明人尺牘一百餘幅，健羡，健羡。又贈我漢
銅印兩三枚，皆可寶也。便此奉聞，又及。
丁丑長夏二齋觀。

第十八人二張

百餘題其氣味稍遜唐宋以後者即不入選以
此書存七百餘題
足下僅以三百題羨余或亦能量天下士耶則
下甚忙稍暇即書印奉教齋中一長物頗不敢
輕賤也吾
兄能抽暇為我多作數印則以此報之矣惡粗惡粗
冤過冤過許久不晤
足下不覺茅塞有為頓首
秋蓀先生文侍無走筆不備
並索新跋藍山明人尺牘一百餘幅健羨健羨又煩我弟
銅印兩三枚此可寶也便此奉 閣又及

丁丑長夏二齋觀

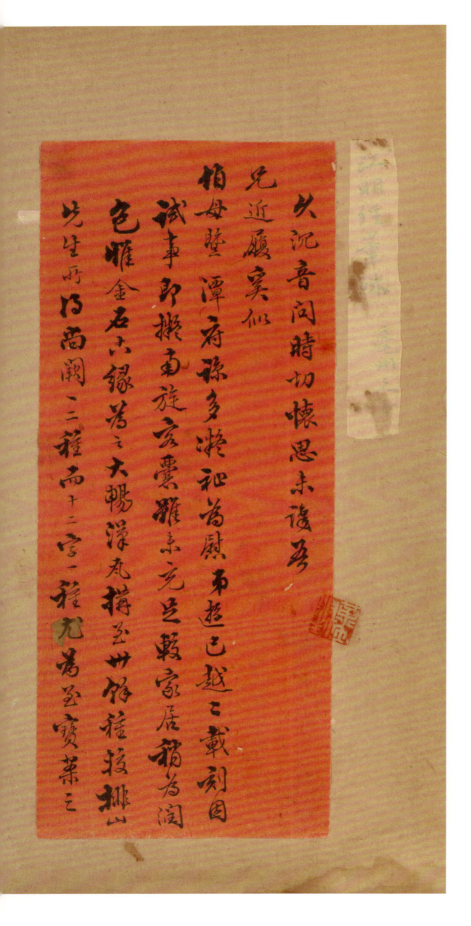

◀趙魏致黄易札之七

久沉音問，時切懷思，未識吾

兄近履奚似，

伯母暨潭府諒多凝祉爲慰。弟遊已越二載，刻因

試事即擬南旋，客囊雖未充足，較家居稍爲潤

色，惟金石古緣爲之大暢。漢瓦搆至卅餘種，較排山

先生所得尚闕一二種，而「十二字」一種尤爲至寶，案之

知爲延元、延年二殿物。近又見「高安萬世」瓦二，其全
者爲獻之搆去，弟得其半，是董賢賜弟瓦，亦一奇也。
專具拓寄，祈吾
兄品題致我也。又得天和造像石坐一、開元尉行忠妻造
像銅殘坐一，今削爲碑，幾與
尊藏天寶造象埒，而工緻不及耳。唐以前新搜獲

者約得五六十種，殘幢居其大半，造像居其半，豐碑絶少，惟耀州令狐父子二碑，今往拓，尚未至。時所傳《天井題名十二行》，詢之，碑工實在《西狹頌》後，頌上有「惠安西表」四篆字，五瑞圖下有「下禄上辨」題名三行，深潭峭壁，拓者絶少。聞沔縣李公名衍孫者，與吾兄善，作札索之，且聞又在搜天井摩崖時也。奉到碑

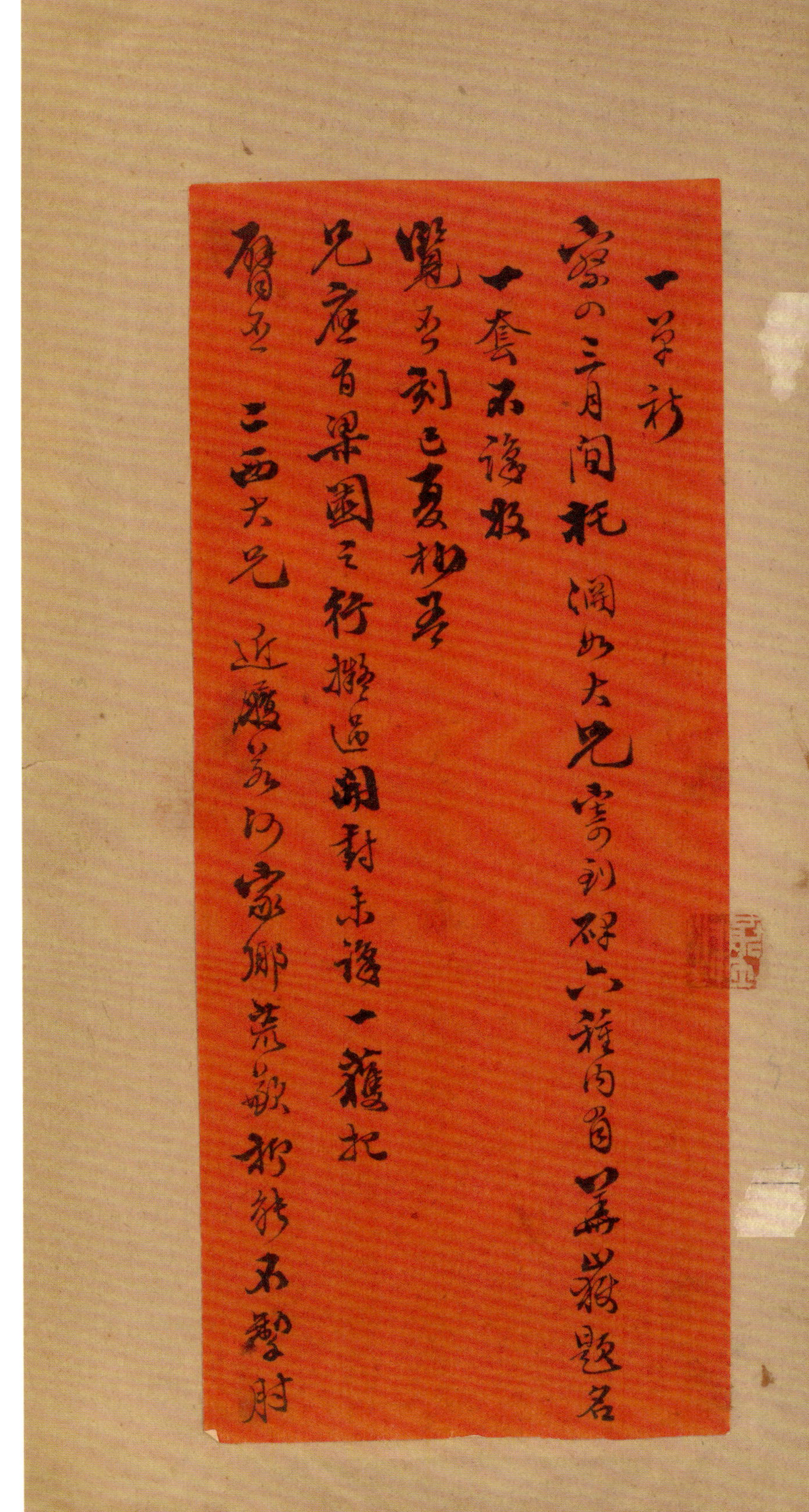

一單，祈
察入。三月間托淵如大兄寄到碑六種，内有《華嶽題名》
一套，不識收
覽否？刻已夏杪，吾
兄應有梁園之行，擬過開封，未識一獲把
臂否？二西大兄近履若何？家鄉荒歉，抑能不掣肘耶？候候。《王君斷碑》、《鄭季宣》、《鄭固》全拓、《金鄉畫像》俱望爲弟精拓一本，常拓數本；諸城《延光刻》拓數本，以應友人之索，年終寄交家下爲禱。此時河間中丞在豫搜碑，吾兄所得諒不少，祈留意與弟。再，弟在華嶽廟石人身上搜得漢篆「西嶽神道闕」五大字，浼淵如寄來，未識

【九三】

到否？如無，可向孫公索之，蓋拓正難也。特此敬候
文安，餘容再述，不既。
小松九兄大人如手　　　愚弟趙魏頓首
　　　　　　　　　　　六月廿八日冲

◀ 趙魏致黃易札之八

前月奉讀
手書並諸拓本，得悉
春祺，備銘
雅誼。内有述庵先生所要者已致到，
囑謝。月初有友人抵豫，有信一函、碑
十種，附交秋塍兄轉致，此時諒達
記室。中有要言，祈即
示下。弟入關二載，雖較株守爲有餘，

雅誼內有述庵先生所要者已致至
囑謝月初有友人抵豫有信一函附
十種附交秋滕乞轉致此時孫達
記室中有要言祈即
示下弟入關之時雖援株守舊有餘

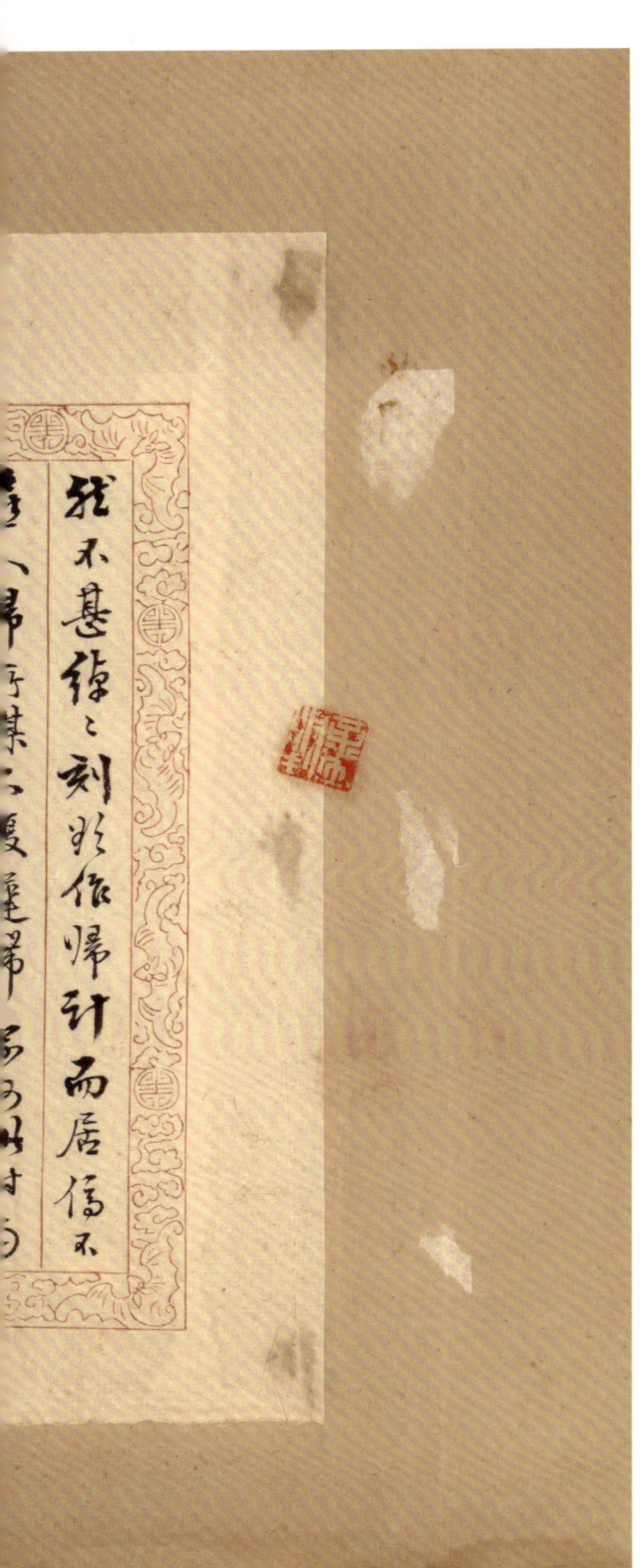

然不甚綽綽。刻欲作歸計而居停不喜人歸，所謀亦復遲滯，奈何。此時南旋，一路甚難行走，濟寧之遊大抵來年暢叙。家鄉荒旱終年，近復有審辦大案，米珠薪桂之時，而我輩以翰墨爲緣，剜苔剔蘚，日有所得，談空設有，不值外人一笑，惟素心人爲千里首肯耳，呵呵。《朱龜》等碑

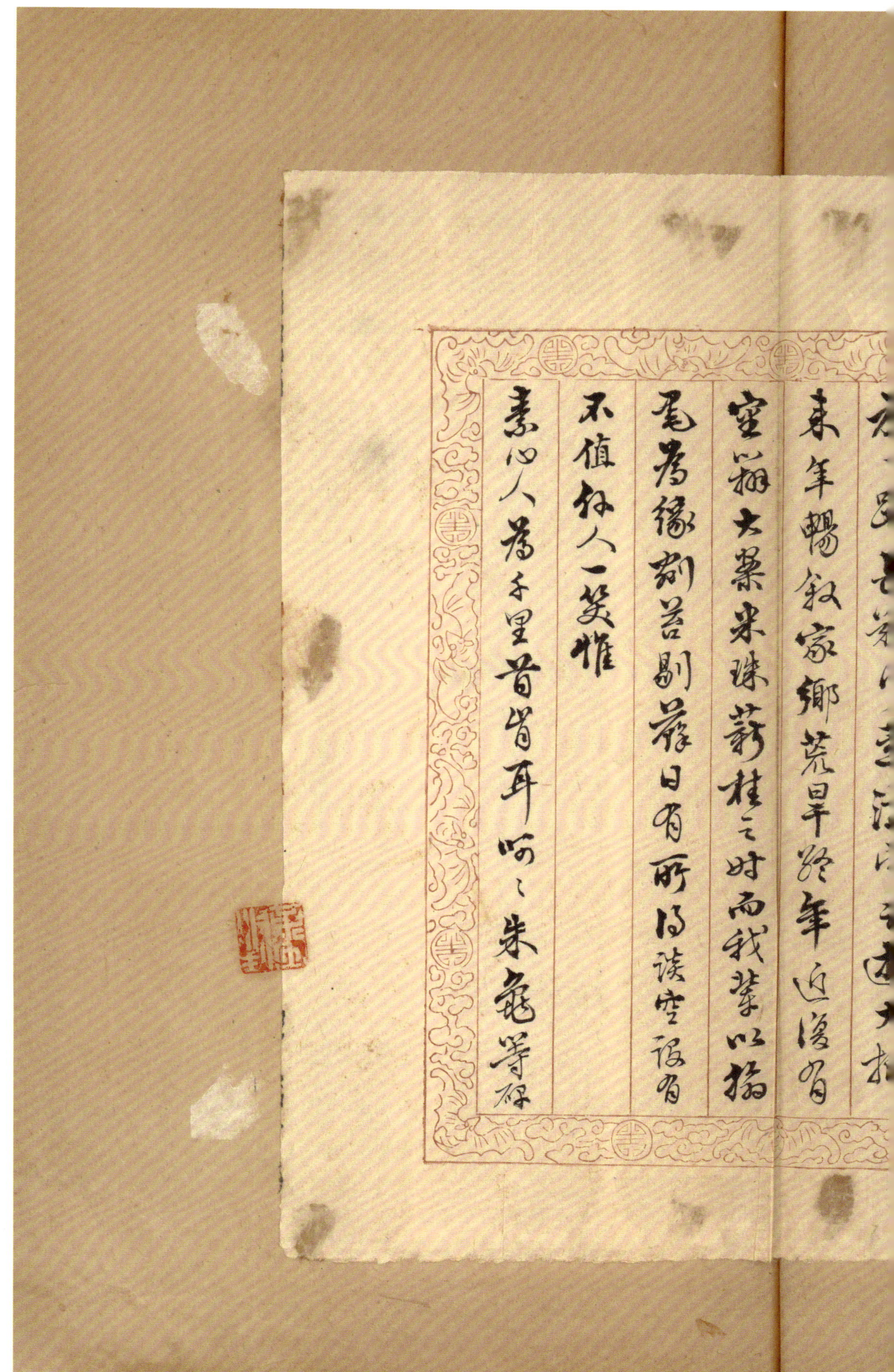

來年暢敘家鄉荒旱終年近復有
室窮大業米珠薪桂之時而我輩以搦
毫為緣刻苦剔蘚日有所得談空設有
不值行人一笑惟
素心人為千里晉省耳呵呵朱龜等拜

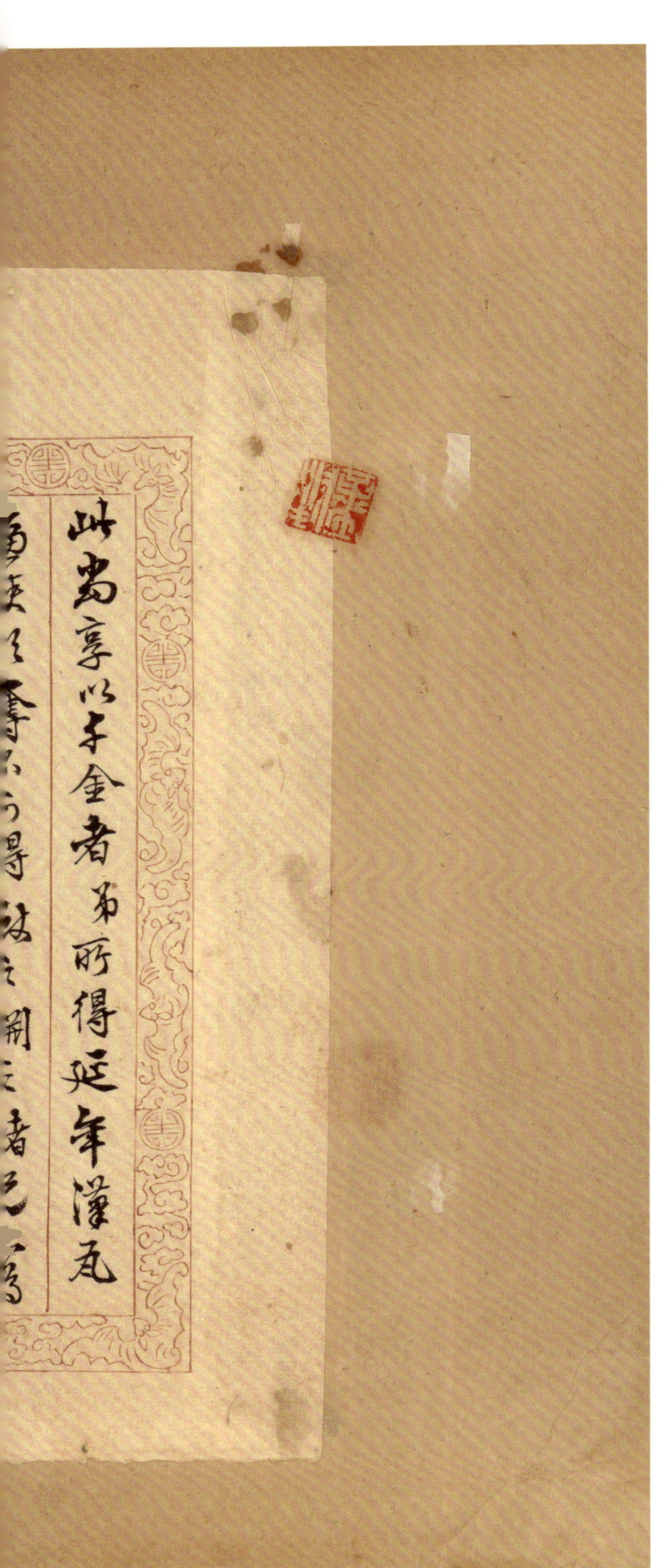

此當享以千金者。弟所得「延年」漢瓦，廉使欲奪不可得，獻之、淵之諸兄亦爲之驚絶。又於西嶽廟中搜得篆書五字，皆前所未見，此春來快事，吾兄聞之亦當大叫也。《天井題名》已托南鄭李公拓致。《唐君房碑》亦李公所惠，拓手極惡，李公當有佳拓本，吾兄作札往索之，並須留一佳本與弟也。

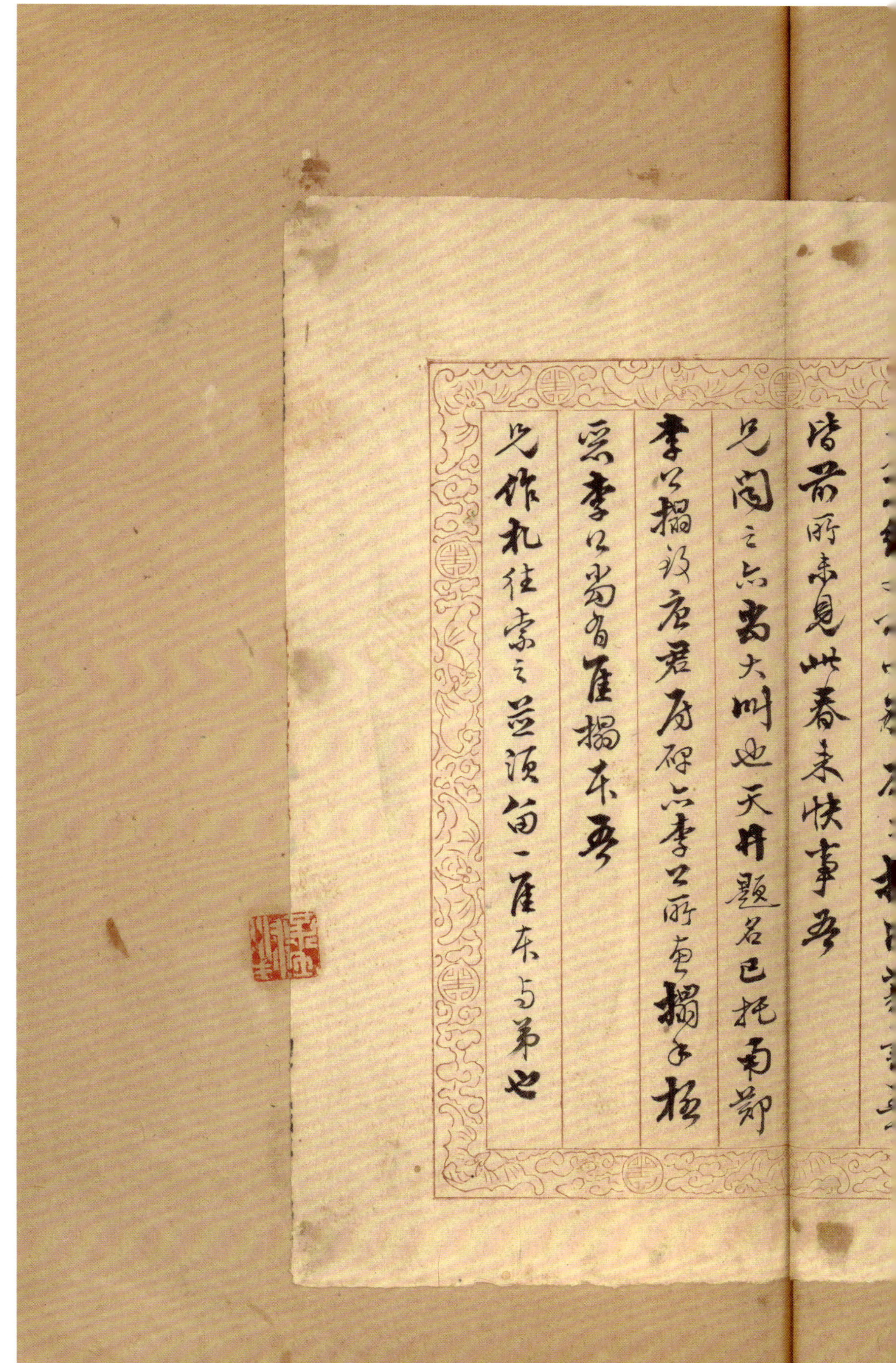

諸前所未見此春來快事吾

兄閲之亦當大叫也天井題名已托南鄭

李公搨致唐君房碑亦李公所惠搨本極

要李公當留佳搨本吾

兄作札往索之並須留一佳本與弟也

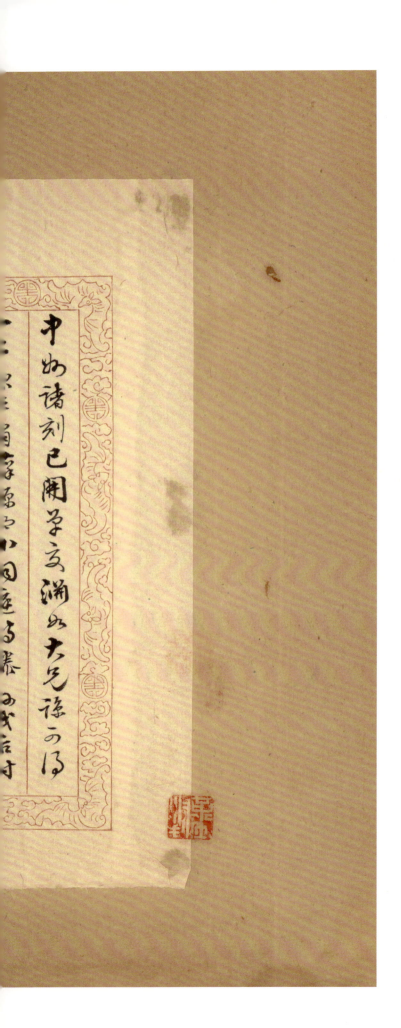

中州諸刻已開單交淵如大兄，諒可得一二。東平有蘇源明《小洞庭詩》、滕縣武后時造橋碑、《金鄉畫像》，諸祈留意。西嶽漢篆已先交淵如兄處矣。孫、洪二兄渴欲晤兄，如進謁中丞時當面告中丞，庶不爲人所止也。二西大兄近來起居若何？乞爲致候。兹乘淵如兄返

意西薇漢篆已先交淵如兄處矣
縣浣二兄渴非晤
兄如進謁中丞時爲面告中丞應不爲人所
止也　二西大兄近來
起居若何乞爲致候芸臺淵如兄近

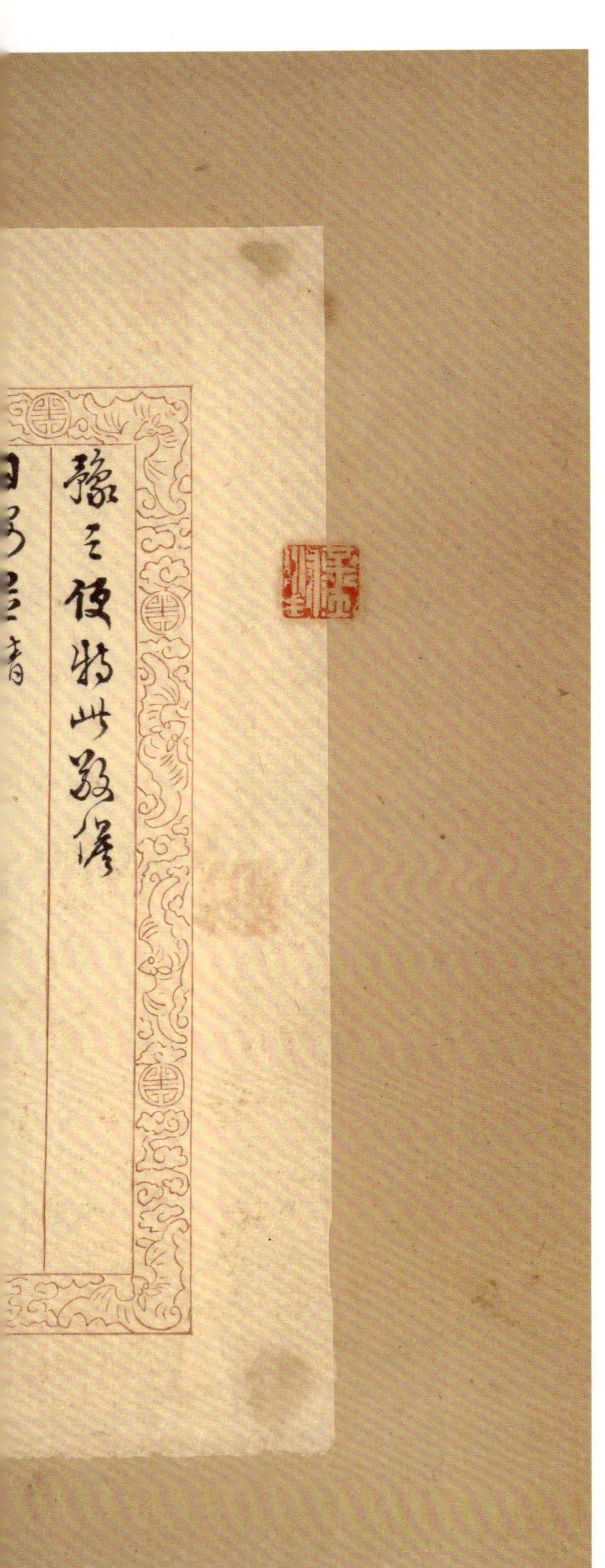

豫之便，特此敬候
日安，並請
老伯母大人暨潭府福祉，餘不一。
小松九兄大人契好　愚弟趙魏頓首
三月十七日冲

【九二】

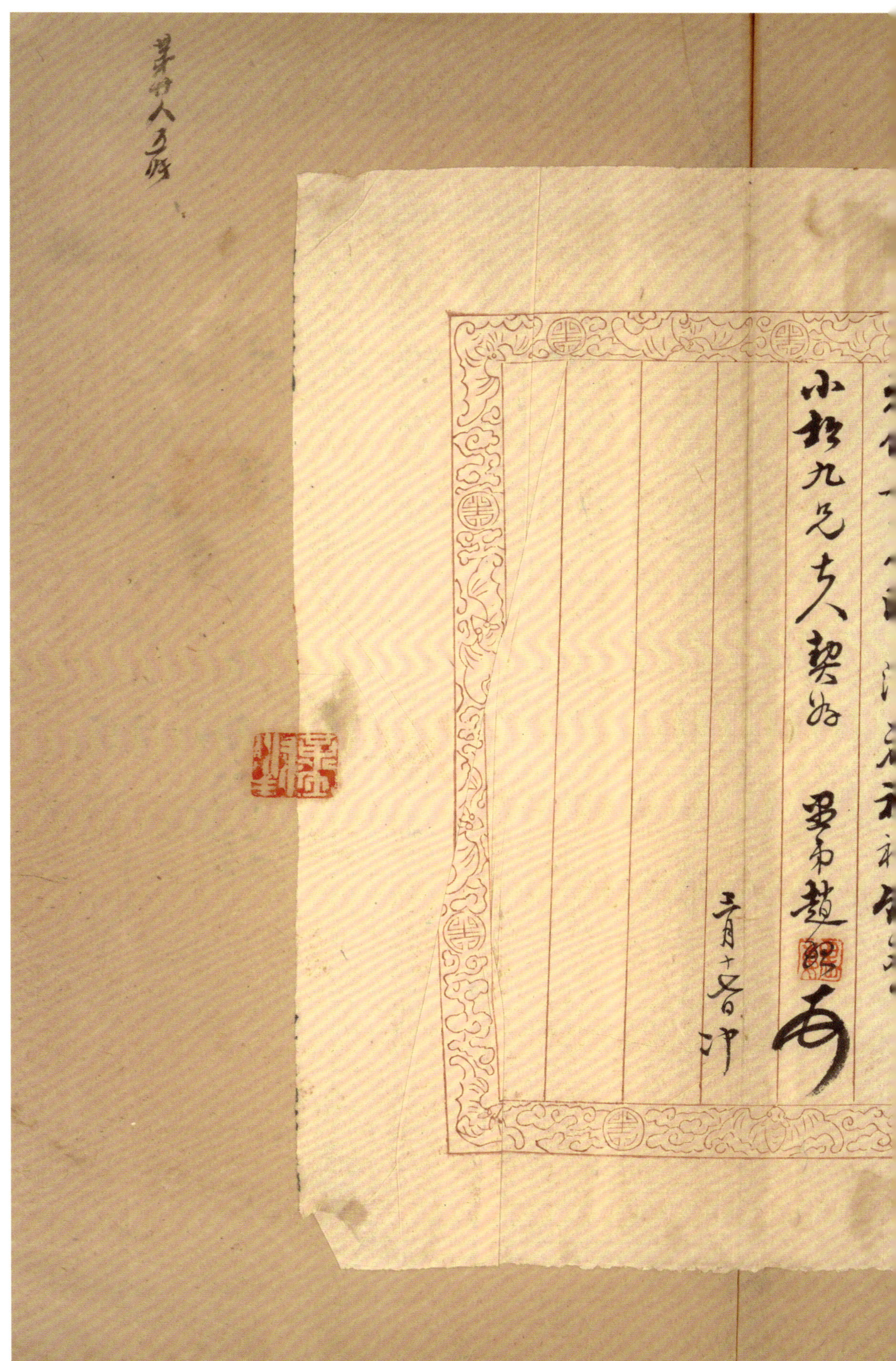
某升人之府
小松九兄大人契好
愚弟趙
青十吾冲

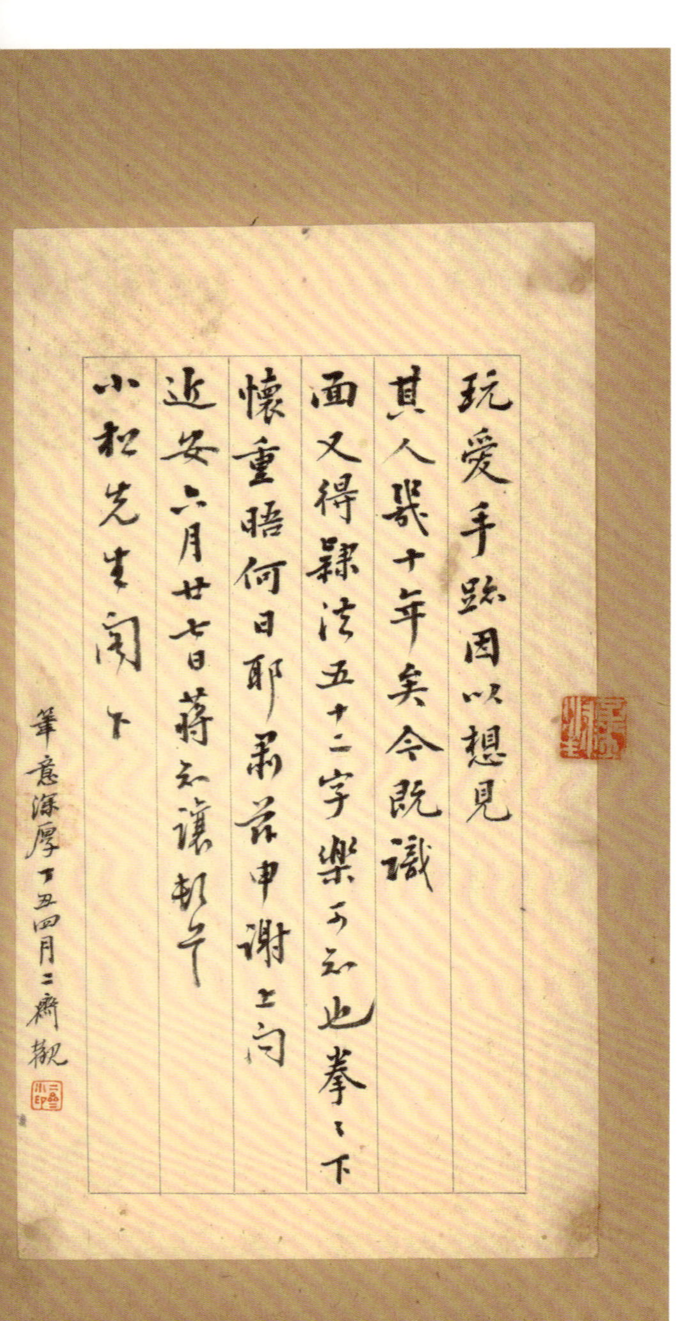

◀蔣知讓致黃易札

玩愛手迹，因以想見
其人幾十年矣。今既識
面，又得隸法五十二字，樂可知也！拳拳下
懷，重晤何日耶？肅兹申謝，上問
近安。六月廿七日蔣知讓頓首
小松先生閣下

筆意深厚。丁丑四月二齋觀。

【二九九】

▶「客秋握手」殘札

客秋握手濟瀨，備聆
譚屑。別後已來頓覺鄙吝復生，始恨相見之晚而
後會又未卜何日矣。比想
賢勞公務，又值鉅工未蕆，然以
九哥老先生之才識，吏治經術必能兼而行之，自可
出人頭地，曷勝跂頌。履歸里年餘，卜地未就，今又
涉冬，尚須繭足從事，不知開春克舉窀夕否？
心中用切耿耿爾。

……

【三五一】

缺

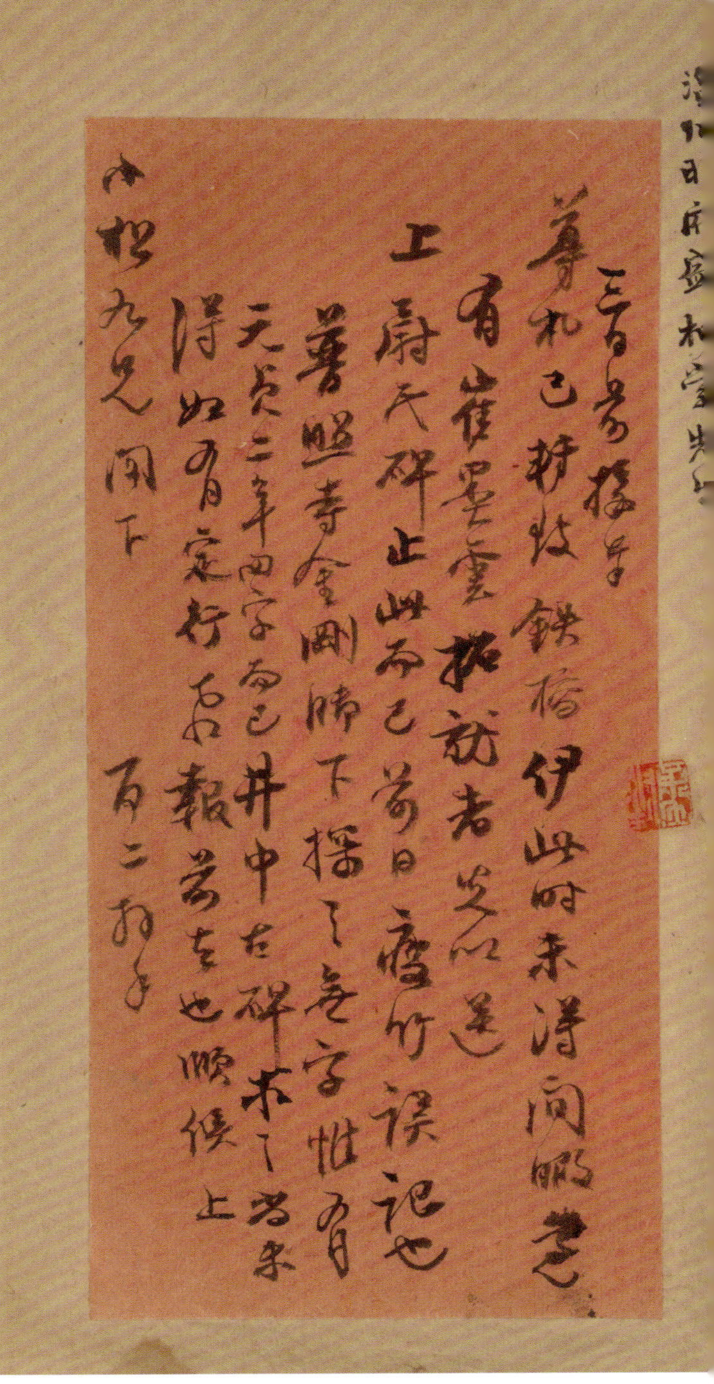

▶盛百二致黃易札之二

三日前接奉

尊札，已轉致鐵橋。伊此時未得閒暇，適

有崔墨雲拓就者，先以送

上。《尉氏碑》止此而已，前日瘦竹誤記也。

普照寺金剛脚下探之無字，惟有

「元貞二年」四字而已。井中古碑求之尚未

得，如有，定行飛報前去也。順候上

小松九兄閣下　　　　百二拜手

〖二二四〗

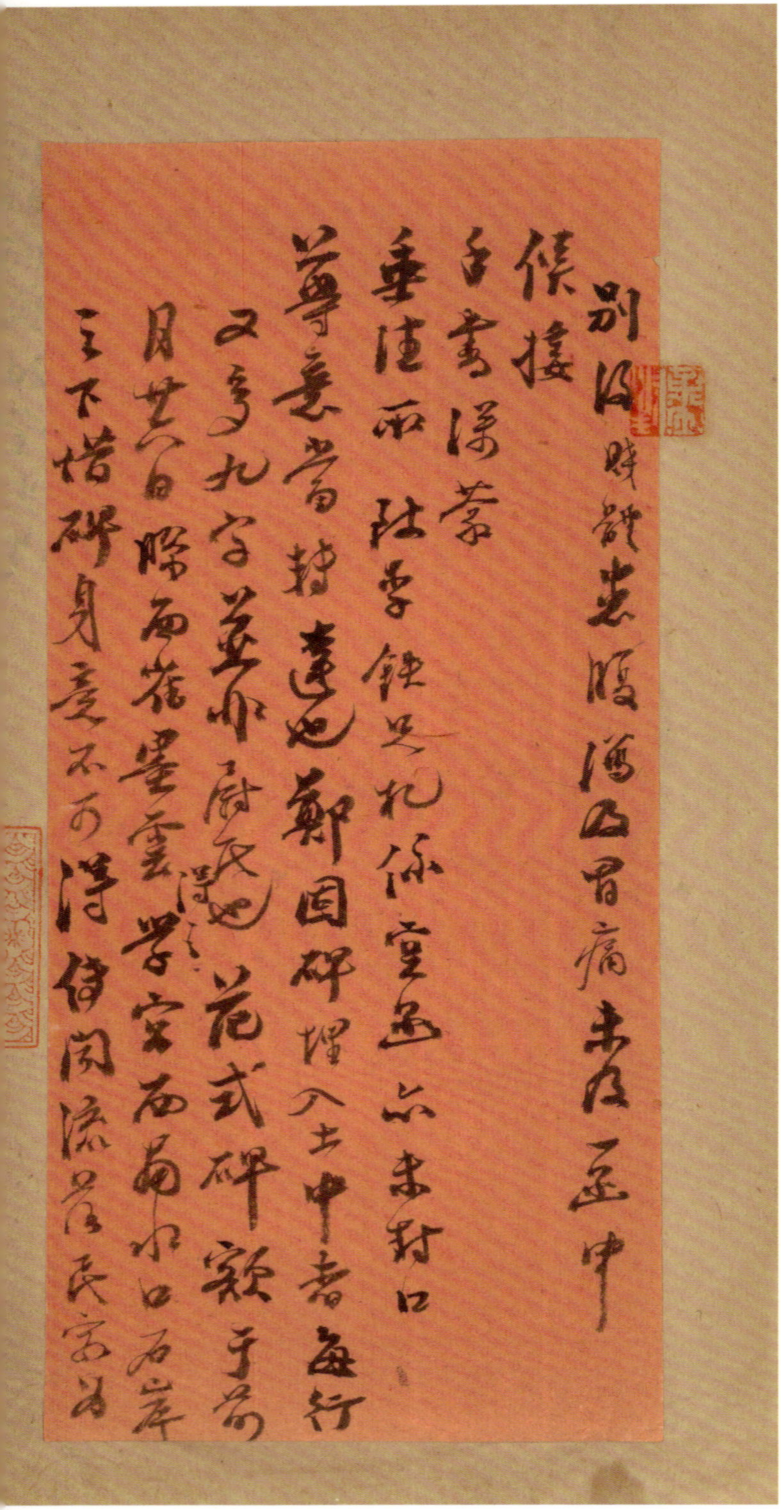

盛百二致黃易札之三

別後賤體患腹瀉及胃痛，未及一函申
候，接
手書，深蒙
垂注。所致李鐵兄札係空函，亦未封口，
尊意當轉達也。《鄭固碑》埋入土中者，每行
又多九字，並非《尉氏》也。《范式碑》額於前
月廿六日膠西，崔墨雲得之學宫西面水口石岸
之下，惜碑身竟不可得，傳聞流落民家爲

搗衣用，正在懸賞以購，恐難必也，想
老哥聞此當喜而不寐矣。順候
陞祺，不盡馳溯。
小松九哥先生　同學弟百二拜
　　　　　　　　閏月吉日
晚
尊謹敬璧

【二二三】

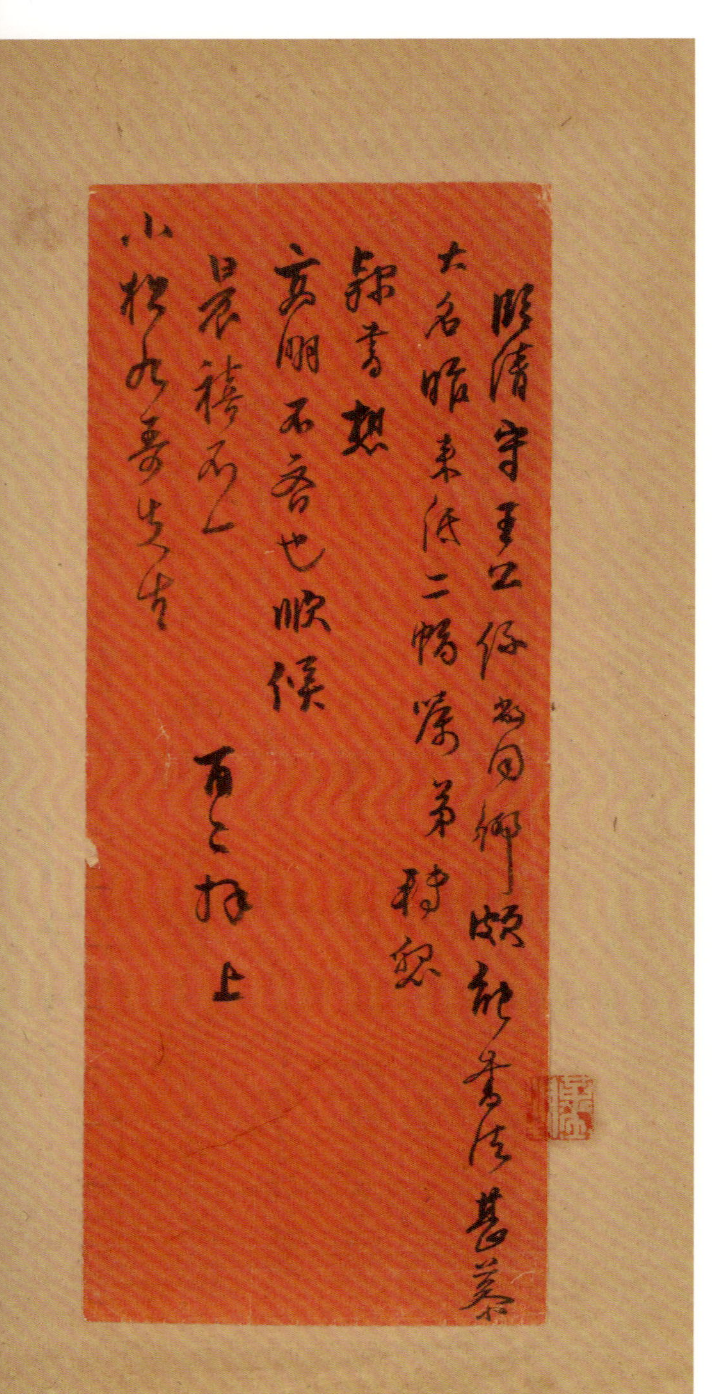

◀盛百二致黃易札之四

臨清守王公係敝同鄉，頗能書法，甚慕
大名，昨來紙二幅，囑弟轉懇
隸書，想
高朋不吝也。順候
晨禧，不一。　　百二拜上
小松九哥先生

【二二五】

▶盛百二致黄易札之五

秋來苦雨，自來所無。聞工上之信，甚爲
掛念。及得
手書，始爲釋然，但
賢勞在此不免耳。喬公札當日即送
去，外菦谷先生一札今日寄來，奉
上，並候
近祺，不一。尊謙附璧。
小松九兄先生　　弟百二拜手
七月廿一日

〖一二四〗

◀ 李翰宜、李恩宜致黄易札

曩在鉅鹿，
小松先生之聲稱轟耳，而
景星未睹，菀結於懷者十年。是知
韓荆州人争識之之難也，攀阮附稽，不遂其
願，猶後耳。然自舍弟北岩得
法書一幅，秦漢遺風宛矣在目，間嘗覿撫，
以爲《嶧山》復出，《娑羅樹碑》未足指數。每

恨學古無獲，既未親承
口授，忽蒙
翰簡，溢譽實多，使效嚬唐宋者抱愧無似
耳。奉到
惠聯，已懸座右，較之「十三字」同足珍寶。
先生雅好碑版，篋中當已充盈，鑒定自皆真
本，覽之則爲大幸矣，敢謬附參稽？《定

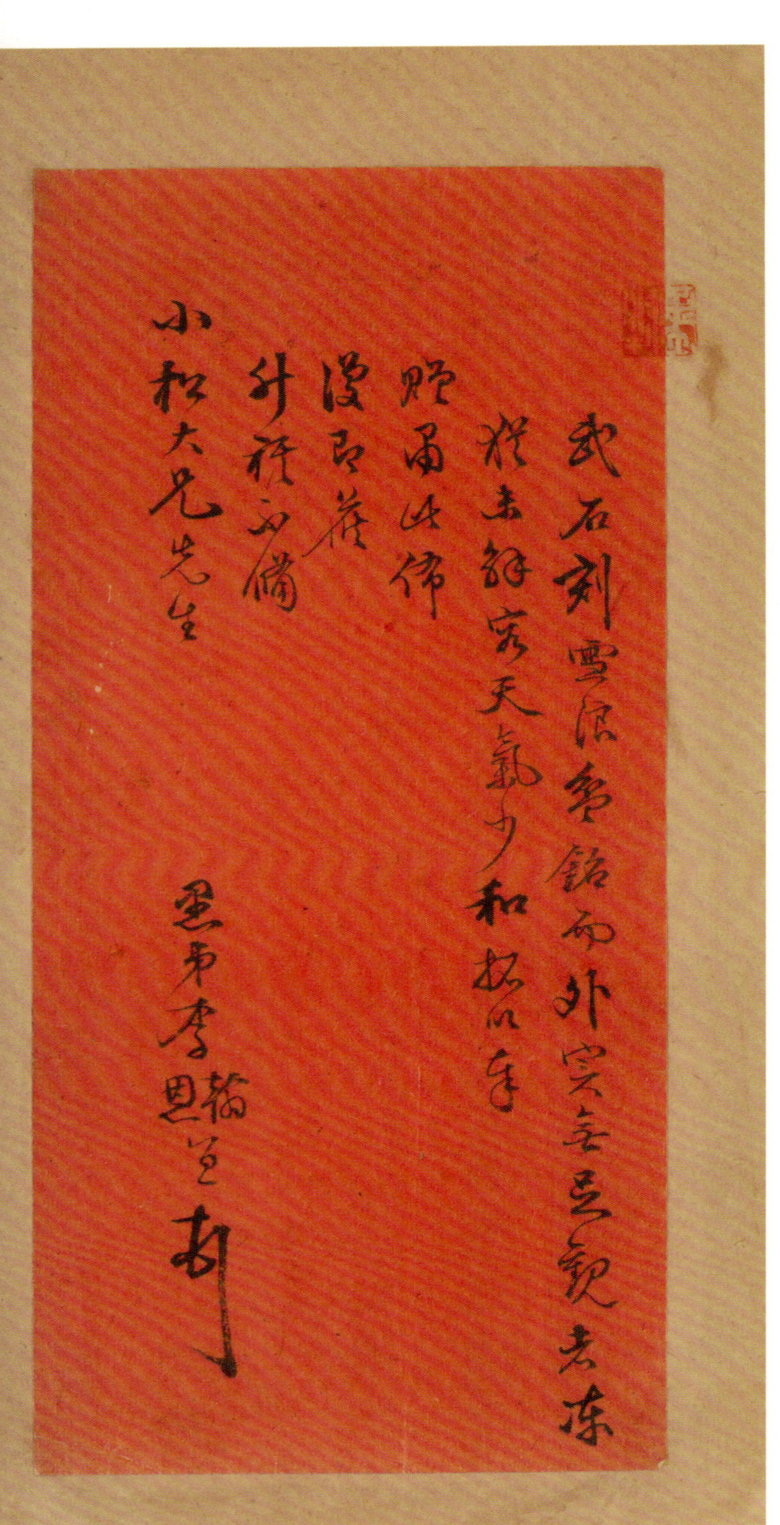

武石刻》《雪浪盆銘》而外實無足觀者。凍猶未解，容天氣少和，拓以奉
贈。肅此佈
復，即候
升祺，不備。
小松大兄先生　　愚弟李翰恩宜頓首

【三五六】

潘有爲致黄易札之七

有爲與
足下别，冬春兩易，眠食思深，每接
文翰，反覆沉吟譃笑，宛如昨日，饑渴之感復
何能忘！去秋以來輒念
足下，思以札慰問
興居，而中州、歷下忽忽兩無定蹤，筆墨以此疏
懶。叠奉

手書，非遇病中即俗緣縈絆，及抽暇將伸紙少
道誠意，而去鴻遠矣，自問罪其可逭耶？承
惠各金石種種，精美絶倫，《瘞鶴銘》太寶貴，感謝，感謝！
春初舍舅自銅仁郡來就婚，其岳家即南田畫
史之後，遠宦遵化州同。雖荆釵無以具嫁娶，爲
悉任其勞。其時
蘭圃先生來京，匆匆僅一晤，不能少運螳臂，慚悚，

慚悚。近再接談，才華藴藉，風度大佳，誠當代士也，飛騰直上，意在轉盼間。

足下所友即爲予友，然訂終身交，恐不余許也。承代鐫「看篆樓」一印，尤樸茂，文房上品，譬之升堂入室，芑堂當廁兩廡矣。予粵人，不識括紙，可發一笑也，

來示明切，爲終在夢夢，幸

發紙式封來，當寄粤購之，想自易易耳。看篆
樓所藏秦漢印七百餘，苦無印色，是以遲遲。近日
硃砂已得，有同年恒益高者善製，製成當得佳
本奉寄。兹爲略印數印呈
閲，枕上卧遊，
君當作道逢麴車想也。吾家蘭垞幾欲成佛，
詩畫懶應酬，庶常功課間一爲之，特適其性情

而已。芝山前月聞其尊人訃，已西歸，董小池亦南
行，馬香君在京不予來往，無軒作廣文去，芑堂
留東昌，聞俱晤面，不具述，餘悉無恙。爲暇日多
鏇官書，敗精疲神，痞瘂不復自如，文酒之會
日減，誠無以對
知己，赧仄奈何。昨爲相好迫挾，代撰《泉譜》，數月來
頗搜羅古泉幣、刀、布等物，

尊藏無所不有，幸沾丐
餘光，分惠一二，以佐見聞，更感，更感！兹乘羽便，外附
洋刀一持、洋巾一幅、椰珠結帶一條、扇一柄，秀才人
情，略見大意而已。許久患目，燈下草此，問請
近安，積時不言，欲言百未申一。弟爲頓首再拜
秋莽九兄先生尊前

四月十四夜

二齋觀。

【一〇八】

再聞吾
兄補缺商邱，喜慰萬狀。
伯母大人須速迎養，謹囑，謹囑！千萬，千萬！又，所懇代覓
古錢，如漢泉，目中所罕見者幸
留神，毋庸贅及。其餘自唐以下所欠者，另單寄
閱。癡人作渴，諒之，諒之。爲又頓。

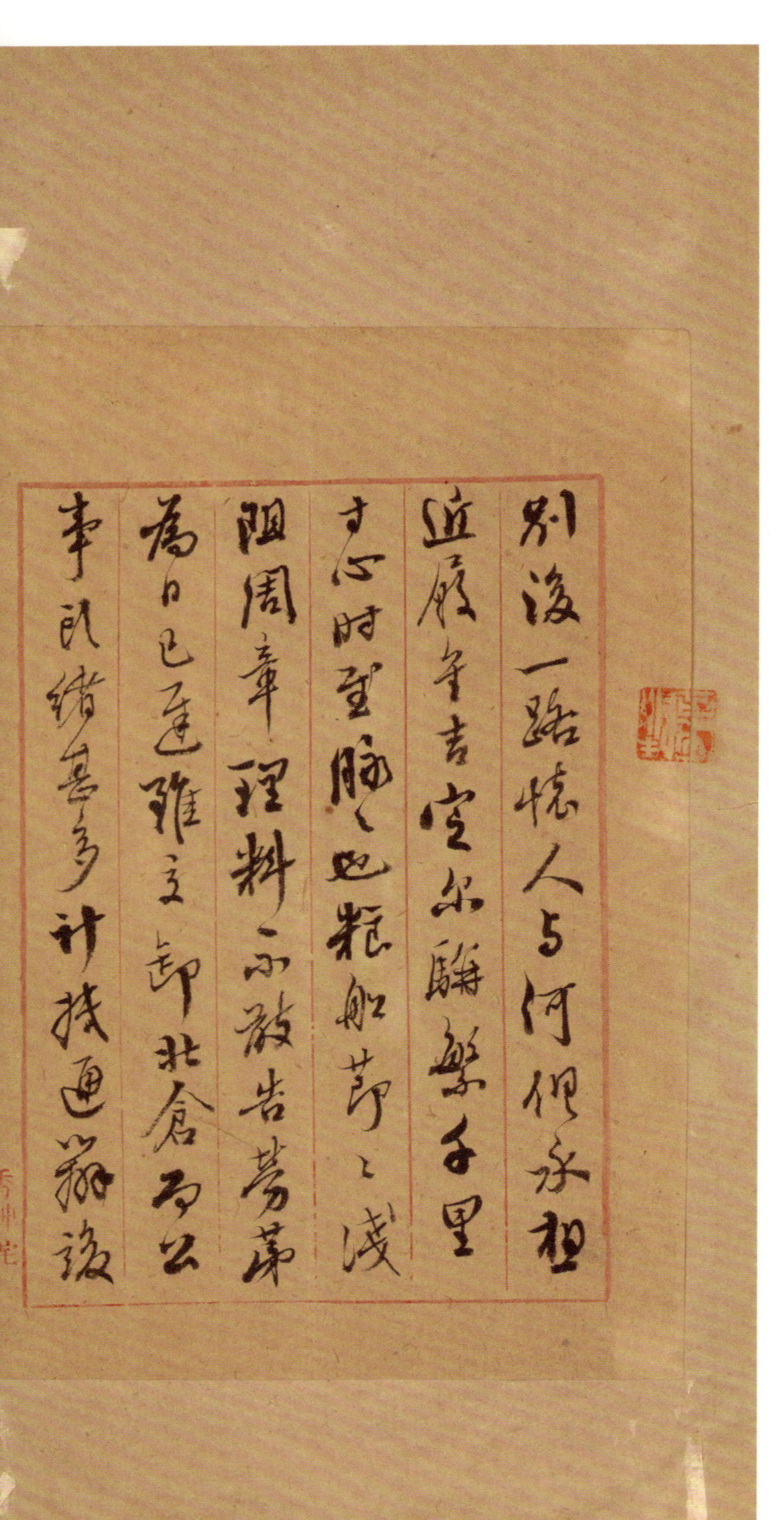

▲ 徐觀海致黃易札之一

別後一路懷人，與河俱永。想近履佳吉，定爾駢繁，千里寸心，時慰脉脉也。糧船節節淺阻，周章理料，不敢告勞。弟爲日已遲，雖交卸北倉，而公事頭緒甚多，計抵通辦竣，

須十月底。今我來思，能無風
人之歎耶！起岸兼程趕船，
恐不能繞道到州，特囑敝友
潘君奉謁。承許印章，懇即
付與，並希將
尊案得意之筆拓印一紙

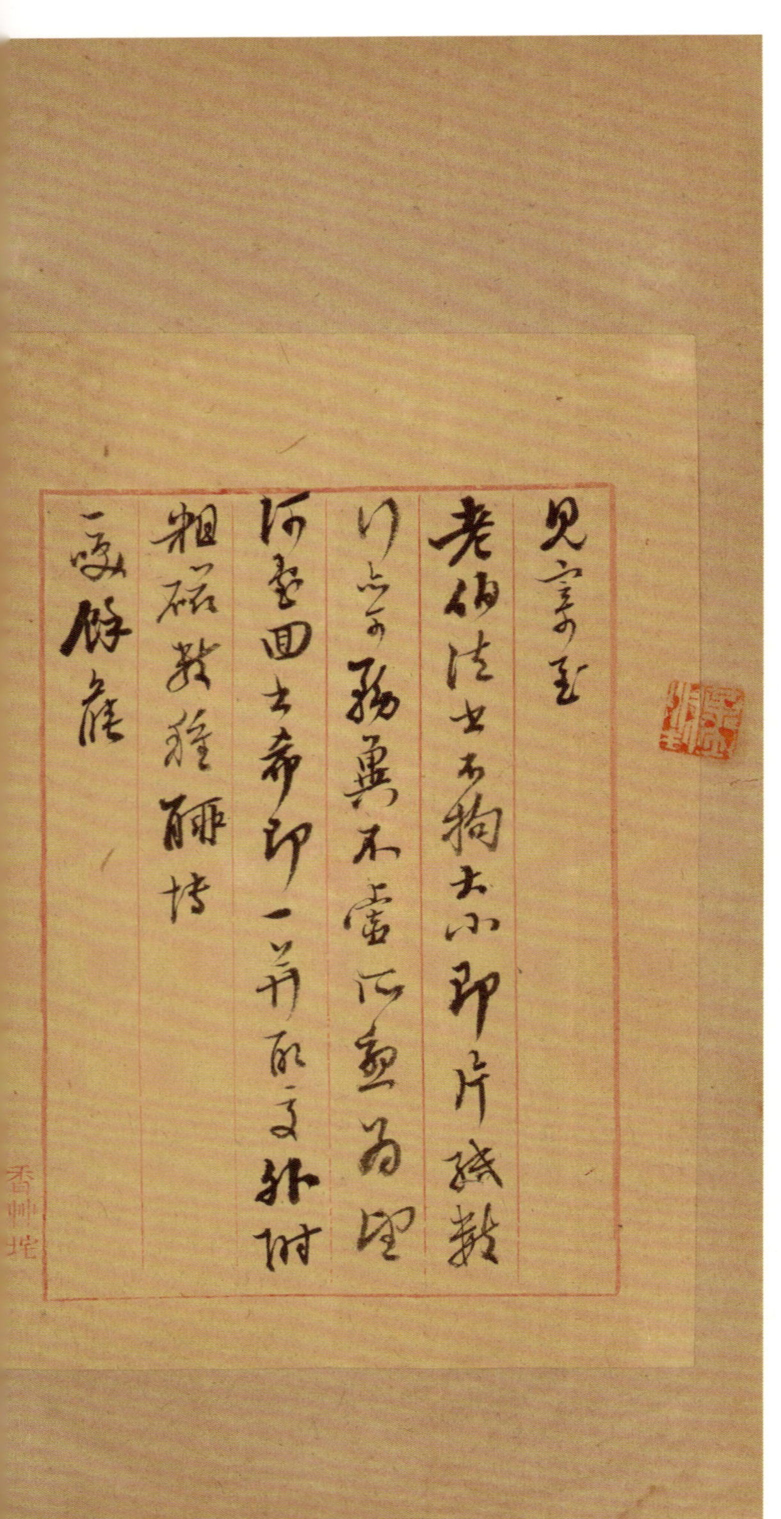

見寄。至

老伯法書不拘大小，即片紙數

行亦可，務冀不虚所懇爲望。

河臺回書希即一並取交。外附

粗磁數種，聊博

一笑。餘候

安祉，兼請
伯母太夫人福安，臨穎不盡。
小松九弟別駕閣下
觀海頓首
尊書隸對當不可少，特補筆
及之。九月十八日北倉舟次

〖三〇五〗

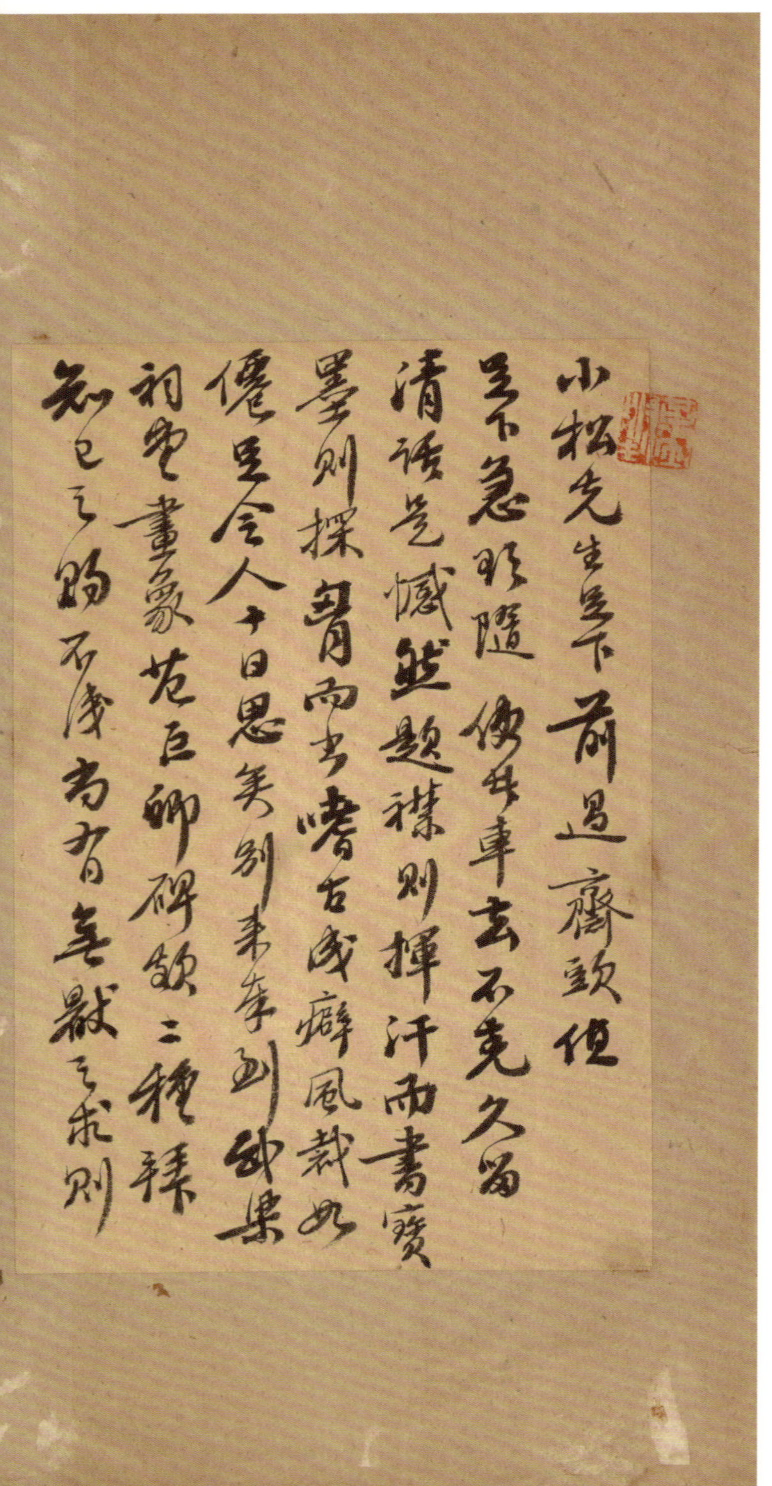

◀ 洪亮吉致黄易札之一

小松先生足下：前過齋頭，值足下急欲隨使者車去，不克久留清話是憾。然題襟則揮汗而書，寶墨則探胸而出，嗜古成癖，風裁如仙，足令人十日思矣。别來奉到《武梁祠堂畫象》《范巨卿碑額》二種，拜知己之賜不淺，尚有無厭之求則阮公祈爲道謝《大坯山石刻》。丁丑四月二齋觀。

《琅邪臺石刻》耳。前所贈《漢射陽縣石門畫像》，今在寶應縣，其石則友人汪容甫已輦之而回。覃溪宫詹以爲即《孔子見老子象》，不知何據也？藉便率復，並問
公事賢勞，不宣。弟洪亮吉頓首

【三〇八】

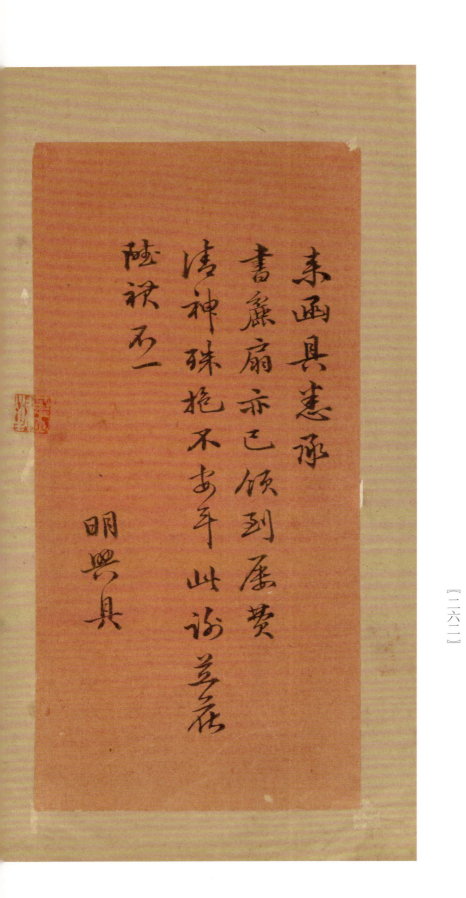

來函具悉，承書粗扇亦已領到，屢費清神，殊抱不安耳。此謝並候陛祺，不一。明興具

明興箋

來函具悉，承
書粗扇亦已領到，屢費
清神，殊抱不安耳。此謝並候
陛祺，不一。
明興具

【二六二】

梁履繩致黃易札之一

河臺聞近在工次，水勢曾已安流，公中堂可回京否？一切定增繁𧶘，故履不敢以蕪稟褻呈，乞

九哥爲履請安叩謝，代具手本亦可，並附上款對一副，或竟談

九哥自送更爲直捷。外寄《水道提綱》全函、款聯一、單幅一，並希

雅鑒。奚九兄之尊甫棄世，皆緣病酒及炙物所致，而老鐵又傳《酒經》，無從箴誡，將來必兼詩

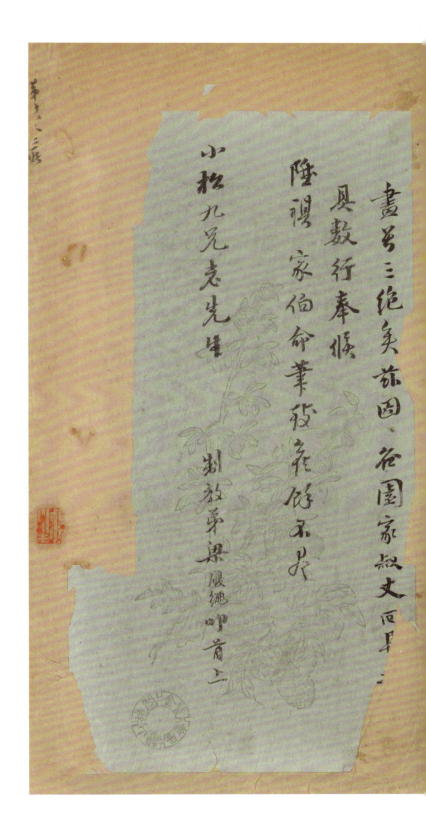

畫號三絶矣。茲因谷園家叔丈回阜，□具數行，奉候
陞祺。家伯命筆致候，餘不盡。
小松九兄老先生　　制教弟梁履繩叩首上

〖三五一〗

◀梁履繩致黄易札之二

四月廿六日接到

手札並小印、摹碑等件，如見

芝宇，伯父亦命筆致謝。邇想

九兄大人倥偬賢勞，猶復摩挲翠

珉，交契金石，以視弟之碌碌一經，直

如蠅鑽故紙，何足道哉。

惠書内有「補官入都」之語，讀之不禁惶汗。今科適值服闋，六年未作時藝，勉力入闈，因題熟特以偏鋒作之，不料衡文者反以此見賞，得忝魁名，庶不負良友之望。入都則有之，補官則未也，一笑。

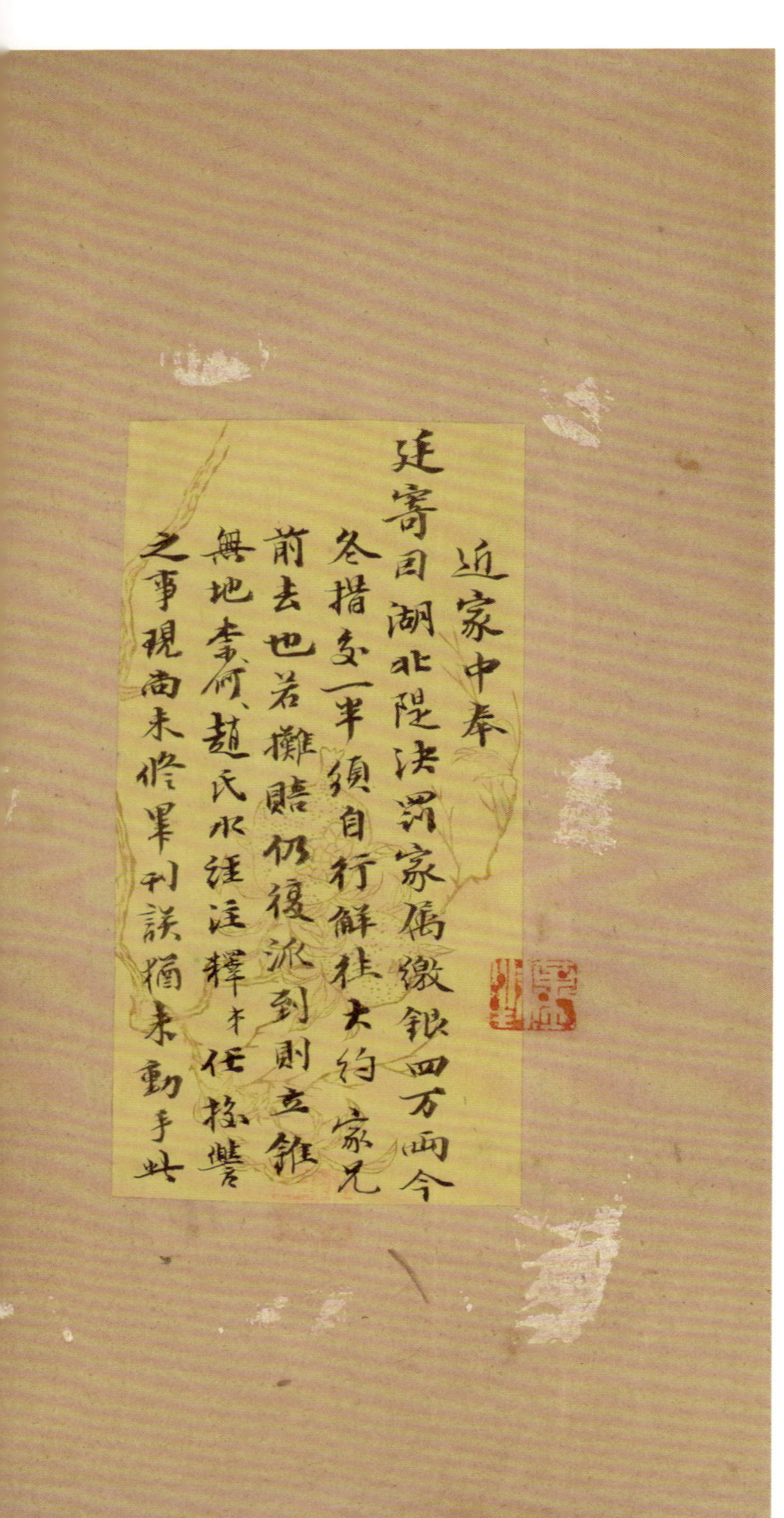

近家中奉
廷寄，因湖北堤決，罰家屬繳銀四萬兩，今
冬措交一半，須自行解往，大約家兄
前去也。若攤賠仍復派到，則立錐
無地，奈何，奈何！趙氏《水經注釋》，弟任校讎
之事，現尚未修畢，刊誤猶未動手。此

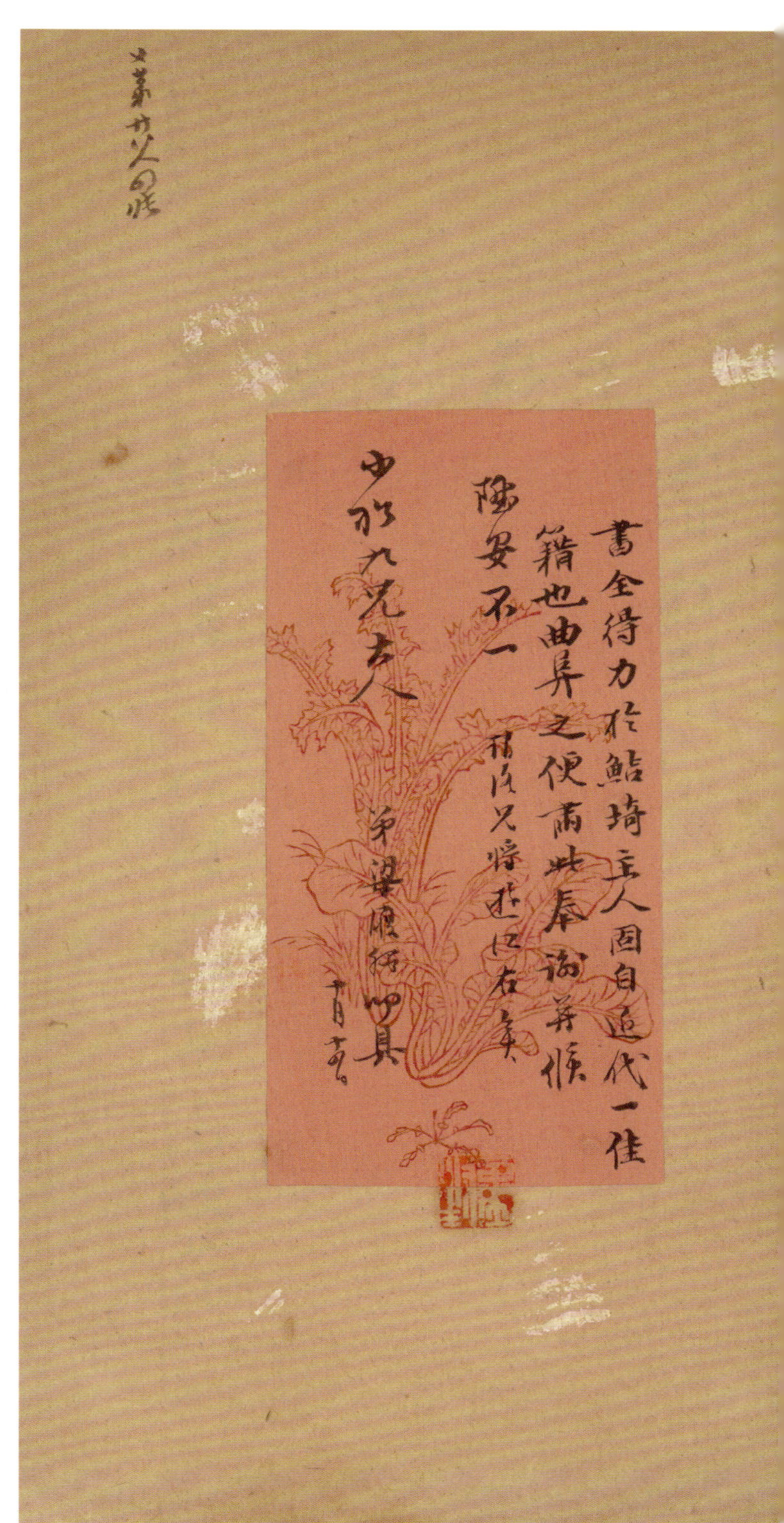

書全得力於鮚埼主人，固自近代一佳籍也。曲阜之便，肅此奉謝，並候陞安，不一。稍後兄將遊江右矣。

小松九兄大人　弟梁履繩叩具

十月十四日

【三五二】

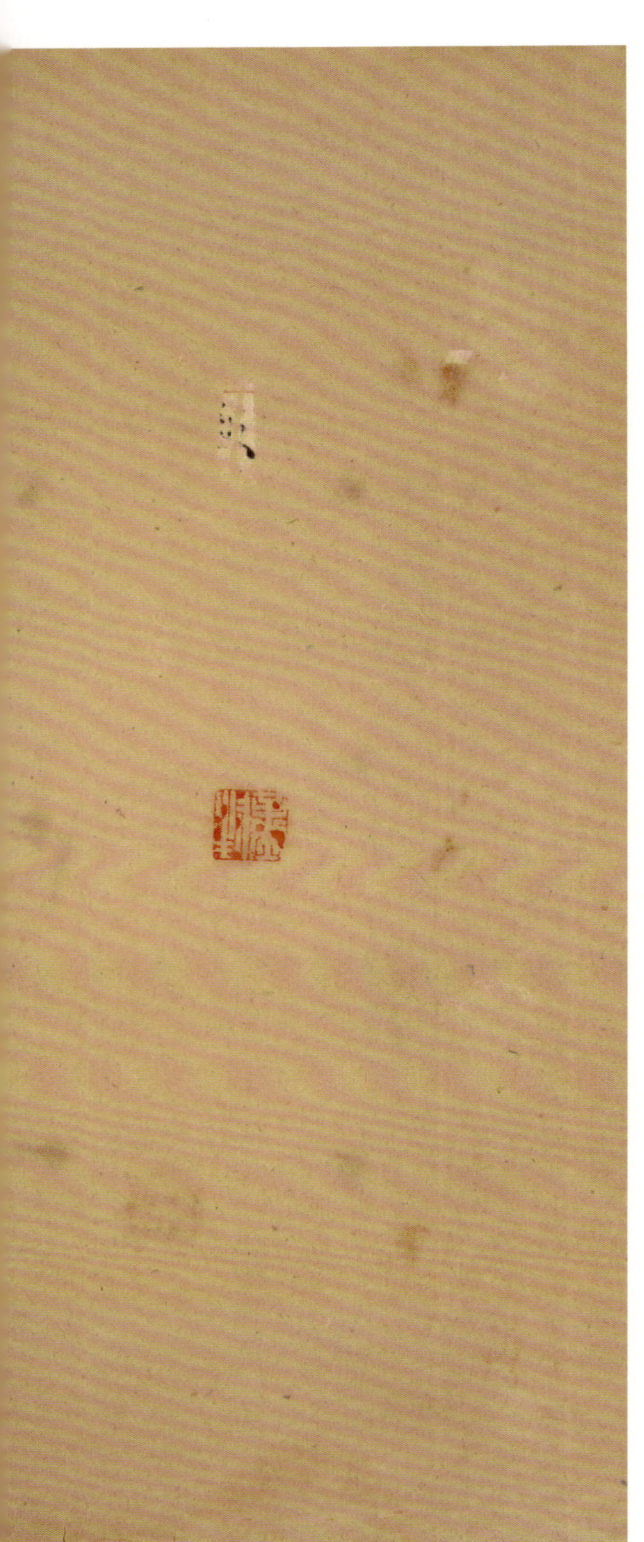

◀德大宗伯致黄易札

至日接到
手書，備荷
存注，兼知
賢別駕履祉嘉祥，現已
榮擢衛河，仍在
河帥幕中佐理一切，甚爲欣藉。

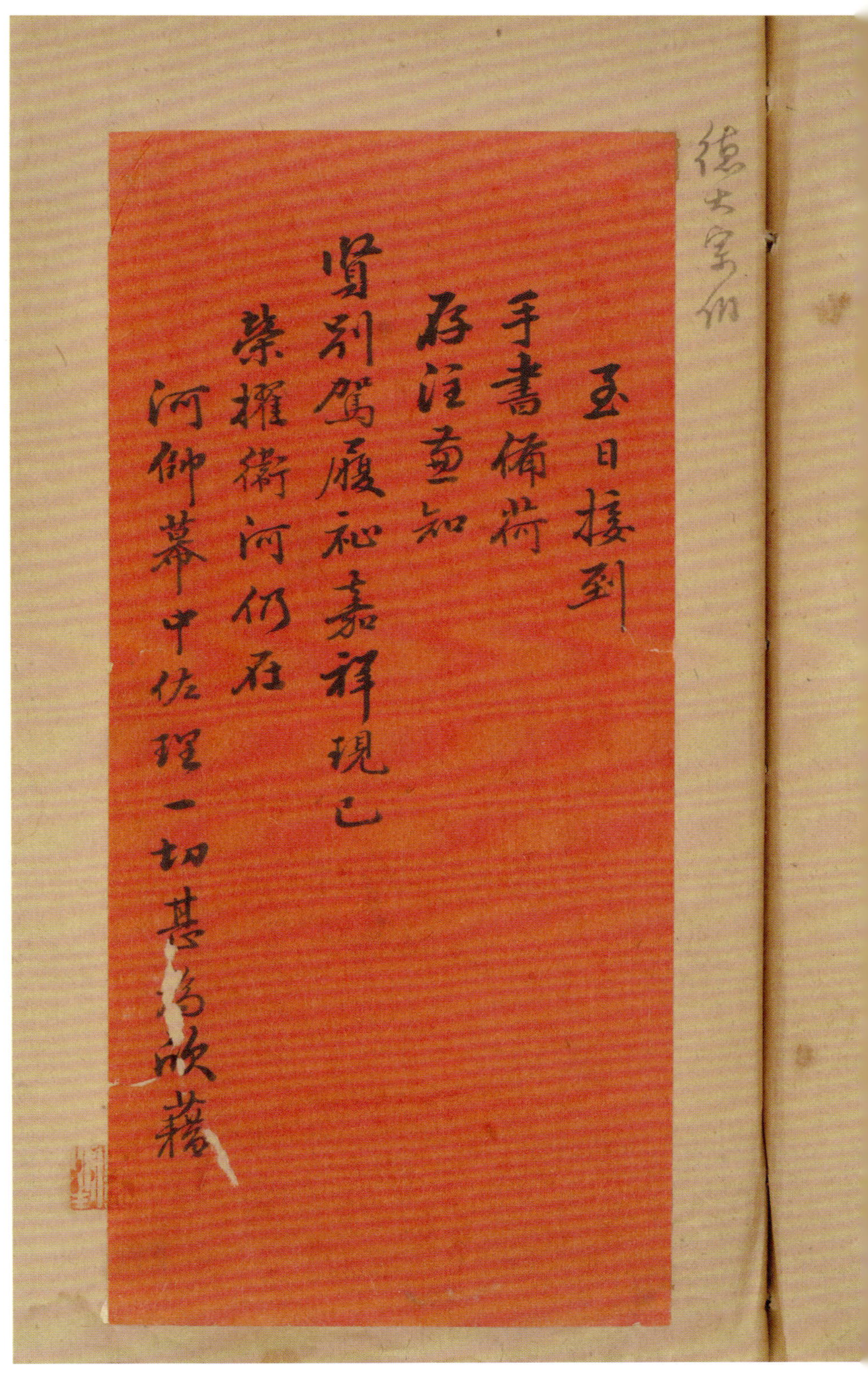

五日接到
手書備荷
存注垂知
賢別駕履祉嘉祥現已
榮擢衛河仍在
河帥幕中佐理一切甚為欣藉

令堂年登八秩，理宜稱祝，兹寄對聯一副，用

當桃儀，希

檢存。侍公私尚屬平順，眠食亦復如常，惟

年來衰老益形，家運多故，有難以排

遣者耳。耑此復候

近祉，希

照，不一。

【三〇四】

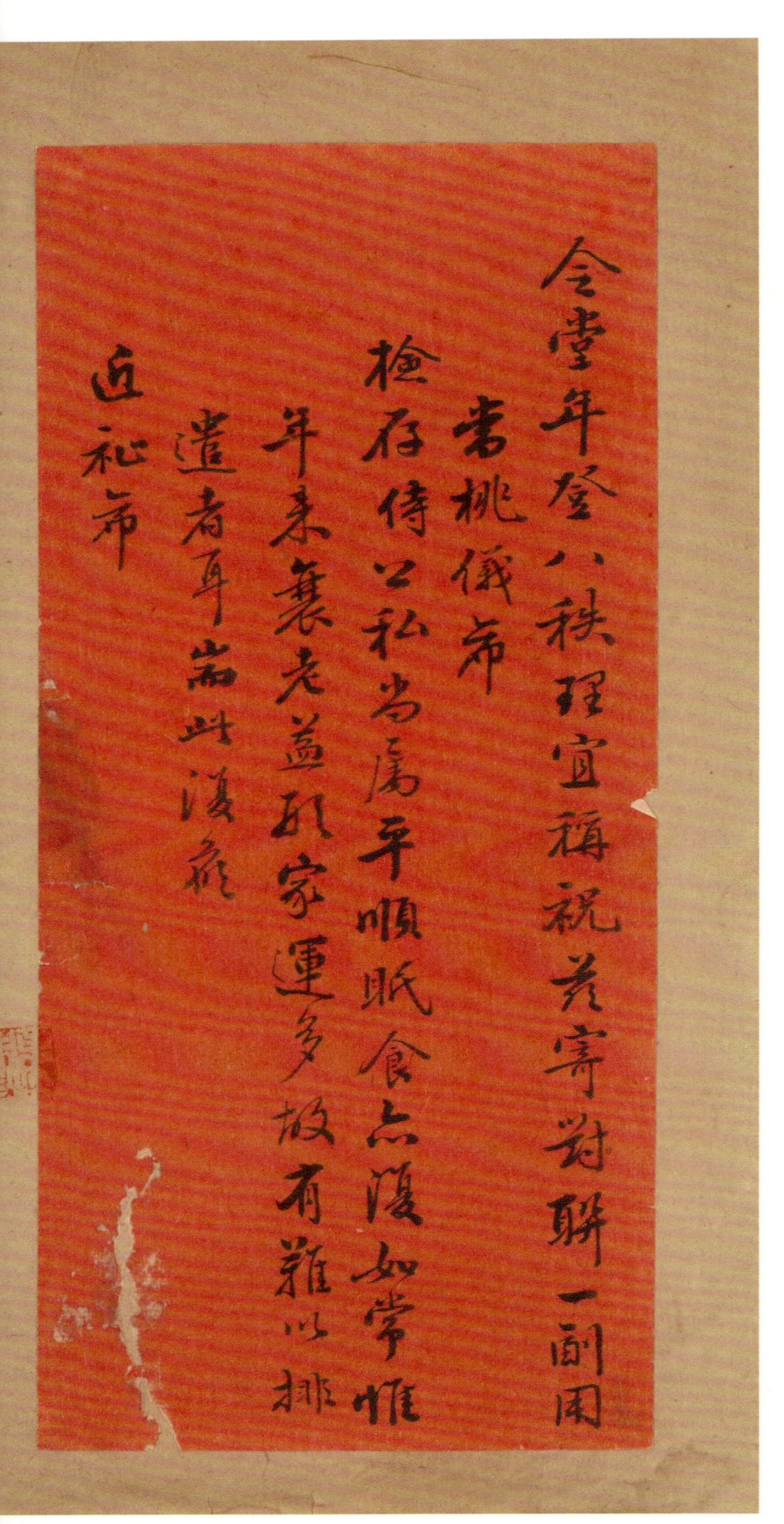

照不一
第廿九人三帖 共八十八帖內有一帋

古歡第六冊

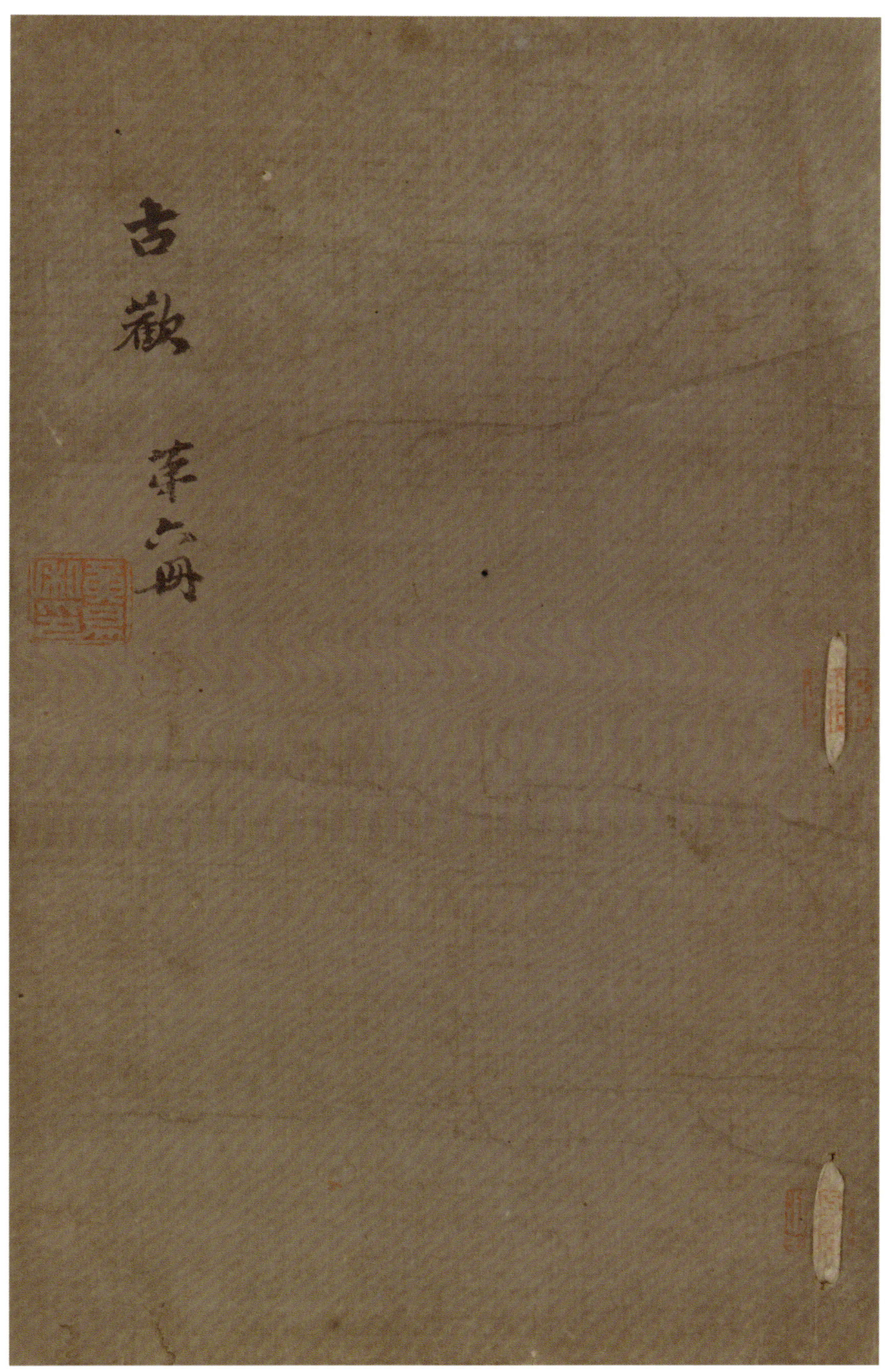
古歡
第六冊

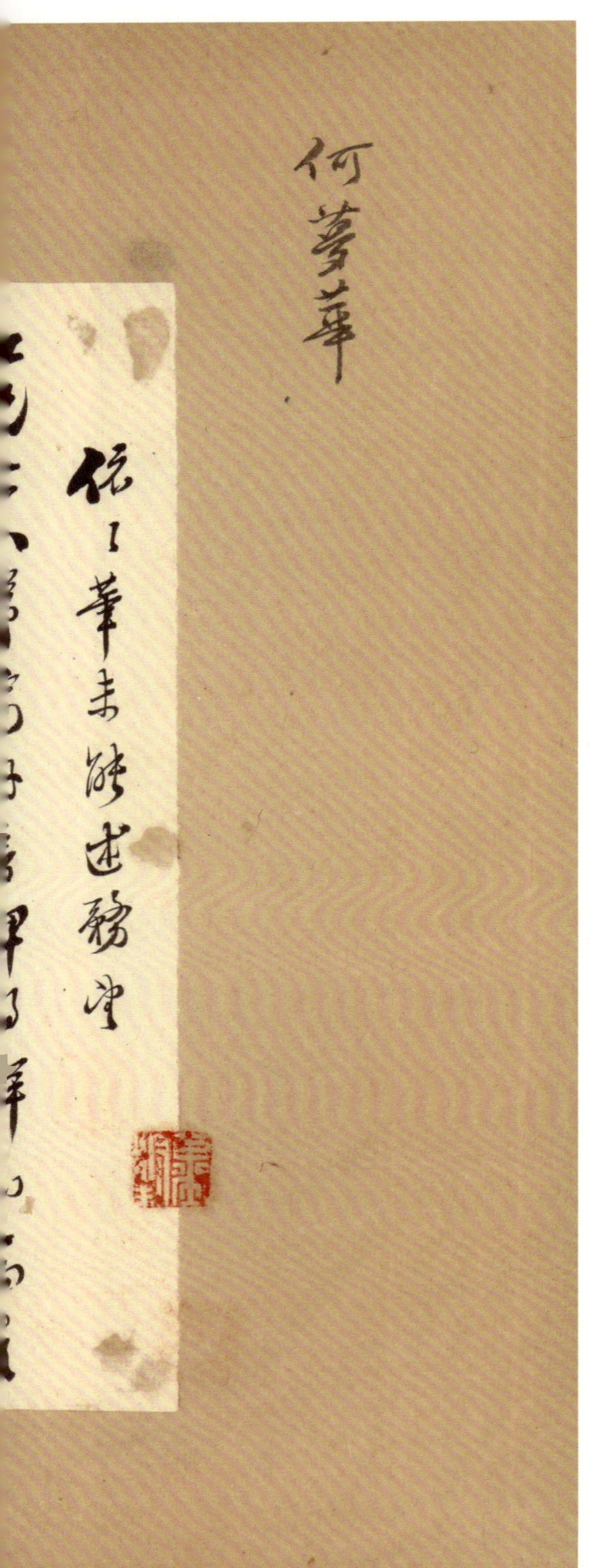

◀何元錫致黃易札之一

依依筆未能述，務望
九兄大人常寄好音，俾得詳知一切是所禱切耳。再，滕縣城南四十里大道，地名官橋，橋溝中有隋開皇八年石刻，上半截聞尚未剥蝕，可讀。弟此刻行色匆促，竟不能往拓，是一恨事。特寄告
足下，望即購寄爲幸。專此肅函奉別，並請陞安，不一。

小松九兄大人　　愚弟何元錫頓首

《北海鐘銘》到杭日即寄。　七月十九日泐

〔三一四〕

第一人一帖

道地名官橋之溝中有隨開窒

八年石刻上半截開出來剝蝕了

讀來此刻行之處但竟不能得

揭是一帖事始寫告

足下律即囑寫出拜專此肅布奉別

並請　陞安不一

愚弟何紹基頓首　七月十四

小邨九兄大人

此件錦齡到杭日即寫

◀何元錫致黃易札之二

別來忽忽兩年，雖尺素達情，終不如一握手。邇來序入暄和，伏惟

九哥大人臺候增勝爲祝。弟自去秋回里，原擬即日赴晋，嗣得家君手示，知已自晋遊燕，未令前往。子月内掛帆西江，家中丞相代甚優，適啓事一席缺人，即命弟掌理。兩月來諸凡尚屬投契，惟覃溪先生於去冬赴贛南一帶考試，尚未得會晤，爲可悵耳。近於省垣大安寺搜得吳太和五年鐵香鑪銘，稱「收買鐵及錢打造」，乃知朱

竹垞以爲「鐵仄錢」者，非也。又百花洲上尚有南唐時銅鐘，鑄有題名年月，容拓得副本即當馳寄。兹將案頭已得諸碑先撿寄數種，餘俟將來再行續上。近有舍親自滇南來者，帶有吳道子《觀音畫像》，並云滇中古刻甚多，兹據其所見聞者云：大理府趙州有鐵柱，在城南百里鐵柱廟，係武侯立以紀功者，歲久剥落，此時所存係唐咸通時重鑄也。又有諸葛寨在城東，地名豪猪洞，南山頂石壁有龍形人馬各像，係武侯時雕刻。順寧府有《諸葛碑》，在猛緬鳳山，文薛剥不可辨。又有石柱，在右甸達丙里田畦間，相傳爲武侯所製。又昭通府鎮雄州有《仙碑》，在城北境火頭壩口，篆文極奇古。以上各刻惜路途遼遠，不得購拓，即渠有一、二種已得者，亦以行色匆匆未能一見，不識足下能致之否？弟此間耽擱不過年餘，明歲秋間仍隨雨村來濟，並就近料理完娶一事也。嗣後如惠書，附翁學使處轉交，總可接得無誤。再，前此所懇

第一人四帳

書畫印石，並望
早寄至。南田翰墨，弟此番並未帶出，統俟將來赴
東時奉
報可耳。兹乘羽便，草草奉候
近福，未盡所懷，臨池神溯。
小松九哥大人執事
愚弟何元錫頓首
新正廿九日

〔三一五〕

馮太史

一别七八年每懷丰度輒為神往昨荷
枉顧雅章數言不啻陶陶永夕别後
靈把覽吾人會合之緣殊淺淺也
吾兄去先生十載河干得成正果平當學
通為貢王景績著循良宜乎仰承
恩擢也至金石之學自趙氏顧氏搜討後已
人不能向律
吾兄復于叢家敗塹之餘搜挾至寶傳所謂
遇其人而後出者非耶車者自信不貪者
富今則不免垂頭承
許寄付數種拭目俟之第未知已得欵道

◀ 馮集梧致黃易札

蕭之二疏

昨青齋家表兄專候補道孝廉到，得引
見羅道臺與弟交好，真摯可勝佩以
河帥處弟久未通函，然平時古道如盧清
憲時家岳尤以境位易其好交，實是可敬 弟
擬另便奉書以慰積悰耳。弟碌碌如常，
寒風入牖，局縮如蝟，令人耕憶故鄉矣。
若因舍親處有良便，專此布請
安祉，諸惟
朗照不既
小松大兄老先生執事

弟馮集梧頓首上
十二月十九日

前任運河司馬二家兄正欲為致書，從其所明時兄致 相公
令婿頓孝廉到京往來事明也。田家妹丈 閏照為禱

一别七八年，每懷叔度，輒爲神往。昨荷
枉顧，雖草草數言，不啻陶陶永夕。嗣復别思盈把，覺吾人會合之緣殊淺淺也。
大兄老先生十載河幹，得成正果，平當學通《禹貢》，王景績著《循良》，宜乎仰承
恩擢也。至金石之學自趙氏、顧氏搜討後，近人不能問津，
大兄復於荒冢敗塹之餘搜抉至寶，倘所謂遇其人而後出者非耶？平昔自信不貪爲富，今則不免朵頤，承
許寄付數種，拭目俟之。第未知已得就道否？青齋家表兄專候補送考語到後引
見。羅道臺與弟交好真摯，可勝佩服。
河帥處弟久未通啓，然平時古道，如遇潘
憲時，家岳不以境位易其故交，實是可敬，弟擬另便奉書以甦積愫耳。弟碌碌如常，寒風入牖，局縮如猬，令人轉憶故鄉矣。兹因舍親處有良便，率此布請
安祉，諸惟
朗照，不既。

弟馮集梧頓首上

小松大兄老先生執事

十二月十七日

前任運河司馬二家兄近體尚能安健否？晤時乞致相念。令甥顧孝廉到京，往來未晤也，四家叔乞關照爲感。

【三六八】

居青齋家表兄專侯補

負羅道臺與弟交好莫摯

河帥處弟久未通啟敢至

憲時家岳安以境信易其

擬另便奉書以慰積愫耳

寒風入牖局縮如蝟令人

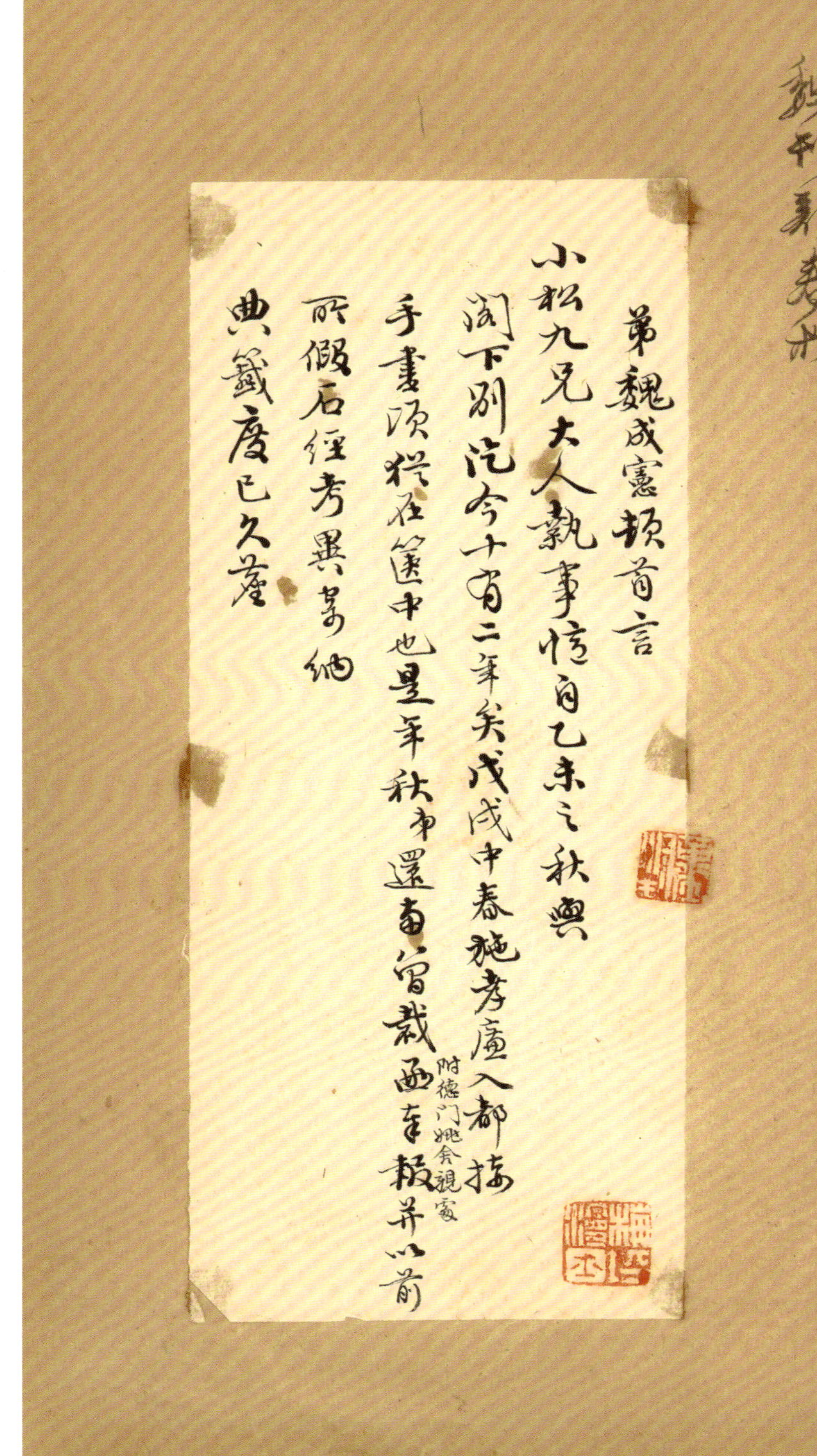
弟魏成憲頓首言
小松九兄大人執事憶自乙未之秋與
閣下別訖今十有二年矣戊戌中春施孝廉入都接
手書頃猶在篋中也是年秋弟還南曾裁函奉報附德門姚舍親處並以前
所假石經考異寄納
典籤度已久塵

魏成憲致黃易札之三

弟魏成憲頓首言，

小松九兄大人執事：憶自乙未之秋與

閣下別，訖今十有二年矣。戊戌中春，施孝廉入都，接

手書，頃猶在篋中也。是年秋，弟還南，曾裁函奉報（附德門姚舍親處），並以前

所假《石經考異》寄納

典籤，度已久塵

鑒察。甲辰初冬，弟道出濟寧，遣伻問訊，知吾九兄於役工次，復以同舟催發，不克遲留，心殊耿耿。昨日造門肅謁，滿擬暢叙離懷，適騶從有石佛之行，未及一面。少陵詩云：「人生不相見，動如參與商。」誦此二句，益歎萍流匏繫，不能自由，爲可惜耳。晤令弟老十，敬稔北堂老福，潭眷恒和，蘭玉森羅，琅琅誦讀，真令人健羡不置。
九兄雅度鴻才，爲時欽仰，建牙開府指日可期。前在古城
舟次遇青齋沈公，昨又見觀察羅公，具詢
閣下近狀，無不推重嘆服，一歲三遷，定屬意中之事，
顒賀，顒賀！令姪會符兄英英露爽，有
大阮風，今春郡試名列前茅，院試亦在備卷，培之愈深，

發之愈茂，洵是後來之秀。
九兄愛姪之心有什佰於第五倫者，聞之必以爲快也。弟十年之間
奔走道路，計程不啻萬里，滯畿南者二年，客西江者三
載，負米之行不敢告勞。中間惟匡廬之遊、浮彭蠡之壯、
望嶽之奇、搜金華山洞天之幽邃，爲平生得意之舉。前
年倖售南宮，蒙

特恩授以西曹，未嫺讀律，祇益悚惶，乞假南歸。值此歉歲，不免饑驅。是以上年暫就婺州主講之聘，今春摒擋入都，左支右詘，甫獲登程。二月二十一日，自杭俶裝，閱七十日之久始抵濟寧。遲留勞費倍於曩年，索米長安正不知作何措柱，惟祝安迅抵都，早爲供職，凡事亦隨分過去。辱荷至好，用敢縷言，承賜琅函，展讀之下，具仰愛懷，謝謝。

九兄公餘之暇，著作等身，八法六法，方駕古人，賞鑒日增，搜藏日富，惜未得作竟夜之談，亦緣舟人趕鬧，弟竟不能自主也。家江上年積旱，西湖如帶，竟作葑田，即七八十老翁亦云前所未睹。石米價值四千，他物亦不少賤，生計實難，流離載道。設立粥廠，所司頗實力奉行，哀鴻稍慰。自今年二月初得大雨後，人心甫寧，春花有望，未知此日何如，殊切遠念。至弟途次

見聞，筆難詳叙，惟二麥可以倍收，最爲稱快，此時再獲甘霖，
庶大田有濟耳。春渚師屢作近遊，竟無長局，際此穀貴
錢荒、窮愁無俚，世兄（楷法絶佳）有一教讀之席，補苴實難，未識吾
兄可爲何師謀一善局否（秋帆中丞處乞留神，弟至京亦當爲作曹邱）？家松窗况屢試屢詘，兼以家事支持，
上年石田之累尤覺掣肘。筱飲二丈歸道山後，其嗣君瑶偕
復於去秋即世，（玉池五丈化去三年，良可痛惜，其子十六歲能讀父書。）此時書畫、莊田半已賣去，兩世嫠孤，家無儲粟，

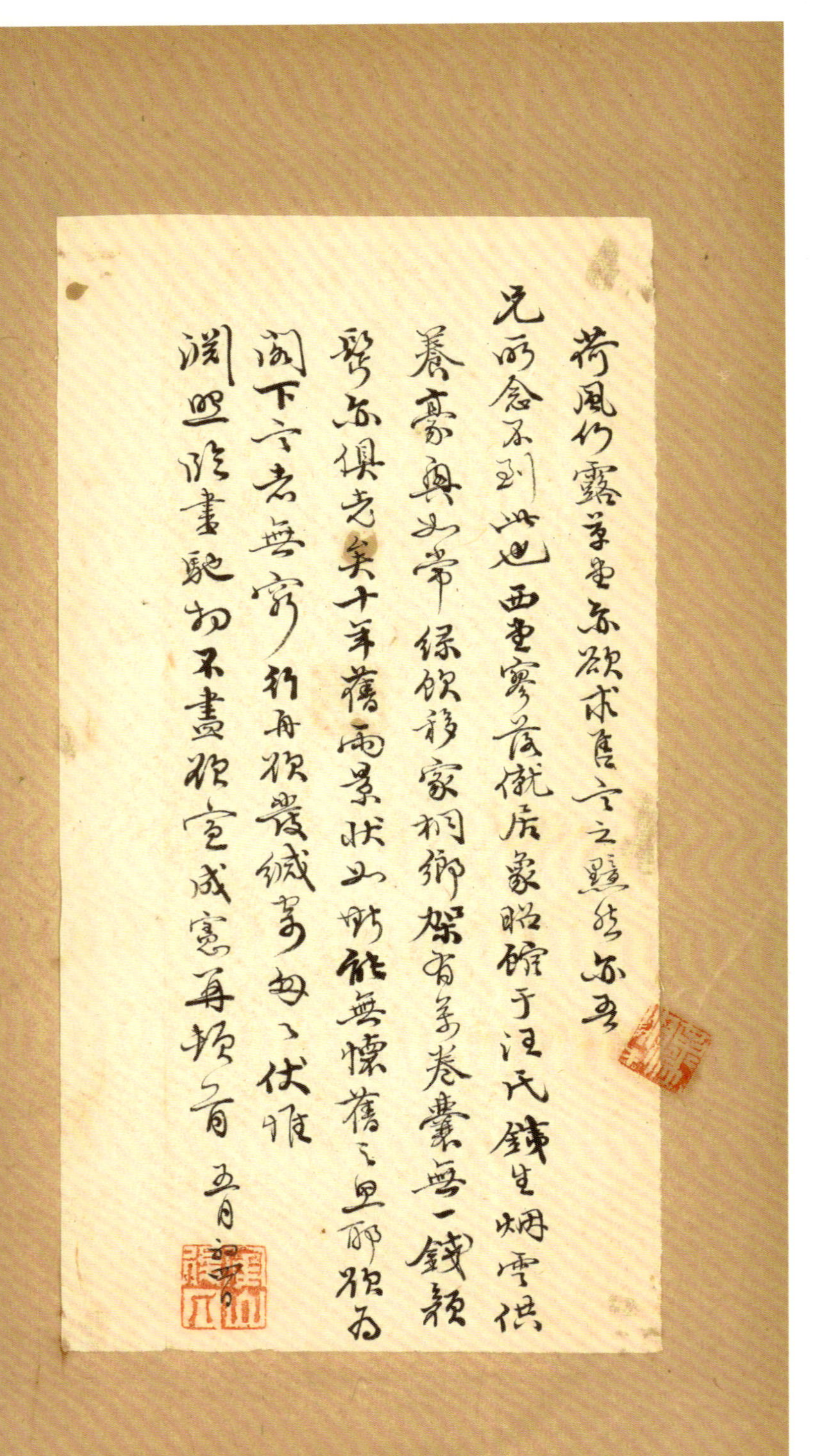

【二一六】

荷風竹露草堂亦欲求售，言之黯然，亦吾兄所念不到此也。西堂寥落，僦居象昭館於汪氏，鐵生煙雲供養，豪興如常；緑飲移家桐鄉，架有萬卷，囊無一錢，顔鬢亦俱老矣。十年舊雨，景狀如斯，能無懷舊之思耶？欲爲閣下言者無窮，行舟欲發，緘寄匆匆，伏惟淵照，臨書馳切，不盡欲宣。成憲再頓首　五月初四日

潘中翰顥札

◀ 潘有爲致黄易札之八

春間曾托蔡君帶致西洋畫掛屏、書信等件，並有青田石乞鐵篆，至今未到，頗增疑詫。聞陞任東平州司馬，慶慰之至。足下精神大於身，咫尺騰達，此其小試耳。漢印撿出一枚奉上，轉盼便不合用仍歸我齋，亦佳話也。《朱龜》《靈臺》《譙敏》等碑寶光炯炯，吾甂覃谿先生及諸君子跋尾亦復絢爛，已無庸續貂矣。留寒齋一晝夜，與芝山細細

年譜印撿出一枚奉

上轉贈便不合用仍歸我齋亦佳話也

朱念靈壼進敏等碑寶光炯炯吾師

覃谿先生及諸君子跋尾亦復絢爛已無

庸續貂矣留寓齋一晝夜与　芝山僊

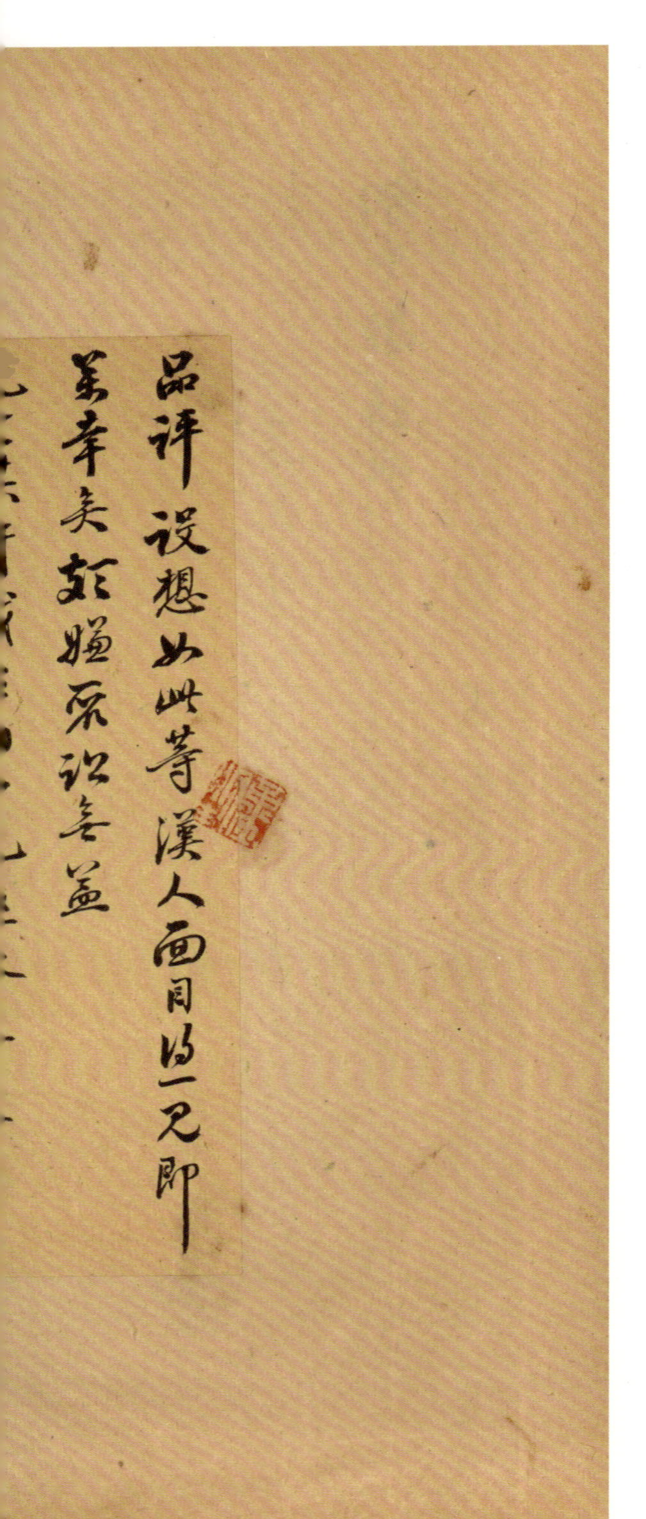

【一一三】

品評，設想如此等漢人面目，得一見即萬幸矣，頗嫌聚訟無益，先生其許我否？內弟光遠浪遊，從何處得相見？此子大爲人所棄絶，冬底聞仍到蘭河臺處抽豐，真不成事體，令人爲之悵恨。以其十餘年不歸，閒無一事。唐六如印章有「煙花隊裏醉千場」之句，此其得意筆也。乘便率泐佈賀，兼候近祺，餘容續致，不一。愚弟有爲頓首

小松九兄大人如晤　　七月廿八日冲

丁丑四月二齋觀。

第四人二版

蘭石壺叟抽毫真不成事體，令人發之悵悵。以其十餘年不歸，閒無一事，應亦如印章有煙花隊裏醉千場之句，此其得意筆也。前便率泐布賀，並侯

近祺。餘容續致，至。愚弟呂蒼

小松九兄大人如晤

七月廿六日申

丁丑四月二齋觀

陸文絅致黄易札

任城客館，咫尺千里，未得一見
顏色，至今悵結。日昨可亭世叔
來署，藉稔
起居康勝。奉到
手書並承
賜畫幅，冲澹閒遠，味之無極，
得此逸品，時時如挹
清暉矣，敬謝，敬謝！相距匪遥，春
來當快圖良覿。數行佈候
近祉，餘不既。世晚生陸文絅頓首
小松老先生
十二月十有一日

【四三七】

第五十一函

手書並承
賜畫幅沖澹簡遠味之無極
得山逸品時時如挹
清暉矣敬敬謝謝相距匪遥春
來當快圖良覿數行佈候
近祉　餘不既　世晚生陸文綱頓首
小松老先生
十二月十有一日

鞋

◀ 金德輿致黃易札之一

分手背面，星紀一週，相思爲勞，想同之也。庚子

冬北上時便道修謁，適

駕留省垣，未獲面攄積悃。曾賦小詩，從青齋先

生處寄

政，未識得入

掌記否？弟自服闋以來，忽忽又經三載，以乏便緣致

稽音敬，想
亮之也。從淥飲許詢悉
九兄大人榮擢之喜，欣慰，欣慰！河務賢勞最邀
簡在，節鉞之寄自此基之。並聞
公餘好古，吉金貞石，蒐輯無遺，海内鑒家無不
望風遥羡，惜關河修阻，未獲肅叩

官齋，盡請秘藏，一滿鼷鼠飲河之量，悵何如也。弟勢難家食，仍擬出門，但無米之炊，巧婦所拙，現在多方籌畫，冬間稍有就緒便當就道。淥飲近況窘甚，欲遠遊而未果，惟所刊叢書已有十二集。蘭坻老病日增，亦尠佳興，因九兄存念知交，故爾附及。前者委覔分書楹帖，始以

【三四〇】

物主居奇，遲遲未報，昨歲轉從他處購得，兹特奉去，藉免謀而不忠之誚。至結體之入古與否，法家自有真鑒也。肅此佈悃，並候
陞祺。紙短情長，不盡惓切。
小松九兄大人
愚弟功金德輿頓首上
六月三日敬冲

書法遒緊。丁丑四月二齋觀。

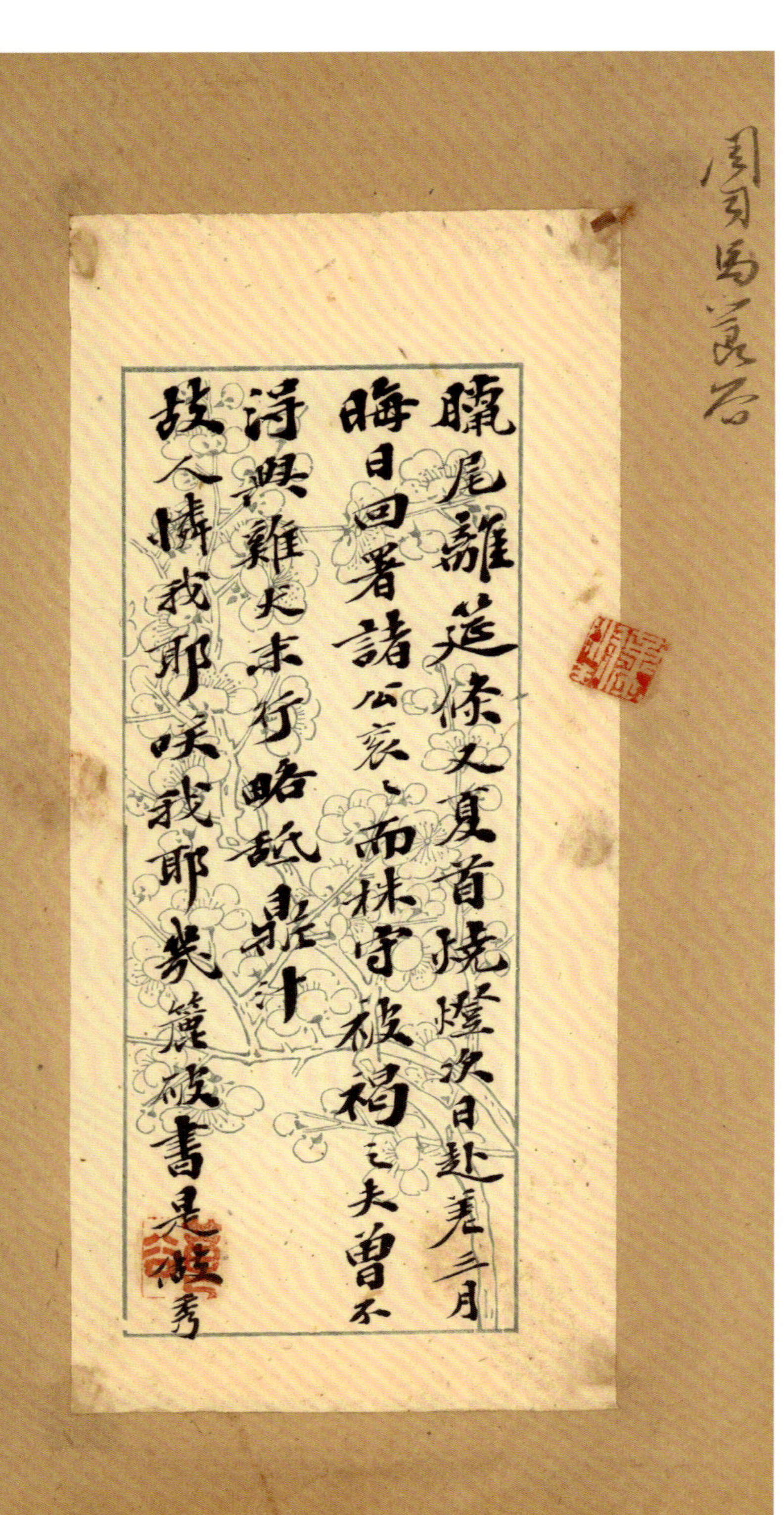

◄ 周震榮致黃易札之十

臘尾離筵，條又夏首。燒燈次日赴差，三月晦日回署，諸公袞袞，而株守被褐之夫，曾不得與雞犬末行，略舐鼎汁，故人憐我耶？笑我耶？幾篚破書是做秀

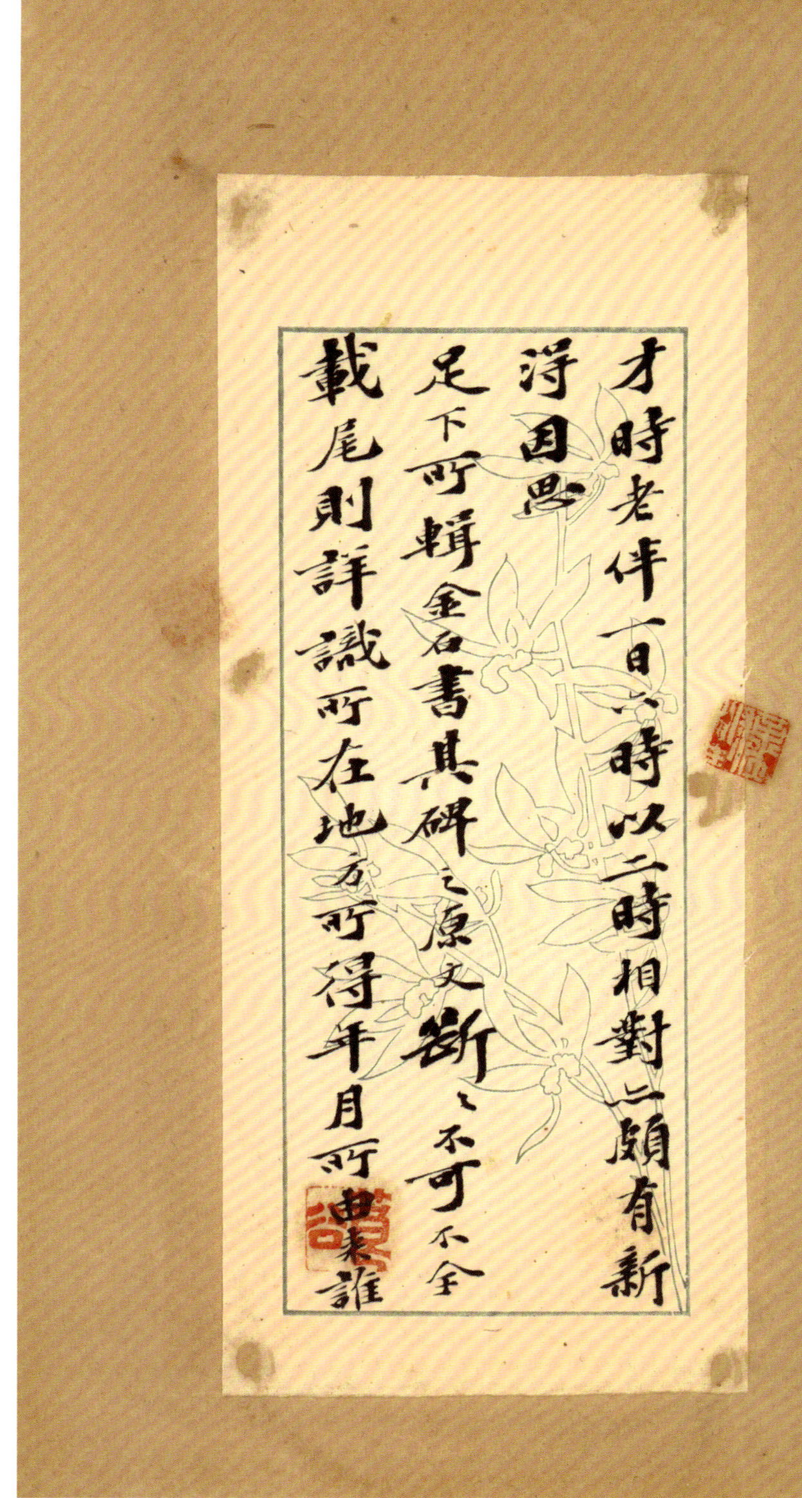

才時老伴，一日六時以二時相對，亦頗有新得。因思
足下所輯金石書，其碑之原文斷斷不可不全載，尾則詳識所在地方、所得年月、所由來誰

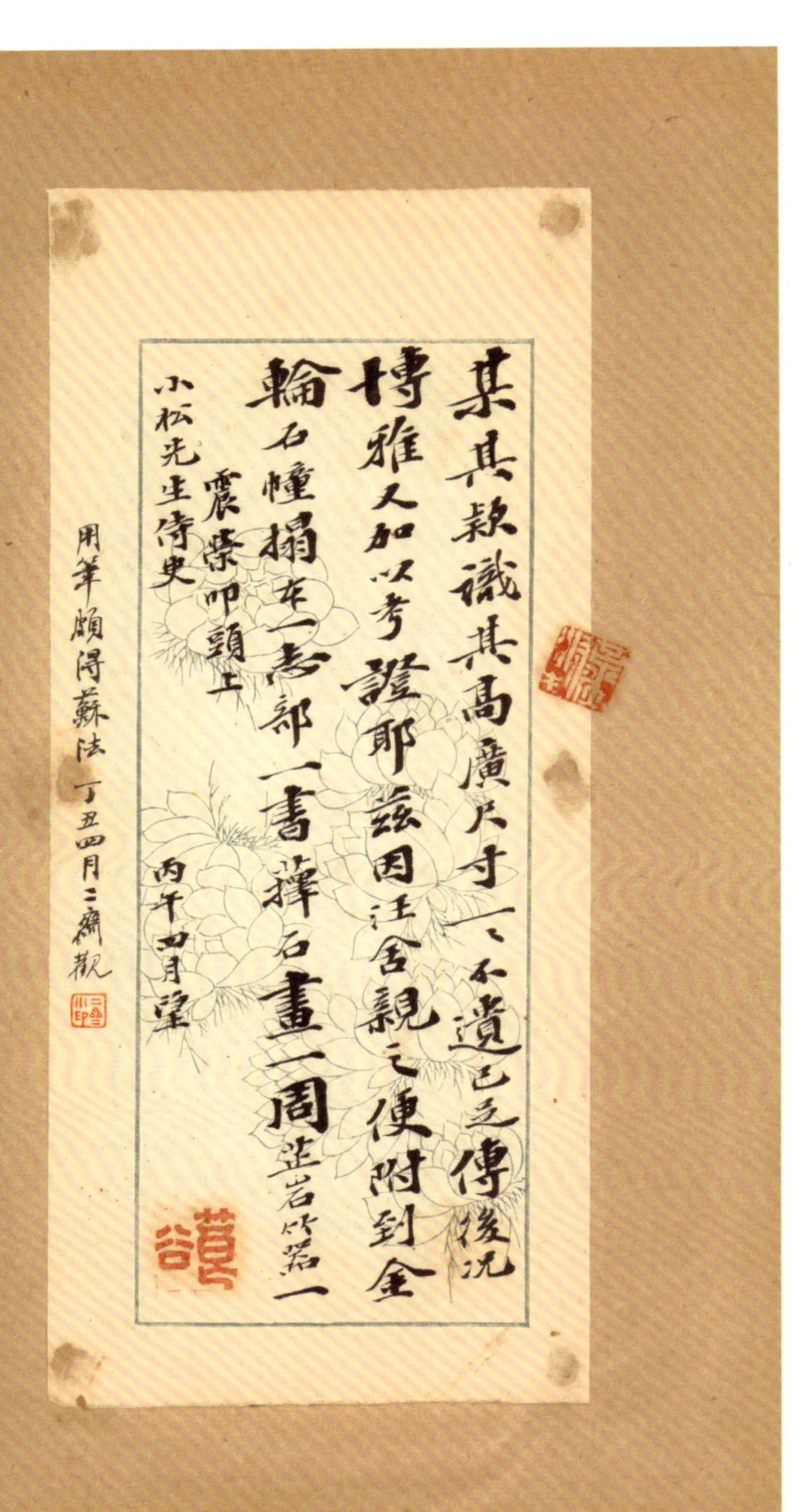

〔七〇〕

某，其款識、其高廣尺寸，一一不遺，已足傳後，况博雅又加以考證耶！兹因汪舍親之便，附到金輪石幢拓本一、志部一、書擇石畫一、周芷岩竹器一。

震榮叩頭上

小松先生侍史　　丙午四月望

用筆頗得蘇法。丁丑四月二齋觀。

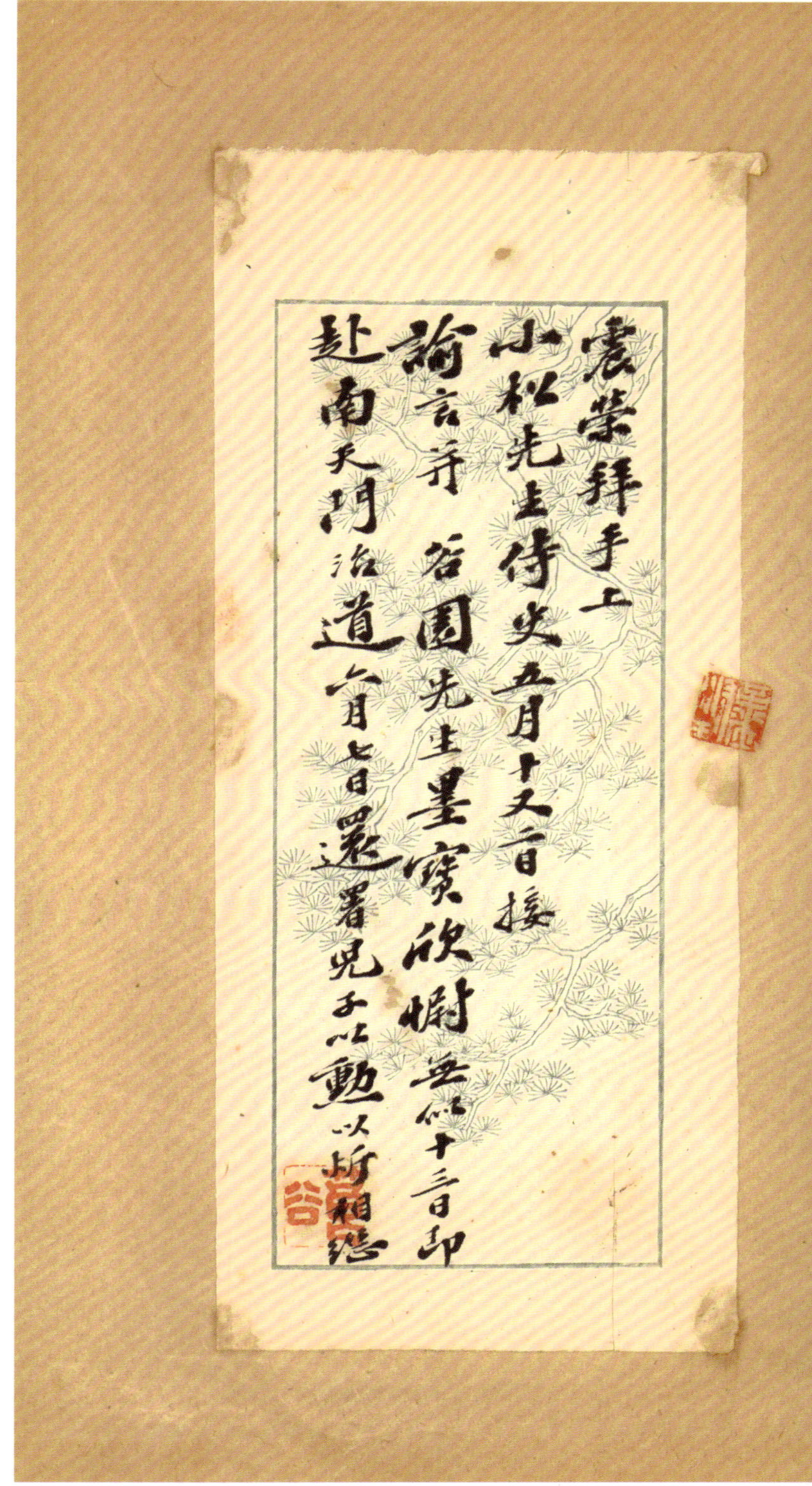
震榮拜手上
小松先生侍史五月十又二日接
諭言並　谷園先生墨寶欣慰無似十三日即
赴南天門治道六月七日還署兒子以勳以炘相繼

► 周震榮致黃易札之十一

震榮拜手，上
小松先生侍史：五月十又二日接
諭言並 谷園先生墨寶，欣慰無似。十三日即
赴南天門治道，六月七日還署，兒子以勳、以炘相繼

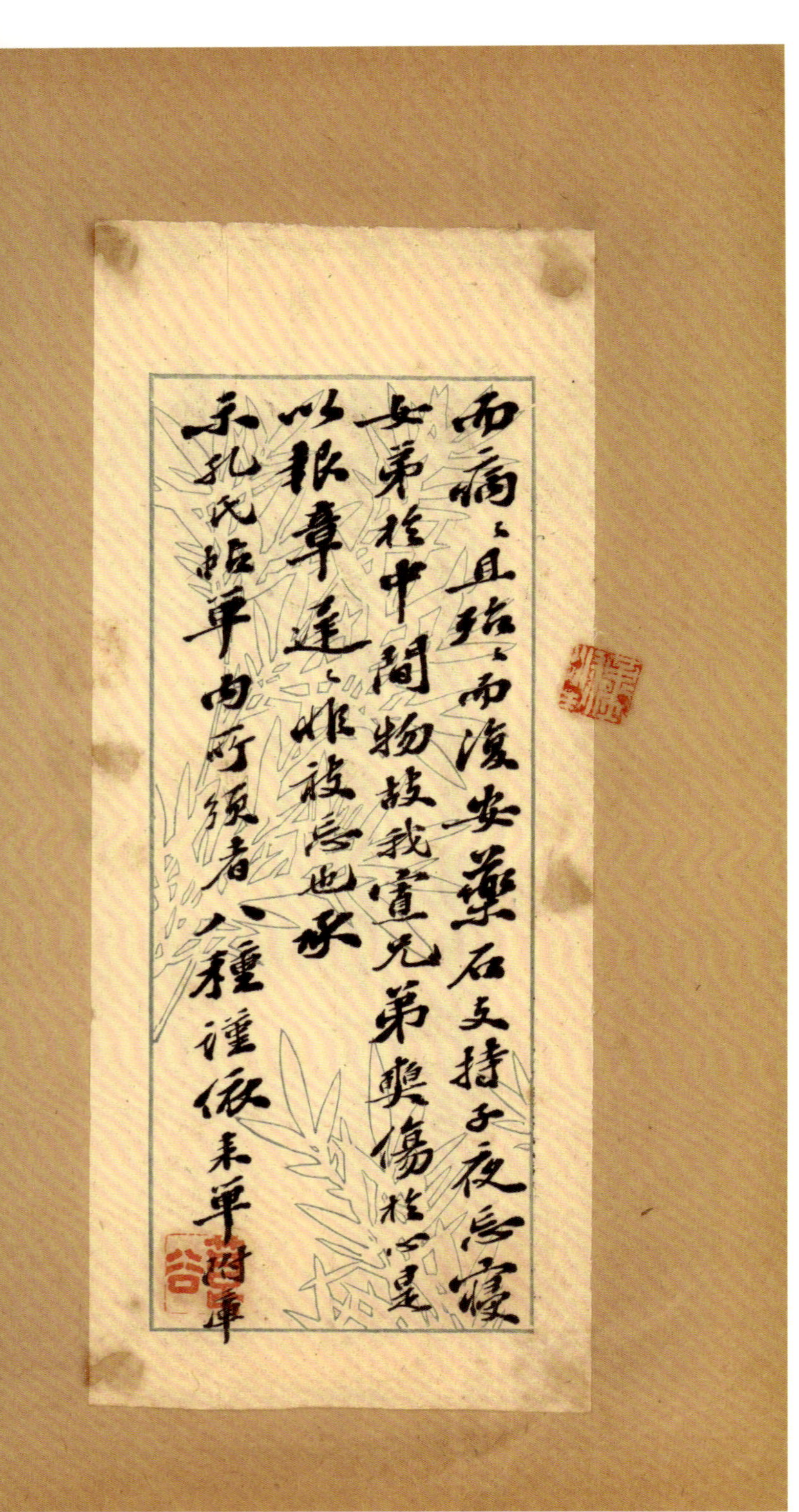

而病，病且殆，殆而復安。藥石支持，子夜忘寢，女弟於中間物故，我寡兄弟，奭傷於心，是以報章遲遲，非敢忘也。承示孔氏帖單，内所須者八種，謹依來單附庫

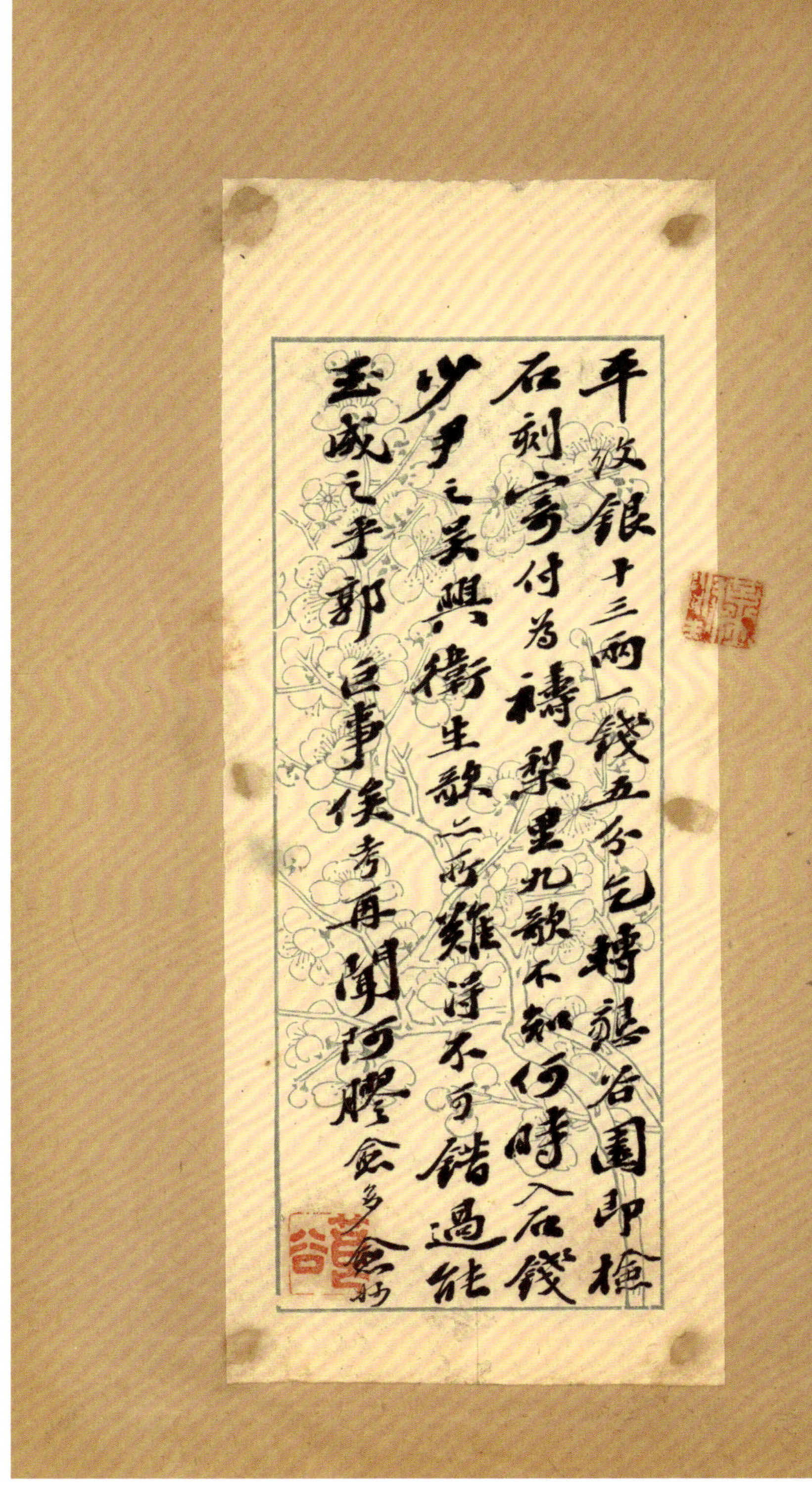

平紋銀十三兩一錢五分，乞轉䝟谷園即檢石刻寄付爲禱。梨里《九歌》不知何時入石，錢少尹之《吴興衛生歌》亦所難得，不可錯過。能玉成之乎？郭巨事俟考再聞。阿膠愈多愈妙，

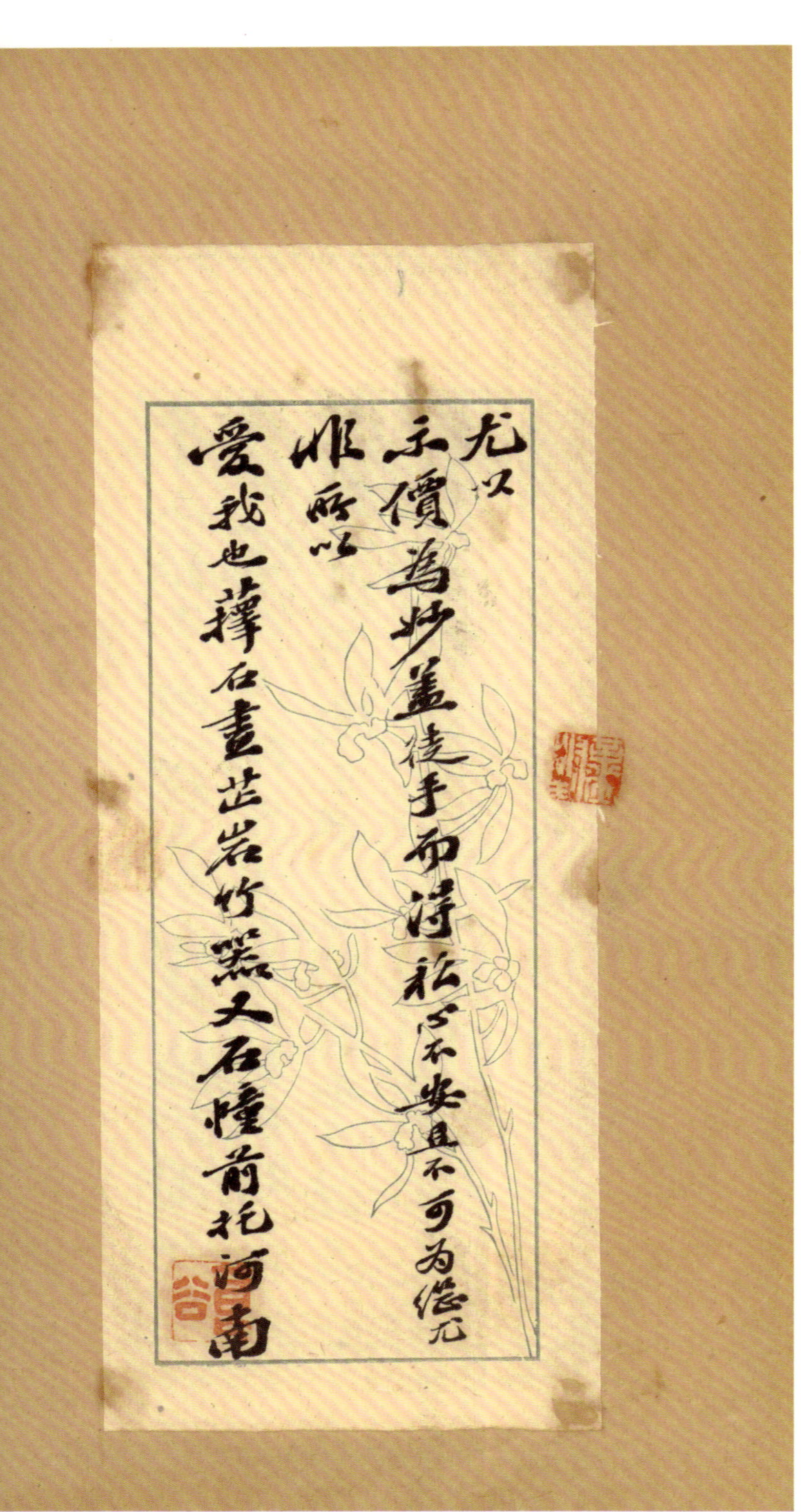

尤以
示價爲妙，蓋徒手而得，私心不安，且不可爲繼，尤
非所以
愛我也。搼石畫、芷岩竹器又石幢，前托河南

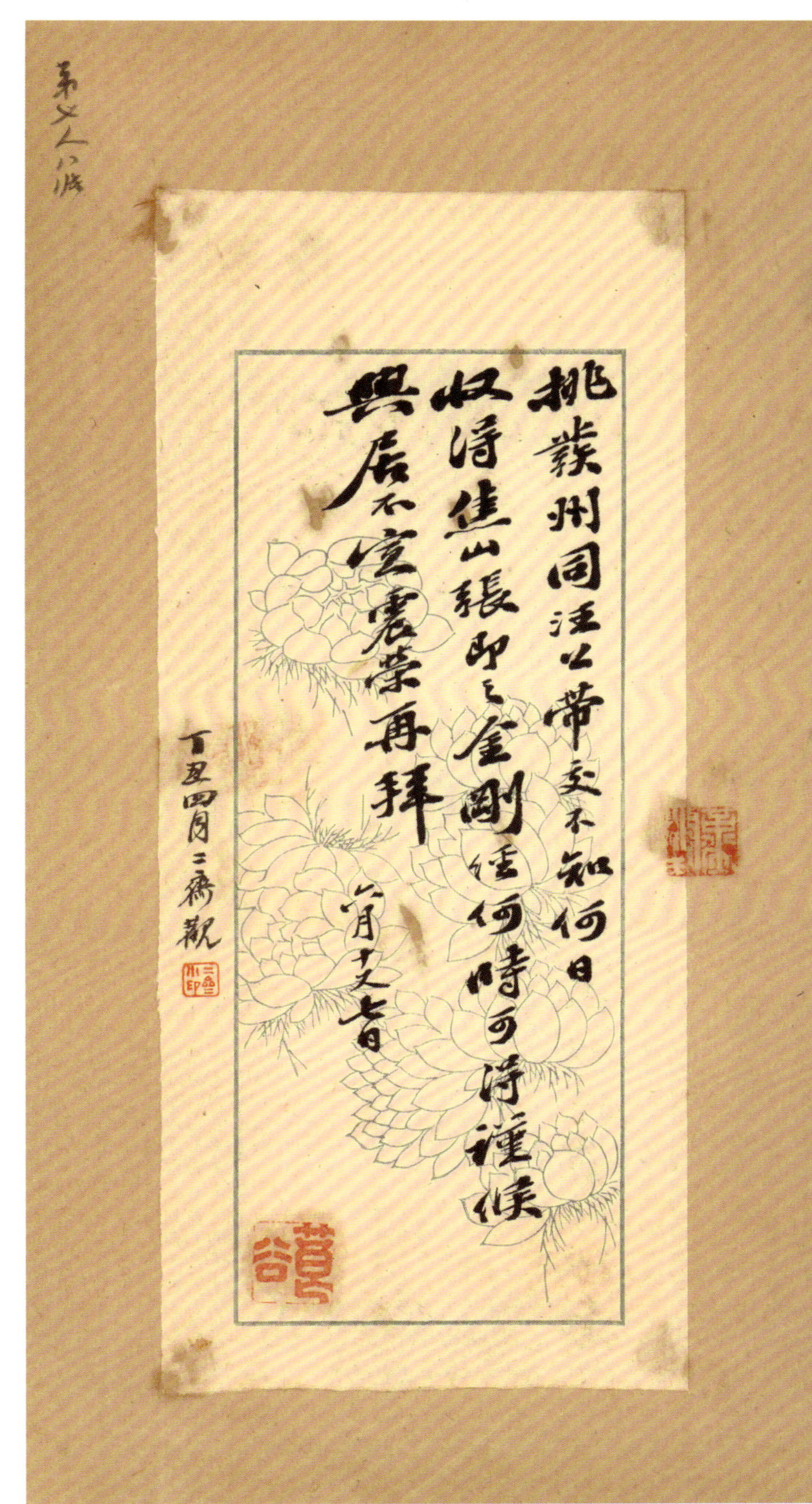

〔七一〕

挑發州同汪公帶交，不知何日收得？焦山張即之《金剛經》何時可得？謹候興居，不宣。震榮再拜

六月十又七日

丁丑四月二齋觀。

嚴修能丞函

接奉
手緘曠若覿面蒙索生館石室畫
象知向日人中轉求以示者
先生將古洞不可得覓往將為光令人取
雜如鐵網網之羅可瀾年上遍者人也
汝寄即將
尊札及所直付去并今索手書來也

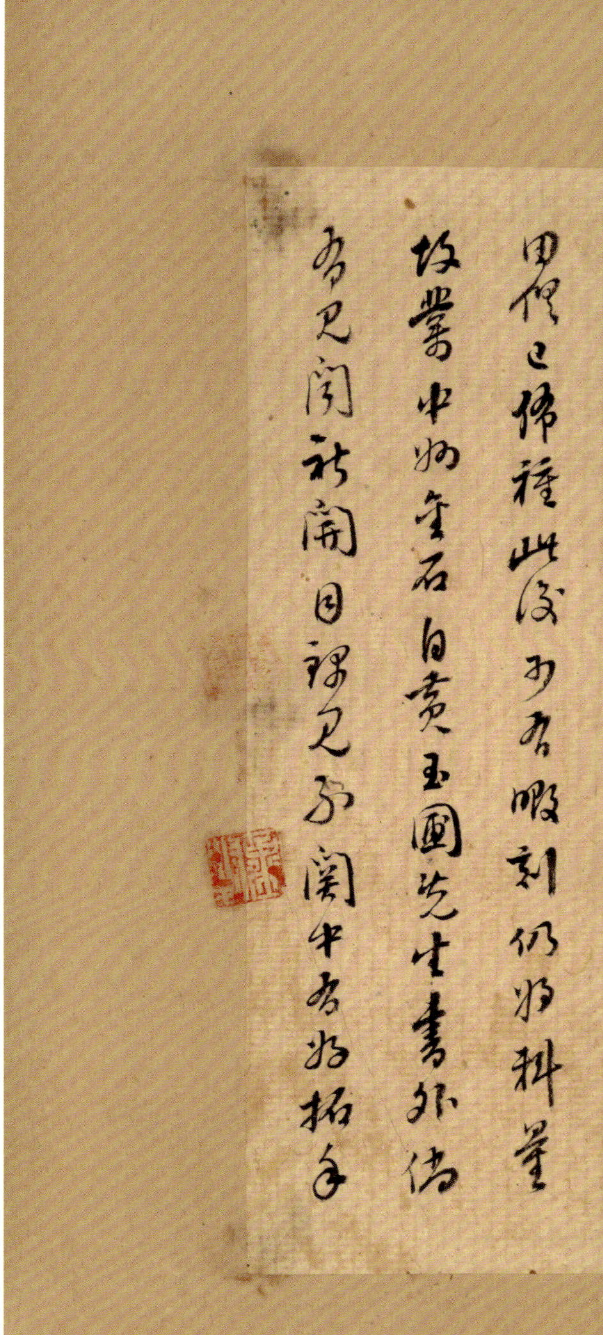

▶嚴長明致黄易札之一

接奉

手緘，曠若覆面。蒙寄《朱鮪石室畫象》，知向同人中轉求以示者。

先生好古，洵不可得，兼以好事，尤今人所難也，感謝，感謝！《王稚子闕》奉上，適有人去江寧，即將

尊札及所直付去，並令索其手書來也。此間頻歲不登，今年被旱地方更廣，幸六月初三、初五兩日河南北並獲甘霖，大田俱已佈種。此後可有暇刻，仍將料量故業。中州金石自黄玉圃先生書外倘有見聞，祈開目録見示。關中有好拓手，

八月間書已至，來諭所屬取需儘力拓

取李家山金石記兩三，向閣下友人索

取，刻下尚未以應

命。望望怩怩，日來氣候尖歉，請怪

琢玉每次仰復，并致

八月間當令其來汴，如有所需，儘可拓取奉寄也。《金石記》前已向關内友人索取，刻下尚無以應命，皇愧，皇愧。日來氣候炎歊，諸惟珍玉，匆次佈復，並致謝忱，臨楮依溯，不具。弟嚴長明頓首上小松老先生侍史　　六月十四日冲

【二九〇】

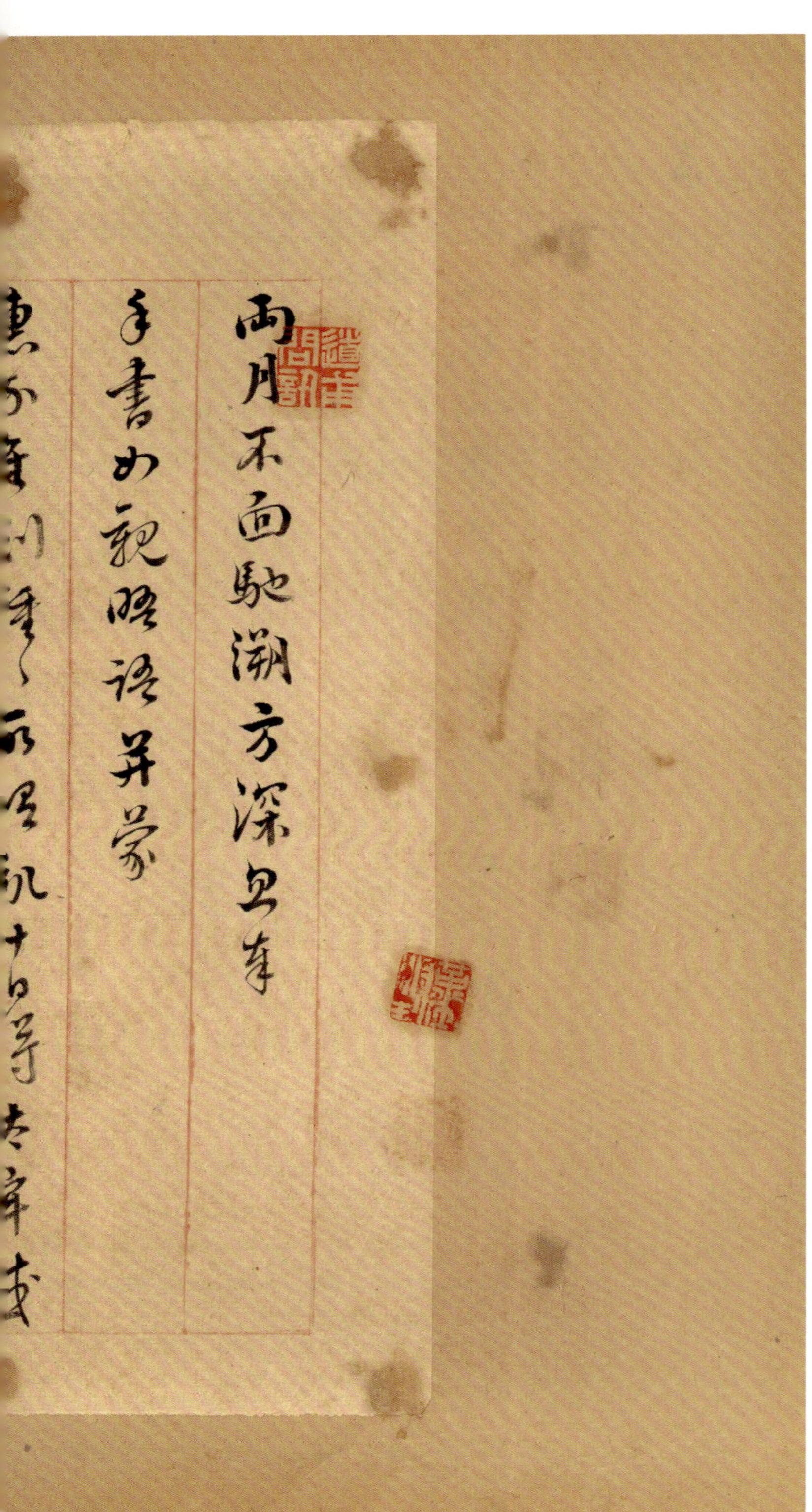
兩月不面馳溯方深忽奉
手書如親晤語并蒙

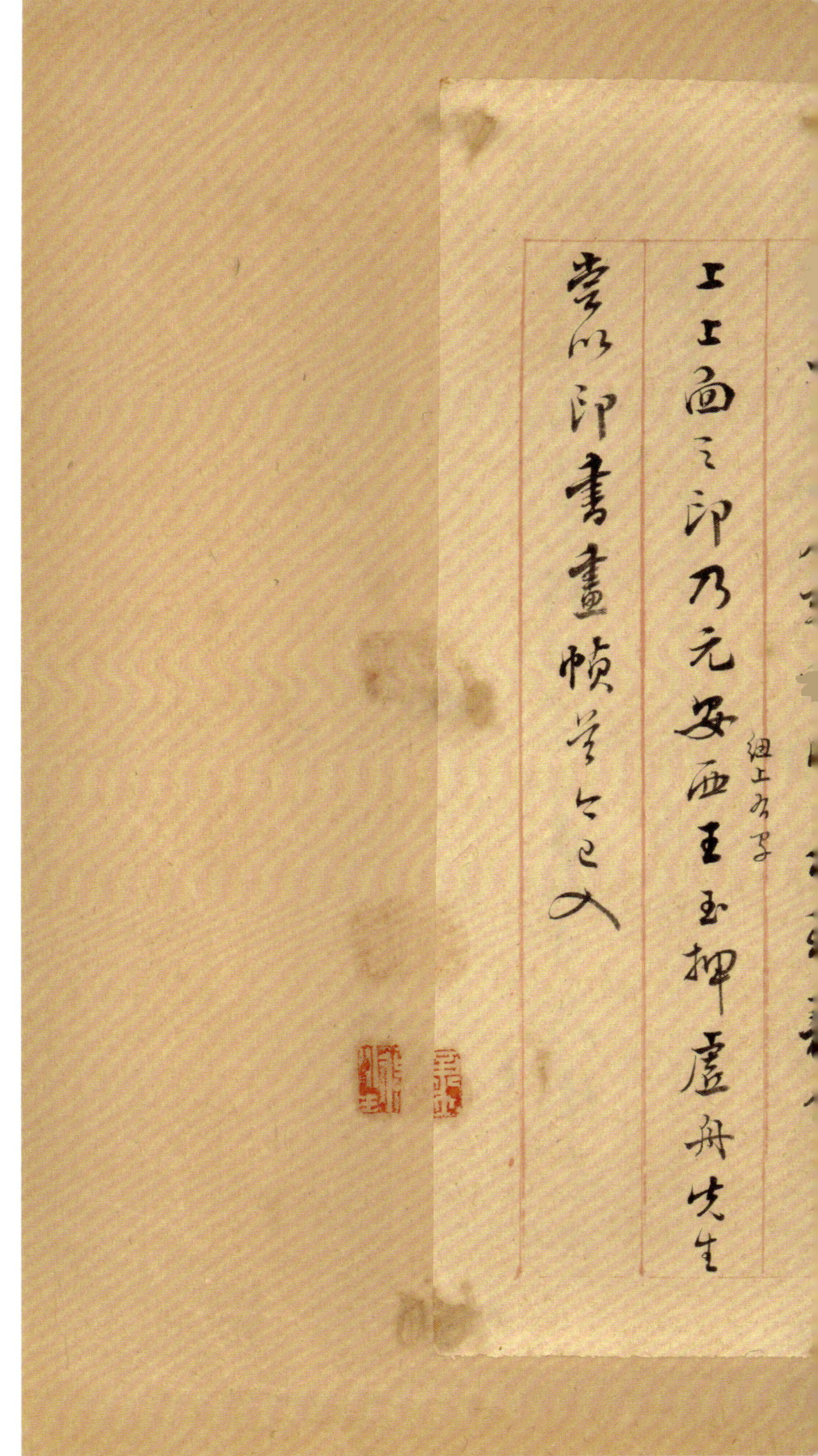
上上面之印乃元安西王玉押紐上有字虛舟先生
嘗以印書畫幀首今已入

►嚴長明致黃易札之二

兩月不面，馳溯方深，忽奉
手書，如親晤語。並蒙
惠示佳刻種種，所謂「饑十日得太牢」，感
謝，感謝！《泰山石刻》秋間已取到，藉使呈
上，上面之印乃元安西王玉押（紐上有字），虛舟先生
嘗以印書畫幀首，今已入

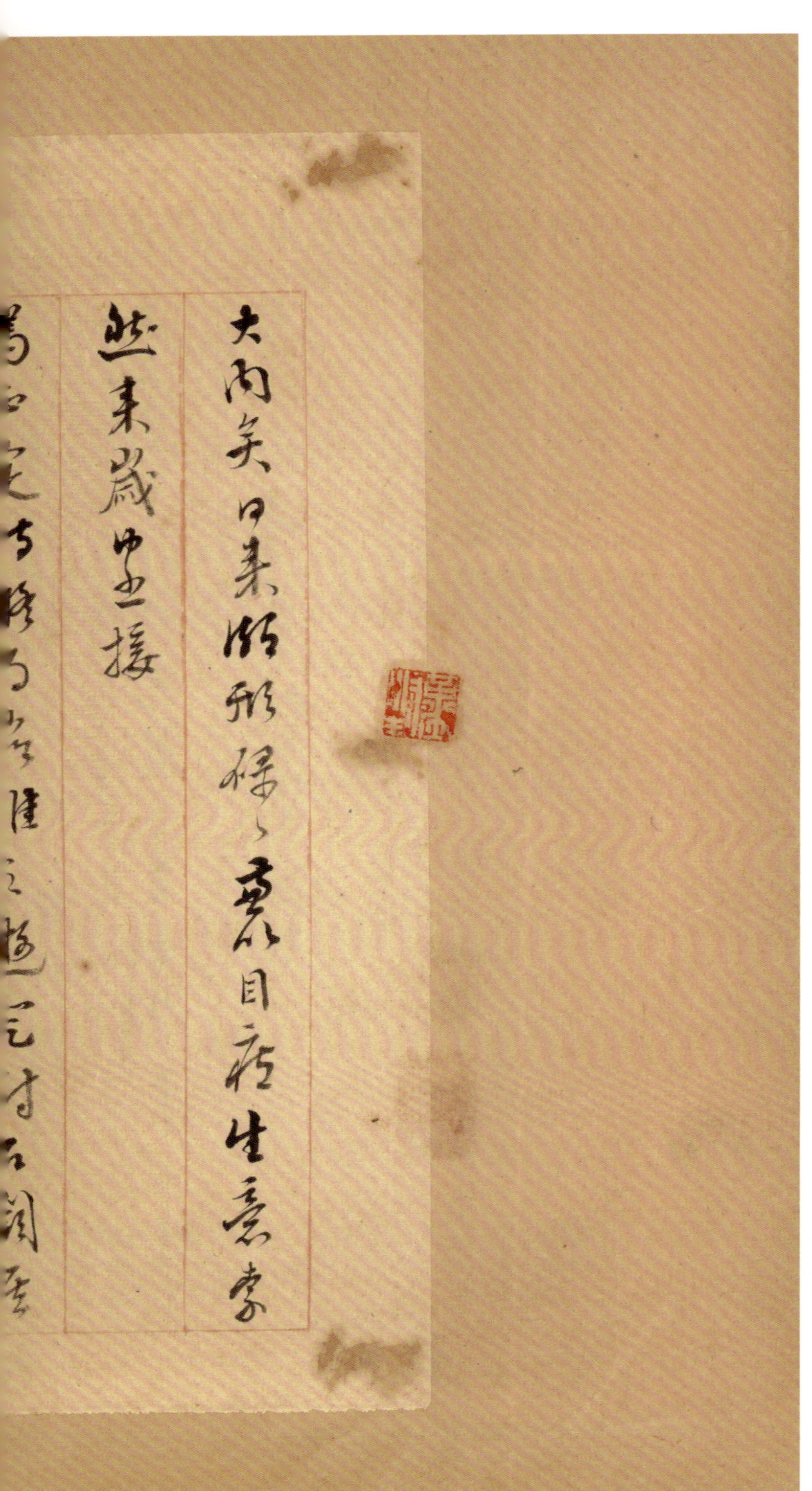

大同吳日來紹形得之素目存生意處
然未識中之操

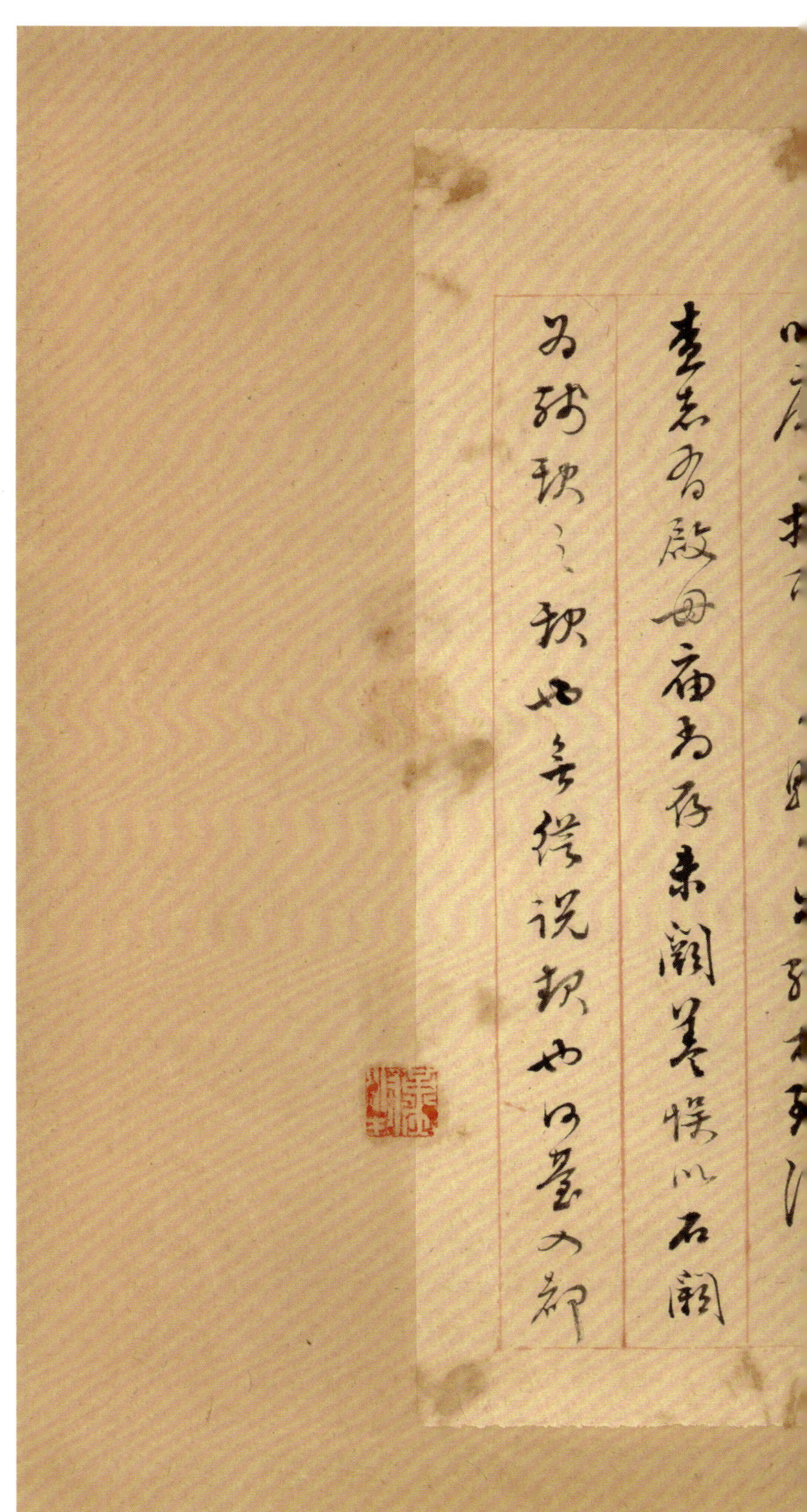
查志有啓母廟尚存未闕蓋誤以石闕
爲殘缺之缺也無從説起也河臺入都

大内矣。日來頗形碌碌，兼以目疾，生意索然。來歲中丞接駕正定時，擬爲崧雒之遊，登封石闕，其時庶可拓取。至今縣令曾經札致，復云，查《志》有《啓母廟》，尚存未闕，蓋誤以石「闕」爲殘「缺」之「缺」也，無從説起也。河臺入都，

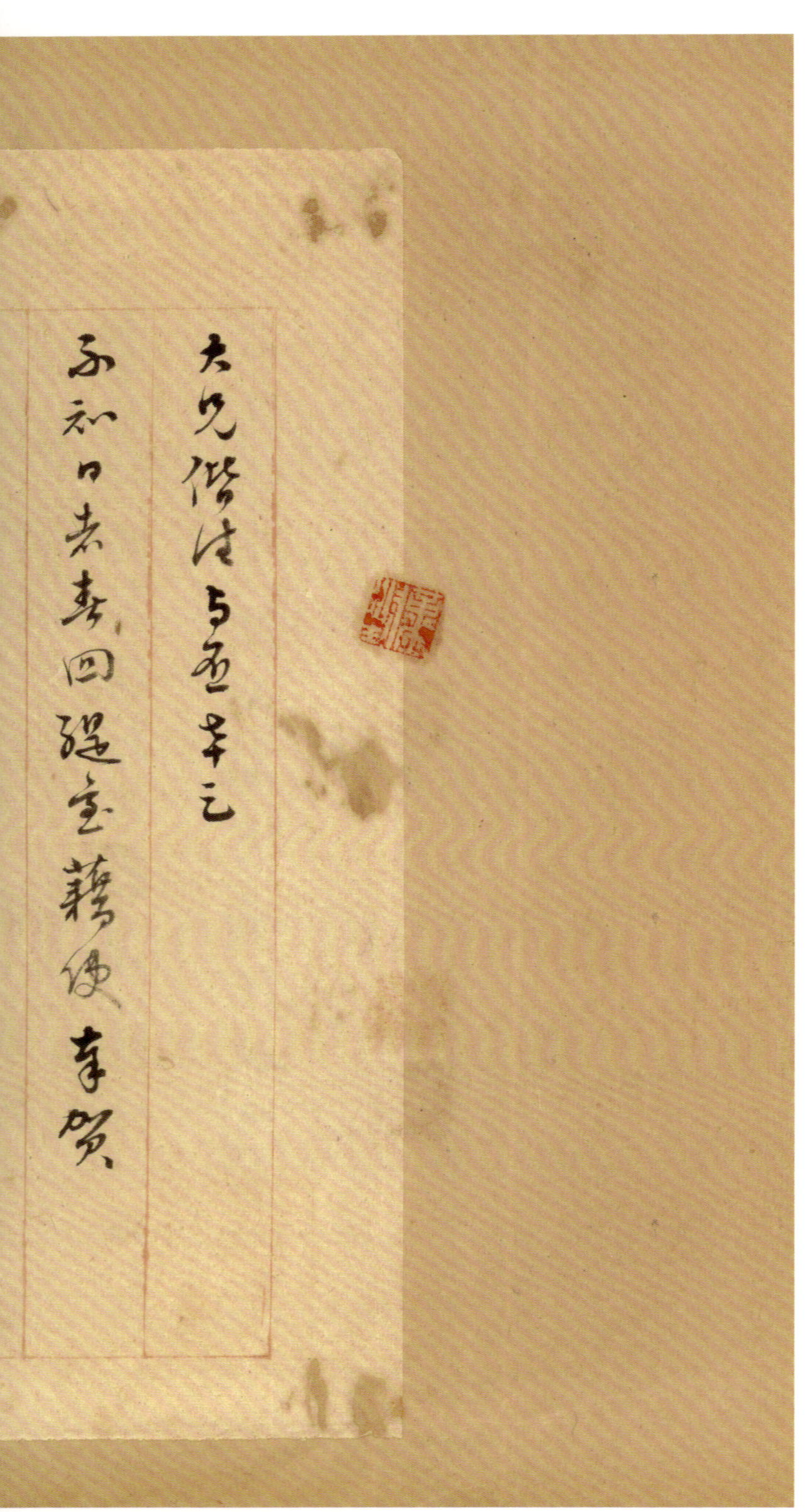

大兄借法與否幸之

不知日來春回强健否藉候 李賀

大兄偕往與否？幸乞
示知。日者春回緹室，藉使奉賀
節禧，並繳
謙禰，臨楮依溯，不具。弟嚴長明頓首上
小松大兄老先生石契　　十一月十二日冲
稚存已南歸，孫亦即赴西安矣，又及。

【二九二】

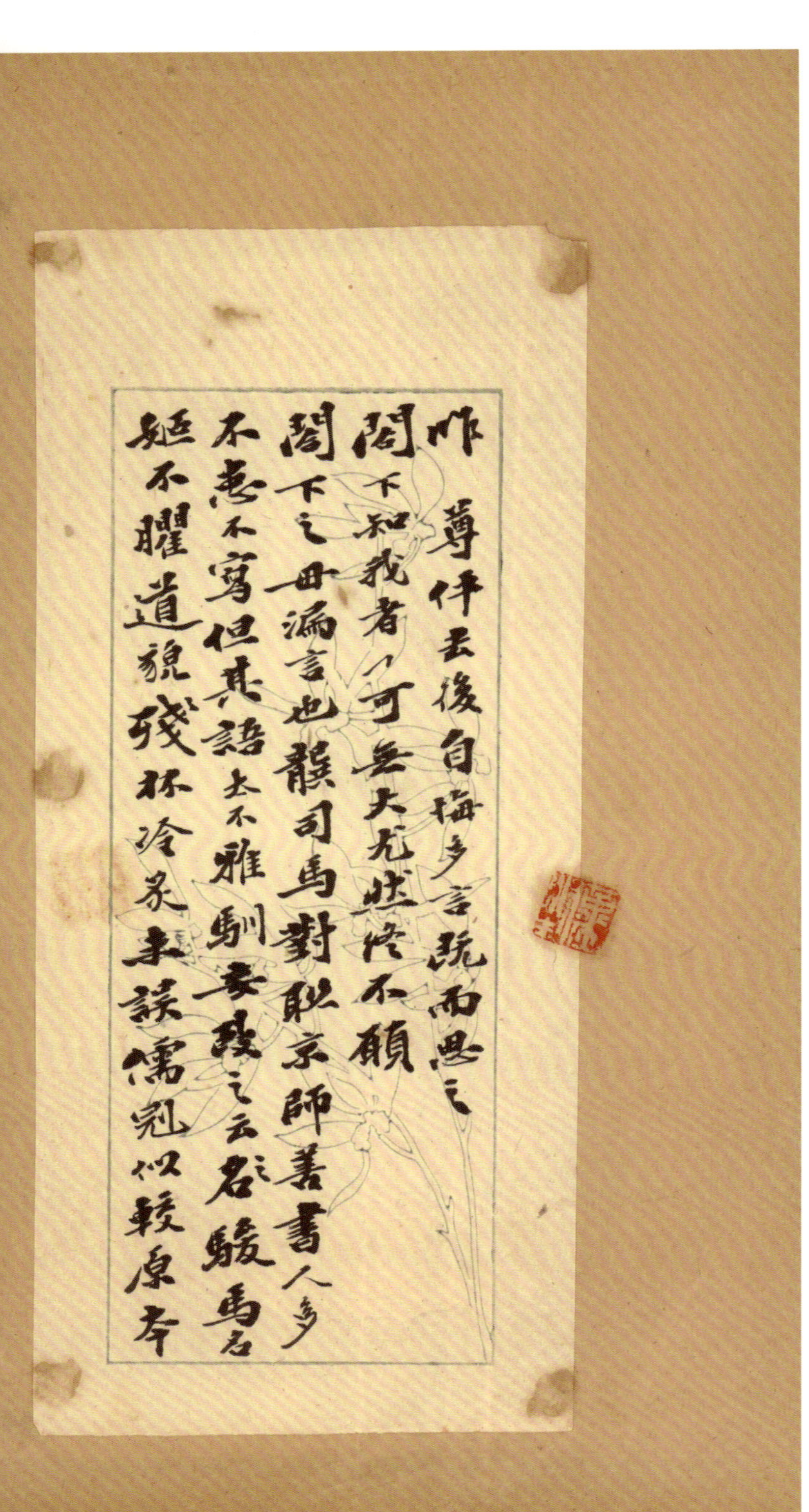

◀ 周震榮致黄易札之十二

昨尊伴去後，自悔多言。既而思之，閣下知我者，可無大尤，然終不願閣下之毋漏言也。龔司馬對聯，京師善書人多，不患不寫，但其語太不雅馴，妄改之云：「駿馬名姬不矅道貌，殘杯冷炙未誤儒冠」，似較原本

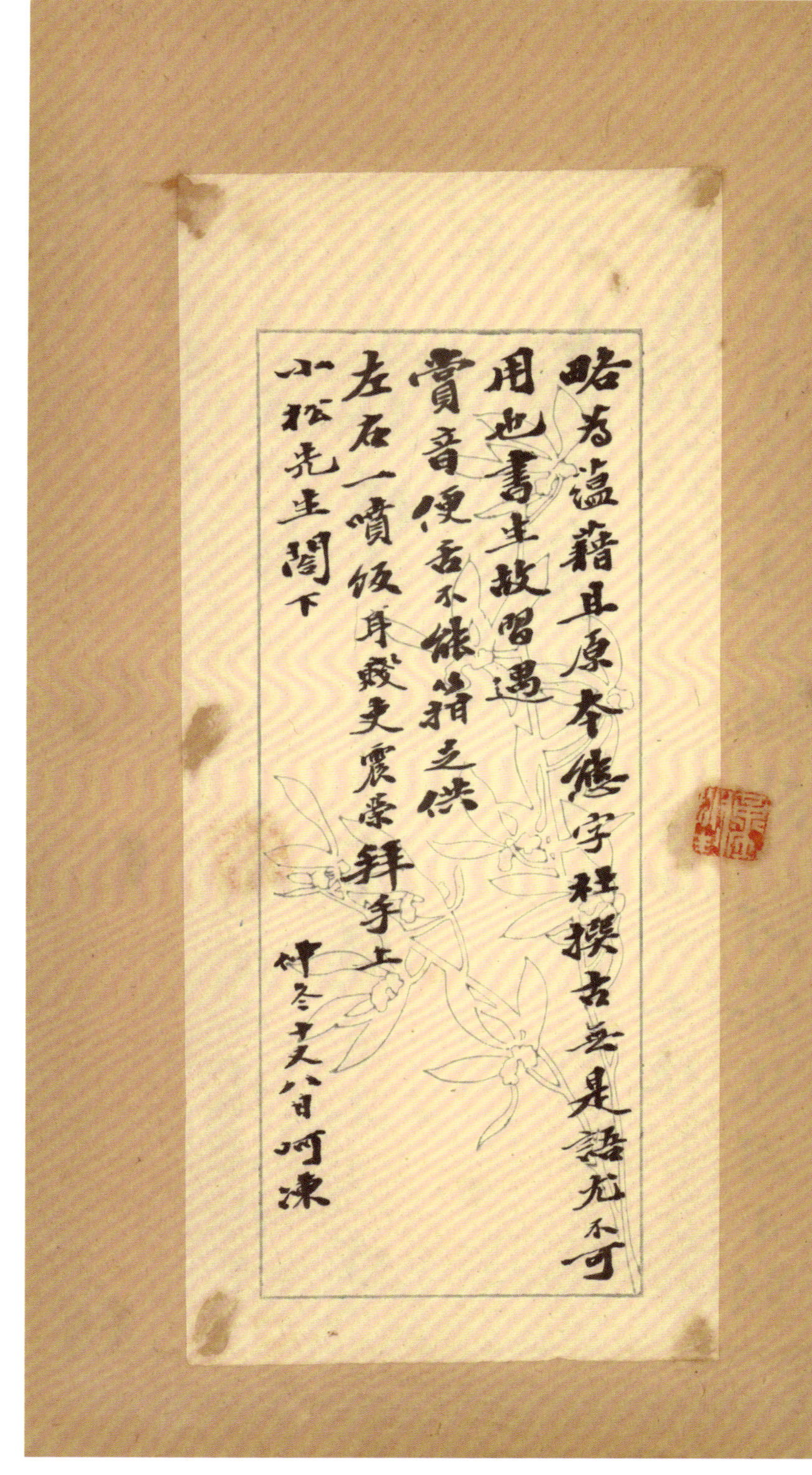

略爲蘊藉，且原本「態」字杜撰，古無是語，尤不可
用也。書生故習，遇
賞音便舌不能箝，足供
左右一噴飯耳。賤吏震榮拜手上
小松先生閣下　　　　仲冬十又八日呵凍

〖七二〗

◀ 周震榮致黃易札之十三

三月晦日，伏讀

諭言，至「盈盈帶水」之語不覺黯然。震榮於津差坐卧帳房二十一日，風寒侵骨，未遽霍然，

承

命書聯，愧不能（必不敢忘）即日呈

正。（阿膠妙極，感極！）站圖謹奉二册供官曲耳，不值雅人噴飯也。見在探聽河憲赴固日期，

走謁行轅，乘此可圖良晤，稍罄别後悰曲，想

知己亦所欣願。豚犬輩不知根柢學問，雖不入

游蕩，却無日進之機，縱有所成，總不離目下所

謂名士派頭。震榮且不惬心，况於

大通人之前耶！辱蒙

齒及，故敢云云。震榮再拜上

孟夏朔日

汪君名彝銘，副榜，館滿分發河南，以州同試用，詩賦古文迴出時下名流，其淵源則出其胞兄康古先生也。大兄試與一晤，必惜之且愛之。與秋塍亦總角文字世交，或可因屋烏之故

拂拭提携，轉之清波，如秋塍之例，其功德不可思議。焦山《金剛經》何日了此因緣？盼望，盼望！

〔七〇〕

「兩接手書」札

兩接

手書，如親覿面。十年知己，藉以稍罄闊悰，何幸如之？然旋聚又將旋散，九、十月間擬從制軍由長江南下耳，行李車尚未到，約望後可以專差附送。然篋中所帶金石甚少，惟西魏《岐法起》、北周《王瓫生》二係銘石（外尚可得十餘種），僕已載來，可同瓦當拓本一並送登也。僕又得漢未央宫磚一，約方一尺、厚二寸，上有「長生未央」四篆字，作「長生未央」，字長四寸、寬二寸，擬倩工人作硯。足下可爲僕賦之，並即望寄示也。潮暑飲食皆不宜人，日同稚存、淵如、師退三君説不要緊話，頗不寂寞。足下以何時來汴城？可豫擬否？望之。此候。

有全椒人俞肇修，號竹居，酷慕足下矣。今有來册十二幅，專祈僕轉求，特此呈送。其人現在西安，亦好大收碑訪瓦人也，晋齋亦識之。又拜。

古歡第七冊

古歡
第七冊

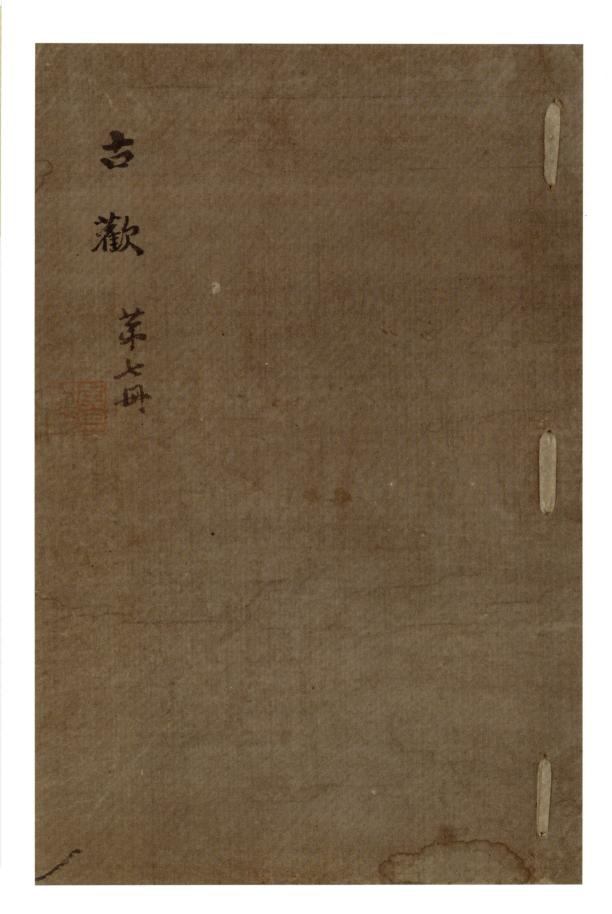

蔡六世兄
漳浦舊山師之六公子也

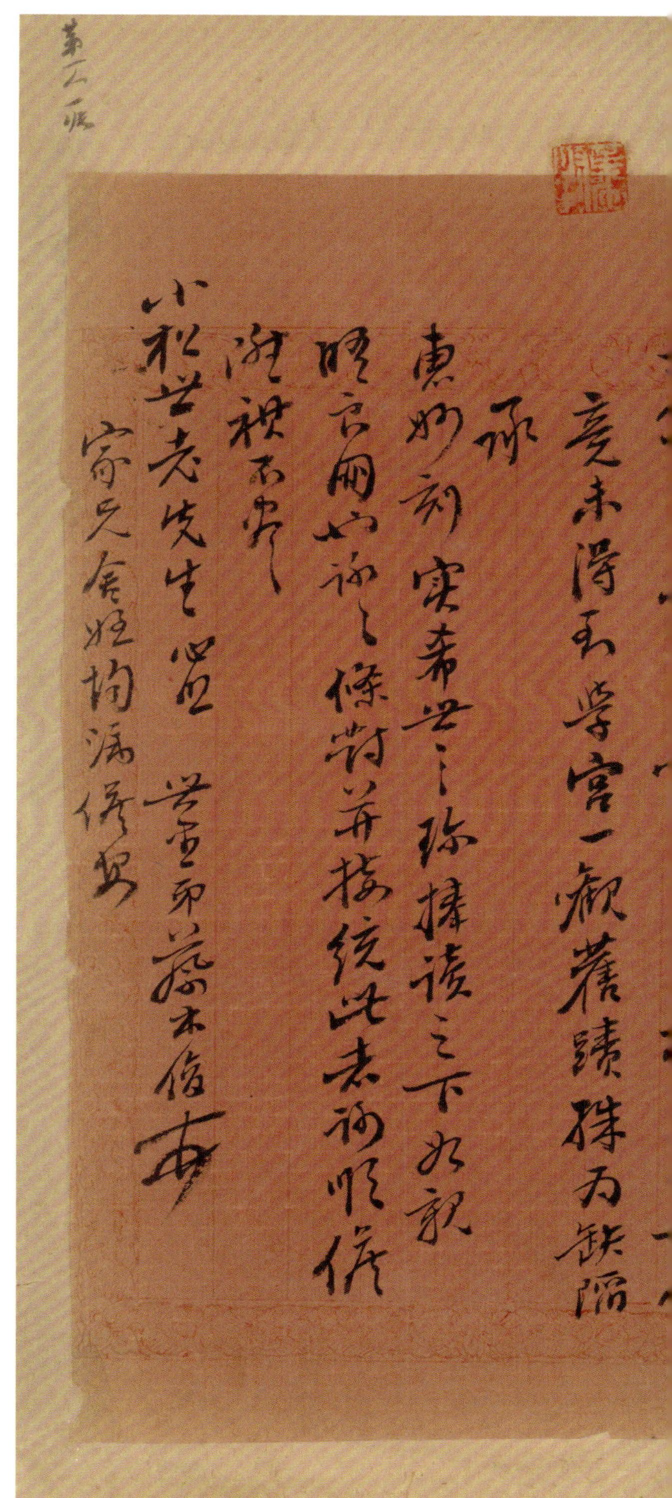
第二張
竟未得至學宮一觀舊蹟殊爲缺陷
承
惠妙刻實希世之珍捧讀之下如親
晤良朋也謝謝條對并接統此者謝順候
陞祺不盡
小松世老先生心照　世愚弟蔡本俊頓首
家兄舍姪均囑候安

▶ 蔡本俊致黃易札之一

日前一唔，差慰渴私。過濟寧時，稔知
大駕公出未回，雖赴南池太白樓瞻望一番，竟未得到學宮一觀舊蹟，殊爲缺陷。
承
惠妙刻，實希世之珍，捧讀之下，如親晤良朋也，謝謝！條對並接，統此者謝，順候
陞祺，不盡。
小松世老先生心照　　世愚弟蔡本俊頓首
家兄、舍姪均囑候安。

〖五七二〗

◀張塤致黃易札之一

前蒙寄印泥，已作信具謝，想登
記室。偶作小詩一章（阿膠未將到，已詳詩末韻中），輒録請
正，專有啓者。蔣世兄知廉來信云，到東後知
上首擠擁，從六品者有四十餘人，渠家貧母
老，急欲得一氈之地以謀菽水。此時河帥
雖已易人，而

大兄聲望非他人可比，即煩專作一禀與青齋，
　令其得就河工，實爲萬幸。此等事須求
大兄殫力破格爲之，乃得成就，若因循成例，無
　不致畫餅者。辱以
知愛，故敢干瀆，又憐故人之子之中，實難得
　此才品俱好者也。千萬！照鑒不宣。
小松大兄大人　　　　愚弟塤頓首　三月廿三日

【三六一】

沈外翰聲齋

別來已幾匝月，想工次一切備極勞神，伏維起居珍玉。弟於月之三日始得上船，緣家兄又有札來，囑弟暫爲等候一兩日，大約明日總得成行矣。別緒匆匆，惟祝雎工如期堵合，旌旆即日旋濟。弟於花朝前後亦便東來，藉圖快叙，

◀沈升嶠致黃易札

別來已幾匝月，想工次一切備極
勞神，伏維
起居珍玉。弟於月之三日始得上船，緣家兄又有札
來，囑弟暫爲等候一兩日，大約明日總得成行矣。
別緒匆匆，惟祝雎工如期堵合，
旌旆即日旋濟。弟於花朝前後亦便東來，藉圖快叙，

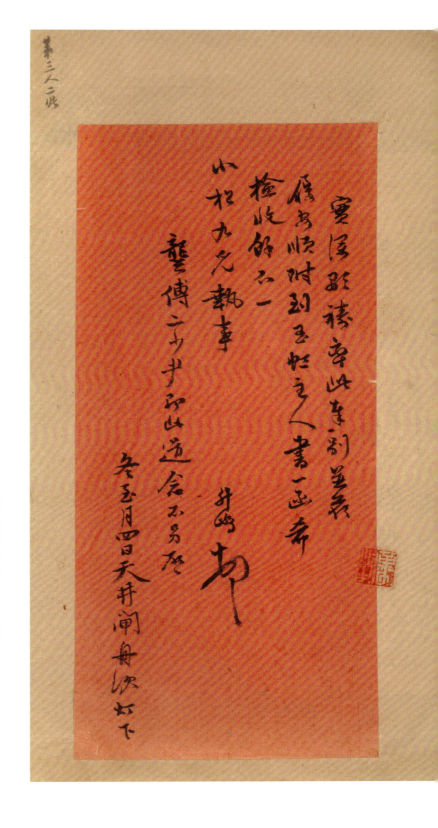

第三人二紙

【二八〇】

實深顯禱，率此奉别，並候

履安。順附到玉虹主人書一函，希

檢收，餘不一。

小松九兄執事　　升嶠頓首

龔、傅二少尹即此道念，不另啓。

冬至月四日天井閘舟次燈下

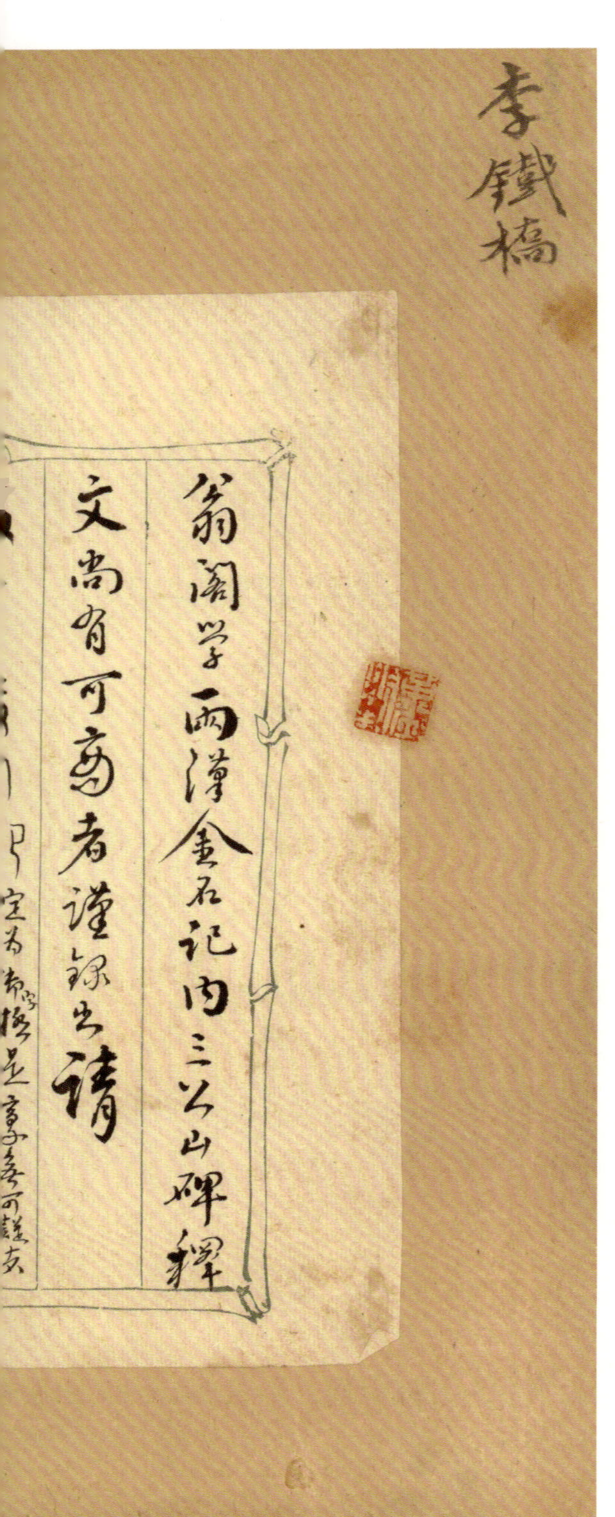
李鐵橋

翁閣學兩漢金石記內三公山碑釋
文尚有可商者謹録出請

李東琪致黃易札之二

翁閣學《兩漢金石記》內《三公山碑》釋文尚有可商者，謹録出請教。其中「□□御」（定爲「御」字極是，毫無可疑者矣。漢碑「御」內從「先」者甚多），其「醮祠□□」（「希罕」二字無可疑者），下接「□□□□」（鄙見疑是「咎貞」二字，斷非「焚奠」，亦非「敬奠」也。按《六書通》載「咎」字，古《老子》作「□」，《汗簡》作「□」，碑作「□」，似是從各從人，又加土於內耳。愚意因醮祀希罕而神道降咎，禎之令不行，以致蝗旱爲災，亦未可知），其「卜擇□□」（是「土」字無疑。碑中「三」字凡三見，皆作「□」，其末筆下垂又不獨此也），「三公悳廣」（「德」字無疑。弟初見此碑時即辨是「德」不是「慈」也），「治東□衡山，起堂立壇」（遺落「就」字）。

【二四九】

某日人一紙

斜貞二字斷非楚篆亦非彝篆也按六書通載斜字古老子作𢓊汗簡作𢓊碑作𨌺似是从名从人又加土于四年愚意因離祀帝罪而神道降斜禎之令不行以致惶旱為災亦未可知

其下擇吉土是土字無疑碑中三字凡三見皆作土其末筆下垂又另獨此也

三公惪廣德字無疑予初見此碑時即辨是德不是惪

治東就獄山紀第之墟遺落就字

海粟書屋

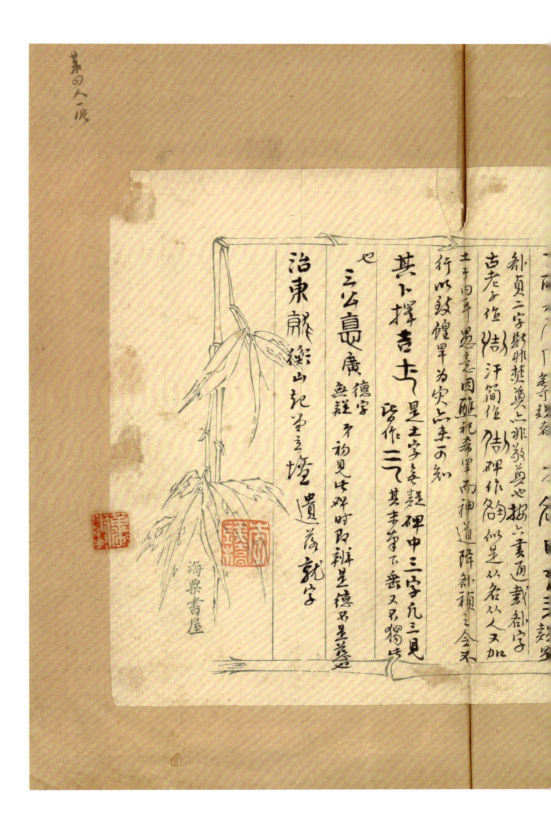

潘有爲致黄易札之九

春三月得

手示，來使具告，回信交全浙館司閽者轉給，當不誤。弟正與芝山接談，偶欲有所贈，亟詢使者歸期，遣人返之，弗及。次日屬奴子偵其下落，而横街及土地廟斜街兩館地皆無有，以此未能報

命。芝山彼時亦要發信，無由達也。昨七夕再接

手書，具悉

安善，欣慰之至。弟自與窺中秘，據案五年，

日夜皆有一定章程，精力疲瘁。昔人作《解嘲》云：「半折援之以，全昏請問其。」弟之憔悴良有過之。

足下以《得石圖長歌》相屬，此册初在魚門先生處得觀，自忖斷無餘隙完全雅意，即力懇家蘭垞兄爲補此空圖，可以謝過責也。不料輾轉相遞，至今尚未歸趙，是弟之圖謝責而責轉深矣！

足下有札向蘭垞兄催取，大妙，大妙。芝山自去秋由

教習館遷出城，即以弟寓爲寓。弟公課忙，居
停與闊別無異，至今夏乃能數晨夕，又幸晤
晋齋茂才，訂金石交。回憶多年校讎之苦，
遠殊涇渭，止恨吾
兄及然圃學博不得共團欒爲增感耳。弟
本月十一日有津門之行，歸時總在八月，因速
報札。其《得石圖册》經諄托芝山代催，封寄
足下。佐蘭宅兄一緘，弟昨往投，未能晤也。來信云，
寄示《永建刻石餘字》一紙，細撿無有，想偶忘封

入，未可知。然在芝山案頭飽觀，深惜已漶漫，微
欠神采，備一種而已。古泉幣數年不暇搜羅，今
夏大有所獲。銅印尚未滿千，
尊藏能足嶽添流，更感。《張文敏小楷》，玉虹樓已
付梓，其墨迹還我看篆樓中，大望，大望。《武梁
祠堂漢畫》自足千古，願沾丐其餘。參商出没，瞻
跂多情，順時
珍攝，不既。弟潘有爲頓首
小松先生文侍　　　　七月九夕冲

【一一一】

元青紅毛羽緞長褂料一端，今春要
奉寄者，頃聞差官係
貴相好，就便托致，乞
檢收爲禱，想當不誤也。
有爲又頓首

潘有爲致黄易札之十

七月望前告假發津門，恰好重陽回都，晤晉齋、芝山，已有三秋之感，契闊如吾兄，可勝言念耶！再得示忭慰，當不具言也。石拓已收到，謝謝。細審鏡文内有精絶者，寶貴之至。弟收古鏡三十餘面，間亦有可觀，容抽暇拓寄。芝山以弟寓爲寓，榻前懸漢畫像六幅，

皆奇古可愛，詢云《武梁祠堂刻石》，弟因之
札乞，不料竟是《郭巨石室象題名》，惜已
漫漶掩真矣。曩見陳章侯人物，每把
玩不釋手，近始悟從漢畫脱稿，而天分
與學力兩造高深，故獨臻其妙，倘得一
全副澹墨拓本，平生之願足矣！惟
兄惟能慰我饑渴。弟集銅印千枚，擇其

氣味稍差與模糊欠真、不入賞鑒者割置百餘，以此尚未盈千，必加意拓之，就正有道。《得石圖》册子已索還，少頃始得縱觀，惜兩月辭春明，歸時譚諧絡繹，精神未定，而使者已迫不及待，止可將原册寄去，留爲後日負逋一佳話也。芝山倩趙君刻漢畫，大有趣，惟隸書精采不出，

〔一一二〕

其過不在刻者，良可惋惜。晉齋兄十八日有關中之行，歡序未暢，離愁將繼，其何以爲情？葯谷作古人矣，魚門先生嗣之，良友蕭索，增慟奈何！特此問安，能撥冗乞小畫一幅，不異百朋。
小松先生吾師　　弟有爲頓首
九月十四夜冲

書詞兩美。丁丑四月二齋觀。

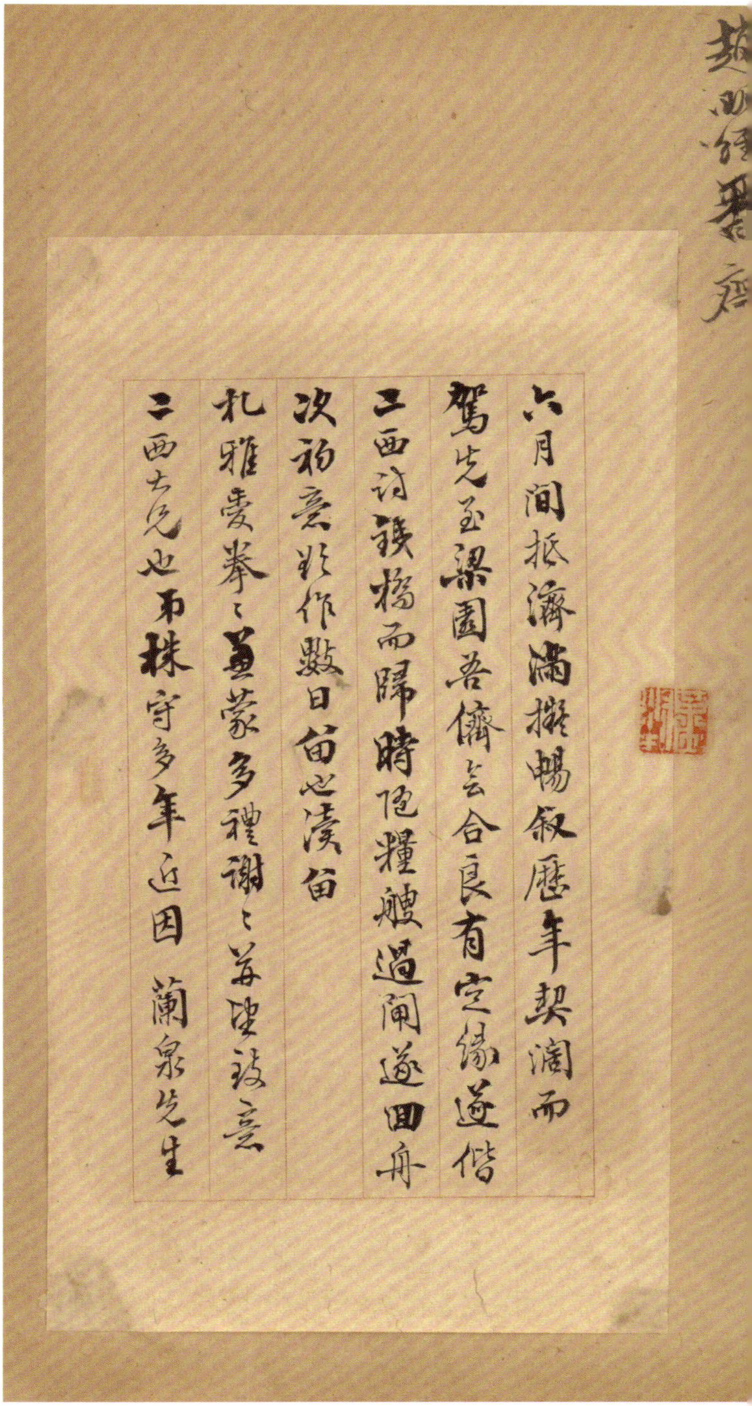

趙魏致黄易札之九

六月間抵濟，滿擬暢叙歷年契闊，而駕先至梁園，吾儕會合良有定緣。遂偕二西訪鐵橋，而歸時隨糧艘過閘，遂回舟次，初意欲作數日留也。讀留札雅愛拳拳，兼蒙多禮，謝謝！並望致意二西大兄也。弟株守多年，近因蘭泉先生

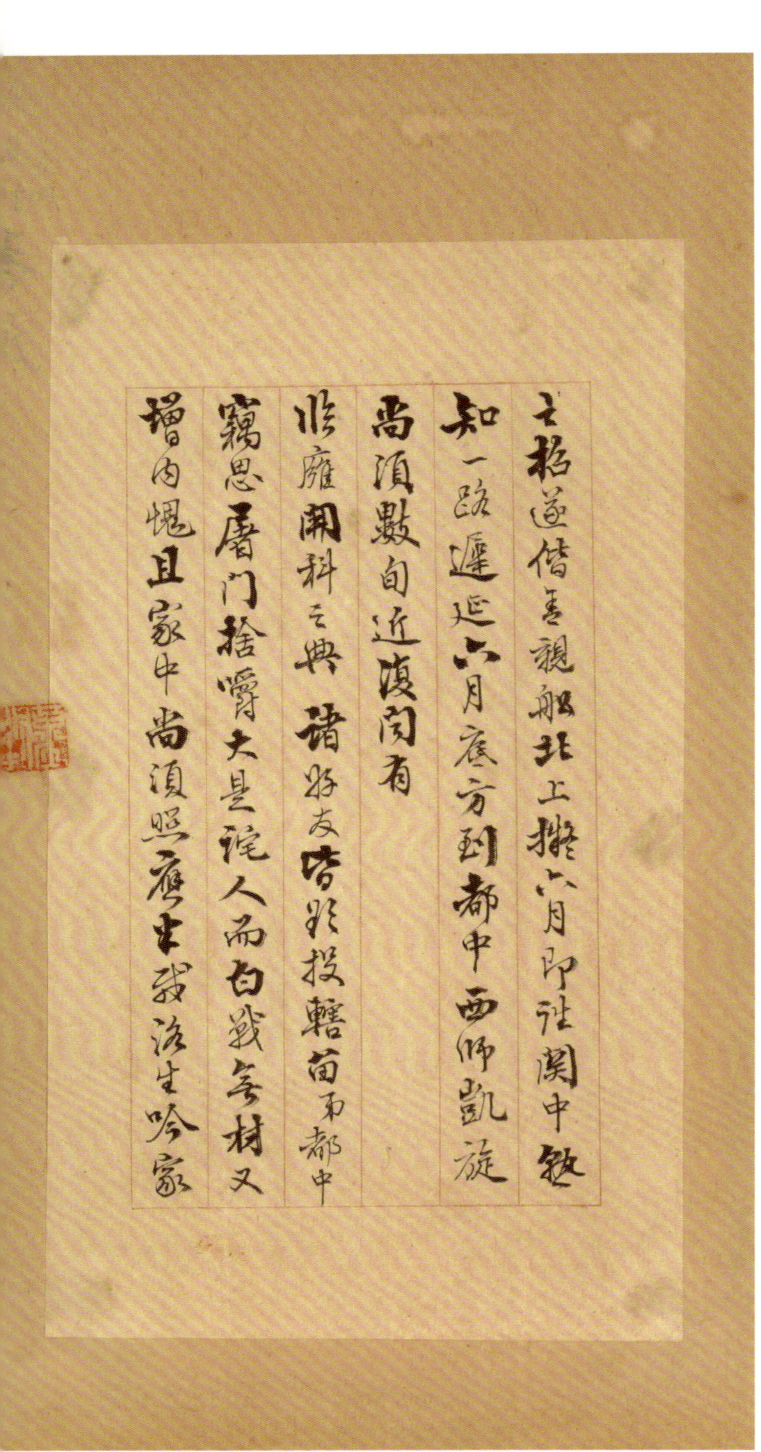

之招，遂偕舍親船北上，擬六月即往關中，孰
知一路遲延，六月底方到都中，西師凱旋
尚須數旬。近復聞有
臨雍開科之典，諸好友皆欲投轄，留弟都中，
竊思屠門捨嚼，大是詫人，而白戰無材，又
增内愧。且家中尚須照應，半載洛生吟，家

下不知幾敫敫耳。雞肋牽人，思之維谷，大約中秋前後束裝西行，獻歲再定觀光之局，總以正月爲斷耳。吾兄年終有人回府，務須假弟一二十金偕寄至家中，以應年終之須，回陝時當即奉趙也，至囑，至囑！刻於芝山大兄處接讀

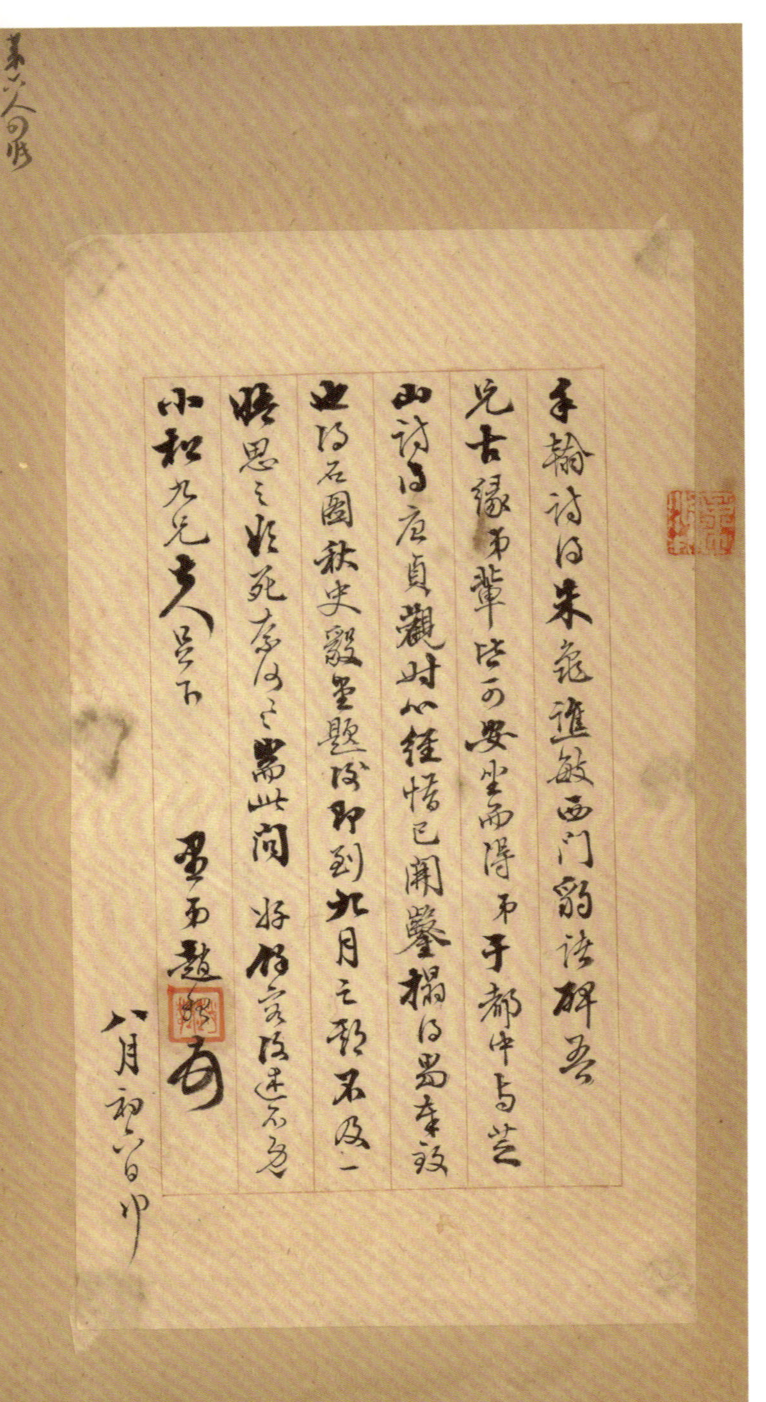

〖九〇〗

手翰，訪得《朱龜》《譙敏》《西門豹》諸碑，吾兄古緣，弟輩皆可安坐而得。弟於都中與芝山訪得唐貞觀時《心經》，惜已開鑿，拓得當奉致也。《得石圖》秋史、㲄堂題後即到，九月之期，不及一晤，思之欲死，奈何，奈何！耑此問好，餘容後述，不既。

小松九兄大人足下　　愚弟趙魏頓首

八月初六日冲

宋葆淳致黃易札之一

屢接
華翰，未得奉
復，甚念，甚念。晉齋擬於十八日
西行，尚有數日聚也。《得石
圖》都已題滿，尚欠㲄堂一
首。拙作已脫稿，有數字

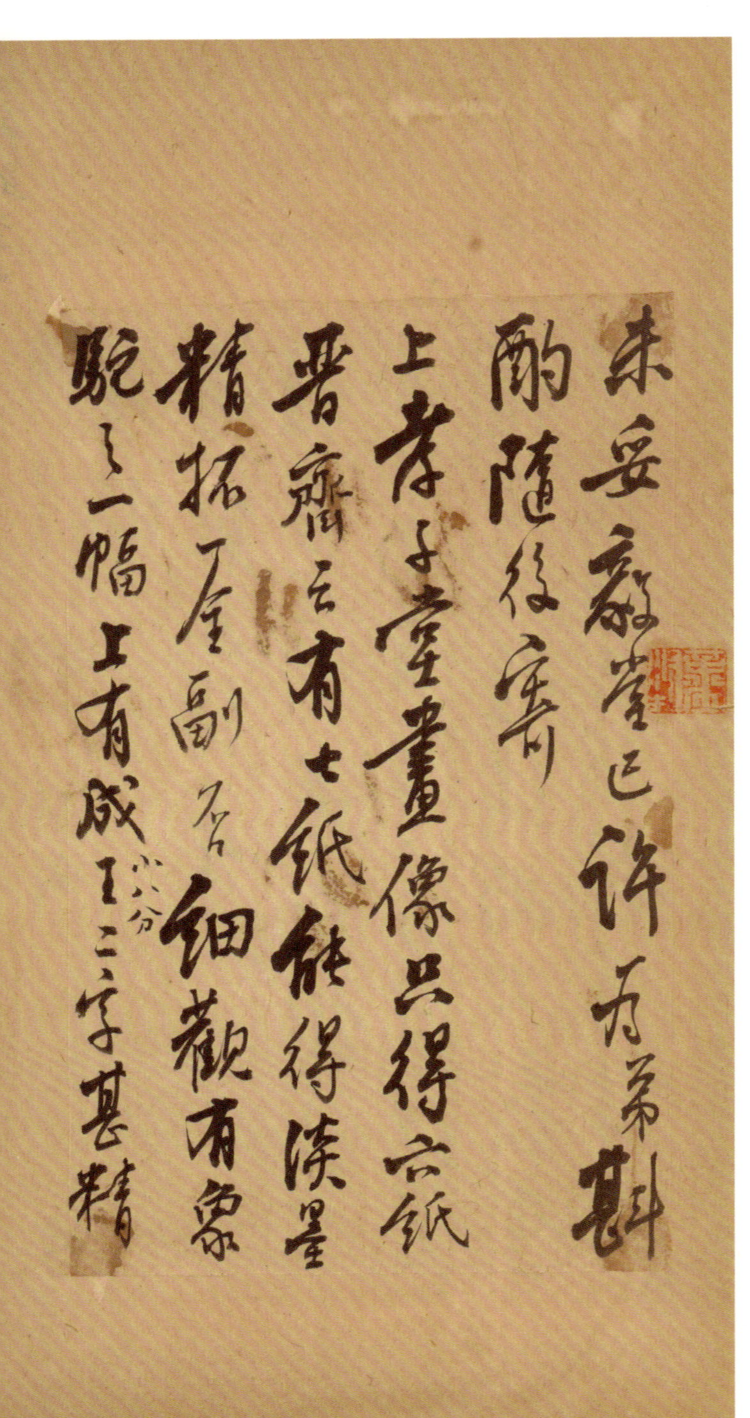

未妥，毅堂已許爲弟斟
酌，隨後寄
上。《孝子堂畫像》只得六紙，
晋齋云有七紙，能得淡墨
精拓一全副否？細觀有象
駝之一幅，上有「成王」（小八分）二字，甚精，是漢人刻像時所書（想別幅還有）。其間尚有數字，若得精拓，則其字必多，遠勝於《永建題名》。代購之瓦研，其人已出都，瓦研非面晤不相授。《武梁畫像》重刻本呈

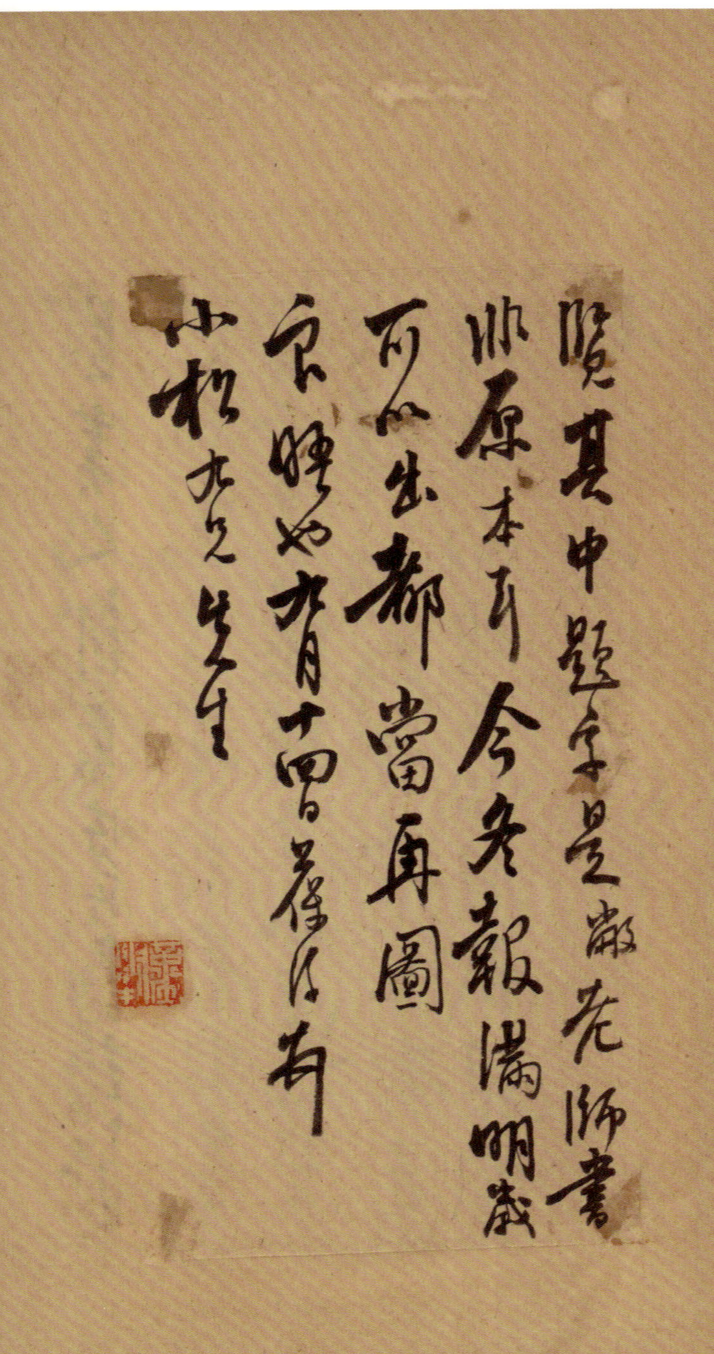

覽，其中題字是敝老師書，
非原本耳。今冬報滿，明歲
可以出都，當再圖
良晤也。九月十四日葆淳頓首
小松九兄先生

外拓本高陽戈一件、好時間一件、藍田鼎胡宫鐙一件、吉羊洗一件、建安弩機一件，並查收。
濟寧吴氏古銅印作何下落？有印本否？

〖一八九〗

潘有爲致黃易札之十一

昨廿四日接
手示，兼承
寄賜銅章四十枚，内有精美非常者，頃
與芝山細賞不能去手。古之
朋錫其何能過此？不勝道意耶！《得石圖册》
前番就來使專函封致，芝山亦有大字長
札，未審何故不得接收，仍乞
查示以慰愁望。滿擬
足下榮擢來都，暢叙離悰，今又愆期，空切
延佇。匆匆佈
謝，陳春暉書聯一付伴函，特候
文祺，臨書深念，不宣。弟有爲頓首
秋莽先生侍史　　十月廿五日沖

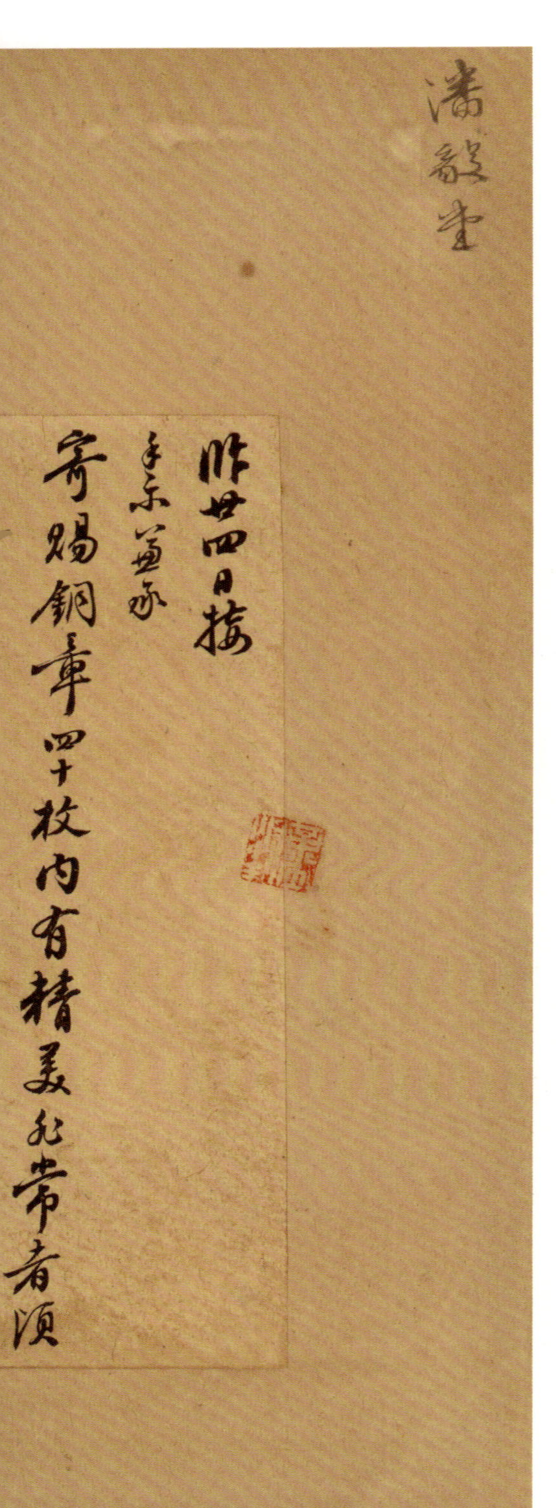
潘毅堂

昨廿四日接
手示兼承
寄賜銅章四十枚内有精美非常者頃

【一一三】

又第八八一號

前書託來使專函封致，並山左有大字長札未審得徹否，昨接收奶乞

查示。昨歷想望滿擬

之下，蒙撥來部，暢叙離悰。今又愆期，忐忑

近佇。西西肅佈

謝陳，春暉書肤一日，俾函特佈。

文祺，臨書瞻念不宣。弟有蓀再頓

秋蓀先生侍史

十月廿五日申

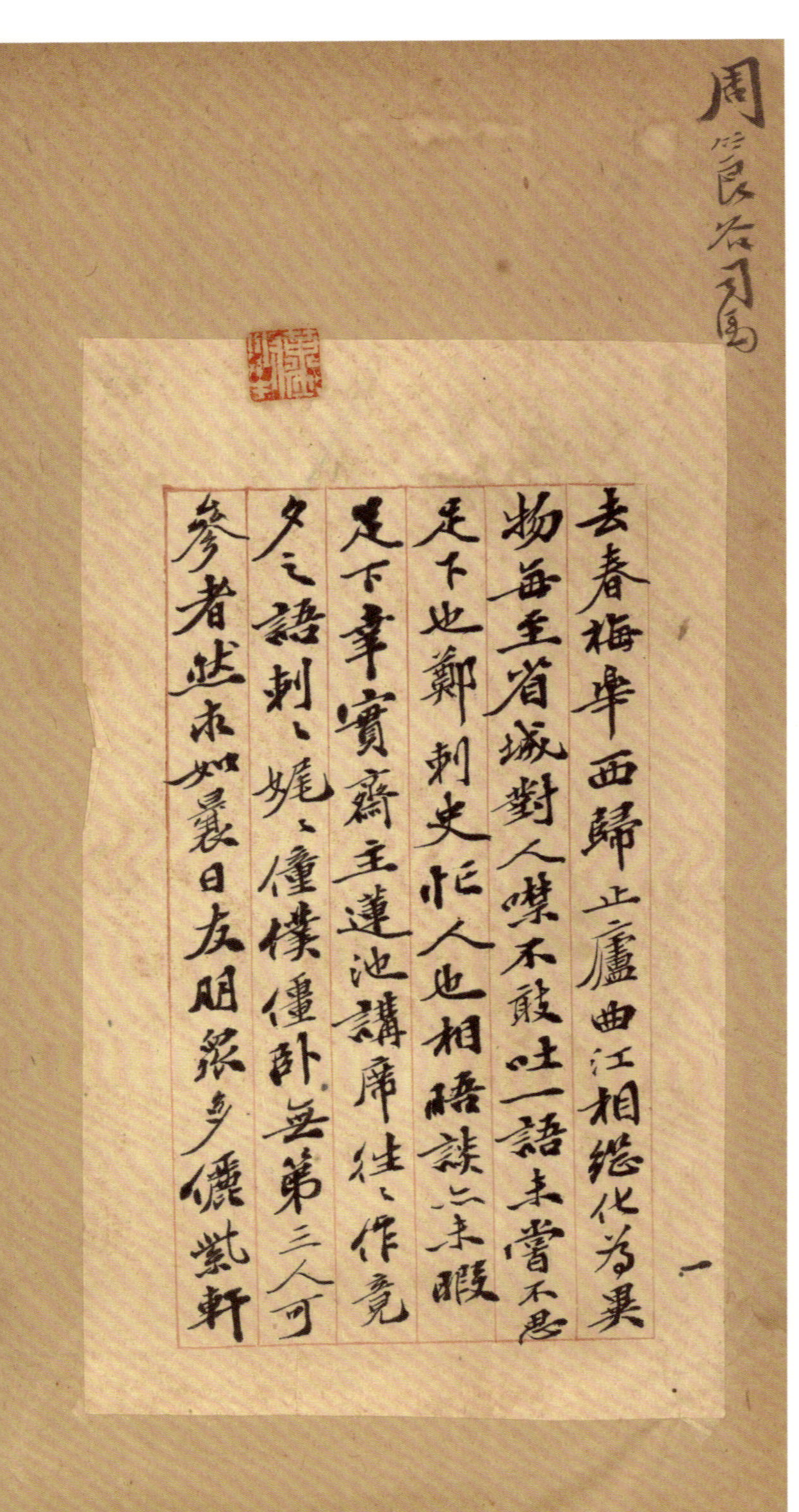
周震榮谷司馬
去春梅皋西歸止廬曲江相繼化為異物每至省城對人喋不敢吐一語未嘗不思足下也鄭刺史忙人也相晤談亦未暇足下幸實齋主蓮池講席往往作竟夕之語刺刺娓娓僮僕僵卧無第三人可參者然求如曩日友朋衆多儷紫軒

◀ 周震榮致黄易札之十四

去春梅皋西歸，止廬、曲江相繼化爲異物，每至省城，對人喋，不敢吐一語，未嘗不思足下也。鄭刺史忙人也，相晤談亦未暇足下。幸實齋主蓮池講席，往往作竟夕之語，刺刺娓娓，僮僕僵卧，無第三人可參者。然求如曩日友朋衆多，儷紫軒

二

擁罏煖酒之歡，不可得也。陳觀察去冬厲志修《永定河志》，僕以實齋薦之，欣然延請，酌定章程，業開局矣。忽有縣丞李光理者（今陞固安知縣）大聲疾呼，以謂此文人著作之體，非官府修志之格，馬、班舊法不可復用。於是盡取實齋章程，顛倒

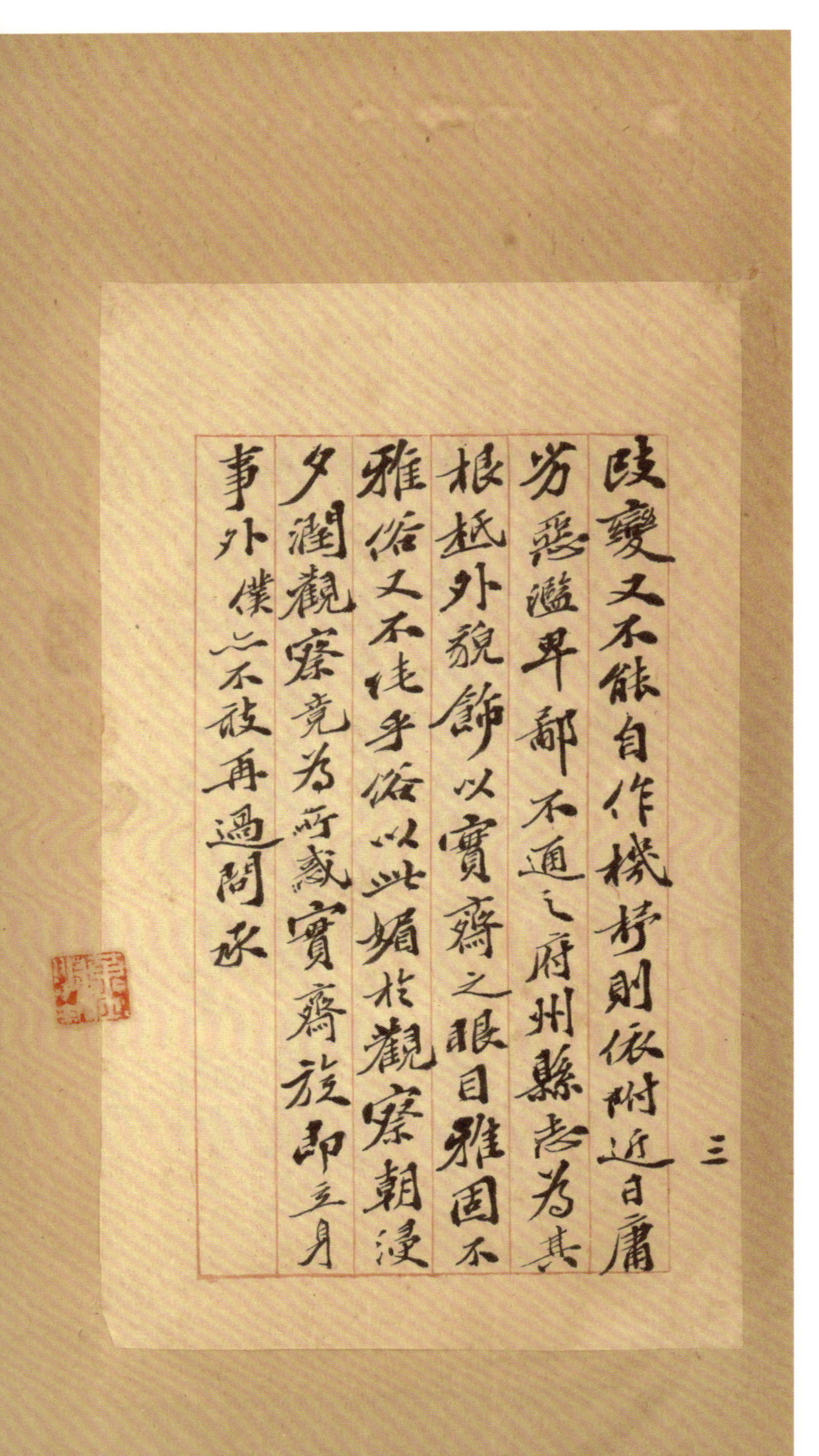
三
改變又不能自作機杼則依附近日庸
劣惡濫卑鄙不通之府州縣志爲其
根柢外貌飾以實齋之眼目雅固不
雅俗又不純乎俗以此媚於觀察朝浸
夕潤觀察竟爲所惑實齋旋即立身
事外僕亦不敢再過問承

改變，又不能自作機杼，則依附近日庸劣惡濫，卑鄙不通之府州縣志爲其根柢，外貌飾以實齋之眼目，雅固不雅，俗又不純乎俗，以此媚於觀察。朝浸夕潤，觀察竟爲所惑，實齋旋即立身事外，僕亦不敢再過問。承示「瀿」「漯」不同之處，實齋原本早辨之，今不知何似。不如意事常八九，古今美舉往往有物敗之，詩文著述尤甚，所可惜者，蘭河帥創始苦心耳。僕近因幼兒讀畢《左傳》，令其仿《東萊博議》，學步古文，自去秋至今竟略成片段，乃取南宋，逆

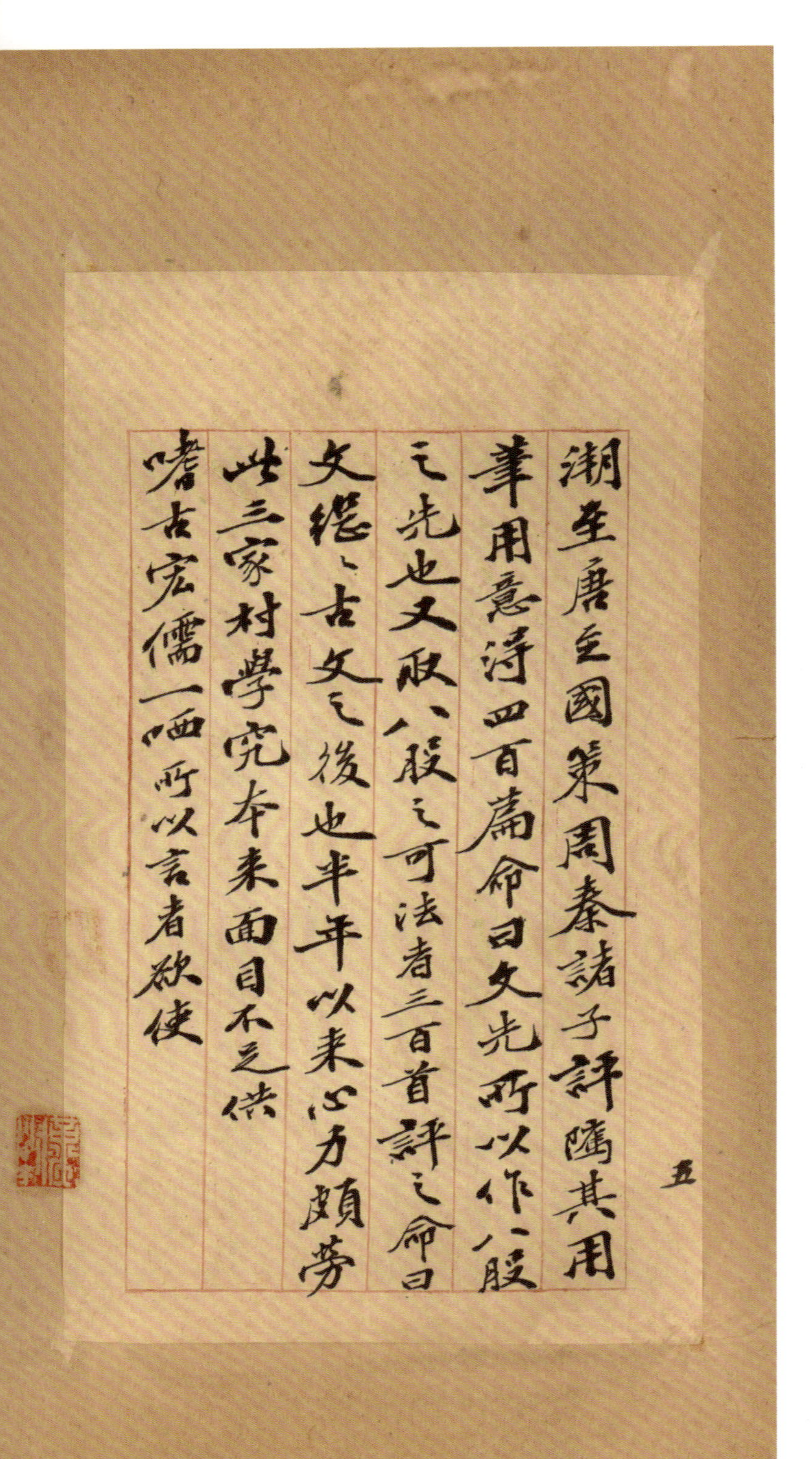

溯至唐，至《國策》、周秦諸子，評騭其用
筆用意，得四百篇，命曰《文先》，所以作八股
之先也。又取八股之可法者三百首評之，命曰
《文繼》，繼古文之後也。半年以來心力頗勞，
此三家村學究本來面目，不足供
嗜古宏儒一哂，所以言者，欲使

足下知僕公事餘閑，不以博奕耗廢光陰耳。小孫生四歲矣，教以字，尚能記憶，遠須銅章，謹令佩之，他日晋謁長者，庶得預末座、備門下士之名也。拜閲石刻如對端人碩士，不敢作褻容狎語，足下益我多多矣！華亭宗伯臨《争坐位》墨

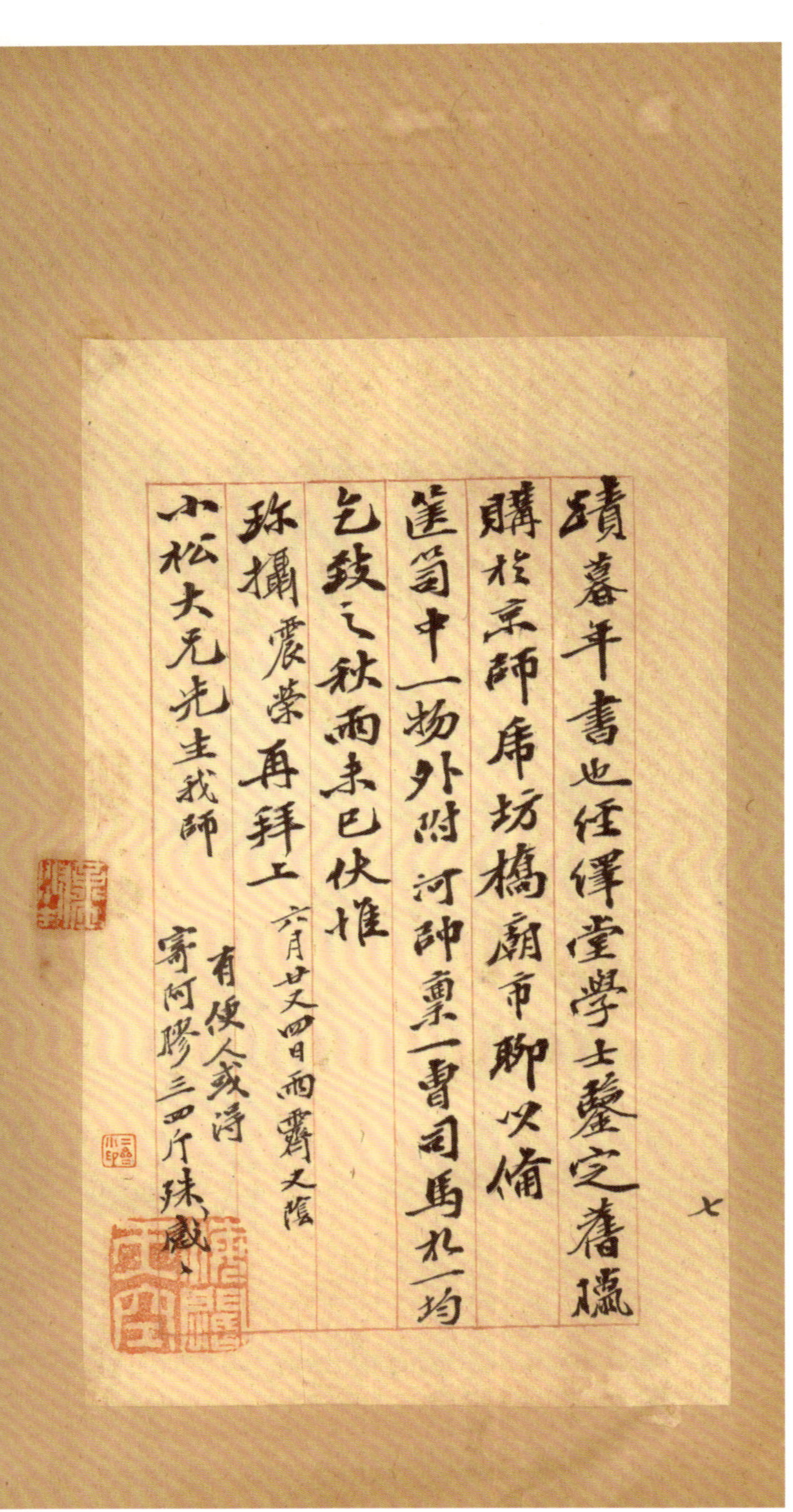

七

迹，暮年書也，經繹堂學士鑒定，舊臓
購於京師虎坊橋廟市，聊以備
篋笥中一物。外附河帥稟一、曹司馬札一，均
乞致之。秋雨未已，伏惟
珍攝。震榮再拜上　六月廿又四日雨霽又陰
小松大兄先生我師
有便人或得
寄阿膠三四斤，殊感，殊感！

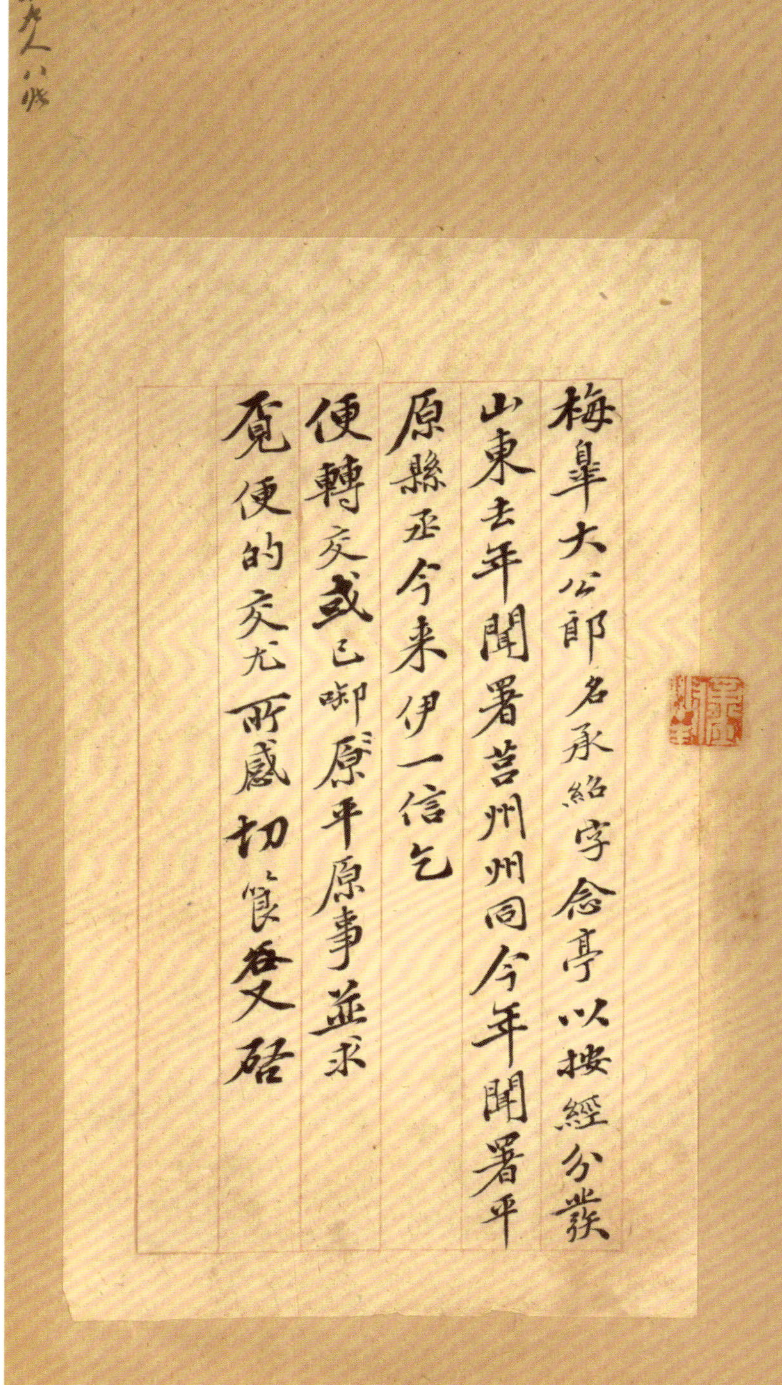

〔六八〕

梅皋大公郎名承紹，字念亭，以按經分發山東，去年聞署莒州州同，今年聞署平原縣丞。今來伊一信，乞便轉交。或已銜平原事，並求覓便的交，尤所感切。篢谷又啓。

梅鏐致黃易札

嘉平廿日，孔户部書中郵到瑶函，且疑且信，急啓讀之，且感且愧。

先生以仕宦之身公務旁午，乃於千里外之新知應答如響，何氣誼之篤如是哉！真鏐之大幸矣！更蒙漢碑及《金石史》之賜，拜謝，拜謝！

諭及吴山夫《金石存》，向惟於友人帖
上抄一二跋語，久覓其全書，不
得一見，使其見之，斷無《天璽碑》
之刻矣。江太守宋拓《校官碑》
亦未得聞，故前與鄧石如妄
生臆測耳，凡此尤
相知恨晚者也。讀《小蓬萊閣帖
目》，經

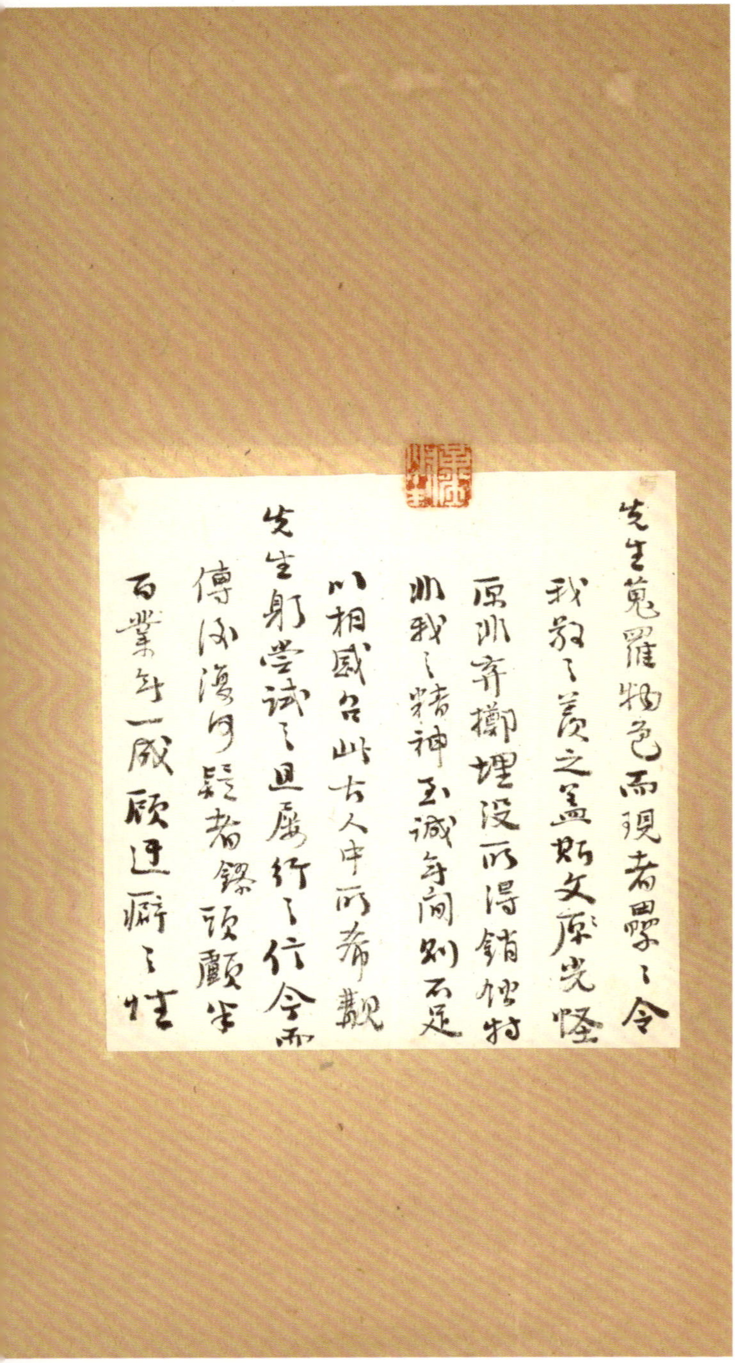

先生蒐羅物色而現者纍纍，令
　我敬之羡之。蓋斯文光怪，
　原非棄擲埋没所得銷蝕，特
　非我之精神至誠無間，則不足
　以相感召，此古人中所希覯，
先生躬嘗試之，且屢行之，信今而
　傳後，復何疑者？鏐頭顱半
　百，業無一成，顧迂癖之性

偏耆隸書，秉燭夜行，其效可睹，亦聊以自怡悦耳。前因徐四兄所冒瀆，幸留意焉。目外金石，不敢忽略，兹先寄上古泉文廿餘種，惟照入之。素性寡交，惟鄧子石如相契，其印篆雖不能盡入秦漢，然魄力特强，愈大愈佳，其得意處可與何主臣相抗。書法篆居一，隸次之，真、行又次，以彼天分之優，好學不倦，但苦親老家貧，四十未娶，先生將無愛而憫之乎？何緣得一枝之棲，令其挾藝而游，亦好古憐才者所當置之意中者也。附上印稿數方，徵其一斑矣。

適徐四兄在省度歲，謂此信仍由吴門寄曲阜，寧遲遲，可不浮沉。徐四兄爲謀館地，三番來此，迄無成説，可嘆，可嘆。

肅此奉

覆，兼候

近祺，臨風神往。

秋葊九兄先生千古

教弟梅鏐頓首
正月十八日

【二六九】

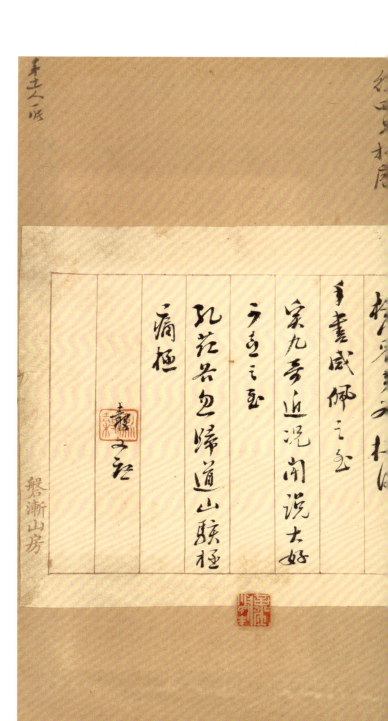

►徐嘉穀札

梅八兄去冬接得
手書，感佩之至。
奚九哥近況聞説大好，
可喜之至。
孔葒谷忽歸道山，駭極！
痛極！
穀又啓

【二七二】

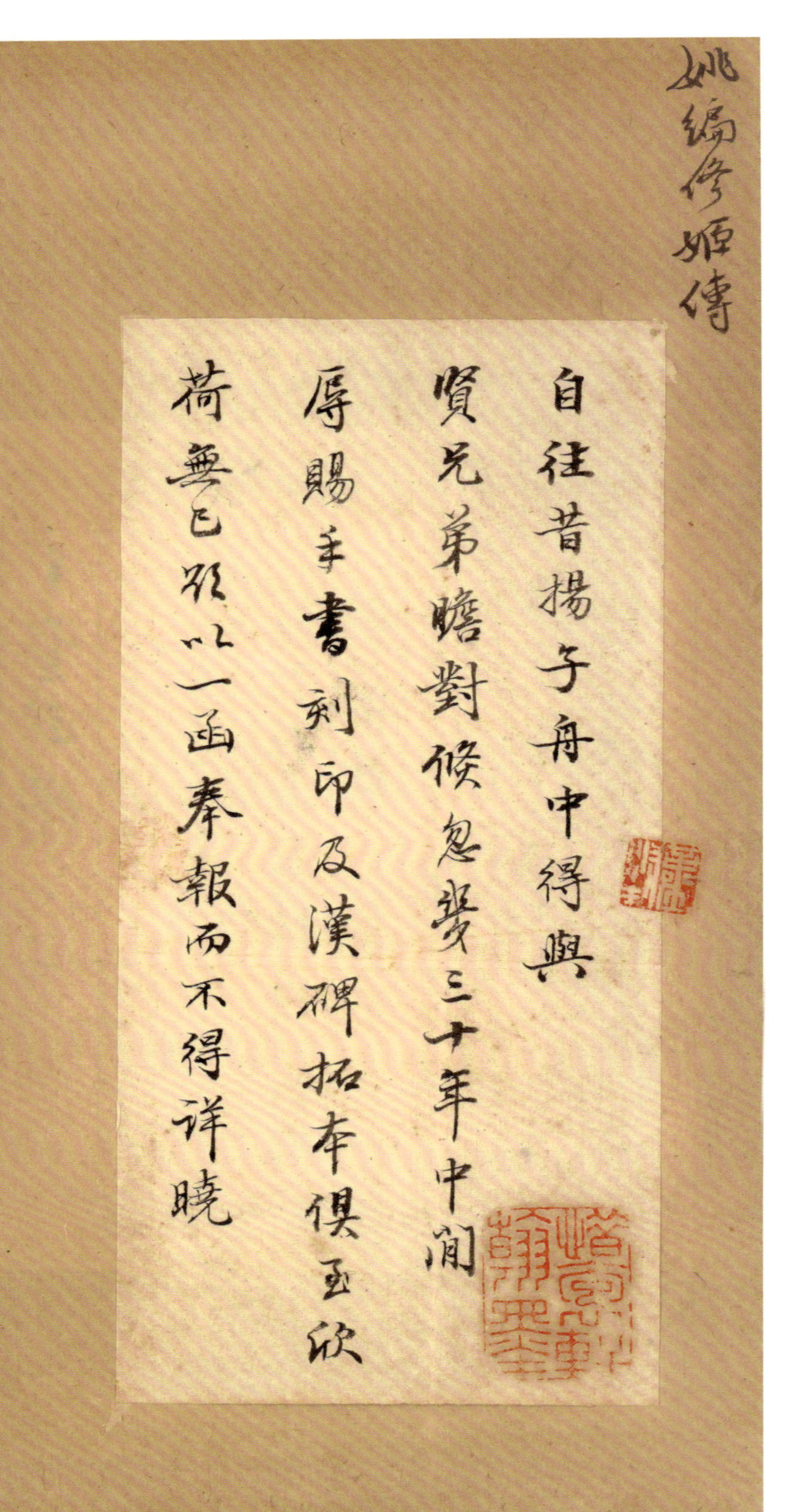

自往昔揚子舟中得與賢兄弟瞻對，倏忽幾三十年。中間辱賜手書、刻印及漢碑拓本俱至，欣荷無已，欲以一函奉報，而不得詳曉

◀ 姚鼐致黄易札

自往昔揚子舟中得與
賢兄弟瞻對，倏忽幾三十年。中間
辱賜手書、刻印及漢碑拓本俱至，欣
荷無已，欲以一函奉報，而不得詳曉

遊寓，茫然四海。鼒自抱疾江津，亦已十載
矣，交遊零落殆盡，追想
賢兄，邈隔千古，人生如夢，良可嘆慨。而即
今如吾

二哥輩莫不暌隔，消息稀少，寂寂獨居，略如窮谷病僧，與木石爲伍耳。昨家春溪叔自河上回，偶言及二哥，乃知近仕豫中，併得

佳好之況甚詳，爲之快慰。顧念
二哥博聞耽古，目中罕見，豈與今世上車
不落者較其優劣而反辱棲下僚，强營吏
事？有上才而無貴仕，乃自古傷之矣。然

佳士抗心自有懷抱，區區名位何足論哉？奉寄拙書一幅，性本不工書，加又苦臂痛，第展閲以當須臾言笑可耳。暇時更希惠聞問此間近狀，家春溪叔

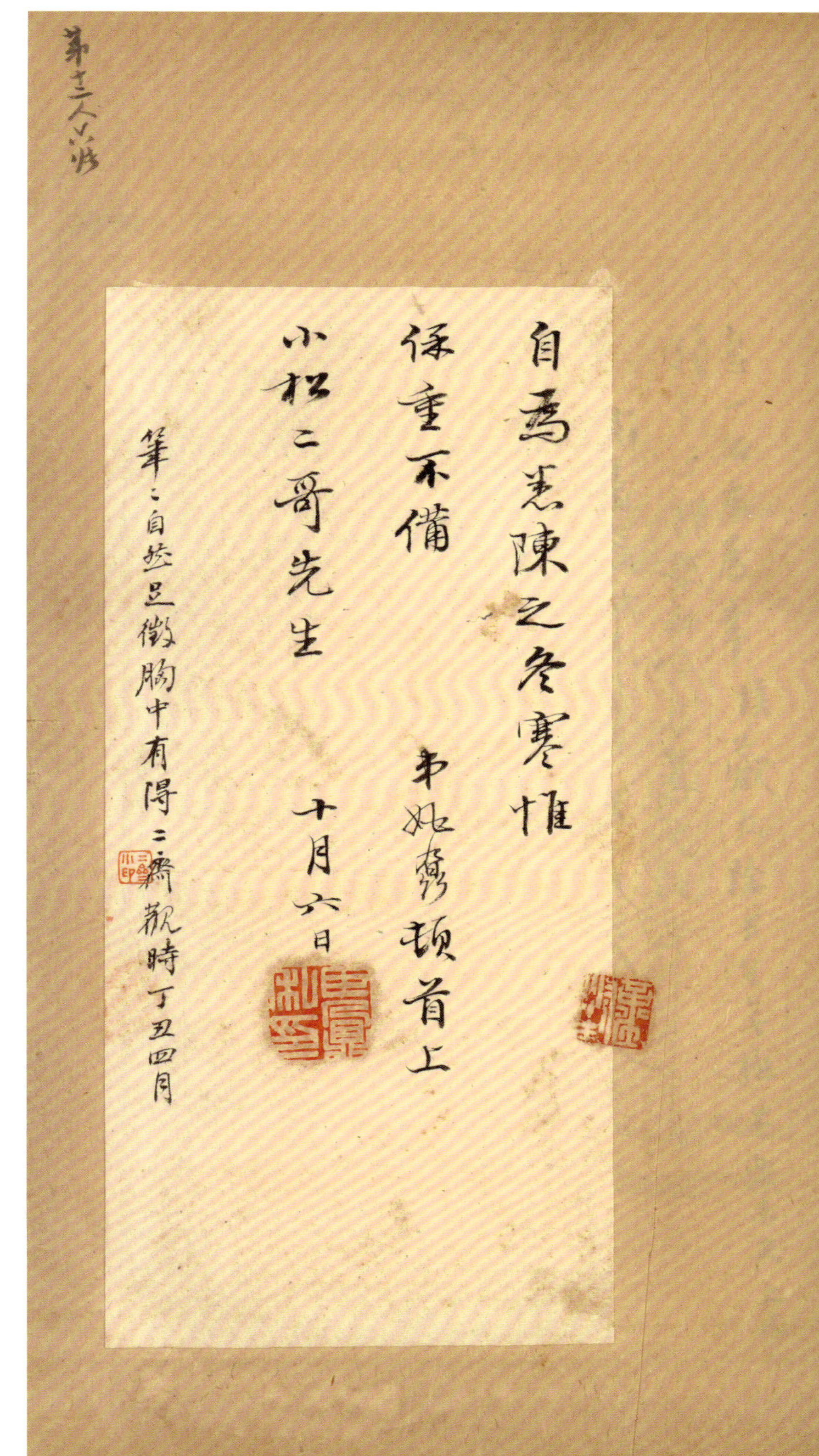

自爲悉陳之。冬寒，惟
保重，不備。　弟姚鼒頓首上
小松二哥先生　十月六日

筆筆自然，足徵胸中有得。二齋觀。時丁丑四月。

【二九四】

翁樹培致黃易札

昨接

手札，備悉

福履綏和、起居納吉爲慰。並聞新得刀布若干，

漢印若干，不知可一一拓以

見賜否？其泉範二枚，不知是何泉文，與

尊藏之大泉範同否？務懇便中拓數紙也。其泉範

須連底拓之爲妙，恐其底或有款也。（底雖無字，亦不妨拓之，使一見了然也。）

新得之「轉嬰柞舍」瓦甚少，尤乞

惠一拓本爲幸。培藏瓦除「長生無極」「長樂未央」「上林」

尊藏已有外（餘瓦或止一枚），僅「億年無疆」「永奉無疆」二瓦有

副本，可以奉贈。今謹以「億年」一瓦先行奉上，因

郵筒不便多寄，容改日再致。冬間來京，再

當面聆

雅訓也。因家父封書信催促甚急，先具此紙，並候

陞安，餘詳别紙。　　樹培頓首

小松先生大人　　四月廿八日

頗有覃翁筆思。丁丑四月二齋觀。

【三九〇】

趙魏致黄易札之十

二月得桐鄉朱毓山先生書，知吾兄尊使已於去歲抵蘇，拳拳鄙人，俾以大衍，足佩知己之感。本擬偕行，緣遭先慈之變，尚在十旬之中，且約鮑渌飲偕行耳，刻下尚約亳州陳少君之事，俟彼信到即可北行，天中節候定當把臂耳。

近聞谷園已歸道山，弟頗有欲刻唐人
之迹，吾
兄諒能致彼妙手，到濟時共商之。金塗
塔一，陳少君所得，與芑堂《金石契》所刻字
號異。「泰」「寧」二磚亦近時杭人所得，拓以
奉
覽。夢華兄刻有歸眷之行，恐

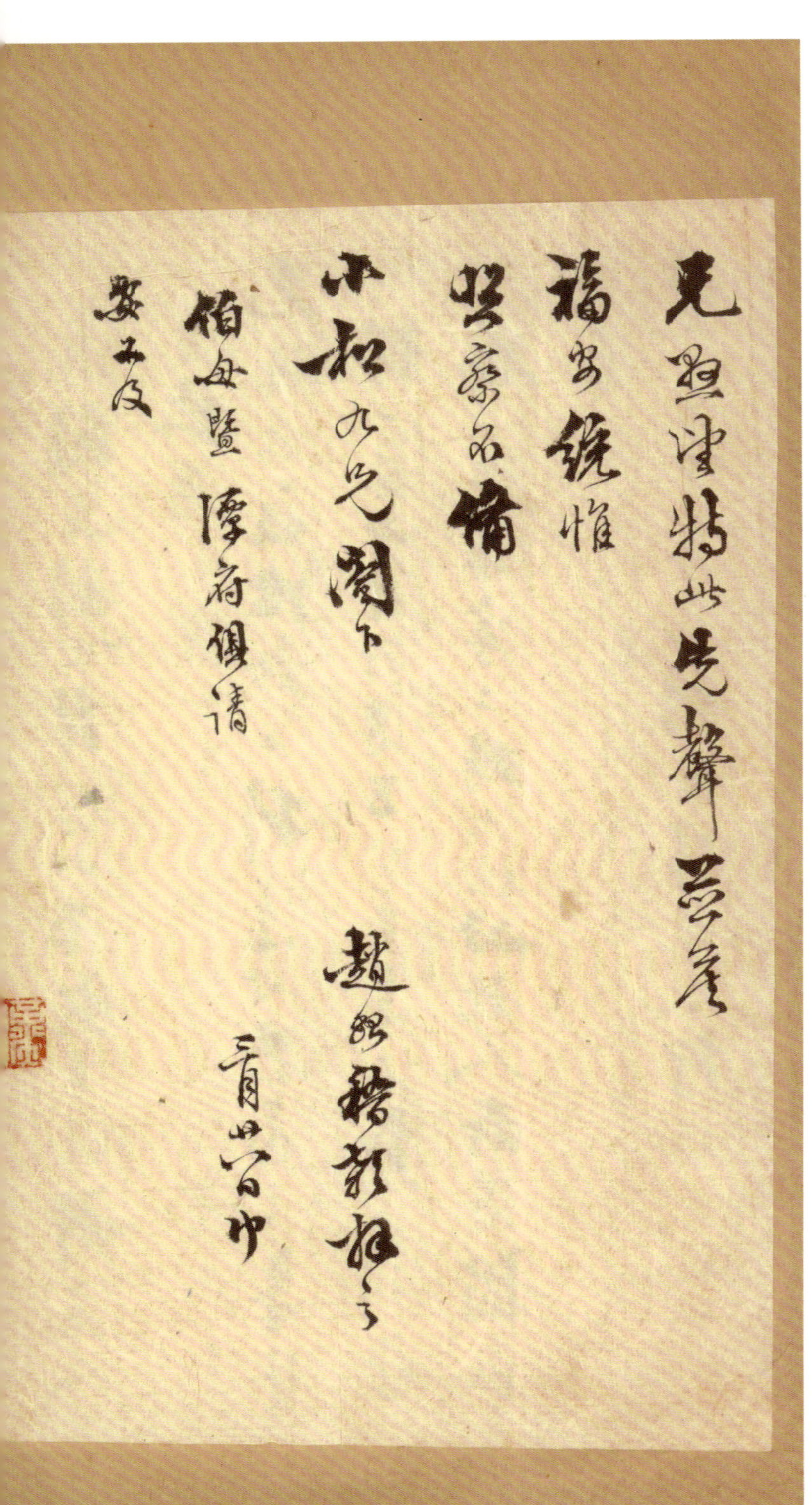

兄懸望，特此先聲，並候
福安，統惟
照察，不備。
小松九兄閣下　　趙魏稽顙拜之
伯母暨潭府俱請　三月廿八日冲
安，又及。

【九五】

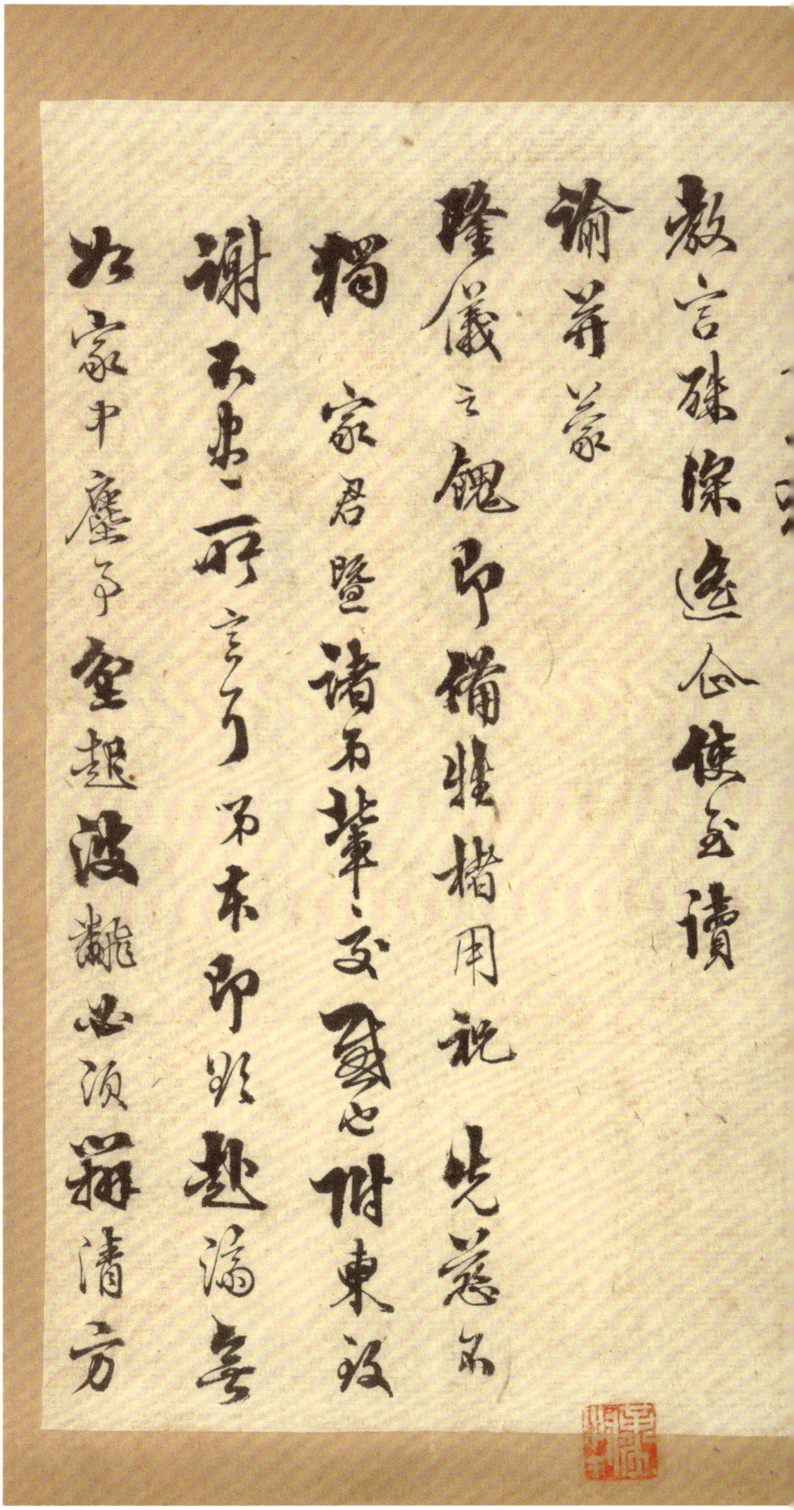

► 趙魏致黄易札之十一

月來未獲

教言，殊深遥企。使至，讀

諭並蒙

隆儀之餽，即備牲楮，用祝先慈，不

獨家君暨諸弟輩交感也！附柬致

謝，不盡所言耳。弟本即欲赴濟，無

如家中塵事坌起波翻，必須辦清方

可脱然。一出武林門，則當置之度外，未敢爽約，亦不得不然，總之必來，吾兄不復有他疑也。日來新得建安中所造八神四靈鏡，頗爲快事，絶無塵翳，字字可讀，拓以奉覽。餘二面則他人之物，「五馬千羊」尤稱瓌麗耳。濟寧聞有新出之碑，皆吾

兄所訪得者，聞之心喜。七月中孔府之紀回濟，
有裝好奚九畫十幀附寄，諒已
檢收，懇爲布置。前夢華所携，或者難銷，乞
存
尊處，容弟來再商亦可。陝人董清基來，得獲
河内諸刻，想
尊藏已先入矣，惟「光和」之磚已無餘本，聞
兄處存四五翻，乞留一紙以

惠錢也。古泉近獲頗多，如有重出者亦當我留之。孔氏刻手最佳，不有明人雙鈎顏文忠風賦，爲海內奇觀，當求與兄謀刊之，知必有子雲也。使旋，藉此謝悃，並候

著安。書不盡言，統祈

鑒察耳。

小松九兄大人足下

制愚弟趙魏稽首

惠我也。古泉近獲頗多，如有重出者，亦爲我留之。孔氏刻手最佳，弟有明人雙鈎顔文忠《風賦》一册，海内奇覯，當來與兄謀刊之，知必有子雲也。使旋，藉鳴謝悃，並候

尊安，書不盡言，統祈

鑒察耳。

小松九兄大人足下　　制愚弟趙魏稽首

〖九六〗

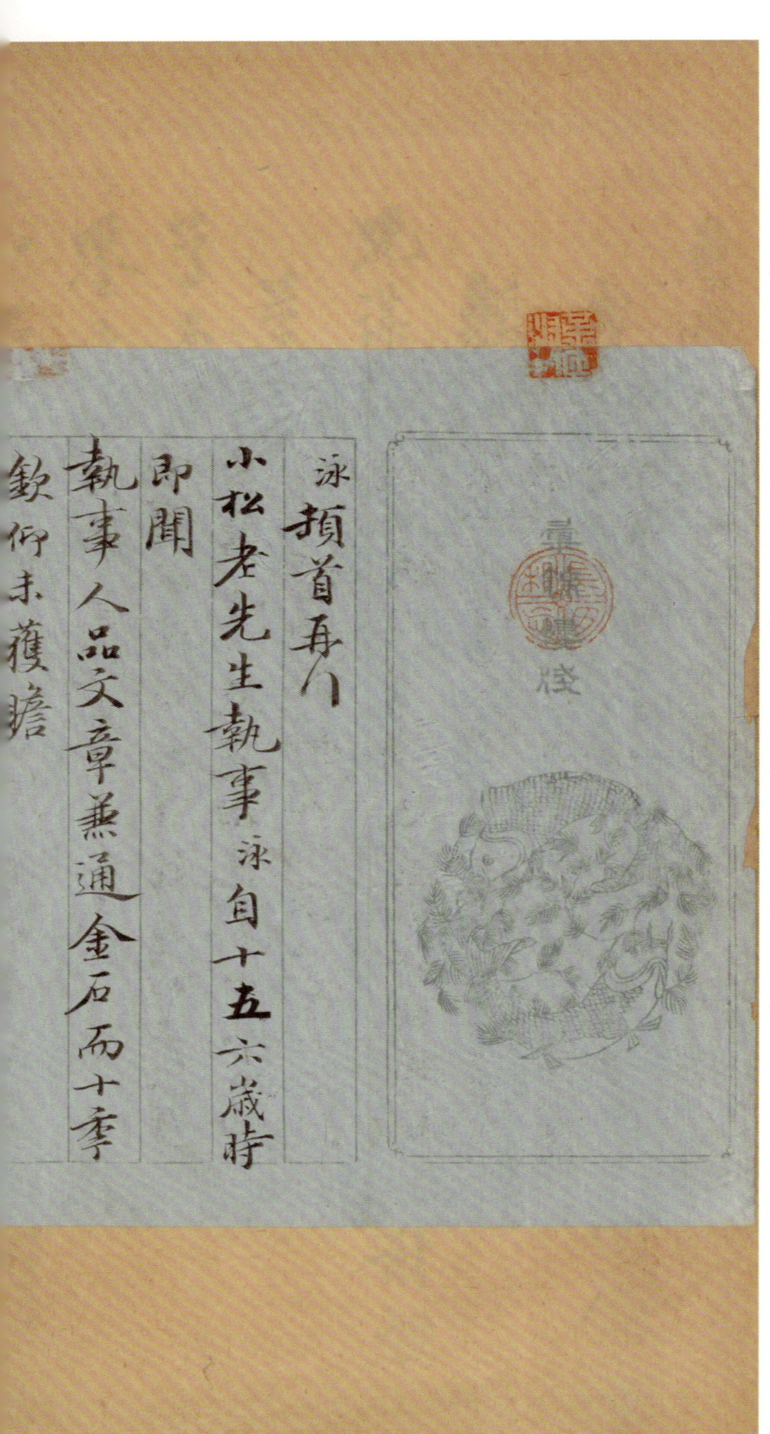

◀ 錢泳致黄易札之一

泳頓首再拜，

小松老先生執事：泳自十五六歲時

即聞

執事人品文章兼通金石，而十年

欽仰，未獲瞻

韓，問訊人前，不勝翹企。憶在丙申歲，於秋帆尚書署中見執事與洪稚存書，輒及賤名，不禁自喜。雲山迢遞，相見無由，彼此神交，又復四載，何天之限以南北而相見之晚也！泳竊見近日好古家如翁宮詹覃溪、家侍講辛楣、安邑宋氏、洛陽武氏、陽湖孫淵如、陽曲申鐵蟾、歙之程彝齋、巴慰祖、杭州之趙晋齋、何夢華、海鹽之張芑堂、長

洲之陸貫夫之數君者，皆當世所謂
博雅之士也。觀其所藏金石，搜羅且
遍天下，琳琅甲乙，著録盈笥，多者至
三千餘種，此歐、趙以後所未聞者。然
就其中博采不精者有之，一隅難
遍者有之。而
執事以爲政餘閒能修廢起頓，補
古人之所不及，如立《武梁畫象》、出《范
巨卿碑》，使四海好古之士靡然向風，
皆欲交於

執事。洪文惠公爲南宋名臣，昔人
稱其得金石之助良多，今又於
執事見之矣。泳生居鄉曲，無所知
識，年來奔走四方，不能讀書有得，
每念
執事，輒悵然自失也。泳近在紹興
曉園太守所與修郡志，擬於明年
春束裝北遊，定當一見
荆州爲快耳。掃門無自，率爾相
通，殊不自量，兹乘李君松巢之便，

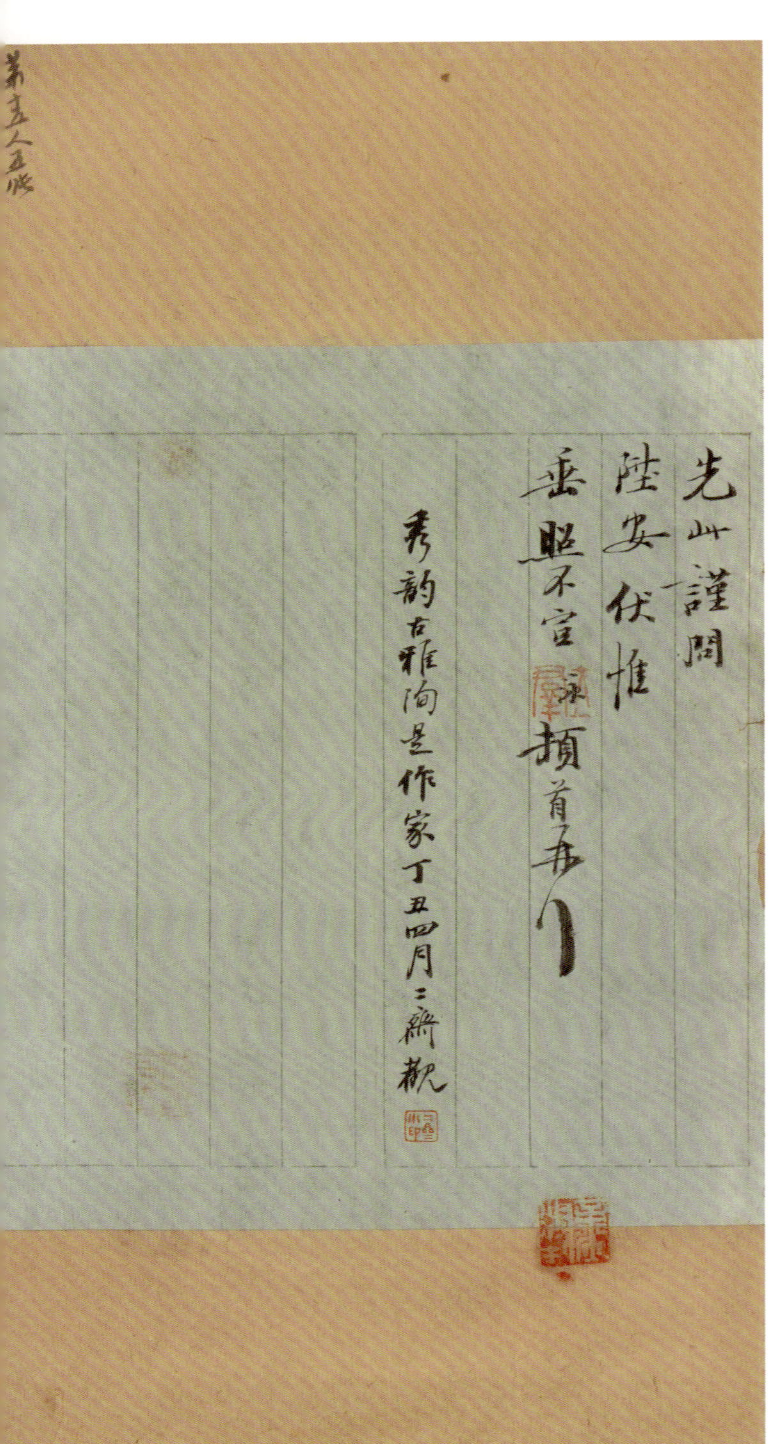

先此謹問
陸安，伏惟
垂照，不宣。泳頓首再拜

秀韻古雅，洵是作家。丁丑四月二齋觀。

【三九七】

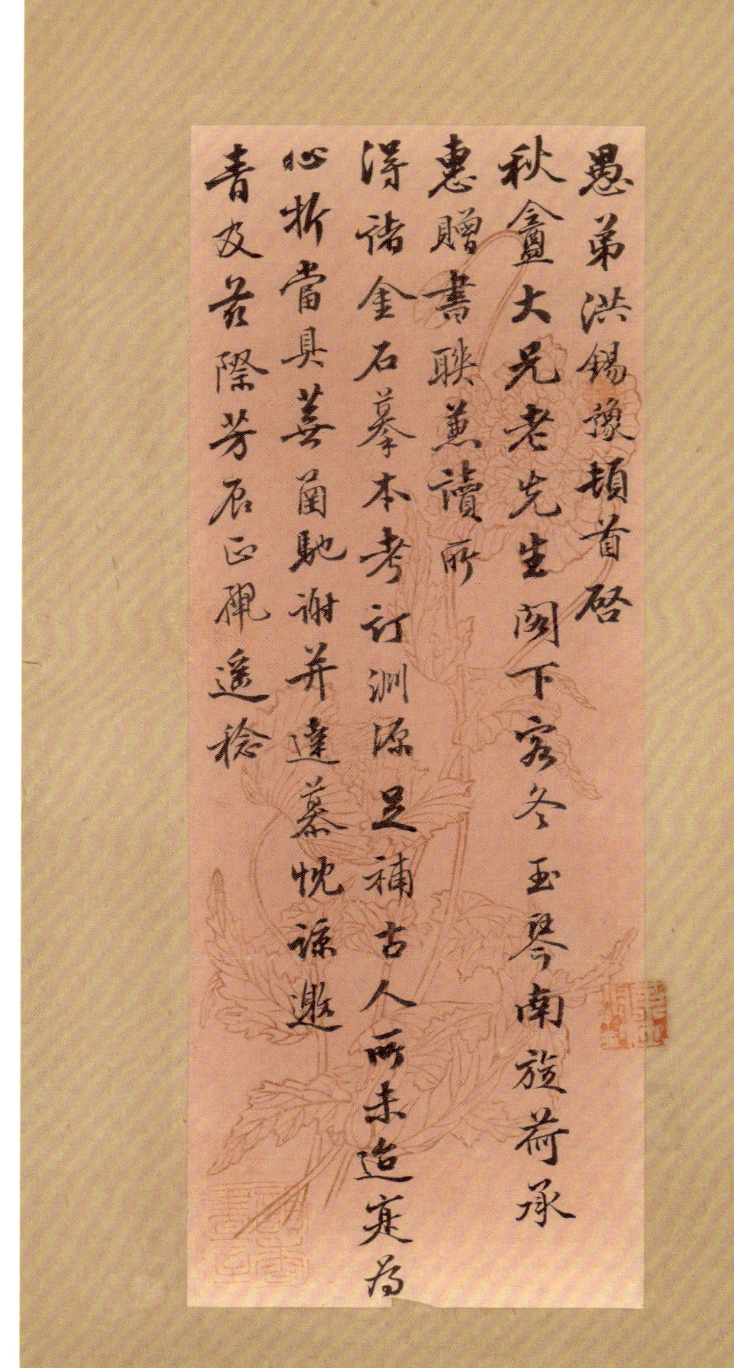

洪錫豫致黄易札

愚弟洪錫豫頓首啓

秋盦大兄老先生閣下：客冬玉琴南旋，荷承

惠贈書聯，兼讀所

得諸金石摹本，考訂淵源，足補古人所未逮，實爲

心折。當具燕函馳謝，並達慕忱，諒邀

青及。兹際芳辰正麗，遥稔

福履升恒，謳詠公餘，校譌補闕，定復著述盈帙矣，
曷勝翹企之至！弟向在玉琴篋中獲睹
大兄老先生所橅印章，古雅超脱，直駕文、何諸人上，
欣羡之私不能自已。當此
賢勞懋著，
公務殷繁，何敢瑣瀆上請？但躬值

大手筆在前，又蒙
不棄葑菲，竟不能得一二印以爲束牘之光，實
屬平生憾事。特此不揣冒昧，謹具粗石四方寄呈
左右，敢祈
大兄老先生有興時或鎸刻一二方見贈，弟當什襲
藏之，以爲世世永寶也。外又紙一幅，求

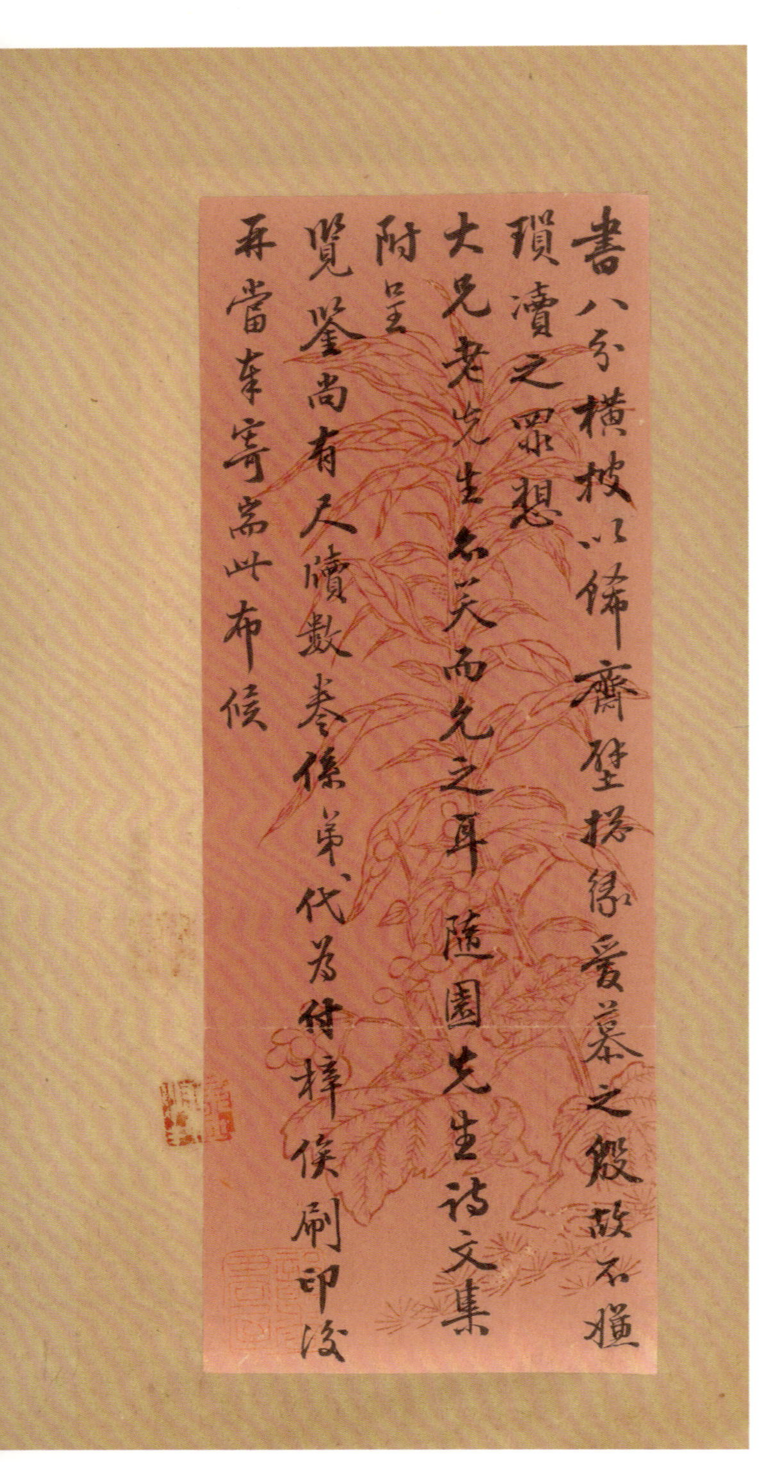

書八分橫披，以飾齋壁。總緣愛慕之殷，故不嫌
瑣瀆之罪，想
大兄老先生亦笑而允之耳。《隨園先生詩文集》
附呈
覽鑒。尚有《尺牘》數卷，係弟代爲付梓，俟刷印後
再當奉寄。耑此布候

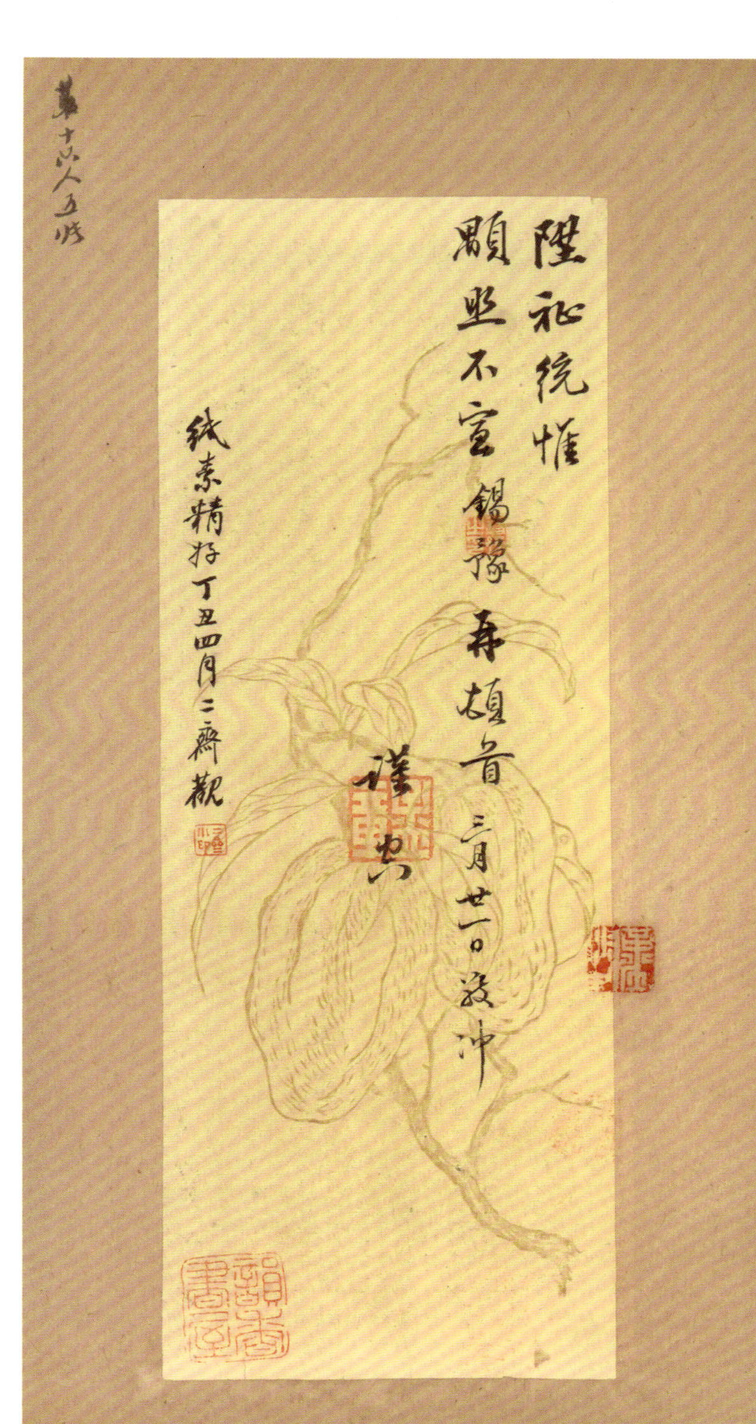

陸祉，統惟
顒照，不宣。錫豫再頓首
三月廿一日敬沖
謹空

紙素精好。丁丑四月二齋觀。

再啓者，弟欲奉乞

法書四幅。又敝友黄雅南兄奉懇

書柱帖一聯。雅南亦工臨池，其仰慕

方家已積十數年之誠，特挽弟代請，冒昧之處，定邀

垂鑒也。

【三七四】

◀ 何元錫致黄易札之三

八月朔曾具小札，内附潭報並金
石等件，未知已入
臺覽否？弟歸里以來殊無善狀，近日又因
家中丞葬期伊邇，一切更形忙碌。惟新
得六朝唐人碑刻五十餘種，多有前
人未見者，爲可喜耳。晋齋坐困在
家，急切頗難就道，前有畫片托

閣下代售，諒必爲渠設法也。兹因渠處人便，附上奉化縣新出唐刻一、磚文七，内「五鳳」一種近出海鹽，爲李某所得。按吴五鳳無三年，漢五鳳有四年，此真西漢遺文，尤爲可寶也。閣下邇來所得金石定更富有，可能惠我一二否？如有寄

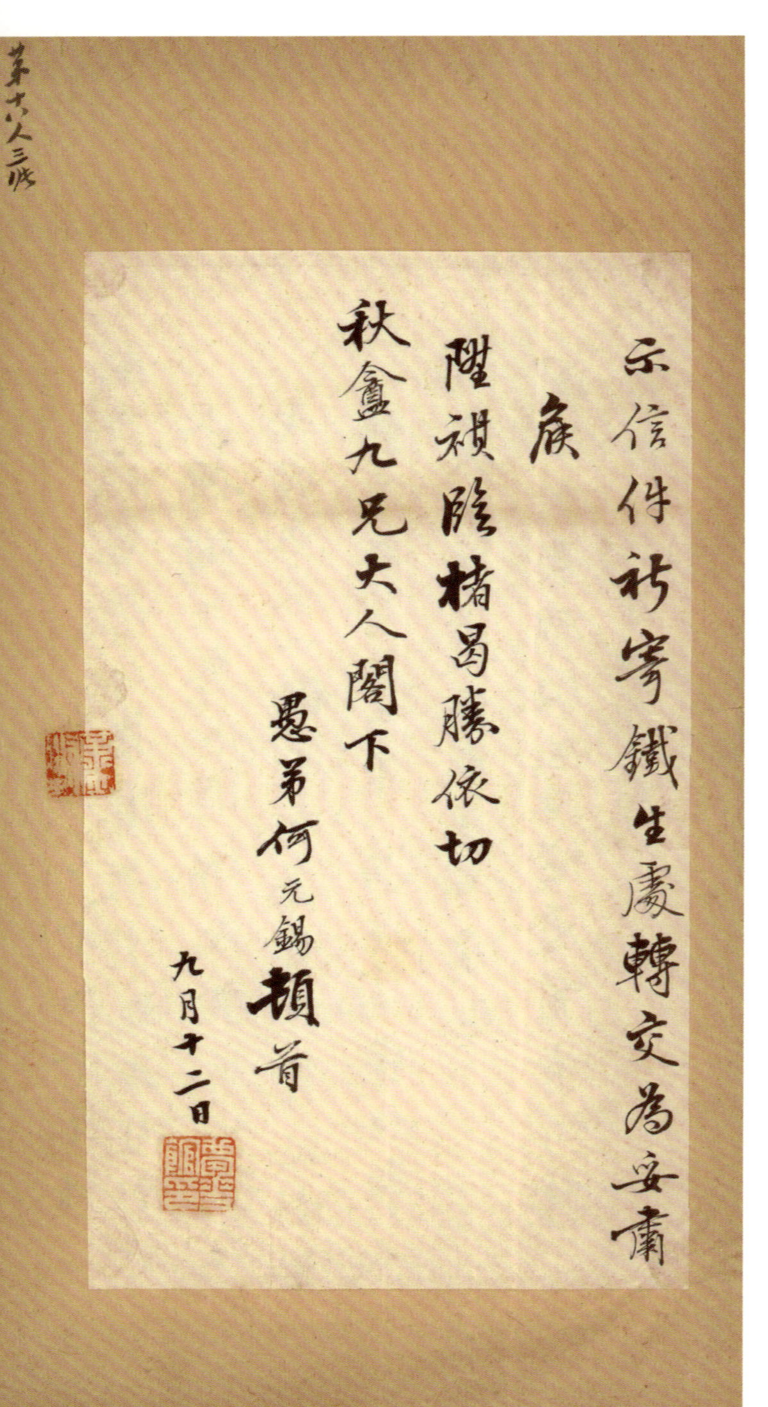

【三一六】

示信件，祈寄鐵生處轉交爲妥。肅
候
陞祺，臨楮曷勝依切。
秋盦九兄大人閣下
愚弟何元錫頓首
九月十二日

王增致黄易札之二

廿三日愚弟王增頓首上

小松九兄大人座下：弟不才，以濫差釀命被劾，幸無餘事，得以脱然。益以筆墨自娱，細思不由篆隸中過，終屬外道，此時加功已遲，略得一分，亦可免俗。吾兄收藏甚富，倘插架所餘，或檢付數種可爲根本者。又六書書如《隸釋》《説文繫傳》等，吾兄多有之，或可見惠，更感無既。又需兩圖章，非鉅手不可，曰「拙」曰「慵」，每方一字，圓亦可。草此附問近佳，不既。增再拜

如此大足矣。

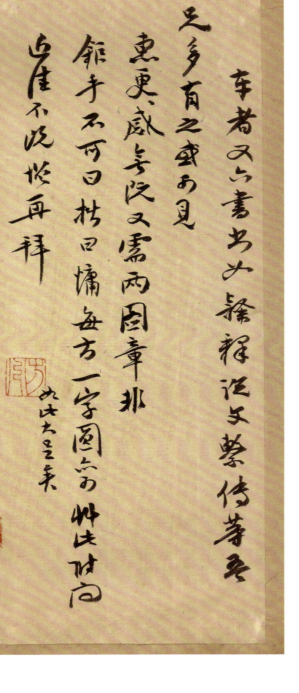

【二八二】

▶ 儲潤書致黃易札之二

秋菴九兄大人左右，敬啓者：客臘一行，馳謝爲洪遥所稽，直至前月初始附便足，寄至濟南文侯補令前署濱州汪廷楷家表兄處，囑其轉寄。内有汪容甫、法辛侣奉寄兩啓；又洪孟章奉寄一函，並湖穎四十矢、徽墨卅小匣；又友人黄雅南乞書對紙一聯，並弟寄孫孝廉詩一幅，未識於何日遞呈

記室，不至遲滯否？頃接

手函，並上冬承

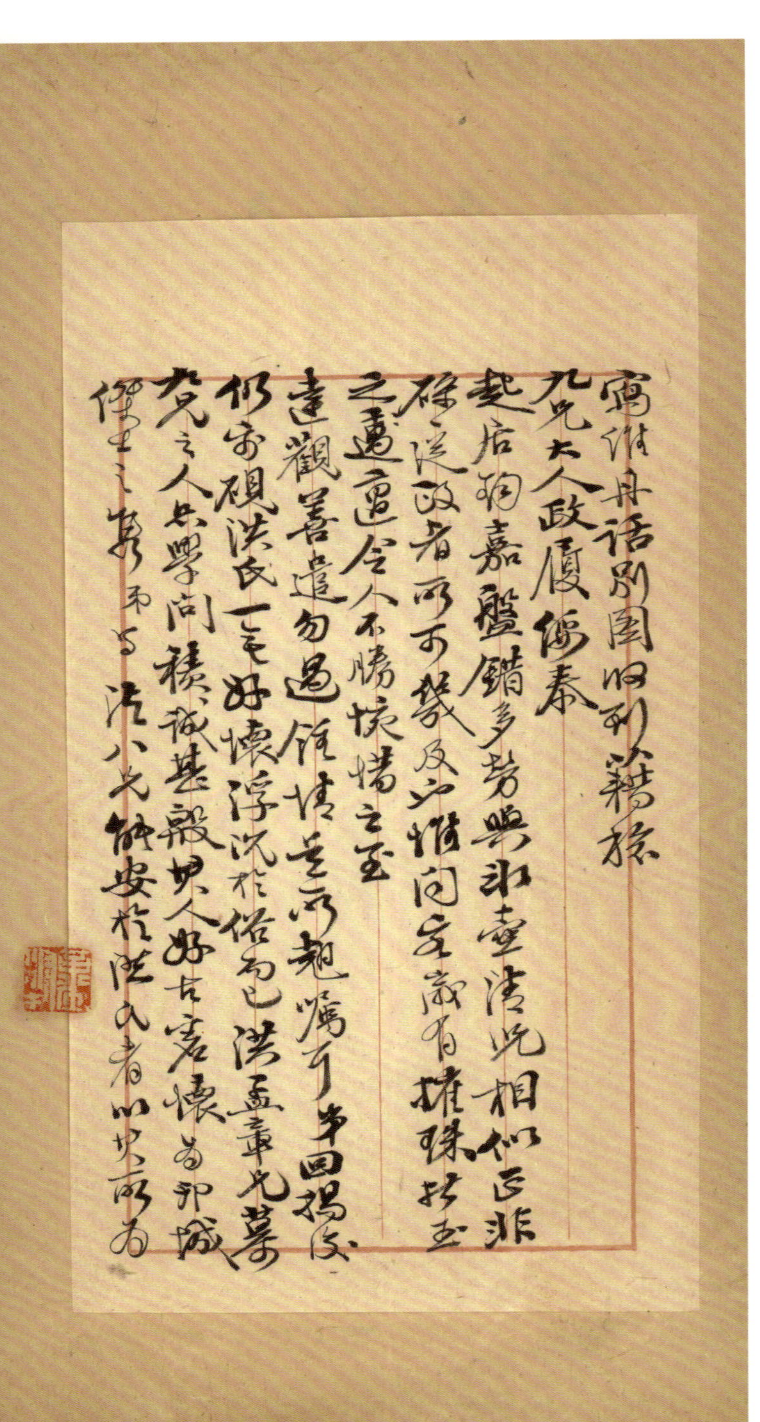

寫《維舟話别圖》收到，藉稔
九兄大人政履綏泰，
起居鈞嘉，盤錯多勞，與冰壺清況相似，正非
碌碌從政者所可幾及也。惟聞客歲有摧珠折玉
之遭，令人不勝惋惜之至。
達觀善遣，勿過餘情，是所翹矚耳。弟回揚後
仍寄硯洪氏，一無好懷，浮沉於俗而已。洪孟章兄慕
九兄之人品學問，積誠甚殷，其人好古虚懷，爲邗城
傑出之雋，弟與法八兄能安於洪氏者，以其所爲

至也。渠齋中所懸畫是前人筆墨，時流中只王
夢樓先生與
九兄所書柱帖兩聯，至其收藏書畫琴硯亦復不少，
他日相逢，與吾
九兄必有針芥之合也。今渠欲乞
九兄隸書横幅一紙，又欲乞
九兄鐵筆圖章數方，囑弟轉請，云
小松先生官高而政煩，求其書法已屬不情，更欲
鐫刻圖章，無乃過於唐突。然目中無

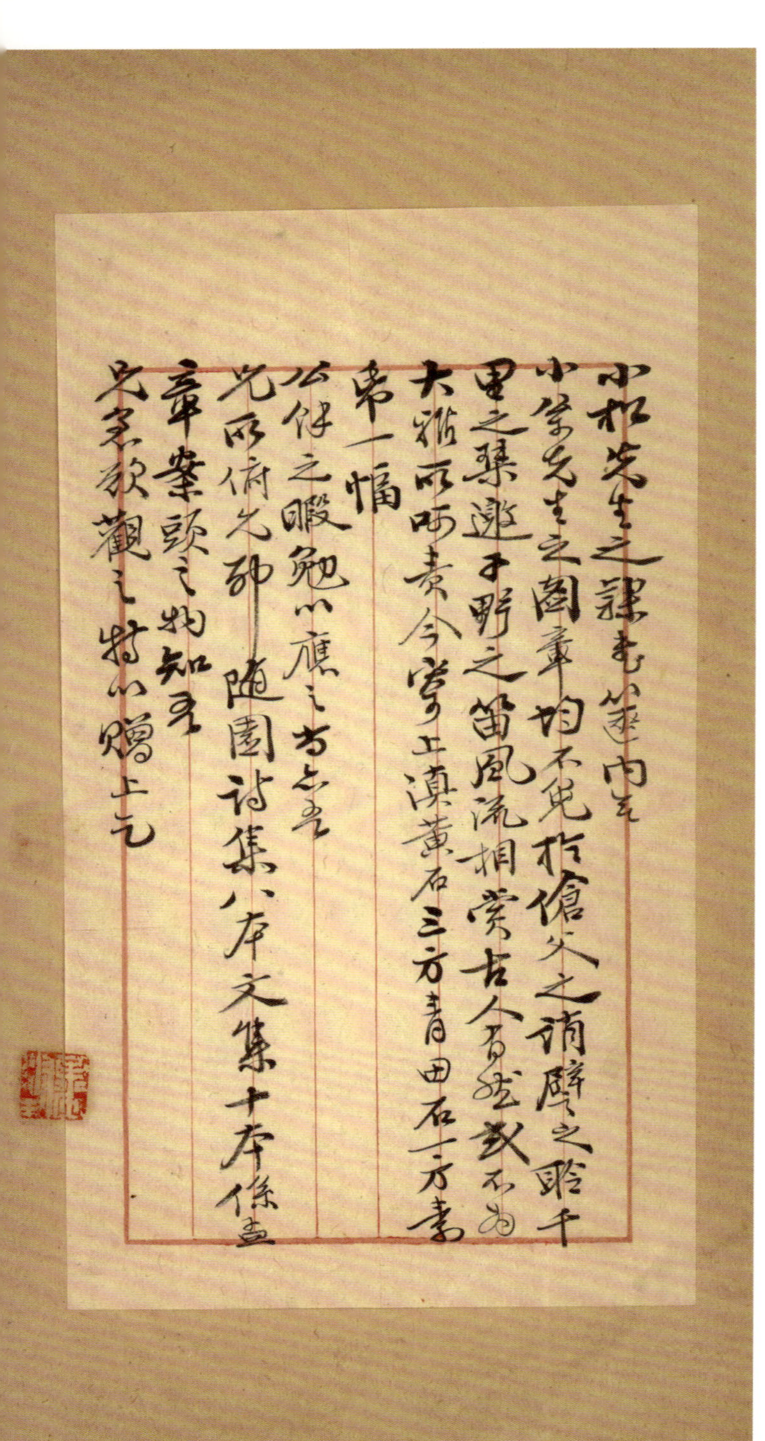

小松先生之隸書、篋内無
小松先生之圖章，均不免於傖父之誚，譬之聆千
里之琴，邀子野之笛，風流相賞，古人有然，或不爲
大雅所呵責。今寄上滇黄石三方、青田石一方、素
紙一幅，
公餘之暇勉以應之，當亦吾
兄所俯允耶？《隨園詩集》八本、《文集》十本，係孟
章案頭之物，知吾
兄急欲觀之，特以贈上，乞

查收。孟章有韻香小照，簡齋先生題詩云：「君是仙人衛叔卿，天教冰雪凈聰明。也虧絶代丹青手，寫得豐神如許清。愛惜三餘静掩廬，歲寒花竹鎮蕭疏。平生嗜好無他物，千樹梅花一卷書。三世交情四十秋，思量往事怕回頭。披圖爲有斯人在，惹我揚州夢未休。」圖中别無他景，只繞屋梅花，左琴右書，一童子捧茶侍立。夢樓即摘「千樹梅花一卷書」之句題其籤，弟等各擲作一詩，俟題就欲寄

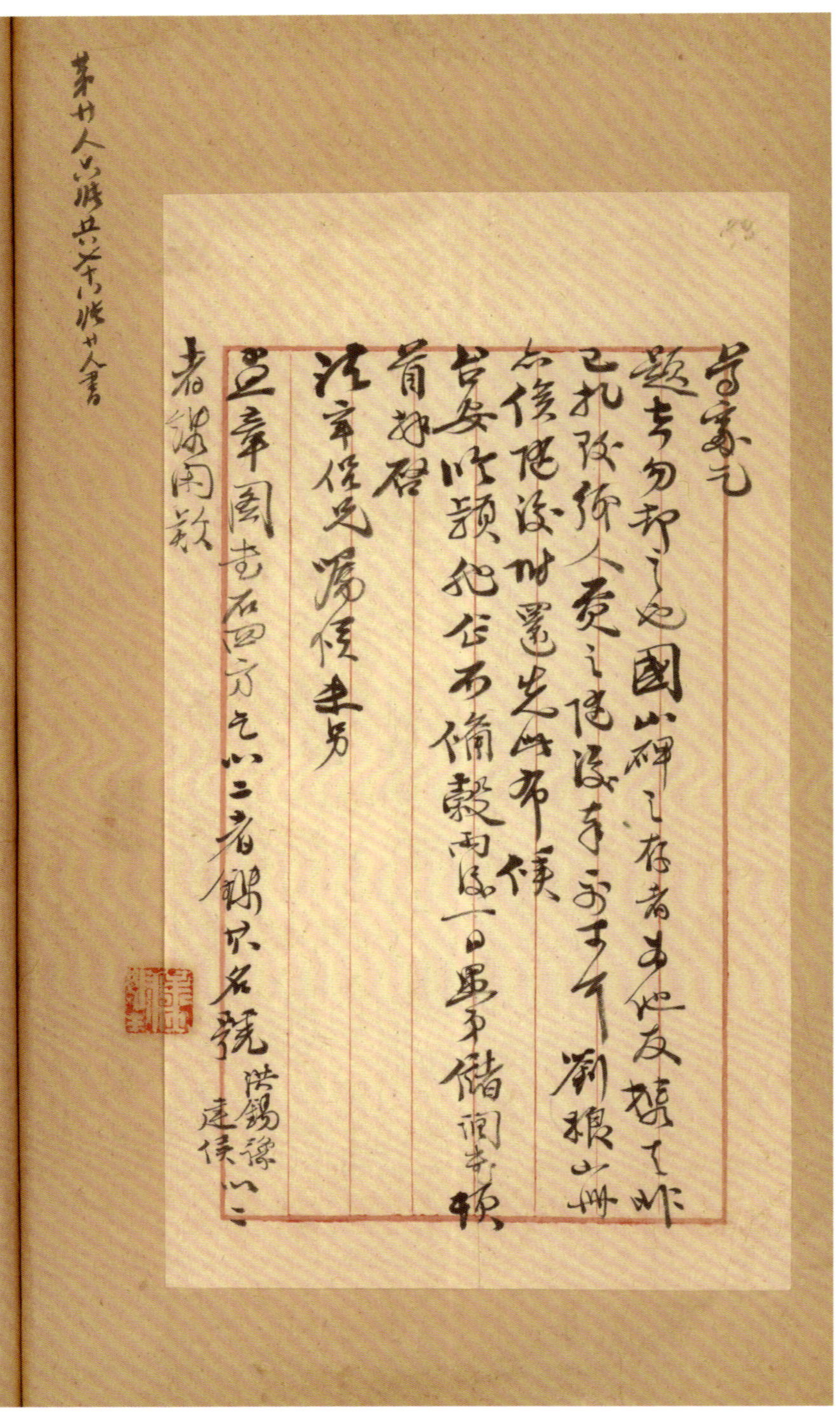

尊處乞
題，幸勿却之也。《國山碑》之存者，爲他友携去，昨
已札致鄉人覔之，隨後奉示可耳。《劉娘》小册
亦俟隨後附還。先此布候
臺安，臨穎馳企，不備。穀雨後一日愚弟儲潤書頓
首拜啓
法辛侶兄囑候，未另。
孟章圖書石四方，乞以二者鎸其名號（洪錫豫、建侯），以二
者鎸閑款。

〔四三〕

古歡第八册

古歡
第八册

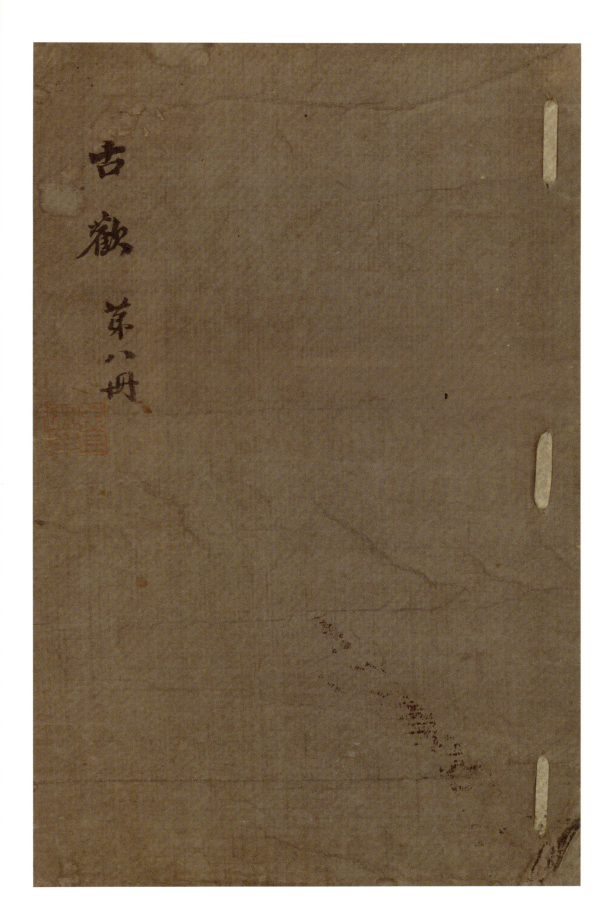

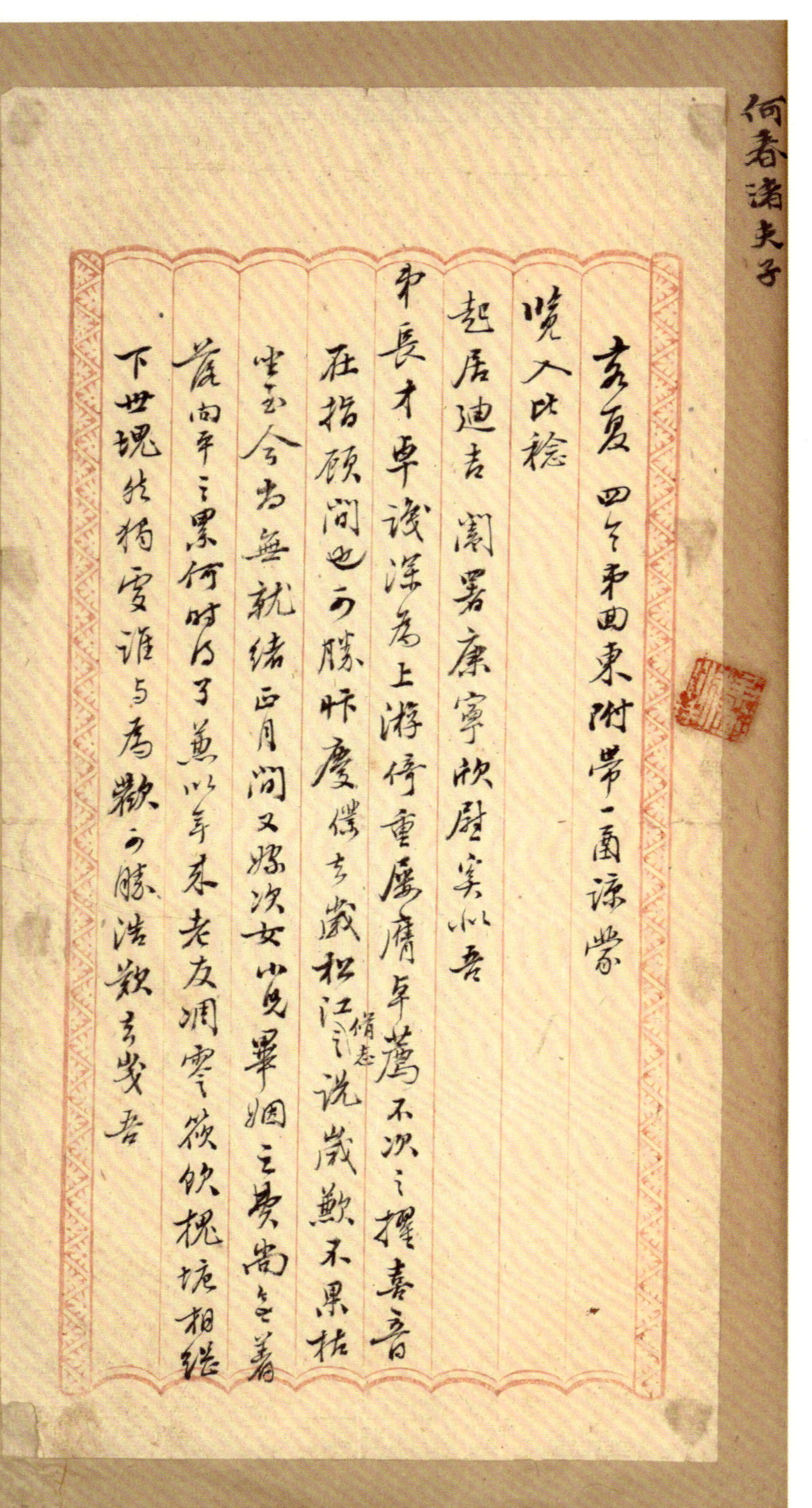

何琪致黃易札之二

客夏四令弟回東，附帶一函，諒蒙
覽入。比稔
起居迪吉，闔署康寧，欣慰奚似。吾
弟長才卓識，深爲上游倚重，屢膺卓薦，不次之擢，喜音
在指顧間也，可勝忭慶。僕去歲松江修志之説，歲歉不果，枯
坐至今，尚無就緒。正月間又嫁次女，小兒畢姻之費，尚無着
落，向平之累何時得了？兼以年來老友凋零，筱飲、槐塘相繼
下世，塊然獨處，誰與爲歡，可勝浩歎！去歲吾

弟所諭寫呈畢撫軍册頁，因心緒欠寧未曾拈筆。意者吾
弟欲爲僕於彼處謀一席乎？感感！前歲王秋塍兄欲約僕同赴陝
西，渠亦因畢公風雅愛士，且王蘭泉先生亦在秦中。近聞秋塍尚
在彼處，倘今秋中州豐熟，不識
老弟能爲僕一圖之否？便中希賜覆音。令姪漢符回杭後時值小考，渠頗
欣然，文章亦頗超脱，府考竟在前列，進學可望，而竟不果。志雖可嘉，
然想此時謀生上策何必套此頭巾？吾
弟以爲如何？兹因魏同學寶傳假滿入都之便，順附數行，佈候

【一二二】

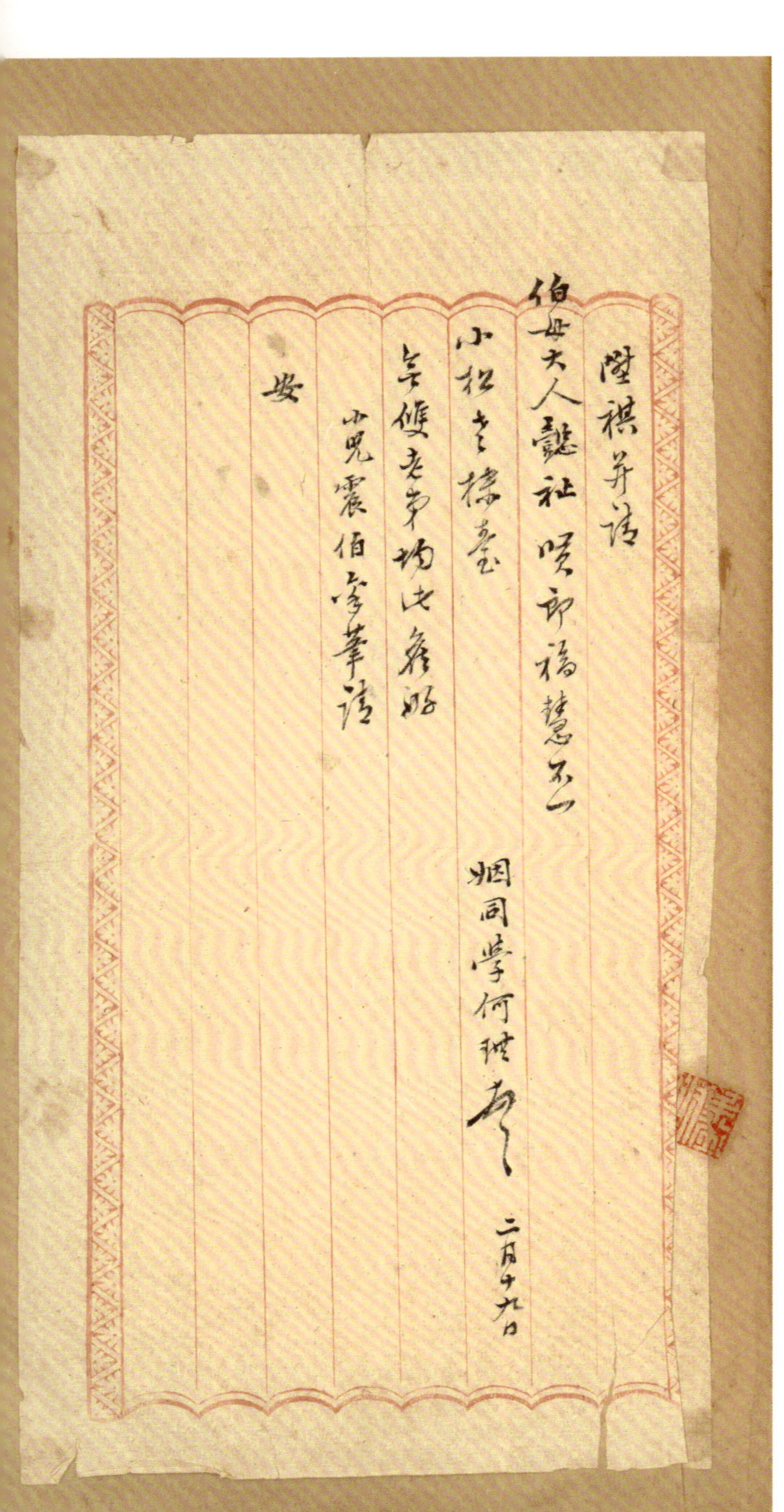

陞祺，並請
伯母大人懿祉、賢郎福慧，不一。
小松老棣臺　　　　姻同學何琪頓首　二月十九日
無雙老弟均此候好。
小兒震伯稟筆請
安。

去歲夏偶々秋中州豐

老弟能為僕圖之名傳中外

欲攜女弟之願趙賤府

精神充時諸生上第何必

寶

◀ 潘庭筠致黃易札之二

姻愚弟潘庭筠頓首拜啓
小松親家大人臺席：恭稔
濟川碩望，康阜豫邦，慶衽席之胥安，欣
棨戟之伫建，曷勝顒頌！蒙採冰言，不棄寒素，筠即禀於
家父，家父札來，云小孫女得字於
高門慶胄，仰攀之喜，舍間大小俱各慶幸，命筠敬遵
臺命。今者尊使賁臨，恭接

華簡，問名之禮既隆且渥，彌以寒素爲慚。謹遵
臺擇吉辰，端肅奉簡，敬書筠女年庚，上配
貴公子，訂百年卜鳳之歡，遂嘉耦乘龍之願，當即於家
父處禀知也，謹具不腆，愧乏瓊瑶，諸惟
慈鑒，並祈於
姻伯母大人、親母大人前恭申欣悃，敬請
福安。臨穎心溯，肅賀
陞祺，不宣。庭筠頓首拜上

【一九九】

魏刑部春松

魏成憲致黃易札之四

閏夏望前二日接讀
手書，正擬修答，旋於十七日紀綱至京，復奉
琅翰。敬稔
臺候迪和，
侍奉萬福，新猷式煥，指日
崇遷繁要之區，上游倚重，以
鴻裁兼綜一切，凡百恒綏，實深額抃。令嗣綺歲英
姿，爲德園大兄快婿，夙好新盟，洵稱雙美。承

示諏吉傳紅，
寄到福庚禮帖，自珍飾上幣，以逮吉祥。花果華妙
精工，至周且備，兹於二十四日慶成典禮。並延沈眉
峰中翰偕弟執柯，眉峰即德園聯衿也。所有回
盤八種，德園深以不腆爲慚，定荷
淵涵，無俟贅致。庚帖雙書，此家鄉舊禮，以祝同諧
耳。弟於四月中旬授室，言賀殊不敢當，乃蒙
吉語遠頒，厚叨

雅貺，却之不恭，受之增愧，

勤拳古誼，銘泐無涯。近申公私，藉

庇粗寧，無塵遠注。使旋，謹此鳴謝兼道賀忱，

伯母大人暨

嫂夫人前恭詢壺祺，顒請

升安。四舍弟附中心賀，伏惟

朗照，不宣。

小松九兄大人　　閏夏二十五日愚弟魏成憲頓首

【二一七】

金雲莊

金德輿致黃易札之二

小松九兄大人執事，頻年契闊，軫結時深。去歲青齋先生旋里，具稔

萱庭康福，

政祉輯佳，藉慰遠念。並稱

閣下才德能爲三絶，上遊雅相契重，右遷可以日計，在

才人則爲餘事，而吾黨已與有榮施矣。頃奉

手翰，

春之間方能就道，便途定當摳衣

燕寢，藉罄積誠也。至詩文一道相去益遠，既無其才，又鮮閒暇，即有所作，半屬酬應，無可質諸

壇坫，良深愧恧。蘭汝兄一病幾殆，現在養疴湖上，畫幅俟歸時索寄。兹檢舊存一軸，時佐

清供，先祈

莞存。緑飲兄近况亦甚落寞，

注存良至，發函伸紙歡喜無已。諸刻並領到，《武梁祠碑》世不多覯，朱竹垞太史僅見唐氏藏本，未得其全，乃閣下搜奇嗜古，不留遺憾，使數千百年之物，一旦出而壽世，固顯晦有時，亦好古之緣有以致之也。蒙

惠奚齒百朋，感佩無極。弟浮湛鄉里，家食維艱，久擬北行，而部署一切頗費周章，冬

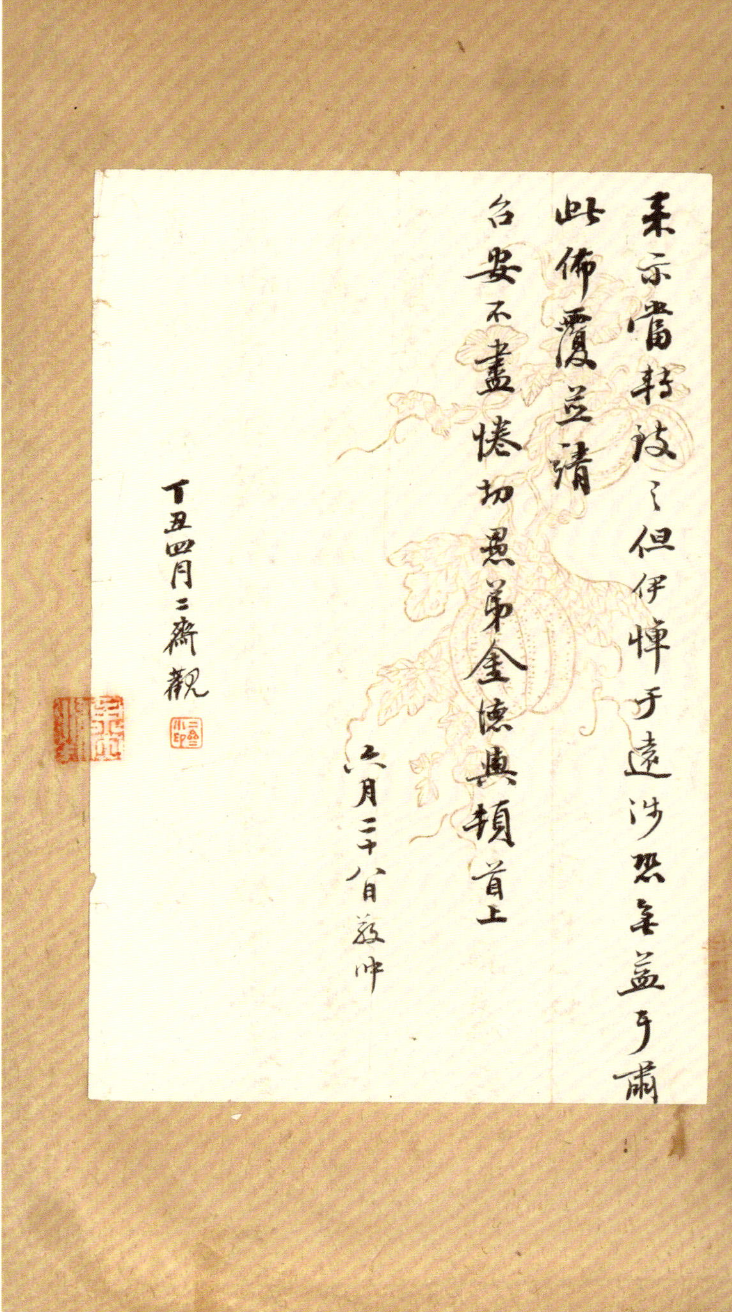
來示當轉致之，但伊憚於遠涉，恐無益耳。肅此佈覆，並請
臺安，不盡惓切。愚弟金德輿頓首上
六月二十八日敬冲

丁丑四月二齋觀。

【三四二】

來示當轉致之，但伊憚於遠涉，恐無益耳。肅
此佈覆，並請
臺安，不盡惓切。愚弟金德輿頓首上
六月二十八日敬冲

丁丑四月二齋觀。

王增致黃易札之三

二十日愚弟王增頓首上書

小松九兄大人座下：：數月未經肅候，想

道履吉綏，無任企仰。弟以奉調入闈監試，

素餐一月，撤棘後冀可請咨。又以祥任

核減四百餘，羈遲蕭條旅况，典質一空，

不堪爲

知己告。所

諭《東坡生日詩》稿本在家，回時寫呈

斧正。有山東各信罕遇便人，惟

兄處寄去爲便，懇乞加封付去。此殷洪喬

所不屑爲者以瀆吾

兄，自知負戾，深恃

知愛有素，不我督過也。虛谷一信並呈。

草此奉問

近佳，臨書馳結。增再拜

【二八一】

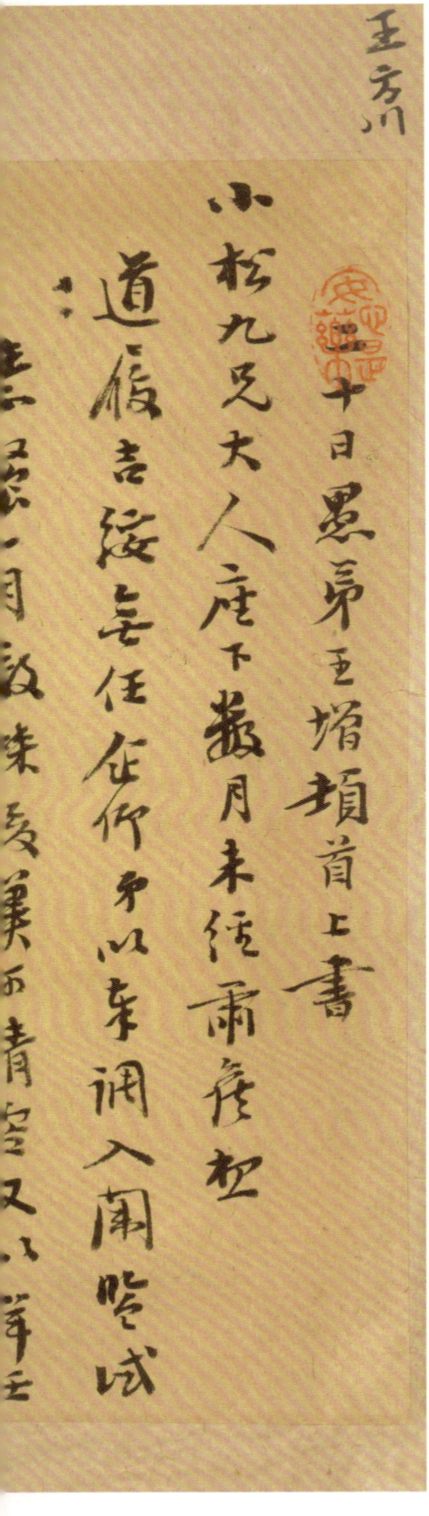

不堪爲

知己告耶

讀東坡生日詩，務求至家，四時寫呈

蒼正有山東之行，罕遇之人堆

足受害，立爲原，聖上已加封付之，此般潛痛

而不屑爲者，以誤矣

足自知負疚深情

知愛有素，不能背逆也。惠允一行，並呈

卅七年向

石庵昨書，馳復，丹拜

顧禮琥致黃易札

前月過
治疆，得謁
芝宇，賜之食坐，飫聆
清言，至今佩戢。茲聞
九兄老先生渡河來，極欲一見，聞
金石之論，戟門阻隔，渺若山河，如何，
如何！謹録近作八首及奉贈三
章，俱不成詩，聊以代晤，倘肯
加以斧削，則又幸矣。初八日隨節返
任城，不及叩辭，叨在
心交，諒勿拘形迹也。泐此敬請
起居萬福，不宣。
愚小弟顧禮琥頓首
九月初五日
再呈《移居詩》一幅。

〔五五三〕

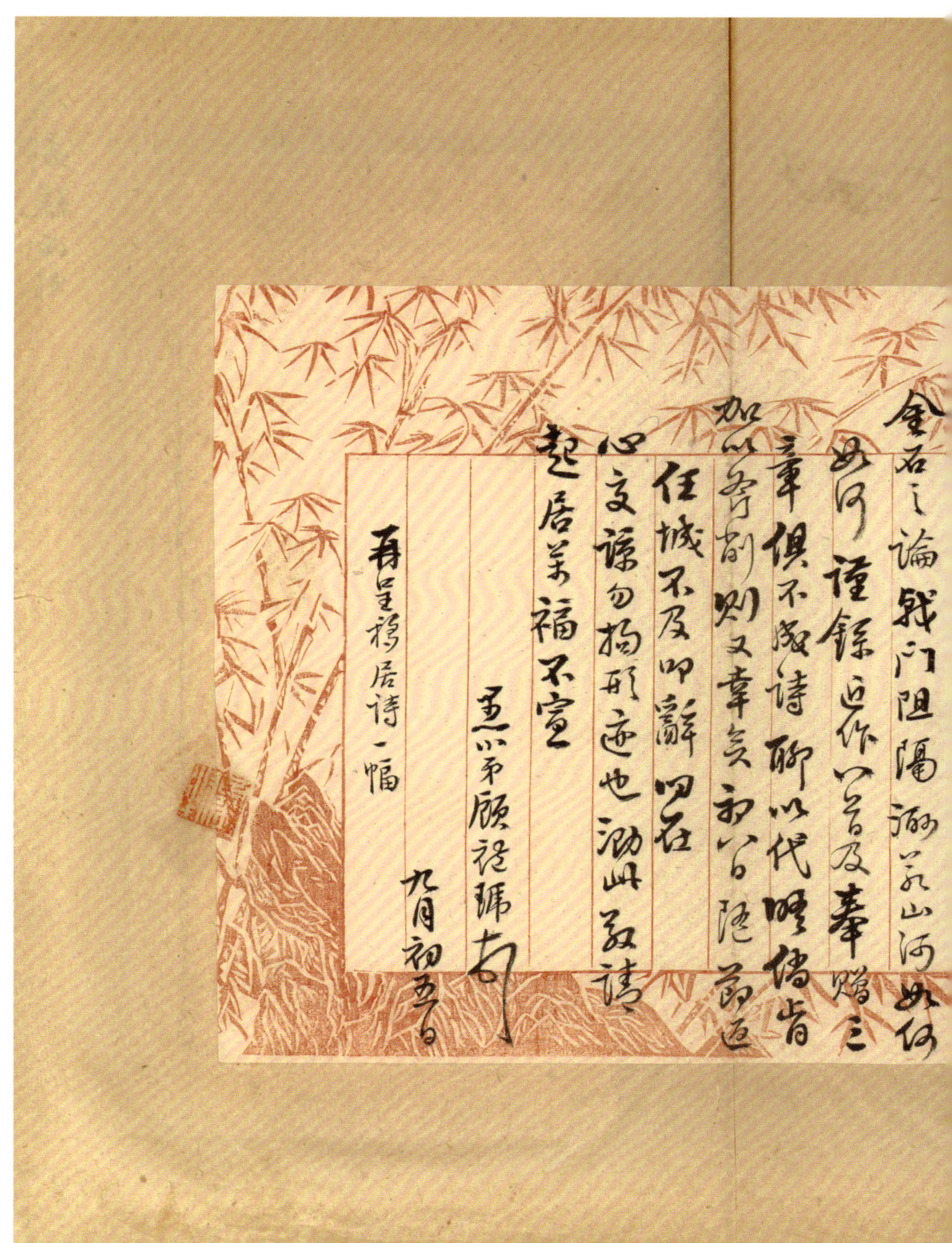

金石之論戟門阻隔瀕以山河如何
如何謹録近作以當及奉贈三
章俱不成詩聊以代晤倘肯
加以斧削則又幸矣前公隱節近
任城不及叩辭罪在
心交諒勿拘形迹也泐此敬請
起居并福不宣
愚小弟顧德琳頓
九月初五日
再呈穆居詩一幅

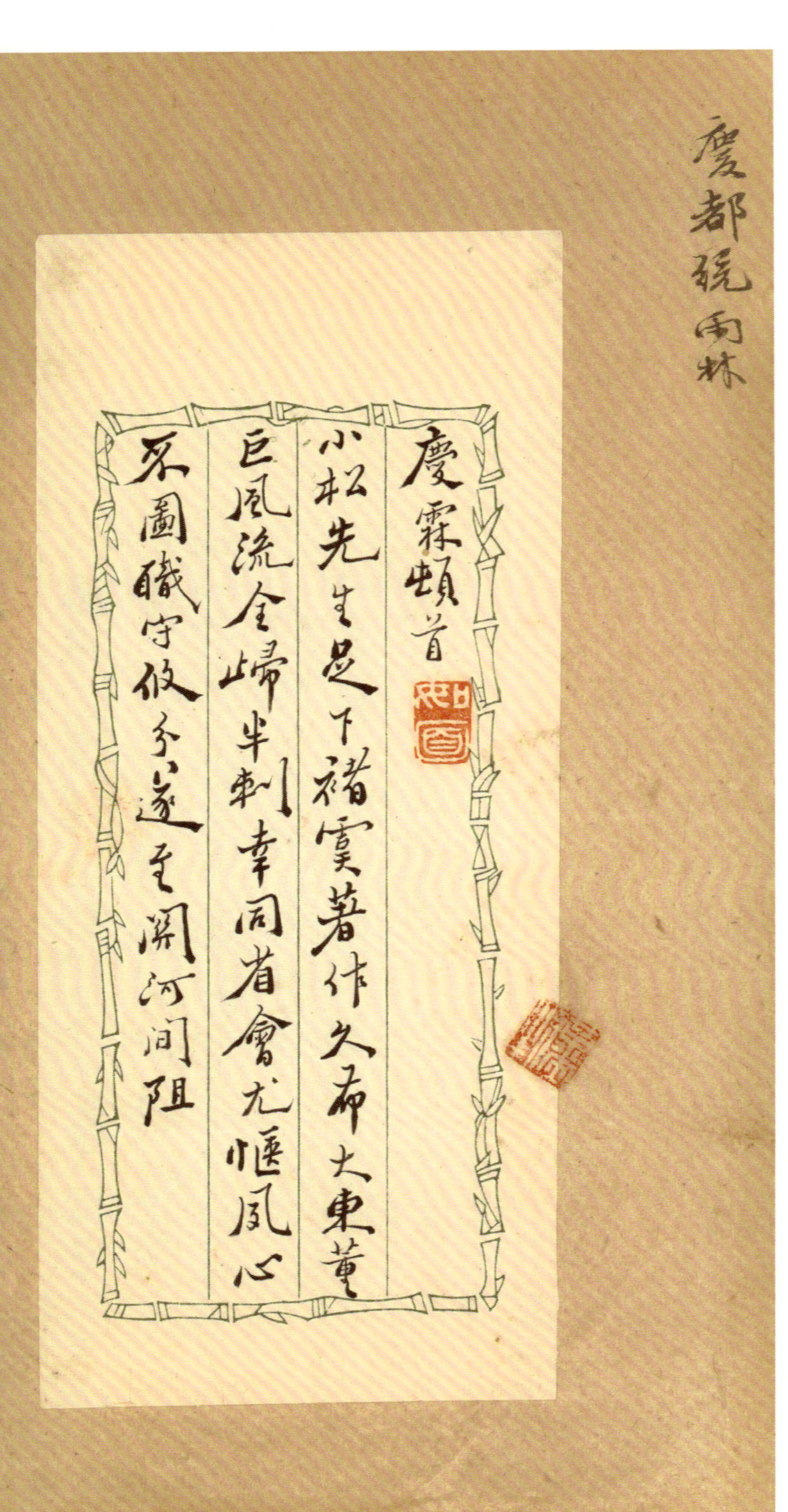
慶都孫雨林

慶霖頓首

小松先生足下：褚虞著作久布大東董巨風流全歸半刺幸同省會尤愜夙心不圖職守攸分遂至關河間阻

◀ 慶霖致黃易札之一

慶霖頓首

小松先生足下：褚、虞著作，久布大東，董巨風流，全歸半刺，幸同省會，尤愜夙心。不圖職守攸分，遂至關河間阻，

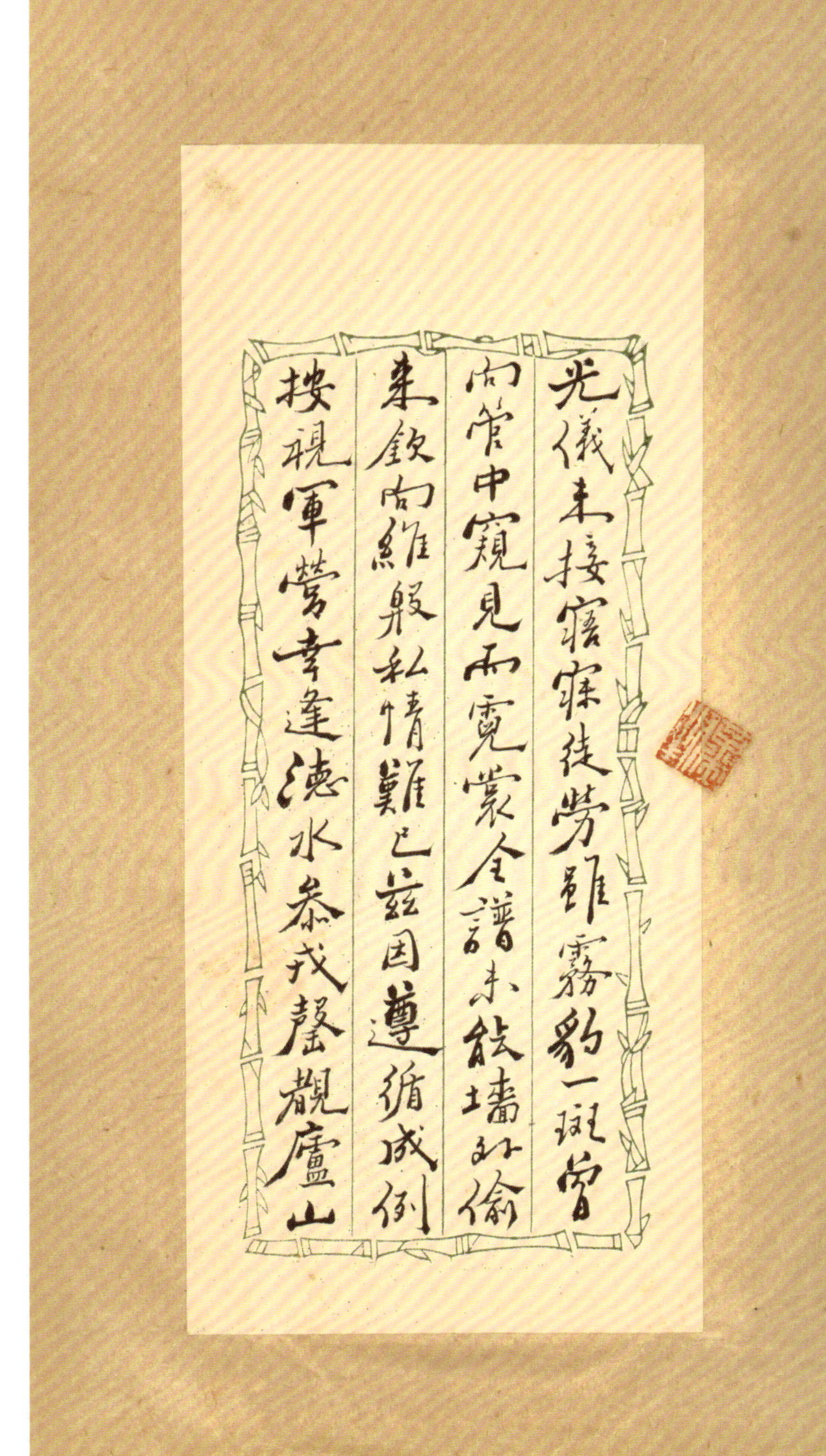

光儀未接，寤寐徒勞。雖霧豹一斑曾向管中窺見，而《霓裳》全譜未能墻外偷來。欽向維殷，私情難已。玆因遵循成例，按視軍營，幸逢德水參戎，罄睹廬山

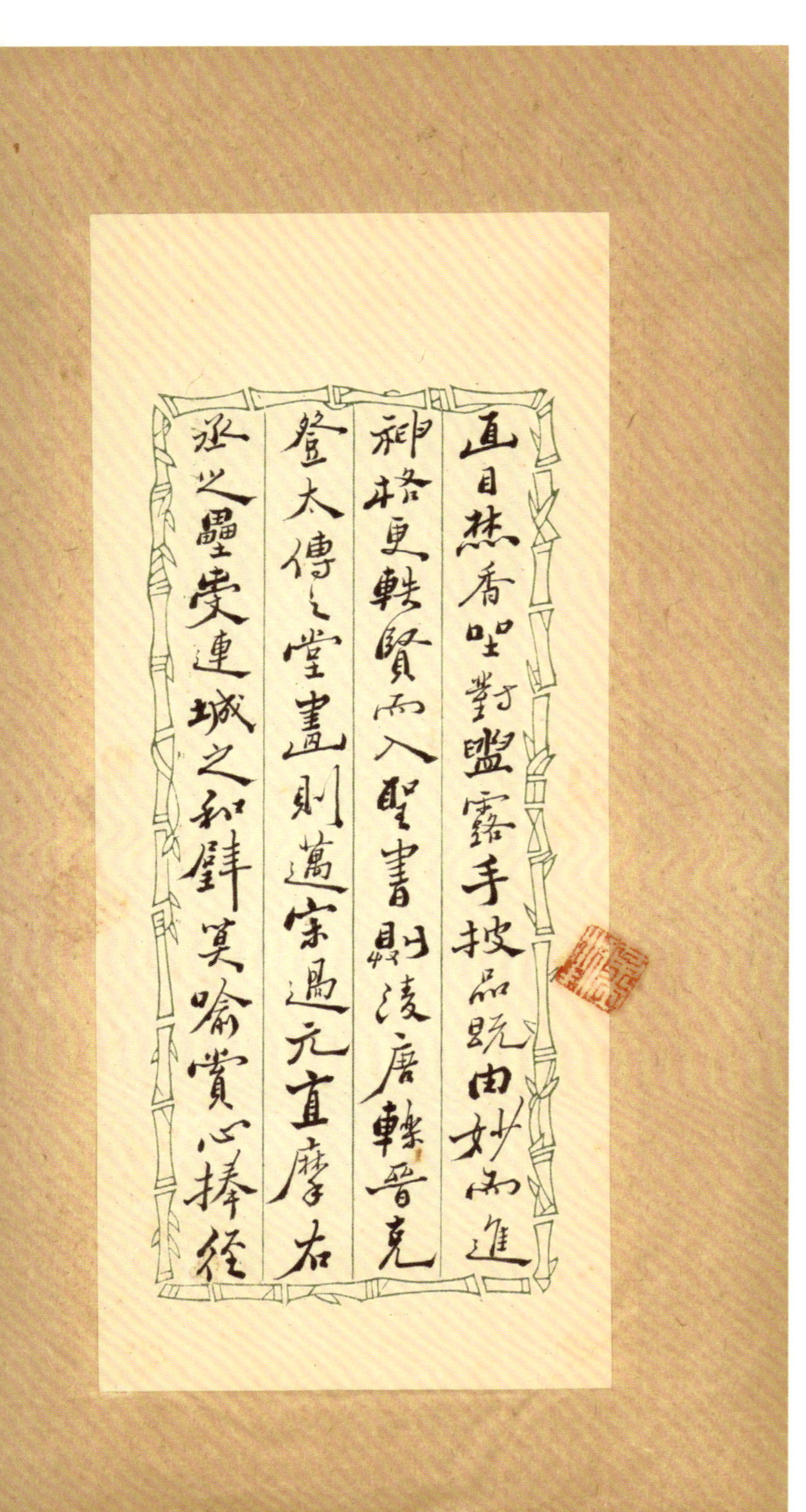

面目，焚香坐對，盥露手披。品既由妙而進神，格更軼賢而入聖。書則凌唐轢晋，克登太傅之堂；畫則邁宋過元，直摩右丞之壘。受連城之和璧，莫喻賞心；捧徑

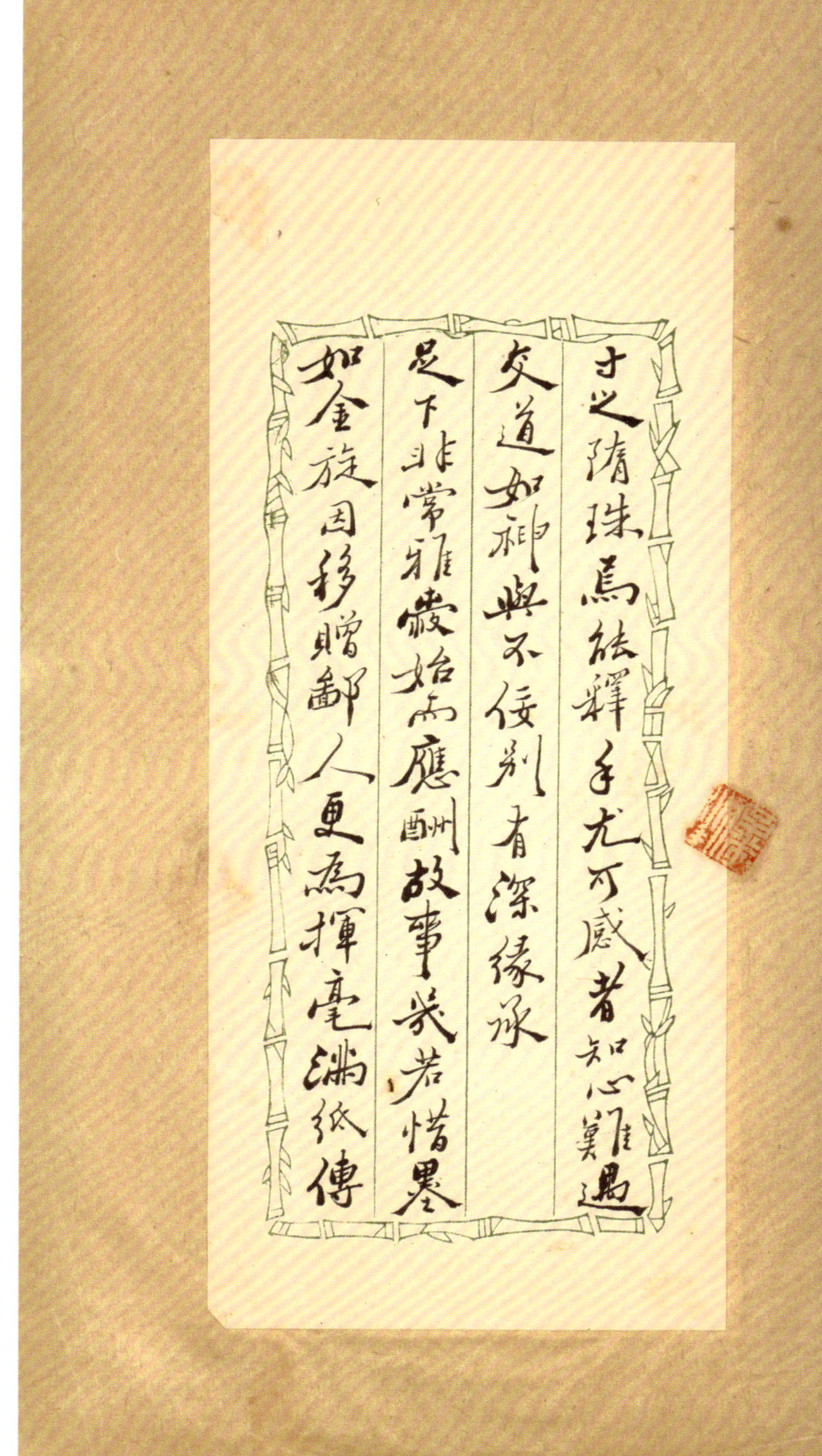

寸心之隋珠，焉能釋手。尤可感者，知心難遇，
交道如神，與不佞别有深緣，承
足下非常雅愛。始而應酬故事，幾若惜墨
如金；旋因移贈鄙人，更爲揮毫滿紙。傳

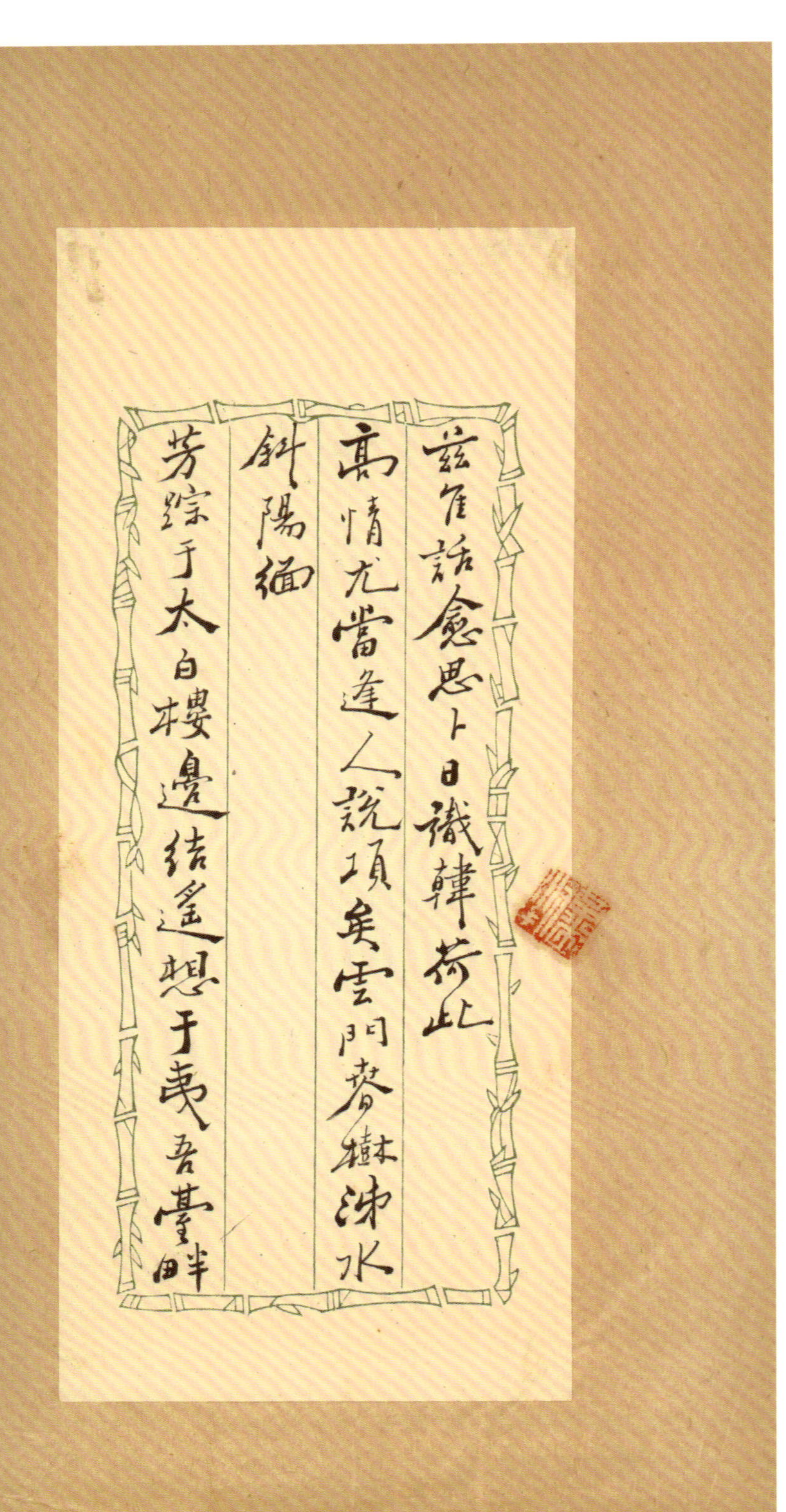

兹佳話，愈思卜日識韓；荷此
高情，尤當逢人説項矣。雲門春樹，沛水
斜陽，緬
芳蹤於太白樓邊，結遥想於夷吾臺畔。

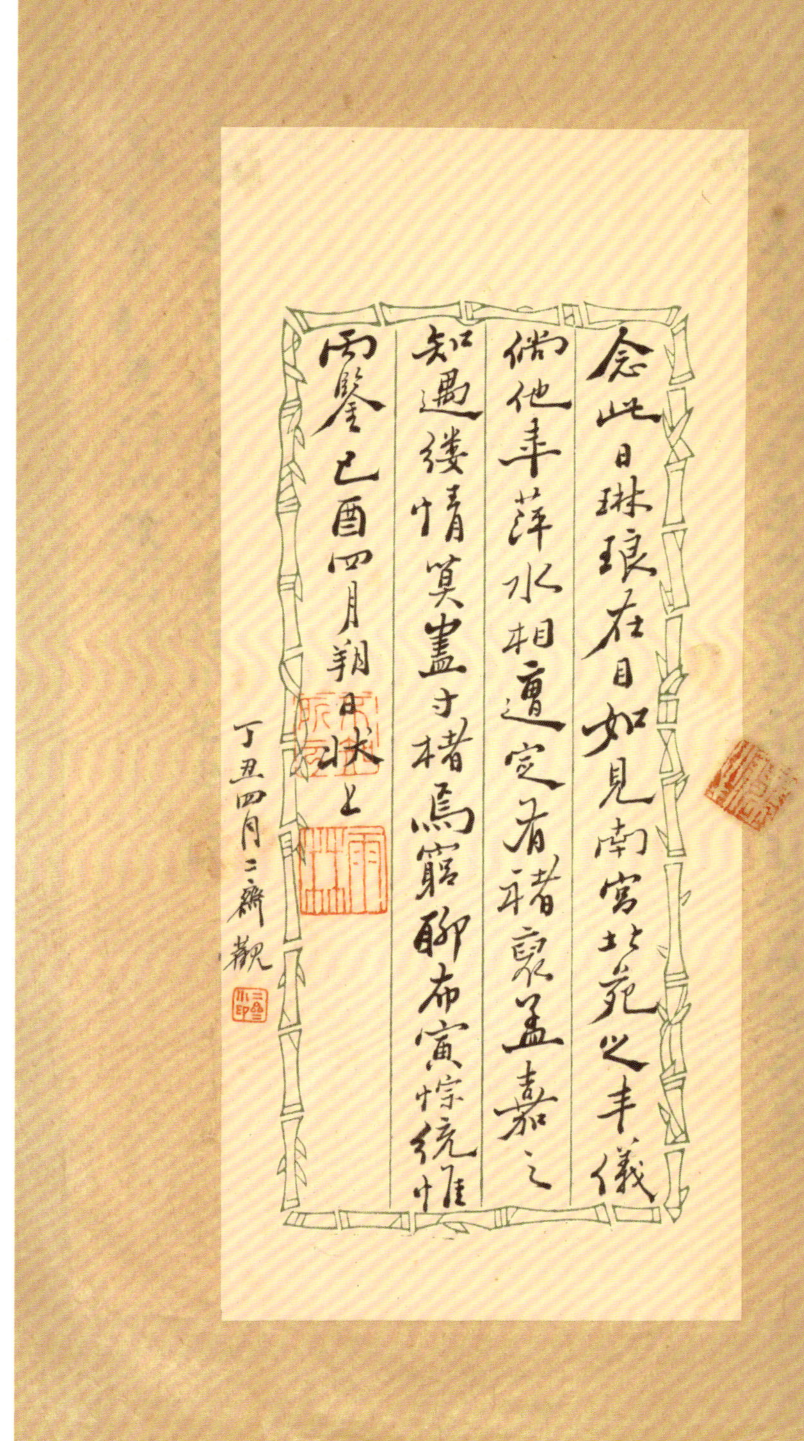

【三六二】

念此日琳琅在目，如見南宫北苑之豐儀；倘他年萍水相遭，定有褚裒孟嘉之知遇。縷情莫盡，寸楮焉窮，聊布寅悰，統惟丙鑒。己酉四月朔日狀上

丁丑四月二齋觀。

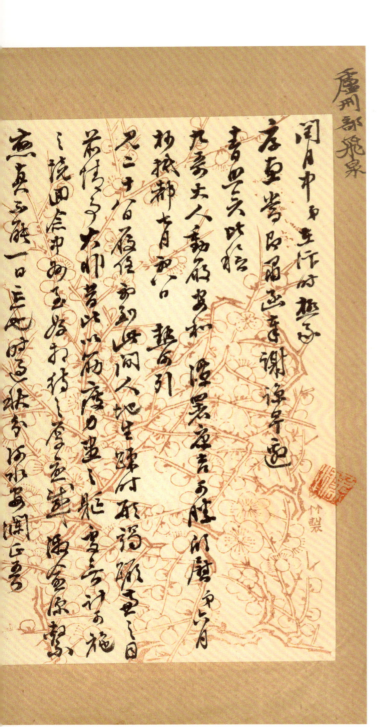

◄ 盧又紳致黃易札之二

閏月中弟在汴時，極承
厚惠，當即肅函奉謝，諒早邀
青照矣。比稔
九哥大人動履安和，潭署康吉，可勝欣慰。弟六月
杪抵都，七月初八日熱河引
見，二十八日履任。初到此間，人地生疏，時形竭蹶，兼之目
前情事大非昔比，以筋疲力盡之軀處無計可施
之境，回念中州至好相待之厚，愈感激愈深繫
戀，真不能一日忘也。時過秋分，河水安瀾，正吾

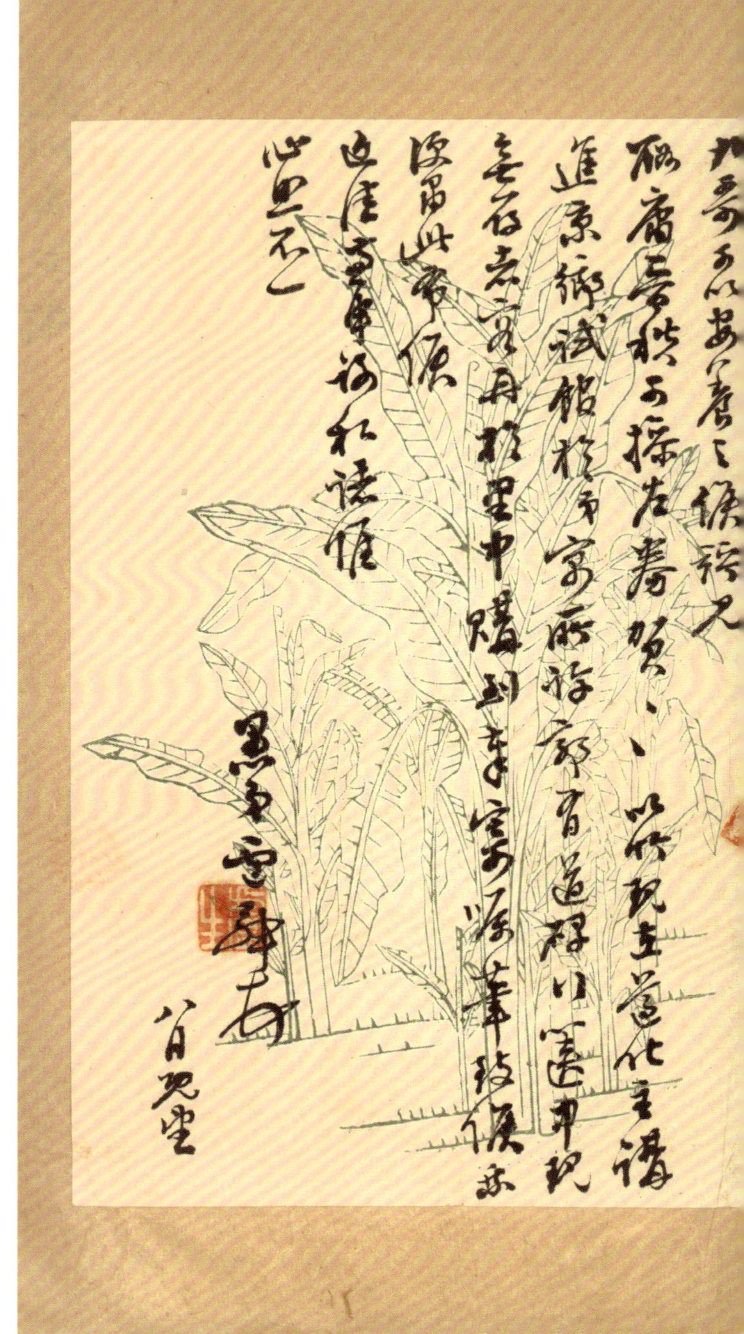

九哥可以安養之候，仁見
酬庸晉秩，可操左券，賀賀。以竹現在遵化主講，進京鄉試，館於弟寓。所許《郭有道碑》，行篋中現無存者，容再於里中購到奉寄。囑筆致候，乘便肅此，布候
近佳，兼申謝私，諸惟
心照，不一。

愚弟盧又紳頓首
八月既望

【三五四】

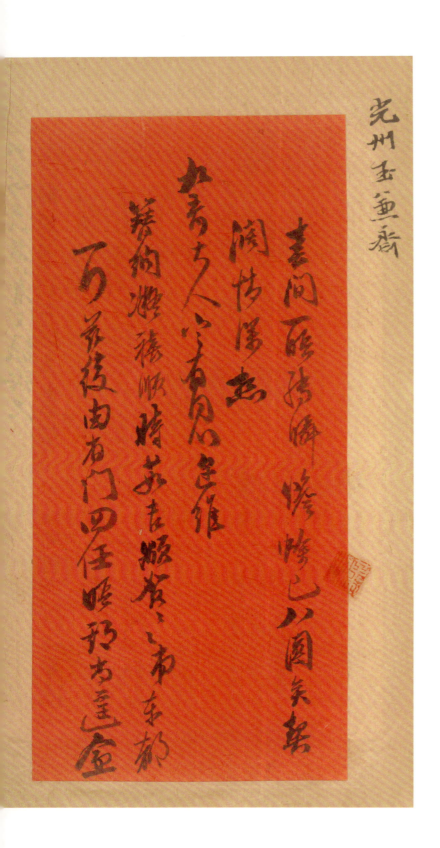

◀玉山致黃易札之一

春間一晤，轉瞬蟾蜍已八圓矣。契闊情深，想

九哥大人定有同心。邇維

簪絢凝禧，順時茹吉，顒賀，顒賀。弟東都一行，茲復由省門回任，晤期尚遥，愈

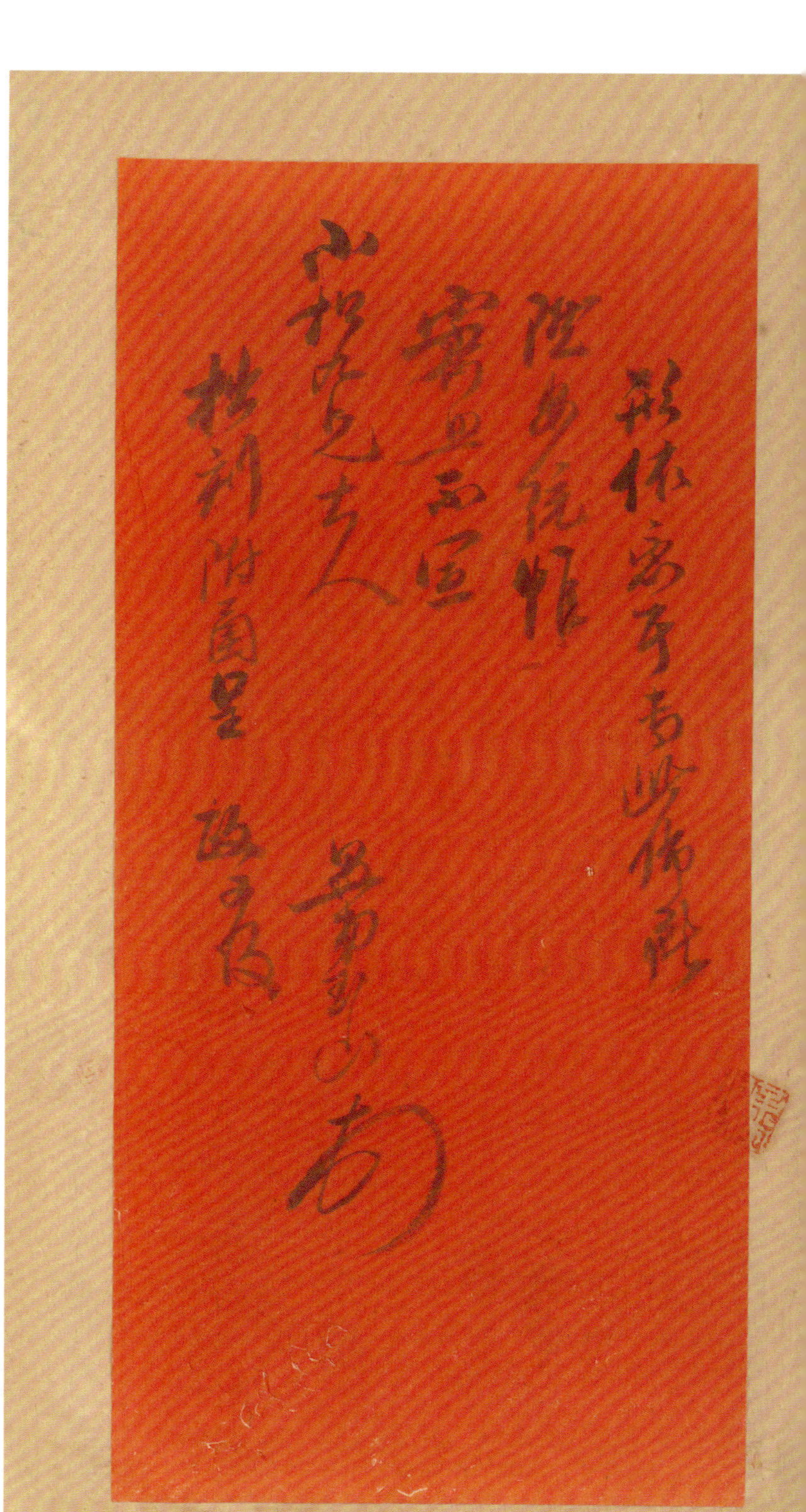

形依戀耳。專此佈候

陞安，統惟

霽照，不宣。

小松九兄大人　愚弟玉山頓首

拙刻附函呈政，又及。

【三四七】

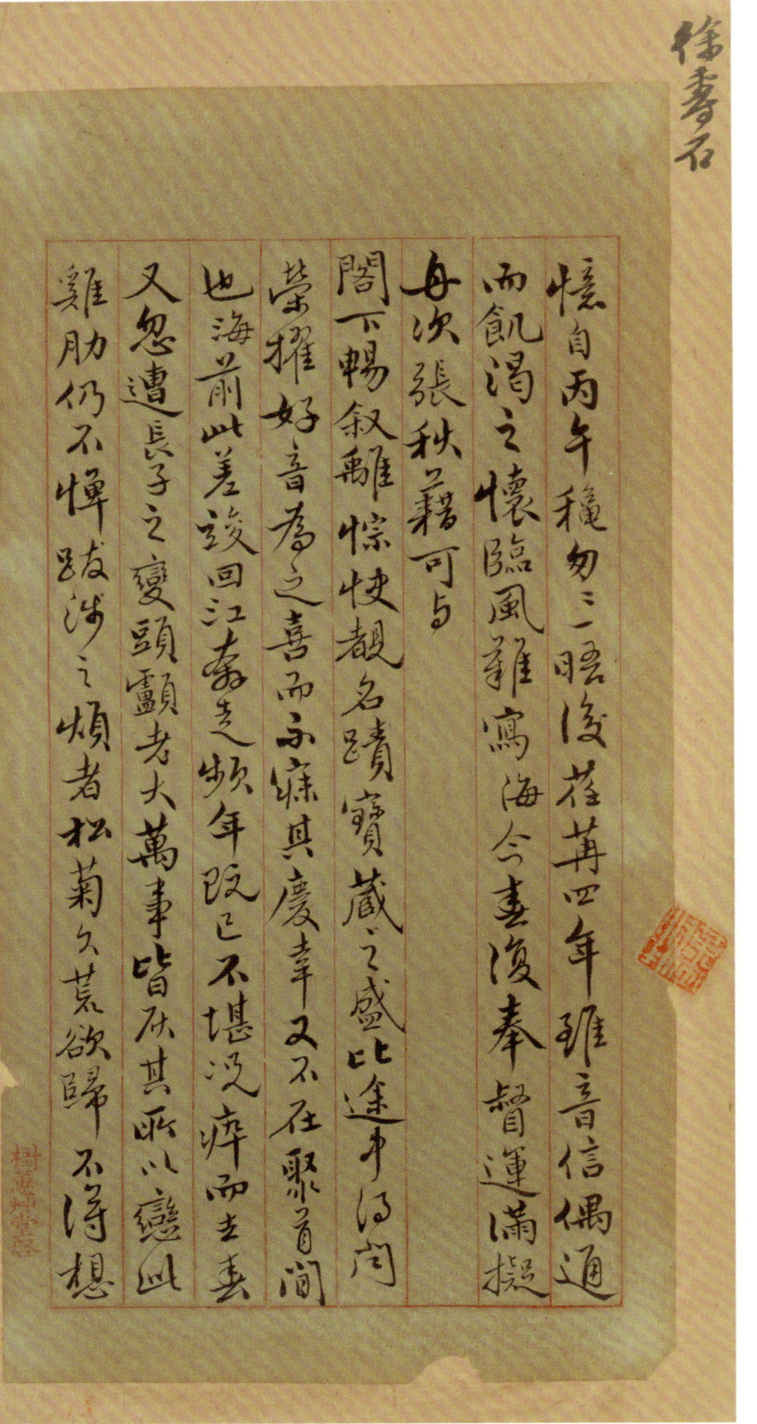

◀ 徐觀海致黄易札之二

憶自丙午秋匆匆一晤後，荏苒四年，雖音信偶通，
而饑渴之懷臨風難寫。海今春復奉督運，滿擬
舟次張秋，藉可與
閣下暢叙離悰，快睹名蹟寶藏之盛。比途中得聞
榮擢好音，爲之喜而不寐，其慶幸又不在聚首間
也。海前此差竣回江，奔走頻年，既已不堪况瘁，而去春
又忽遭長二之變，頭顱老大，萬事皆灰，其所以戀此
雞肋，仍不憚跋涉之煩者，松菊久荒，欲歸不得，想

摯愛如吾
弟定能憐之耳。西江近年風雅中，覃溪先生
而外復得何三夢華，時相過從，頗不寂寞。二君之
沉酣金石，蒐羅不倦，差與
閣下媲美，而欽佩
閣下則又不啻與金石俱永也。至海燭武無能，未忘
結習，不識
老弟臺退食承歡之暇，尚念及天涯老友，肯以隸

【三〇六】

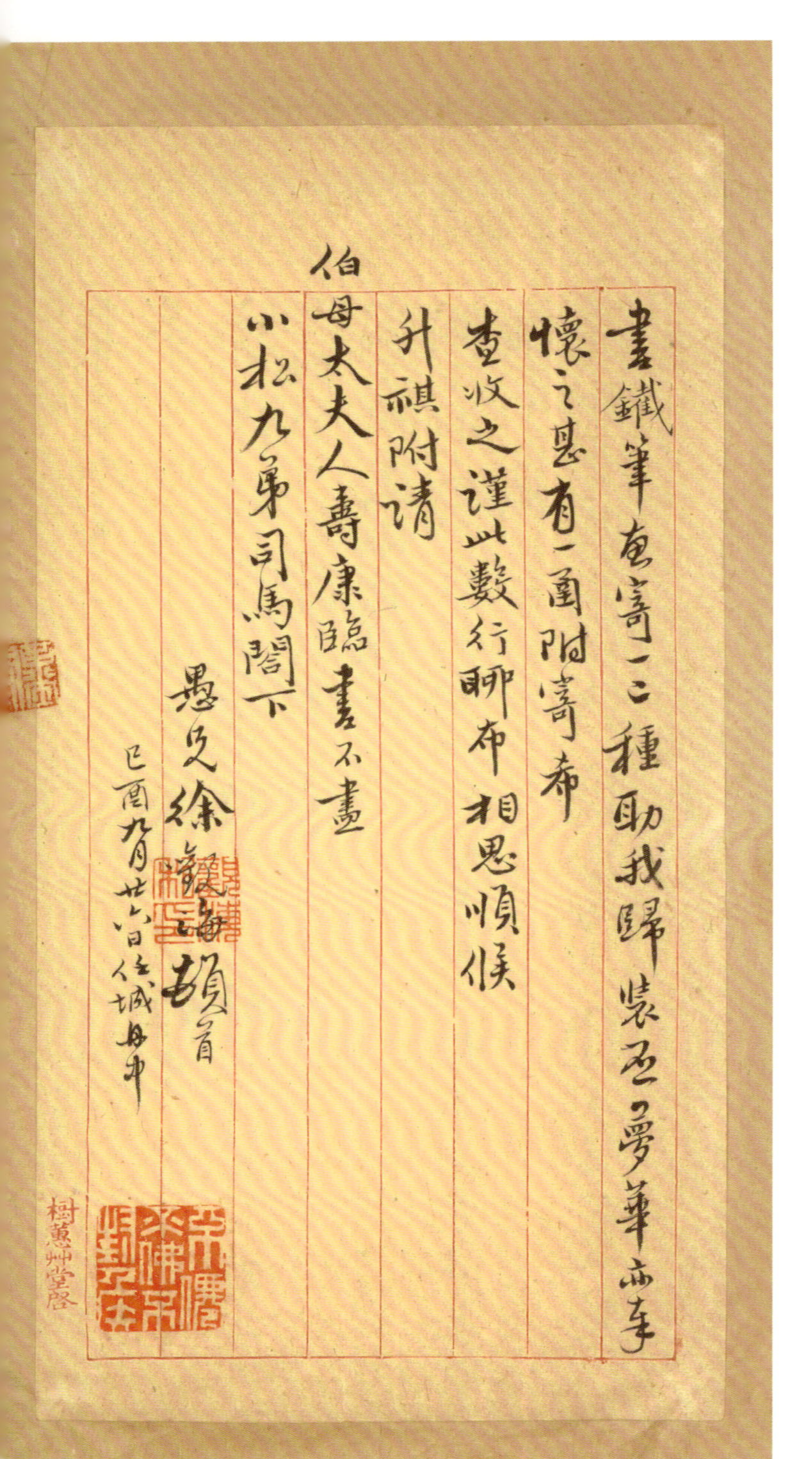

書鐵筆惠寄一二種助我歸裝否？夢華亦奉
懷之甚，有一函附寄，希
查收之。謹此數行，聊布相思，順候
升祺，附請
伯母太夫人壽康，臨書不盡。
小松九弟司馬閣下
愚兄徐觀海頓首
己酉九月廿六日任城舟中

▶汪端光致黄易札之二

文駕匆匆出京，未得暢叙，耿耿何似。此時春水方生，葦柳安排，知勞心計，公餘清興定可拈毫。所許圖章，便祈寄我。蔣香雪在京，弟爲作合相見，已蒙披瀝相待。今東裝東來，一切俱望指南，俾無差謬，如弟身受然。斯文胥

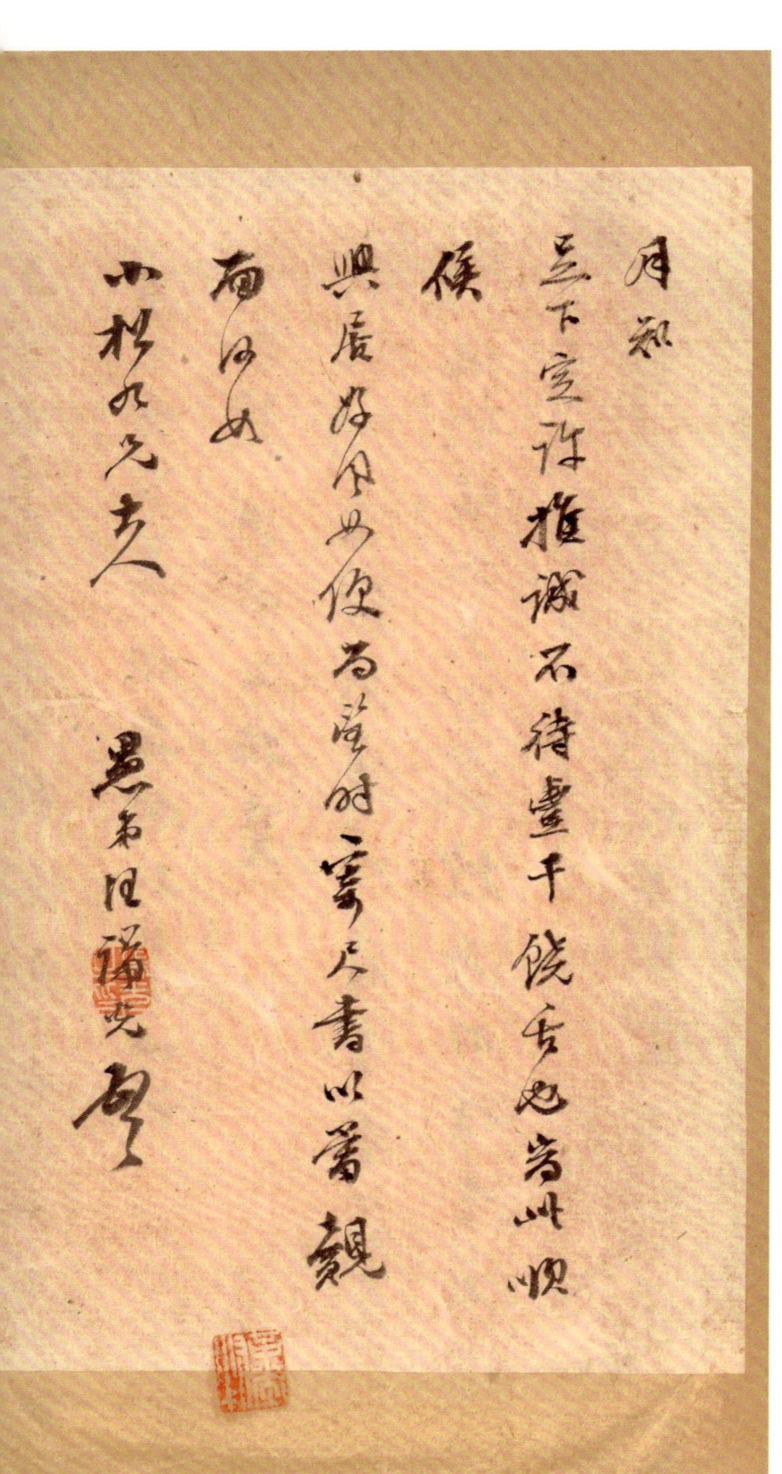

肉，知
足下定許推誠，不待豐干饒舌也。耑此順
候
興居，好風如便，尚望時寄尺書，以當覿
面，何如？
小松九兄大人　　　　愚弟汪端光頓首

〔一九一〕

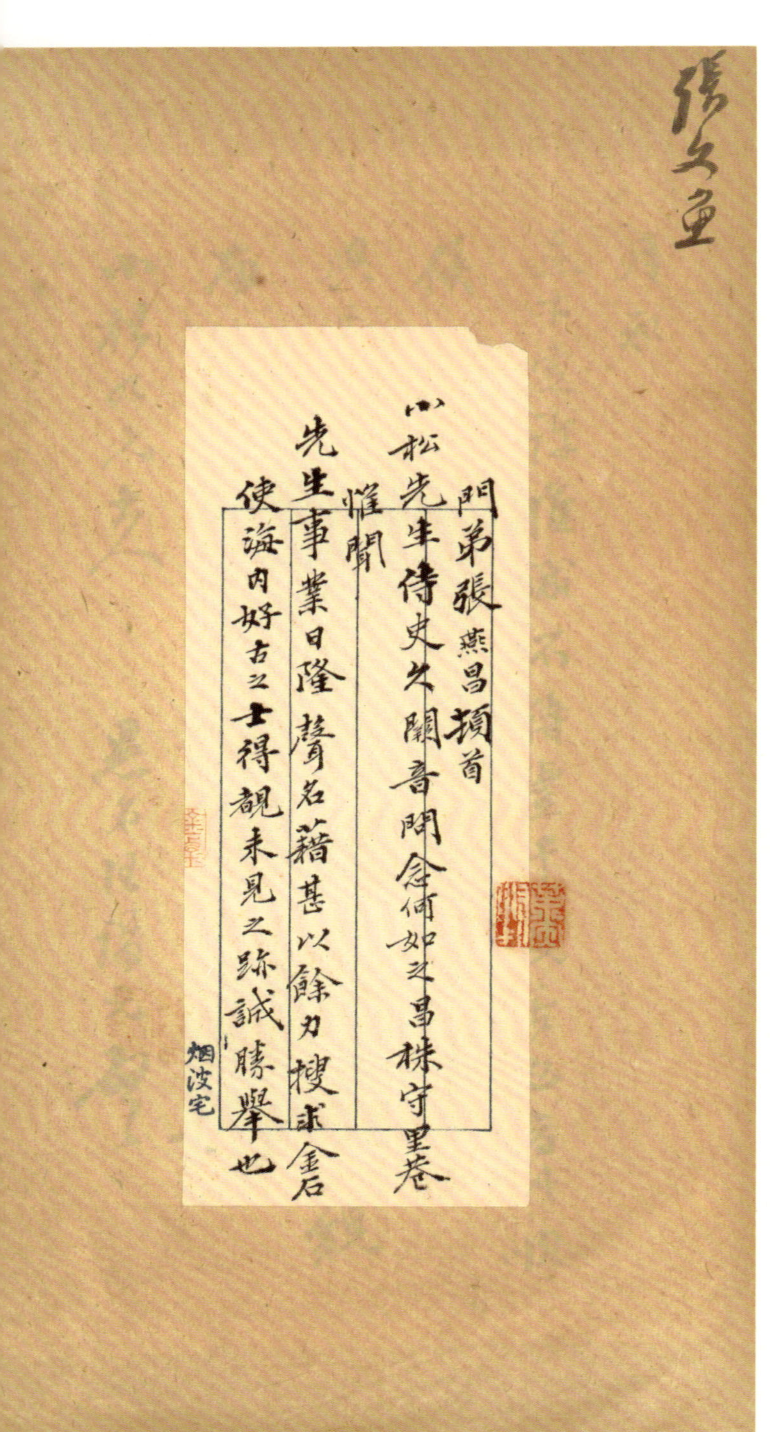

◀ 張燕昌致黄易札之三

門弟張燕昌頓首，

小松先生侍史：久闕音問，念何如之？昌株守里巷，

惟聞

先生事業日隆，聲名藉甚，以餘力搜求金石，

使海内好古之士得睹未見之迹，誠勝舉也。

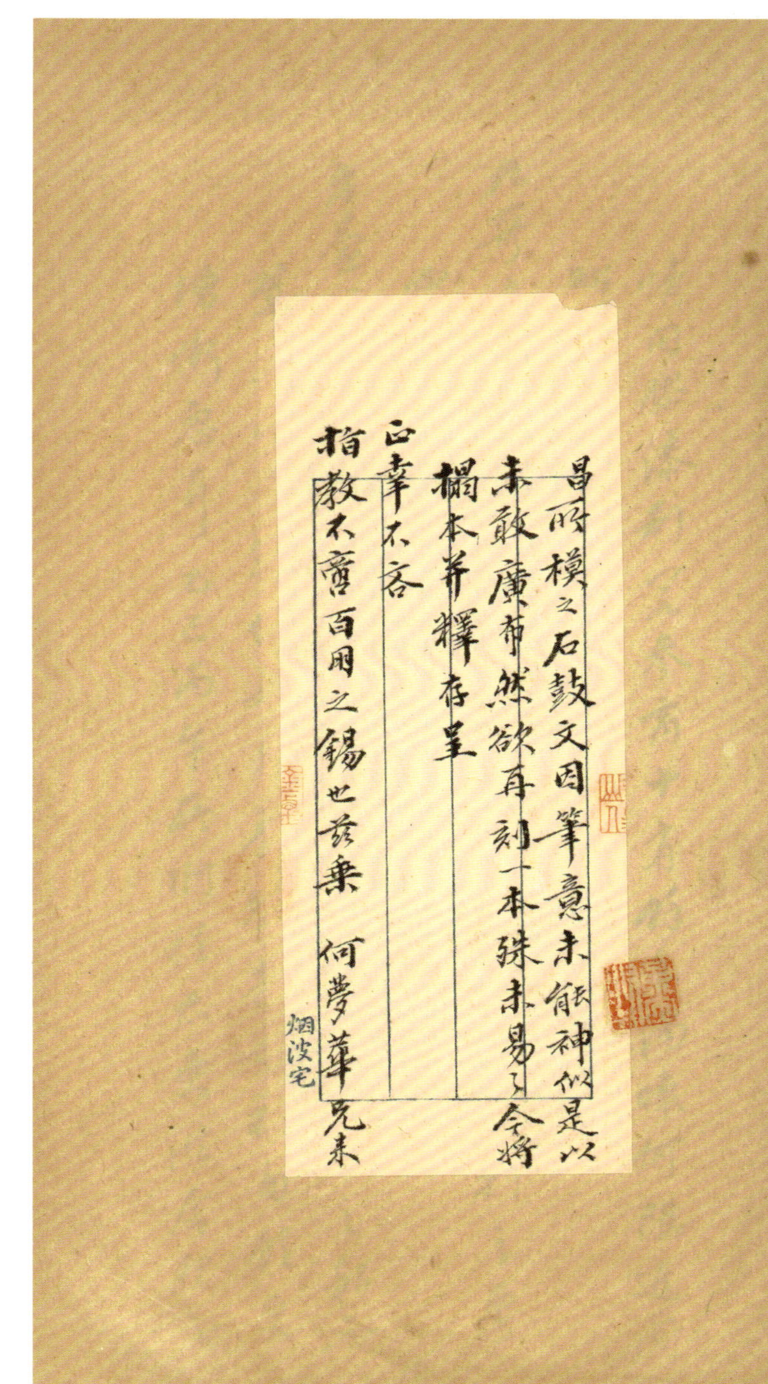

昌所模之《石鼓文》，因筆意未能神似，是以
未敢廣布，然欲再刻一本，殊未易耳。今將
拓本並《釋存》呈
正，幸不吝
指教，不啻百朋之錫也。兹乘何夢華兄來

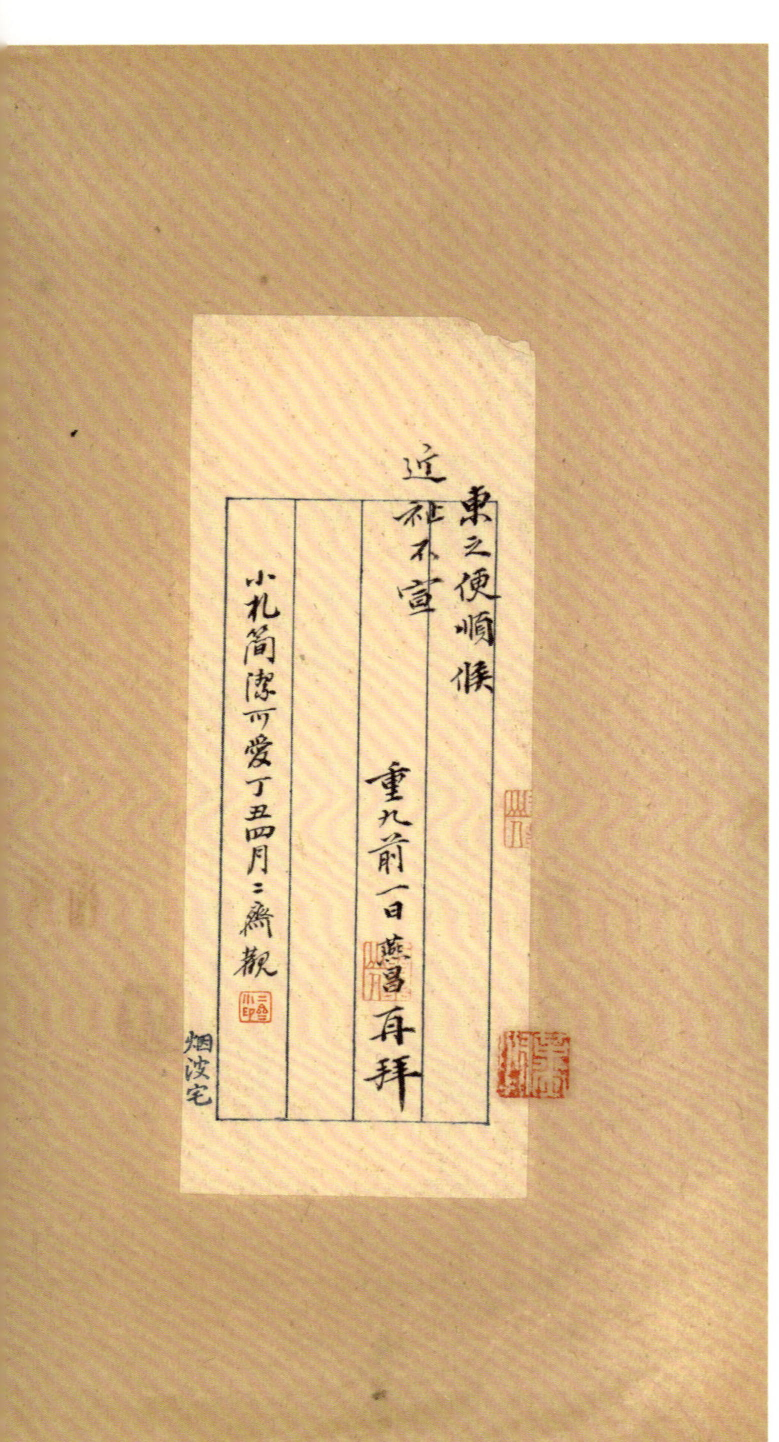

【二三二】

東之便，順候

近祉，不宣。

重九前一日燕昌再拜

小札簡潔可愛。丁丑四月二齋觀。

仇夢巖致黃易札之一

情同膠漆，別若參商，十有餘年，渴懷何限。近閱
邸報，敬悉
九哥大人榮陞司馬，莅任中州，雖膺半刺之遷，
實屬三公之望。知弟與
臺臺夙好者無不爲弟慶幸，即弟雀躍之私，不
禁喜而不寐，恍如身受殊榮也，衹自顧更
增慚恧耳。乙巳、丙午所附程太史、洪舍親之

書想已浮沉矣。今春附書於福中堂幕樂公，
由河庫道轉遞，四月又附朱文扆兄宅相沈君
書，伴以松煙畫條，不卜曾一達否？年年書郵
覓寄，難若登天，我勞如何！兹弟之胞姪潤書，
在下南河同知朱舍親署中，朱公與舍姪係
屬渭陽之好，刻接其信，云與
貴治不遠，特托者，舍姪幼孤而又家貧甚，蒙

渭陽提挈，並望
臺臺視弟之情，
回光照之。弟自場事滅裂，十年息影蓬廬，去
歲洪舍親有約（名範，現在福中堂幕中），將有京華之行，
舟次邗江，又爲友人所誤，此行不果。茲承江
製川兄之招仍來伍祐，雖一氈有托，而半百
將衰，自分無能爲也已。海濱荒陋風雨，惟

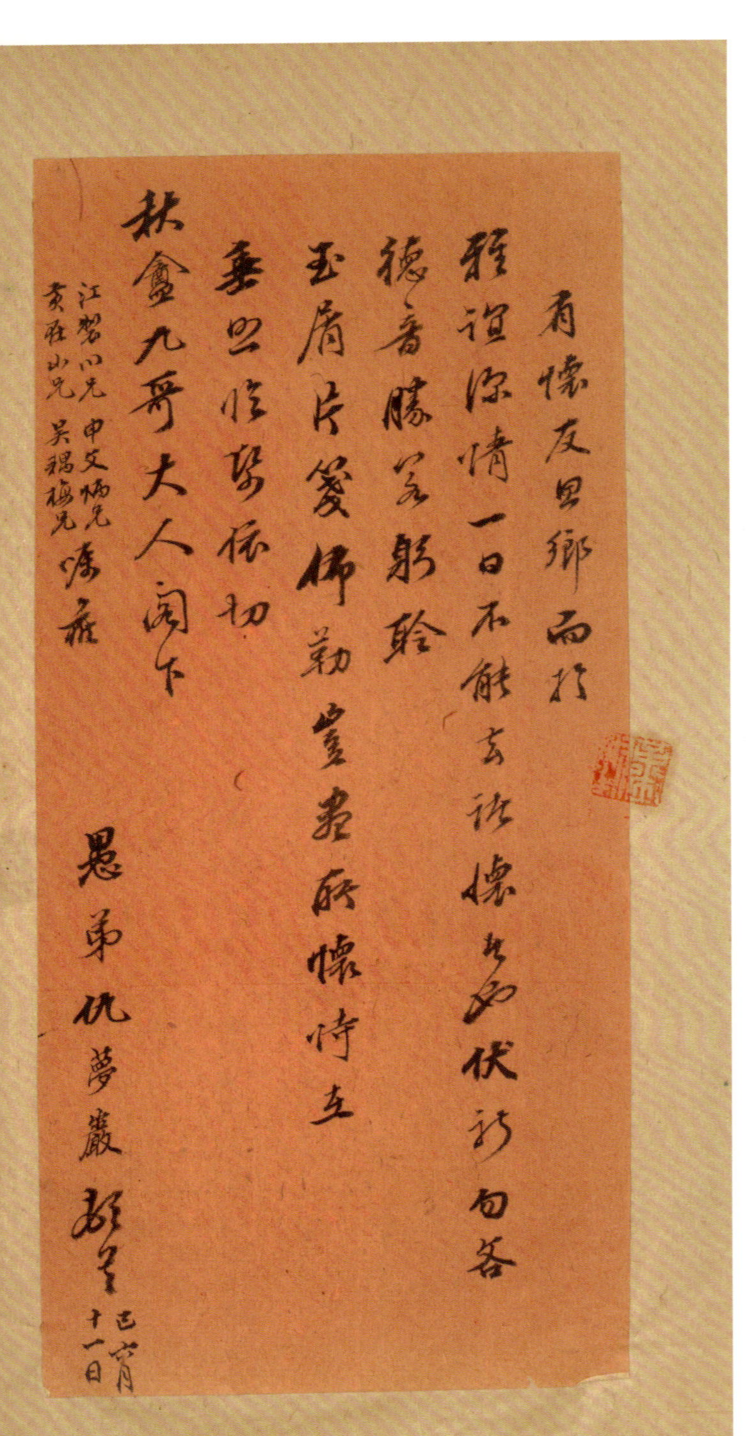

有懷友思鄉，而於
雅誼深情一日不能去諸懷者也。伏祈勿吝
德音，勝若躬聆
玉屑，片箋佈勒，豈盡所懷，恃在
垂照，臨紙依切。
秋盦九哥大人閣下

愚弟仇夢巖頓首　己六月十一日

江製川兄　申文炳兄
黄在山兄　吴耦梅兄　囑候。

〖五八〗

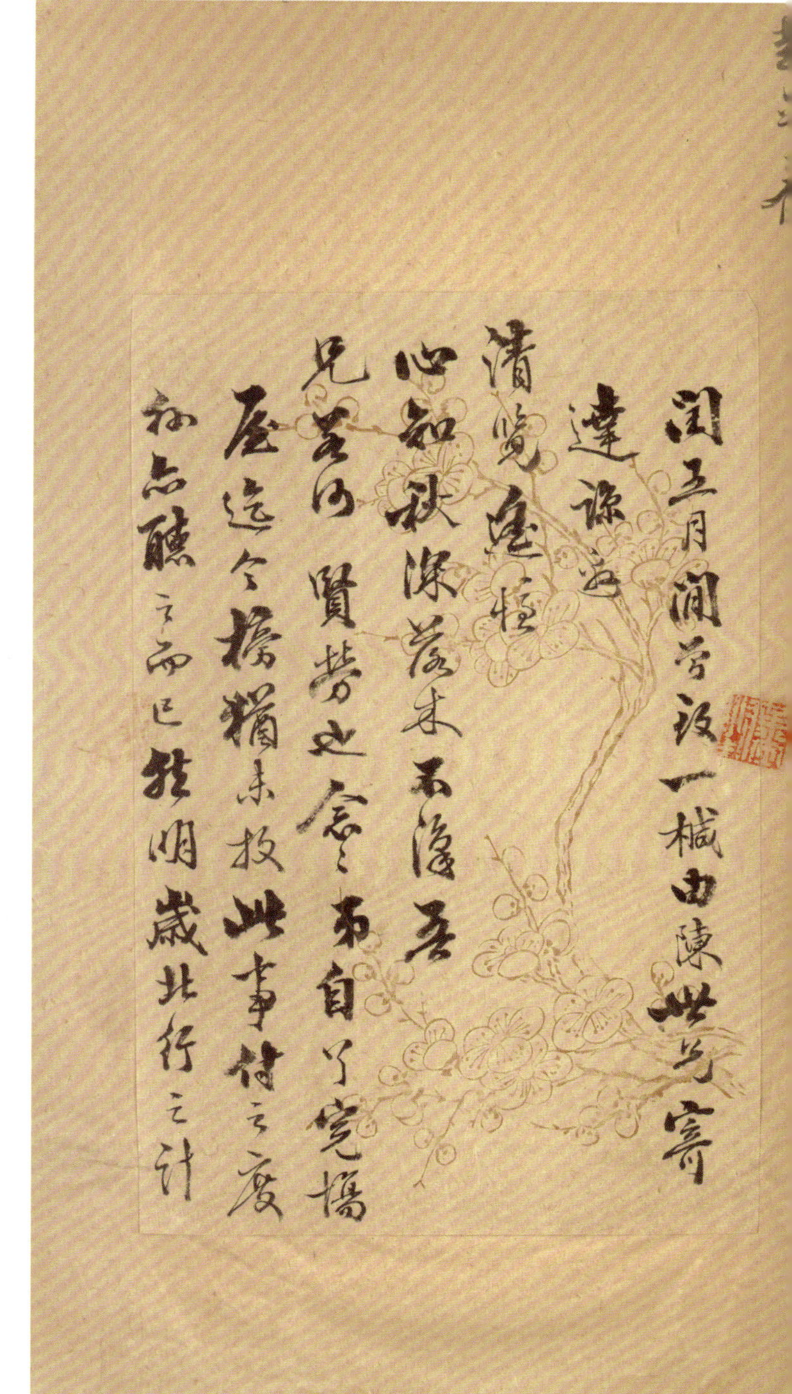

▶趙魏致黄易札之十二

閏五月間曾致一椷，由陳世兄寄
達，諒邀
清覽。遥憶
心知，秋深落木，不識吾
兄若何賢勞也，念念。弟自了完場
屋，迄今榜猶未放，此事付之度
外，亦聽之而已。然明歲北行之計

已決，契好如
兄諒有以援我也。家居無所見，唯搆
得「大通」梁塼一塊耳，此磚舊讀「天監」，
愚意以爲「大通」字似確。「保定」「武定」係
摹刻本，存之以備一種。晉侯鬲則新
拓得者，器不甚工緻，然銘文絶佳，當
與揚州太僕槃共裝之。弊友陳浚兄

稱我輩同志，渴慕吾
兄文章學問，屬弟先容所刻印章附
求
教政，公暇得
賜誨言則尤妙也。弟近況株守，刻下唯芑堂、
藕船、夢華諸君朝夕聚談爲樂
耳。鐵詹此時未識得地否？諸祈
示我，特此敬候

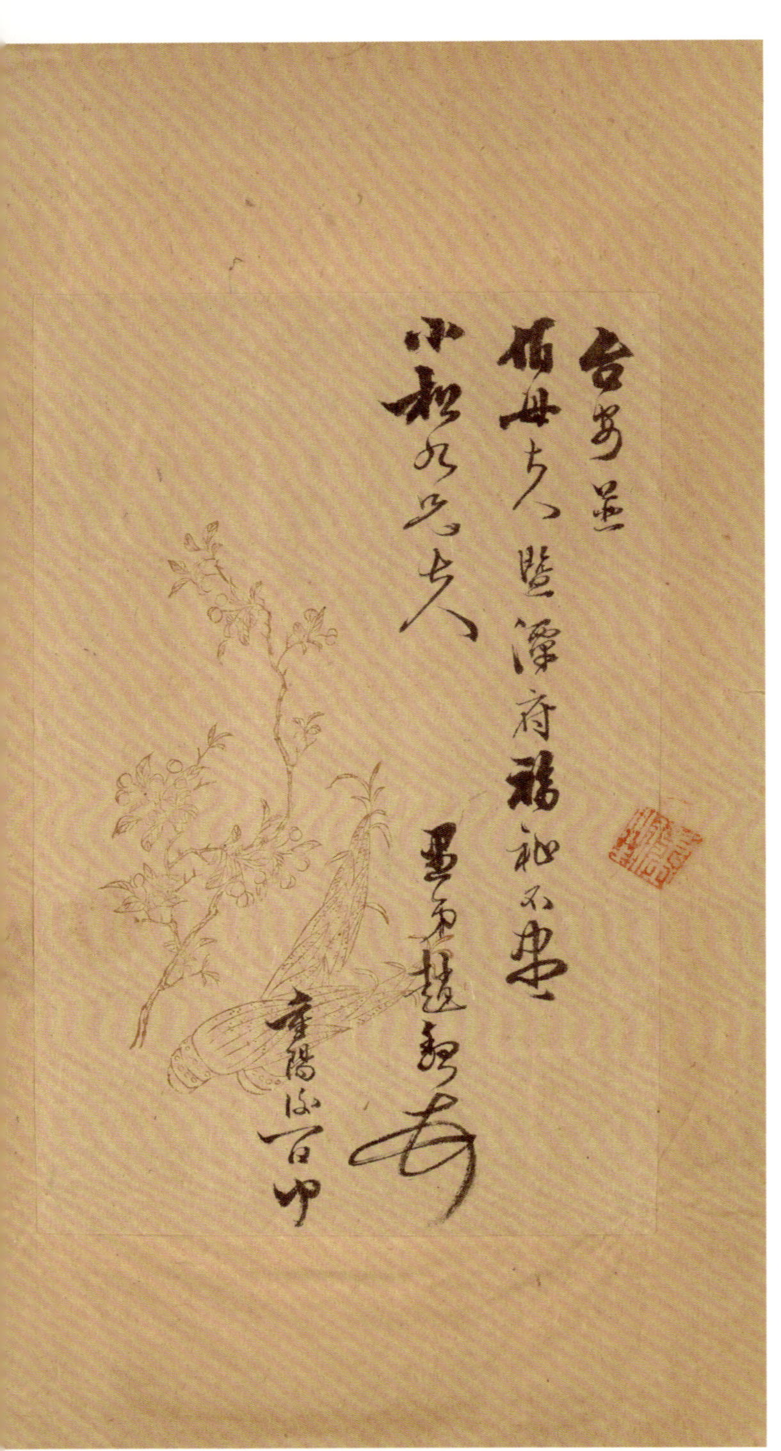

【九五】

臺安，並
伯母大人暨潭府福祉，不盡。
小松九兄大人　愚弟趙魏頓首
重陽後一日冲

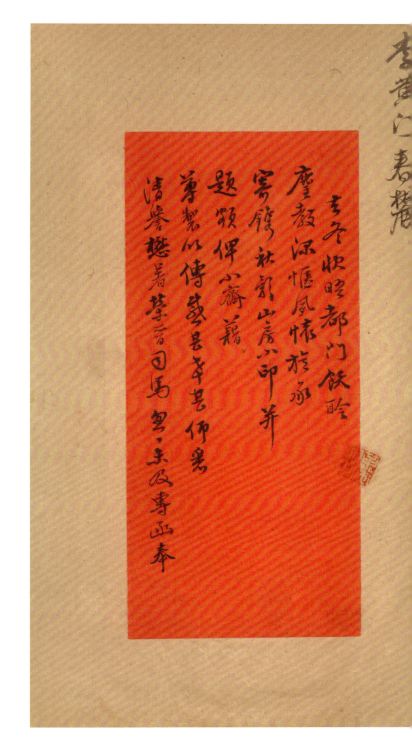

李翮致黄易札之一

去冬快晤都門，飫聆
麈教，深愜夙懷。旋承
寄鐫「秋影山房」小印並
題額，俾小齋藉
尊製以傳，感甚！幸甚！仰悉
清譽懋著，榮晉司馬，忽忽未及專函奉

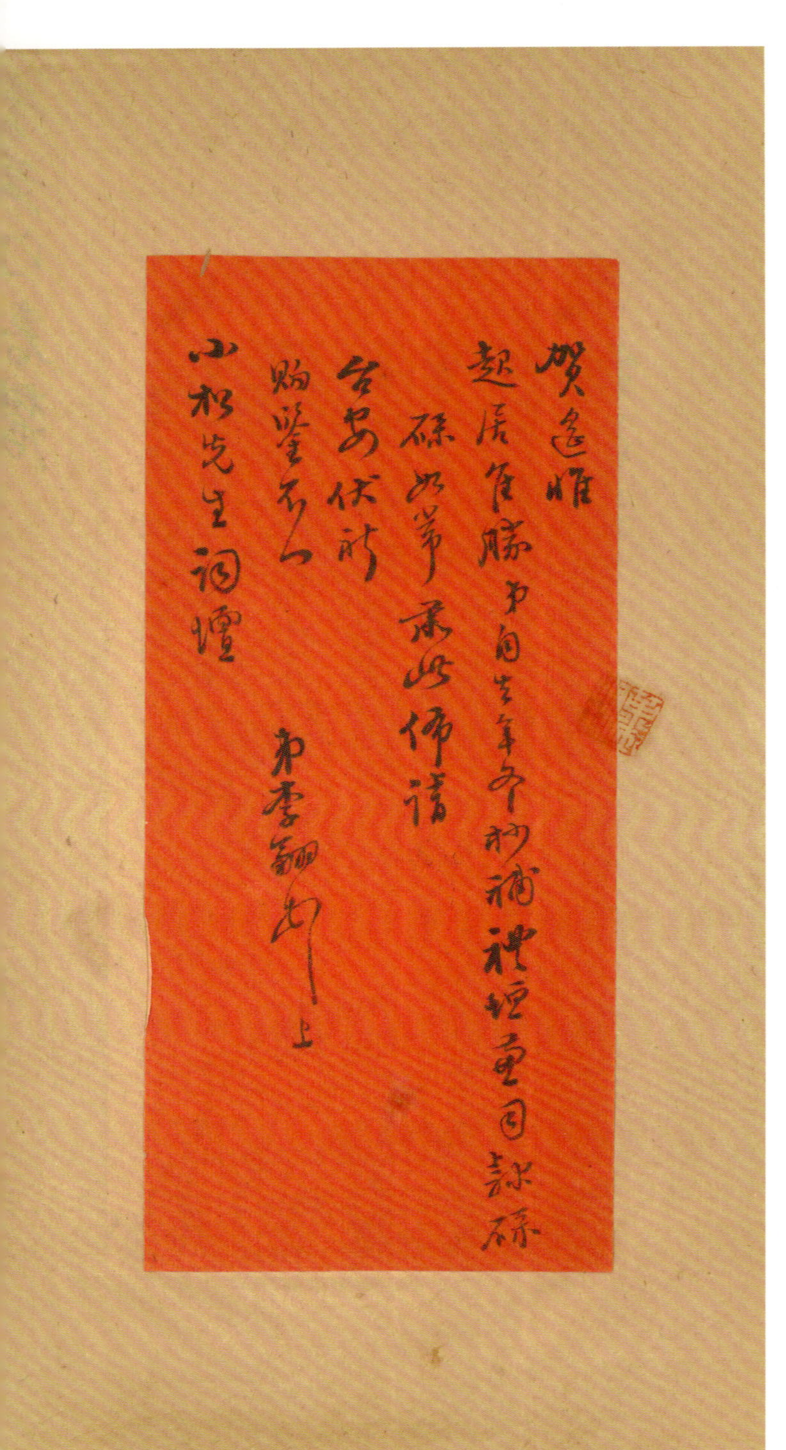

賀，遥惟

起居佳勝。弟自去年冬杪補禮垣，兼司隸，碌碌如常，肅此佈請

臺安，伏祈

賜鑒，不一。　弟李翮頓首上

小松先生詞壇

〔三八一〕

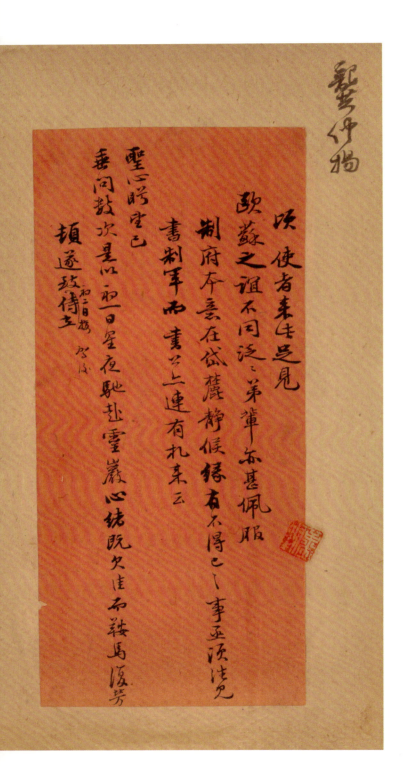

◀龔烈致黃易札之一

頃使者來此，足見
歐蘇之誼不同泛泛，弟輩亦甚佩服。
制府本意在岱麓静候，緣有不得已之事，亟須往見
書制軍，而書公亦連有札來，云：
「聖心盼望，已
垂問數次。」是以初一日星夜馳赴靈巖。心緒既欠佳，而鞍馬復勞
頓，遂致初二日接駕後侍立

宫門時，忽然發暈，手足俱軟，口眼歪斜。
大内傳聞即刻
賞御醫胗視，扶回寓所服藥，至初三五鼓即清爽如常。
皇上連日垂問，且有「皆因吃辛苦所致，實可憐」之
諭旨。初三仍坐車，旁晚回到泰安，初四、五静養兩日，痰火已清，照常行
動。即於初六日謝
恩，即刻
召見，蒙

〔三七一〕

詢問安慰至再，
上云：「看來精神尚未大好，好生養著。」
令於預宴後先回。今擬於初八日起程，由濟至豐碭，一路而歸。
制府此病雖係中風，幸本原甚好，故蕩滌風痰，即時
就愈，現惟神氣不足，脚力尚軟，其餘飲食起居仍照常
矣。率泐佈慰錦懷，藉請
陞安，餘容面罄，不盡。　愚弟龔烈頓首
初六申刻

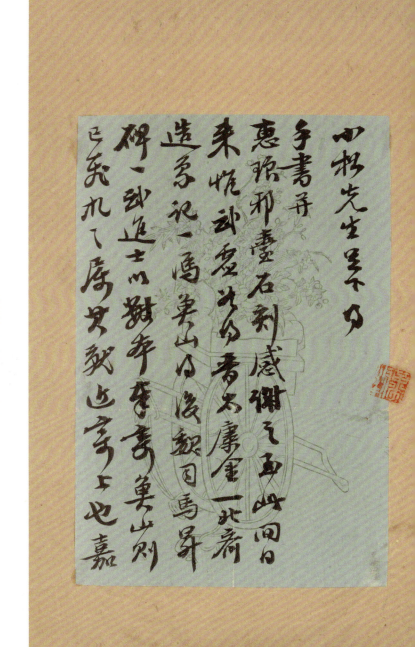

► 洪亮吉致黄易札之二

小松先生足下：得
手書並
惠《琅邪臺石刻》，感謝之至！此間日
來惟武虚谷得晋太康金一、北齊
造象記一，馮魚山得後魏《司馬昇
碑》一，武進士以數本奉寄，魚山則
已飛札之，屬其就近寄上也。嘉

祥武氏諸石刻乃希世之寶，按此縣酈道元云有《漢荆州刺史李剛碑》，石室四壁隱起爲君臣、官屬及麟鳳之文，作製工麗，今兄所得復如此，何此縣之多漢石刻耶？謹怔忪製一詩，因日内即欲束裝赴楚，心緒歷落不能工，

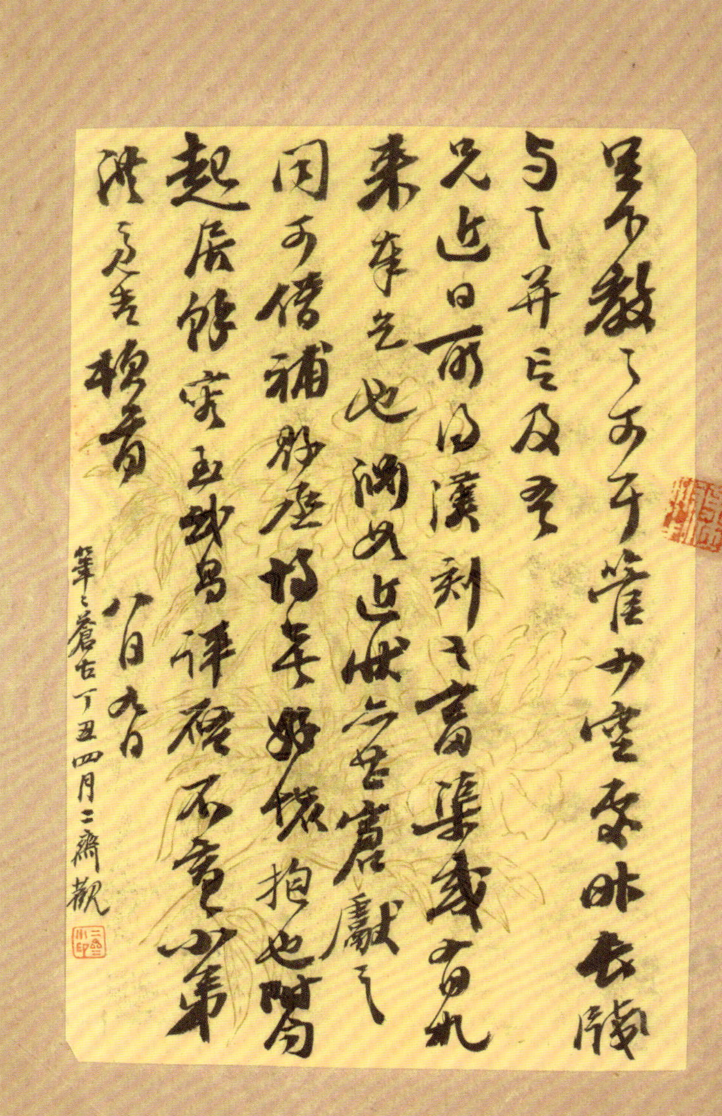

足下教之可耳。管少空處昨長牋與之，並言及吾兄近日所得漢刻之富，渠或有札來奉乞也。淵如近狀亦甚窘，獻之聞可借補縣丞，均無好懷抱也。附問起居，餘容至武昌詳啓，不宣。小弟洪亮吉頓首　八月九日

筆筆蒼古。丁丑四月二齋觀。

【三〇九】

李東琪致黄易札之三

醉酒飽
德，兼承金石之
惠，感何如也，謝謝！
覃谿先生新刻《兩漢金石記》，可謂精博可傳，自古集録之家皆不若是之詳也。弟邇來日間鹿鹿，每夜必静坐讀之，其中不無微憾耳。兹録《三公山碑》數字呈
教，第蒭蕘之言，未必有當耳。特此
布謝，並請
鴻禧，不既。治愚弟李東琪頓首
上
秋盦九兄大人侍史
廿九日

【二四九】

謂精博可傳，自古集録之家皆不若是之詳也。弟泳迹來日間應之，每夜必靜坐讀之，其中不無微憾耳。吾録三代以下數字呈 麦（教）弟芻蕘之言，未必有當耳。楚帚謝 鴻禧君，改治愚弟雲杏頓首

秋盦九兄大人侍史

上

廿九日

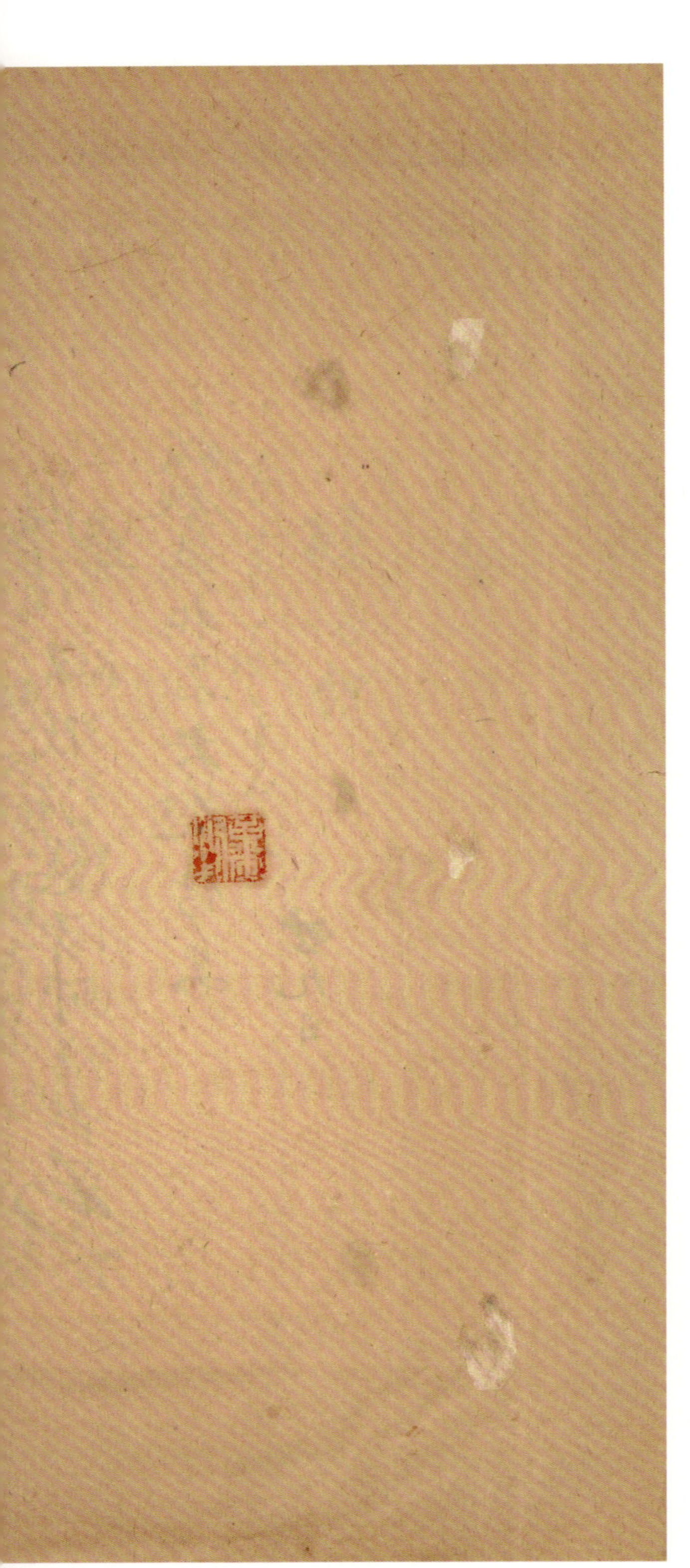

◀儲潤書致黄易札之三

小松九兄大人閣下：拜違歲久，想慕實深，每聞
政祉增嘉，
崇階日上，望風額手，何可言宣？潤書落拓蕪城，依人碌碌，
一無善狀可慰
錦懷。去秋荷學使沈雲椒夫子垂青，謬遇優貢之
選，現擬仲夏入都，道出濟南，欣得晋謁
鈴齋，快申契闊之愫，幸何如之！兹有至好黄心菴

小松九兄大人閣下：拜違歲久，想慕實深。每聞
政祉增嘉，
崇階日上，旦凡欽仰，何可言宣。潤書茂拓無城，恬人稱、
一無善狀可陳。
錦懷去秋荷　學使沈雲椒夫子惠書，諛過優貞之。
邃硯樹仲夏入都，道出濟南，欣得奉謁。
鍊齋狀中與潤之情去何如也。茲有玉好黃心菴

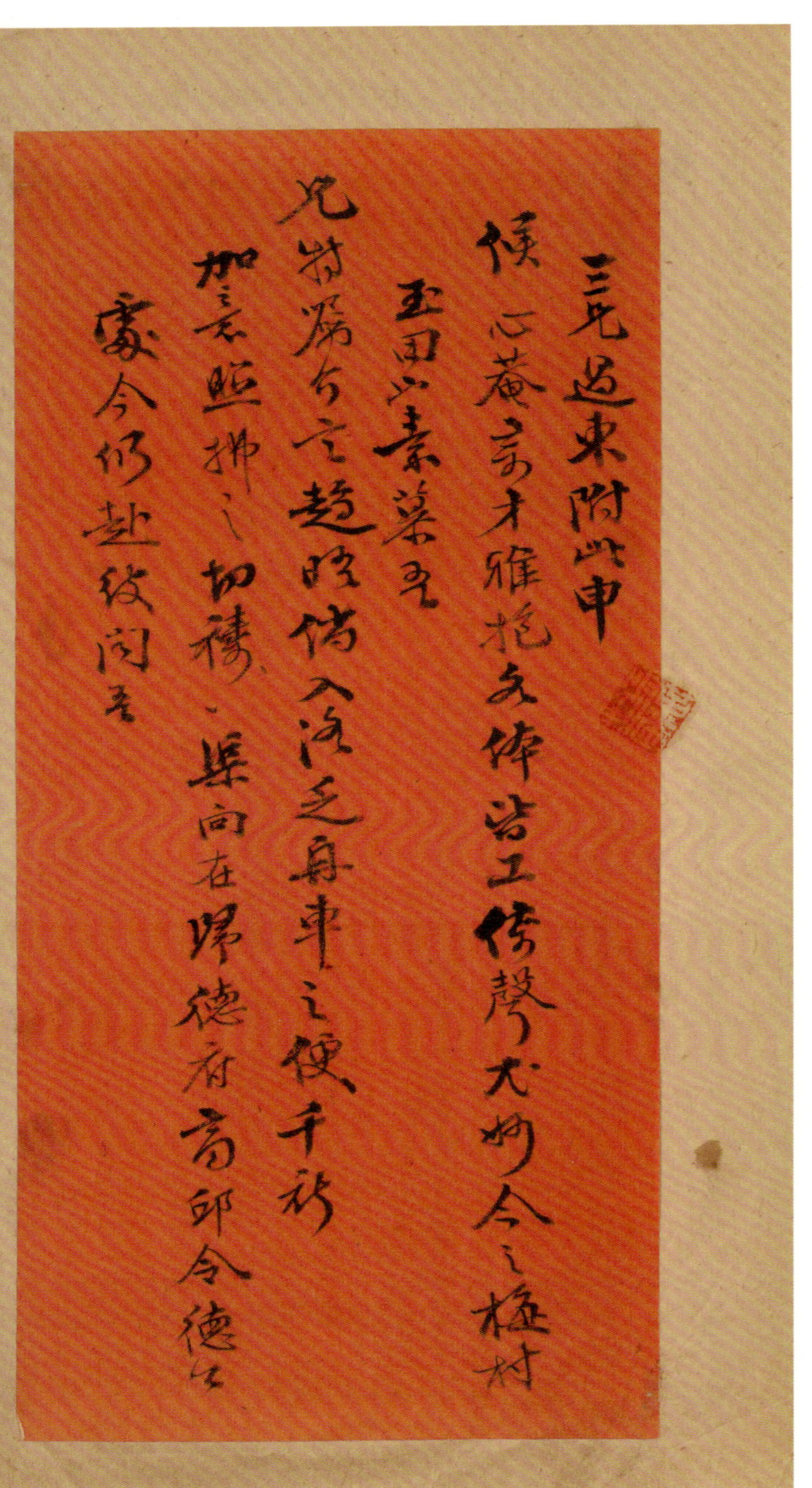

三兄過東，附此申

候。心菴奇才雅抱，各體皆工，倚聲尤妙，今之梅村、

玉田也。素慕吾

兄，特囑介言趨晤，倘入洛之舟車之便，千祈

加意照拂之，切禱，切禱。渠向在歸德府商邱令德公

處，今仍赴彼，聞吾

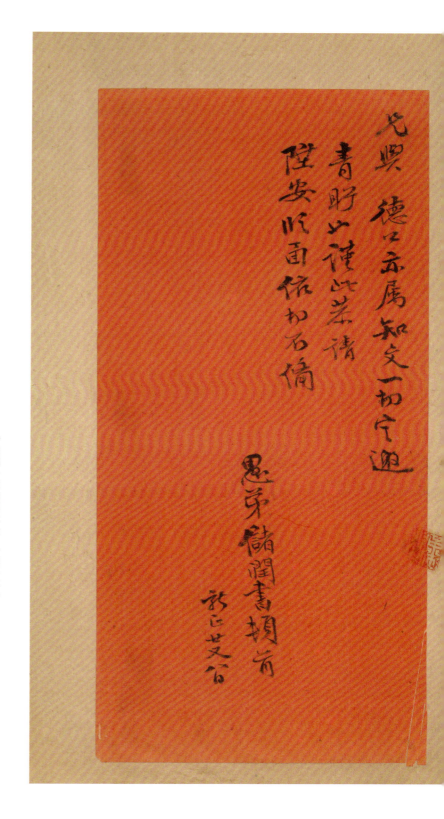

兄與德公亦屬知交，一切定邀
青盼也。謹此恭請
陞安，臨函依切，不備。

愚弟儲潤書頓首
新正廿又八日

【四二】

徐書受致黃易札

試用州同徐書受謹
稟
大老爺鈞座。敬稟者，卑職材質謭庸，淹留日下，頓逢
藻鑒，重荷
獎成。一見心傾，十年膺服。
惠賜蔡書繆篆，寶若兼珍，即其緒餘，妙絶天下。雖奉揚
仁風，而靡所仰答。回念平生知己，落落數公。夫其精博淹通，尤貴金石六
書訓詁之學。王粲入中郎之坐，便授異書；相如訂汶長之疑，都成
奇字。而
閣下綜雅集美，奄貫衆長，固已著撰根據，爲世間有用之文，而又緣飾經

獎成一見心傾十年膺服

惠賜蔡書繆篆寶若無珍即其緒餘妙絶天下雖奉揚

仁風而靡所仰荅回念平生知己落落數公夫其精博淹通尤貴金石六

書訓詁之學王粲入中郎之坐便授異書相如訪汶長之疑都成

奇字而

閣下綜稚集美奄貫衆長固已著撰根据為世間有用之文而又緣飾經

術，爲昔賢不朽之事，儒林、循吏並爲傳人焉。若書受者，才不敵窮，長不若少，雖倣家貧禄仕之義，仍有甘旨不給之憂。竊以魚今在沼，

獲泳

洪波，燕未成巢，近依

廣廈，是則

閣下之德，書受之幸也！肅此恭請

福安，伏祈

慈照。卑職書受謹禀

〖三六九〗

術爲昔賢不朽之事儒林循吏並爲傳人焉若書受者才不敵窮長不若少雖倣家貧禄仕之義仍有甘旨不給之憂竊以魚今在沼

廣廈是則

閣下之德書受之幸也肅此恭請

福安伏祈

慈照 早職書受謹稟

汪用成致黃易札之一

久睽
芳範，風雨增思，每憶握手任城，奇疑賞析，今昔之感，想彼此有同心也。此日春風和藹，遥維
九兄大人政祉聿新，與時俱茂，曷勝虔頌！去夏
接奉
翰函，並承
惠山水一幀，雲煙滿紙，素壁增光，披覽之餘，如對故人佳話。久欲修椷鳴謝，適遭繼室之變，憂心如焚，致稽裁答。臘底家母舅來，口傳
尊示，須奚九兄筆墨，兹乘載錫九表兄來署之便，附到山水、花卉共二幅，乞
查入。裱手明知不佳，爲時甚促，且
運河尊署内設裱工，似無容弟之重裝也。專此恭候
陞安。花青另便寄上。
老伯母大人祈叱名請安，並候合第安吉，不一。
小松九兄大人　　世愚弟期汪用成頓首　正月二十一日
奚九兄囑筆致候。

【三八四】

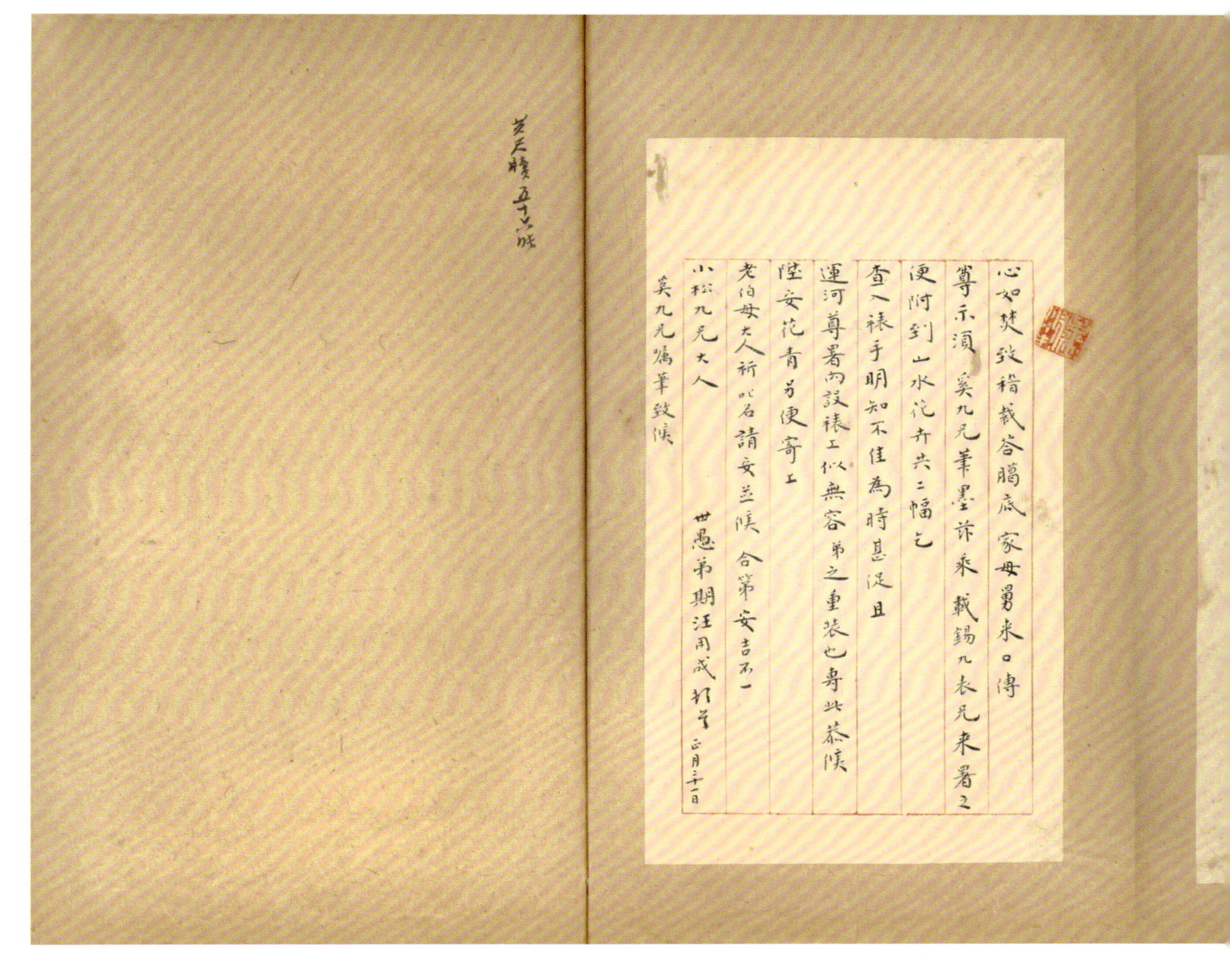

汪天暘 五十六歲

心如焚致稽裁答臈底家母舅來口傳
尊示須奚九兄筆墨許來載錫九表兄來署之
便附到山水花卉共二幅乞
查入裱手明知不佳為時甚促且
運河尊署內設裱工似無容弟之重裝也專此恭候
陞安花青另便寄上
老伯母大人祈叱名請安並候合第安吉不一
小松九兄大人　世愚弟期汪周成頓首　正月二十一日

奚九兄攜筆致候

古歡第九冊

古歡
第九冊

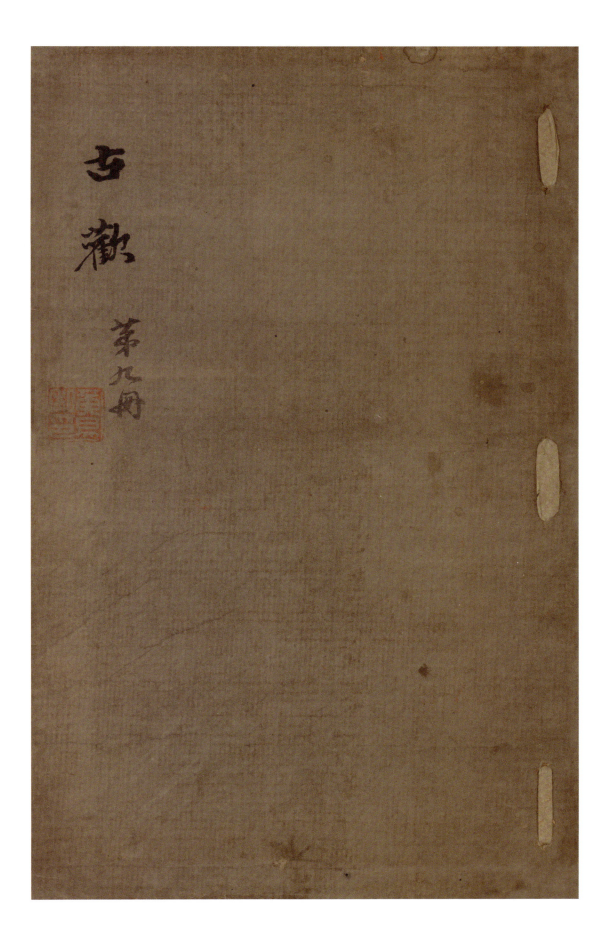

董元鏡致黃易札

闊別多年，時深夢想，接讀
手教，如見故人。小兒來京備述
老世長老先生，舊雨情殷，提撕諄切，實深
銘感。又蒙
惠寄漢隸及杭緯、阿膠諸珍品，拜
登之餘，益增顏汗。
老世長家學淵源，好古不倦，而又天假之緣，俾以
捍禦堤防，身勤道在，既使古人之遺迹不
泯，復令後人之取法有資，即此見造物生
才必非無意也。弟馬齒日增，豪無善狀，過
蒙厚愛，神與俱馳。冠首加榮，仰經綸之
條理；藥籠備用，識膠固之真誠。小兒才見平
庸，謬蒙
嘉許，惟屬其努力自愛，以期無負
栽培。茲伊差旋之便，敬修寸函，兼鳴謝悃，
並寄秦瓦研一圓、筆桶一座，希查收。順候
陞祺，不既。

千叟宴中人世弟董元鏡頓首

筆下有晋魏風。丁丑四月二齋觀。

【一二三七】

活翁自手納涼夢想梅儔
手教如見故人 小兒再承嘱迷
老兄長者先生處自情殷提撕詳切實深
銘感又蒙
垂寄僅棨及杭緯何繆諸孫品物
益以餘惠增顏汗

董戶部石芝

老世長家學淵源好古不倦而又乞假之緣得以
捍禦隄防手勤道左究度古人之遺迹不
泯後之後人之取法者資即此是造物生
才必兆異立功亦爲盛又增篆無美狀邁
蒙蒙厚意神與俱馳翹首加榮仰經編之
除理藥籠留用淺稿同之崇深小兒未見平

庸譯家

嘉許惟屬負勞力自愧以歉覺負

栽培茲伊差旋以便敬修寸函鳴謝悃

并寄象皮研一圓筆桶一座希查收為荷

附祺不既

手叟家中人安布頓首

筆下有晉魏風　丁丑四月二齋觀

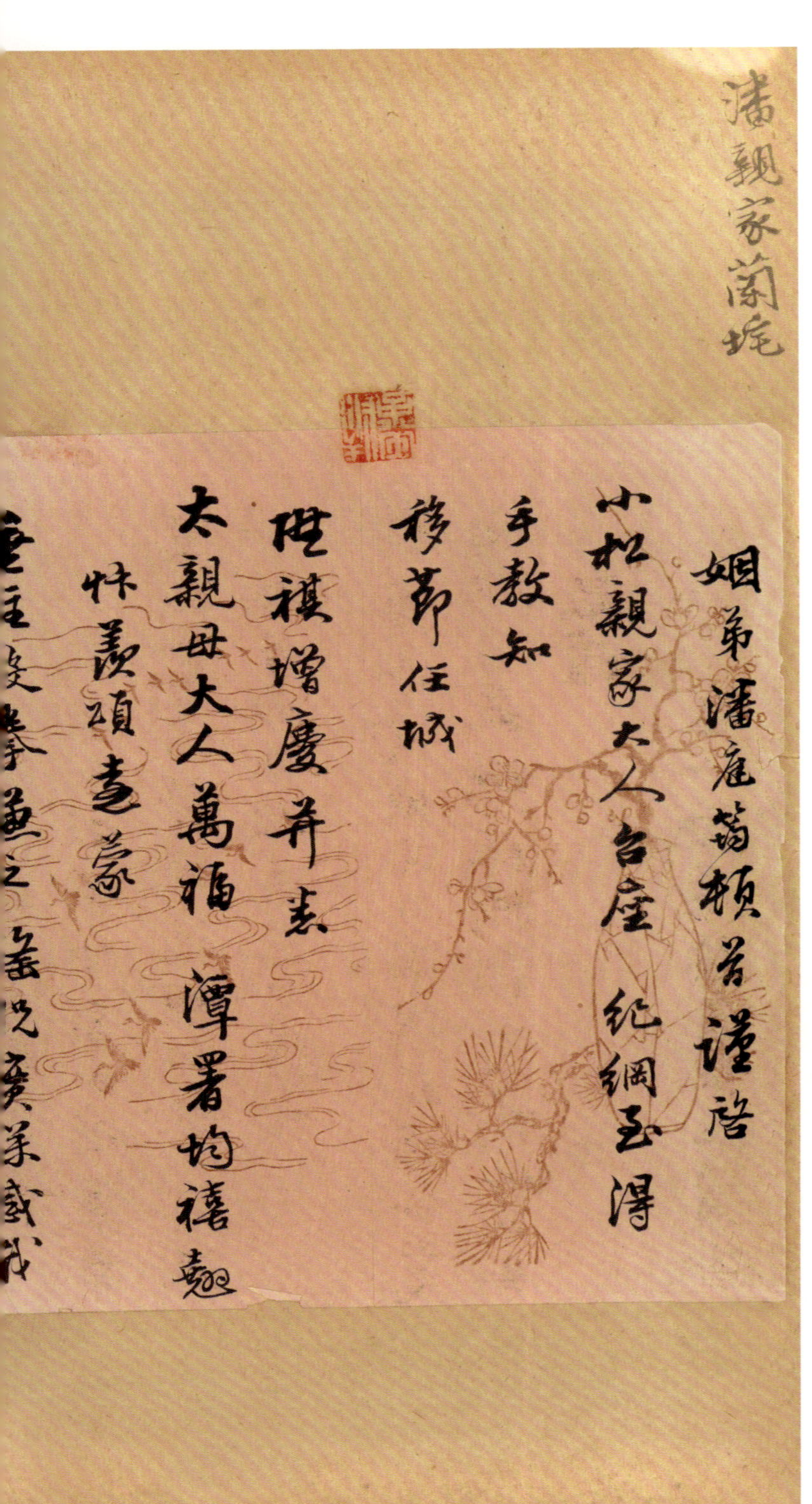

◀ 潘庭筠致黄易札之三

姻弟潘庭筠頓首謹啓

小松親家大人臺座：：紀綱至，得

手教，知

移節任城，

陞祺增慶，並悉

太親母大人萬福，潭署均禧，翹

忭羡頌。遠蒙

垂注殷拳，兼之隆貺，實深感戢，

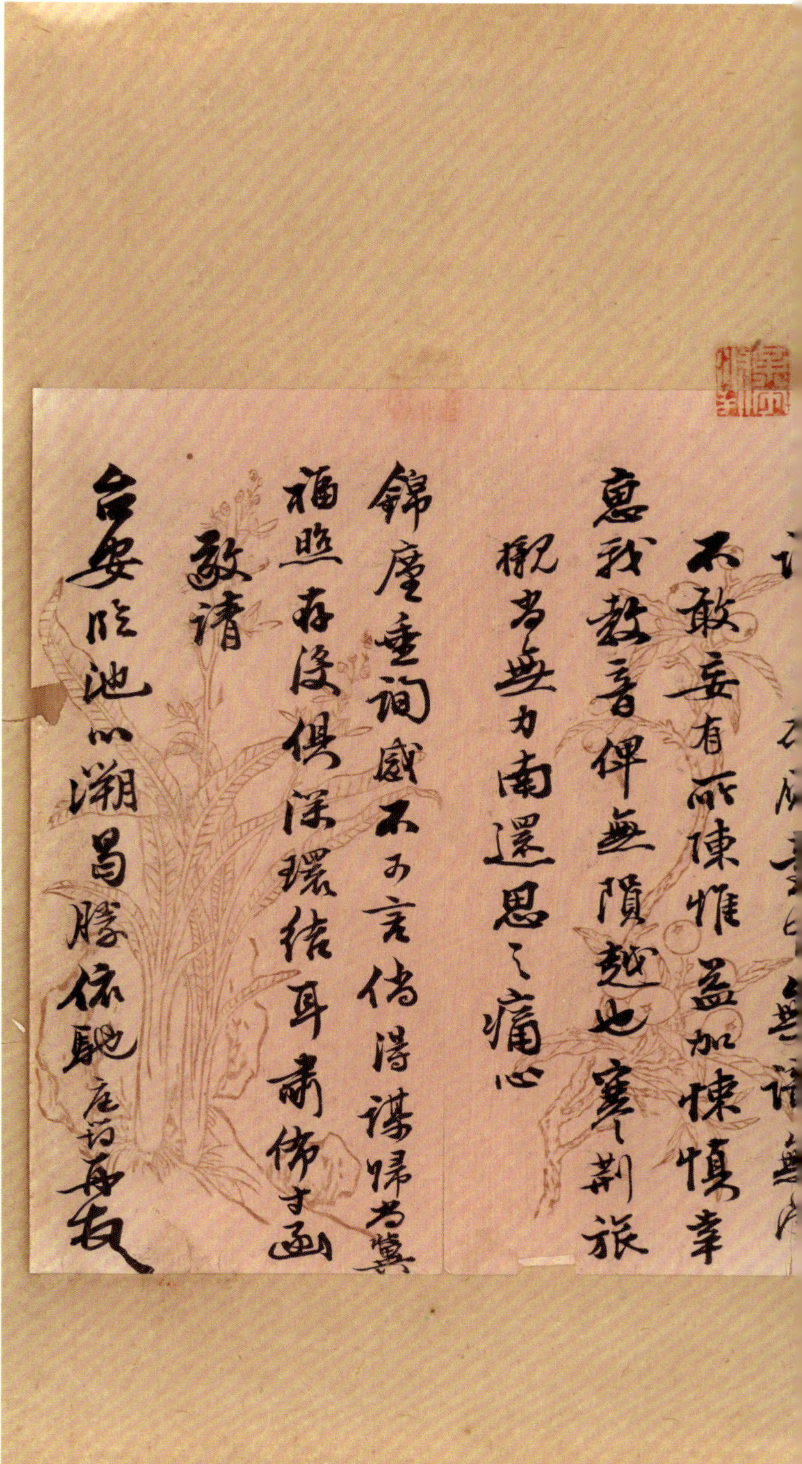

謝謝。弟忝廁臺中，無識無聞，不敢妄有所陳，惟益加悚慎。幸惠我教音，俾無隕越也。寒荆旅櫬尚無力南還，思之痛心。錦䗩垂詢，感不可言，倘得謀歸，尚冀福照，存没俱深環結耳。肅佈寸函，敬請臺安，臨池心溯，曷勝依馳。庭筠再頓首

【二〇一】

潘庭筠致黃易札之四

尊紀至，接奉
手書，恭稔
親家九兄大人陞祺增慶，福履榮嘉，
太親母伯母大人萬福金安，親母大人暨令郎福安，欣
忭之至。承
惠，謝謝。弟近狀如常，不敢務名，自揣識見庸陋，定見

誚於
大君子也。兹有瀆者，弟有世交之姪張公，吴人，年二十五
歲，人頗誠謹，頗勤於事，以之照料工程雜務，甚
屬相宜。特薦之
親家，亦可佐指臂之使也。幸
示德音，當囑其馳謁

【二〇一】

崇轅耳。使旋，肅奉寸函，恭賀
太親母大人萬福新禧、
親家大人新禧、
親母大人新禧，潭署均慶，曷勝鵲企。外附參政
一品，聊以伴函，臨池心溯，不備。
小松親家九兄大人臺席　姻愚弟潘庭筠頓首

初彭齡致黄易札

雅約本擬趨赴，緣今日城内有一公局，晚間恐不能出城，幸毋相待，一兩日内再赴

尊寓晤教。專此敬

謝，即候，不一。淵如均此致意。

小松九哥先生　愚弟彭齡拜手

丁丑四月二齋丁嘉琳觀於晋陽。

【五三二】

沈銘彝致黃易札

暫至任城，仰蒙
老伯大人逾格相待，種種
垂情，奇文秘蹟，不吝暢觀，愧姪無鑑古之識，徒望
洋興歎耳。拜別後，片帆南去，河聲如吼，賴所
賜古帖，蓬窗小几，寢饋其中，頓忘洪濤之險矣。初
四日抵臺莊，羽便肅泐數行，寄慰
鈞念，並鳴謝悃，順請

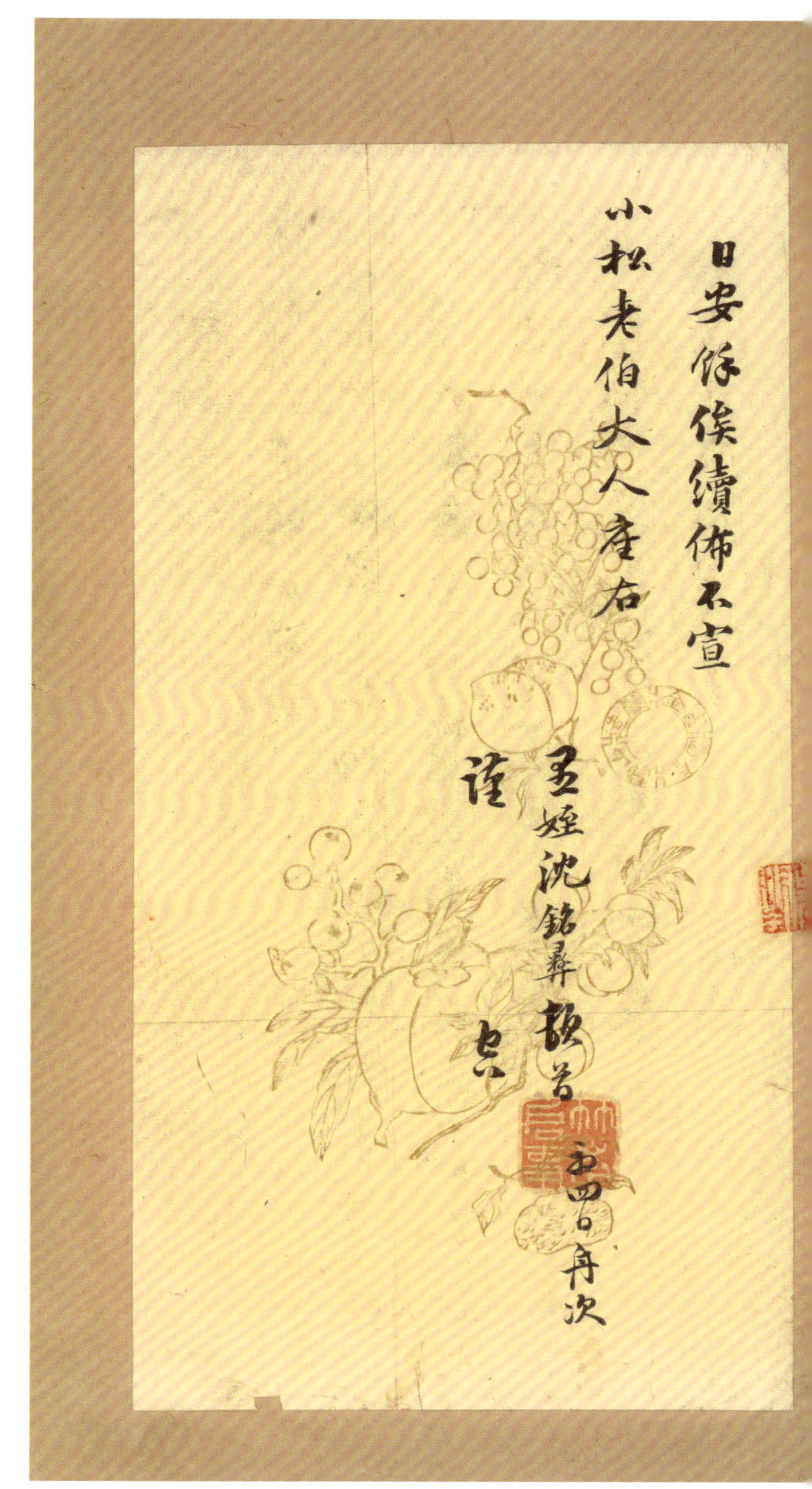

【五五九】

日安，餘俟續佈，不宣。

小松老伯大人座右

愚姪沈銘彝頓首　初四日舟次

謹　空

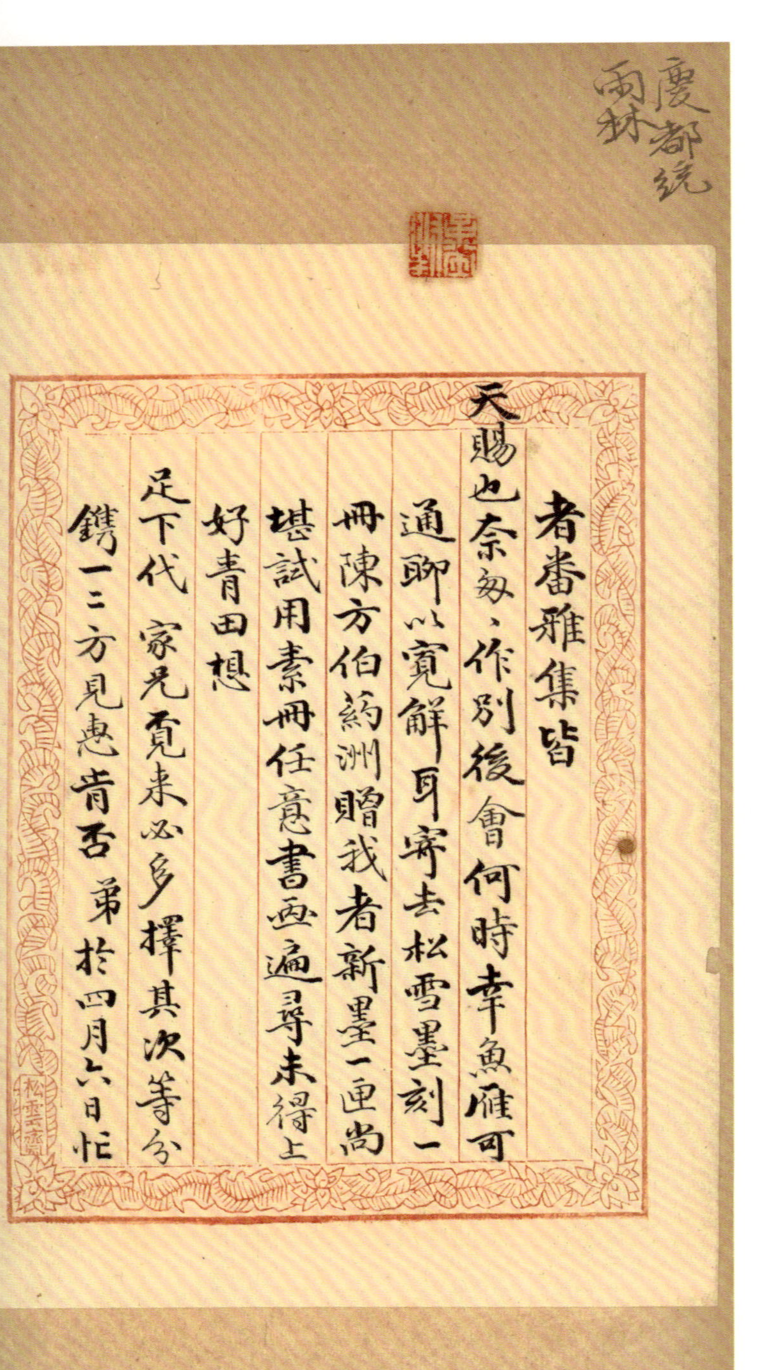

◀ 慶霖致黄易札之二

者番雅集，皆
天賜也，奈匆匆作別，後會何時？幸魚雁可
通，聊以寬解耳。寄去松雪墨刻一
册，陳方伯藥洲贈我者。新墨一匣，尚
堪試用。素册任意書畫。遍尋未得上
好青田，想
足下代家兄覔來必多，擇其次等，分
鐫一二方見惠，肯否？弟於四月六日忙

趕回青，連得透雨，轉歉爲豐，軍民
寧静，即料理眷屬進京。如此長
晝，一人獨處空衙，悶煞，悶煞。擬於七月
初旬祝
嘏北上，倘覆函，總在五、六之間方能收到也。
專此順候
小松先生文祉　慶霖頓首
桂未谷中進士，可喜！能入翰苑否？
再贈紅絲硯一方，祈哂存。

【三六四】

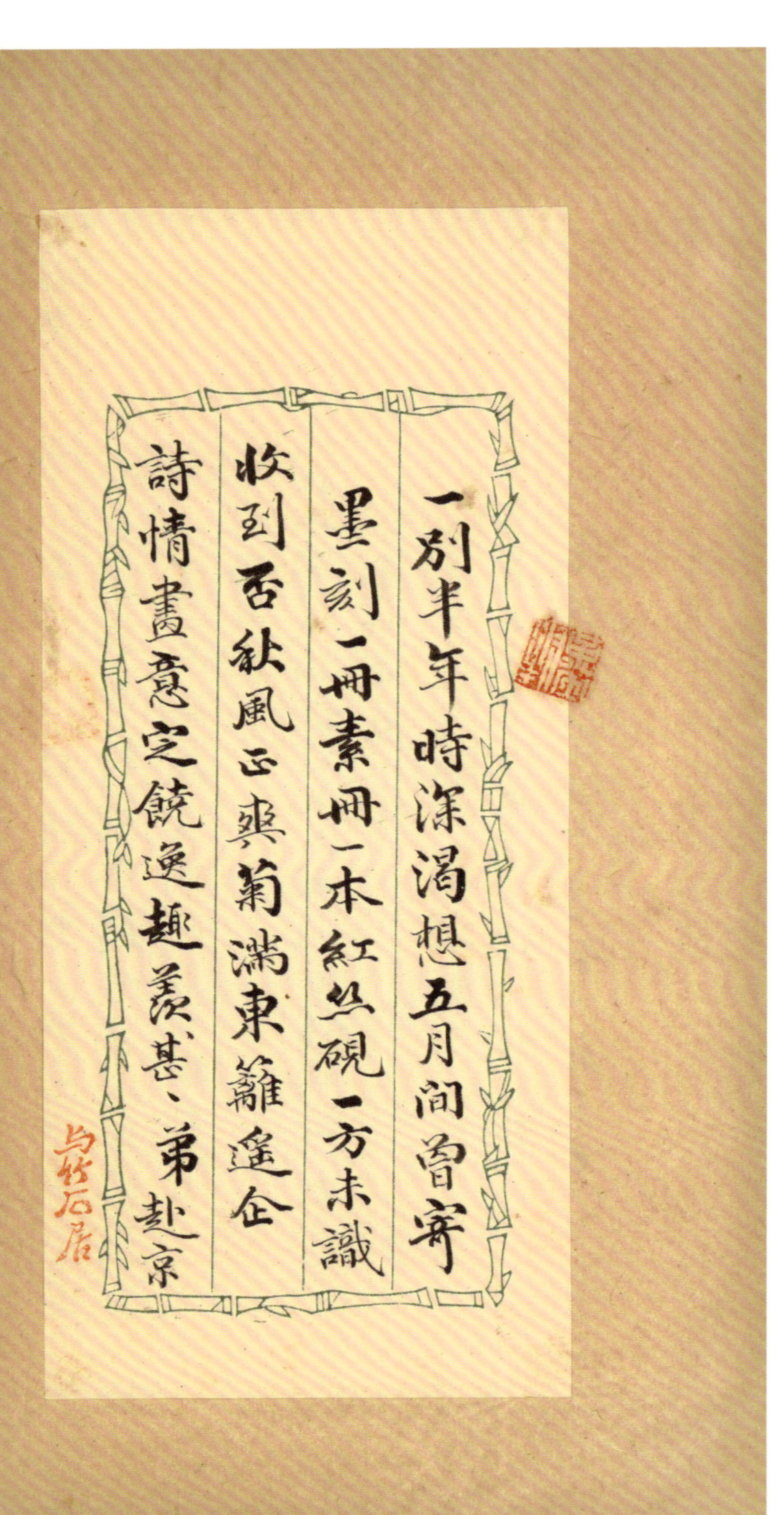

◀ 慶霖致黃易札之三

一別半年，時深渴想。五月間曾寄墨刻一册、素册一本、紅絲硯一方，未識收到否？秋風正爽，菊滿東籬，遥企詩情畫意，定饒逸趣，羡甚，羡甚。弟赴京

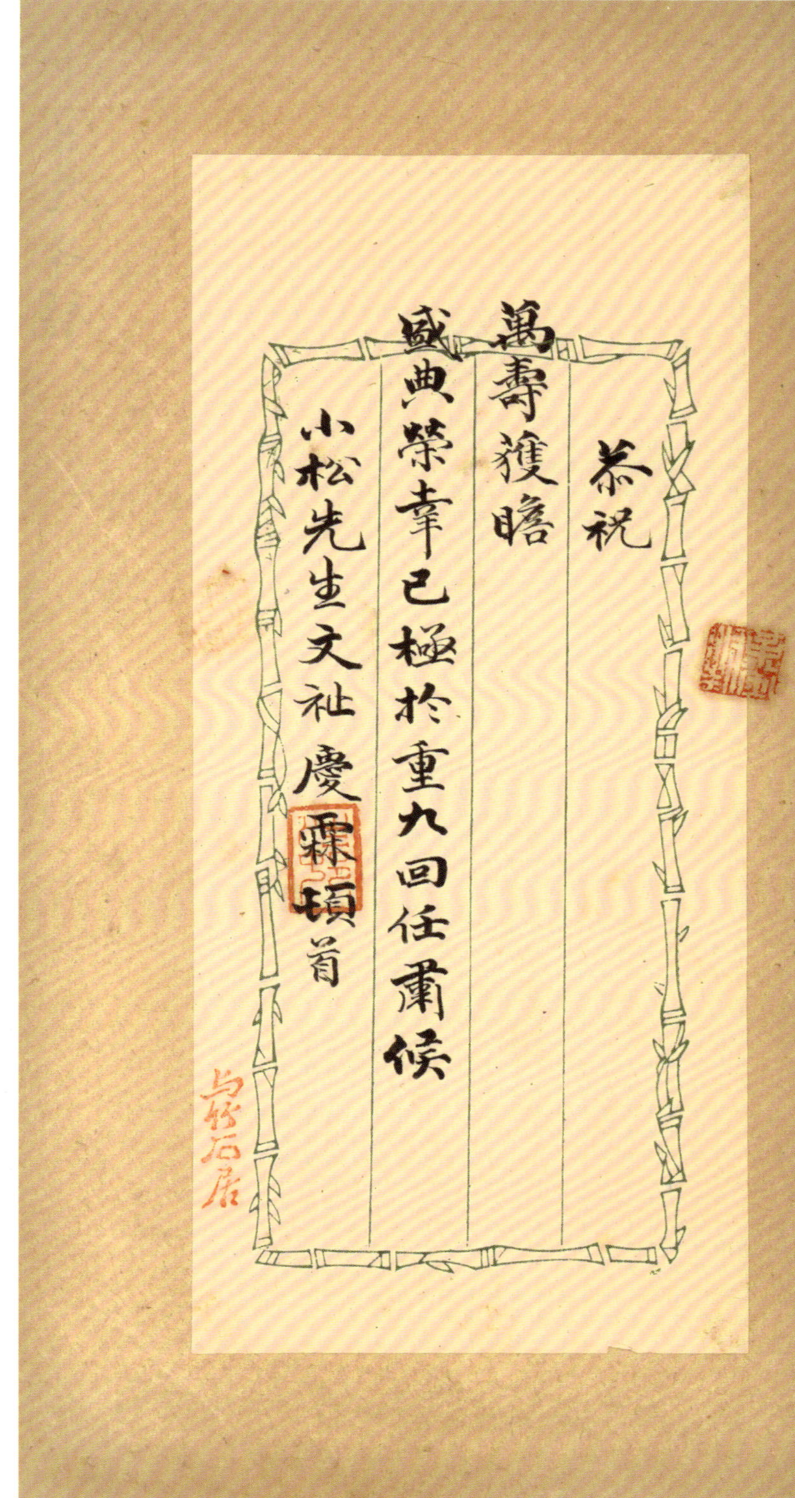

恭祝

萬壽，獲瞻

盛典，榮幸已極，於重九回任。肅候

小松先生文祉　慶霖頓首

〖三六四〗

錢坫致黃易札之三

二月中獲奉

瑤箋，殷殷惠教，不啻侍樽俎、接

神姿也。茲者蓮衣泛水，蘋葉漂風，想拂序凝

禧，撫時集慶，曷勝欣慰。

九兄大人博古芳衷，素所仰企，近者秦中新出瓦當有

「甘泉上林」「甘林亭師」之當，「轉嬰柞舍」「長樂萬歲」，「樂」

字、「宫」字一字之瓦，「長樂未央千秋萬歲」八字之瓦，皆前

人所未見者，並商周彝器甚多，如東省需用，附札
來秦，即可多得。兹因羽便，泐叩
金安，統維
鈞鑒，不宣。

愚弟錢坫頓首

【二〇六】

魏刑部春松

小松九兄大人閣下自上冬一函奉達
典籤未馳尺素彈指一年春間同事楊君六士
東園旋京具言
閣下政祺豪勝且于行帳之中贈以鐵筆并蒙
念及鄙人殊拳拳也。以
閣下練才通望指日建牙仰邀

▶魏成憲致黃易札之五

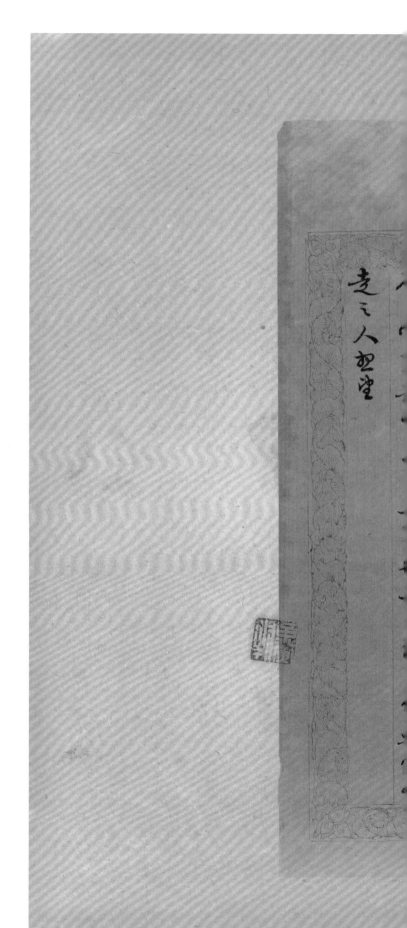

小松九兄大人閣下：自上冬一函奉達典簽，未馳尺素，彈指一年。春間，同事楊君六士東圍旋京，具言閣下政祺素勝，且於行帳之中贈以鐵筆，並蒙念及鄙人，殊拳拳也。以閣下練才通望，指日建牙，仰邀天眷，凡在同好，無不日夕顒祝。比日更得多少金石文字？新詞妙句，又必有幾許可傳之作，軟紅奔走之人，想望

風采如神仙矣弟公事如常夏間題晉一階得貴
州司缺此公相破格栽培自問實為過望微富
粗安　家大人里居健泰知承
閣主同附以聞　世兄讀書精進并以
人奇

上況屢蹟省闈頗增慶莫陳臆拳跧伏御以

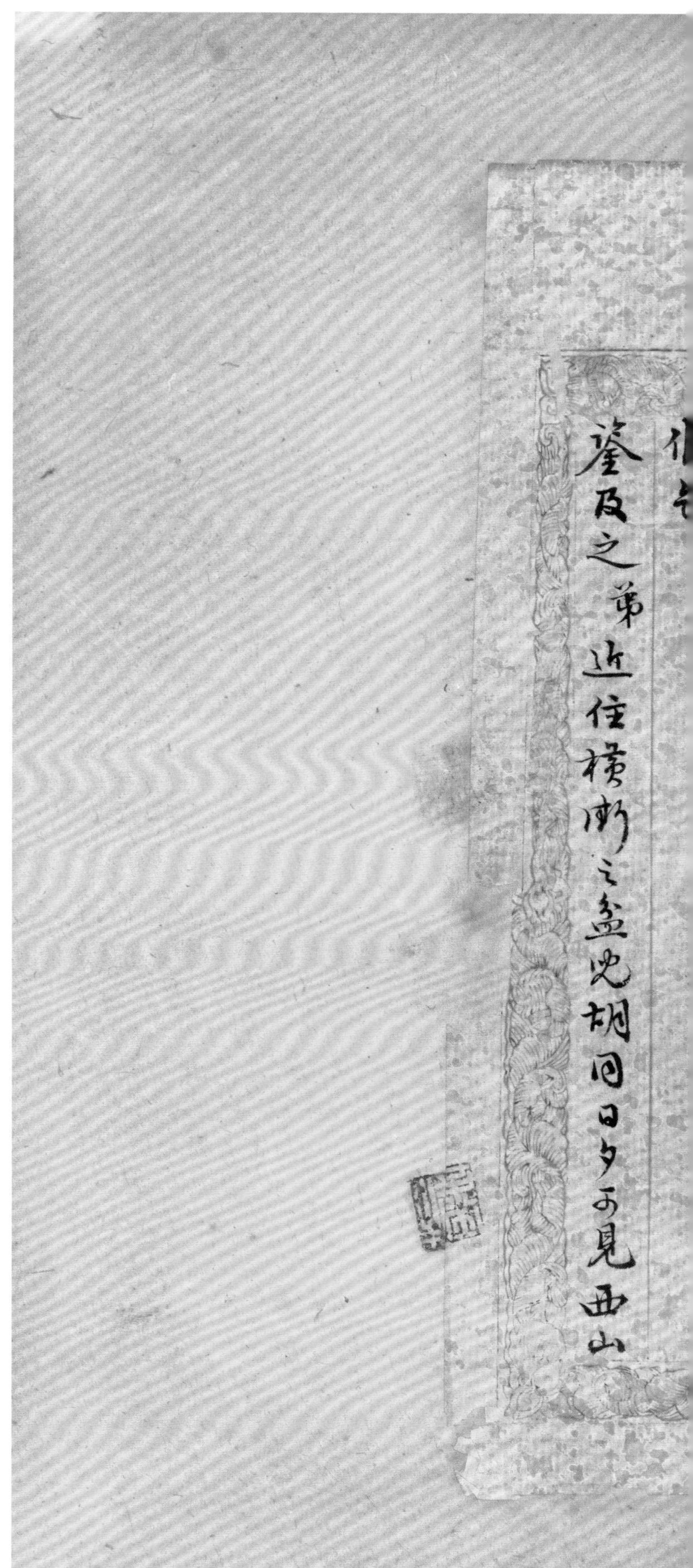

風采如神仙矣。弟公事如常，夏間題晋一階，得貴州司缺。此公相破格栽培，自問實爲過望。敝寓粗安，家大人里居健泰，知承關注，用附以聞。世兄讀書精進，其……上，况屢躓省闈，頗增落莫。陳□峰跧伏□門，未有佳狀，一函寄候，乞

鑒及之。弟近住橫街之盆兒胡同，日夕可見西山。

入秋至今得诗颇不少，以寄足观，不敢附
览，业牍小间，惟此事自怡也。兹因唐同年晋
行之便，呵冻熟胆用布积愫，敬请
老伯母大人寿安，恭祝
嫂夫人壶安。世兄運文履，谨布

入秋至今得詩頗不少，以無足觀，不敢附
覽。案牘小閒，惟此事自怡也。茲因唐同年發
信之便，呵凍數行，用布積愫。敬請
老伯母大人壽安，恭候
升祺暨
嫂夫人臺安，世兄輩文履，諸希
朗照，不宣。十二月十二日愚弟魏成憲頓首
謹空

【二一八】

周震榮致黃易札之十五

昨因汪汛員調赴東河，曾撰十四字，屬舍弟山茨書之，與
通才共賞。嗣聞汪汛員又入都設措行李，未知何
日得呈
左右矣。謁羅觀察，知運河一缺煩劇殊常，而

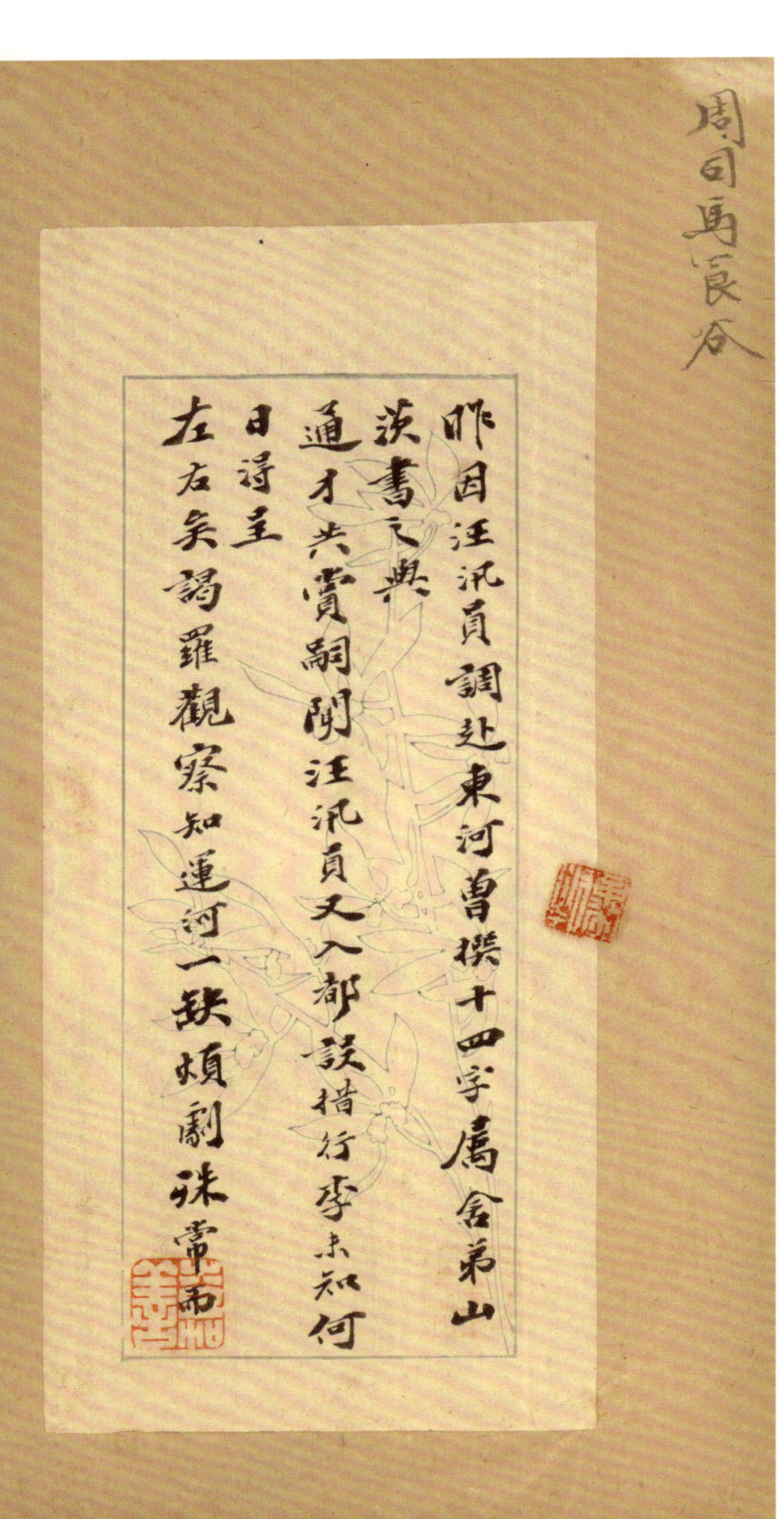

周司馬震谷

昨因汪汛員調赴東河曾撰十四字屬舍弟山
茨書之與
通才共賞嗣聞汪汛員又入都設措行李未知何
日得呈
左右矣謁羅觀察知運河一缺煩劇殊常

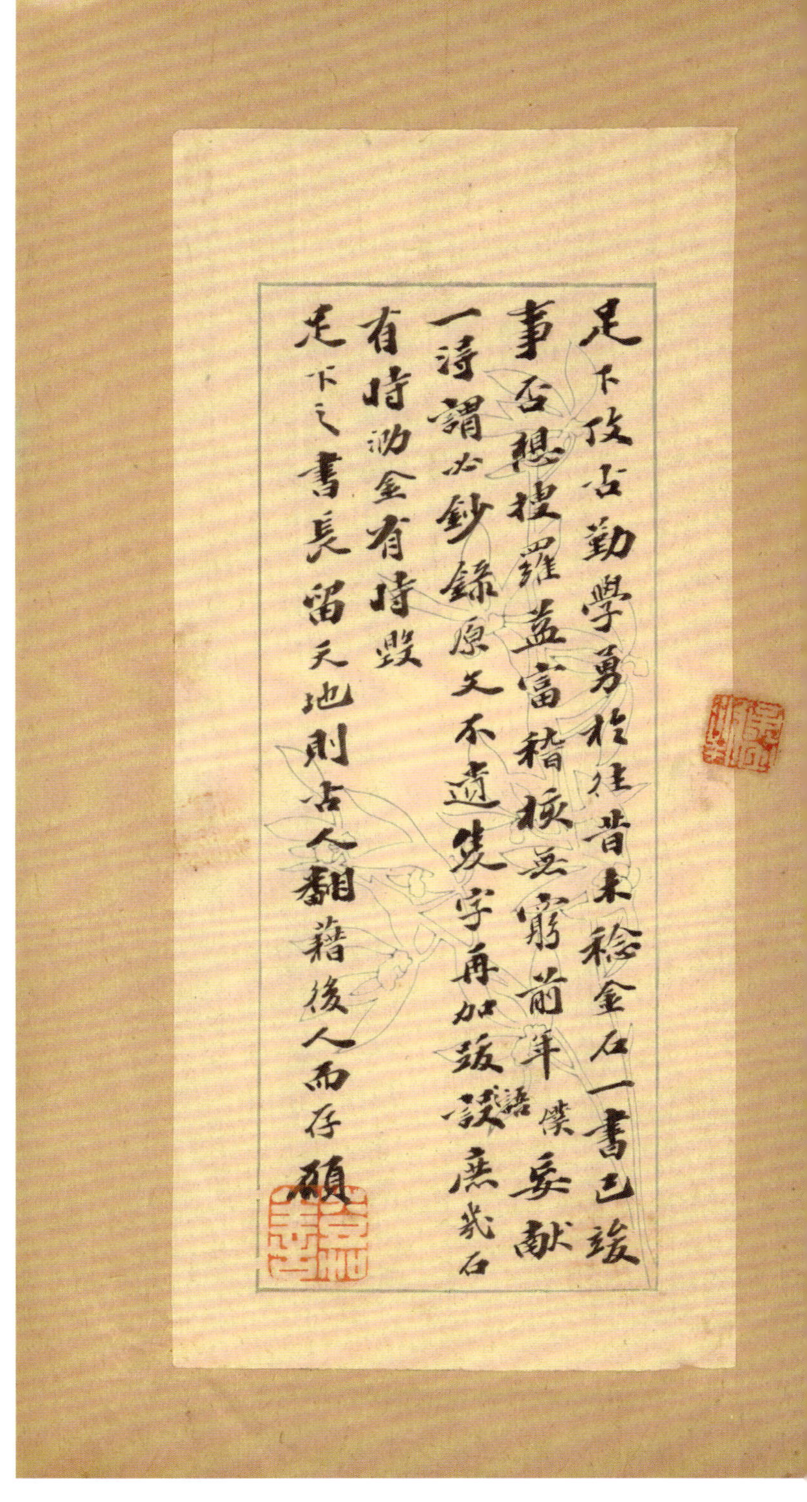

足下考古勤學勇於往昔。未稔金石一書已竣事否？想搜羅益富，稽核無窮。前年僕妄獻一得，謂必鈔録原文，不遺隻字，再加跋語，庶幾石有時泐、金有時毁，足下之書長留天地，則古人翻藉後人而存，願

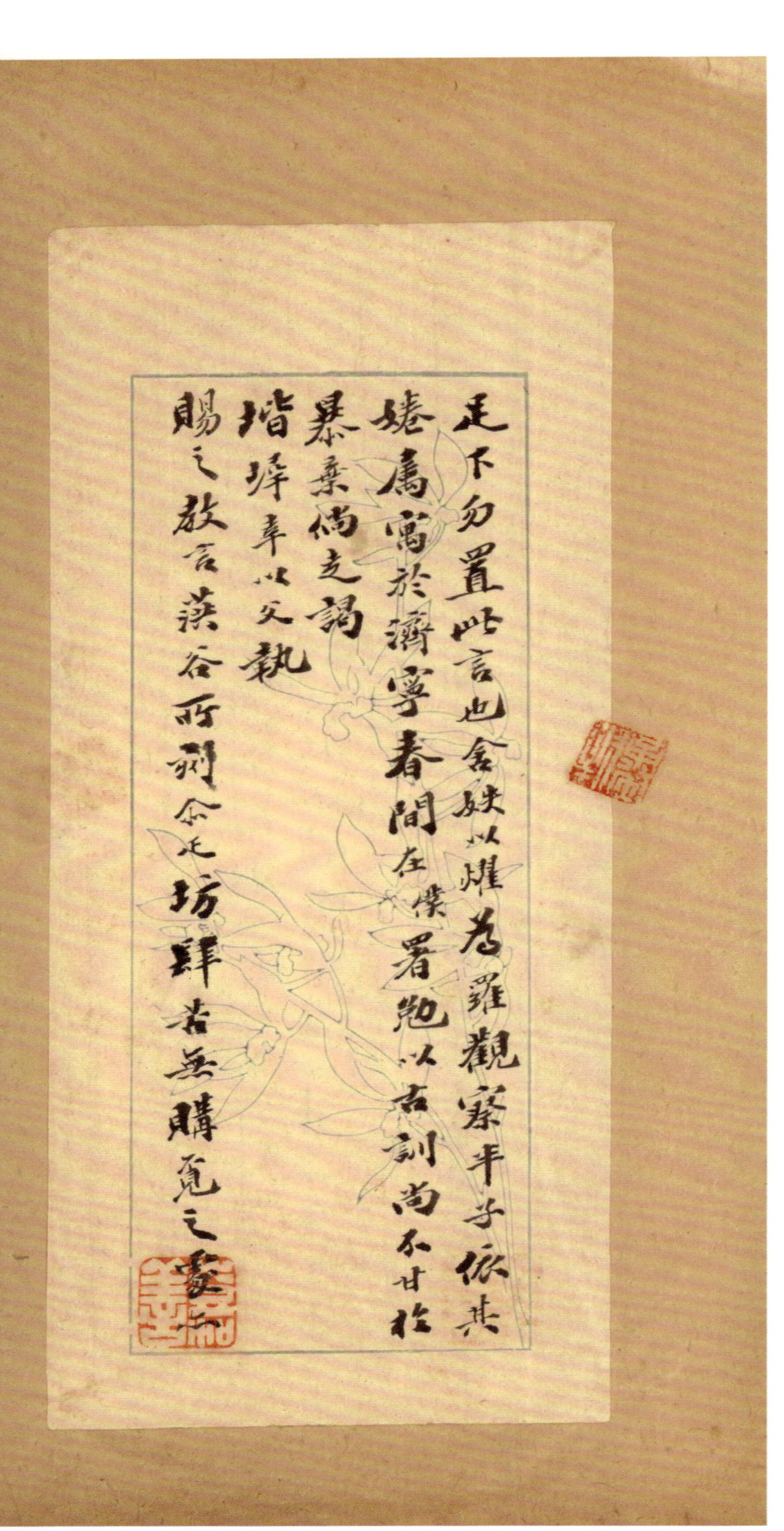

足下勿置此言也。舍姪以燿爲羅觀察半子，依其
婕屬寓於濟寧。春間在僕署，勉以古訓，尚不甘於
暴棄，倘走謁
階墀，幸以父執
賜之教言。蕻谷所刻《爾雅》，坊肆苦無購覓之處，亦

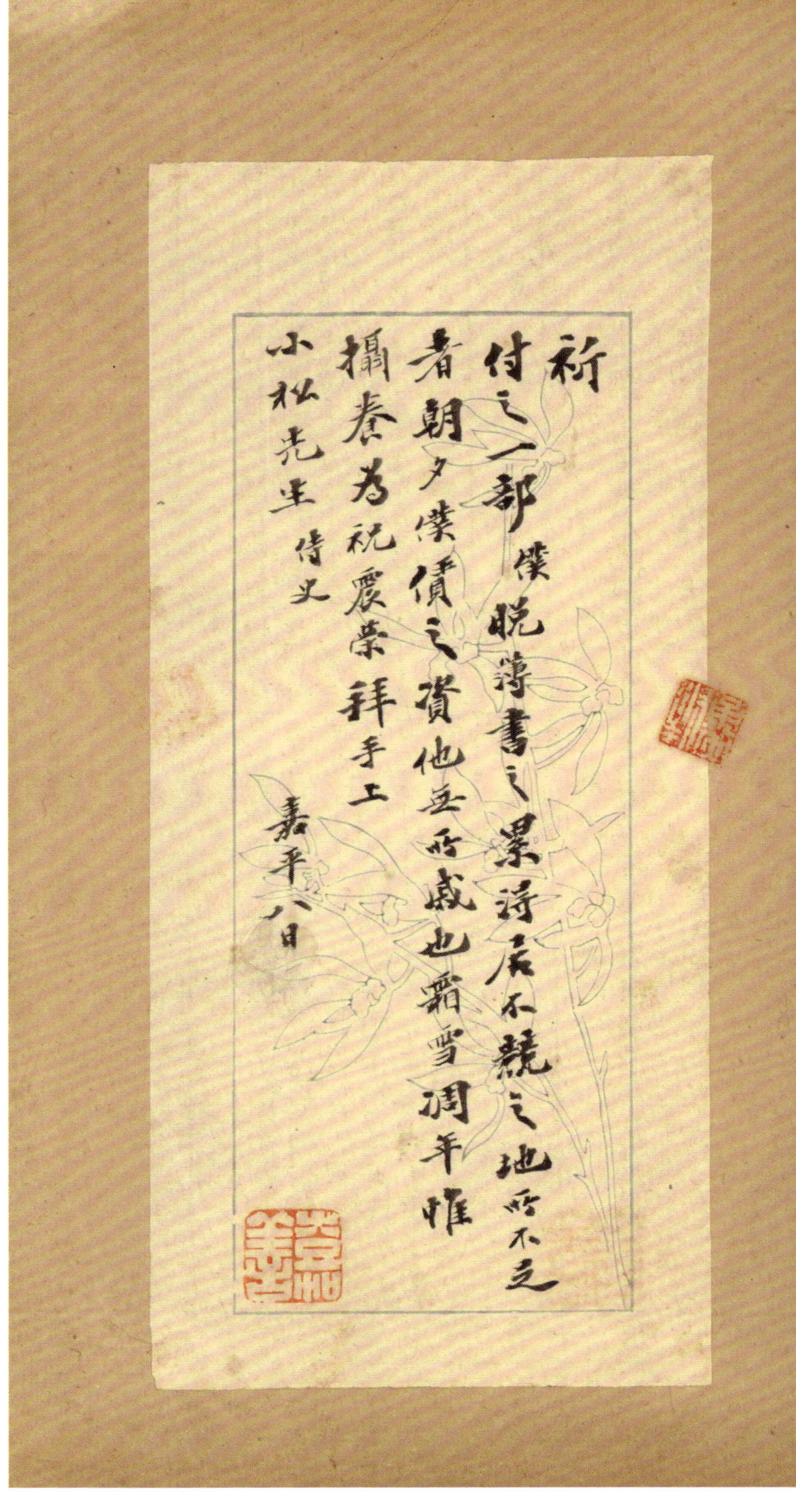

祈
付之一部。僕脱簿書之累，得居不競之地，所不足
者朝夕僕賃之資，他無所戚也。霜雪凋年，惟
攝養爲祝。震榮拜手上
小松先生侍史　　嘉平八日

【七一】

◀ 余集致黄易札之四

鄭三雲以押運出京，曾肅小函奉候

九兄大人近佳，已知呈覽矣。並寄到太初

《宸垣識略》，奉煩轉遞念湖明府署中。刻接

念湖來札，知已蒙寄到四十部，極費

清神，感謝之至。但弟交三雲奉上係五十

部，不知此十部是

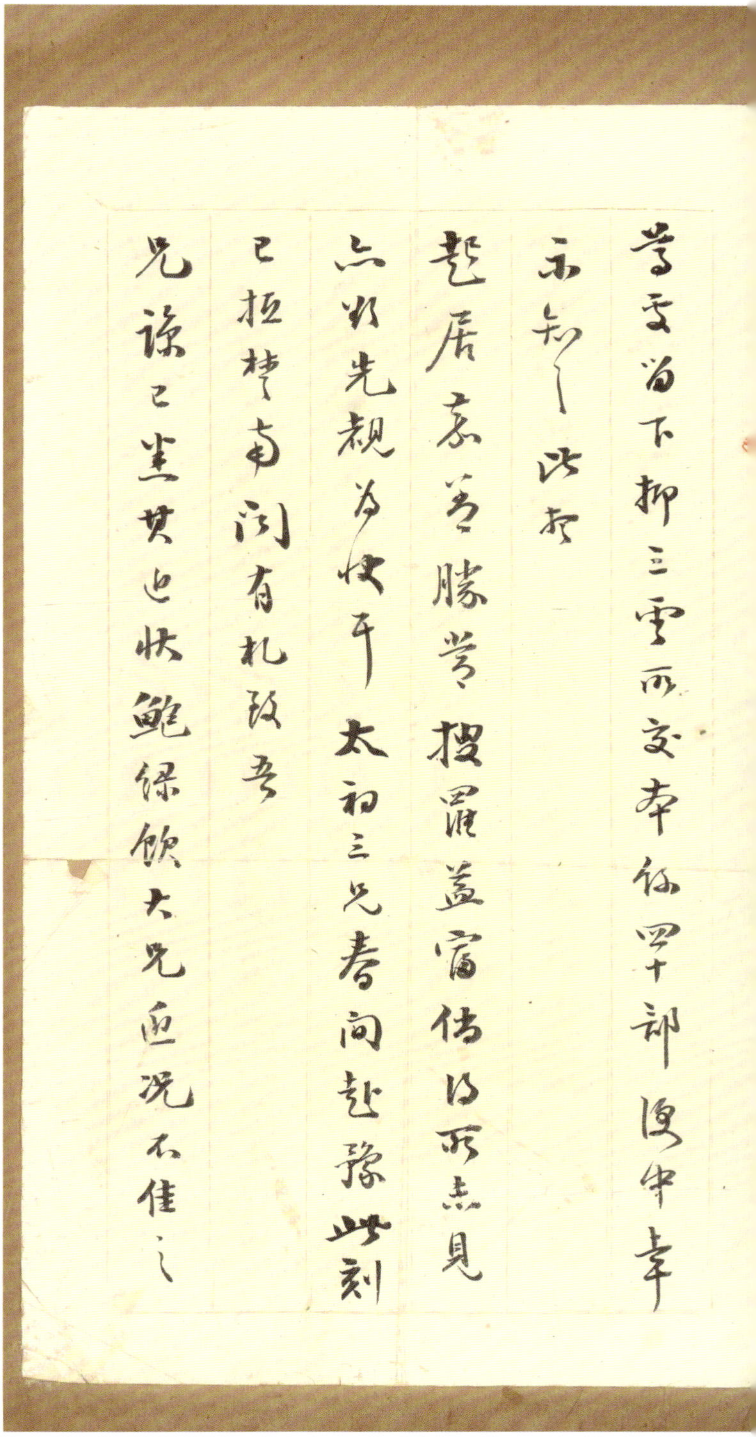

尊處留下，抑三雲所交本係四十部？便中幸
示知之。比想
起居嘉善勝常，搜羅益富，倘得所未見，
亦欲先睹爲快耳。太初三兄春間赴豫，此刻
已抵楚南，聞有札致吾
兄，諒已悉其近狀。鮑緑飲大兄近况不佳之

【一九六】

至，聞有北上之意，未知確否？瑶華道人慕
兄篆刻，在弟前每每言之，倘得暇作一二小印
見擲，亦足慰其饑渴也，惟
尊裁之。兹因念湖差便，順候
近安，諸惟丙照，不盡。
小松九兄大人　　　　弟余集頓首　九月廿一日

丁丑四月二齋觀。

► 余集致黄易札之五

伻來接讀
瑶函，辱承存問，感慰之至。並悉
九兄大人起居康吉，榮調後事繁禄嗇，
展布維艱，清况可想。然此不過暫爲借徑，
指顧定有殊遇，不似弟輩之終年做無米
之炊也。鄭三雲帶去書籍，本托念湖同年

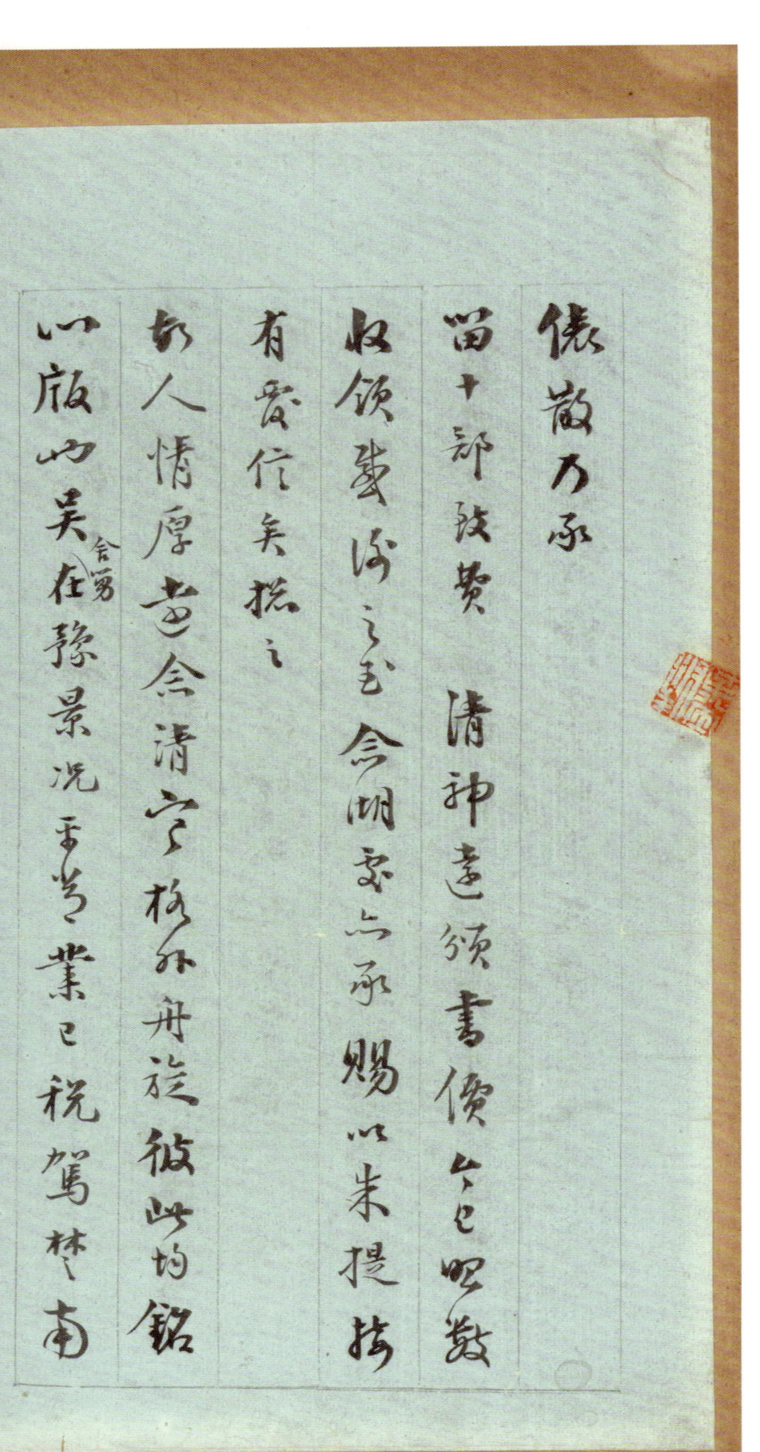

俵散，乃承
留十部，致費清神。遠頒書價，今已照數
收領，感謝之至！念湖處亦承賜以朱提，接
有覆信矣。總之
故人情厚，遠念清寒，格外舟旋，彼此均銘
心版也。吴舍舅在豫，景况平常，業已税駕楚南，

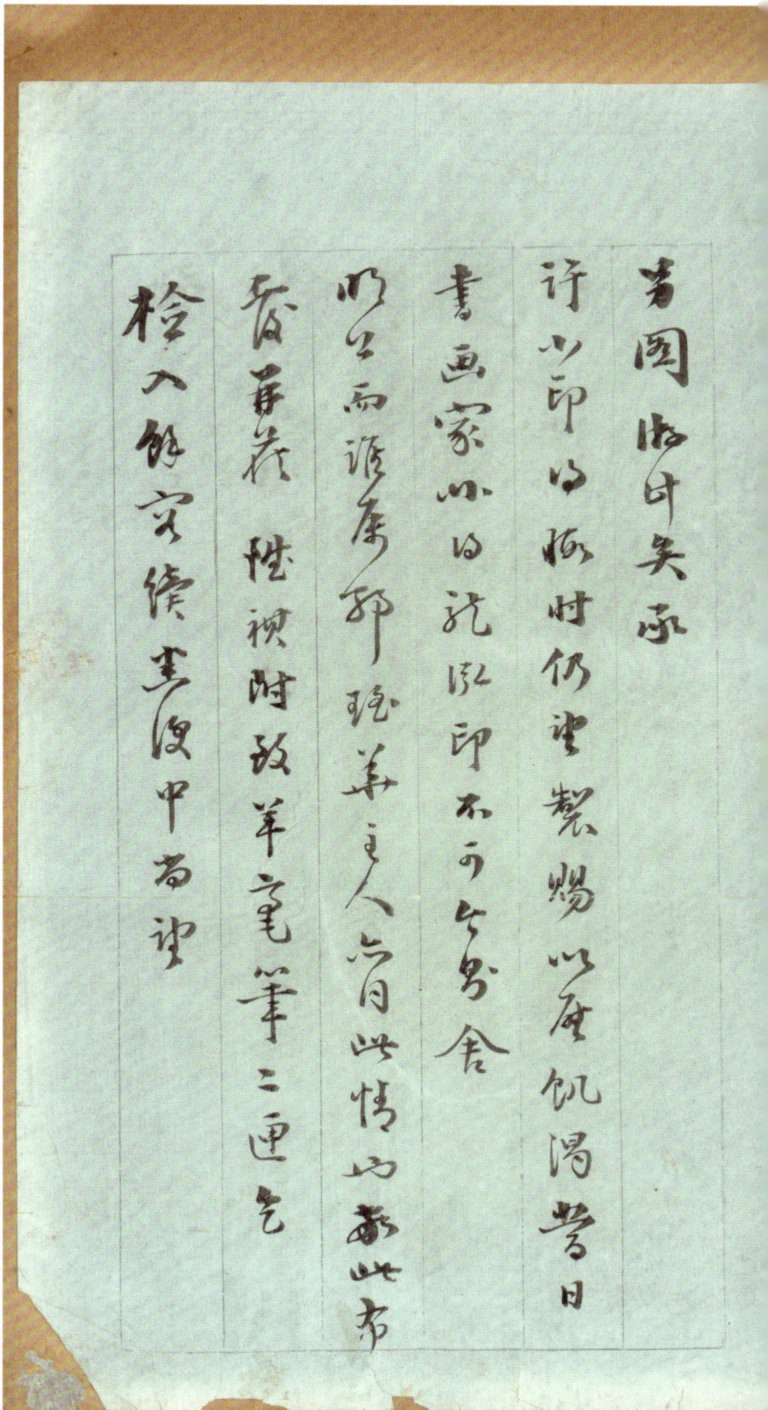

另圖遊計矣。承
許小印，得暇時仍望製賜，以慰饑渴。當日
書畫家非得龍泓印不可，今則舍
明公而誰屬耶？瑤華主人亦同此情也。敬此布
覆，並候陞祺。附致羊毫筆二匣，乞
檢入。餘容續悉，便中尚望

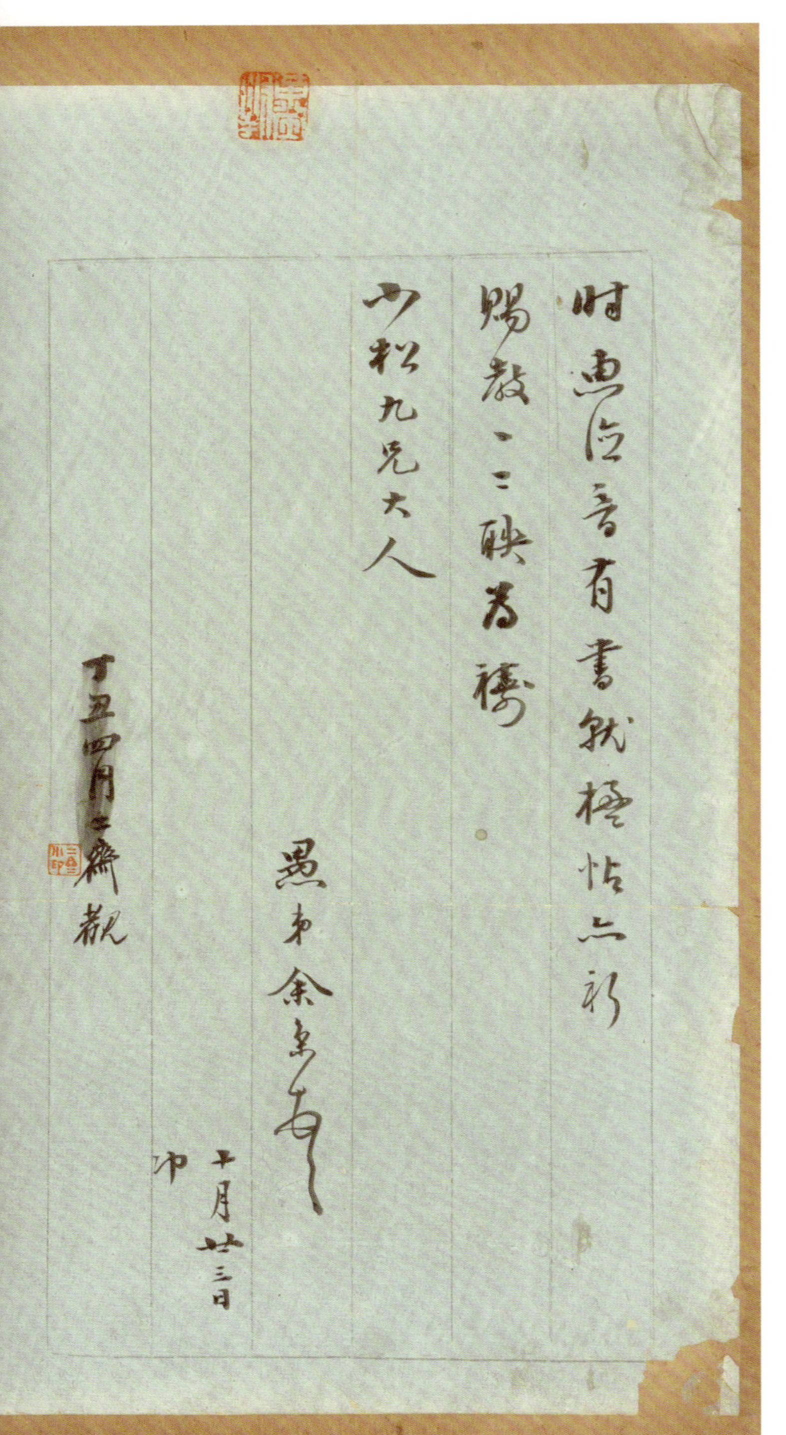

【一九七】

時惠德音。有書就楹帖，亦祈
賜教一二聯爲禱。
小松九兄大人
愚弟余集頓首
十月廿三日
冲

丁丑四月二齋觀。

鄧琰致黄易札

去冬匆匆一睹光儀，倏值公事倥偬之際，獲領竟夕清談，且窺所藏金石之秘，此亦一段翰墨緣也，幸何如之！時光馳忽，便爾夏臨，遥想臺禧，與時偕茂，慶慰奚似。前蒙贈車，至宿遷境，大困緑林，書劍無恙，而腰纏罄矣。淒風嚴霜，

【三八八】

狼狽歸里，書呈一笑，亦是異聞。所命作印二方，適南漕查公還都之便，懇爲轉致，當不浮沉。前蒙金諾，許代覓申公所翻瓦頭十幅，並允石室中所拓畫，時銘鼎言也。所寄梅石居物，春間已手致矣。奉請陞安，臨穎不勝馳切，切切。鄧琰頓首

秋盦老先生閣下　　薛公處希叱候。　　四月一日在揚州旅次呈

金德輿致黄易札之三

小松九兄大人閣下：憶自己酉秋一通候問，歲月如風，倏
經三載，相思爲勞，想同之也。昨晤朱毓翁，敬稔
老伯母大人康强逢吉，
九兄大人臺候多福，曷勝欣忭。惟聞去歲小有拂意之
事，殊深扼腕。中年以後諸惟作達，轉瞬間當有石麟

續降也。
閣下金石之藏富於歐、趙，筆墨之古媲於漢唐，遥拜下
風，不禁神往。弟久擬出門，以斧資未給蹉跎至今。頭顱如
許，尚未獲稍圖寸進，以慰先人苦節，兼負
良友屬望之殷，每念及此，中夜不寐。現在多方籌畫，夏
……

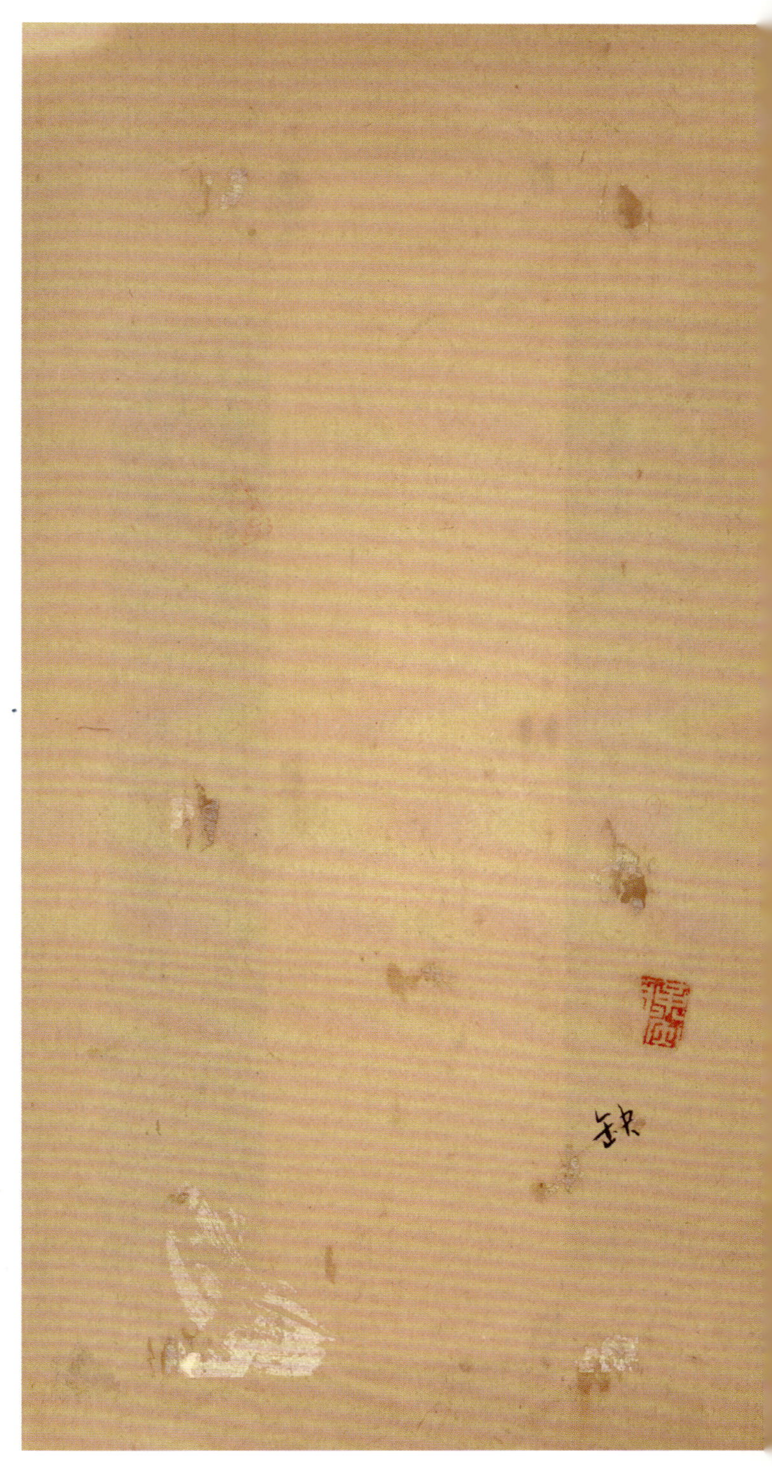
缺

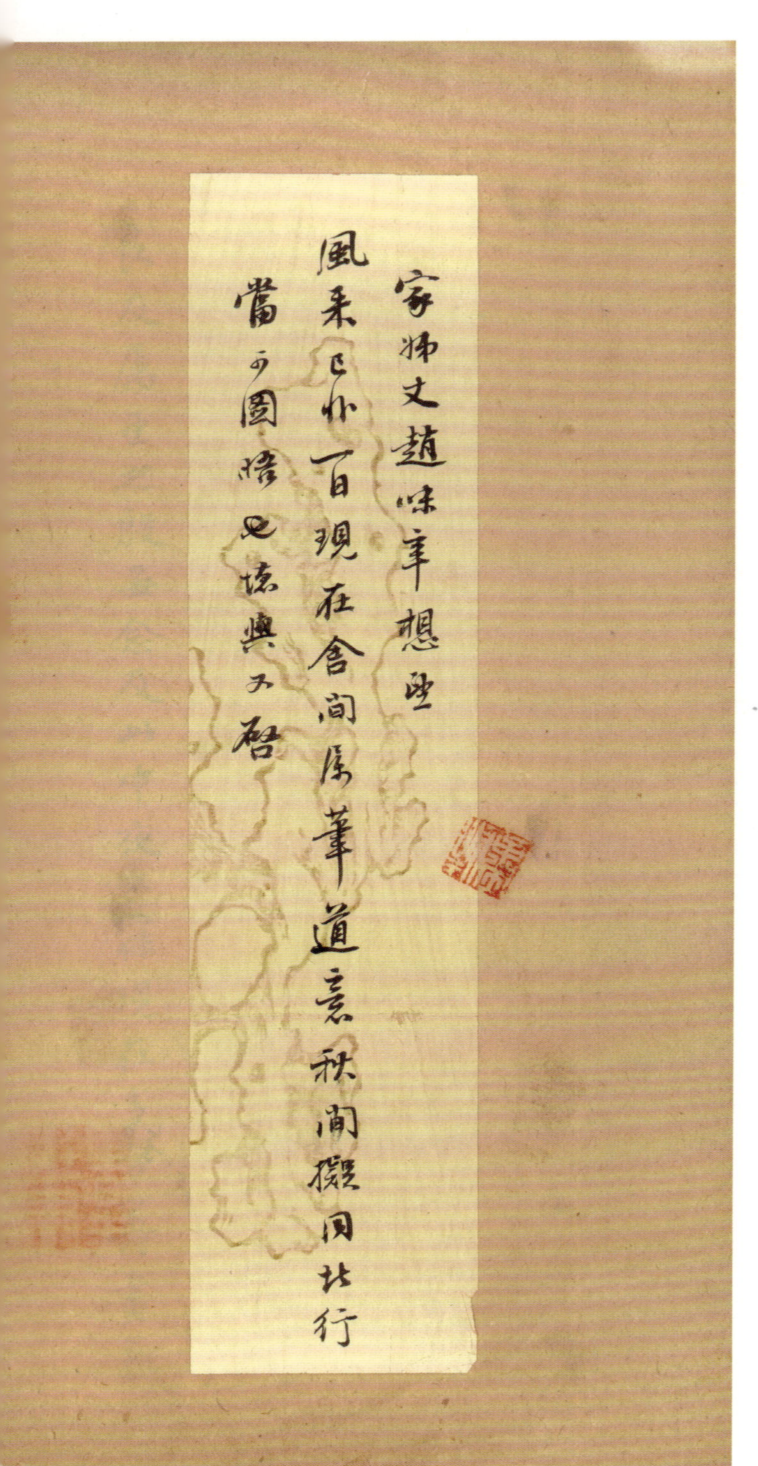

〔三四一〕

家姊丈趙味辛想望

風采，已非一日，現在含間，屬筆道意，秋間擬同北行，

當可圖晤也。德輿又啓。

小松九兄大人閣下憶自己

經三載相思爲勞想〻

老伯母大人康強逢吉

九兄大人台候多福曷勝欣

事朱[illegible]尼宛中年八發者

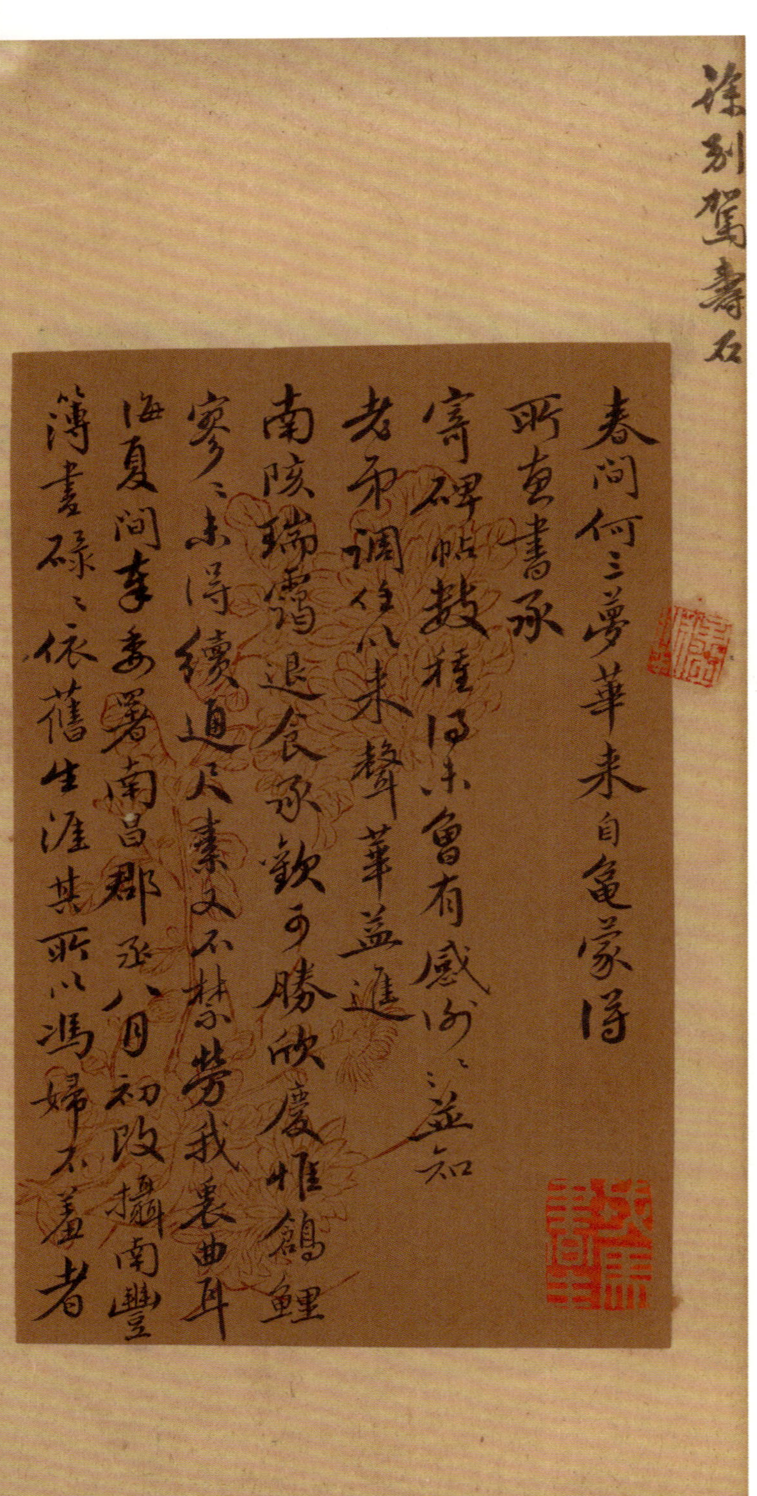

◀徐觀海致黃易札之三

春間何三夢華來自龜蒙，得

所惠書，承

寄碑帖數種，得未曾有，感謝，感謝！並知

老弟調任以來，聲華益進，

南陔瑞靄，退食承歡，可勝欣慶。惟鶬鯉

寥寥，未得續通尺素，又不禁勞我衷曲耳。

海夏間奉委署南昌郡丞，八月初改攝南豐，

簿書碌碌，依舊生涯，其所以馮婦不羞者，

〖三〇七〗

江水盟心，欲歸未得也。所懇隸書鐵筆，何
郎來便，未荷見貽，無乃以燭武無能，不堪
持贈耶？何郎自中丞逝後，莫測行蹤。
鬖華司馬近狀何似？便中均希
示慰是望。兹乘州牧李公赴任之便，泐此布候
臺祺，附請
伯母太夫人壽安，憑穎馳溯，不盡。
小松九弟司馬　愚兄徐觀海頓首　庚戌十一月三日豫章寄

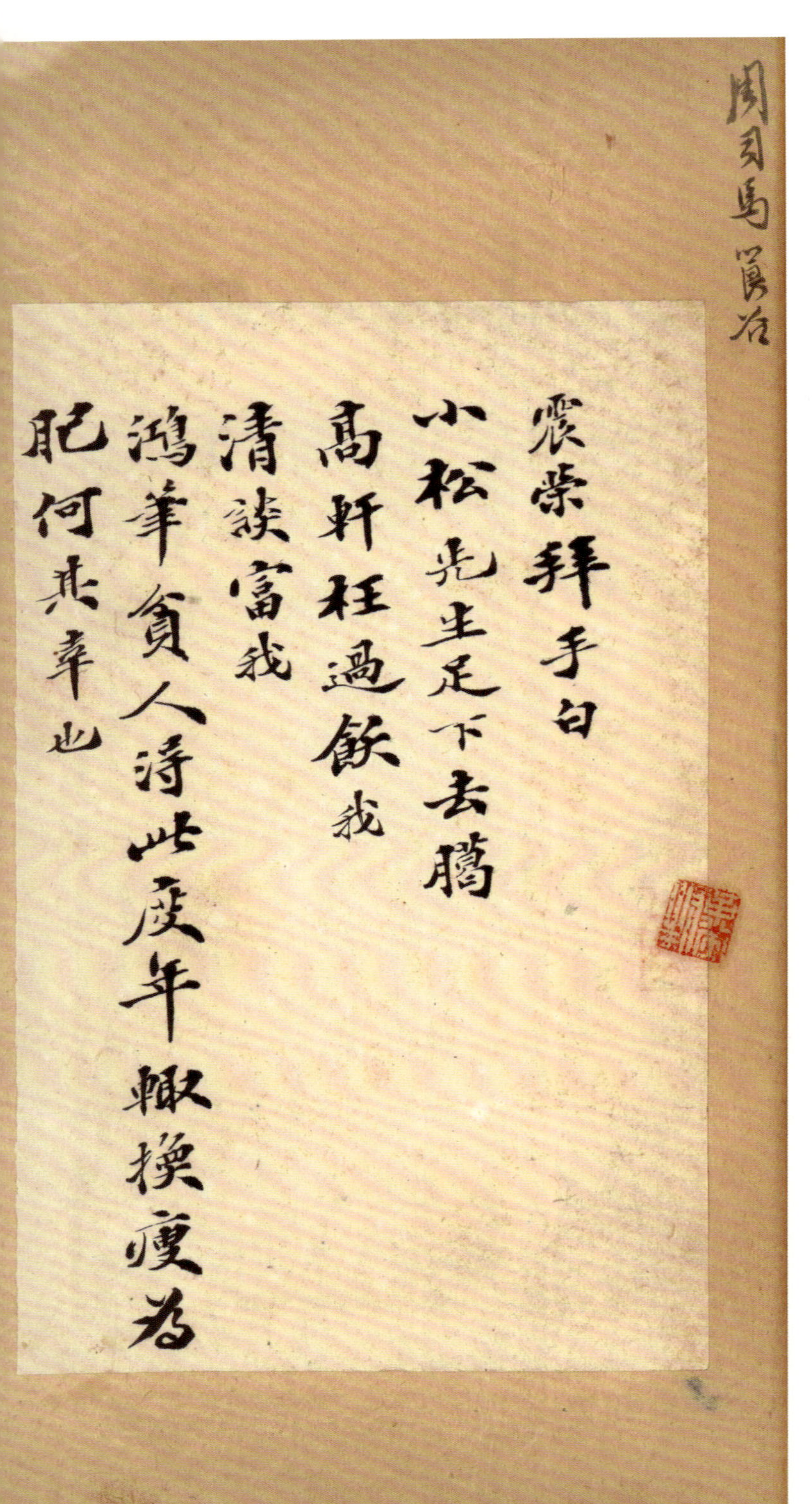

◀周震榮致黃易札之十六

震榮拜手白

小松先生足下：去臘高軒枉過，飫我清談，富我鴻筆，貧人得此度年，輒换瘦爲肥，何其幸也！

命書梧生司馬楹帖，不敢藏拙，更
獻新詞，乃復效顰，舍其故步，不
審司馬以爲何如耳？附到素册一本，
並拙筆書亡内事稿，逝者骨朽矣，求
不朽於
巨公之筆。業蒙

金諾，毋靳
銀鈎，他日壽之貞珸，四海遂增奇寶，
豈特寒家之福耶！又對一副並對語、跋
語，則華門借以生輝者，僕之求無厭
矣，非
足下妙手古心，亦未能召之也。春寒殊甚，

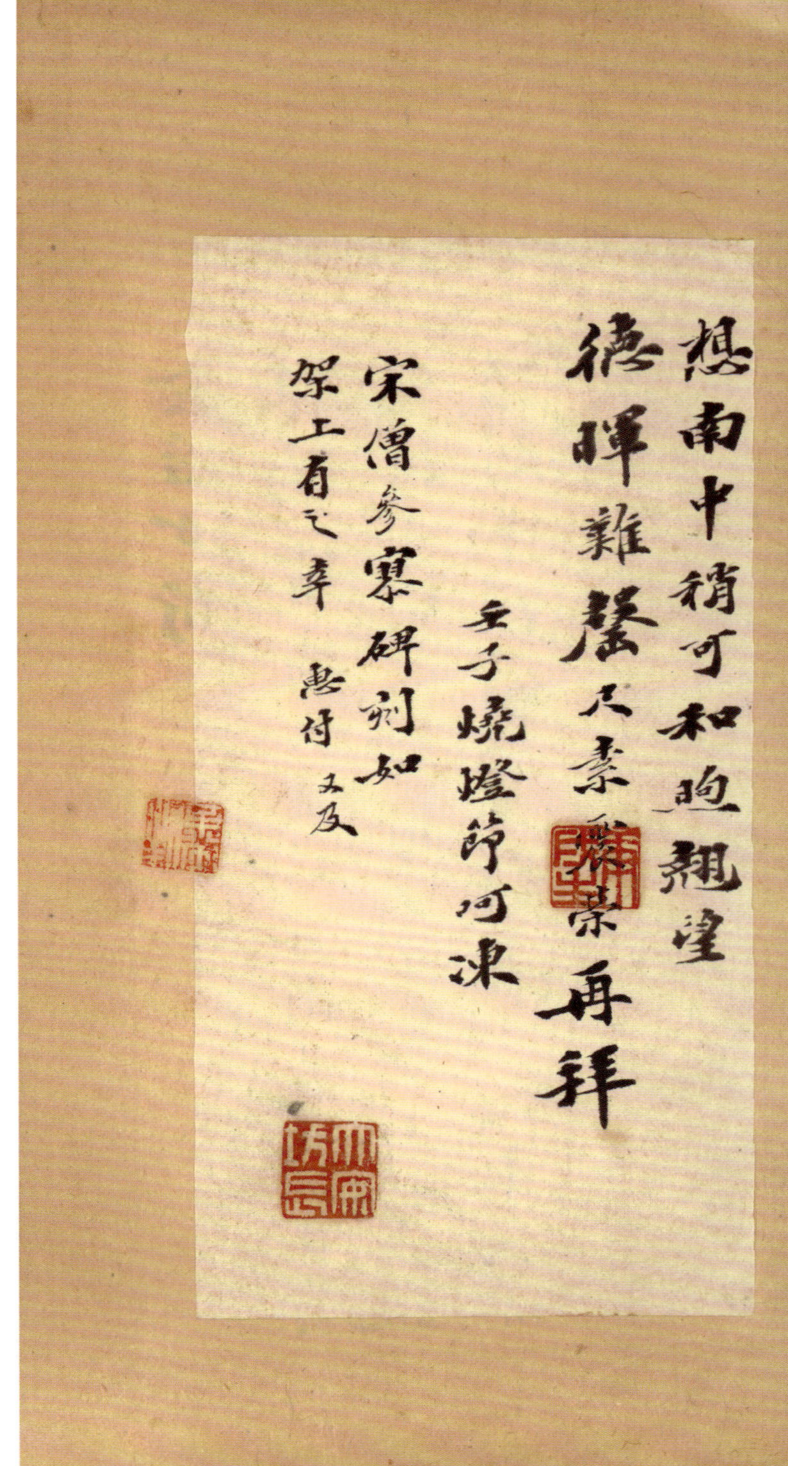

想南中稍可和煦，翹望
德暉，難罄尺素。震榮再拜
壬子燒燈節呵凍
宋僧參寥碑刻，如
架上有之，幸惠付。又及。

〔七三〕

▲玉山致黃易札之二

握別轉瞬十月，人世升沉之感，良朋闊契之思，交縈五内。以弟之思兄，知念我更切也。邇維宦祉亨佳，隨時共泰，曷勝企賀。弟於客冬抵都，仰蒙

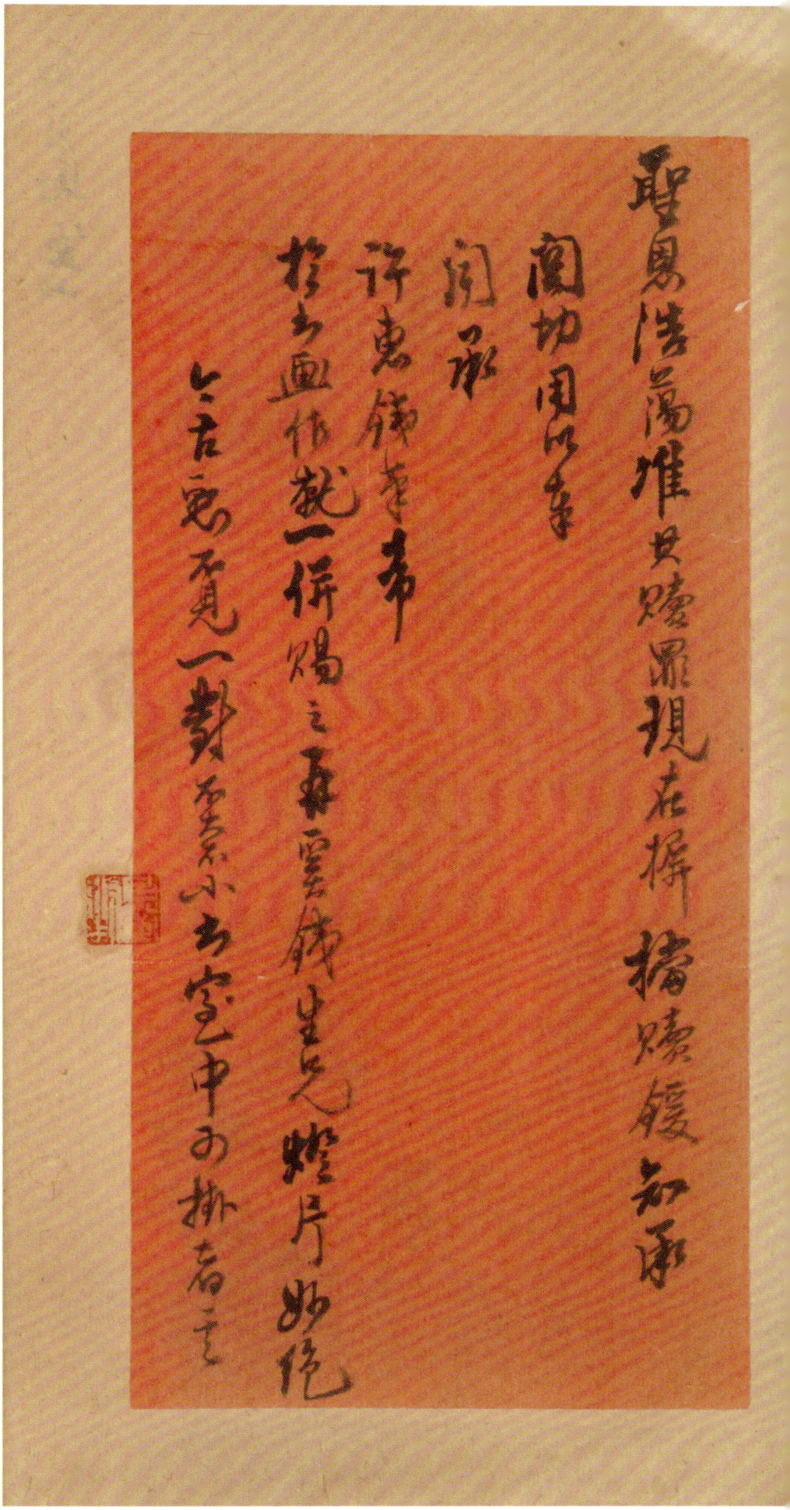

聖恩浩蕩，準其贖罪，現在摒擋贖鍰，知承
闗切，用以奉聞。承
許惠鐵筆，希
於書畫作就一併賜之。再，奚鐵生兄燈片妙絶
今古，懇覓一對，不大不小，書室中可掛者。其

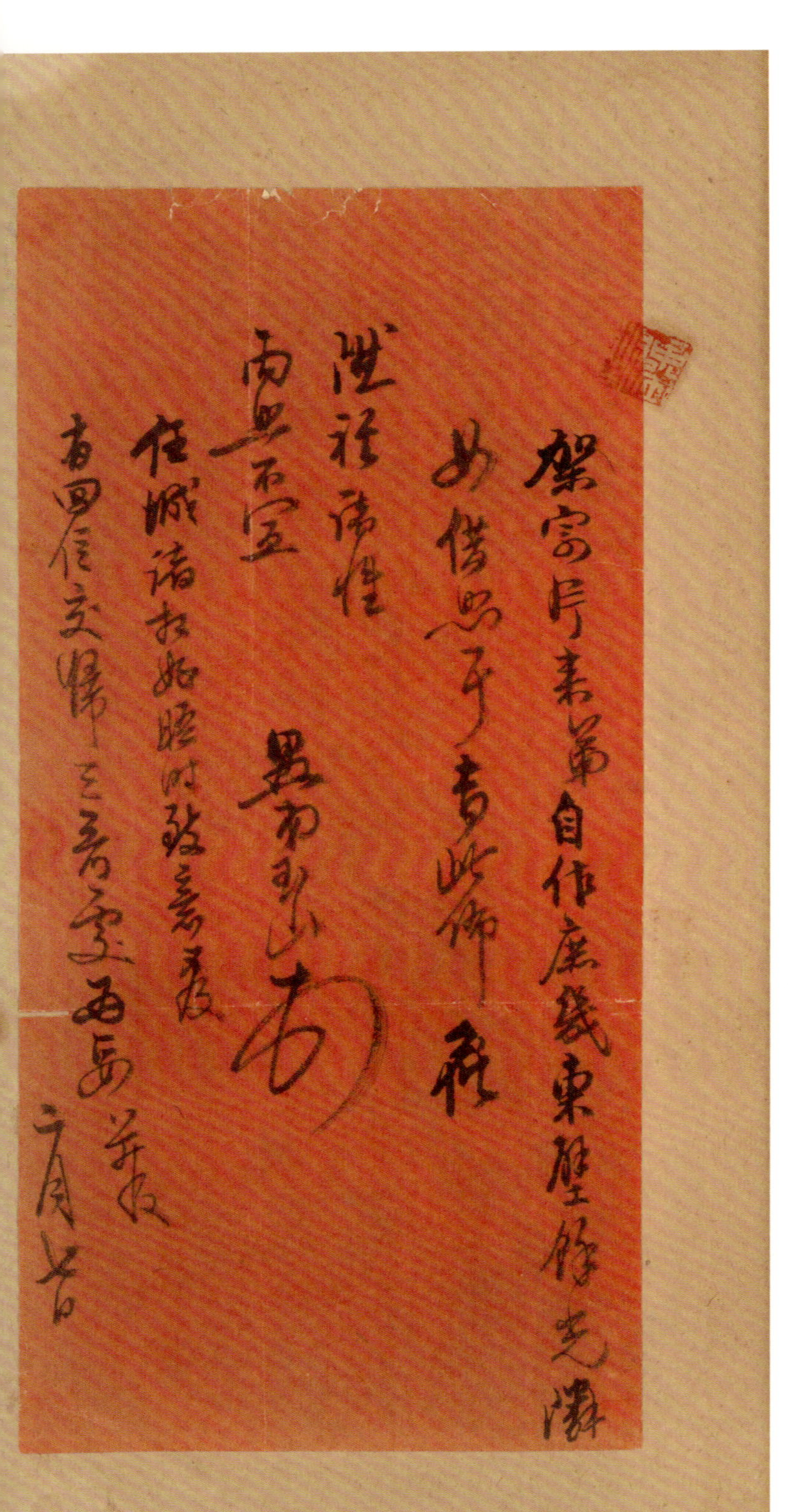

〖三四八〗

架，寄片來弟自作，庶幾東壁餘光鄰
女借照耳。專此佈候
陞祺，諸惟
丙照，不宣。　愚弟玉山頓首
任城諸相好晤時致意，又及。
有回信，交歸三哥處爲妥，並及。
二月七日

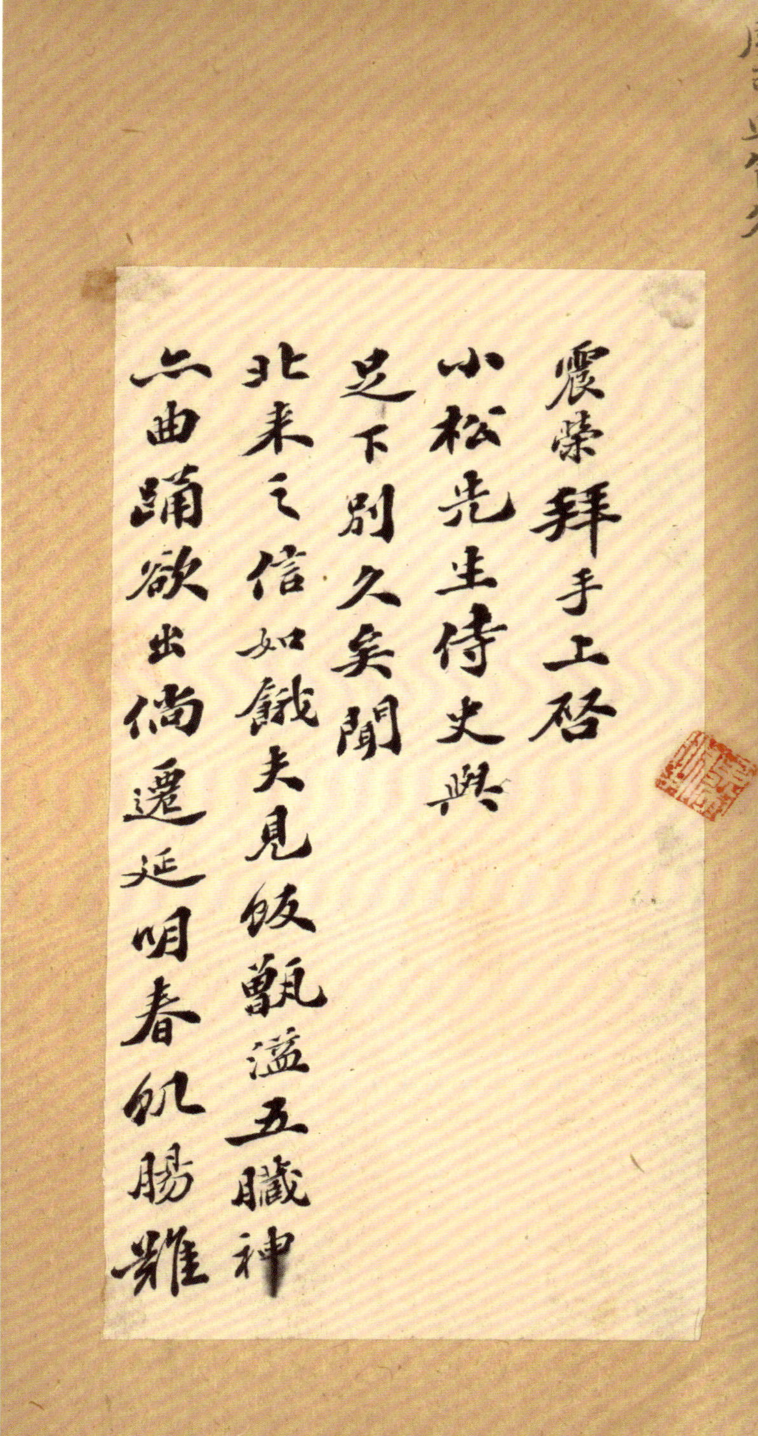

► 周震榮致黄易札之十七

震榮拜手上啓
小松先生侍史：與
足下别久矣，聞
北來之信，如餓夫見飯甑溢，五臟神
亦曲踊欲出，倘遷延明春，饑腸難

耐矣。

頌惠手書，怡神悦志。阿膠正值所

需，石刻則置我於俎豆尊罍之

側，忘念俗腸，不知消歸何所，

良友佳貺，至斯極耶！僕夏秋大

病，病而不死，近者强起坐立，鬚鬢

盡白，老醜日增。迴思弱冠至今四十餘年，綴緝陳編，頗不甘於自暴，略加收拾，亦須七、八年安眠健飯之身，鰥生窮骨，以是爲目之瞑與不瞑也。舍姪縷述近況，立言不朽，僕甘居

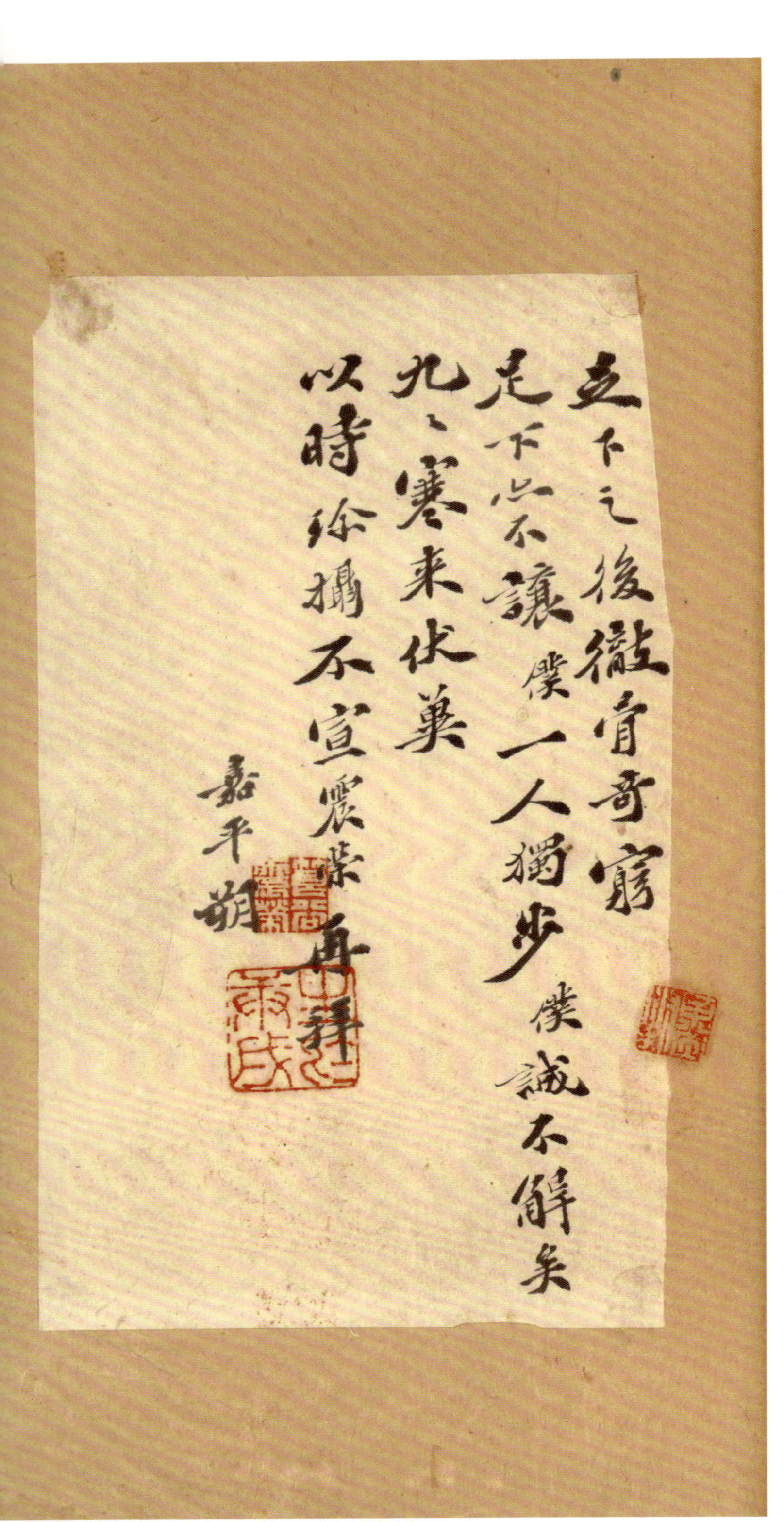

足下之後，徹骨奇窮，
足下亦不讓僕一人獨步，僕誠不解矣。
九九寒來，伏冀
以時珍攝，不宣。震榮再拜
嘉平朔

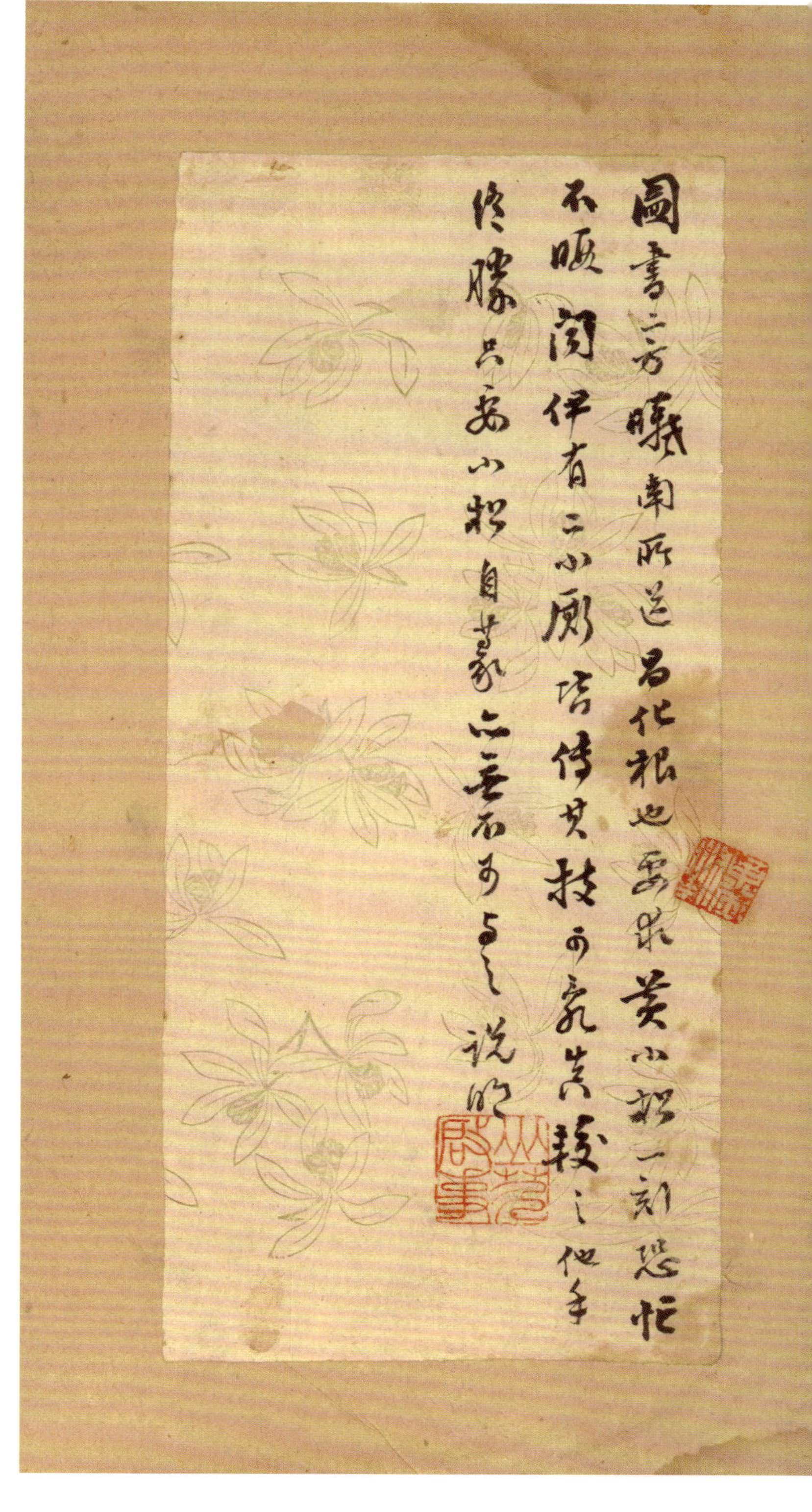

〖七二〗

圖書二方，曦南所送昌化根也，要求黄小松一刻。恐忙不暇，聞伊有二小廝，皆傳其技，可亂真，較之他手終勝。只要小松自篆，亦無不可，與之説明。

共尺牘五十[illegible]收

清代金石學家尺牘叢刊

國家圖書館藏

黄小松友朋書札

下

國家圖書館 編

王玥琳 整理

中華書局

下册目録

古歡第十册

古歡第十一册

古歡第十二册

古歡第十三册

書札撰者姓名索引

古歡第十册

古歡
第十册

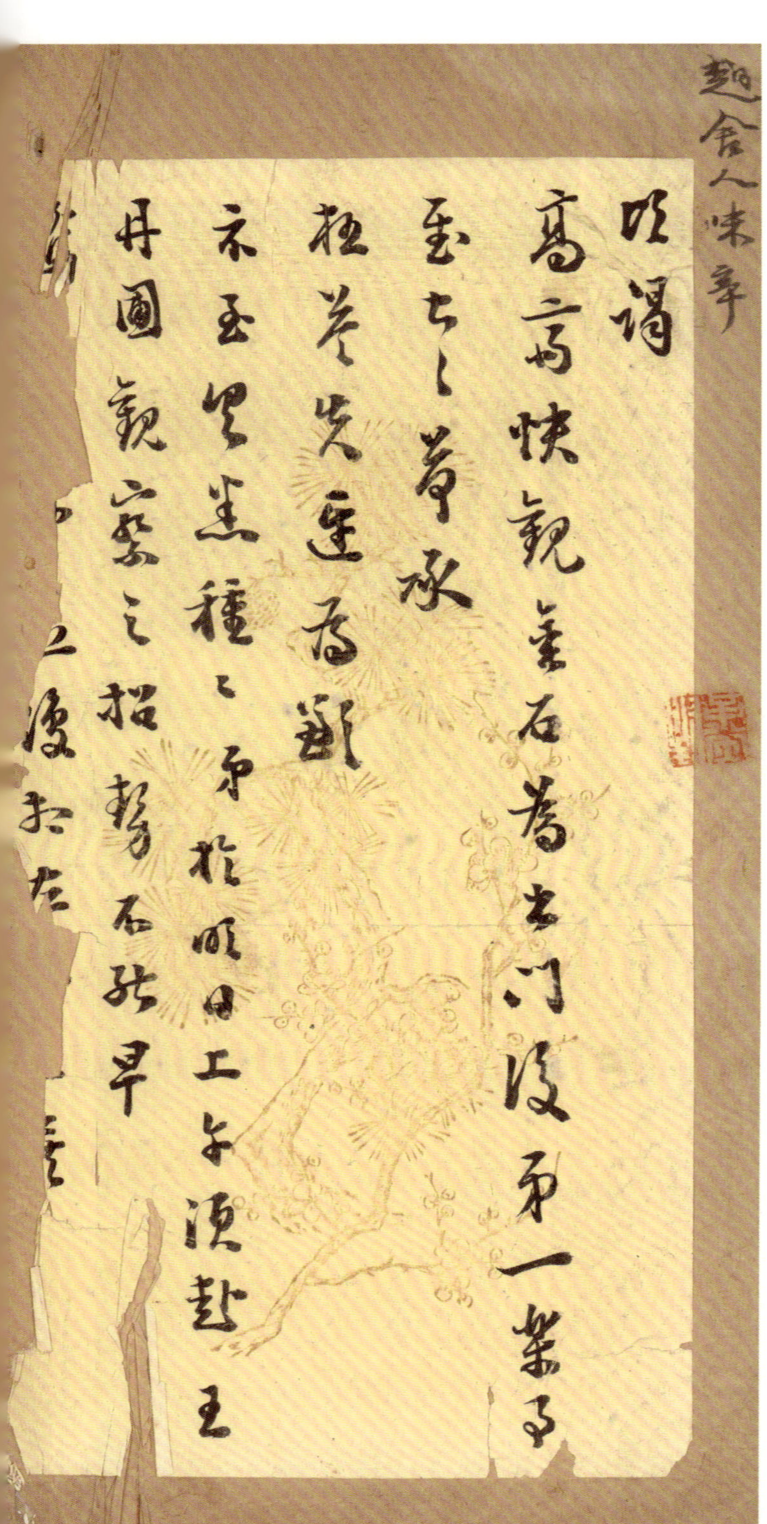

◀ 趙懷玉致黄易札之一

頃謁

高齋，快觀金石，爲出門後第一樂事，

慰甚，慰甚。荷承

枉答，失迓爲歉，

示至，具悉種種。弟於明日上午須赴王

丹圃觀察之招，勢不能早

駕……復想……

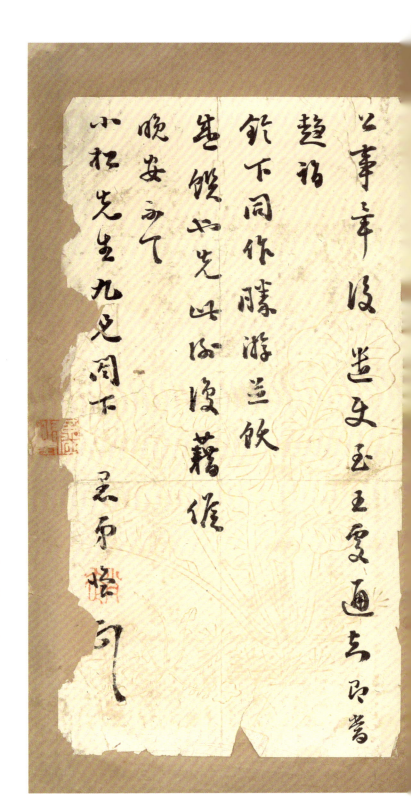

公事畢後，遣使至王處通知，即當
趨詣
鈐下，同作勝遊並飫
盛饌也。先此謝復，藉候
晚安，不一一。
小松先生九兄閣下　愚弟懷玉頓首

〖四二〇〗

王明經賓齋

◄ 王聘珍致黃易札之一

聘珎頓首
秋盦先生大人閣下：拜違後，日想
吉光不既，屢蒙
華翰，獎借殷拳，在鄙人學淺才疏，益
增漸悚耳。伏惟
先生大人嗜古如渴，搜訪金石之功，直
足以補廬陵、鄱陽之缺，海内震驚
大名已非一日，小人得識

光儀並邀奬許，實深厚幸也。今有
近作《石經論著》二首，另寫呈上，倘蒙
不棄荒愚，賜之
教政，尤徵
大君子誨人不倦之忱也。新秋殘暑，
伏惟
陞安萬福，不一。聘珎載頓首

【四〇六】

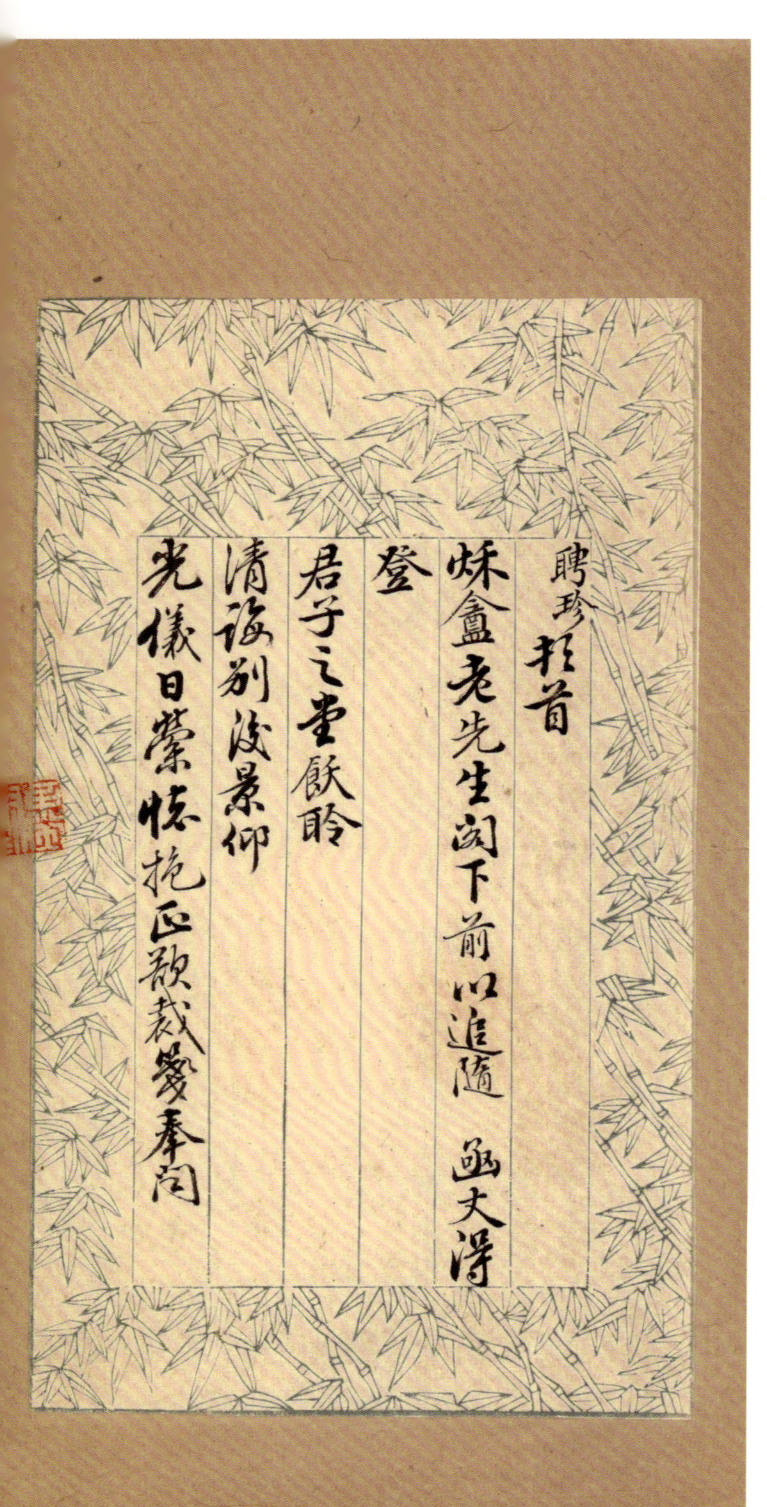

▲王聘珍致黃易札之二

聘珍頓首

秋盦老先生閣下：前以追隨函丈，得

登

君子之堂，飫聆

清誨。别後景仰

光儀，日縈懷抱，正欲裁箋奉問

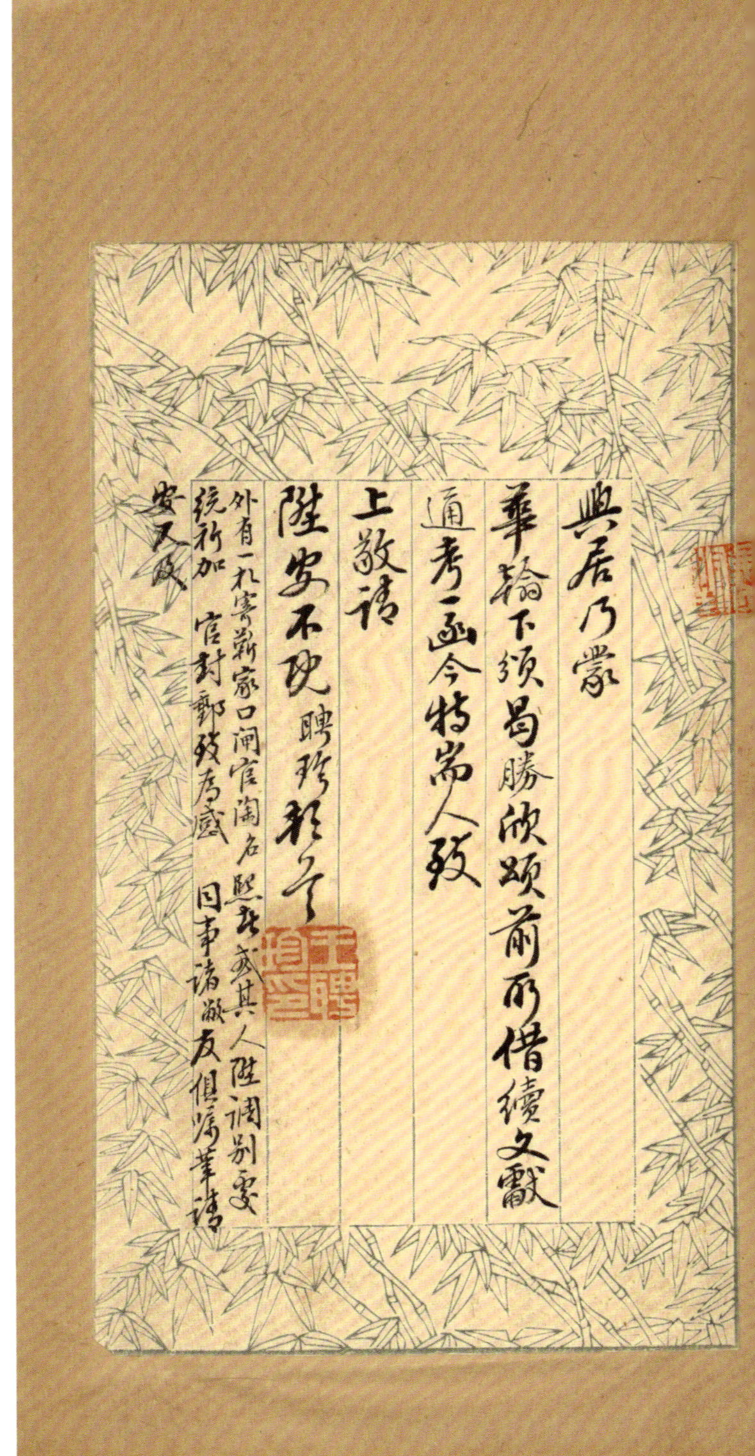

興居，乃蒙
華翰下頒，曷勝欣頌！前所借《續文獻
通考》一函，今特耑人致
上，敬請
陞安，不既。聘珍頓首
外有一札寄蘄家口閘官陶名熙者，或其人陞調别處，
統祈加官封郵致爲感。同事諸敝友俱囑筆請
安，又及。

〖四〇五〗

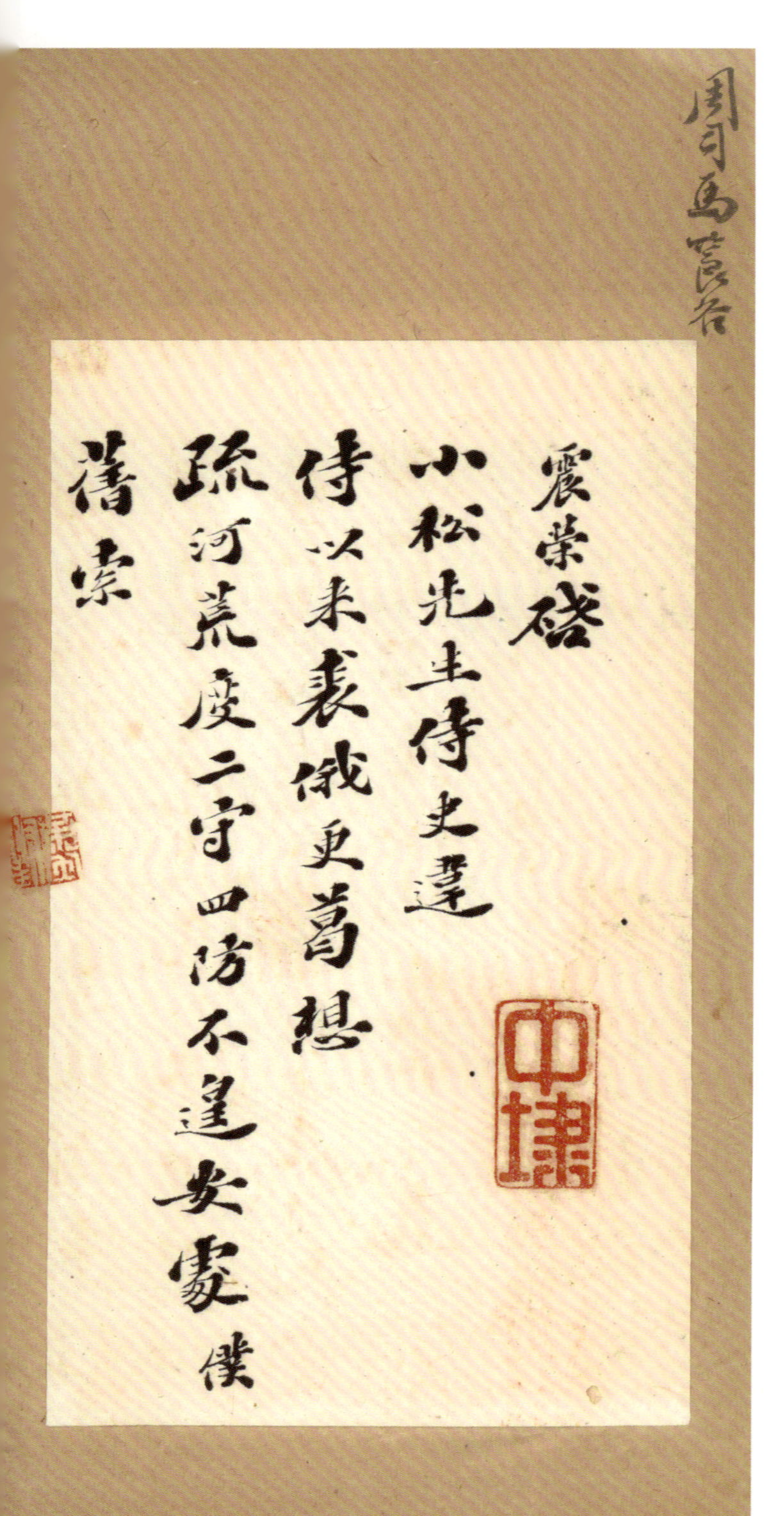

◀ 周震榮致黄易札之十八

震榮啓

小松先生侍史：違

侍以來裘俄更葛，想

疏河荒度，二守四防，不遑安處。僕

舊索

書多矣，其中有書故婦事文一
首，將壽貞珉，使後進之學隸家知
有大宗，而寒家遂藉以永永長久。至
王文成《客座私祝》又雲耳，遠孫耳
提面命之寶。
足下於白露後報賽安瀾，偷閑寫

之，僕所冀也，非所敢請也。雲亭觀察因
足下去冬法語力辦，牛眠已有成局。
此翁於官中事無所不了，而於先人
大事又不欲稍稍儉薄，寸腸耿耿，兩袖
空空，事脞心勞，頗形憔悴，不可及已。

【七四】

足下成人之美，亦古者所難能也。匆忙工次，熱客如梭，紙墨不能稱意，率問興居，不盡欲言。震棨再頓首上

壬子六月十日爲中伏之第八日，四野晴霽，水波不興

二齋觀於晋陽。時丁丑四月也。

張方理致黃易札之三

自來荊楚，瞬息三年。側聞
九兄大人榮調運河，
勛猷卓越，年來全漕利濟，上慰
宸衷，行見沈觀察節制河東，以
次超遷，榮膺
寵命，當爲
九兄大人額手稱慶也。戊申歲杪接
書，凡堤工做法及楚北風土人情，事事
備承
指示，如得
南車榜諸座右。是年堤工即遵層
土層硪連環套打之法，於今三經大汛，

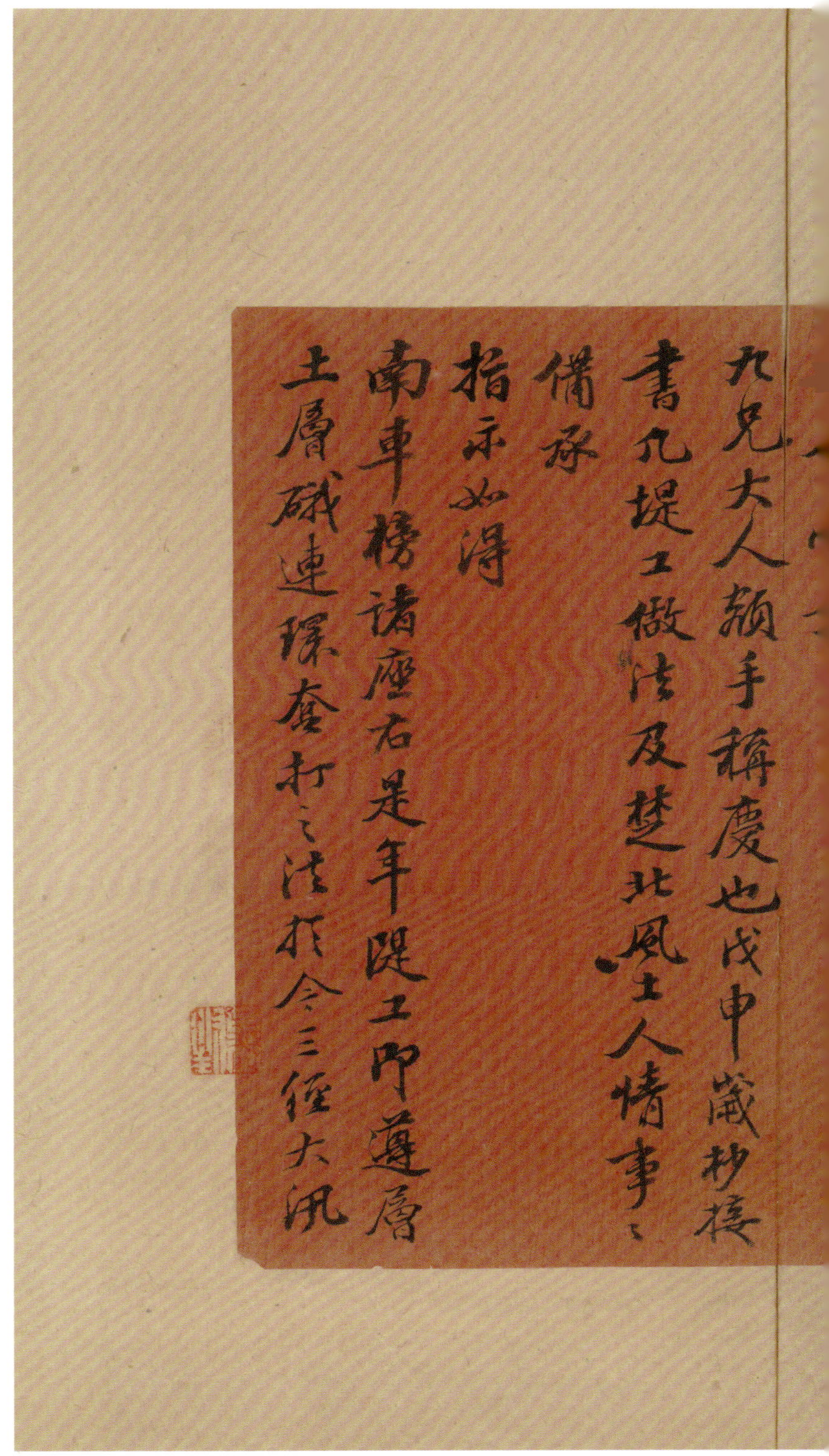
九兄大人頓手稱慶也戊申歲抄接
書凡提工做法及楚北風土人情事〻
備承
指示如得
南車榜諸座右是年隄工即遵層
土層硪連環套打〻法於今三經大汛

穩固無虞，安瀾疊報者，多藉
九兄大人指示之功。弟於
制府前往往言及，知我輩相好關情，
原非泛泛耳。荊州大灾之後，淍敝情
形不堪寓目，幸振䘏從寬，又有六
十餘萬之城堤，各工賴以代振窮檐，

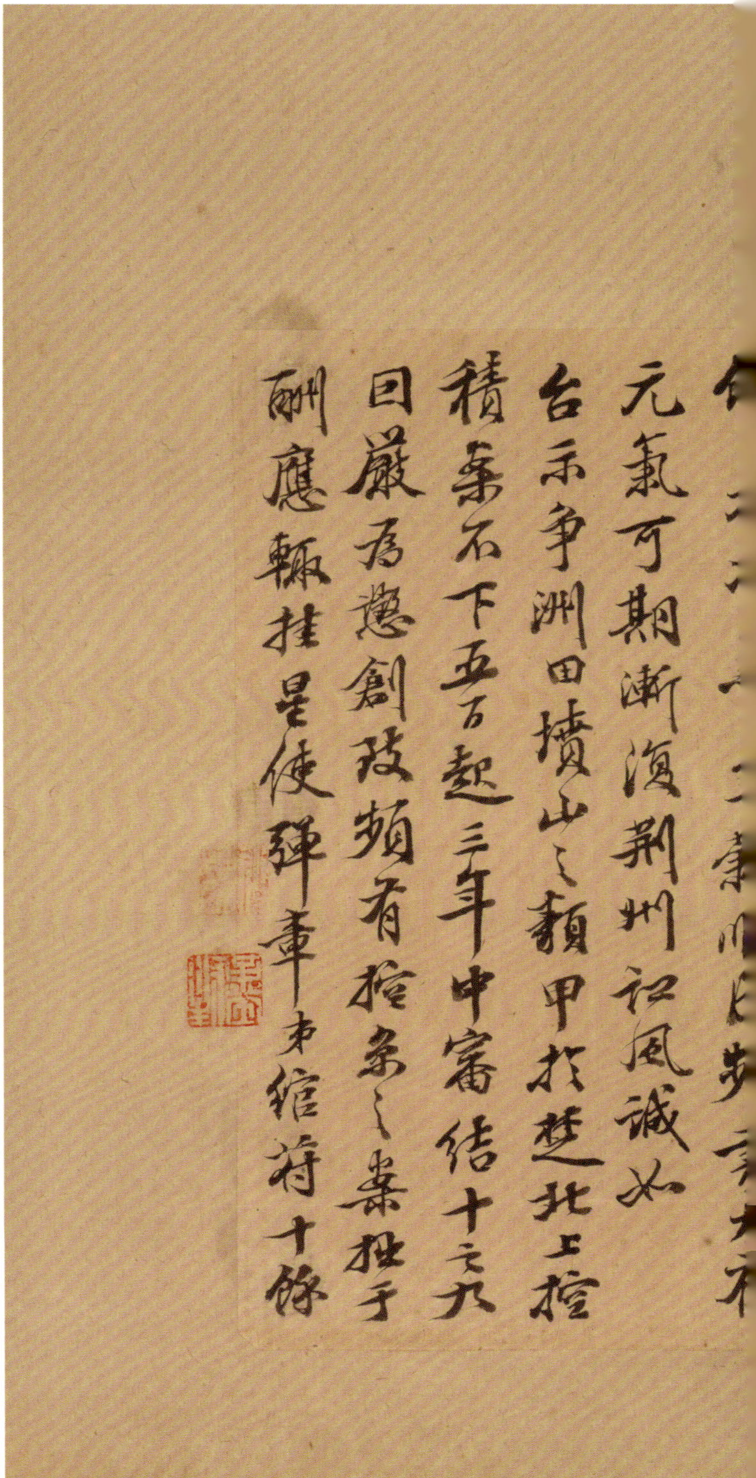

餬口有資，兼之年穀順成，頻書大有，
元氣可期漸復。荆州訟風誠如
臺示，争洲田墳山之類甲於楚北。上控
積案不下五百起，三年中審結十之九，
因嚴爲懲創，致頻有控京之案，拙於
酬應，輒掛星使彈章。弟綰符十餘

年，心力耗竭，藉此息肩，亦屬厚幸，且無愧於心，奚關榮辱。正擬整理歸舟，適逢
制府到京，面爲保奏，蒙
恩准加倍捐復留辦城工。或得或失，俱夢想所不到。又因地處繁劇，不肯

委員接署，迨六月十三崔曼亭到荆，始得卸事。頻年城堤各工及歷任倉庫賠至十方，身無完膚，幸上司、同官共知原委，故交代尚不掣肘，而弟已不堪敷衍矣。刻下督辦城工，兼審積案，冬底俱可竣事。來年二月候

制府收工，即請咨北上。擬歸途繞道
東邦，或可與
九兄大人暢談積愫也。胡二世兄名金
石，署篆黄陂，虧缺甚大，欠弟漕米
千餘石，不得不爲賠墊，此日有饔飧
不給之狀，不能回籍，愛莫能助，不識

九兄大人得其音耗否？人便泐函抒
悃，恭候
崇安暨
闔幙上下多吉，臨書神溯。
愚弟張方理頓首
前濟寧王四兄一信，煩
轉交，如已南旋，即覓便附去。
七月廿七日

再者，
秋帆制府自到兩湖，求金石碑版而
不可得，往往道及
九兄搜羅甚富，罪弟在東時不與
博雅君子作《齊魯金石考》。弟自慚鄙
陋，案牘勞形，何暇計及金石。因思
九兄好古，自必彙集成書，倘承
不棄，附賤名於校對之列，則幸甚感
甚！再，
九兄所得石屋中舊碑，便中
惠寄一二，更爲心感。又泐。

【三三一】

隨棠陵勞形何暇計及金石回思
執兄好古自必彙集成書傳承
不棄附賤名於校對之列則幸甚感
甚再
九足所得石屋中舊碑陵中
惠寄一二更為心感不朽

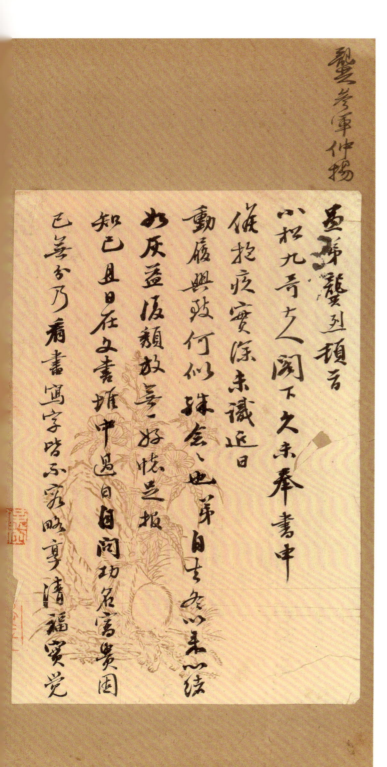

龔烈致黃易札之二

愚弟龔烈頓首，

小松九哥大人閣下：久未奉書申

候，抱疚實深，未識近日

動履興致何似，殊念念也。弟自去冬以來，心緒

如灰，益復頹放，無一好懷足報

知己。且日在文書堆中過日，自問功名富貴固

已無分，乃看書寫字皆不容略享清福，實覺

恨人。去歲承
惠鑒銘横幅，古雅絶倫，真堪寶愛。銘詞古艷，
較近人以未央宫瓦頭兩當文拓爲屏幅者，更
爲典重之至。細審圖内第三鑒「饑食棗」下尚有
四字，第八「長宜子孫」鑒似尚另有銘詞，何以未並
注釋？乞
示我以開茅塞爲禱。兹乘凝庵北上，特肅
奉佈，敬請

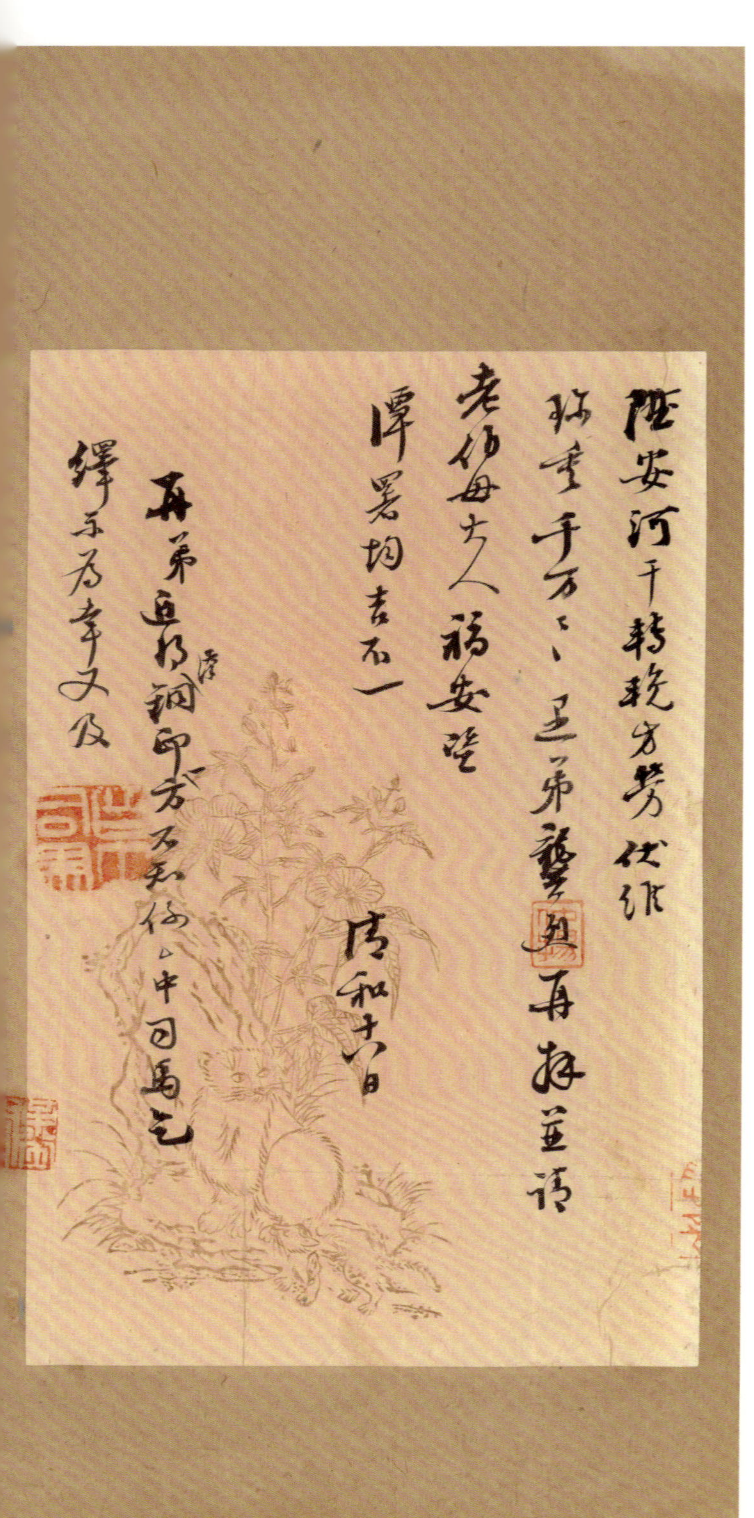

陞安。河幹轉輓方勞，伏維
珍重，千萬，千萬！愚弟龔烈再拜，並請
老伯母大人福安暨
潭署均吉，不一。　　　清和十八日
　再，弟近得漢銅印一方，不知係「△中司馬」，乞
繹示爲幸，又及。

〖三七二〗

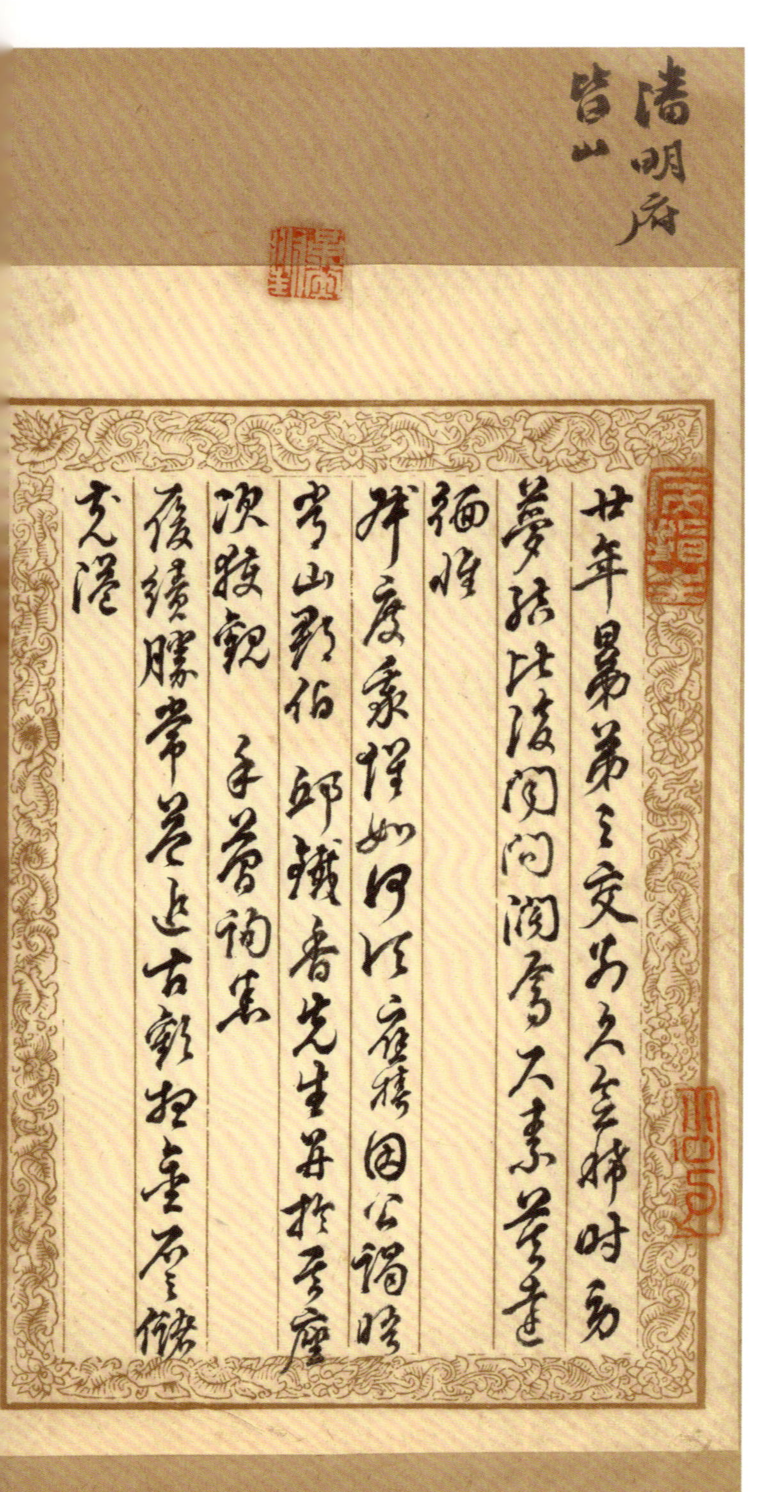

◀ 潘應椿致黄易札之四

廿年昆弟之交，别久會稀，時勞
夢結，比復開問闊焉。尺素莫達，
緬惟
叔度，我懷如何。頃應椿因公謁晤
常山郡伯邱鐵香先生，並於其座
次獲覩手簡，詢悉
履績勝常，益追古歡，想金石之儲
充溢

清閟，引領東望，曷任神馳。應椿以患難餘生，不知自量，漫爲馮婦之出，兩載以來備極艱辛。去夏待罪西經，方冀道旁苦李可以藏拙，不意瘠土連祲，補救無術，愁城坐困，日唤奈何。近狀惡劣，不堪爲知己道也。唯金石之契，與先生頗有同好，所恨索居以來聞見日

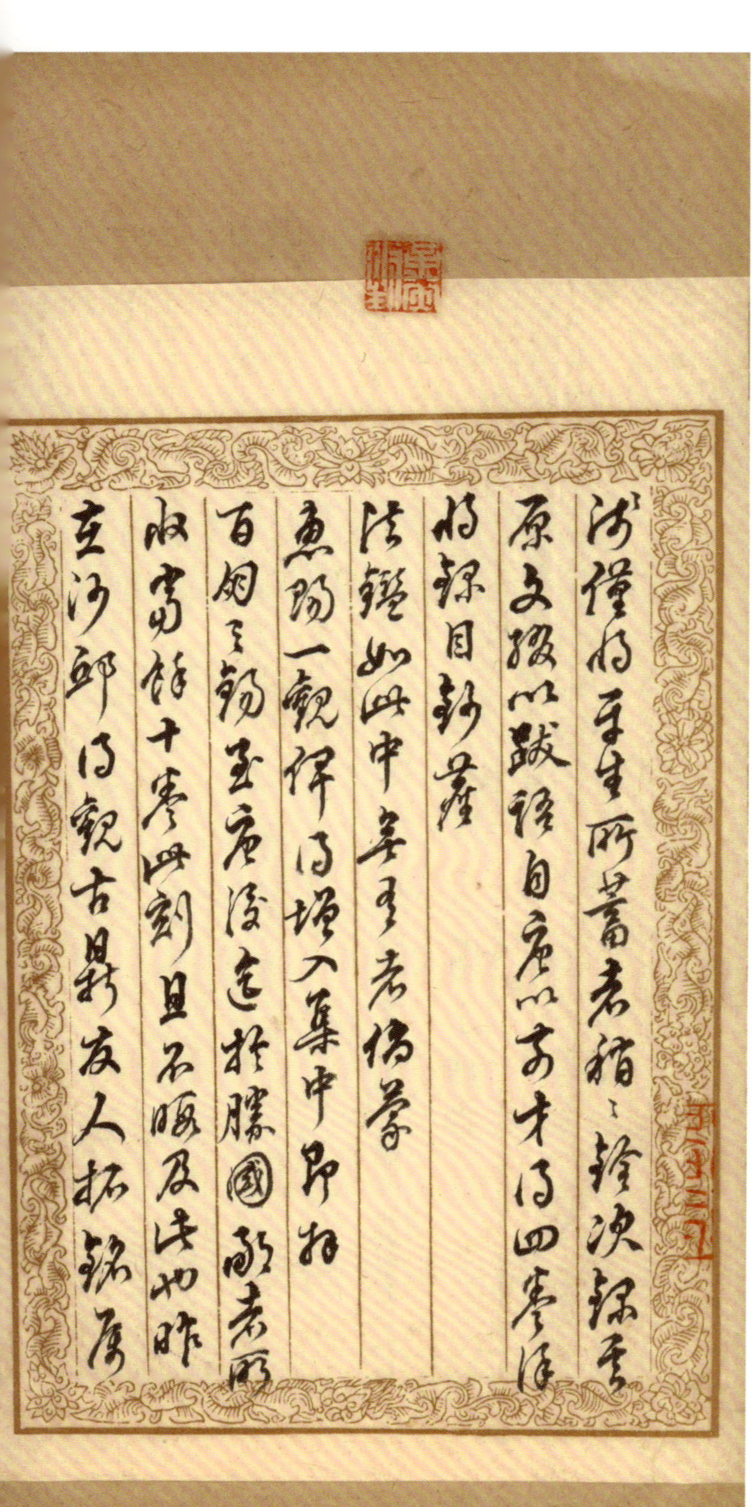

淺，僅將平生所蓄者稍稍詮次，録其原文，綴以跋語，自唐以前才得四卷，謹將録目鈔塵
法鑒，如此中無有者，倘蒙
惠賜一觀，俾得增入集中，即拜
百朋之錫。至唐後迄於勝國，鄙者所收當餘十卷，此刻且不暇及此也。昨在沙邱得觀古鼎，友人拓銘，屬

爲考釋，漫爲之説，然蠡測之見，正恐
臆斷非是，謹録，請
點正，詳爲指示。又《元守紀瑞碑》一
通，雙鈎其文，妄作跋語，一並附
呈，伏候鑒
教。此間距東不遠，音問當可常通。
弟未審
蜺旌常駐濟城，可許末吏數數問

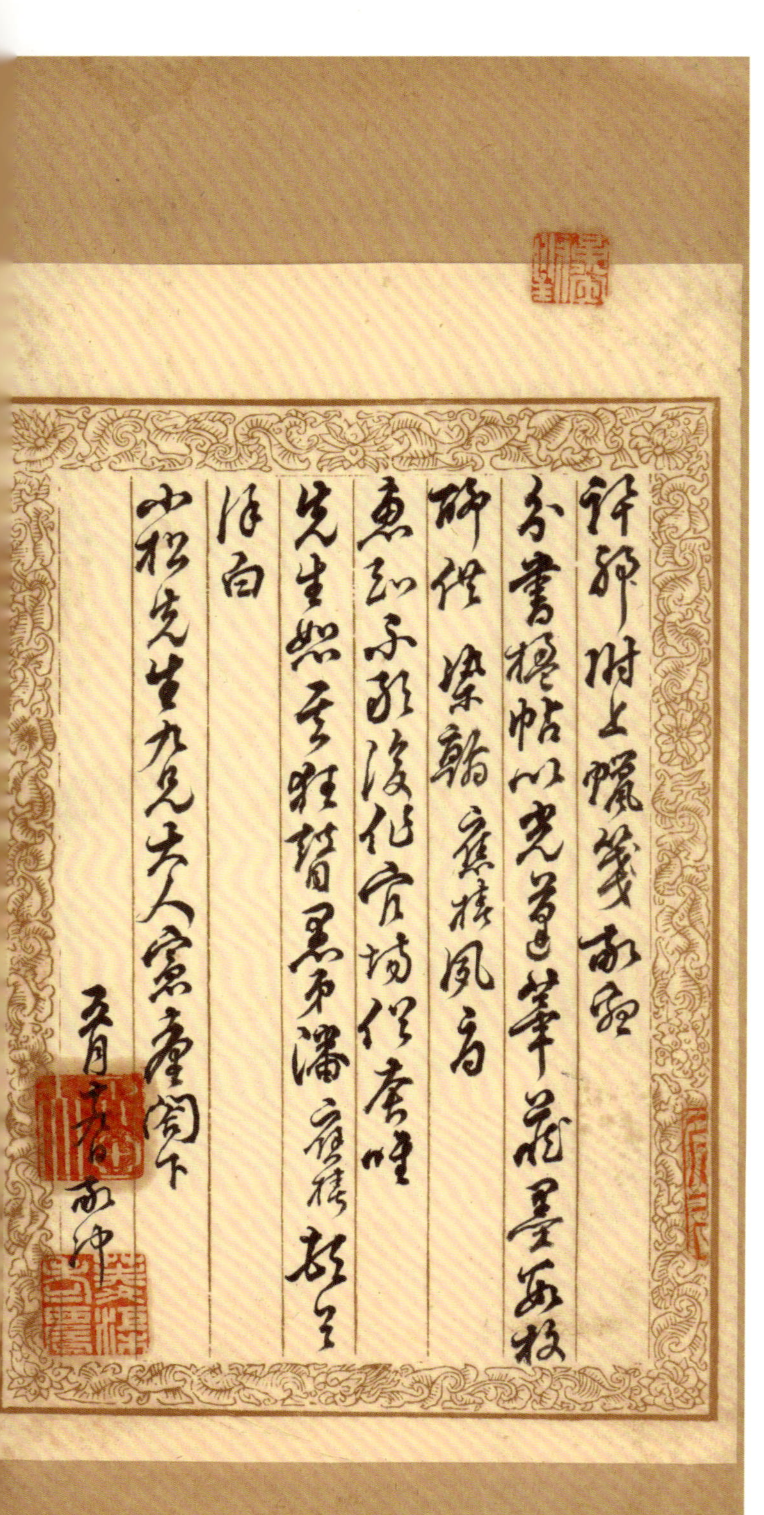

訊耶？附上蠟箋，敬懇
分書楹帖，以光蓬蓽。藏墨數枚，
聊供染翰。應椿夙辱
惠知，不敢復作官場俗套，唯
先生恕其狂瞽。愚弟潘應椿頓首
謹白
小松先生九兄大人憲臺閣下
五月十九日敬沖

【一八六】

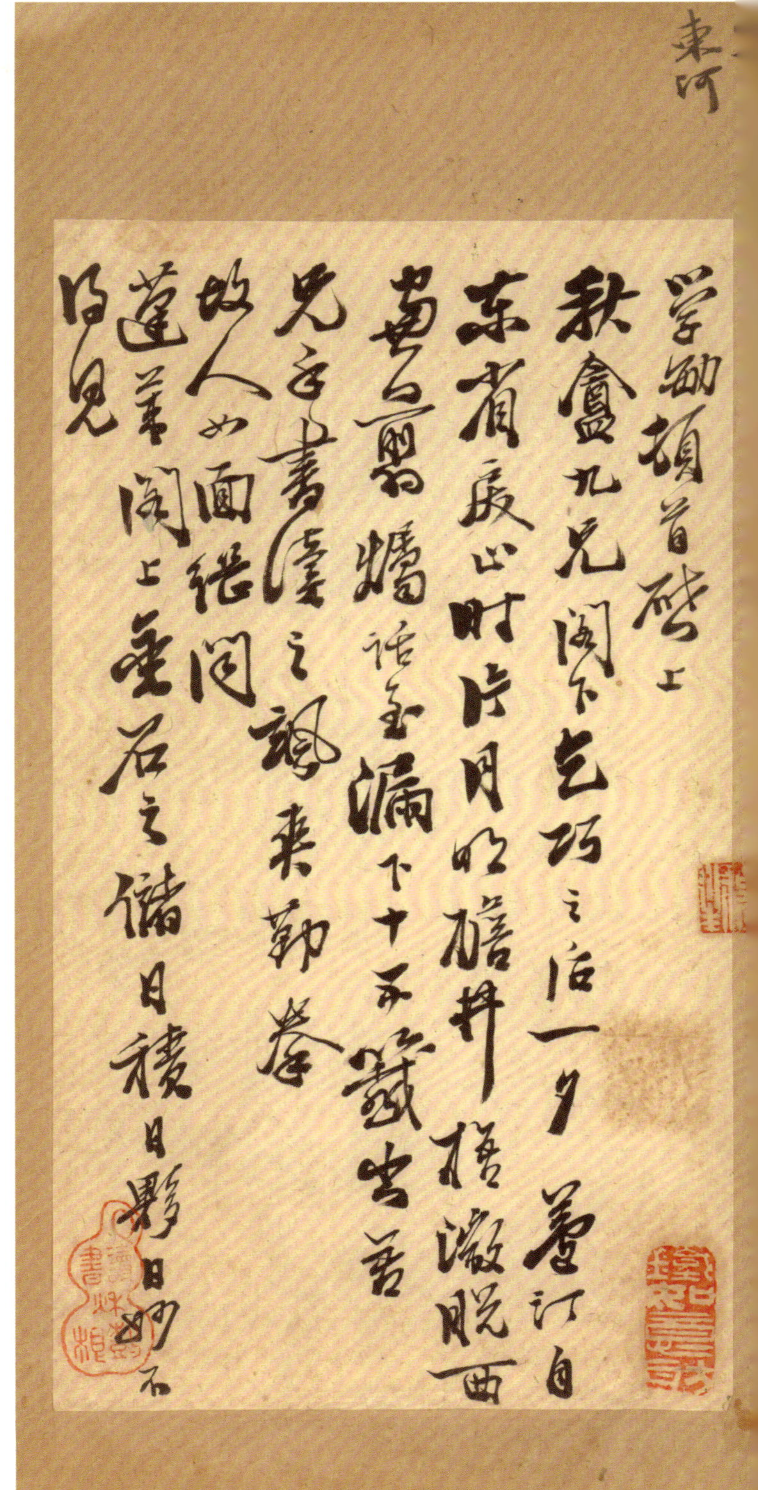

邱學敏致黄易札

學勄頓首啓上

秋盦九兄閣下：乞巧之後一夕，蘆汀自東省戾止，時片月明檐，井梧微脱，西窗翦燭，話至漏下。十五籤出吾兄手書，讀之颯爽勤拳，故人如面。繼聞蓬萊閣上金石之儲，日積日夥日妙，不得見

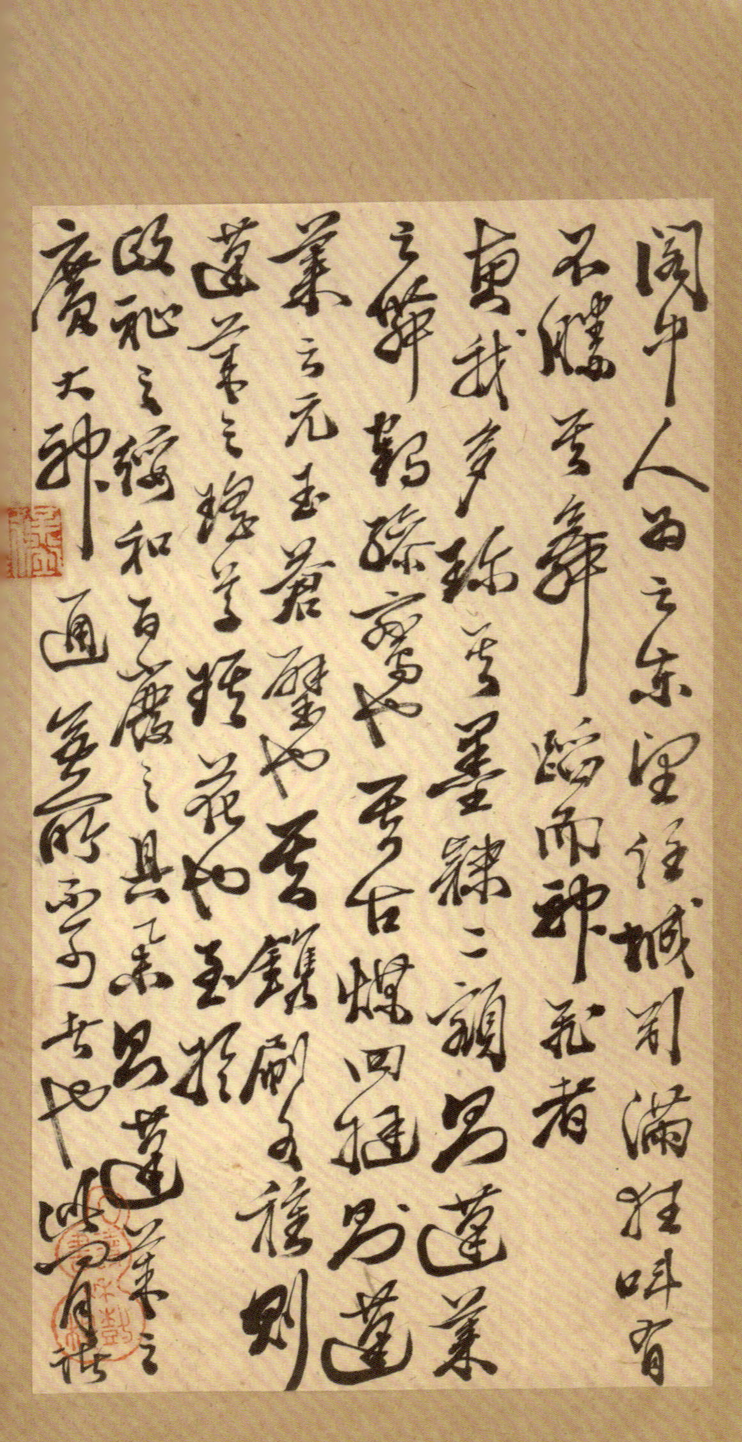

閣中人，爲之東望任城，引滿狂叫，有不勝其舞蹈而神飛者。

惠我多珍，其墨隸二額，則蓬萊之舞鶴驂鸞也；其古煤四挺，則蓬萊之元玉蒼璧也；其鎸刷各種，則蓬萊之瑶草琪花也；至於政祉之綏和，百廢之具舉，則蓬萊之廣大神通，無所不可者也。此間諸碑版，微吾兄言，僕亦蓄意久之。苦數月來馬頭續夢，驛舍傳餐，欲求數日之暇爲之捫苔剔蘚，迄無其會。此事定須親爲指點，不得概付之傭工下隸者，僕稍能撥忙，必有以報命也。蘆汀到濟南三閲月，虚橐而歸，才人所遇坎坷，對之長嘆。愧僕無大願力，惟體吾

〖三二四〗

兄關愛之心，爲之設法凑半百兩，耑人賫到濟州，聊解庚癸之厄，嗣此廣爲區畫，俾得挈眷南還，方了此願耳。府縣二志，先奉鄴架，龍眠《楞伽圖》尚未詢的，聞携之保陽求售，當徐圖之。便中得賜分書齋聯一對，大妙。藉候近祺，不戩。學勄載拜　　八月三日

沈啓震致黄易札之二

魯橋話别，黯然於懷，想
文駕歸途安好爲慰。愚於朔日
抵台莊，即日行出東境，晚間當泊
河清閘矣。舟次應酬頗雜，此後
可期清静。康公處已遣弁護行，一路

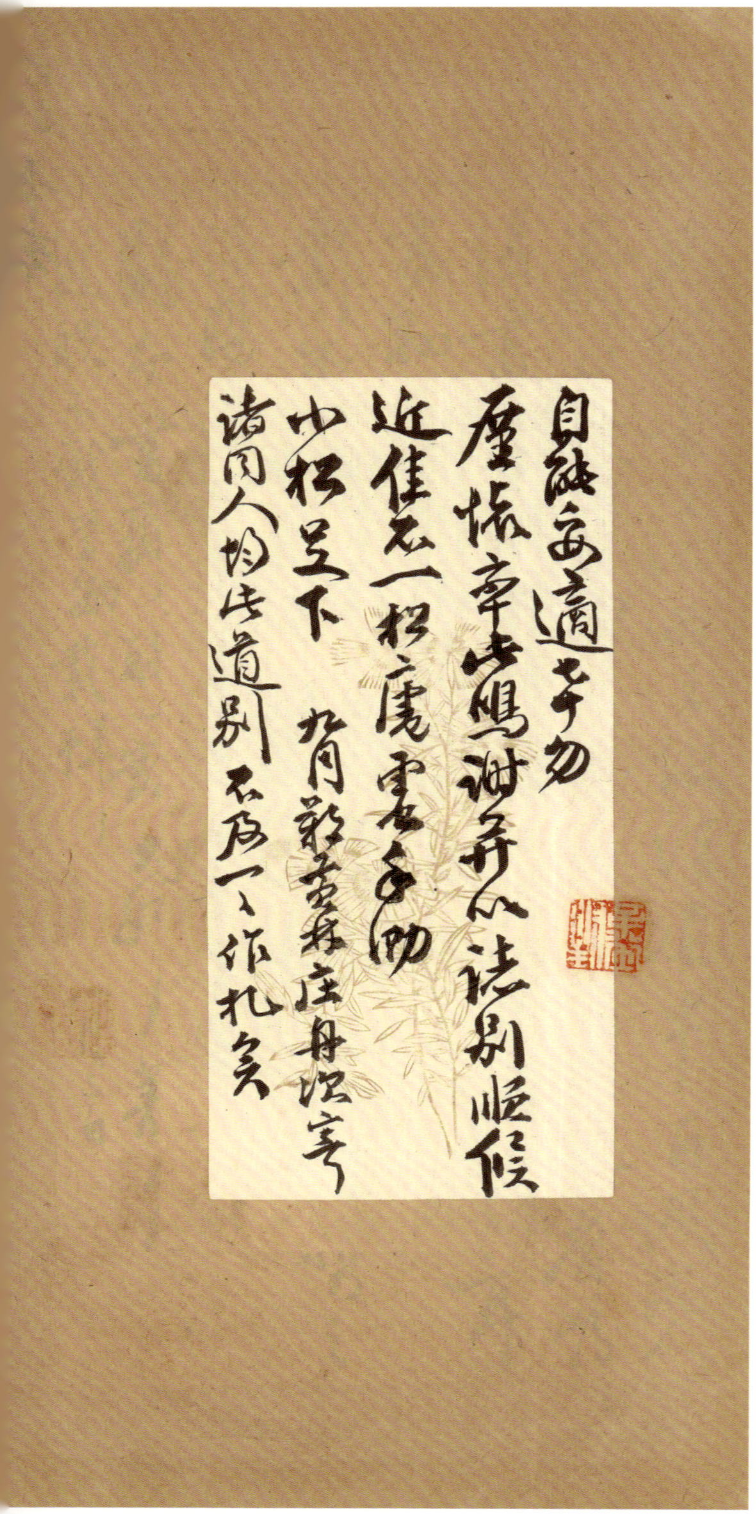

【二四四】

自能妥適，幸勿
廑懷。率此鳴謝，並以志别，順候
近佳，不一。松廬震手泐
小松足下　九月朔孟林莊舟次寄
諸同人，均此道别，不及一一作札矣。

▶ 歸朝煦致黃易札之二

在濟匝月，荷承
九哥大人朝夕過從，飲食教誨，殊深銘佩。臨別
匆匆，不能佇候
公旋，至今歉仄。小兒就姻，定荷
多方照拂，感也何如！弟於出閘後即赴德
護篆，昨得京信，知奏署摺內於弟名

旁奉

批：「此人可，其罪亦非私過。欽此。」著即寫補放

諭旨。時有以未便越補面奏者，

命將山東各府開單送進，弟得「蒙

恩補放曹州員缺」等語。伏思弟以佐雜下僚，漸

得進步，屢蒙

聖恩宥過簡用，寸心惶懼，益加悚惕。此後作吏，

竟有手足無措之虞，尚望
知好有以教我。至兒婦輩，須暫留任城，以
省跋涉盤費，望爲
諭知。耑此布謝，即候
陞祺，恭請
伯母太夫人懿安，不一。　寅愚弟歸朝煦頓首

【四二五】

伯扶 余孝廉

小松先生司馬閣下：廿年來竹君、覃溪、蘭泉諸老道説古學必推閣下，玉琴、蒓生、未谷、穉存、澗雲諸友輒爲鵬年言司馬之爲人。往者揚州翼短，不及群矣。嗣是閣下應官直省東省之交，年遊保定天澤間欲往見，未果。嗣是聞閣下移任兖豫交，年遊汴上欲往見，又未果。己酉道過江西，覃溪先生示所刊《漢石經殘字》，悉拓本來自書笥也。時鵬年將北上，江君子屏以蘇州書肆買得竹君先生印章一方來，上刻「笥河」字，四旁有銘，讀之知爲

◀ 余鵬年致黄易札

小松先生司馬閣下：廿年來竹君、覃溪、蘭泉諸老道説古學必推閣下，玉琴、蒓生、未谷、穉存、澗雲諸友輒爲鵬年言司馬之爲人。往者揚州翼短，不及群矣。嗣是閣下應官直省東省之交，年遊保定天澤間欲往見，未果。嗣是聞閣下移任兖豫交，年遊汴上欲往見，又未果。己酉道過江西，覃溪先生示所刊《漢石經殘字》，悉拓本來自書笥也。時鵬年將北上，江君子屏以蘇州書肆買得竹君先生印章一方來，上刻「笥河」字，四旁有銘，讀之知爲

閣下筆，即代送歸少白。此事
得子屏札否？子屏近替惠先生定宇續注《周易》，思力甚密，大可畏也。又丁
未客西湖上，記似申鐵蟾、鮑以文云
閣下於近今某處得某碑，即於其處啓屋立碑以遺天下後世，未審石
壁成乎否也？鵬年與
司馬廿餘年不一謀面，然有故心焉，兹距地裏糧耳，急切不得去。小春前
後當爲有賢必識之淳于髡也。《東原遺書》燕亭已代寄下，
君子之贈人也以學，如是如是。此啓謝，並問
時安，不一。壬子秋七月下澣鵬年頓首再拜

【四一六】

唐都統雨林

久阻披襟渴懷如織此間南糧至境
懋著賢勞可勝欽羨惟是荒城岑寂
空餘金石之音想
鑒古所存定能一一踐前諾如槐陰如幕知

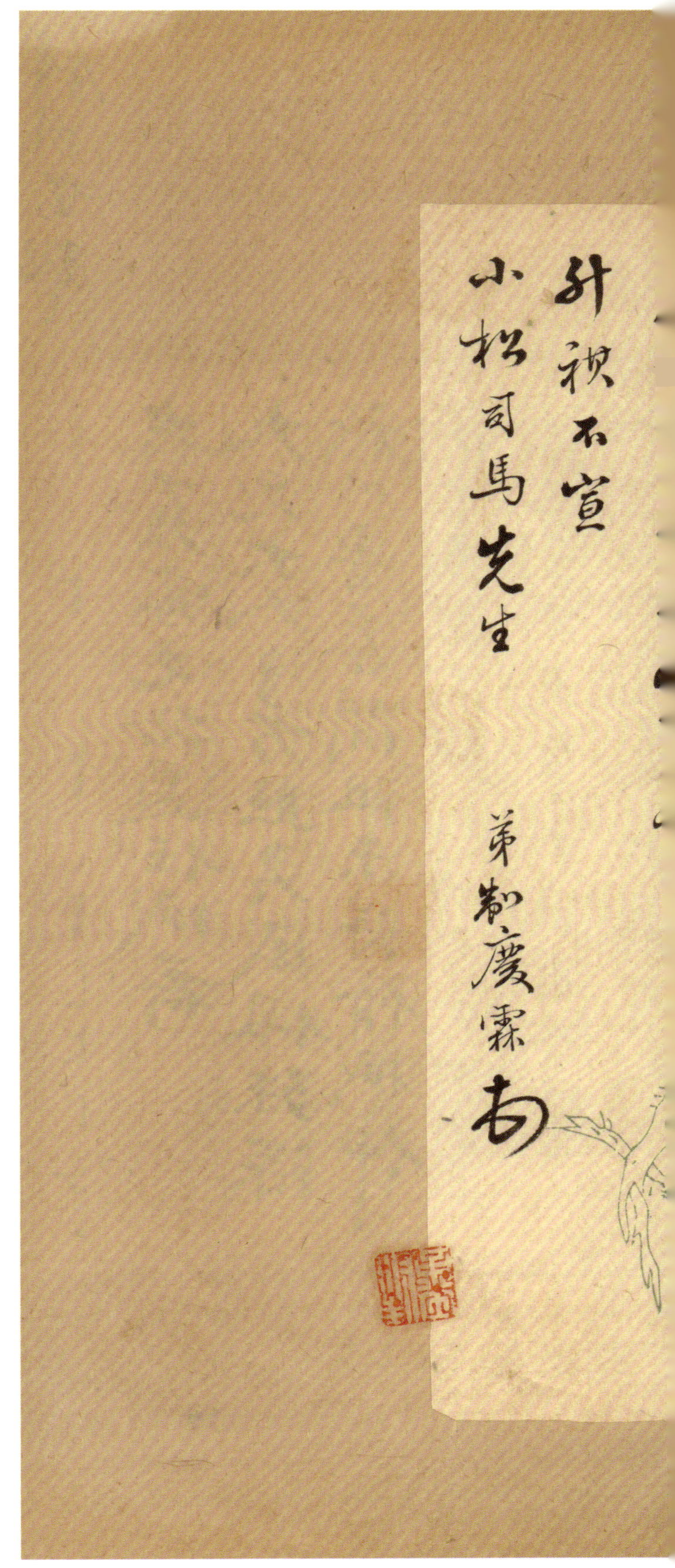

▶ 慶霖致黄易札之四

久阻披襟，渴懷如織，比聞南糧過境，懋著賢勞，可勝欣羡。惟是荒城岑寂，空餘金石之音，想鑒古所存定能一踐前諾也。槐陰如幕，知履候犕適，新咏可見示一二否？手此寄訊

升祺，不宣。

小松司馬先生　　弟制慶霖頓首

【三六五】

錢別駕牘

去夏家兄路過任城，荷
九兄大人多方照應，感佩殊深。
衹以魯秦間阻，未得修椷伸
謝，甚爲歉仄。然如弟之沈滯於
兹，諒
知己亦不見責矣。前有人從青

◀錢坫致黄易札之四

去夏家兄路過任城，荷
九兄大人多方照應，感佩殊深。
衹以魯秦間阻，未得修椷伸
謝，甚爲歉仄。然如弟之沈滯於
兹，諒
知己亦不見責矣。前有人從青

齊來，頗述
足下好古不券，日坐貞珉翠墨
之中，不勝艷羨！而弟則因舊
業多未收拾，辟迹左馮，兩載於兹，
所有馬遷《史記》、班氏《地里志》皆已
脱稿，凡駁證前人處幾萬餘
條，自問即不能爲班、馬功臣，亦不

致如張守節、顔籀等之徒，作二
氏蠡賊也。弟於地里之學向所致
詳，今則皆遵
本朝州縣爲準，山經水道，今古變遷，
無不備考。所惜者，漢時侯國尚
有幾處未能查悉，如今青州府諸城
縣有故侯國數十，今則僅得其七八，或

有便時，萬希
足下覓彼府志見寄，以憑再核，則
良友百朋之惠不是過焉。此間碑
石皆經前搜盡，兹於蒲城縣地方
得一唐刻，附呈以添
大架之一，何如？又所得周鼎拓文亦
上。順請

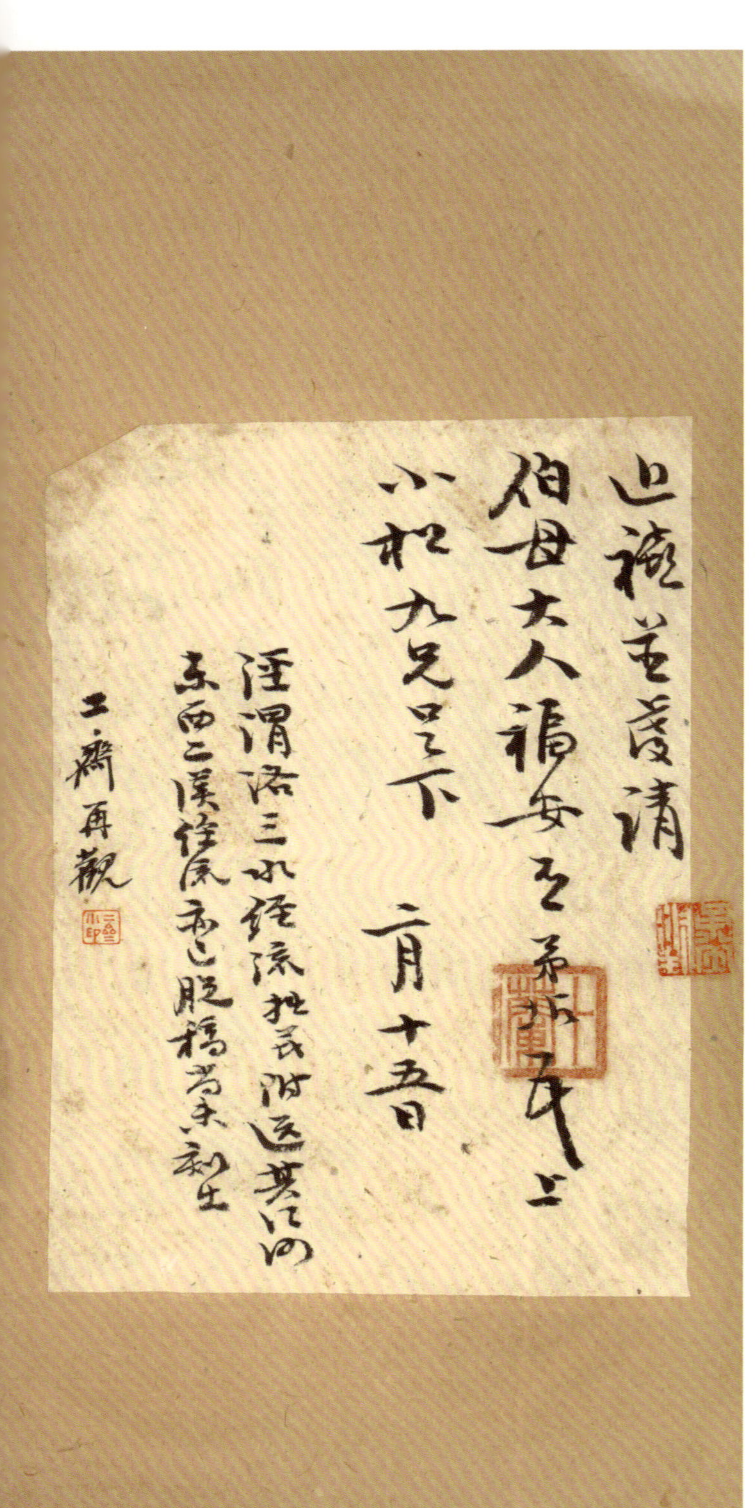

近禧，並虔請
伯母大人福安，不一。弟坫頓首上
小松九兄足下
二月十五日
《涇渭洛三水經流》拙著附送，其《江河東西二溪經流》亦已脱稿，尚未刻出。
二齋再觀。

【二〇五】

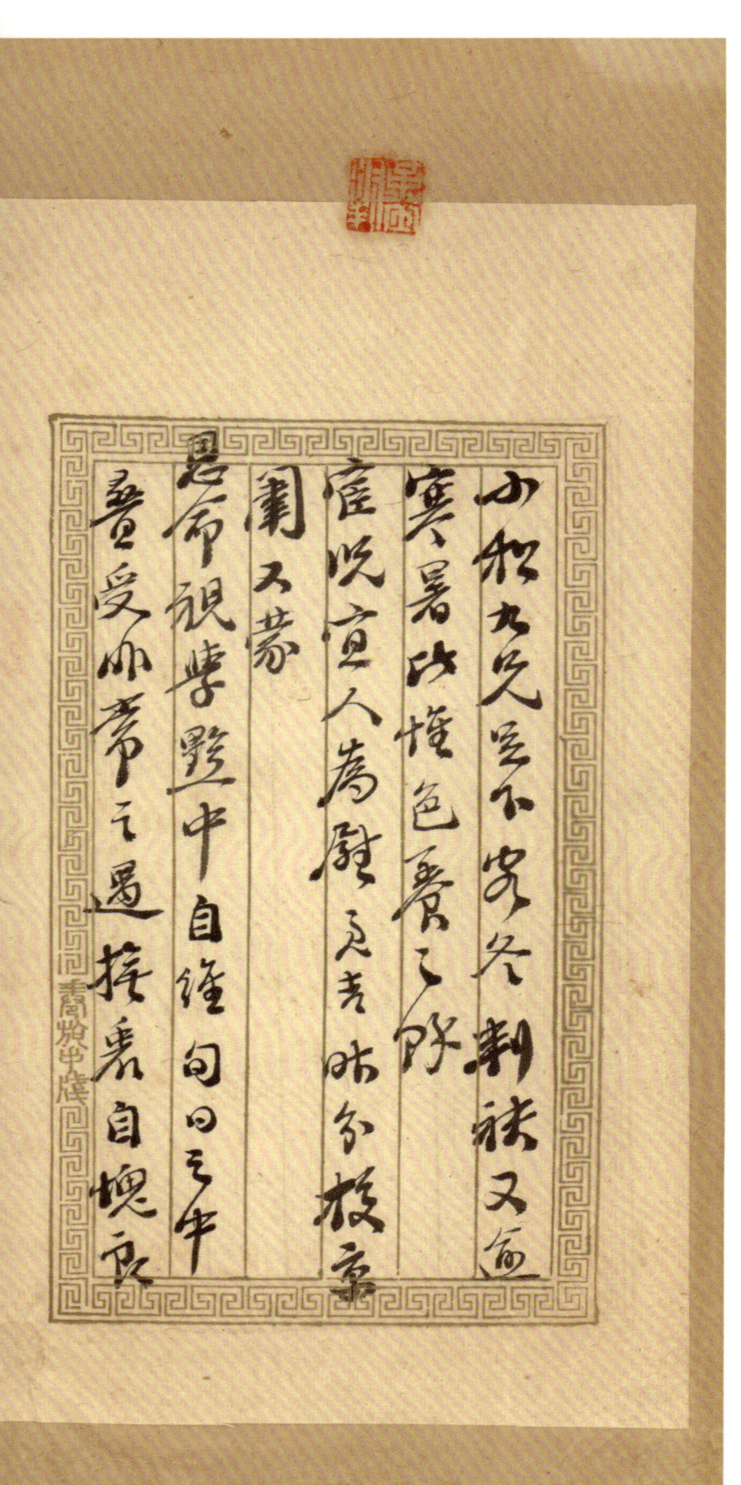

◀ 洪亮吉致黄易札之三

小松九兄足下：客冬判袂又逾寒暑，比惟色養之餘，宦況宜人爲慰。亮吉昨分校京闈，又蒙恩命視學黔中，自維旬日之中疊受非常之遇，撫衷自愧，良

懼勿勝，愛我如
足下將何以教其不及耶？現定
於九月杪起身。敝友金明經畹芳，
人品學殖
足下所知也，而性情之温粹，萬
愛友朋，又實輩流中所少。今

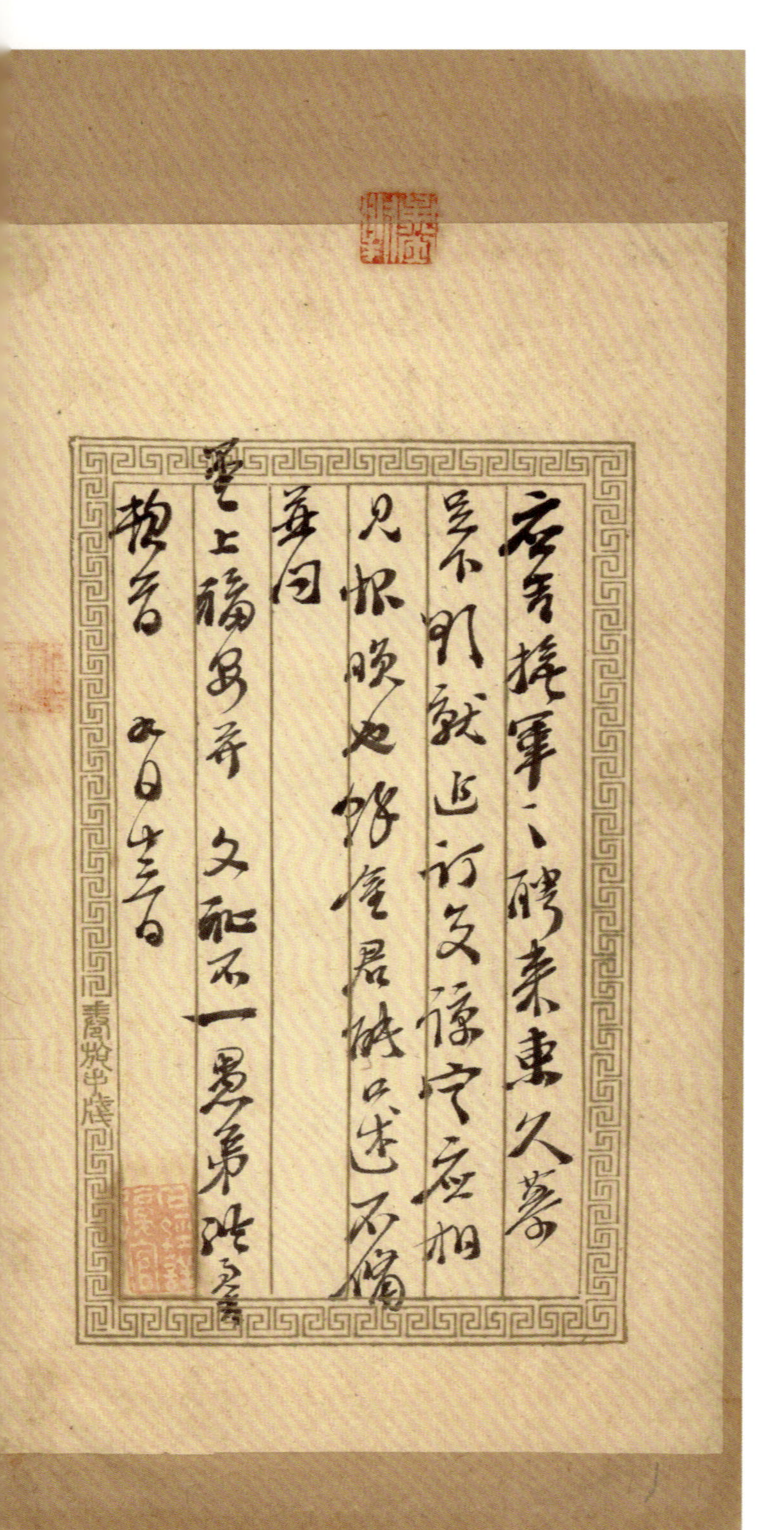

應吉撫軍之聘來東，久慕
足下，欲就近訂交，諒定應相
見恨晚也。餘金君能口述，不備。
並問
堂上福安，並文祉，不一。愚弟洪亮吉
頓首　九月十三日

〔三一〇〕

懷玉頓首
秋盦九兄司馬閣下
日前良覿快遂積
誠既飫
佳庖復窺
秘笈吉金貞石嗟眼福之難消醇酒
名花詡行裝之不薄

▶ 趙懷玉致黄易札之二

懷玉頓首，
秋盦九兄司馬閣下：日前良覿，快遂積
誠，既飫
佳庖，復窺
秘笈。吉金貞石，嗟眼福之難消；醇酒
名花，詡行裝之不薄。

勤拳之誼，感慰何如！比唯
侍奉萬福，潭署集禧爲頌。弟别
後托賴𢪛遺，廿一日過柳林閘，遇
芝田觀察來舟，磐桓竟日，始各解
纜。此後爲江西布政重船所阻，未免
待閘稽遲，刻下方抵聊攝。回首

高齋，深於夢想也。舟中得詩二章，
聊志雅集，録求
教和。其《探碑圖》容當續寄。所懇
分書便面、鐵筆小印，
公餘幸即爲之。覃谿使者《武梁祠
象記》已拓得否？又州學中碑之著

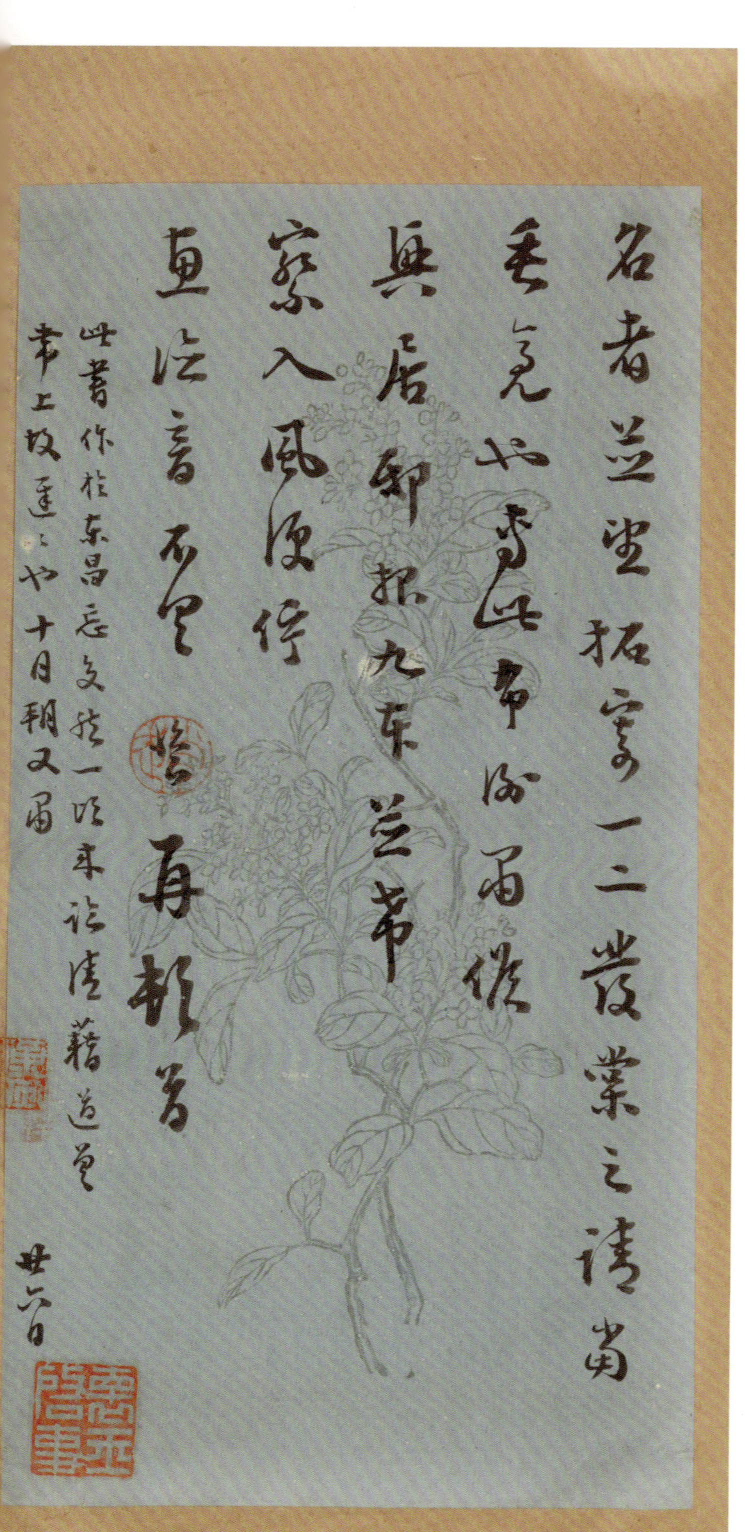

名者並望拓寄一二。發棠之請，當
垂亮也。專此布謝，肅候
興居，《邸報》九本，並希
察入。風便伫
惠德音，不具。　懷玉再頓首
　此書作於東昌，忘交。然一頃來臨清藉道曾
帶上，故遲遲也。十月朔又肅。
　　　　　　　　　　　　　　　　　　廿六日

〔四二一〕

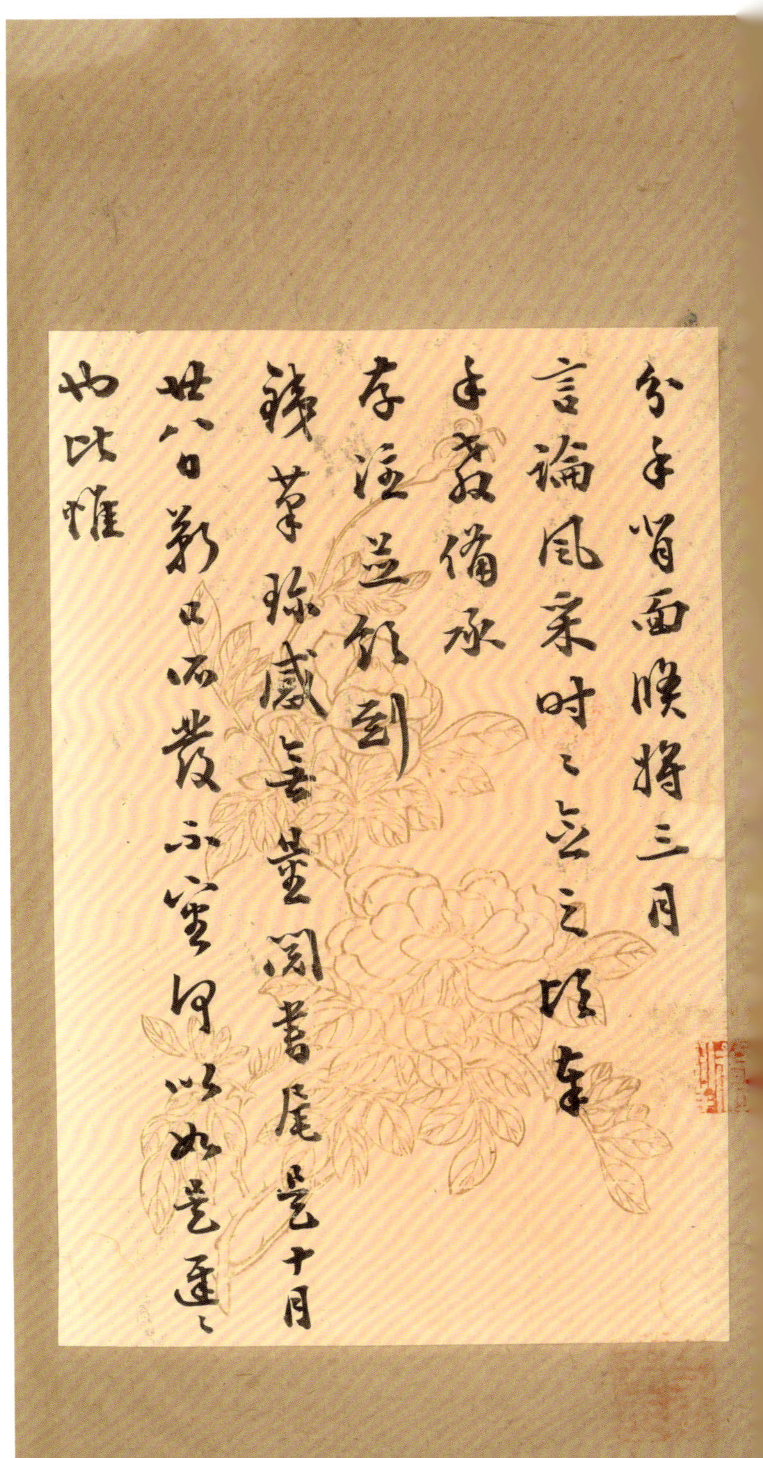

趙懷玉致黃易札之三

分手背面，倐將三月，
言論風采，時時念之。頃奉
手教，備承
存注，並領到
鐵筆，珍感無量。閱書尾，是十月
廿八日蘄口所發，不審何以如是遲遲
也？比惟

九兄侍奉多福，宣防奏績，茂著賢勞。自公之餘，復多不朽之業，羨何如也！弟以水程稽滯，行次津門已值河凍，捨舟遵陸，勞費倍增。現在雖已投供，尚未入直，長安珠桂，頗苦支持，略無善狀可告。雲莊托銷諸件，深感

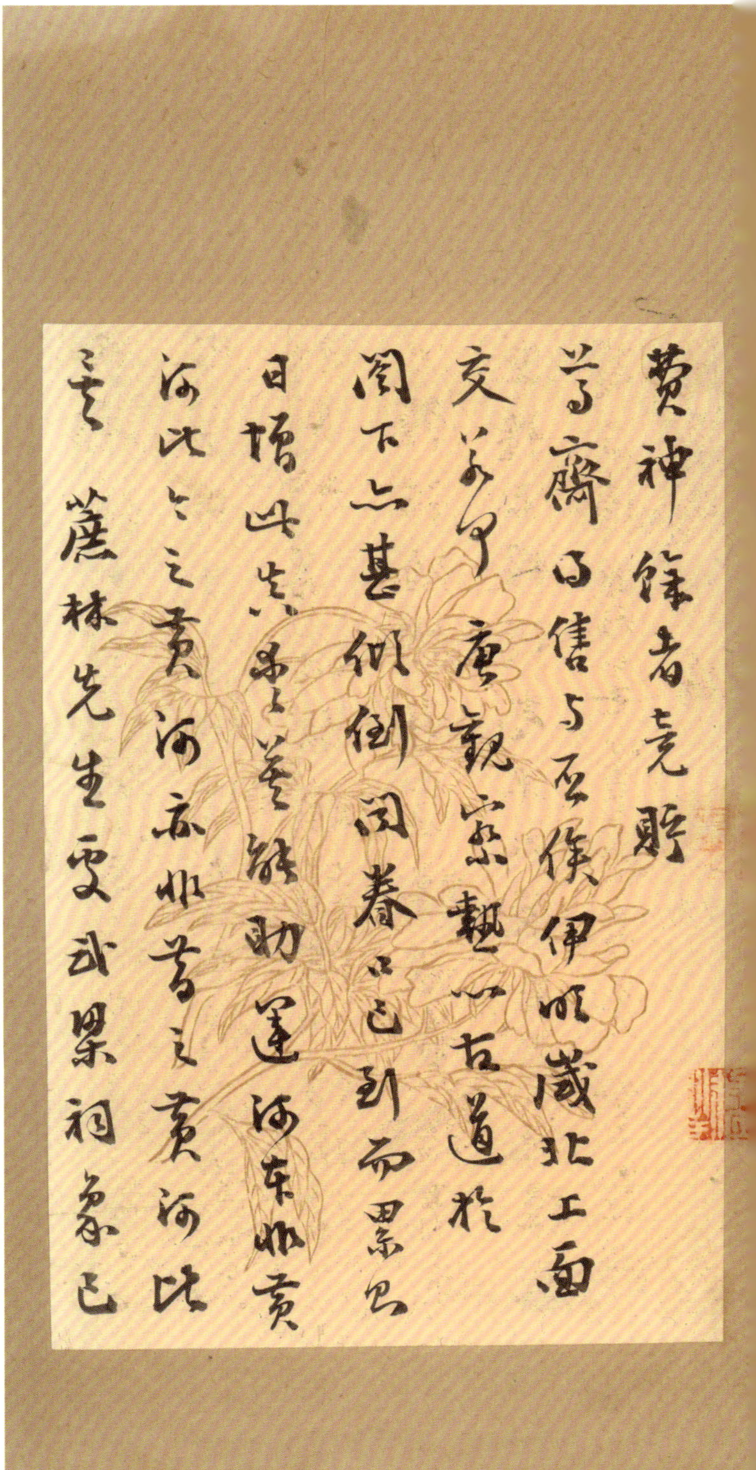

費神，餘者竟貯尊齋，得售與否？侯伊明歲北上面交，若何？唐觀察熱心古道，於閣下亦甚傾倒，聞春口已到，而累則日增，此真愛莫能助。運河本非黄河比，今之黄河亦非昔之黄河比矣。蕉林先生處《武梁祠象》已

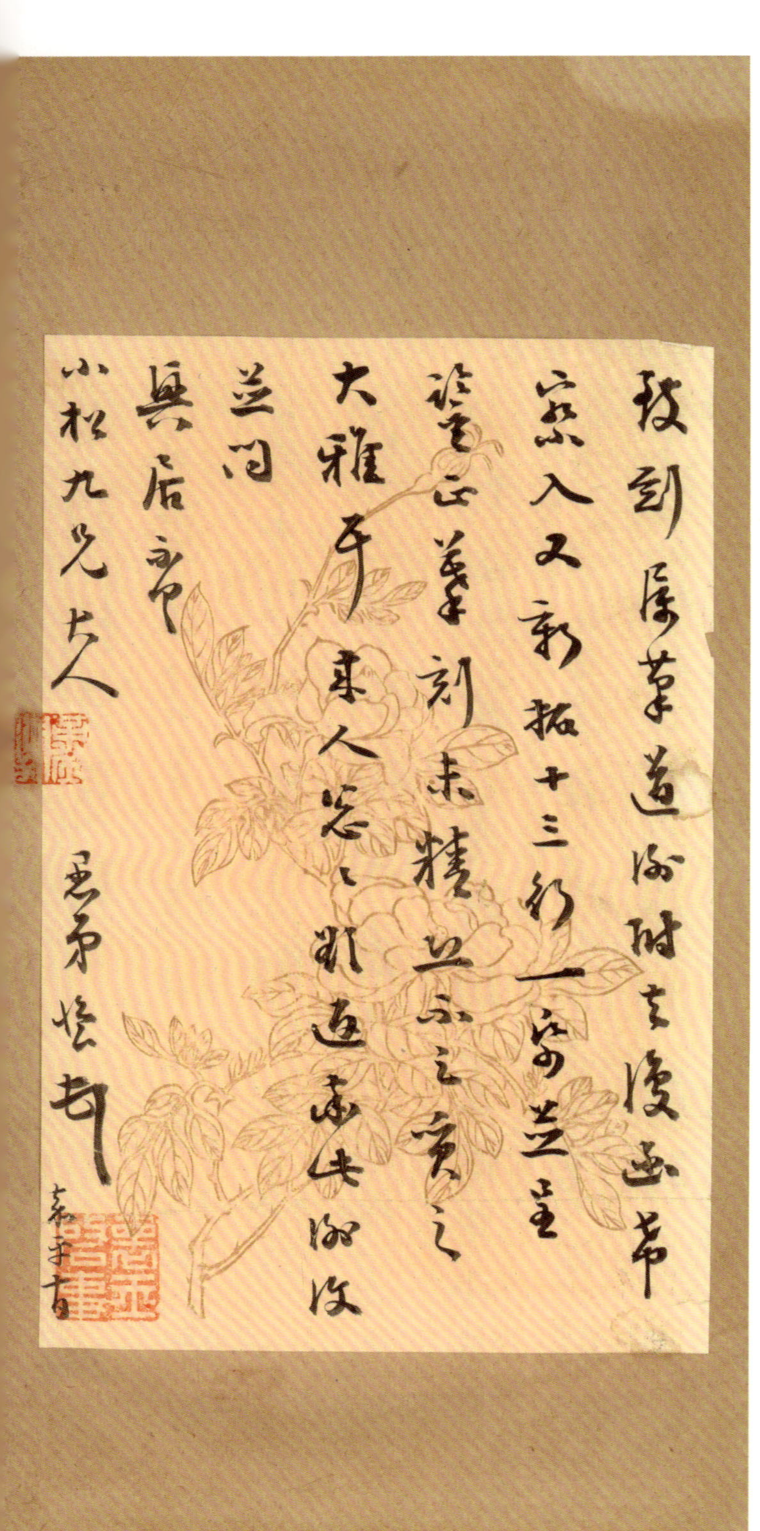

【四二一】

致到，屬筆道謝，附去復函，希
察入。又新拓《十三行》一紙，並呈
鑒正，摹刻未精，恐不足質之
大雅耳。來人匆匆欲返，率此謝復，
並問
興居，不具。
小松九兄大人　　愚弟懷玉頓首　嘉平十日

魏成憲致黃易札之六

小松九兄大人閣下：臘八前二日接讀
手械，欣惟
侍奉萬福，
政履一一順暢，並悉春中奉寄詩函已塵
記室，雖時書問，不解闊懷。青齋先生歸林之日
滿擬彈冠志慶，竟虛鄙望，然此席非
公莫屬，定可旦夕期也。大世兄舞勺之年，英英
露爽，指日霄闢，拭目以俟。若嘉禮早成，
一堂四葉，喜氣春長，洵爲快事。容專札蘭公妥

商也。弟於小春十日已得一索之男，景升豚犬，差可解嘲耳。漢碑二種，古香可愛，遵諭即致伊墨卿，墨卿囑謝，並云承索閩中碑，公車帶至，當續奉上。眉峰直務甚忙，囑筆致聲。淵如處大會知名士又一年矣，清輝在望，我懷如何？附上《肅府淳化閣帖》一部，湖筆十枝，聊以伴函，乞笑存之。專候升安，伏惟朗照，臨穎神依。愚弟魏成憲頓首　嘉平十日

〔二一八〕

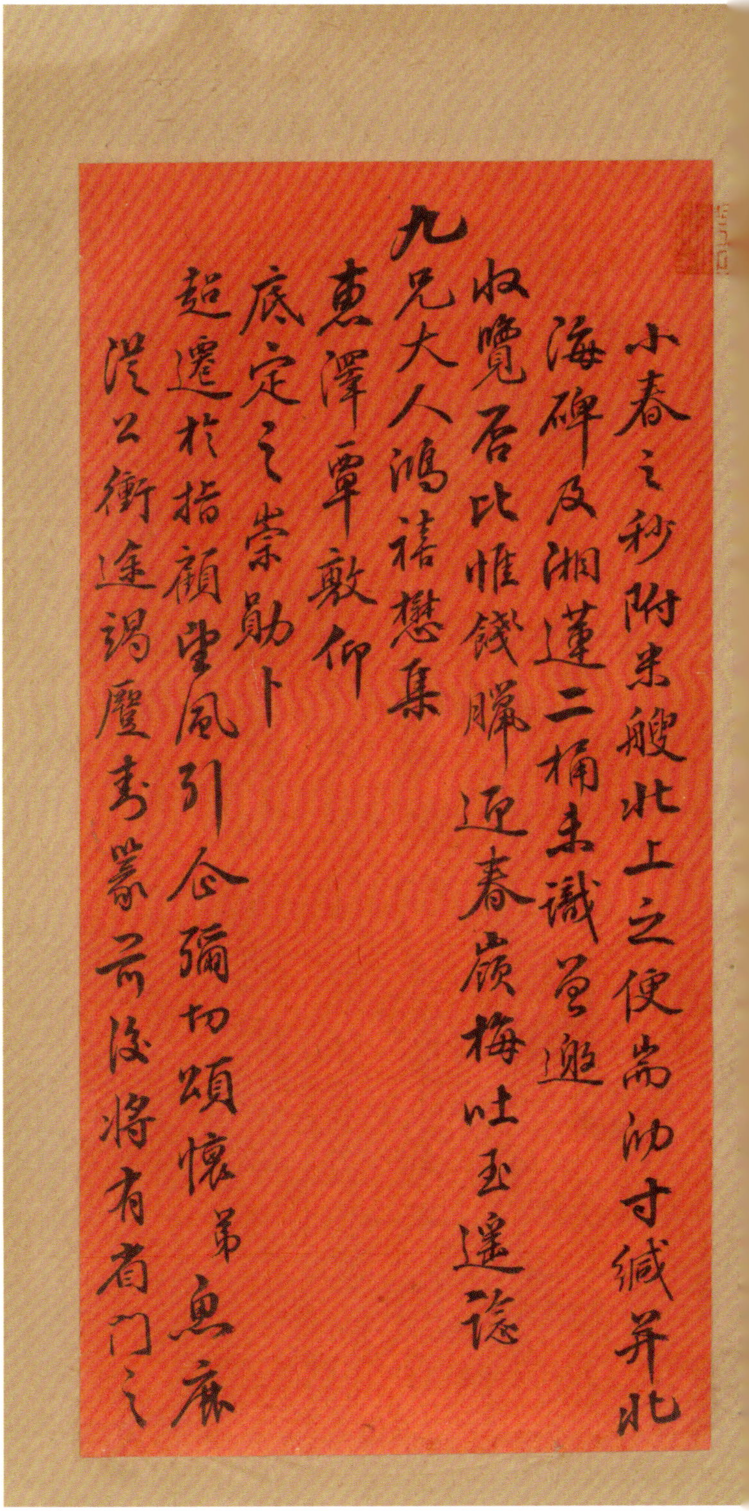

方維祺致黃易札

小春之杪，附米艘北上之便，耑泐寸緘並《北
海碑》及湘蓮二桶，未識曾邀
收覽否？比惟餞臘迎春，嶺梅吐玉，遥諗
九兄大人鴻禧懋集，
惠澤覃敷，仰
底定之崇勛，卜
超遷於指顧，望風引企，彌切頌懷。弟魚鹿
從公，衝途竭蹷，封篆前後將有省門之

行，倥偬靡暇，慚無善狀以告
知己。前承
屬拓《黔安銅柱碑》，兹已拓就附
呈，希爲
照入。再，弟因内子染疾，纏綿未愈，需用阿膠，楚
南絶無佳者，敢懇
九哥大人代覓道地真阿膠四五觔，遇有妥便，
附寄來南，該價若干，

示知奉趙，務望
留神，是所禱切。耑此泐候
升綏，並請
老伯母大人福安，
九嫂夫人閫祉，如嫂暨賢姪均禔，憑穎依馳，
不盡。

愚弟方維祺頓首

〔三五七〕

古歡第十一册

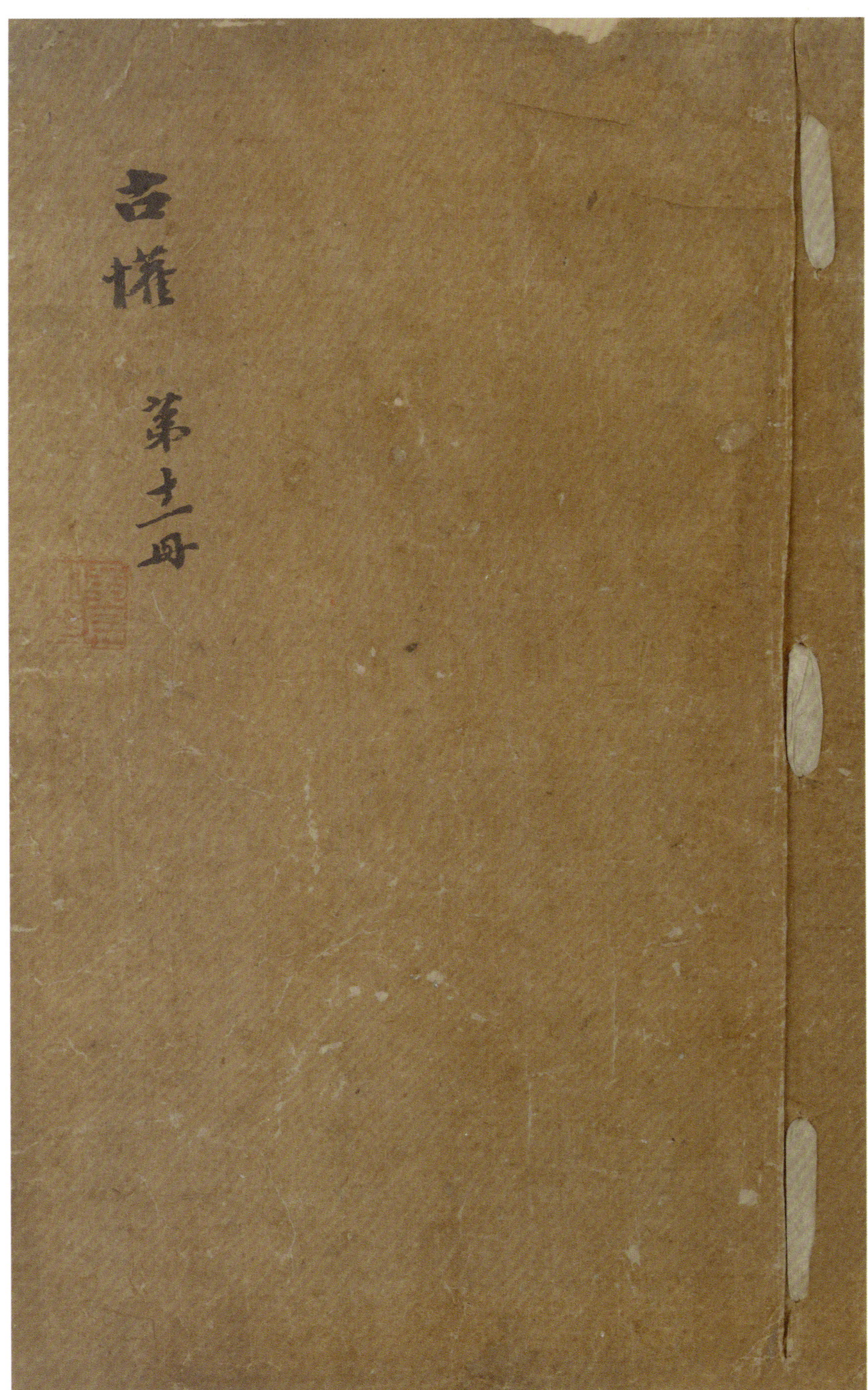
古懽
第十一册

袁秉鈞致黃易札

月初過濟，荷承

九兄大人愛我情深，飲食教誨，殷殷摯誼，有非筆墨所能罄述者，惟有銘諸心版而已。抵省後始則酬應碌碌，繼又爲案牘所牽，兩旬來未得肅謝，尤切歉如。近稔

大憲北堂稱嘏，寅好遠集，

高齋多盍簪之樂，不無酬酢紛如否？弟到此，居停之禮貌情意頗隆，恐不能副其望。且月杪有春明之役，衝寒北指，尤爲衰朽所畏也。頃有貴同鄉陳公名玢者將欲南歸，擬小春初十邊自省起身，至濟寧坐船回去，未審此時濟上尚有尖頭船

否？倘能雇覓，望
九兄遣役代雇一船，渠十四五到濟，由水路
回杭。設一時無船，務望星即
示知，以便定長行車輛。瑣事奉瀆，希鑒之。
天氣漸寒，昕夕珍重，此候不宣。
小松九兄大人　　　　愚弟袁秉鈞頓首

〖五七四〗

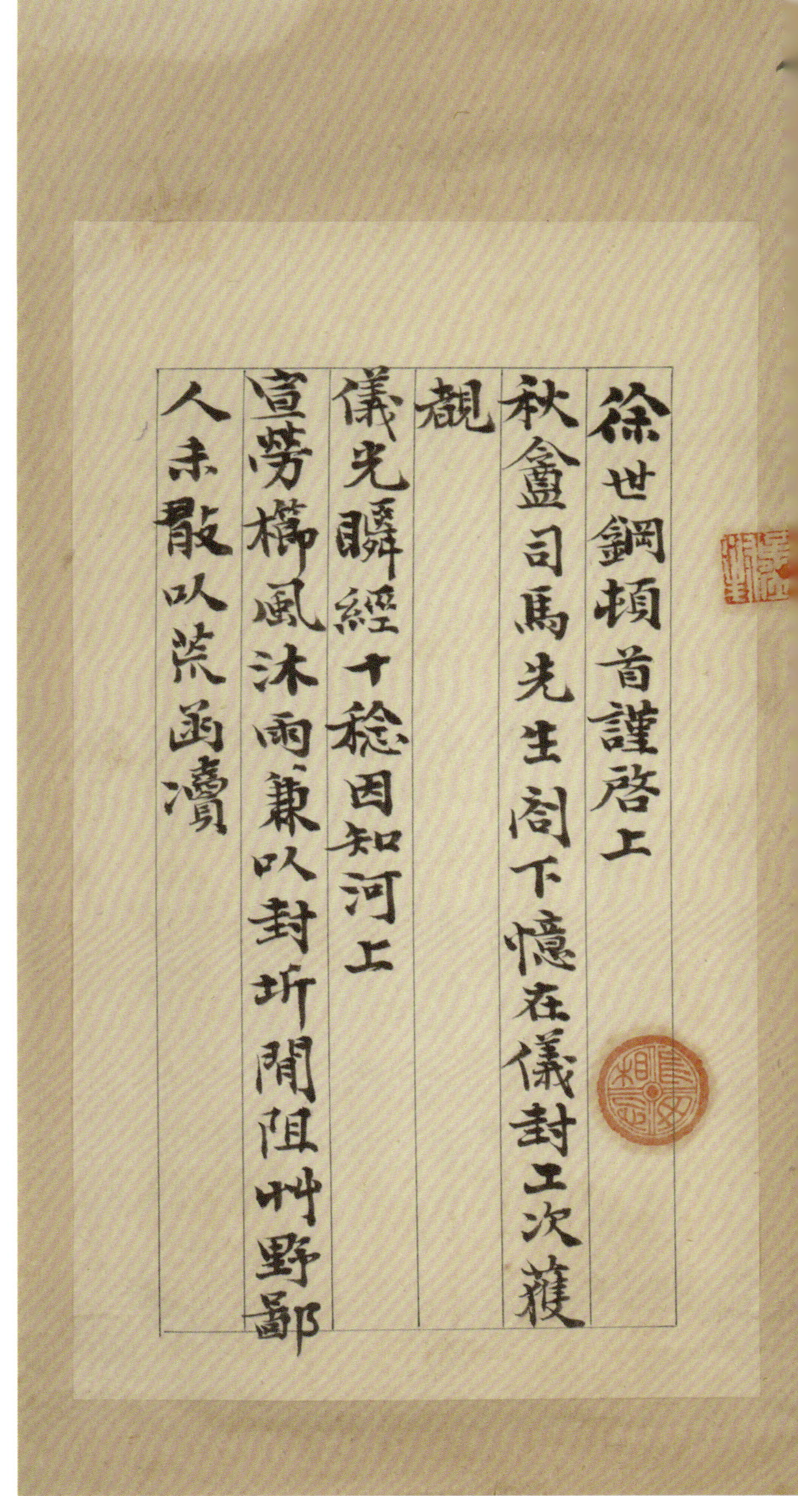
徐世鋼頓首謹啓上
秋盦司馬先生閤下憶在儀封工次獲
覯
儀光瞬經十稔因知河上
宣勞櫛風沐雨兼以封圻間阻草野鄙
人未敢以荒函瀆

► 徐世鋼致黄易札

徐世鋼頓首謹啓，上
秋盦司馬先生閣下：憶在儀封工次獲
睹
儀光，瞬經十稔，因知河上
宣勞，櫛風沐雨，兼以封圻間阻，草野鄙
人未敢以荒函瀆

聽。今夏四月爲秋塍羅致幕下，枌榆
投契，相得甚歡。每議金石篆隸，推
閣下爲海内圭臬，惟以不獲追隨
几席爲憾。荷知己轉索舊逋，更荷
閣下於百忙中償其夙願。澹遠秋林，妙
在有意無意之間，求之當代，僅有絶

無，眼界一寬，得療夙癖，拜
德良多矣，謝謝！弟嗜痂不厭，尚欲求
篆聯以奉
金針，未識能
俯如所請否？悠悠我思，與書俱去。鋼
載拜，九月二十日謹狀。

【三六六】

陸奎致黃易札

教小弟陸奎頓首載拜，上
秋盦九哥大人閣下：夏秋兩詣
尊齋，琳瑯滿目，覺戀戀不欲返，而浣筆泉
及鐵橋處又得追隨，盡遊觀之樂，幸矣
哉！奎於中秋後四日抵淮，晤楚香，即以快事
告之，楚香羨甚。
尊札即經轉致。竹溪先生向藏張文敏臨
松雪《千文》，奎近得之，奈缺前數頁，恨極！恨極！
屬覓山夫、亟齋兩先生遺韻，詢諸淮上友，僉
云後人凋落，凡家藏物盡爲烏有，亦足慨
焉。承
鐫名號圖章，淮南諸友無不嘆絶，從來好
物不須多，緣遇大幅及額上，尚無一可以合用
者，故不揣瑣瀆，已由介亭處呈上青田
石一方，屬其轉懇，諒已邀
鑒及。至所擬「東武陸郎」四字，亦非必定，尚乞
裁之爲幸。惟無厭之求，不安殊甚。奎旋淮後
無可告
慰，惟官閣清閑，主客冲洽，如行脚僧掛
擔聽梆喫飯，日相安於無事而已。倘年前
可以言旋，猶可慰老母倚門之望。此間雨
澤應時，江浙秋收俱稔，不識東省如何？湖河蓄
水如何？此時挑工集事，想
酌籌一切，倍著
賢勞。
潭履故佳，定符心祝。肅候
祺安，伏惟
清照。奎載拜

【三九六】

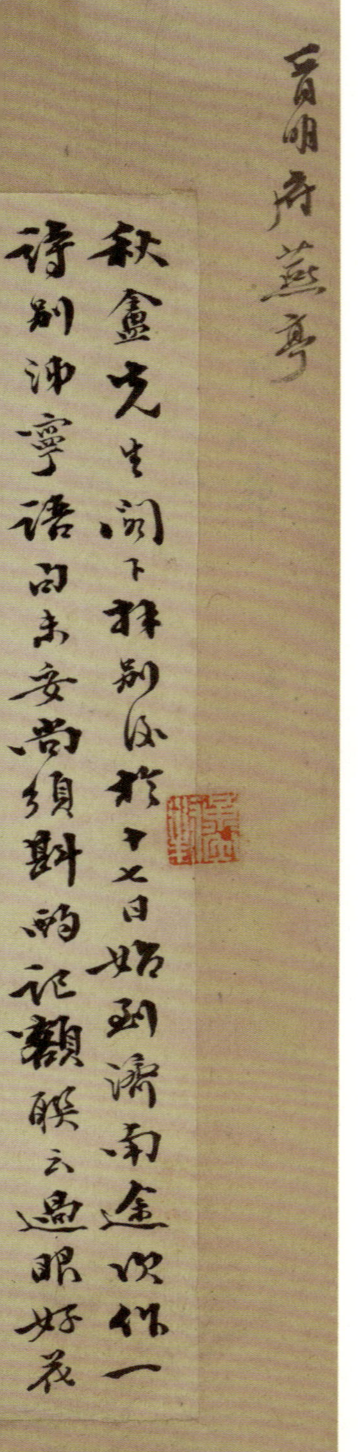
胥明府燕亭

秋盦先生閣下拜别後於十七日始到濟南途次作一
詩别濟寧語句未妥尚須斟酌記額聯云過眼好花

【四二八】

◀ 胥繩武致黃易札之一

秋盦先生閣下：拜别後於十七日始到濟南，途次作一詩别濟寧，語句未妥，尚須斟酌，記額聯云「過眼好花都似夢，關心名士獨銷魂」，對句即謂閣下也。一年來飲食教誨至詣，隆情有逾骨肉，鐫銘心版，歷劫難忘，一旦遠違光霽，能不依依？武日來裙屐詩酒之會頗費酬應，聞東昌試期將近，或有閲卷之行。前到謙山觀察署，值其他出，《武梁祠記》留於沈友湘葵轉交。謙山回時，武未再往，止於雨窗都轉席間匆匆數語，意欲邀武移寓衙齋，武應之而未決。虛谷聞在省，尚未見面，不知寓何處也？未谷未來，竹虛屢見拈花公案艷傳鹺署，其他好事者亦皆聞知，呵呵。徐五易名得禄，較前斌媚，昨見之，竟不相識矣。新來雌蝶無可寓目，場上撲朔輩皆緑暗紅稀之候，大非紅綬帶與白蓮花比，謹並奉聞一笑。鐵橋、梅村諸君晤時望爲致意。此問邇安，不具。壬子十月廿三日，繩武頓首拜上

心收唐扨雜忘一旦遠遠
光霽殊不依依式日來得讀詩語之會頓覺胸之應閒
東君試期將近式有閱卷之行前到讀山觀察署住
其他均式棐祠記留於沈友湘蓀轉交讀山回時式未
再往止於兩家都轉席間匆匆數語無從既式移寓
稿齋式應之而未決素否聞在省尚未見面不知寓何
處也未否未來此君屢見指蔬之葉艷傳醵署其他
好事者亦皆聞知此之餘互易名以祿穀前斌媚昨見
之竟不相識無影來雖堞笑可寓目場上樸詞筆皆
綠暗紅稀之候大非紅綬帶紅蓮花比讀等奉
聞一笑餘橋梅村讀書所附望為致意此問
近安不一　壬子十月廿六　緩武頓首拜上

胥繩武致黄易札之二

小松先生閣下：：月之四日得讀
手書，次日即肅函奉復，此時諒久呈
清照。昨在鹺署，觀
閣下寄小香、竹虚兩信，想見公務匆忙中雅懷如舊，慰甚慰甚。
東昌屬試期已過，祇堂邑一處都轉，勸令不必前往。謙山觀察
爲訂定濟南郡縣，而兩公又欲武主德州書院，武已應之。維與
觀察談及，知欲於明歲重纂《律例圖説》一書，又欲留武襄事。
武思主講授讀均非久計，竟欲同成此書，藉以究法家之言，
或可爲後半世糊口具。如學之不成，不堪問世，而其書發行較易，
且分稍利，再作後圖未晚。昨筮得革之豐（五爻動），似改業爲是，愛我如
閣下其以爲何如？其可耶？否耶？附上新出蘇刻二張，云是覃谿
先生覓得，未知覃谿已先分寄否？周山茨先生前囑武代求
《小蓬萊閣金石文字》刻本，便中祈寄與一本。武帶來《吴會
英才集》下部，復爲小薌借去，伊閲畢當奉上也。此問
邇祉暨　　鐵橋、梅村諸公祈代致意。
閤潭清吉，不具。仲冬廿日辰刻，繩武頓首

【四二九】

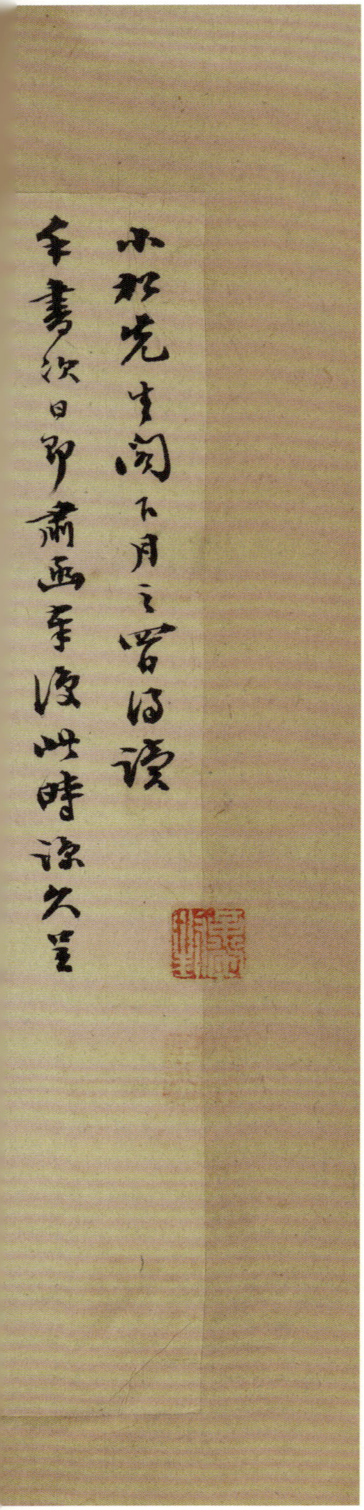

東昌房試期已過，祇堂邑一處。都轉勸令不必前往，理山觀察
屬訂定濟南郡試，而兩次又欲武至德州書院，武已應之。繼而
觀察談及知欲將明歲重纂律例圖說一書，又欲留武襄事。
武思至講授讀均非久計，竟欲因此書藉以究法家之言。
武本為此半世餬口具，如學之不成，不堪問世，而其書發行較易，
且於精利再作此圖未晚。昨蒙浮萍之費（五文勸），似改業為是，憂我如
閣下其以為何如，其可耶否耶。附上新出蘋刻二張，云是覃谿
先生手跡，未知覃谿已先寄否。閩山黃先生前，嗺武代求
小蓬萊閣金石文字刻本，便中祈寄兩一本，武帶來，要合
英才集下部復為小薌借去，伊閱畢當奉上也。此肅
並祇頌
欽摘梅村詩可行代校云云
閣潭請安不一　仲冬廿日辰刻侃武首

胥繩武致黄易札之三

小松九兄先生閣下：客冬接手書後，兩由小薌處附寄寸椷並呈蘇碑二紙，想登記室。春冰初泮，柳線搖金，閣下此時撫景興懷，知必見憶。弟曩得伯扶信，云此月廿日後當遊濟上，今已到否？兩賢相見，定多韻事，惜弟不獲追陪也。此間又復風流雲散，竹虚於十六日先行，小香同雨窗都轉十八日行，秋漁、蘭泉諸君或南或北，皆於本日行。弟初意上元後即可息交絶遊，爲閉户著書之計，乃勞勞送客，别緒離懷，增酸肺腑。今謙山觀察又遷廉使，三月間亦當啓程，著書之説當俟他日矣。謙山邀弟同行，弟三載未歸，意欲閱章邱、長清諸處試卷後，先作省親計，秋冬之間再事南行，其時或仍道出濟上未可知也。辱承

月廿日以當遊泖上今已到否
雨賢相見定多韻事惜弟不獲追陪也此間又復風
流雲散竹君於廿六日先行小香同雨客都轉十八日
行秋漁蘭泉諸君或南或北皆於本日行弟初意
上元後即可息交絕游為閉戶著書之計延勞之送
客別緒離懷增酸聯聯令讓山觀察又延廣使三月
間亦當啓程著書之說當俟他日矣讓山既遊弟同行弟
三載未歸意欲閱章邱長清諸家試卷以先作省
親計秋冬之間再事南行其時或仍道出泖上未
可知也　厚頓

厚愛，時切耿耿，今將去東，不能一執手話别，悵結何如！伯扶云，由濟來歷下，亦不知尚得相值否？閣下處《千佛名經》，伯扶見之，必能作方回斷腸之句也。濟學宫諸碑，弟此時轉無存者，昨托李三世兄代辦二分，然慮其未必能好。閣下如命人拓時，祈加多一分，寄念湖處轉交弟處，拜德無既。其「成王周公」等小字，或别有新得，皆希惠示一二爲要。閣下處萍鄉碑是《甄叔塔銘》？是《廣禪師碑》？並望示悉。弟南行若不由濟，當到淮徐觀察署寄呈閣下也。小薌、竹虚共留書一函，謹奉上。附候春祺暨

閤潭萬福。愚弟胥繩武頓首再拜

鐵橋先生祈

代致意，紅綬帶近況如何，亦望爲致意也，呵呵。

【四二九】

二十六送居素亦必快好
閣下如命人搨時祈加多一分寄 念湖丈搏文弟兄拜
德言既其成王周公等小字或別有新得皆乞
惠示一二為要
閣下京華鄉碑是飄挂瑜銘是廣禪師碑再留
示悉弟南行諾或不由沛當到淮徐觀察署寄呈
閣下也小廊所寄共留書一函謹奉上附候
春祺暨
閣潭萬福弟弟脊繩武頓首再拜
鐵橋先生祈
代致意紅綾帶近泛日似亦甲爲致意也何如

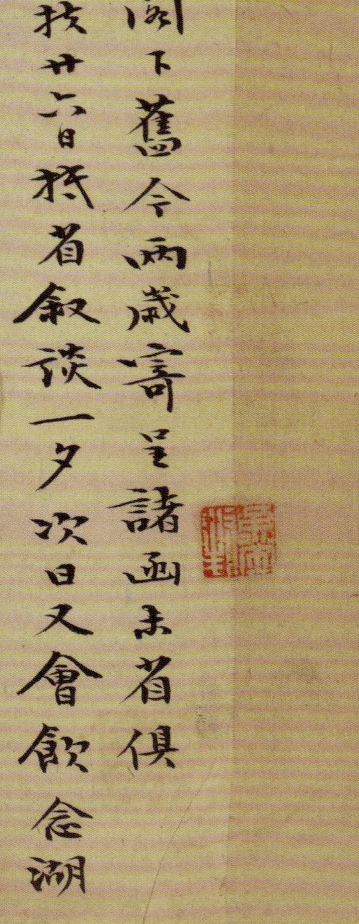

◀胥繩武致黄易札之四

小松先生閣下：舊今兩歲寄呈諸函，未省俱收到否？伯扶廿六日抵省，叙談一夕，次日又會飲念湖寓中，同坐者虚谷，别無俗客。席間言在濟時，先生令飲燕喜共酌之杯，弟爲神往者久之，同座人皆艷羡也。廿八日侵晨，伯扶去，弟未及送。朔日虚崖亦行，計此時皆將到都矣。弟今歲本擬留東改業，而謙山遷廉使，弟只好先作歸計，其期約在三月杪，此時赴長清閲童試卷。前求代拓碑板，未知能即辦否？倘有寓書，請寄向念湖處爲禱。此問

近祉暨

閤潭清吉，不具。二月八日繩武再拜

鐵橋先生晤時，祈代致候，又及。外虚崖公館信一封，祈轉致。

【四三二】

皆數羡也廿八日侵晨伯揆兄亦未及送朔日君崖亦行计此時皆將到都矣弟今歲本擬留東改業而謹山運廣使弟只好先作歸计其期約在三月杪此時赴長清閱童試卷前求

代搨碑板未知能即辦否倘有寓書請

寄至念湖署為禱此間

近祉暨

閤潭清吉不一 二月八日縄武再拜

銕橋先生晤時祈 代致候不及 另君崖公館信一封祈轉致

◀ 儲潤書致黄易札之四

秋菴九兄大人安啓：頃接手札並承寄新刻，欣領，謝謝！藉悉吾兄政履增勝，閤署凝嘉，友朋文字之歡益添佳話，既慰遠忱，且多艷羨也。所示黄白毛銀件即欲致去，因見來單所需各種，他友處皆可購覓且亦值無多，弟竟留下代爲覓之，毋庸致彼矣。今先寄上汪士慎行隸書四紙，金壽門八分一幅，希查收。隨後再當續寄也。昨於市上見有王虚舟

儲玉琴

秋菴九兄大人安硯左右：接 手札并承 寄新刻，欣領謝謝。

藉悉吾

兄政復增勝，閣署凝嘉，友朋文字之歡，益增佳

話。既雅遠且多，艷羨之所。弟黃白毛紙伴印叙

碌未因見 來單所開各種，他友處諸求購覓，且

向值無多， 弟竟尚不能為覓之，毋庸强致矣。今先

寄上汪士慎以隸書四屏、金壽門八分一幅，奉

查收。俟後再寄 續。弟近日於市上見有王虛舟

先生行書四頁，乃係致
老伯父大人之尺牘，不禁狂喜，歸語於洪孟章兄，
設法購得之，今以奉
寄，吾
兄當必引爲寶也。《國山碑》須俟弟旋里時入山訪
拓，方得善本，俟諸他日，决不食言也。玆有舍表
弟潘孟陽，係汪劍潭之妹婿，書法與填詞俱
佳，向在曹縣吴公處，今仍赴彼，道出任城，特

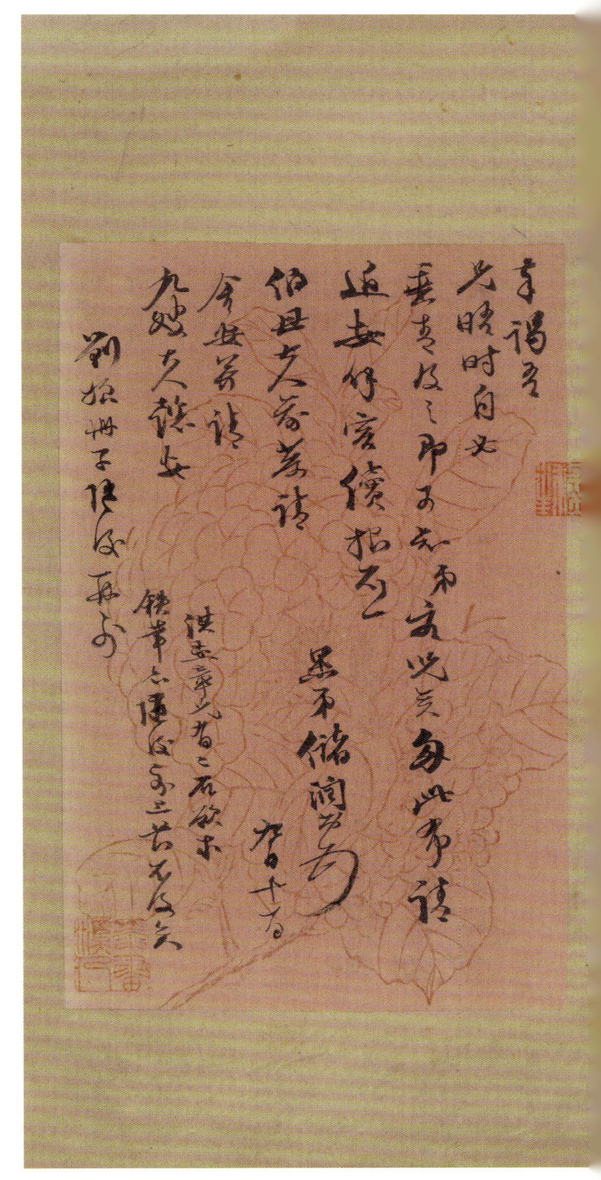

奉謁吾
兄，晤時自必
垂青及之，即可知弟客況矣。匆此布請
近安，餘容續報，不一。
伯母大人前恭請
舍安，並請
九嫂大人懿安。

愚弟儲潤書頓首
九月十一日

洪孟章兄有二石，欲求
鐵筆，亦隨後寄上茲不及矣。
《劉娘》册子隨後再寄。

【四四】

儲潤書致黃易札之五

望前舍表弟潘孟陽赴曹縣，取道任城，托其寄上一函並金壽門先生書一幅、汪巢林先生書四紙；又洪孟章大兄奉寄一函，內有王弱林先生尺幅四頁，想俱收到矣。唐觀察處人回，接到

手示，悉

近履安祺，闔署綏吉，欣慰何似。所覓各件，現在留心訪購，隨後寄上。（現有數種，索價過昂，少平即可行也。）兹貴宗黃雅南三兄奉贈冬心先生八分書一幅，雅南書法極佳，所藏前人墨迹多可賞玩，而心慕吾

九哥之鐵筆與畫與字，欽仰已非一朝。前曾乞

書聯句，現已鏤板，今有青田石二方，奉求
九哥爲渠鐫作名號，以爲臨書之用，務祈
推愛，撥冗爲之奏刀，即附妥便寄本爲要。外二石係洪孟章
大兄奉求（閑文可也），亦希
加意是荷。統此奉
達，即請
陞安，餘容續報，不一。
秋菴九哥大人　　愚弟儲潤書頓首　九月廿又一日
外寄上巢林先生分書二幅、《簡齋先生文集》
一部，並
查收。

【四六】

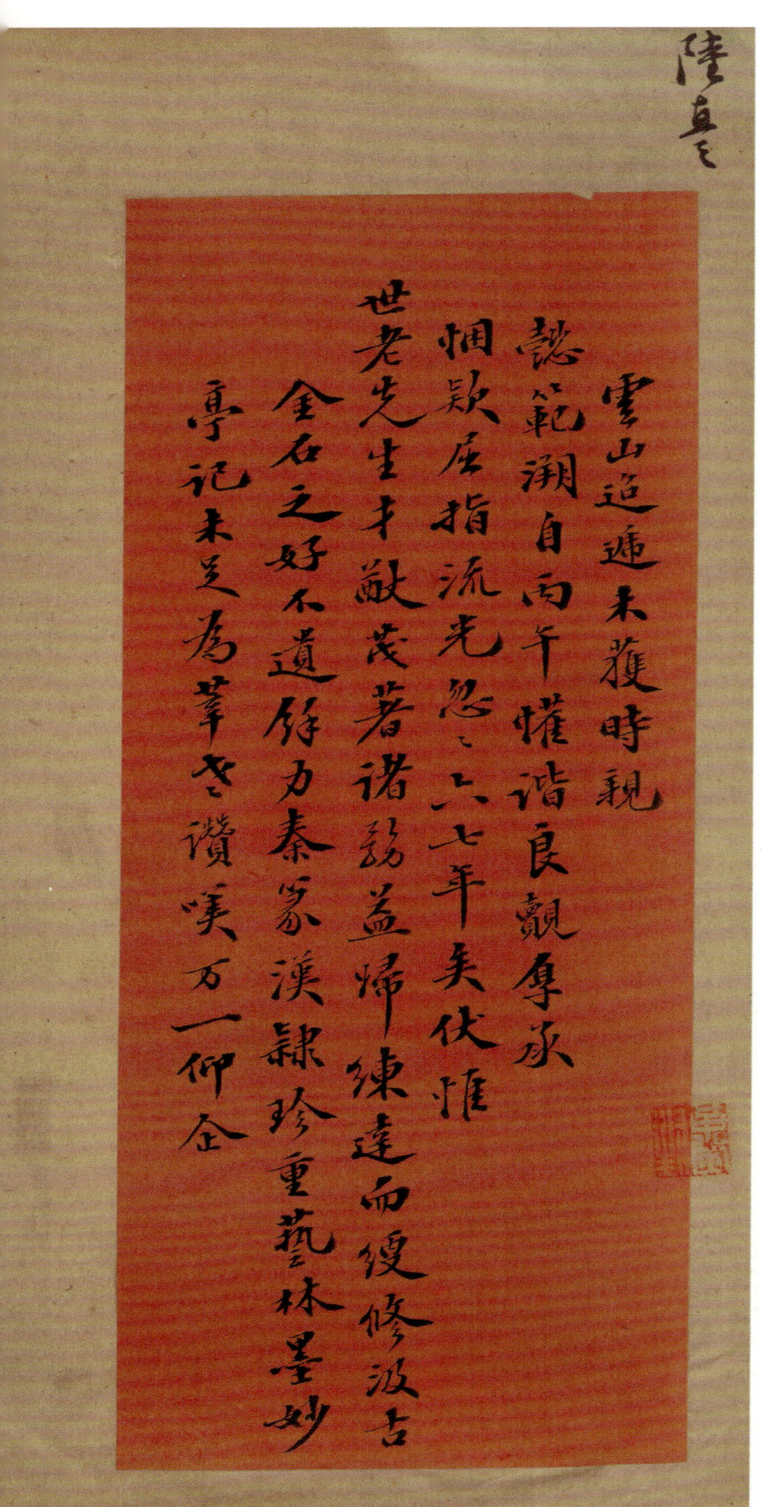

◀陸繩致黄易札之二

雲山迢遞，未獲時親
懿範，溯自丙午，歡諧良覿，厚承
悃款，屈指流光，忽忽六七年矣。伏惟
世老先生才猷茂著，諸務益歸練達，而綆修汲古，
金石之好不遺餘力，秦篆漢隸珍重藝林，《墨妙
亭記》未足爲莘老贊嘆萬一，仰企

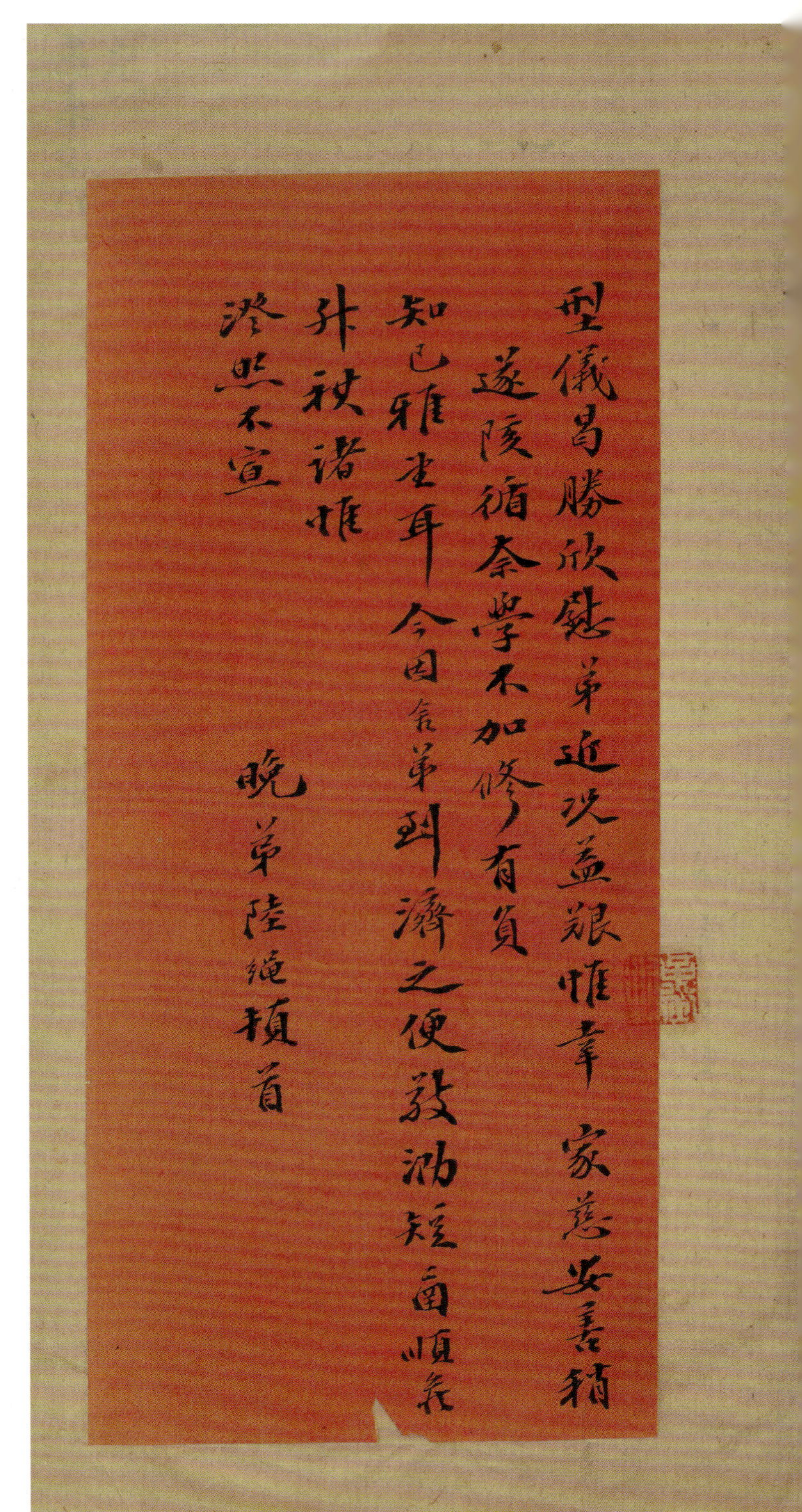

型儀，曷勝欣慰！弟近況益艱，惟幸家慈安善，稍
遂陔循。奈學不加修，有負
知己雅望耳。今因舍弟到濟之便，敬泐短函，順候
升祺，諸惟
澄照，不宣。　　晚弟陸繩頓首

【三三九】

吴之黼致黄易札之二

兩世通交，十年闊絶，寸心千里，縈緒萬端。往者見贈「清風來故人」小印，時置案頭，把玩不已，猶想見在保陽蓮院殷殷捧袂時也。前年過濟，正值文旆公出，歸棹匆匆，未得良晤，深覺悵然。比來自安耕鑿，既而勸學，恐時不我與，其奈之何！兒輩秋間歸，述世長二兄故舊不遺，聯情眷注，又蒙

手翰遠將，附以佳刻，博古信今，真足寶
藏。時當長至之交，爲殷
保釐之頌，順此羲和，爲宜
珍重。兹因三兒赴直之便，肅此申候，並志
感懷。《唐律碑石紀元彙考》板片緣宦遊
久而未模印，謹就現有者奉納，容當與
拙筆書畫再寄。
尊書久所愛慕，竟無一字見贈，似爲缺典。

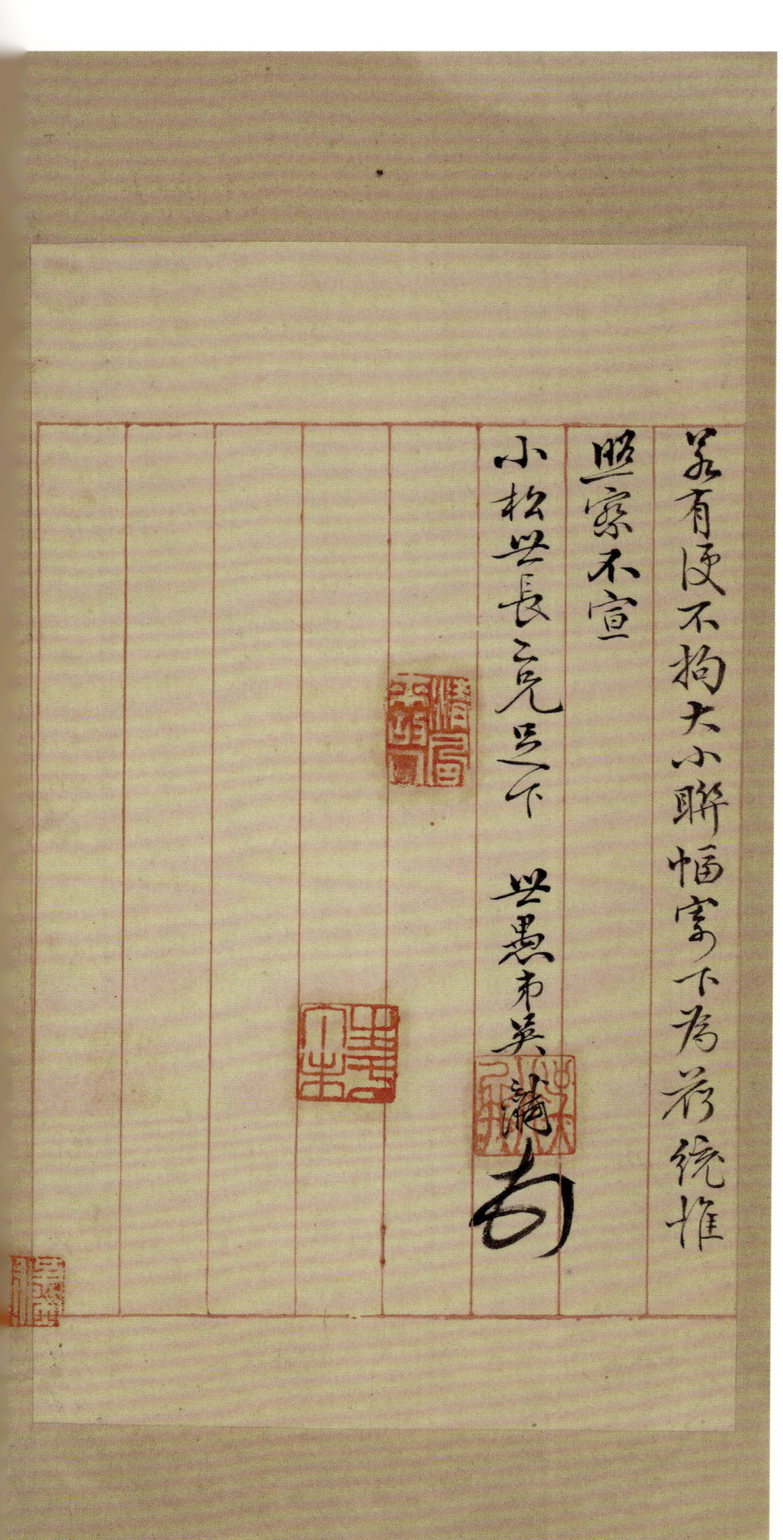

若有便，不拘大小聯幅，寄下爲荷。統惟
照察，不宣。
小松世長二兄足下　世愚弟吴之黼頓首

【一二三】

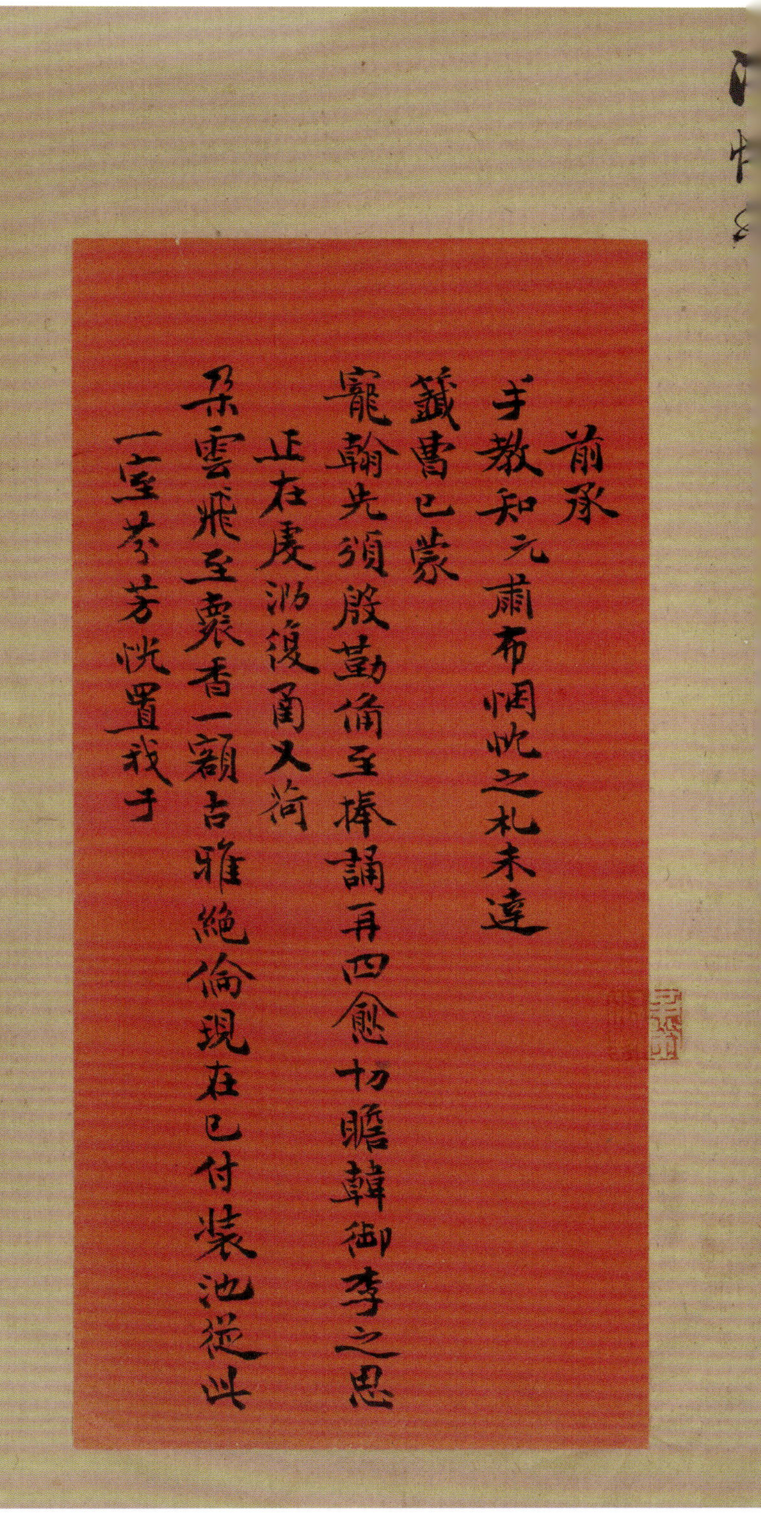

► 潘逢元致黄易札

前承
手教，知元肅布悃忱之札未達
籤曹，已蒙
寵翰先頒，殷勤備至，捧誦再四，愈切瞻韓御李之思。
正在虔泐復函，又荷
朵雲飛至，「懷香」一額，古雅絶倫，現在已付裝池，從此
一室芬芳，恍置我於

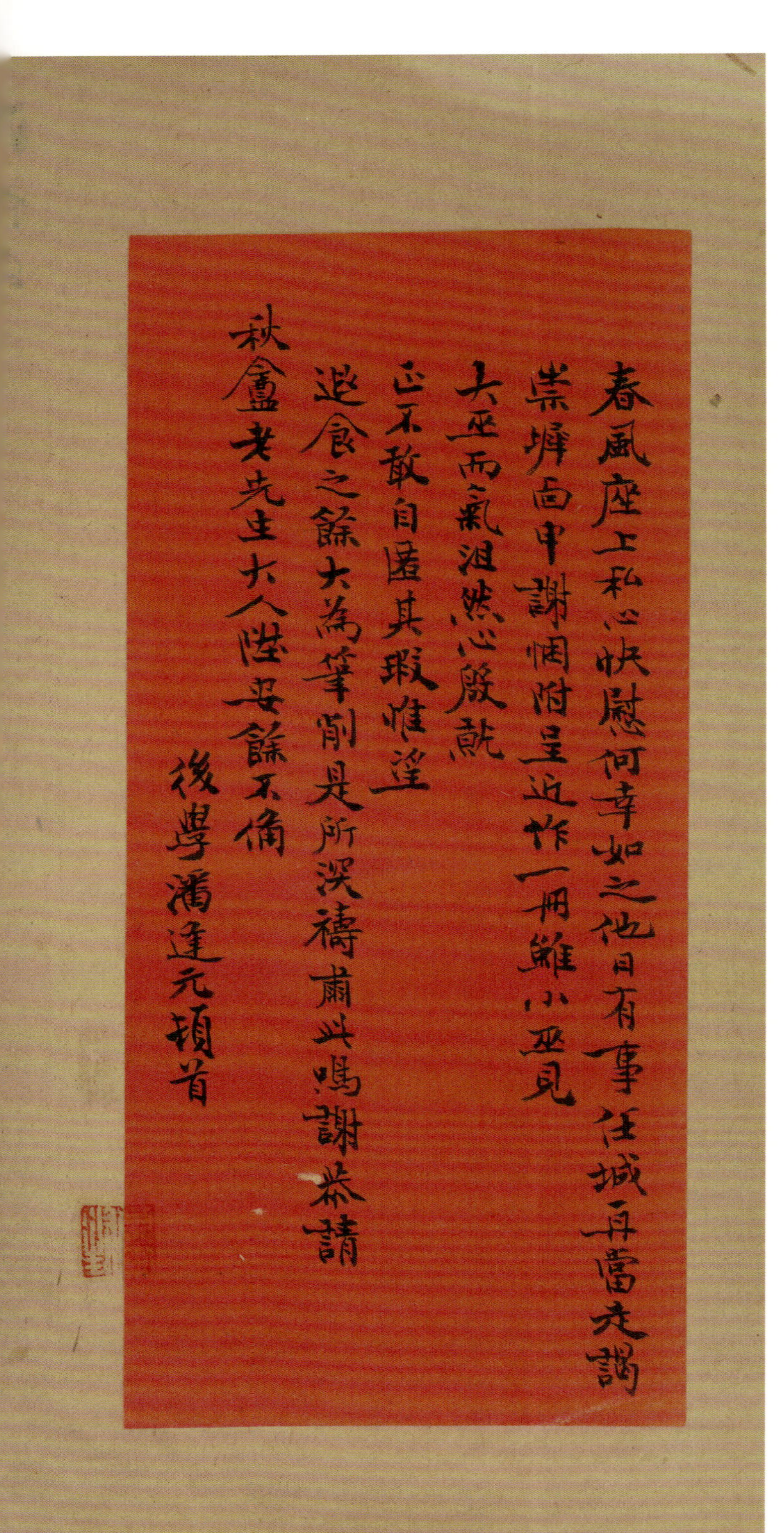

【四三六】

春風座上，私心快慰，何幸如之！他日有事任城，再當走謁
崇墀，面申謝悃。附呈近作一册，雖小巫見
大巫而氣沮，然心殷就
正，不敢自匿其瑕，惟望
退食之餘，大爲筆削，是所深禱。肅此鳴謝，恭請
秋盦老先生大人陞安，餘不備。
後學潘逢元頓首

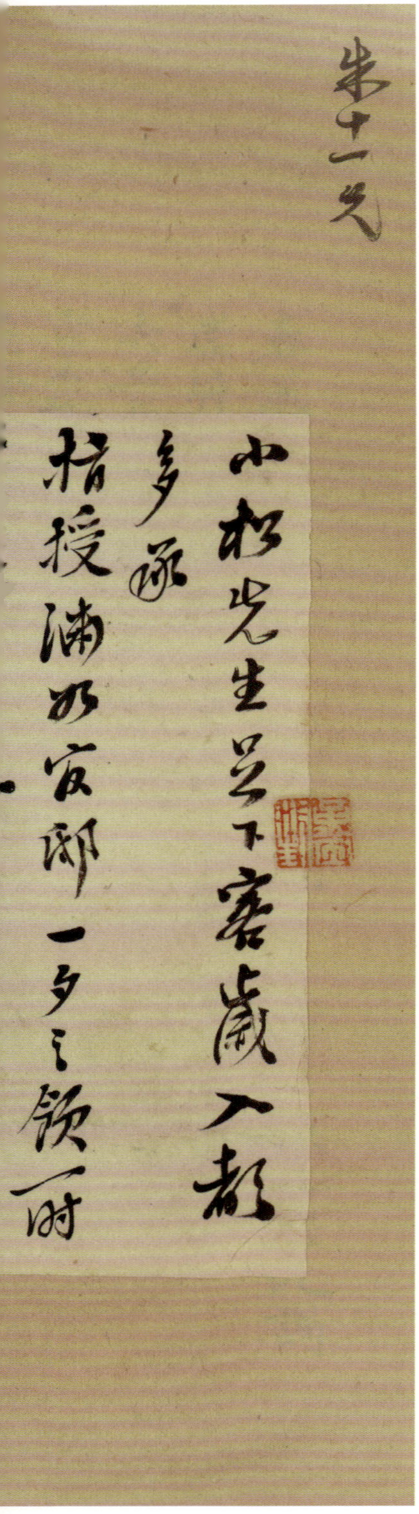

朱錫庚致黃易札

小松先生足下：客歲入都，多承指授，淵如官邸一夕之飲，一時賢豪爲之一聚，足下之惠不淺。酒闌拜別，忽忽至今，未已於懷也。昨蘭泉先生談及足下宋拓五種所得之奇，言之娓娓，始知神物必有所歸，必歸於足下始爲得其所歸。然得之既難，守之尤難。家藏《華嶽》之碑，先大夫手澤如新，他日當與足下斯寶合藏名山，圖以千古不磨之法，方爲快事耳！

向之王子來已於懷也非
蘭泉先生謂及
足下宋搨五種所得之奇
云云娓娓惟此神物必有所
歸必歸於
足下雅為日重所歸然得之
既守之尤難家藏華嶽
之碑先大夫手澤猶新
他日當與
足下斯碑合藏名山圖以千
古不磨之清方為快事耳

未之思軒主人仿漢瓦箋

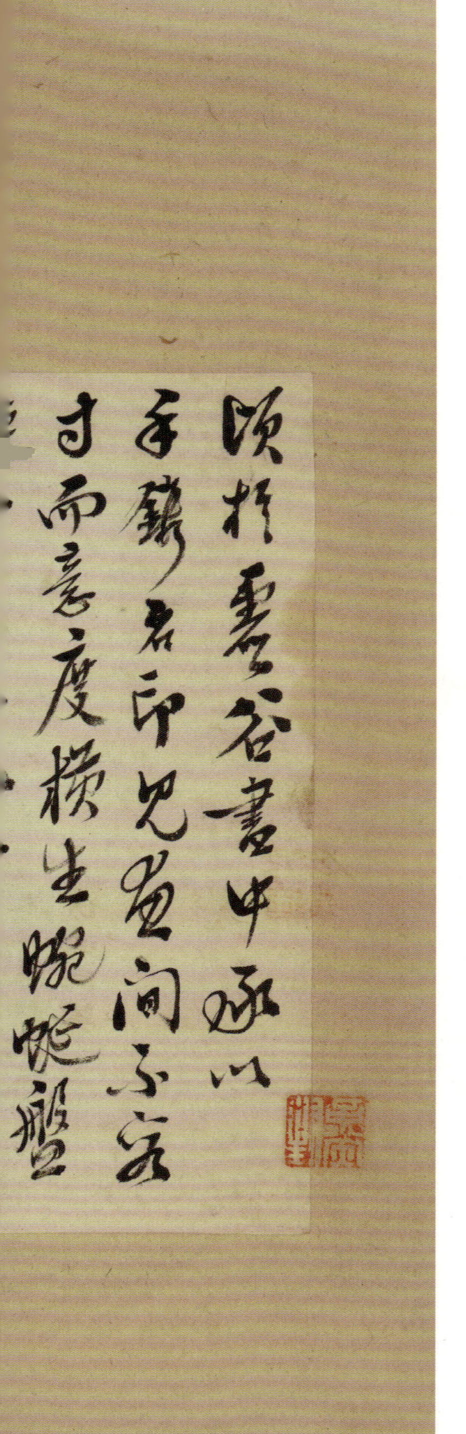

頃於虛谷書中承以
手鐫名印見惠，間不容
寸而意度橫生，蜿蜒盤
旋，不可逼視，不知
足下精詣入神何以至此！竊
嘗見兩漢名印，其字勢、形
體之外，皆凛凛然別有
生氣，非可弟以刀畫配合
之際求工拙也。蓋刻符、摹
印乃八體之二端；繆篆、蟲
書斯六書之祖始。古人一藝
皆有師承，故其製作不苟
如是。惜斯藝自漢以降失
傳久矣，
足下承千載絕學之後，乃
儼與渾合，神而明之，殆有

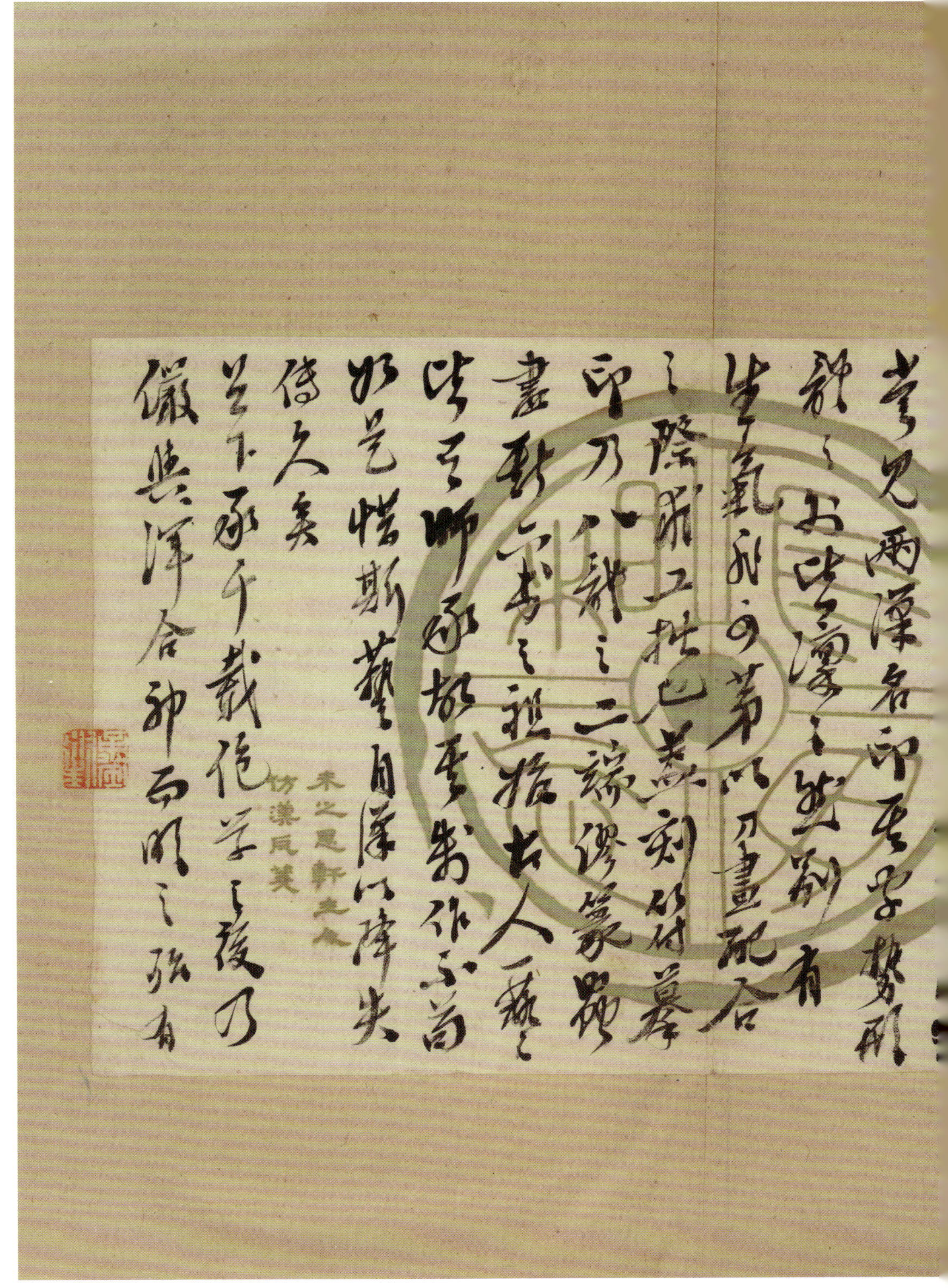

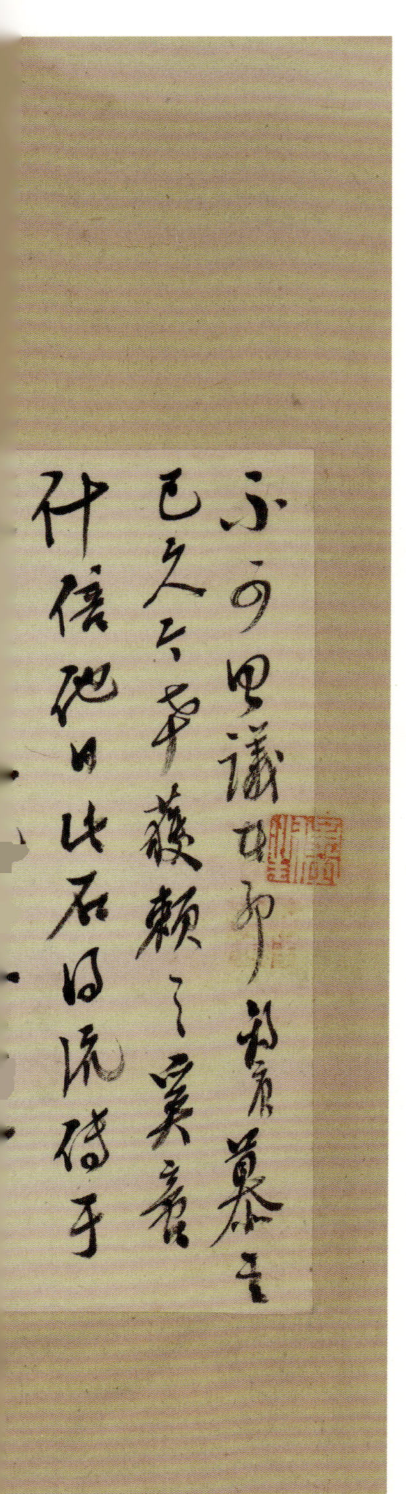

不可思議耳邪！錫庚慕之已久，今希獲，賴之奚啻什倍，他日此石得流傳於後，賤名亦托以不朽，皆足下之賜也！頓首，頓首！再拜，再拜！壬子六月十又九日錫庚白

外，

先大夫文刻呈覽，此系家叔父抄刻本，十之二三，非全本也。前呈先子題名碑刻時，未知何以忽忽遺之，罪罪！

左　空

【四〇七】

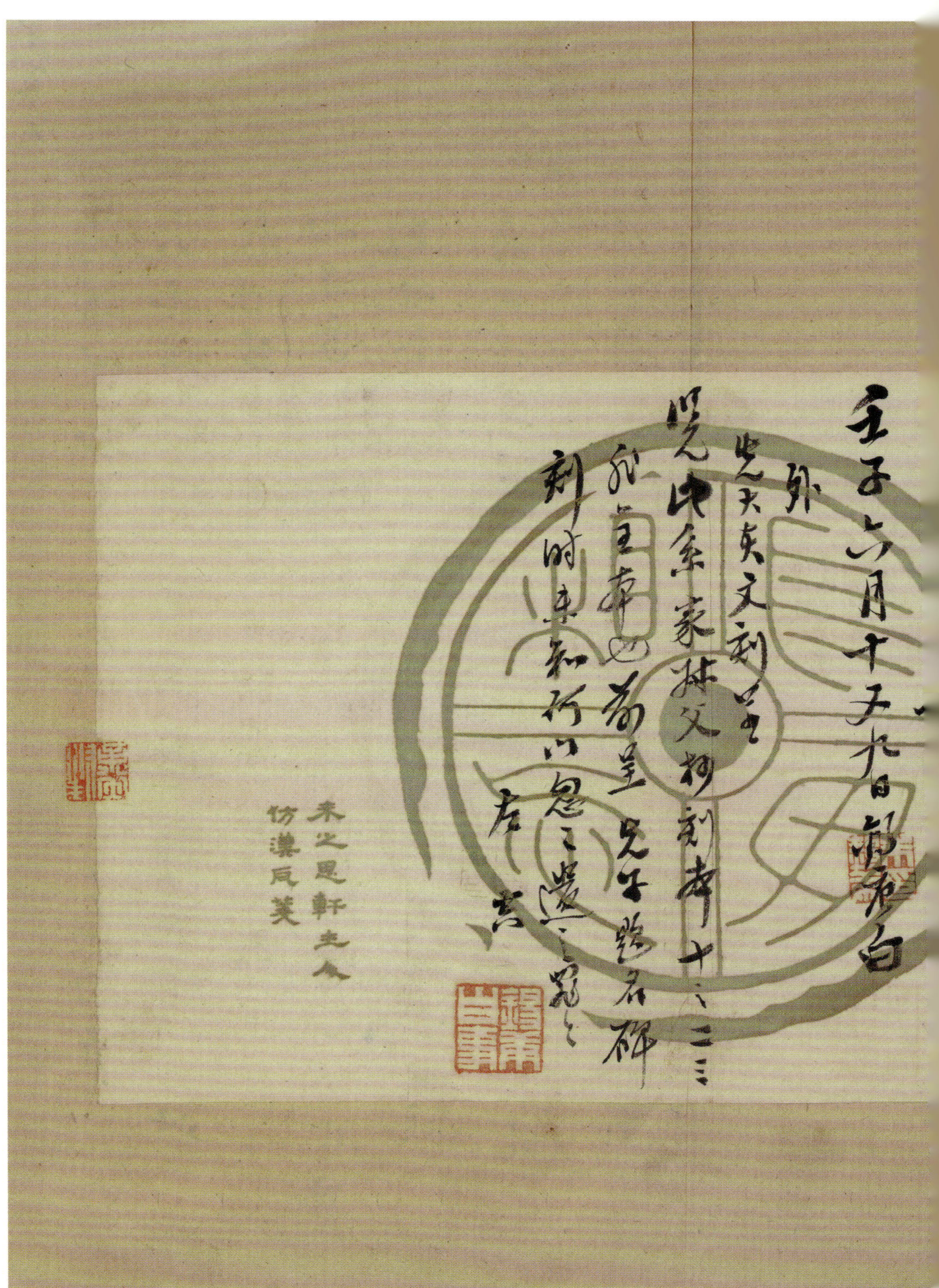
壬子六月十五九日錫[illegible]白
外
[illegible]大夫文刻[illegible]
[illegible]家林父柳刻本十二三
[illegible]
刻時未知何以息之[illegible]
來之思軒主人
仿漢辰莢

周震榮致黄易札之十九

溽暑早而又盛，兀然端坐，揮汗如雨，惟大兄優遊畫室，塵寰囂上，静若神仙，此境於僕輩尤不易得也。僕入春來精力雖亦支持，而看書不能滿四頁，作字不能滿十行，僕於此道向來樂此不疲，今疲矣！非疲於書與字，疲於看與作耳！伏汛伊邇，羅觀察於十三日上堤防

護，僕行將與役夫爲伍，
大兄謂僕樂否耶？前求
大筆書内子事實，倘邀
俯允揮翰，貞之金石，得藉不朽於
巨公之筆，徼幸感泐，曷其有極！所
賜鏡銘爲友人奪去，且索者紛紛，僕不敢爲他
人請，得

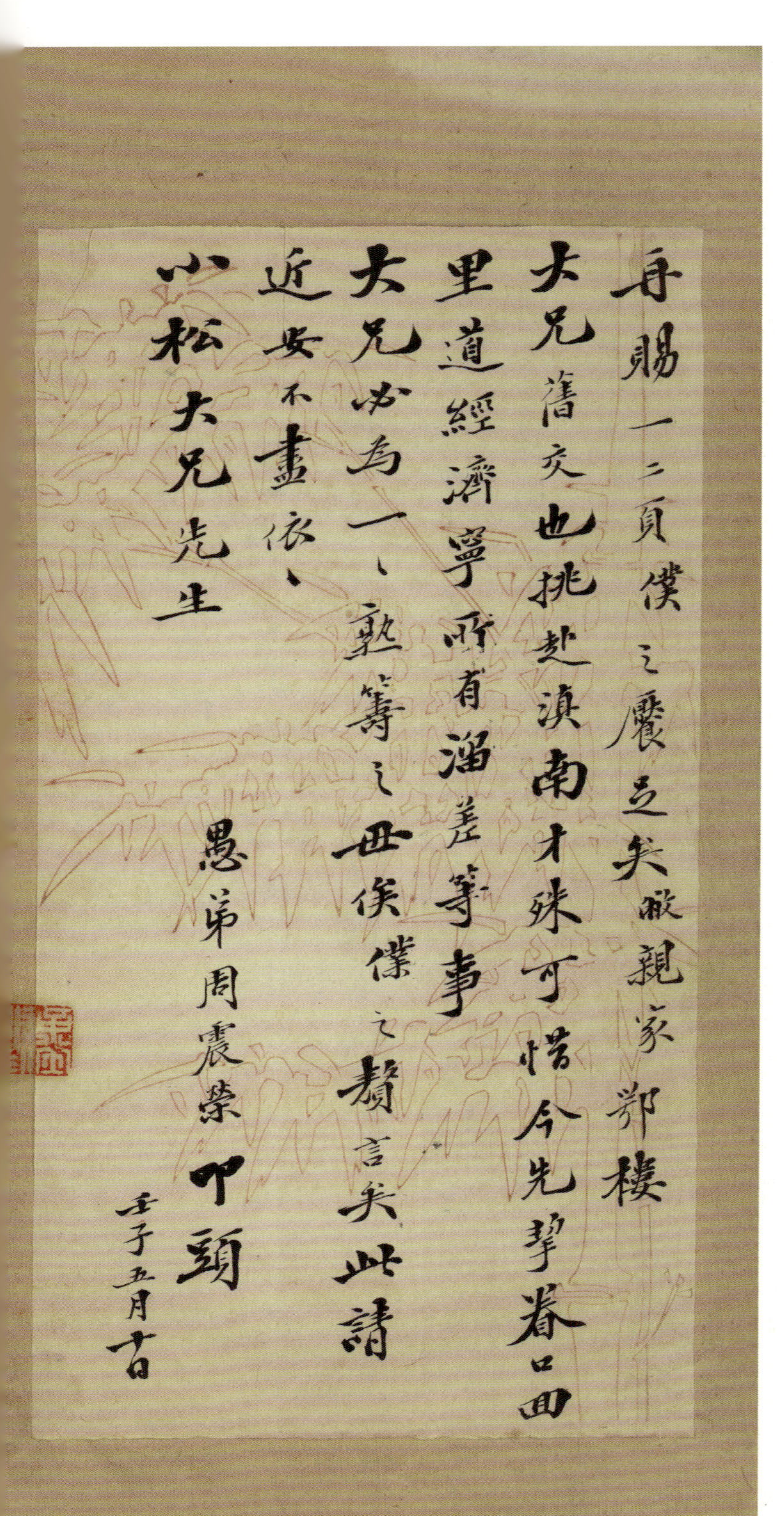

【七三】

再賜一二頁，僕之饜足矣。敝親家鄂樓，
大兄舊交也，挑赴滇南，才殊可惜，今先挈眷口回
里，道經濟寧，所有溜差等事，
大兄必爲一一熟籌之，毋俟僕之贅言矣。此請
近安，不盡依依。
小松大兄先生　　　　愚弟周震榮叩頭
壬子五月十日

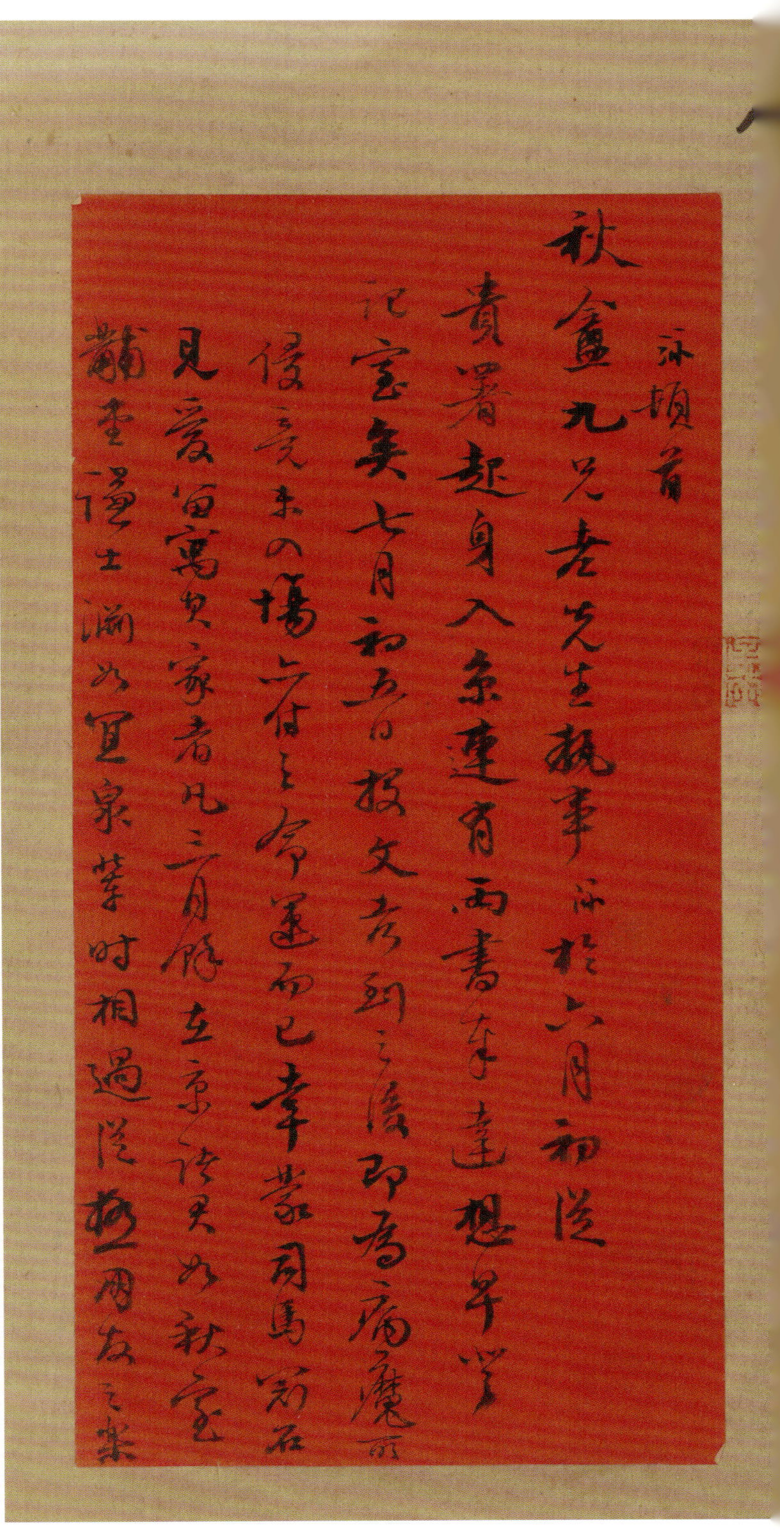

▶ 錢泳致黄易札之二

泳頓首，

秋盦九兄老先生執事：泳於六月初從

貴署起身入京，連有兩書奉達，想早登

記室矣。七月初五日投文考到之後，即爲病魔所

侵，竟未入場，亦付之命運而已。幸蒙司馬冠石

見愛，留寓其家者凡三月餘，在京諸君如秋室、

鬬堂、謙士、淵如、宜泉輩，時相過從，極朋友之樂。

淵如近作《直隸金石志》已裒然成帙，獨未能遍處搜求，未免有遺珠之嘆耳。泳本擬在京度此殘歲，適有奇麗川中丞陞辭回蘇之便，因此附驥而行。兹於廿六日晚到泰安府城，不獲紆道一見光儀，殊爲惘惘，惟有望風懷想，遥頌一切耳。泳此番回家，有讀書深山之想，俟稍有進境，還

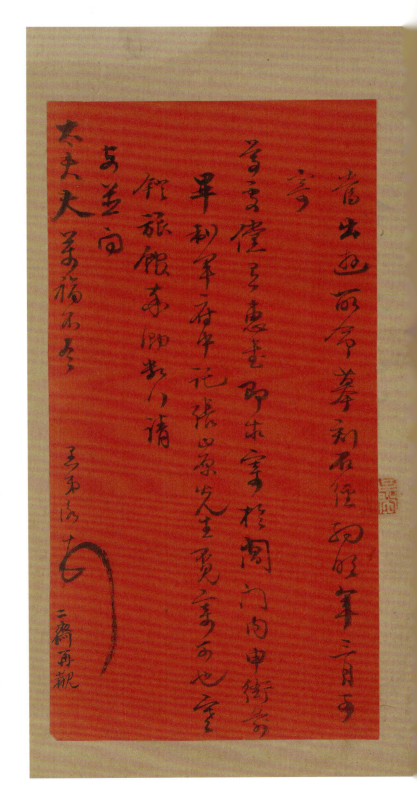

當出遊。所命摹刻《石經》，約明年三月可
寄
尊處。儻有惠書，即求寄於閶門内申衙前
畢制軍府中，托張止原先生覓寄可也。寒
燈旅館，率泐數行請
安並問
太夫人萬福，不盡。　愚弟泳頓首

二齋再觀。

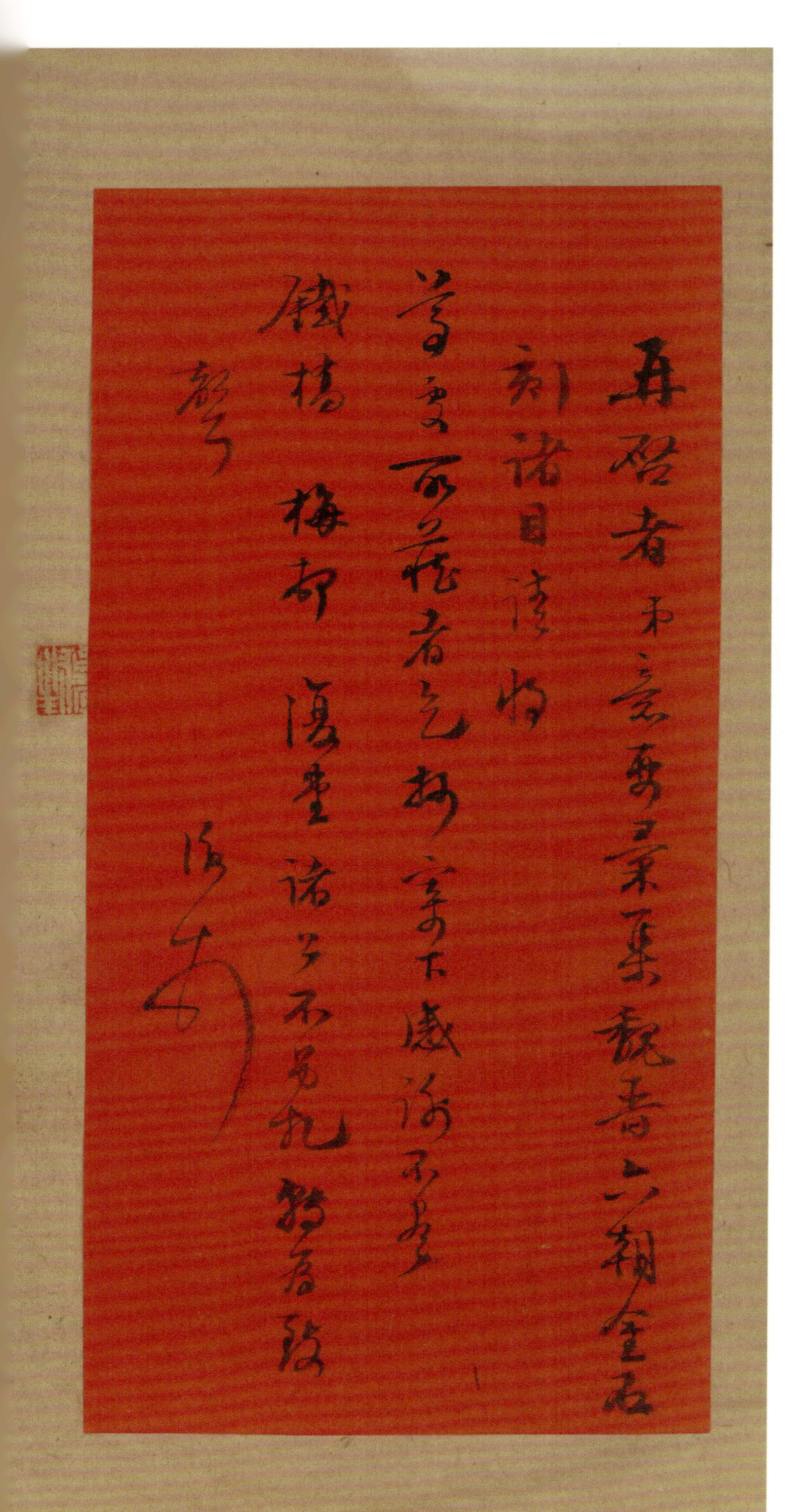

【三九八】

再啓者，弟意要彙集魏晉六朝金石
刻諸目，請將
尊處所藏者乞抄寄下，感謝不盡！
鐵橋、梅郙、復堂諸公不另札，轉爲致
聲。　　泳頓首

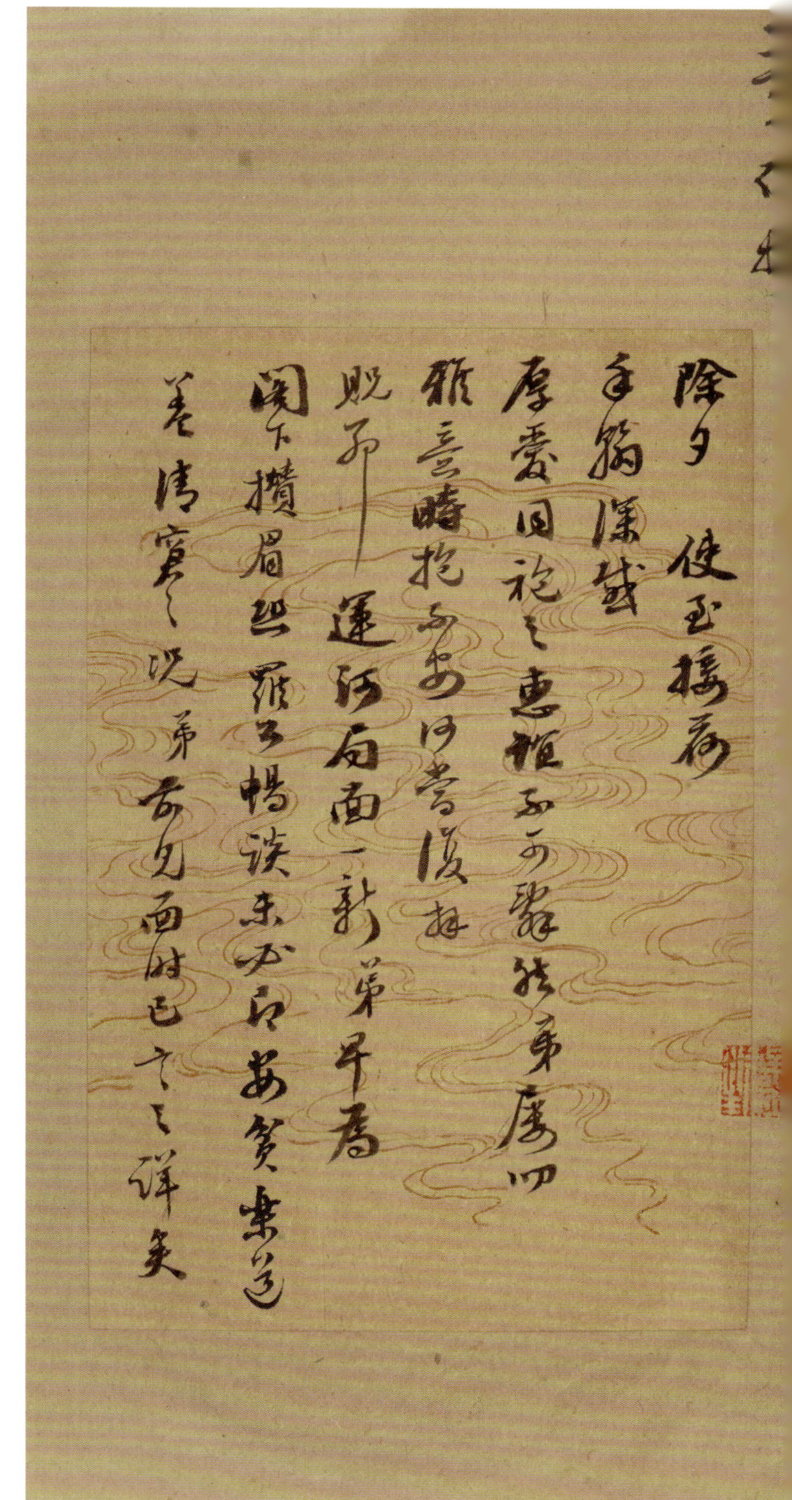

► 龔烈致黄易札之三

除夕使至，接荷
手翰，深感
厚愛。同袍之惠，誼不可辭，然弟屢叨
雅意，時抱不安，何當復拜
貺耶！運河局面一新，弟早爲
閣下攢眉，恐羅公暢談，未必即安貧樂道，
蓋清窘之况，弟前見面時已言之詳矣。

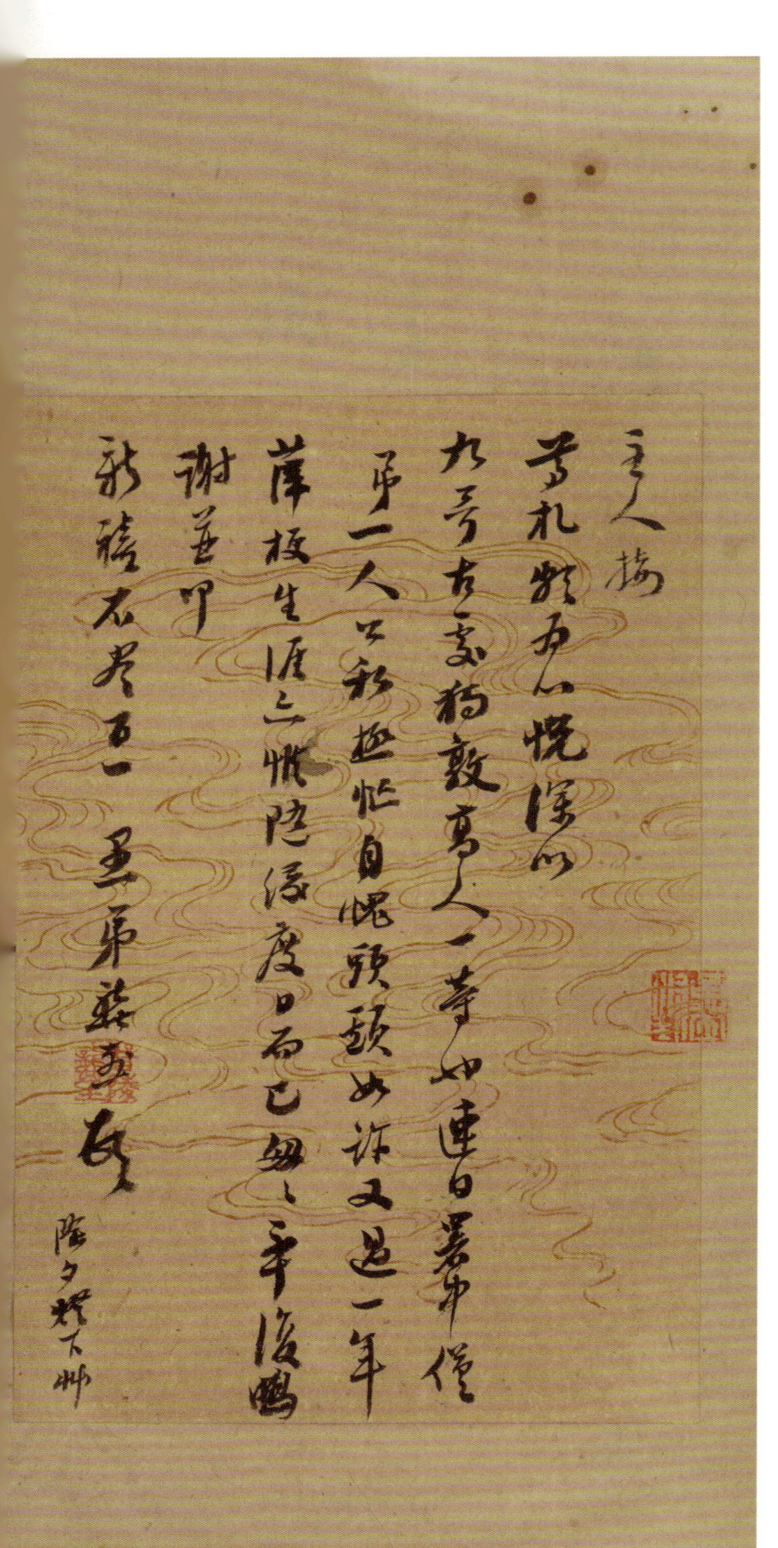

【三七二】

主人接

尊札，頗爲心悦，深以

九哥古處獨敦，高人一等也。連日署中僅

弟一人，公私極忙，自愧頭顱如許，又過一年

萍梗生涯，亦惟隨緣度日而已。匆匆手復鳴

謝，並叩

新禧，不盡百一。　愚弟龔烈頓首

除夕燈下草

陪乎侍至接叢

手翰深感

厚愛同袍之惠，兼承垂顧於廣

雅意時抱歉耳，何書復極

賤子運河南面一新，第丹看

閣下攢眉想羅之暢談，來可安貿

何夢華

昨在濟上家
九兄大人見愛之深情文兼至且得掎裳
聯袂訪古捫碑備極人生樂事感
佩之私實非楮墨所能罄述弟自
二十五日回至仙源連日在孔林搜尋
禮器後碑杳不可得今晨尋至林外
東北紅墻根見一小碣甚古大半沒入
土中弟疑為漢物親自手剔之隱隱露
八分書急覓工掘至二尺餘用水洗滌數
遍然後椎拓額題曰孔君之墓四篆字
文八行半皆殘闕孔君名字亦磨滅不可
辨惟文中叙孔子十九世孫則亦泰山都
尉博陵太守之從昆弟也歸撿金石諸
書此碑已載入趙明誠金石録其首行
永壽元年乙未在宋時已闕首二字矣弟
思況獲此刻豈可不急為收護因請于

◀ 何元錫致黃易札之四

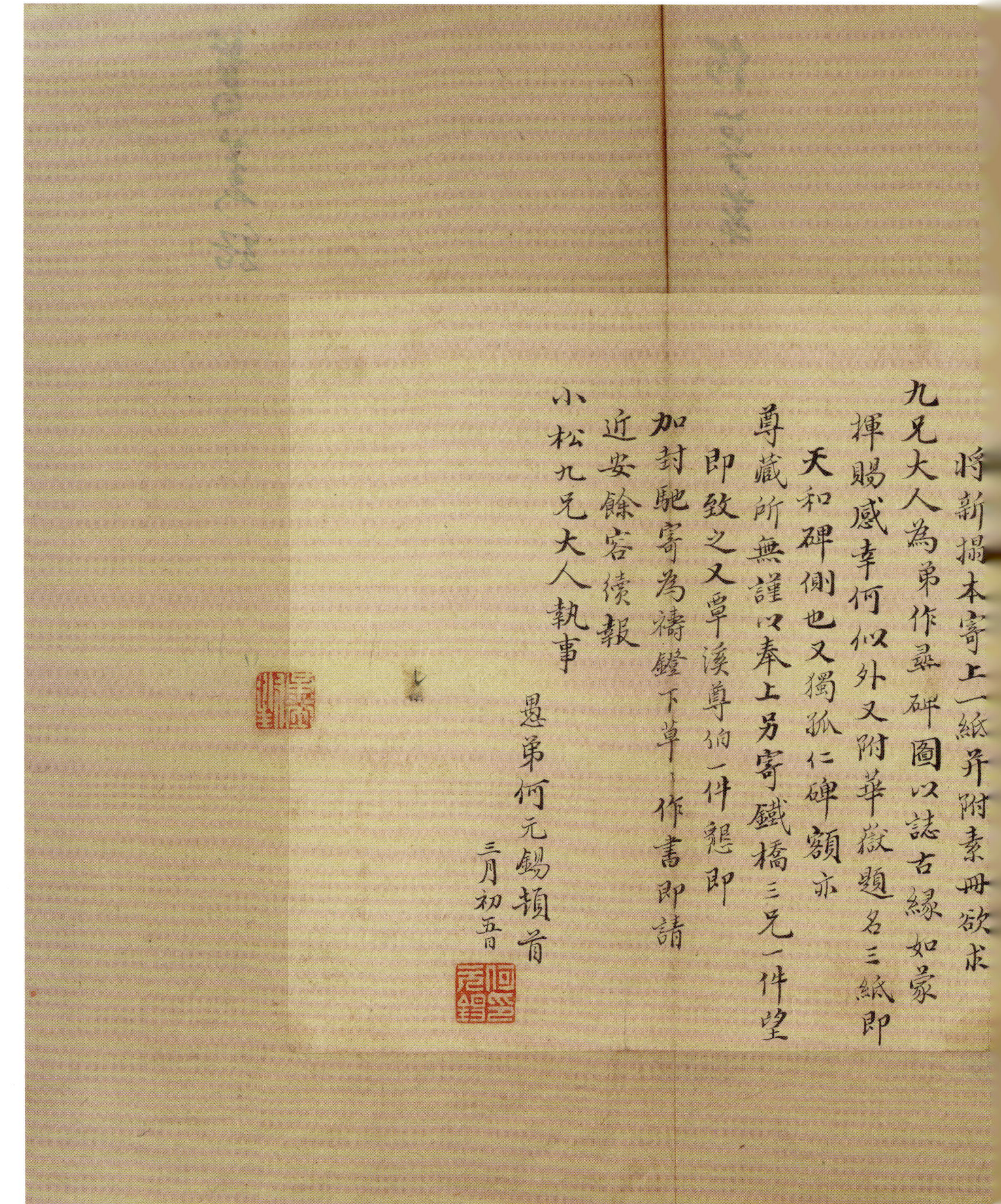

將新搨本寄上一紙并附素冊欲求
九兄大人為弟作晟碑圖以誌古緣如蒙
揮賜感幸何似外又附華嶽題名三紙即
天和碑側也又獨孤仁碑額亦
尊藏所無謹以奉上另寄鐵橋三兄一件望
即致之又覃溪尊伯一件懇即
加封馳寄為禱鐙下草草作書即請
近安餘容續報
小松九兄大人執事
愚弟何元錫頓首
三月初五日

昨在濟上，蒙
九兄大人見愛之深，情文兼至，且得掎裳
聯袂訪古捫碑，備極人生樂事，感
佩之私，實非楮墨所能罄述。弟自
二十五日回至仙源，連日在孔林搜尋
《禮器後碑》，杳不可得。今晨尋至林外
東北紅墻根，見一小碣甚古，大半没入
土中，弟疑爲漢物，親自手剔之，隱隱露
八分書。急覓工掘至二尺餘，用水洗滌數
遍，然後椎拓，額題曰「孔君之墓」四篆字，
文八行半，皆殘闕，「孔君」名字亦磨滅不可
辨。惟文中叙「孔子十九世孫」，則亦泰山都
尉博陵太守之從昆弟也。歸檢金石諸
書，此碑已載入趙明誠《金石録》，其首行
「永壽元年乙未」在宋時已闕首二字矣。弟
思既獲此刻，豈可不急爲收護，因請於
聖公，移置聖廟同文門下，與諸漢碑並
列，已許可，大約明日即可移至廟中。兹先
將新拓本寄上一紙，並附素册，欲求
九兄大人爲弟作《尋碑圖》以志古緣，如蒙
揮賜，感幸何似！外又附《華嶽題名》三紙，即
天和碑側也；又《獨孤仁碑額》，亦
尊藏所無，謹以奉上。另寄鐵橋三兄一件，望
即致之；又覃溪尊伯一件，懇即
加封馳寄爲禱。燈下草草作書，即請
近安，餘容續報。
小松九兄大人執事

愚弟何元錫頓首
三月初五日

【三一六】

聖公移置聖廟同文門下與諸
列已許可大約明日即可移至廟
將新搨本寄上一紙并附素冊以
大人為弟作聚碑圖以誌古緣
賜感幸何似外又附華嶽題
大和碑側也又獨孤仁碑額亦

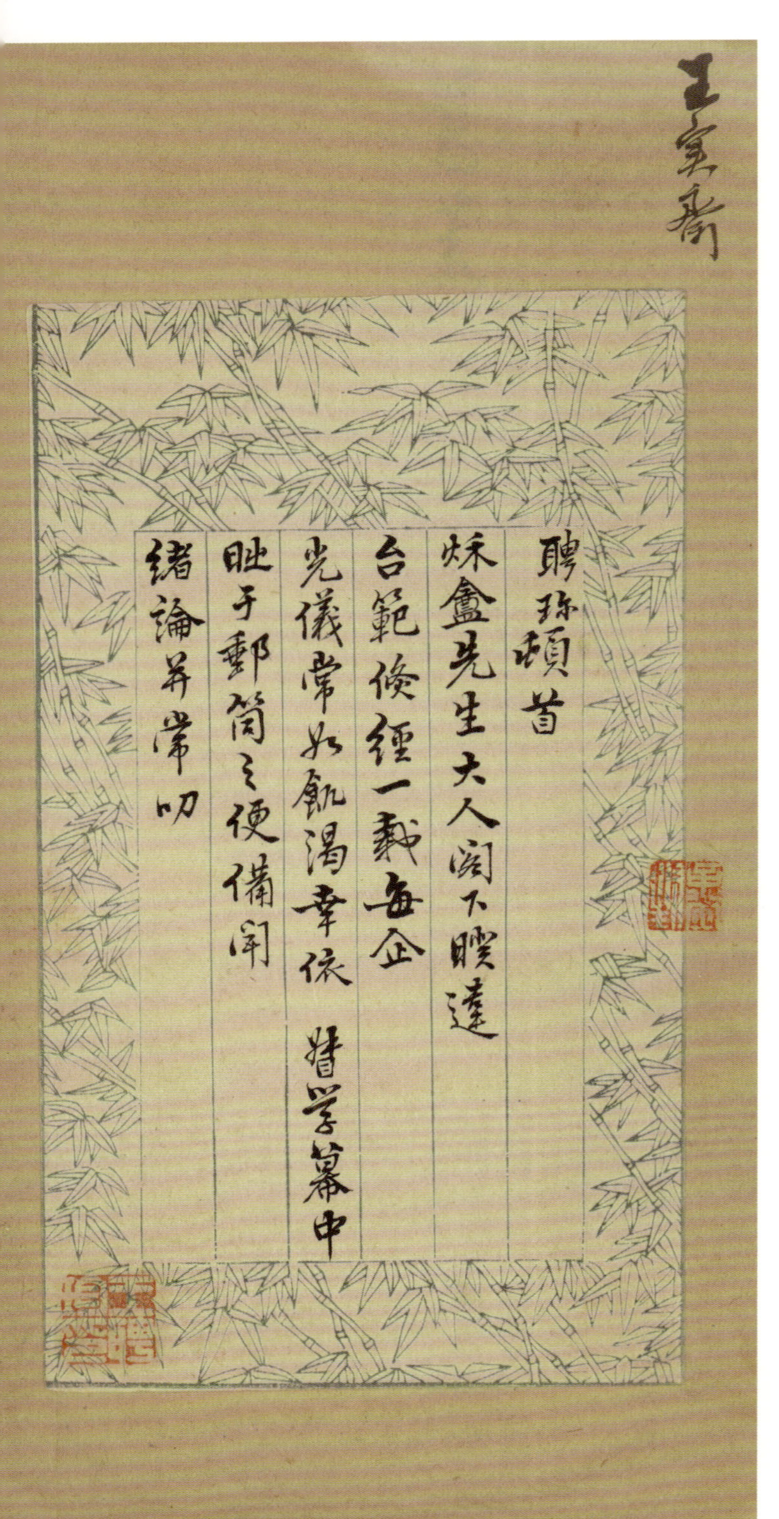

◀ 王聘珍致黃易札之三

聘珎頓首，
秋盦先生大人閣下：睽違
臺範，倏經一載，每企
光儀，常如饑渴，幸依督學幕中，
時於郵筒之便，備聞
緒論，並常叨

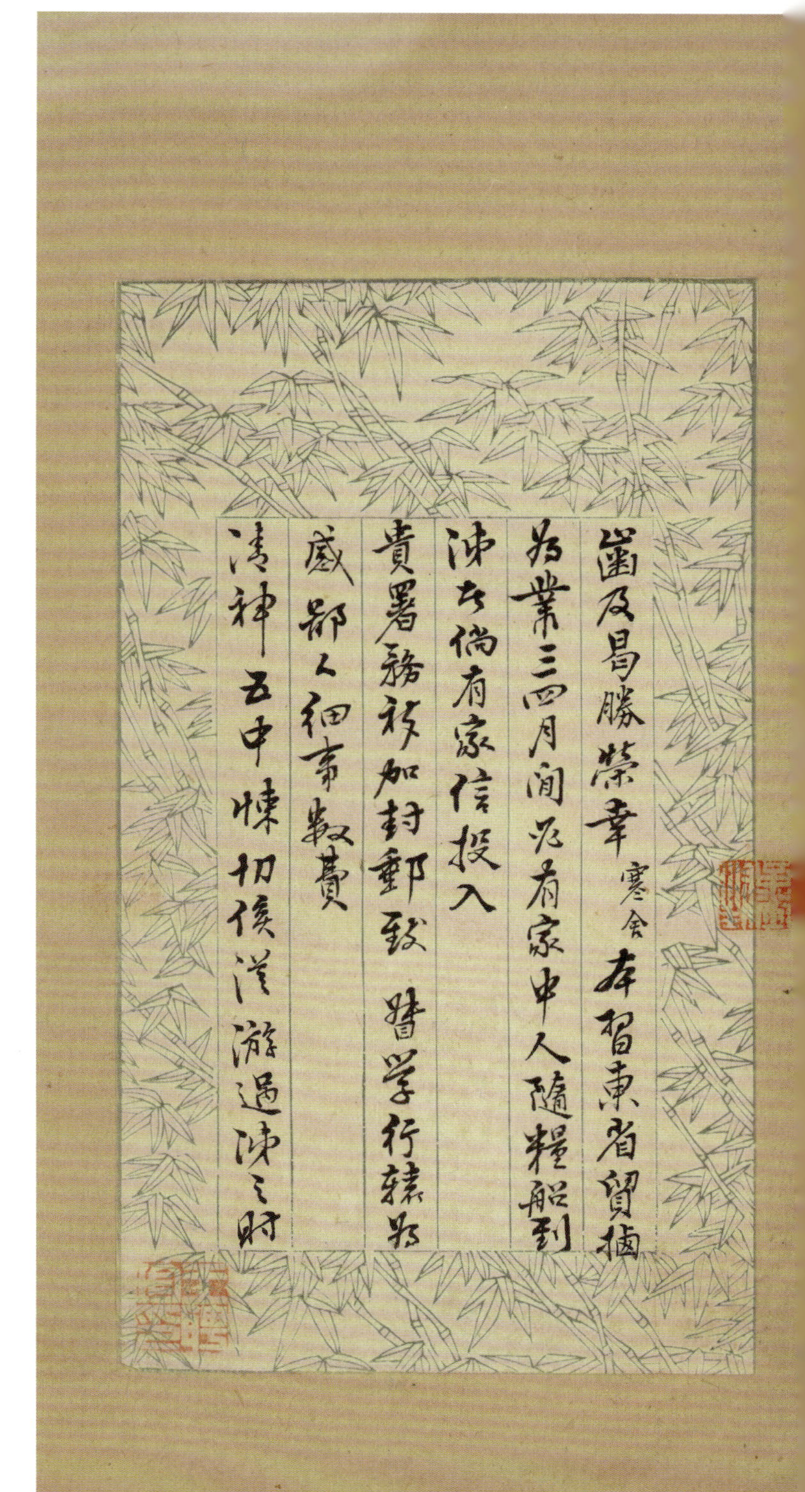

齒及，曷勝榮幸。寒舍本習東省貿櫓爲業，三四月間必有家中人隨糧船到濟者，倘有家信投入
貴署，務祈加封郵致督學行轅爲感。鄙人細事，數費
清神，五中悚切，俟從遊過濟之時

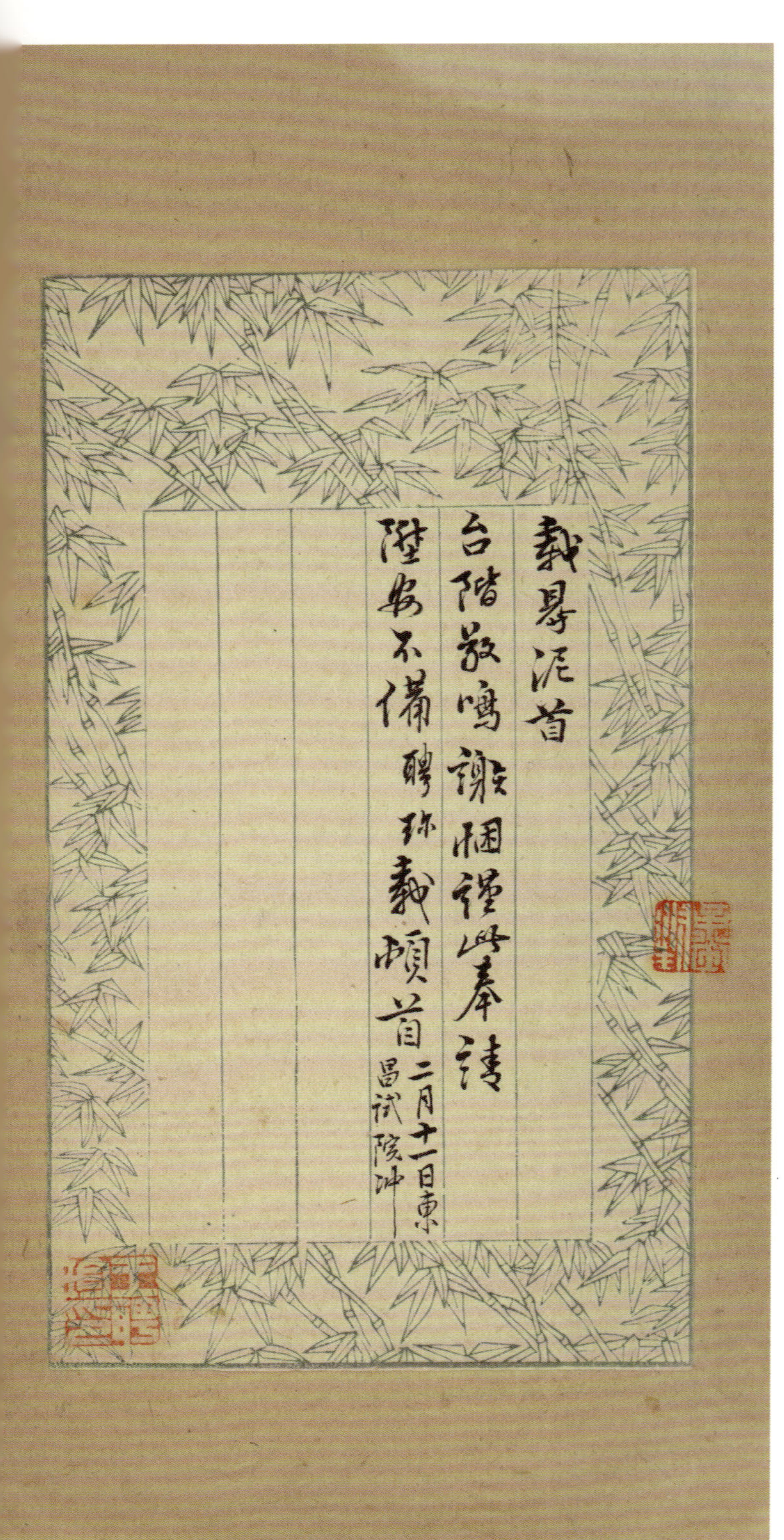

載得泥首
臺階，敬鳴謝悃，謹此奉請
陞安，不備。聘㳽頓首　二月十一日東昌試院冲

〖四〇六〗

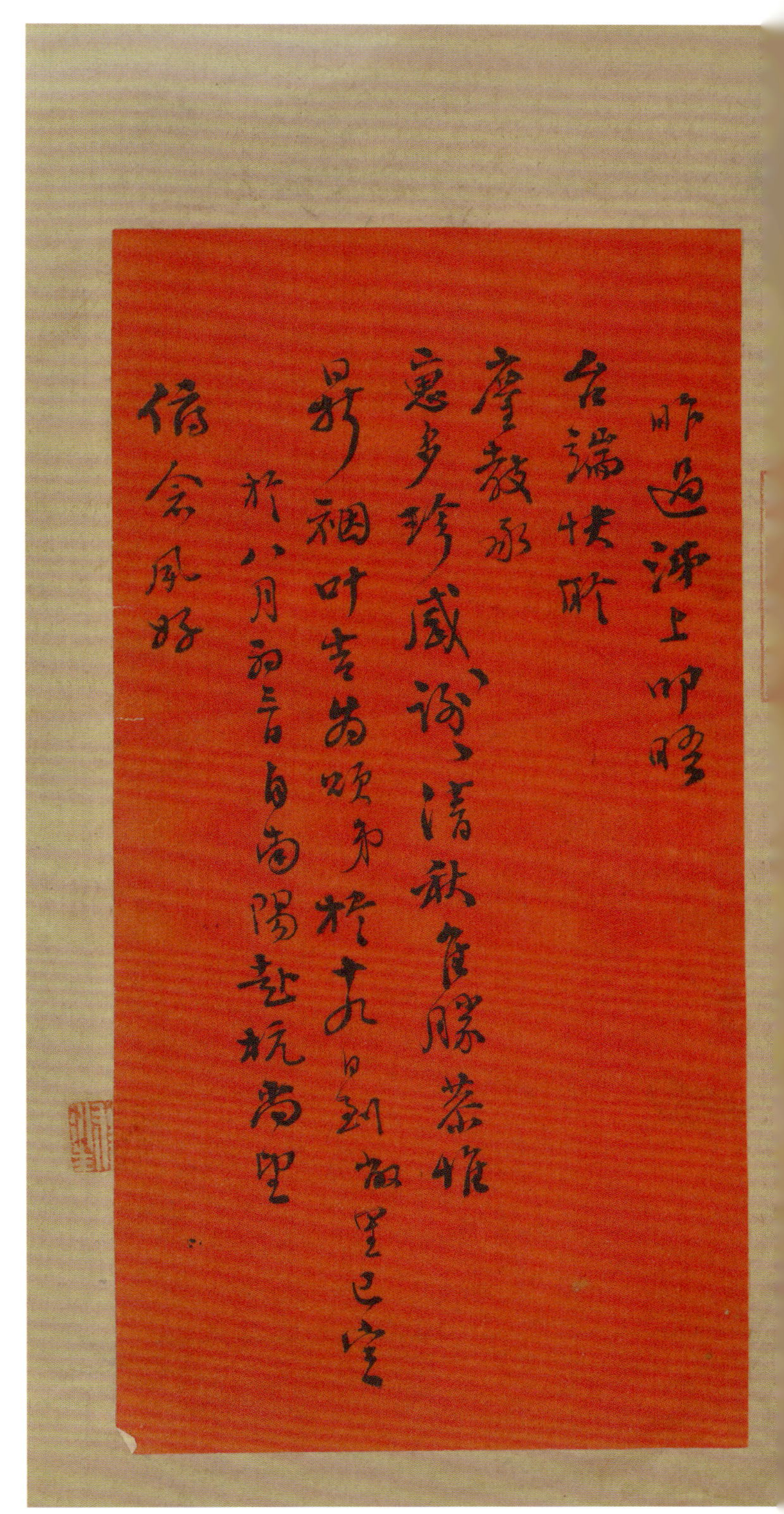

▶ 李翮致黃易札之二

昨過濟上，叩晤
臺端，快聆
塵教，承
惠多珍，感謝，感謝！清秋佳勝，恭惟
鼎祻葉吉爲頌。弟於十九日到敝里，已定
　於八月初三日自南陽赴杭，尚望
俯念夙好，

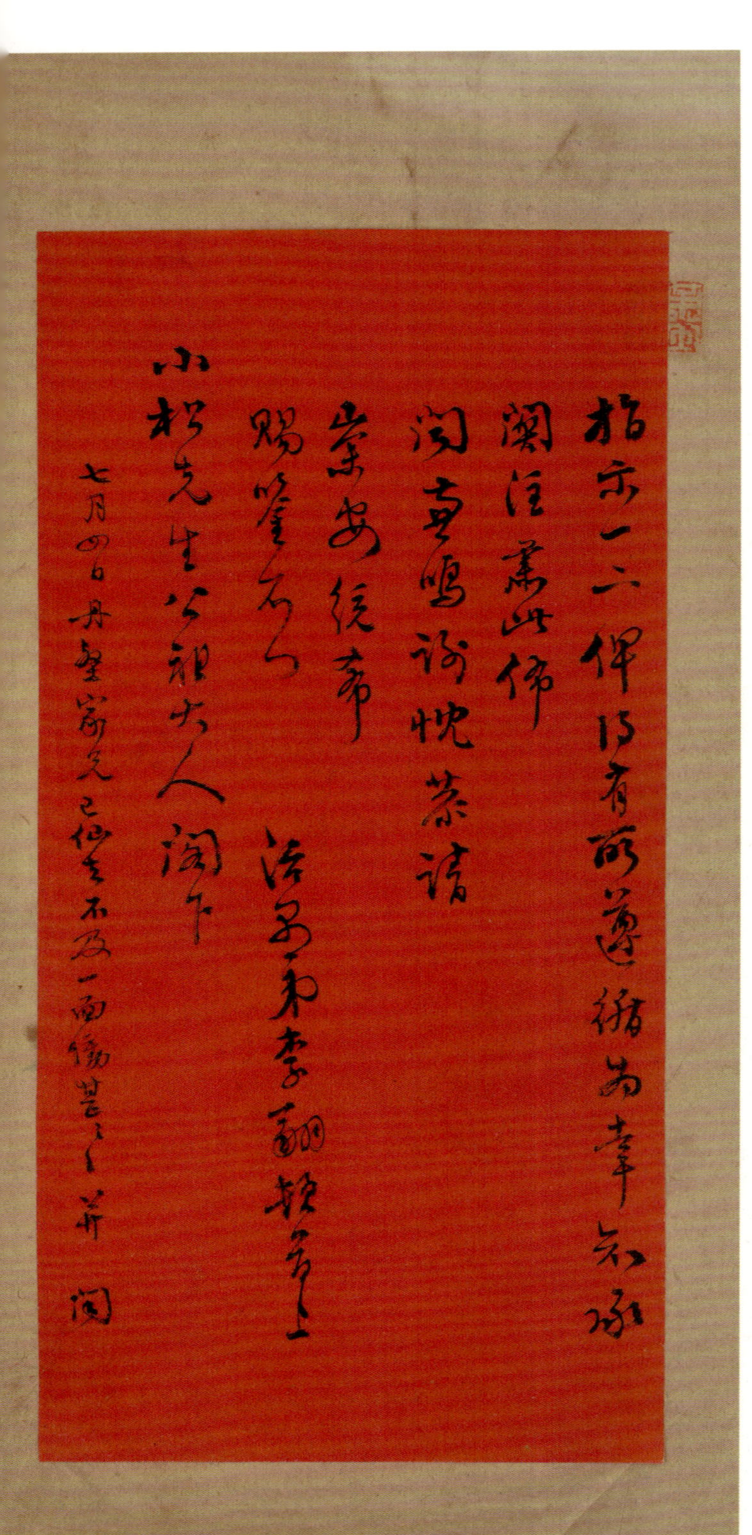

指示一二，俾得有所遵循爲幸。知承
關注，肅此佈
聞，兼鳴謝忱。恭請
崇安，統希
賜鑒，不一。　治愚弟李翮頓首上
小松先生公祖大人閣下
　七月四日丹壑家兄已仙去，不及一面，慟甚，慟甚！並聞。

【三八一】

朱爾賡額致黃易札

唯夏始暑，顧
府館萬福，凉燠均適。前舟過濟，晋詣
尊齋，得展嬿婉，仰瞻
高距，東路角巾，西有華屋，篇章圖史，碑版
漢唐，披襟漱玉，投分寄意。方期滿挹
雅言，藉砭俗骨，奈倉皇守限，旋見於違。宗

想

清輝，凝結靡已。掛帆之後，賴波長風，只逢

閒稍延，餘悉無阻，日晷薄辰，維舟曠岸，

對汪汪千頃，如晤

足下。良會每闌，長懷何限，聊因去雁，用更

繼情。　　名正泐

【四四九】

▶ 李鼎元致黄易札之二

愚弟李鼎元頓首奉書，

小松九兄大人足下：自别南池，言尋東嶽，泥行轍没，山陟輪翻，僕痛馬瘏，風吹日炙，餐霞宿露，被霧燈星，烏驚人啼，狼貪客顧，炎涼頃變，晴雨無常，客路艱難，備嘗險阻。廿五抵岱，十日爲期，陳榻初懸，孔樽時舉。宋園小住，岱廟頻遊，樹有漢秦，碑無唐宋，金石失壽，瓦礫争光，可爲浩嘆。登岱遇雨，觀日值陰，境與願違，大都類此。摩崖唐隸，咏亭種題，久貯米齋，豈勞芹獻？郭室古蹟，徐公久涎，故像易移，新室難建，

雖經心肯，尚待

手書，拓若有期，

惠希毋吝。武梁祠像，曠世奇珍，

足下鐵筆，當代至寶，渴思二妙，貪想雙獲，幸不我棄，乞爲

我儲。别岱之期，當在七夕，山川修阻，魚雁難憑，暫樂

新知，已成舊侣，歸途有約，别緒長懸。初秋漸凉，諸惟珍重，順候

陞祺曁

閤潭安吉。七月七夕前五日墨莊弟鼎元謹泐於泰安城西之宋園

【四八一】

► 閻泰和致黄易札之二

濟上數月，備荷
匡扶，别緒匆匆，更承
雅愛。昨途次分袂後，連接
手翰並京信，具紉
老先生關情周摯，歷久彌殷。不特
鴻才經濟，譽望翕然，抑且
古誼殊常，爲一時所難及，寸私感佩，如何可

言！尾幫於廿五日出臨口，衛河水勢有長
無消，今日已全數過德。弟於會拓
奏報後即登陸回京，恭復
恩命。同官相好，良晤有期，匆此留達謝忱，俟到
京再容肅啓。
龔司馬、阮别駕均此致謝，乞
轉致。即候

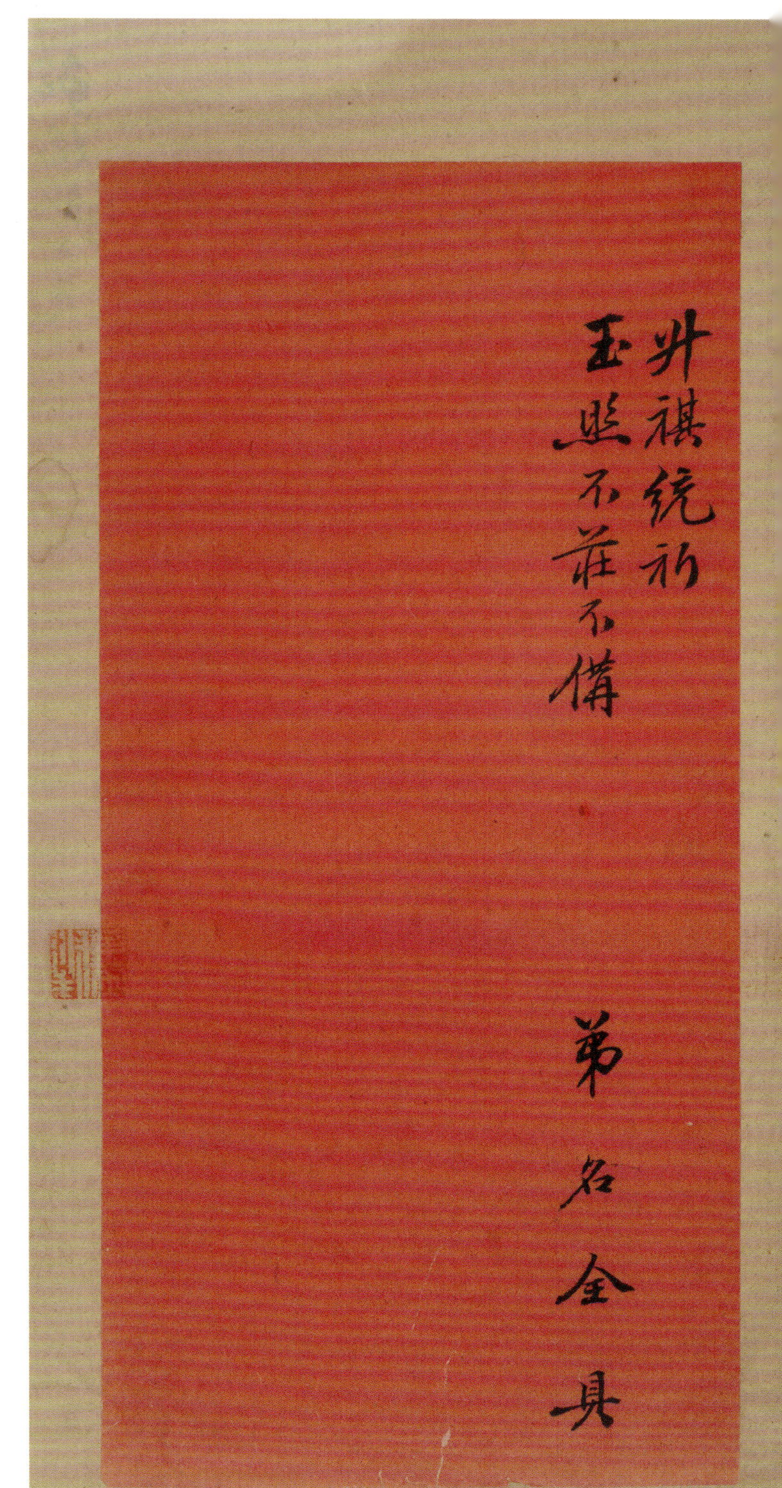

升祺，統祈
玉照，不莊不備。　　弟名全具

【四四二】

鮑廷博致黃易札之三

村居荒僻，音問久疏，屢辱
手書，情意懇摯，金石之投，不一而已，深喜故人不我遐
棄也。邇惟
伯母大人興居多福，
足下萊舞之餘，重以尊彝圖史，日佐
魏國之歡，此樂自歐陽公之後未易有也，敬賀，敬賀！弟
瀕年顛沛，去冬更被鬱攸之灾，生事益落，所幸
文史半存，聊自寬慰。叢書已刻十有六函，邇日

尚事校讎，妄冀有所增益，幾忘日之暮、途之遠矣！

足下得毋憫其愚而哀其遇耶？《石林金石録》失而復得，元文宗《永懷卷》偶逃劫火，若有天相。明春萼岩北上，附郵奉贈，以表區區。比因匆遽到省，不在行篋中耳。

使旋謹覆，恭請

伯母太夫人金安，並候

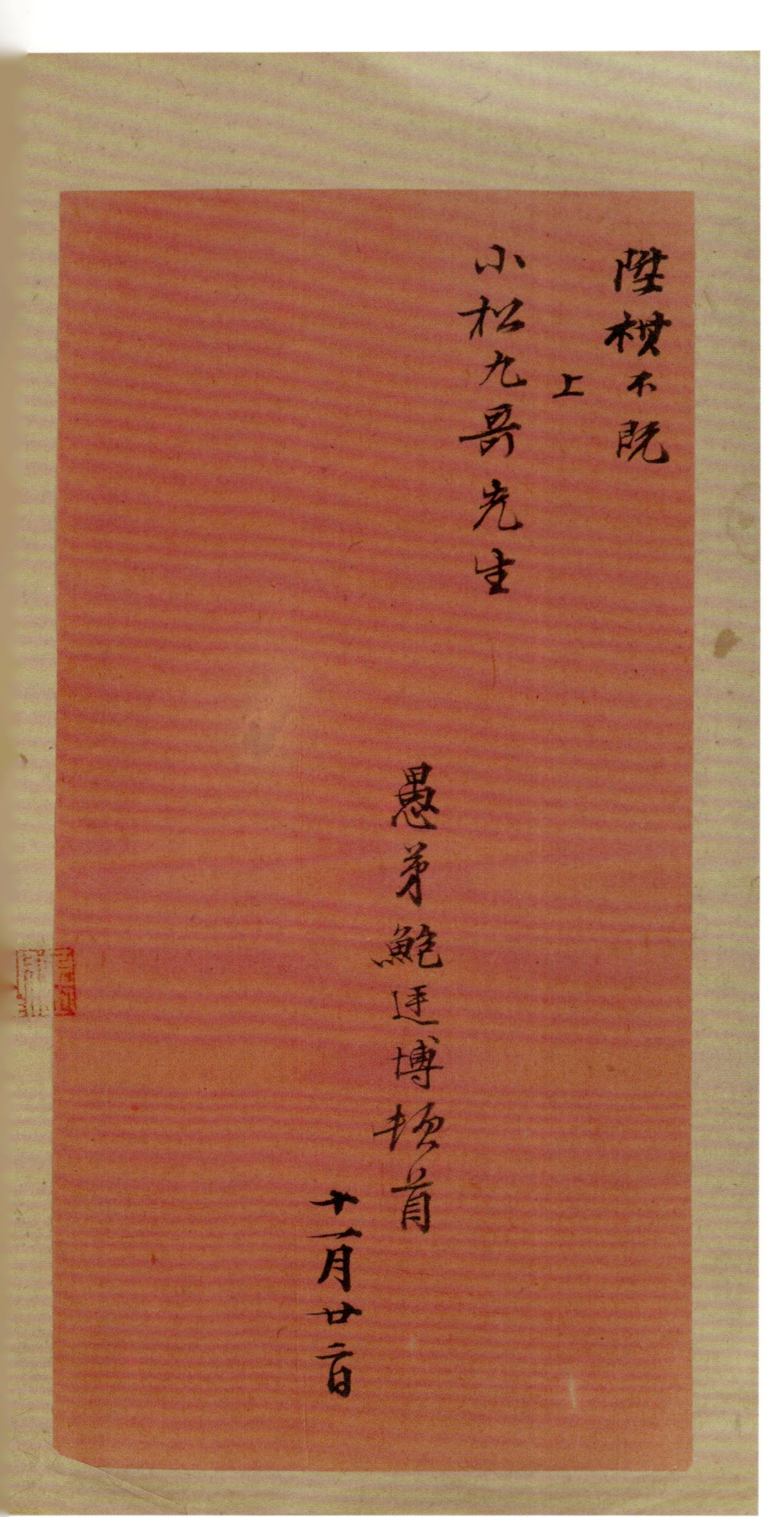

陞祺，不既。

小松九哥先生　上

愚弟鮑廷博頓首

十一月廿二日

〔二三八〕

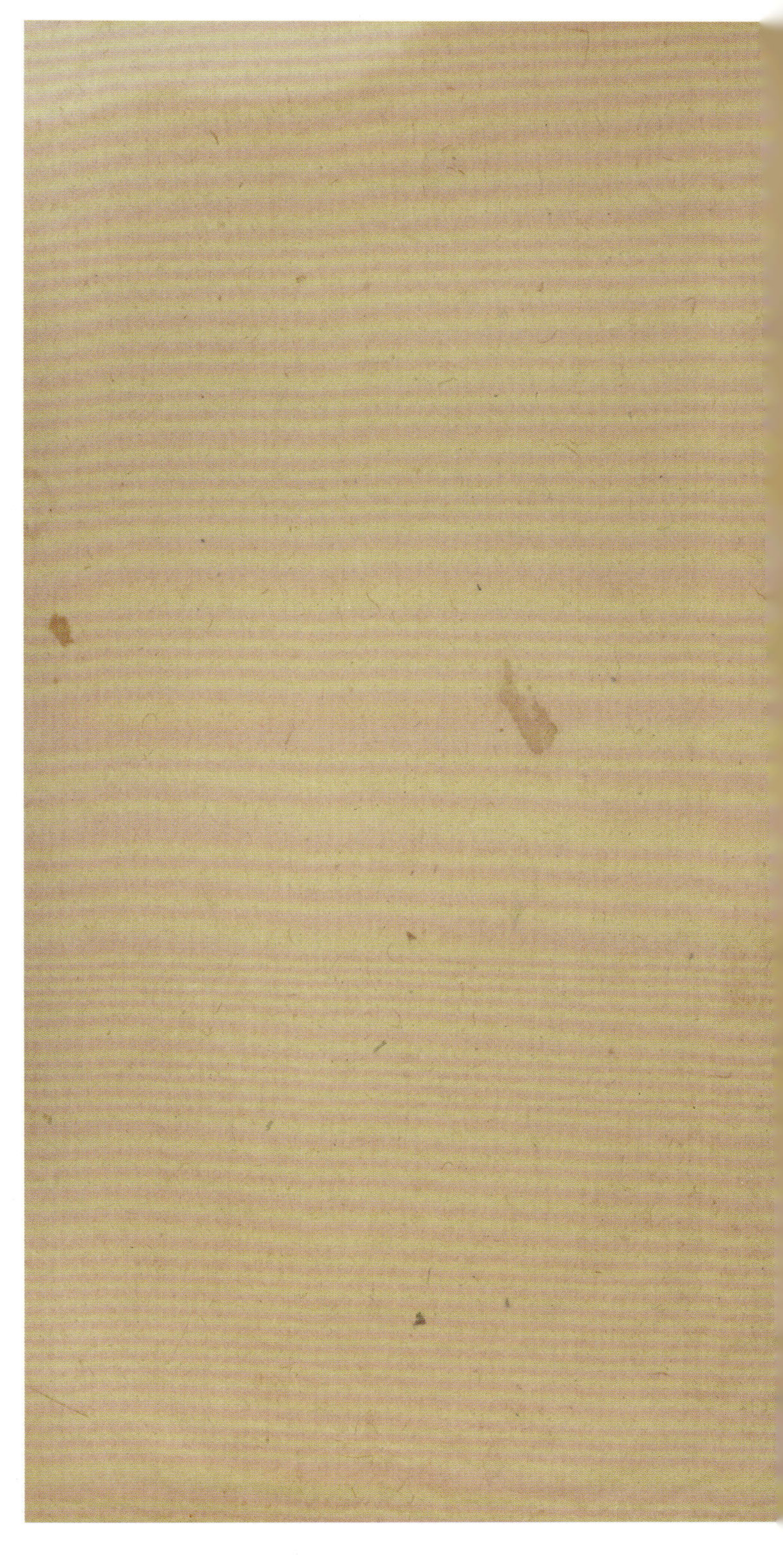

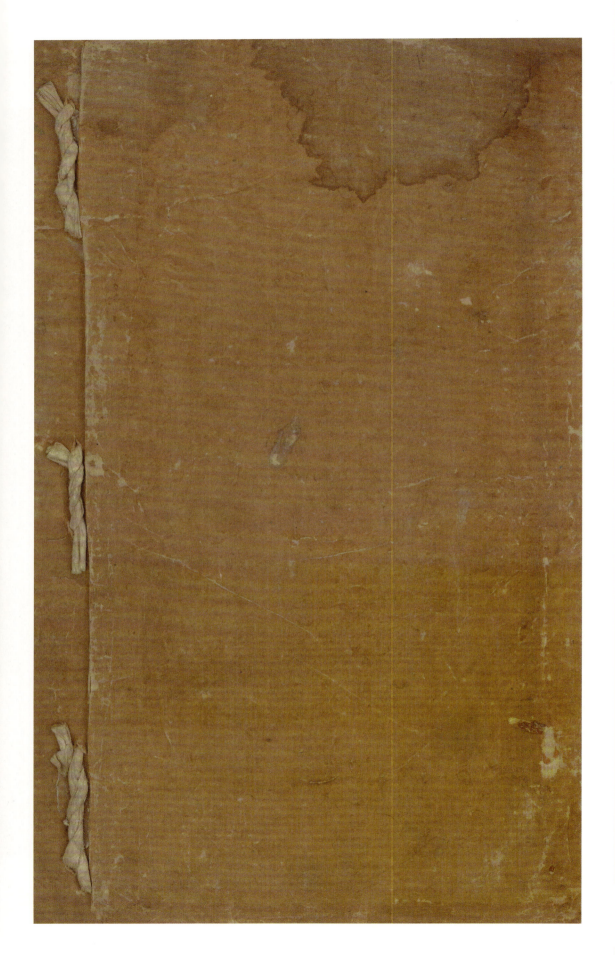

古歡第十二册

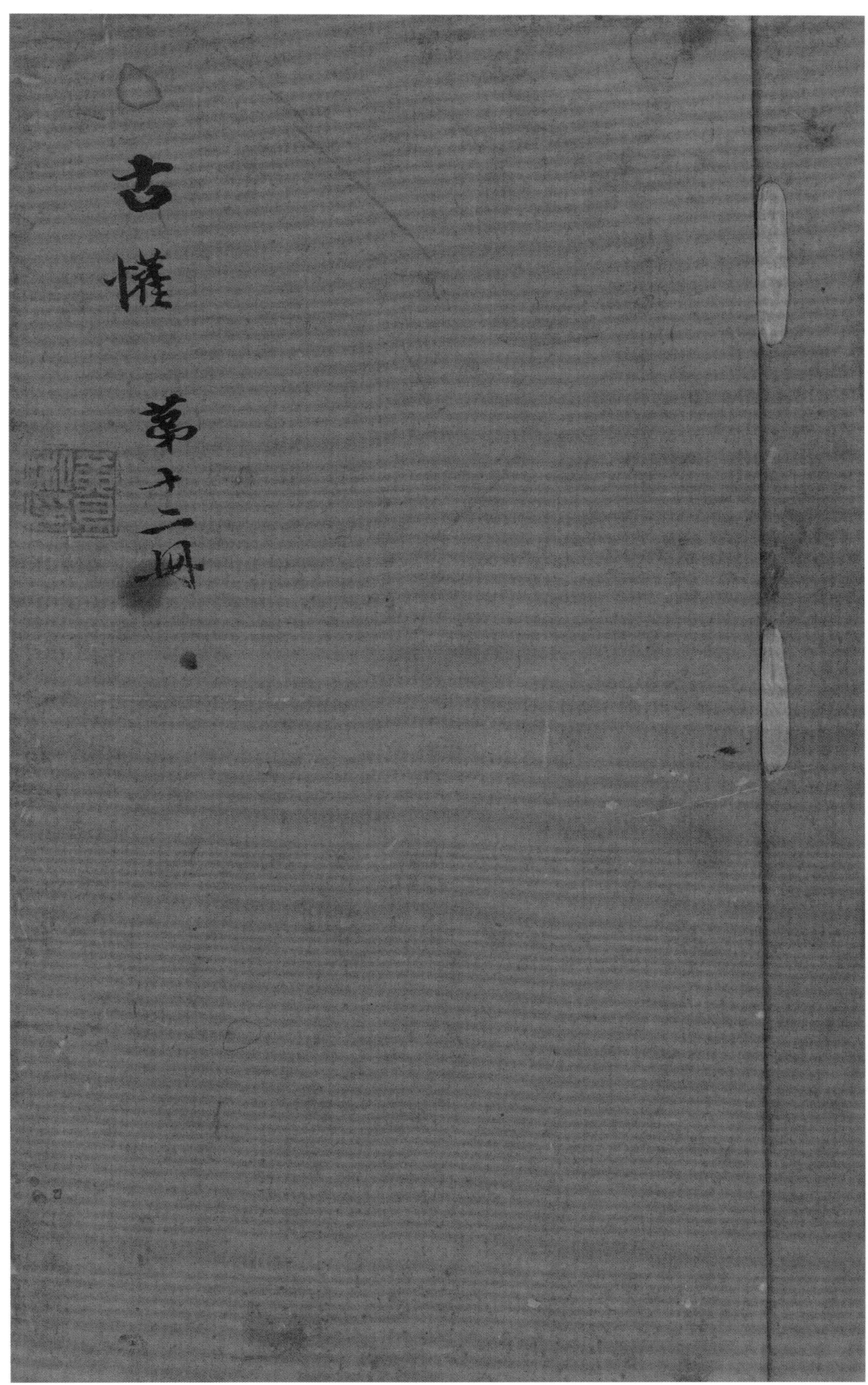
古懽
第十二冊

梁孝廉處來

梁履繩致黃易札之三

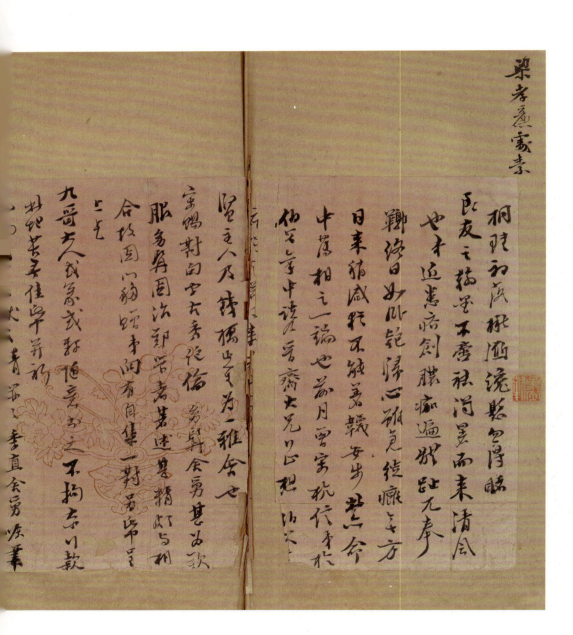

台安雖承
九哥畧分言情足見古道將余弟年輕未
敢前來耳外附足紋銀蘇平拾二分足
貴弟與百城兩處分弟嗅業本行
過居不另請札求指掌不便勤往數門
明問
順安餘不備

小松九哥大人左下

世愚弟[illegible]拜頓首

半日讀書半日靜坐
一客荷樵一客聽琴 詩品

說得[illegible]來談

桐珪初落，楸雁纔懸，忽得睹
良友之翰墨，不啻祛濁暑而來清風
也。弟近患疥創，膿痂遍體，趾兀拳
鞹，終日如卧匏，歸心雖急，徒癰無方。
日來稍減，猶不能著韈安步，此亦命
中薄相之一端也。前月曾寄杭信，弟於
伯父稟中談及晉齋大兄行止，想伯父□
□□□□□來□□□
賢主人及鐵橋先生爲一雅會也。
寄賜對句，字古秀絶倫，幼髯舍舅甚爲嘆
服。幼髯因治鄭學者，著述甚精，頗與相
合故，因以移贈。弟向有自集一對，另紙呈
上，乞
九哥大人或篆或隸隨意書之，不拘大小行款，
此地苦無佳紙，並祈
見賜，真無厭之請，罪罪！季直舍舅囑筆
奉候
臺安，雖承
九哥略分言情，足見古道，特舍舅年輕，未
敢簡率耳。外附呈新鋟蘇董帖二分呈
賞。幼髯、百城兩舍舅囑筆奉候
起居，不另瀆札。弟指掌不便，勉作數行，
順問
陞安，餘不盡。
小松九哥大人足下　世愚弟梁履繩頓首具

半日讀書半日静坐（記得程朱語），
一客荷樵一客聽琴（《詩品》）。

〔三五三〕

右安對牙
九哥暑令言情見去道將余勇年
敵前寧耳外附呈我錢蘇等
賞易每百城兩余勇喙業去存
避居不易請札才指掌不便動作
明問
恭安弟頓首

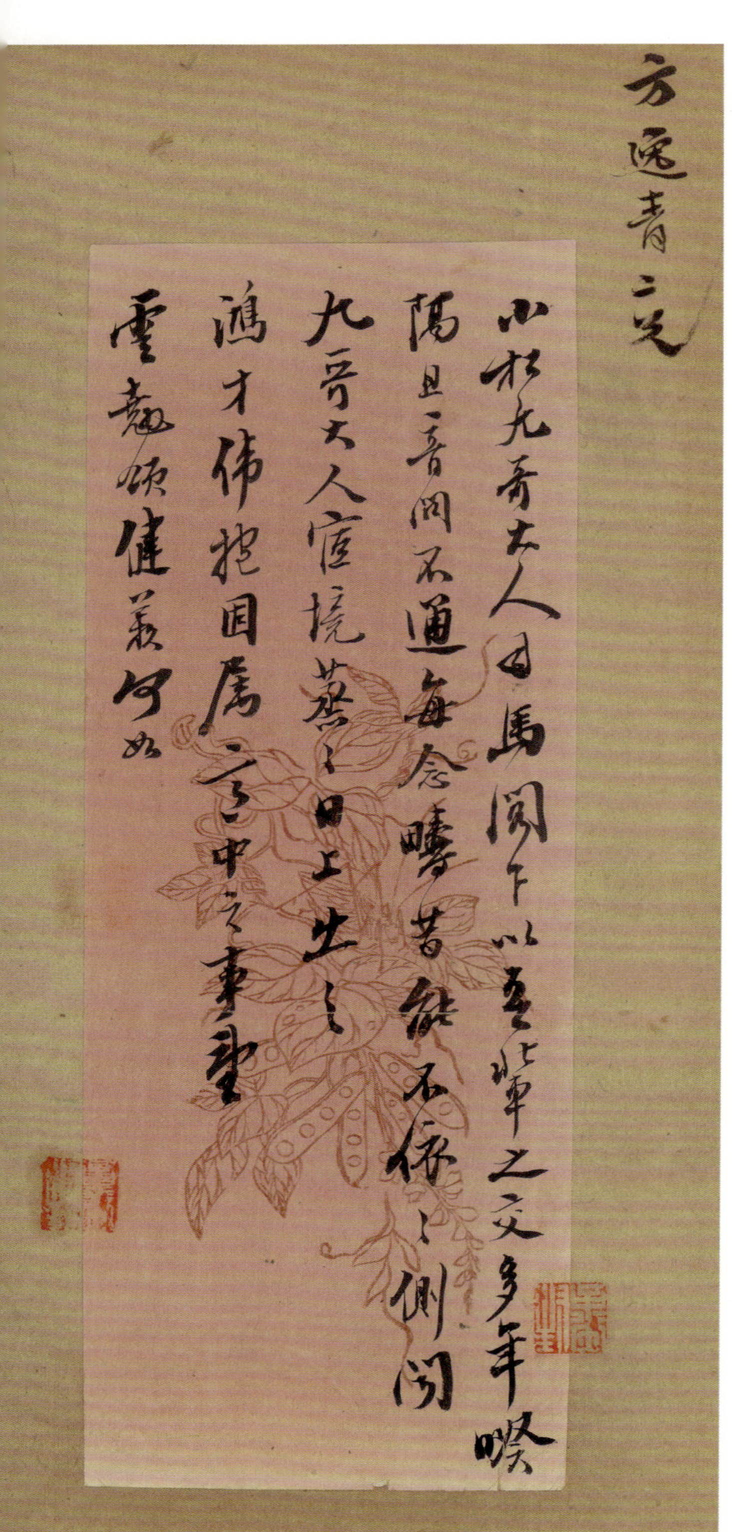

◀ 方維翰致黃易札之一

小松九哥大人司馬閣下：以吾輩之交，多年暌隔，且音問不通，每念疇昔，能不依依？側聞九哥大人宦境蒸蒸日上，出之鴻才偉抱，固屬意中之事，望雲翹頌，健羨何如！

閣下好古之情根於本性，能不爲簿書所溷否？近來詣力定更深，收藏當益富，恨不能得趨侍左右，以窺見一斑也。弟一第難若登天，一官又不可保，亦命之使然。放逐兩年，揮兩袖之風，糊四十之日，支絀日形，恐將作西湖餓鬼也。頃朱閬齋先

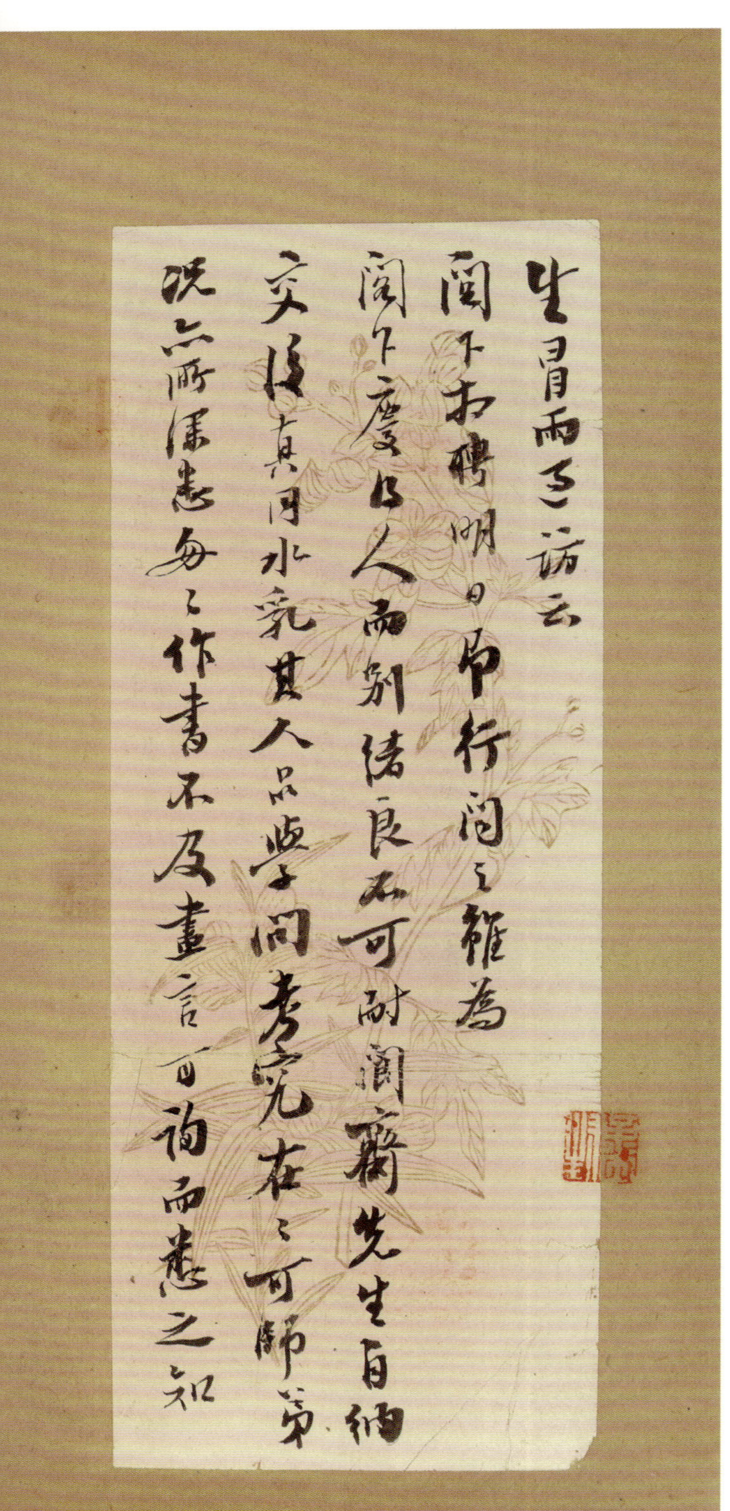

生冒雨過訪，云
閣下相聘，明日即行，聞之雖爲
閣下慶得人，而别緒良不可耐。閬齋先生自納
交後，真同水乳，其人品學問考究，在在可師。弟
况亦所深悉，匆匆作書，不及盡言，可詢而悉之，知

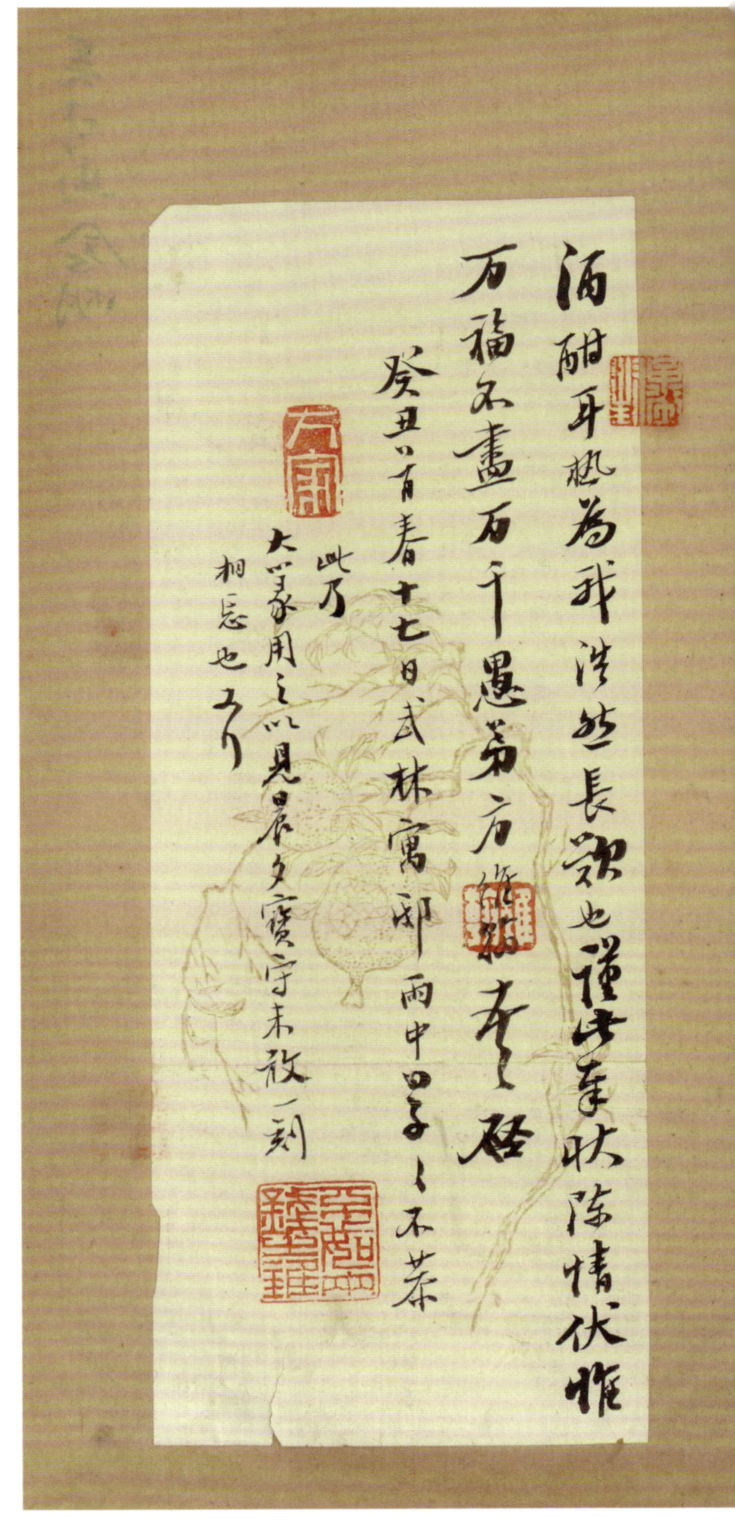

酒酣耳熱，爲我浩然長嘆也！謹此奉狀陳情，伏惟萬福，不盡萬千。愚弟方維翰頓首啓

癸丑首春十七日武林寓邸雨中草草，不恭。

此乃大篆，用之以見晨夕寶守，未敢一刻相忘也。又拜。

【四三八】

吴司馬念明

小松九哥大人閣下十年暌隔兩日追陪雖未慰饑渴之懷少釋離

◀ 吴人驥致黃易札之二

小松九哥大人閣下：十年暌隔，兩日追陪，雖未慰饑渴之懷，少釋離索之感。日昨介亭過東，究以病腕艱於作札，又失裁候，想九兄亦諒之也。浣筆泉作録塵大教，倘能附鐫於諸名作之後，亦附尾之幸。《金鄉漢畫》如有完拓，便望寄賜一本。東昌學宫「三絶碑」並鄧氏所刻《祭姪文》寄呈各一種，乞莞納。餘候近吉，不宣。　驥頓首再拜白

燕亭藥、飲晤乞致意，又及。

〔三八五〕

九老之諫之此院單泉作録崖
大教，倘能附鐫于諸名作之後，
亦附尾之事。金鄉澤畫水者
完搨，使望
寄賜一本。東昌學宮三絕碑
并鄒氏所刻祭姪文，寄到望各
一搨乞
莞納。節敘
近吉，不宣。騏頓首再拜白
藥翁 蕭顧明先 孫宰文友

陳秋堂

◀陳豫鍾致黃易札

豫鍾頓首拜書，

小松老先生閣下：敬啓者，己酉仲冬接奉

瑯函，如親

麈教，在

鄉先達奬借後學，不靳齒芬，而受者逾分，不竟

顏汗。本擬裁答，恐案牘

賢勞，徒多滋擾。邇晤鐵生丈，曾述

雅意殷拳，賤名得掛

齒頰，幸甚！愧甚！唯豫素耽金石，無如學淺
　質魯，絶少師傳。久傾
山斗，是以前函致懇
示我楷模，荷蒙不棄，
許以心傳。兹附上劣石二方，敢祈
公餘之暇鎸就見寄，俾得此則傚，異日或有
　寸進，當謹志
陶鎔之德於靡既。肅函奉瀆，順請

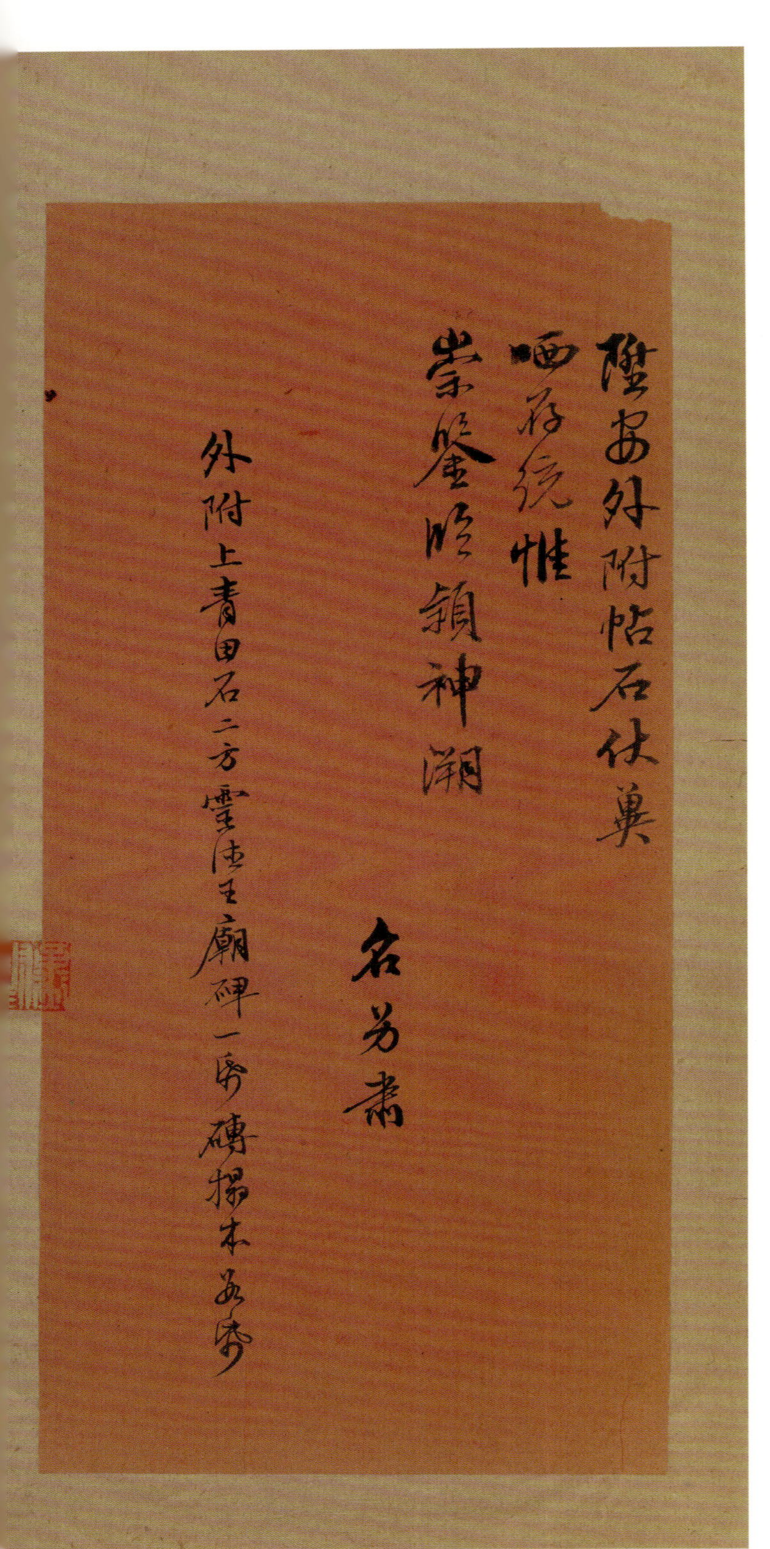

陞安。外附帖石，伏冀
哂存，統惟
崇鑒，臨穎神溯。
名另肅
外附上青田石二方、《靈德王廟碑》一紙、磚拓本數紙。

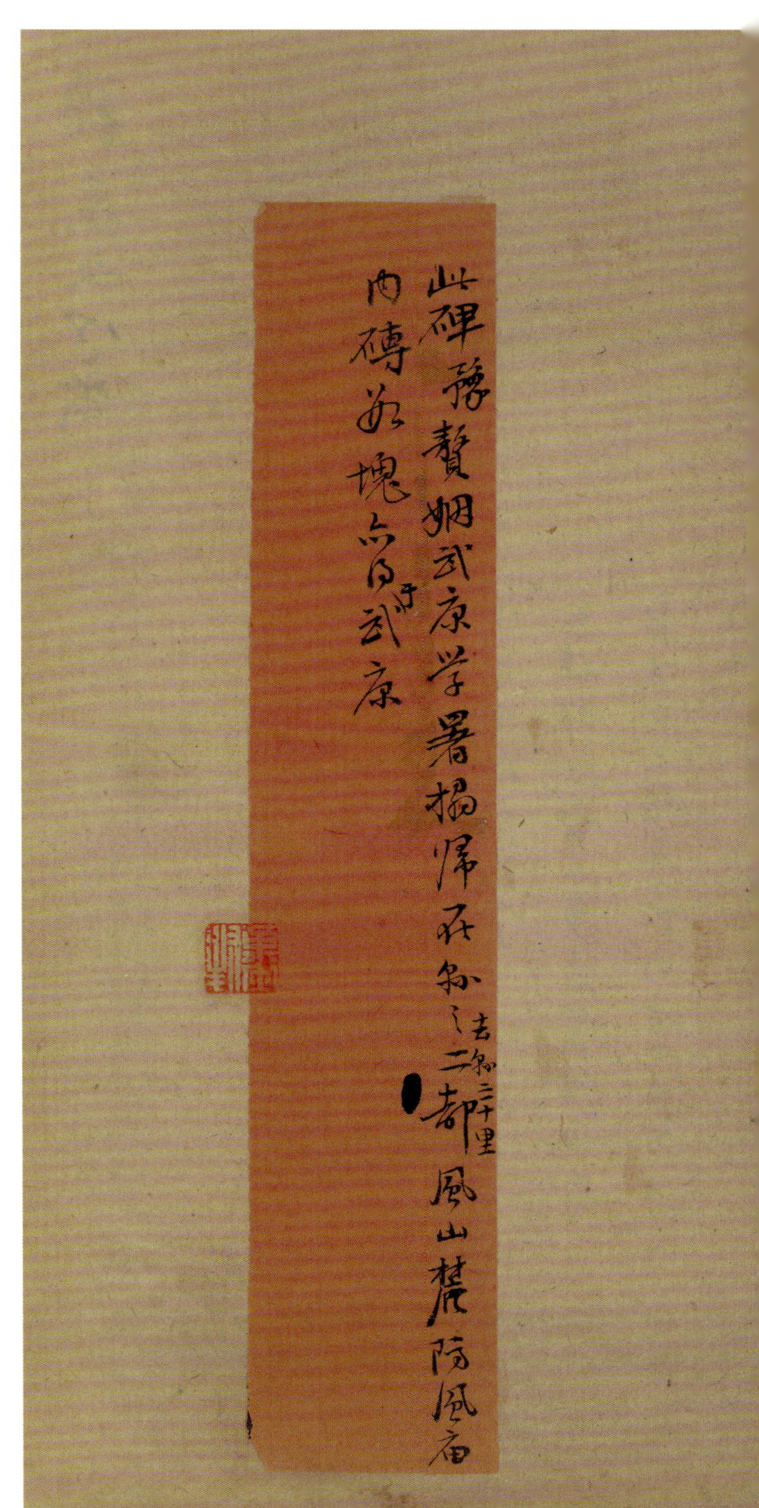

此碑豫贅姻武康學署拓歸，在縣之二都（去縣三十里）風山麓防風廟内。磚數塊，亦得於武康。

【四四七】

顏崇槼致黃易札之二

行年五十有三，甫誕一雛，敢遂謂
足萬事哉！辱承
關注，銜佩殊深，兼
惠佳釀，既旨且多，啓罌浮白，曷
啻百朋之錫耶！所存古刀布等件，
謹如
命拓就，伏唯
檢入。附呈《孔君碑》乙通，視前拓者較
勝。學憲尚有題字，俟刻出後再
精拓續寄。又研銘乙紙，此研今
存黃左君處，
九哥大人需耑札致之，或以它研
相易，當可必得耳。家叔托

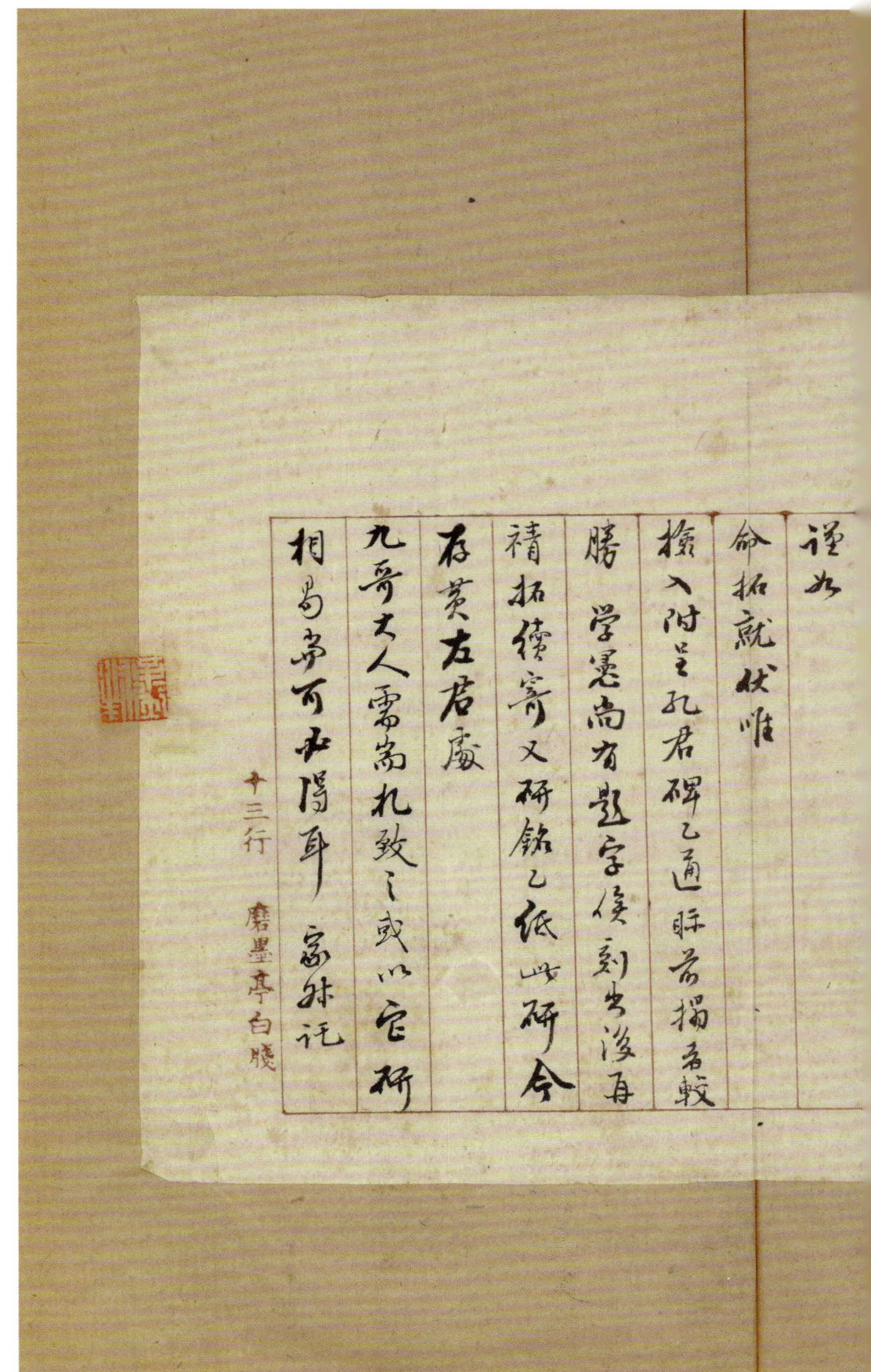

謹如
命拓就伏惟
檢入附呈孔君碑二通 昨前揭者較
勝 學墨尚有數字俟剜出後再
精拓續寄又硯銘二紙此硯今
存黄左君處
九哥大人需尚札致之或以它硯
相易亦可不得耳 寓弟拜託

十三行 磨墨亭白牋

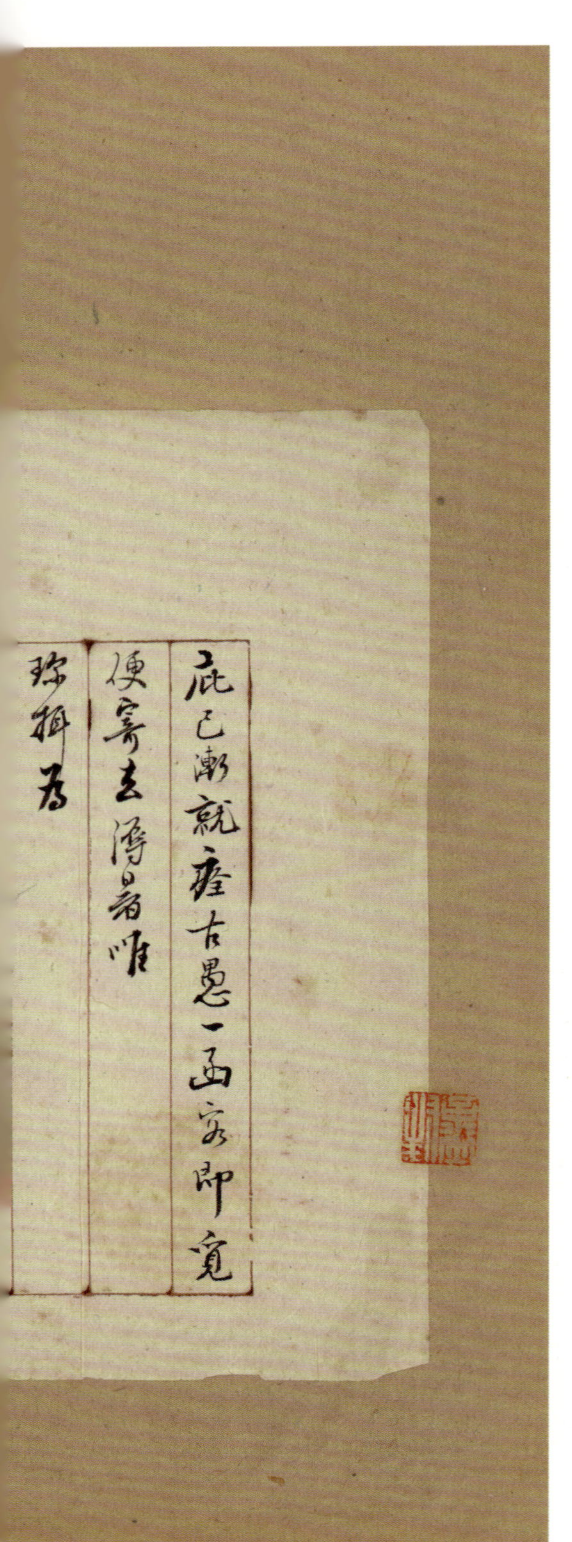

庇，已漸就痊。古愚一函，容即覓

便寄去。溽暑唯

珍攝，爲

國自愛，不宣。

小松九哥大人鈞座

世愚弟顏崇槼頓首

六月六日

【二六五】

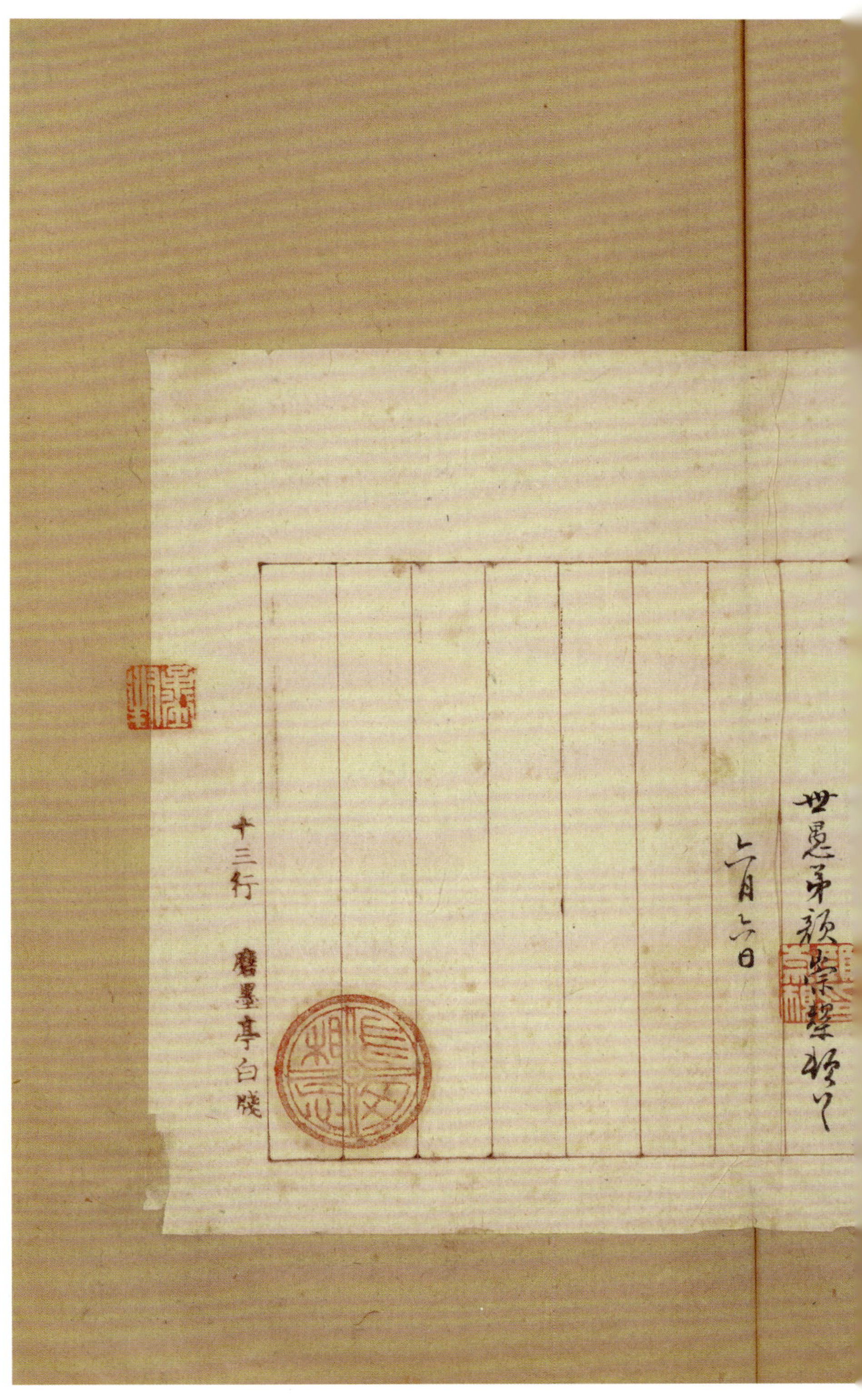

世愚弟顧宗泰頓首

七月六日

十三行　磨墨亭白牋

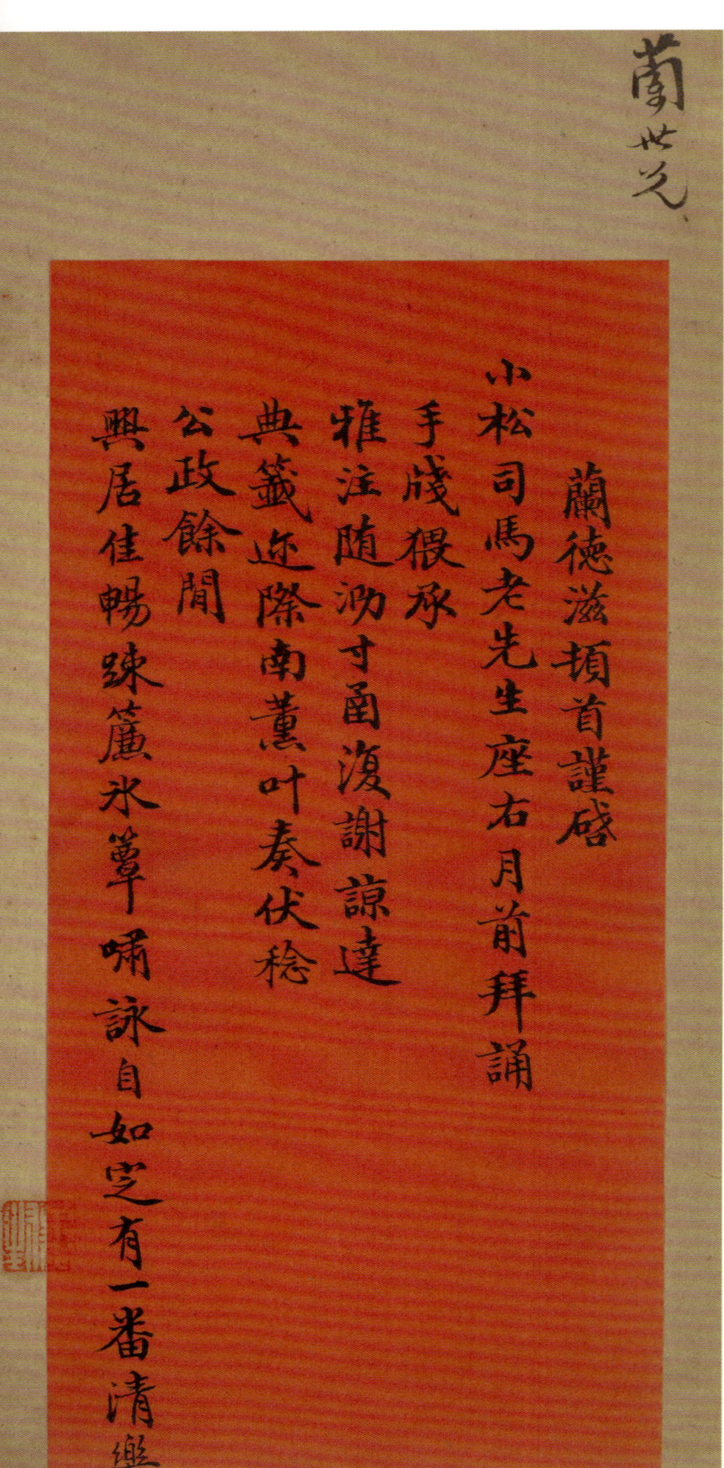

蘭世兄

蘭德滋頓首謹啓

小松司馬老先生座右月前拜誦

手牋猥承

雅注隨泐寸函復謝諒達

典籤邇際南薰叶奏伏稔

公政餘閒

興居佳暢疏簾水簟嘯詠自如定有一番清樂

◀蘭德滋致黄易札

蘭德滋頓首謹啓，

小松司馬老先生座右：月前拜誦

手箋，猥承

雅注，隨泐寸函復謝，諒達

典籤。邇際南薰葉奏，伏稔

公政餘閒

興居佳暢，疏簾水簟，嘯詠自如，定有一番清樂

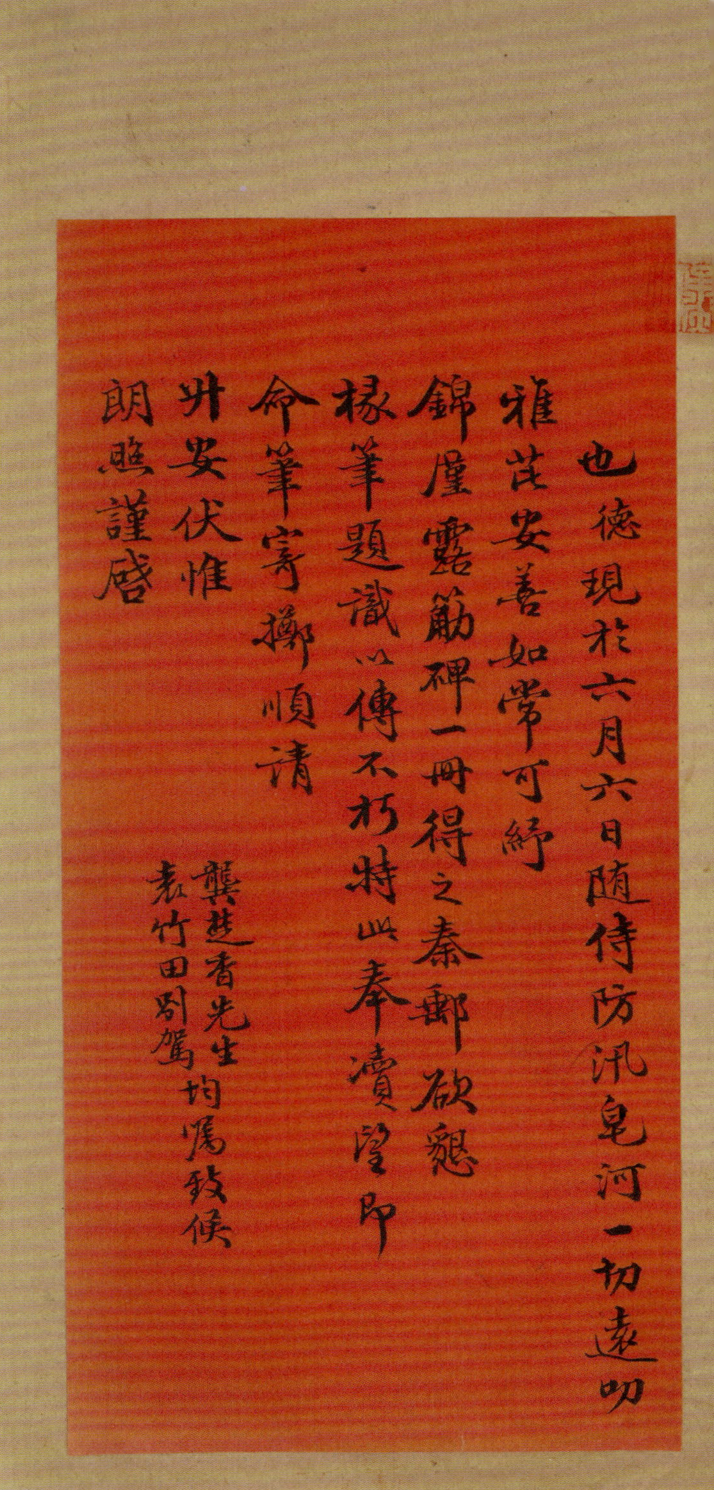

也。德現於六月六日隨侍防汛皂河，一切遠叨
雅庇，安善如常，可紓
錦廑。《露筋碑》一册得之秦郵，欲懇
椽筆題識，以傳不朽，特此奉瀆，望即
命筆寄擲。順請
升安，伏惟
朗照。謹啓。

龔楚香先生
袁竹田别駕 均囑致候。

〔三七六〕

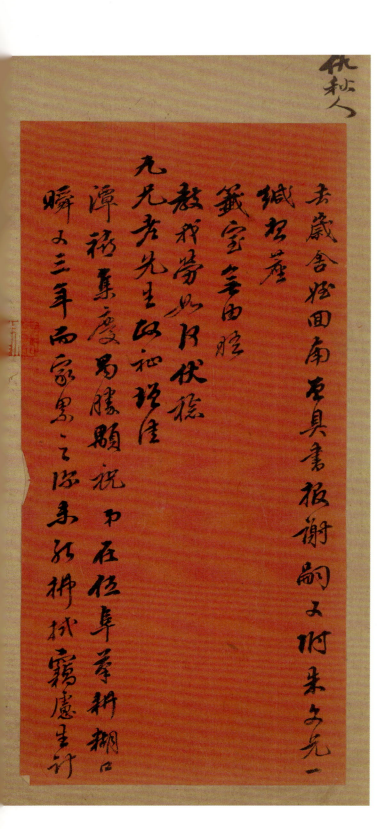

仇夢巖致黃易札之二

去歲舍姪回南，曾具書報謝。嗣又附朱文兄一
緘，想塵
籖室，無由晤
教，我勞如何。伏稔
九兄老先生政祉增佳，
潭禧集慶，曷勝顒祝！弟在伍阜筆耕糊口，
瞬又三年，而家累之深，未能拂拭，竊慮生計

如萍，老境漸臻，將來作何究竟，托契如
閣下，不識何以拯拔之？客中抑鬱，惟以古人金石
自遣。特苦此鄉荒陋，絶無見聞。
閣下搜集日增，切希不時
寄示。思念
妙繪尤渴，舊作《秋水人家圖》日懸案頭，披
對賞心，尚多望蜀之想，極知

賢勞鞅掌，不敢溷干，但念企慕之殷，可能
檢賜一二？舍姪今將往豫，聞伊囊篋尚存
貴署，得便祈附寄之。略陳夙悃，敬候
陞安，諸惟
朗照，臨書無盡。
秋盦九兄老先生閣下
老伯母太夫人、嫂夫人均請福安。　愚弟仇夢巖頓首　辛亥上巳

【五九】

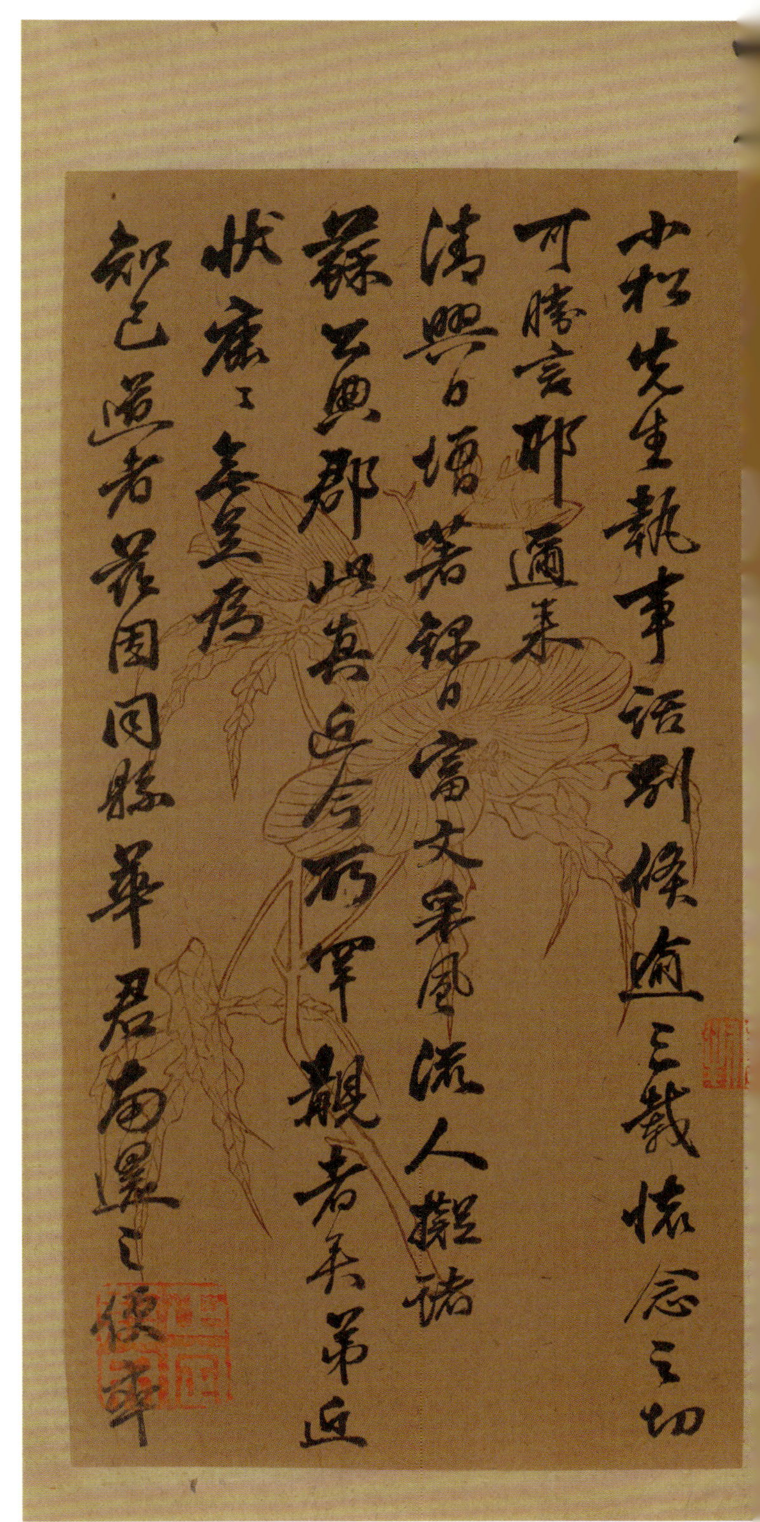

► 邵晉涵致黄易札

小松先生執事：話别倏逾三載，懷念之切，可勝言耶？邇來清興日增，著録日富，文采風流，人擬諸蘇公典郡，此真近今所罕覯者矣。弟近狀鹿鹿，無足爲知己道者。兹因同縣華君南還之便，率

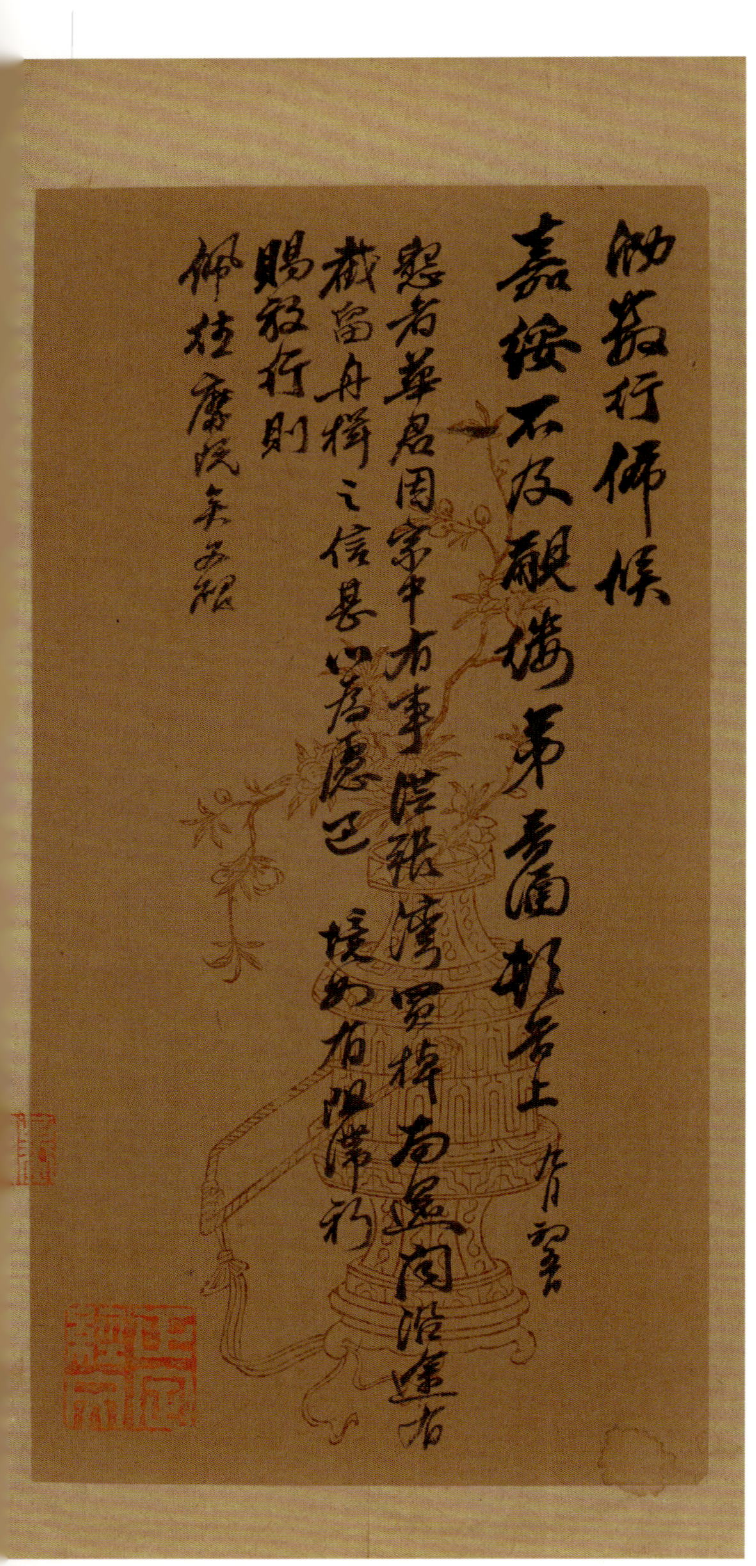

沕數行，佈候
嘉綏，不及覼縷。弟晉涵頓首上　九月初五日
懇者，華君因家中有事，從張灣買棹南還，聞沿途有截留舟楫之信，甚以爲慮。過境如有阻滯，祈
賜放行，則
佩德靡既矣。又啓。

【四六七】

嚴守田

鄉關後進久積欽遲作吏牽絲量移江左方

幸近接

德暉廼緣密勿趨承俗冗溷我所謂伏思羈屑

展敬無容中心闕然欽欽不釋伏惟

老寅伯大人政事之餘從容文史篋中金石腕

底烟雲斗大一州囊括三古真當代歐陽

永叔劉原父其人佇想

嚴守田致黃易札之一

鄉關後進，久積欽遲，作吏牽絲，量移江左，方

幸近接

德暉，乃緣密勿趨承，俗冗溷我，所謂伏思羈屑，

展敬無容，中心闕然，欽欽不釋。伏惟

老寅伯大人政事之餘，從容文史，篋中金石，腕

底烟雲，斗大一州，囊括三古，真當代歐陽

永叔、劉原父其人。佇想

清光，曷其能已！姪自河壖需次以來，碌碌隨人，旅進
旅退，奉職無狀，靡可以爲
長者告諸。所喜家大人康健如舊，江南地近，蝦
菜猶甘，依侍子舍，懷古人烏烏之私，私以爲慶耳。
舍弟甫田樸拙粗材，獲因依
德宇，得奉
訓辭，更荷

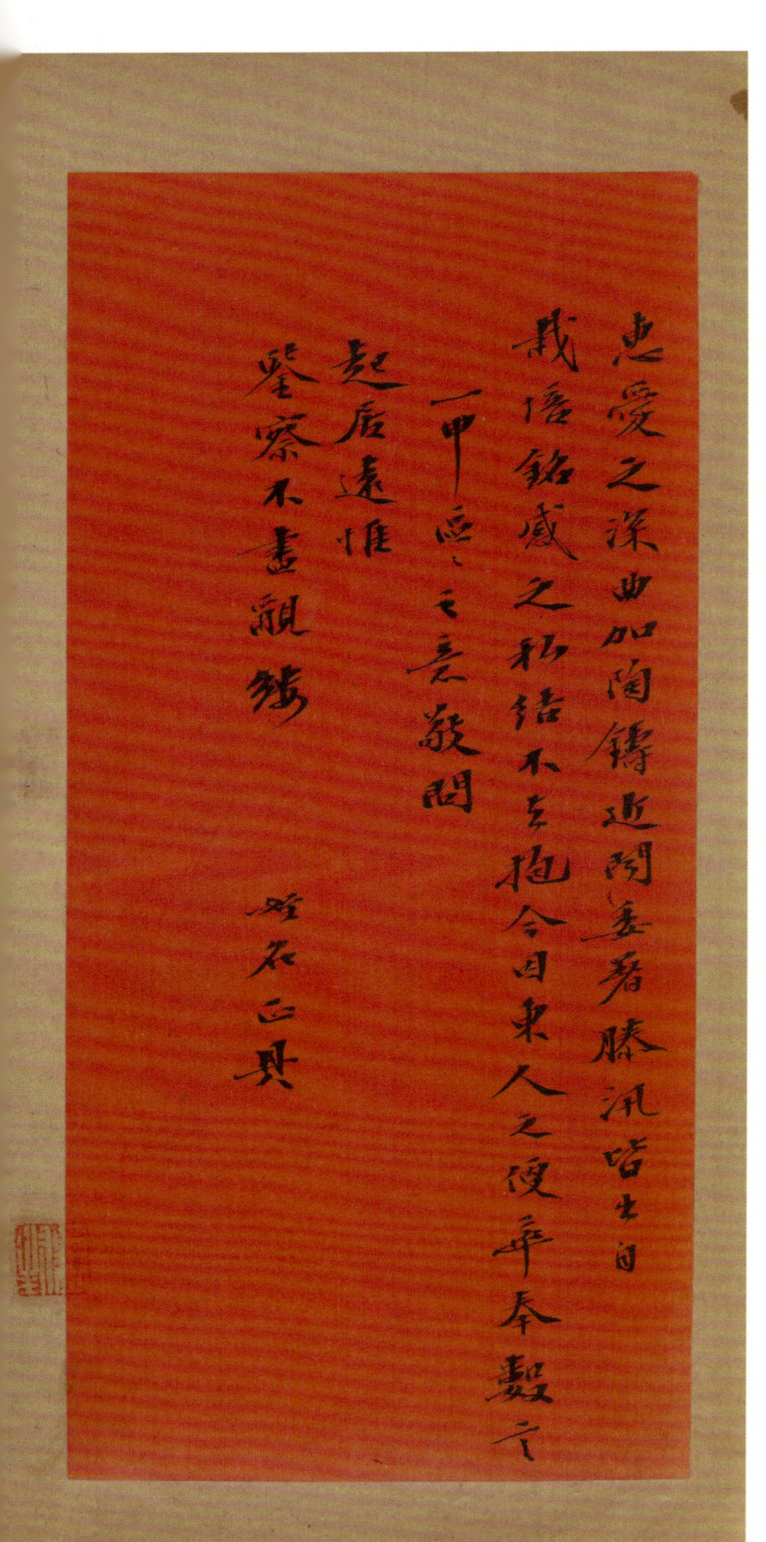

惠愛之深，曲加陶鑄。近聞委署滕汛，皆出自
栽培，銘感之私，結不去抱。今因東人之便，率奉數言，
一申區區之意，敬問
起居，遠惟
鑒察，不盡覶縷。　　姪名正具

【三九四】

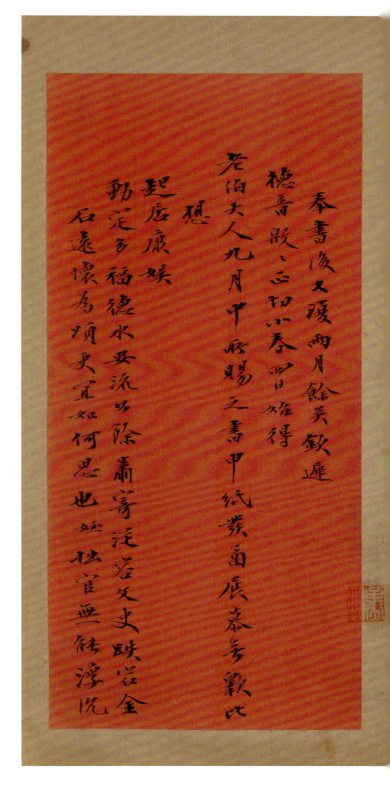

► 嚴守田致黃易札之二

奉書後又復兩月餘矣，欽遲
德音，殷殷正切。小春四日始得
老伯大人九月中所賜之書，申紙發函，展慕無斁。比
想
起居康娱，
動定多福，德水安流，公餘蕭寄，從容文史，趺宕金
石，遠懷爲頌，更宜如何思也。姪拙宦無能，浮沉

自憙。家君前患小恙，近已日漸脱然，寸草之心，
竊爲慶幸，可以告慰
盛念耳。至
謙誨撝抑過甚，嵇吕分深，何敢紀群自大，翻用惕
然。敝友郭頻伽早慕
碩學，並有求
書楹帖，想蔣君伯生已爲達之。承問殷然，先之以詩，

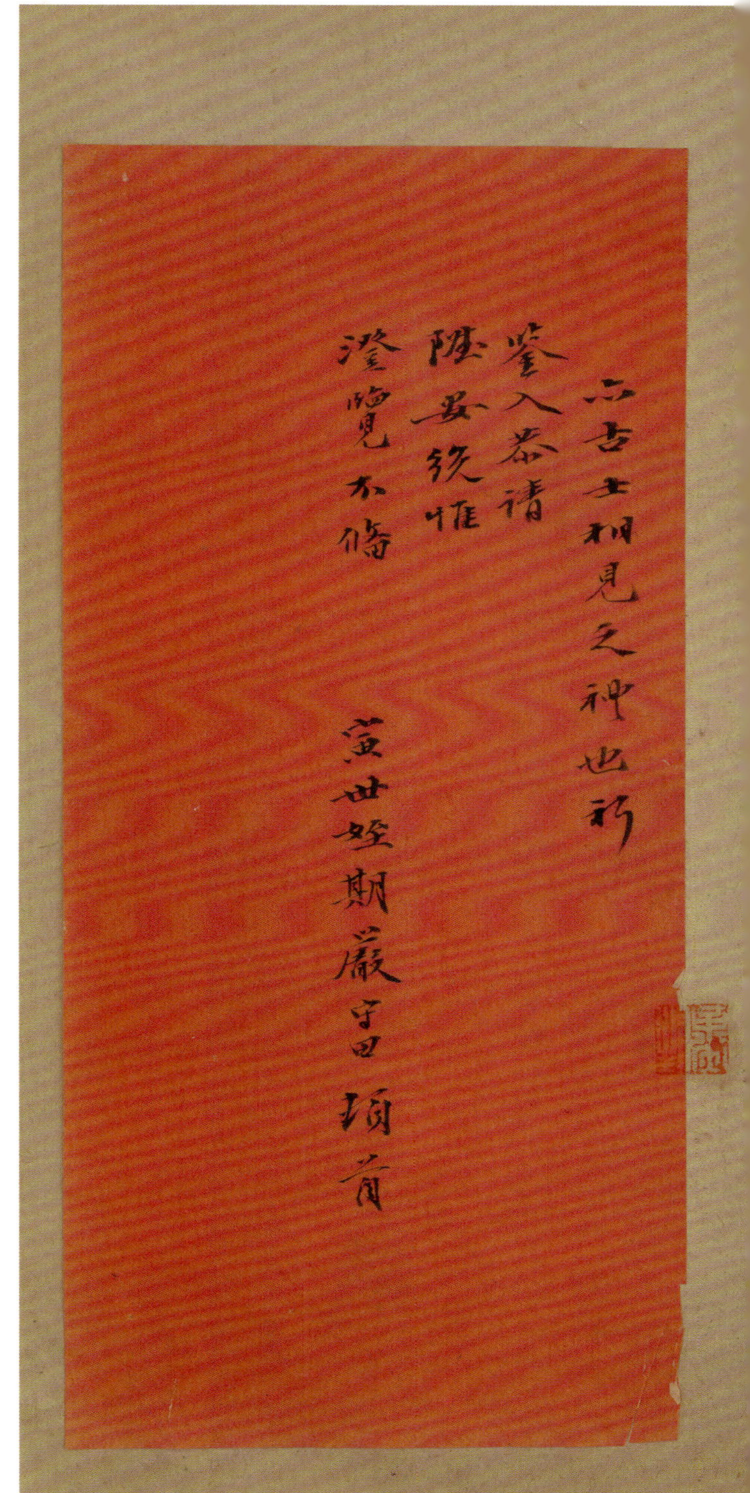

亦古士相見之禮也，祈
鑒入。恭請
陞安，統惟
澄覽，不備。　　寅世姪期嚴守田頓首

【三九五】

李東琪、李草致黃易札

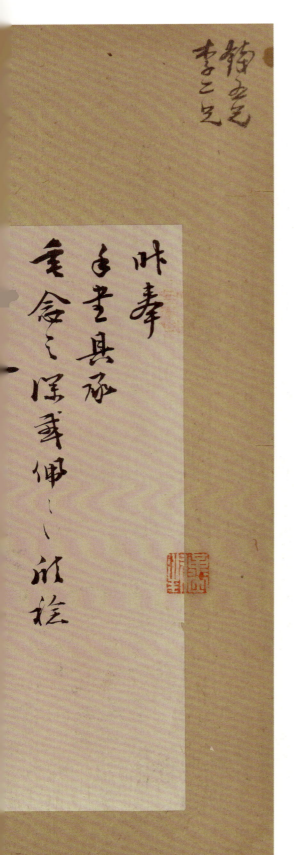

昨奉
手書，具承
垂念之深，感佩，感佩！欣稔
九兄大人榮擢司馬，行見升華，不次
轉瞬即開府河東矣，曷勝顒賀！
□大人已□晋□□篤均屬同往，廿
八登程矣，從此□行中阻，相距覺
遥，越首河干，不勝神往耳。專此
志別，並賀
陞祺，匆匆不盡欲言。
小松九兄大人如手

愚弟 鐵橋 李草 合頓首

廿八日辰刻

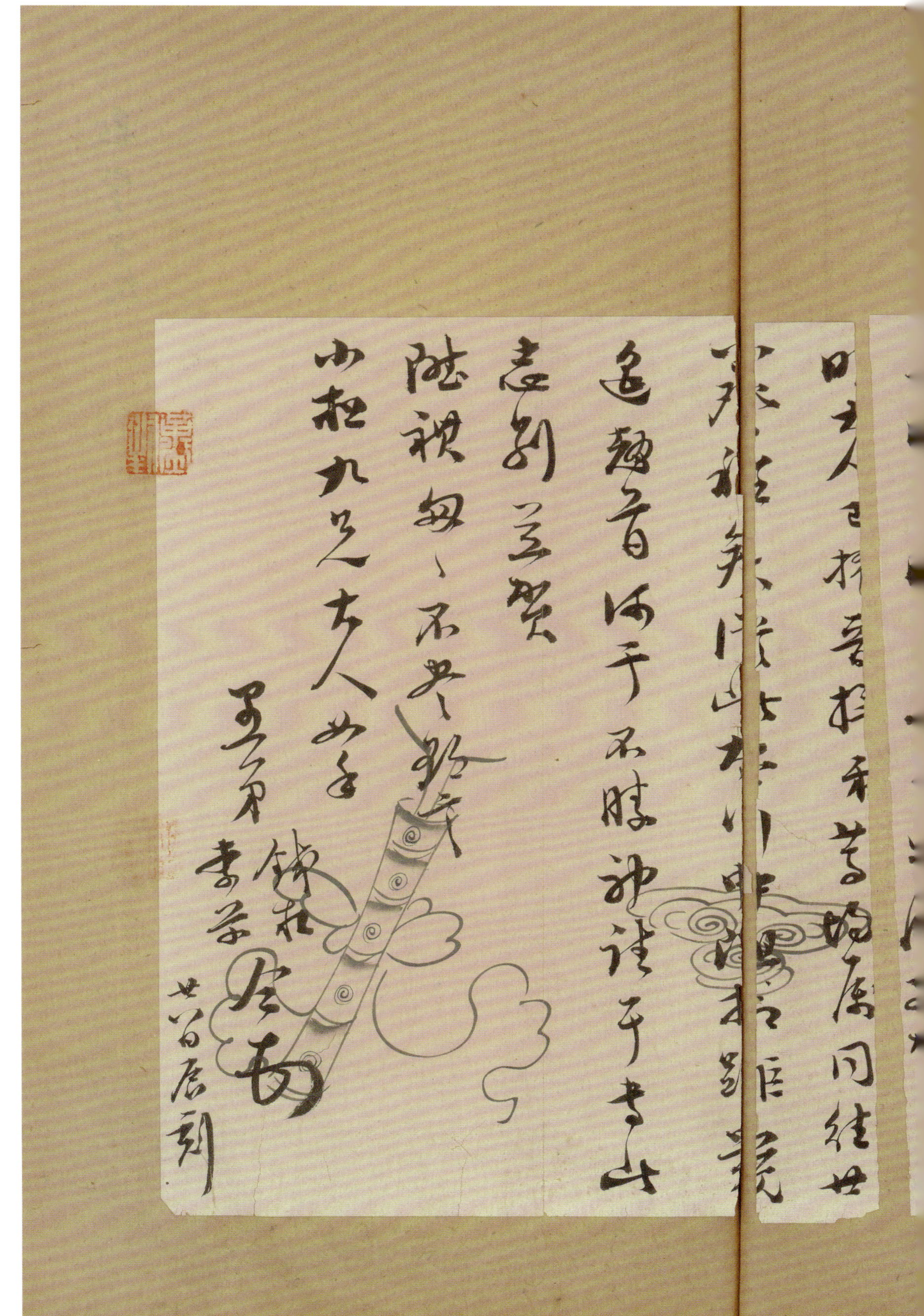

▲潘有爲致黄易札之十二

别

足下十餘年矣，夢寐深思，晝夜相接。許方伯從都還，得尊札，曾浼檳榔客販北者由京轉覆一械，宋四哥到來，未蒙述及，豈此信又屬浮沉耶？覽手畫濟廨一圖寄閲，待留一席見邀，骨肉相愛之情觸緒哽咽。弟因母老多病，决計不復出山，十五年虚度薇垣，宦途參透，亦復了了。惜日下枌榆金石之契，莫過於吾

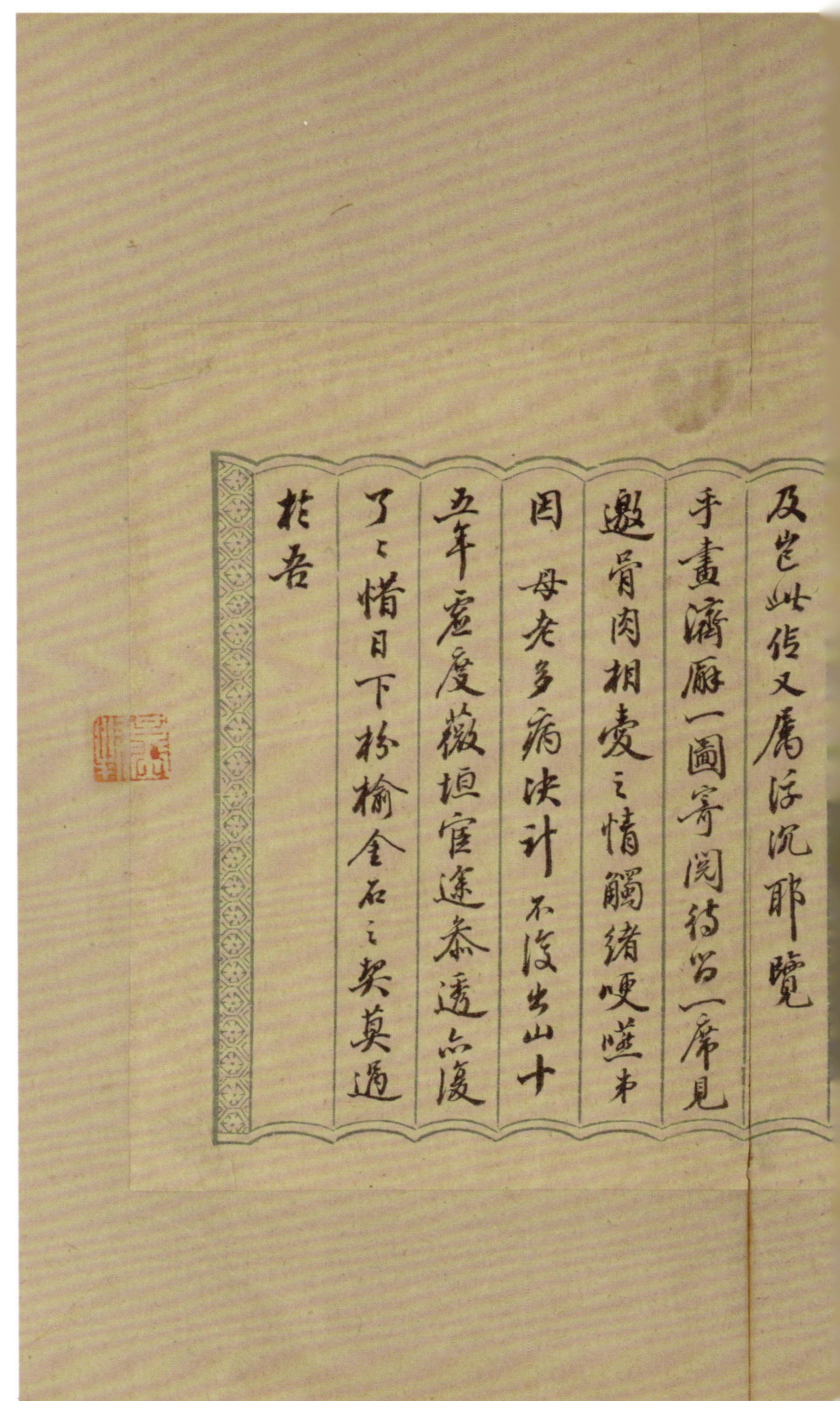

及岂此作又屬浮沉耶覽
手畫濟厰一圖寄閲猶昔一席見
邀骨肉相愛之情觸緒哽噎弗
因母老多病決計不復出山十
五年室度薇垣宦途泰適亦復
了了惜日下枌榆金石之契莫遁
於吾

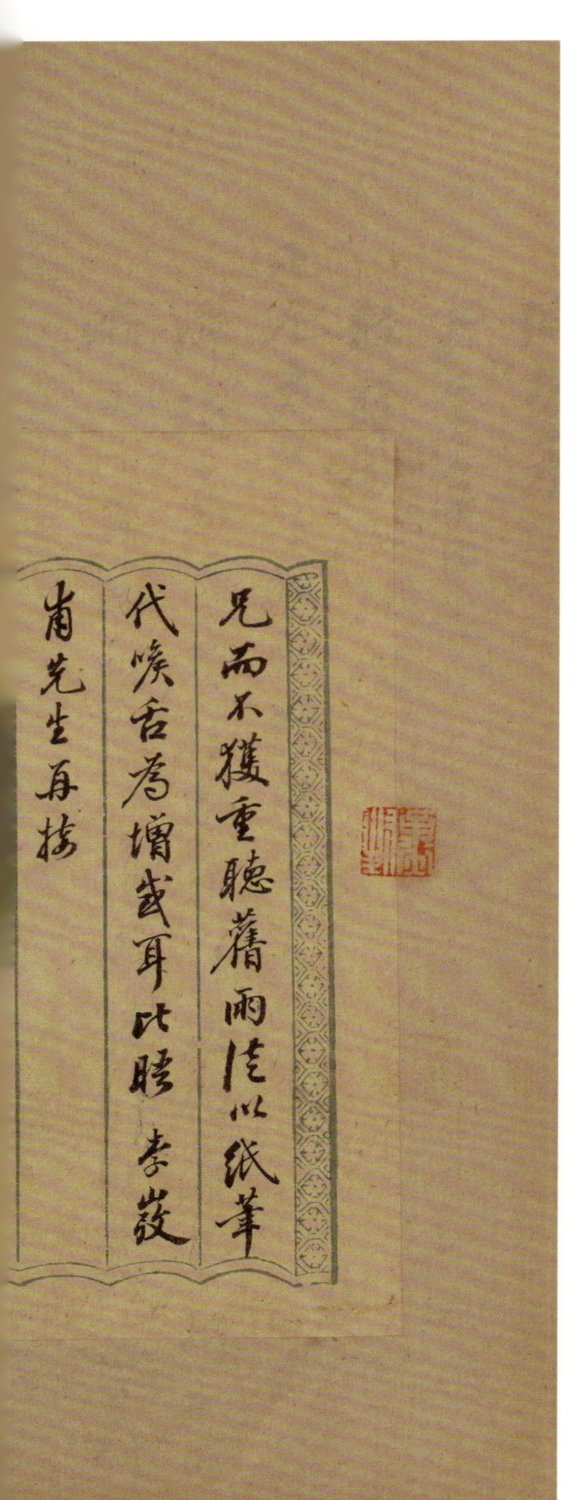
兄而不獲重聽舊雨徒以紙筆代喉舌爲增感耳比晤李弢甫先生再接

兄，而不獲重聽舊雨，徒以紙筆代喉舌，爲增感耳。比晤李弢甫先生，再接文翰，並緘金石及新刻各種，讀之不忍釋手。詢知官况清苦，幸伯母大人精力康健，觴舉融和，克慰顒祝，且盼陞遷之信，尤不能去懷也。弟自歸粵後，頻年赴閩經營先君葬地，心勦形瘵，繚悷莫狀。偶覓書畫及碑帖，俱無有，物力盡而眼亦窮，羡

官況清苦，幸
伯母大人精力康健，觴舉歡和，足
慰顒祝，且盼陞遷之佳兆，不能去
懷也。弟自歸粵後，頻年赴閩經
營先君葬地，心勤形瘵，繚悷莫
狀。偶覓書画及碑帖，俱無有物力
盡而眼亦窮羨

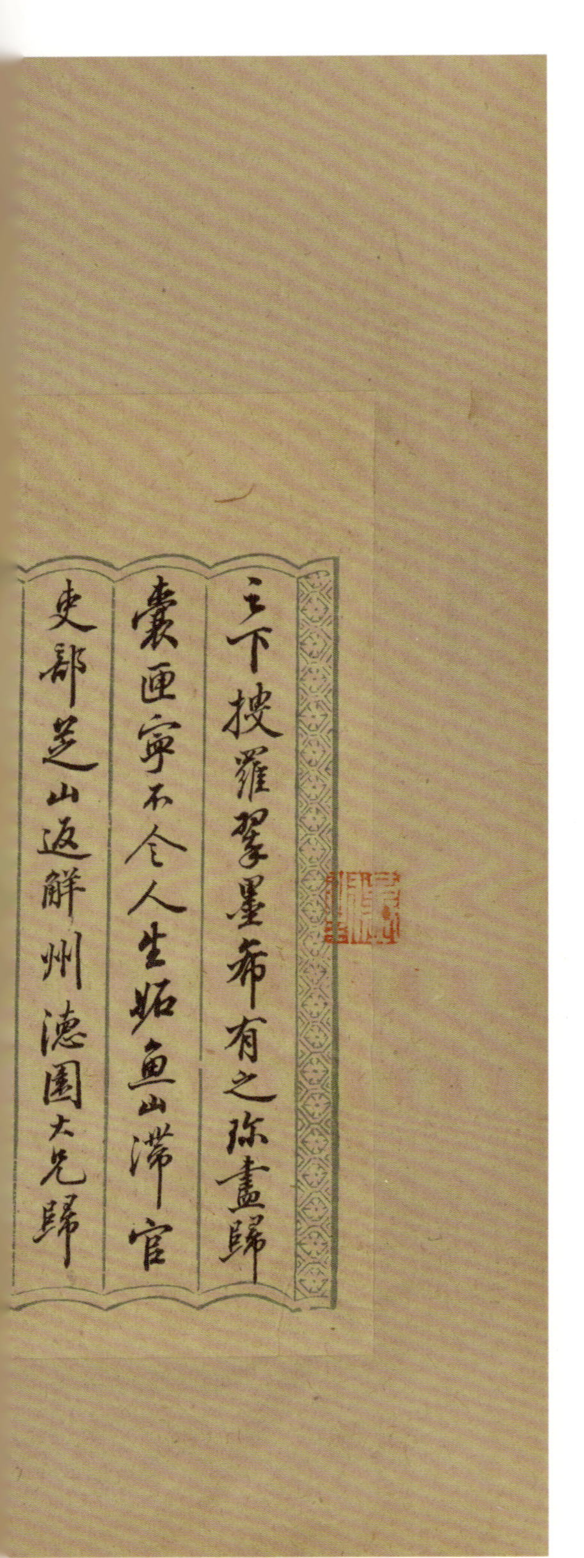

足下搜羅翠墨，希有之珍盡歸
囊匣，寧不令人生妒？魚山滯官
吏部，芝山返解州，德園大兄歸
武林，朗齋、晉齋、芑堂、無軒俱久
不得音問，藥房解組後旋即棄
世。離群索處，安得好懷，思之悶
然而已。聞
尊處亟須天青大呢，兹奉寄一板，
約四十尺有零，隨意翦用。天青軟羽
要寄一板，值青黄不接，市中力索
無得，所存貨脚不合式，不便
上，撿笥中僅存一套（袍係京醬色），幸

無雖犀案處安得好懷思之惘

然而已聞

尊處亟須天青大呢若來寄一板

約四十尺有零退意翦用天青軟羽

要寄一板值青黃不接市中乏索

各滑所存價脚不合式不便

上檢箱中僅存一套 花保宗 嫺閨邑 奉

哂及之。印譜多年鹿鹿，未暇拓得，屢札需此甚急，謹將案頭手披底本專

上。另有新購漢印數十枚未補，俟有定本，續寄何如？頃乘羽便，特椷奉候

文祺，未竟之言，紙盡不能縷悉，會面料自有期，諸凡

節重，不宣。愚弟潘有爲頓首

小松先生文侍

　弟處搜求古錢，尚乞洪熙、正統、天順、成化四種，專乞留意。謹及。

【一一四】

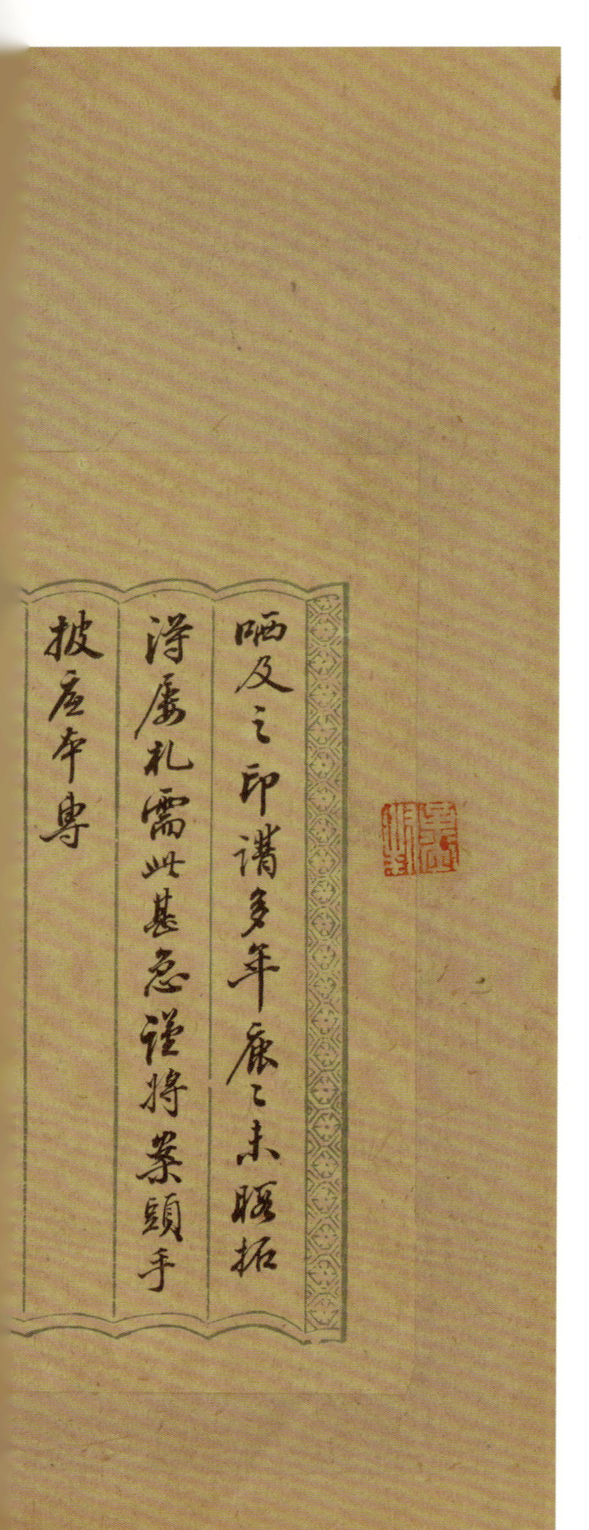

哂及之印譜多年鹿鹿未暇拓

得屢札需此甚急謹將案頭手

披底本專

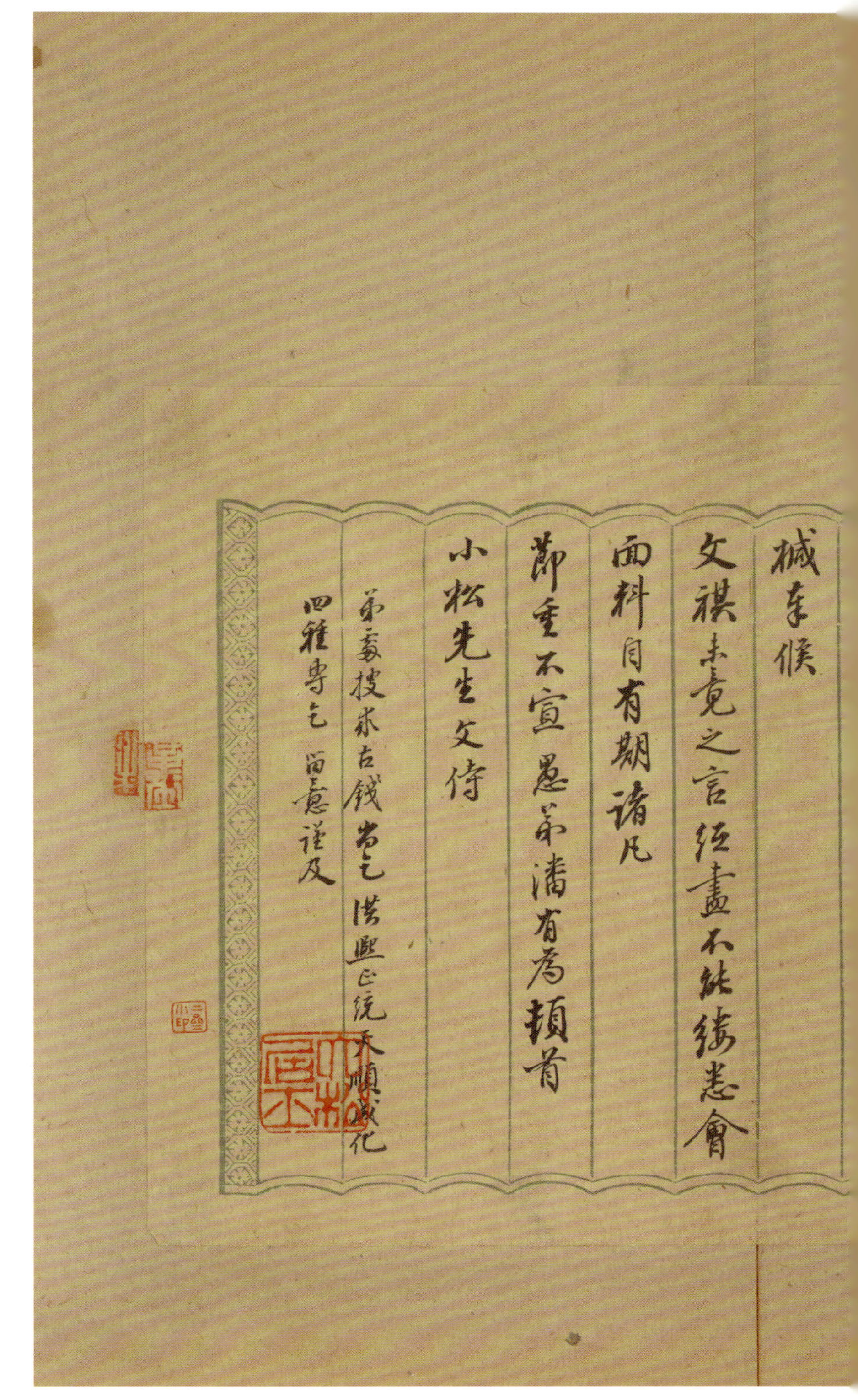

椷奉候

文祺未竟之言統盡不能縷悉會

面料自有期諸凡

葆重不宣　愚弟潘有為頓首

小松先生文侍

弟素搜求古錢尚乞　洪武正統天順成化

四種專乞　留意謹及

◀ 鄭辰致黃易札之三

愚弟鄭辰頓首，上

小松九兄司馬大人閣下：客秋抱痾濟上，蒙

騶從過臨，屢拜

嘉貺，感甚，感甚！祗以有靦面目，不克登

堂展謝，歉仄之懷，今猶弗釋。訥觀察寄到

臺函，殷拳關注，

厚誼隆情，不知何日圖報也。別後弟於八月間

抵常，養病一月，九十月間即有安徽、粵西

兩省差使，今夏五月初始歸，因途中積受風濕，左目蒙翳，一無所見。現告假醫治，尚未復光，受累滋甚。秋帆先生石刻業經中止，其中真贋美惡混出，未稱完本，且拓本亦無從購覓，容購得再行寄奉。白齋近來以硯田糊口，竟無暇日，金石小品如得過眼，必爲九兄代購也。山左新本出土諸石，如《鄭季宣碑》《鄭固碑》《范式碑》《武斑碑》之類，皆

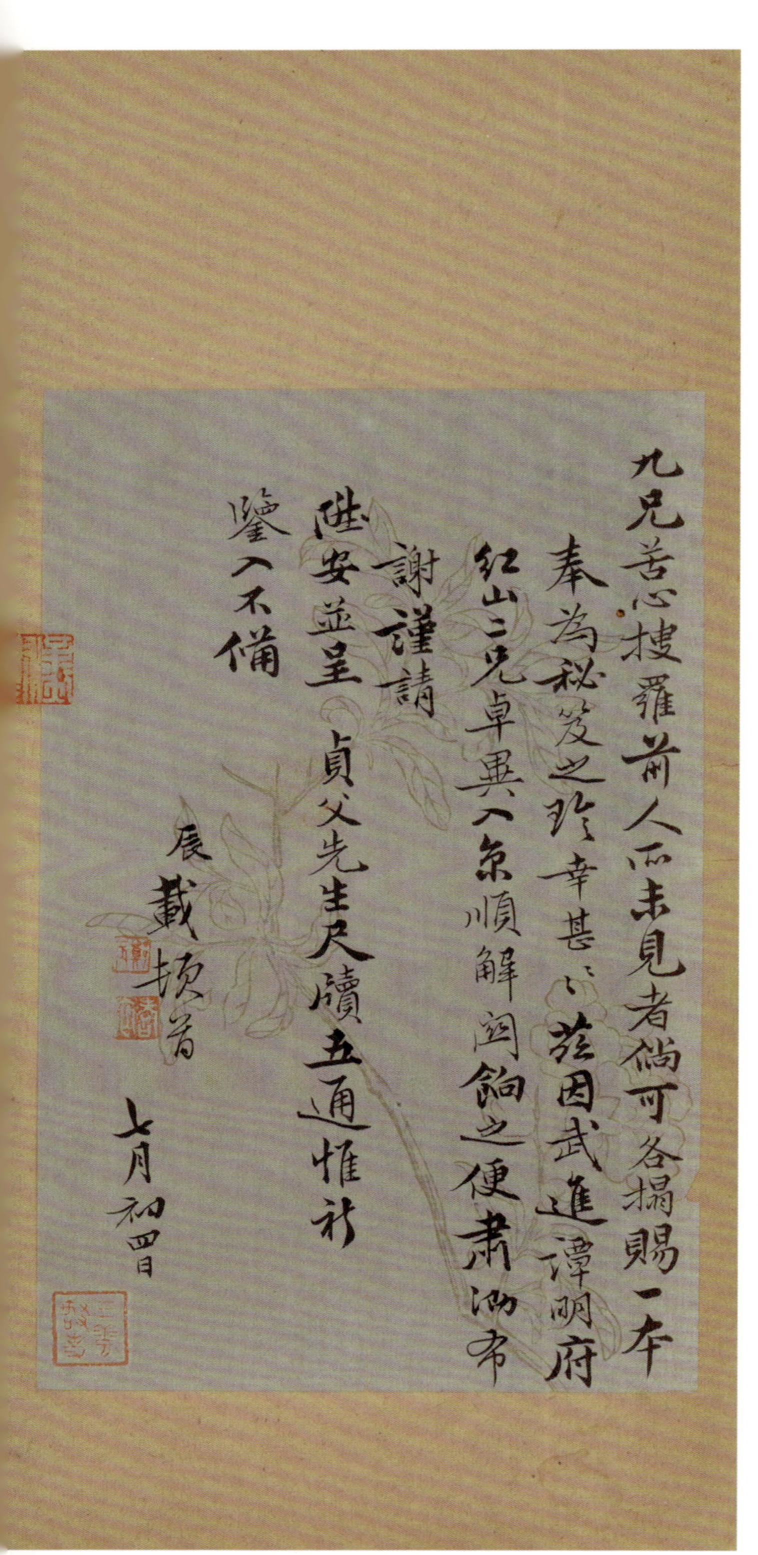

九兄苦心搜羅，前人所未見者，倘可各拓賜一本，

奉爲秘笈之珍，幸甚，幸甚！茲因武進譚明府

紅山二兄卓異入京，順解關餉之便，肅泐布

謝，謹請

陞安，並呈貞父先生尺牘五通，惟祈

鑒入，不備。

辰載頓首

七月初四日

【一一七】

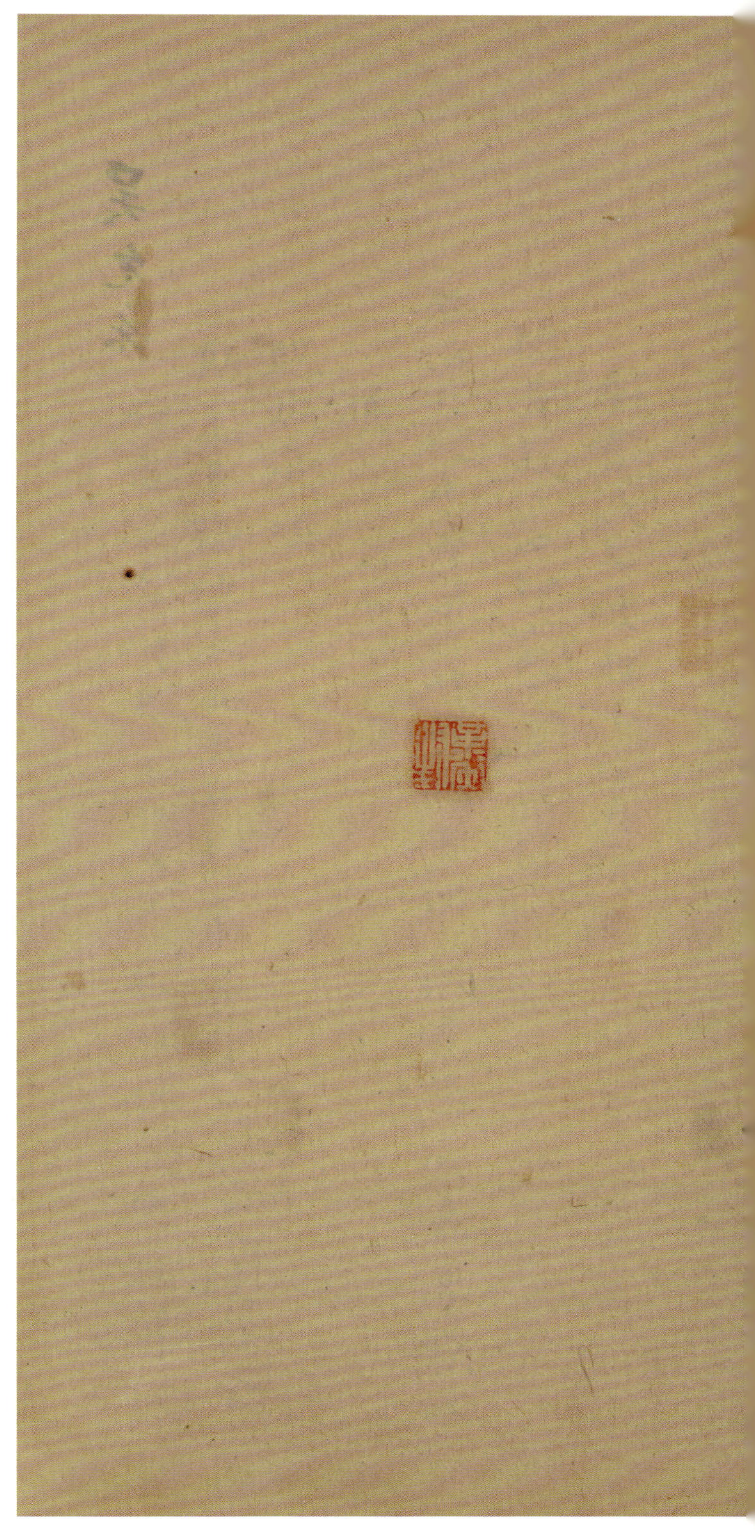

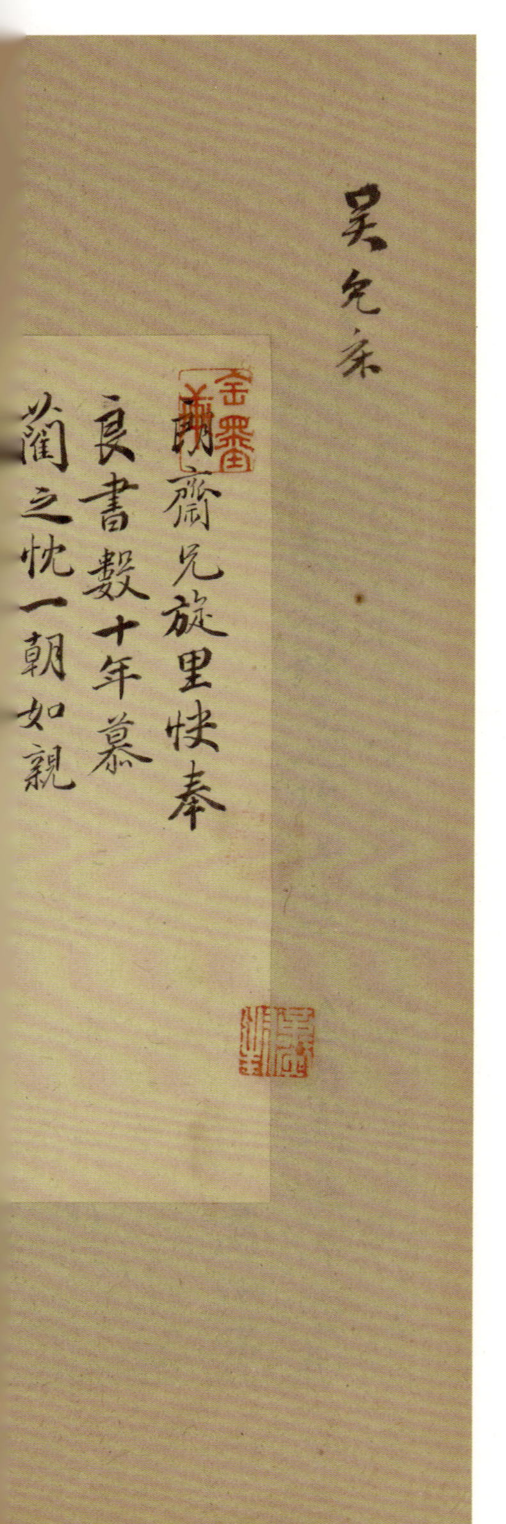

吴騫致黄易札

朗齋兄旋里，快奉
良書，數十年慕
藺之忱，一朝如親
謦欬，欣慰何如！並荷名碑古拓之
賜，當什襲珍弆，以爲世寶也。《武
梁祠像》得
大力蒐羅，遂成全璧，厥功真不在
陳倉《石鼓》之亞。往讀
尊著《鄭季宣碑》考據精詳，《武
梁祠像》當必有
佳文叙其顛末以示無窮者，恨未
獲一讀耳。茲附到《國山碑》全本，
並古器銘數種、拙輯《碑考》一部，統
惟

梁祠像得大力蒐羅遂成全璧厥功真不在陳倉石鼓之亞洼讀尊著鄭季宣碑攷據精詳武梁祠像當必有佳文敘其顛末以示無窮者悵未獲一讀耳茲附到國山碑全本茲古甆銘數種拙輯碑攷一部統惟

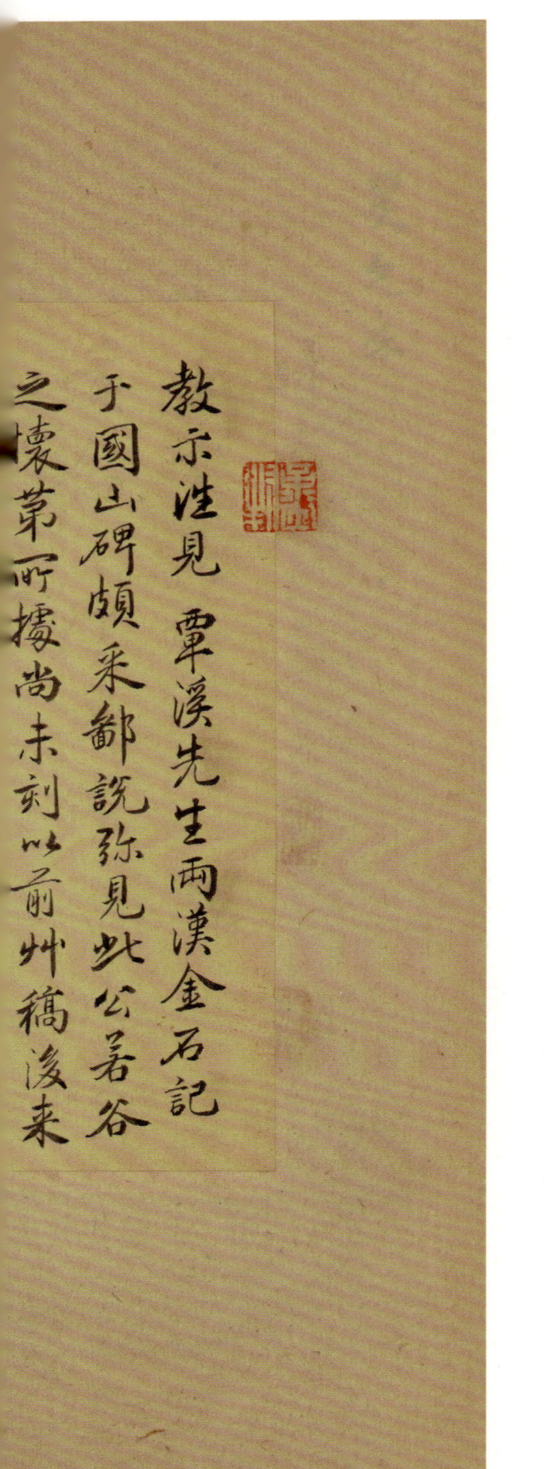

教示。往見覃溪先生《兩漢金石記》，於《國山碑》頗采鄙説，彌見此公若谷之懷。第所據尚未刻以前草稿，後來多有不同，未審得邀更正否？

尊處時有郵筒往來，倘便中一及之，爲惠匪淺矣。南中漢刻存者絶少，此石巋然如《魯靈光》，弟嘗惜其風雨剥落，嘆時無好古如

執事之賢爲之料理，僅致其意於《囤碑歌》中。昨歲有荆溪令唐君仲冕，下車即往尋此碑，摩挲椎拓，且擬結石亭以覆之，可爲盛事，想博雅君子亦所樂聞。設能

便中一及之爲惠匪淺矣南中漢
刻存者絶少此石歸我如魯靈光
弟嘗惜其風雨剥落歎時無好古
如
執事之賢爲之料理僅致其意於
國碑歌中昨歲有荆溪令唐君仲
冕下車即往尋此碑摩挲椎搨
且擬結石亭以覆之可爲盛事想
博雅君子亦所樂聞設能

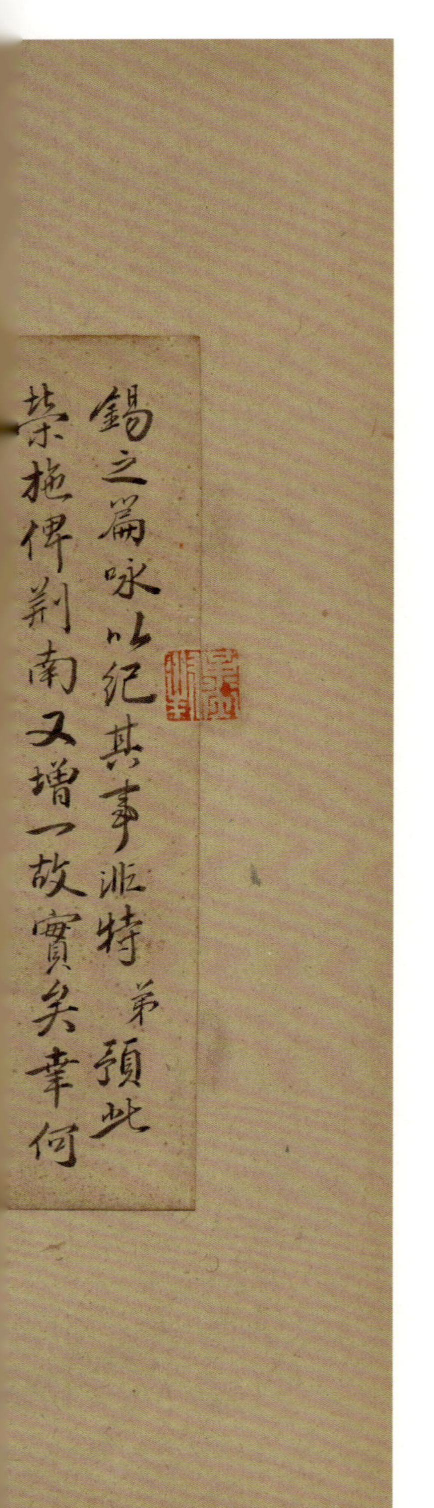
錫之篇咏以紀其事非特弟預此
榮施俾荆南又增一故實矣幸何

錫之篇咏以紀其事，非特弟預此榮施，俾荆南又增一故實矣，幸何如之！敝藏金石數種，鷄鳴戟不下四五，中惟商瑚戈尤爲鑒古家所賞，程易疇摹入《通藝録》者未見篆文，今春擬携之天都，共相訂證，此無異宋人之於燕石，大雅能無爲之絶倒乎？相去二千里，未得時聆清教，率此佈復，並請臺祺，倚毫不盡。

小松老先生我師

愚弟吴騫頓首

乙卯二月朔日冲

【四九八】

程易疇摹入通藝錄者未見篆文
今春擬攜之天都共相訂證此豈
異宋人之手撫石

大雅能無爲之絕倒乎相去二千里
未得時聆
清教率此佈
復兹請
台祺倚毫不盡
小松老先生我師

愚弟
乙卯二月朔日

唐仲冕致黄易札

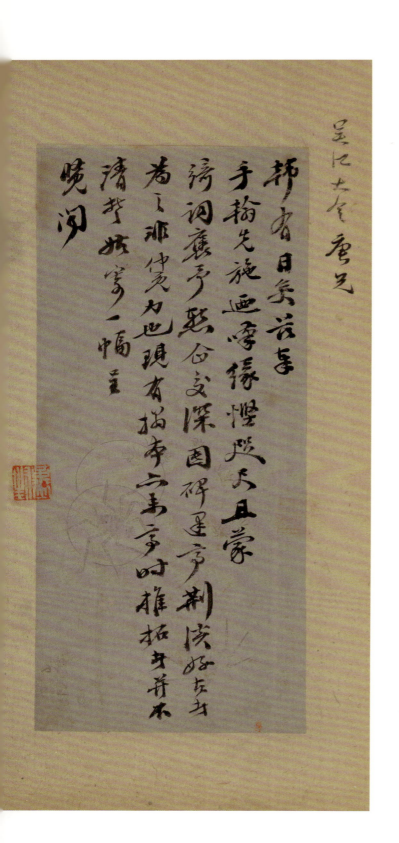

□有日矣，兹奉
手翰先施，乃嘆緣慳咫尺，且蒙
綺詞褒予，慚企交深。因碑建亭，荆溪好古者
爲之，非仲冕力也。現有拓本亦未亭時椎拓者，並不
清楚，姑寄一幅呈
覽。聞

新得漢碑甚夥，前在岱下鈔得升盦《金石古文》，未審
先生所得曾爲升庵所録否？希
見示全拓，以廣見聞。仲冕又嘗不揣譾陋，於
岱下輯《岱覽》卅卷，於金石一門頗詳，今命小史
録稿，録成當郵

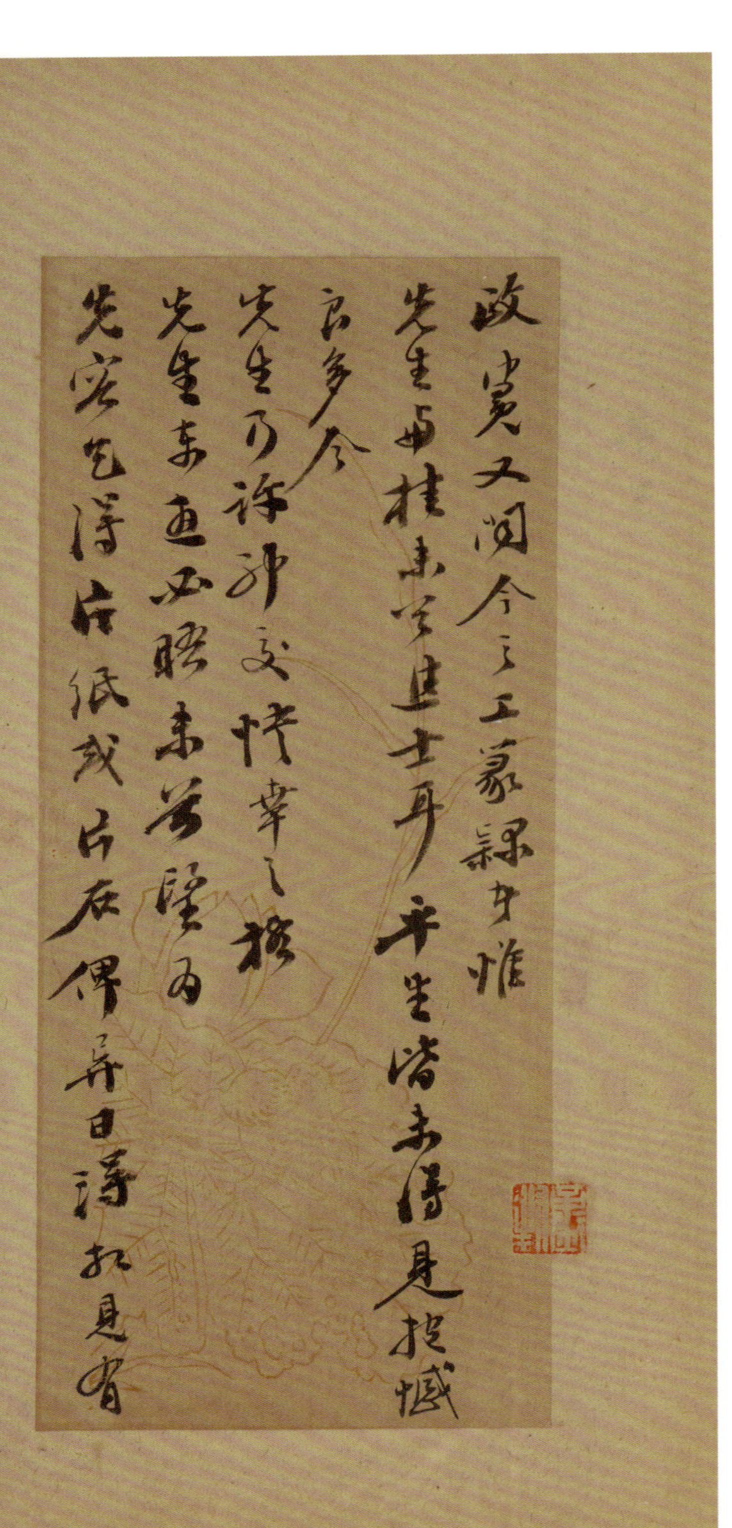

政。仲冕又聞今之工篆隸者，惟
先生與桂未谷進士耳，平生皆未得見，抱憾
良多。今
先生乃許神交，快幸之極。
先生東遊必晤未谷，望爲
先容乞得片紙或片石，俾異日得相見有

〖五一一〗

緣，益快幸矣。
先生若果不棄鄙陋，於閒中亦許
擲與篆刻、隸書，則可寶，奚翅球圖已也。冒昧
之求，惟不
見叱而優容之，感戢無量。順請
行綏，不備。仲冕頓首再拜　十二月初一日

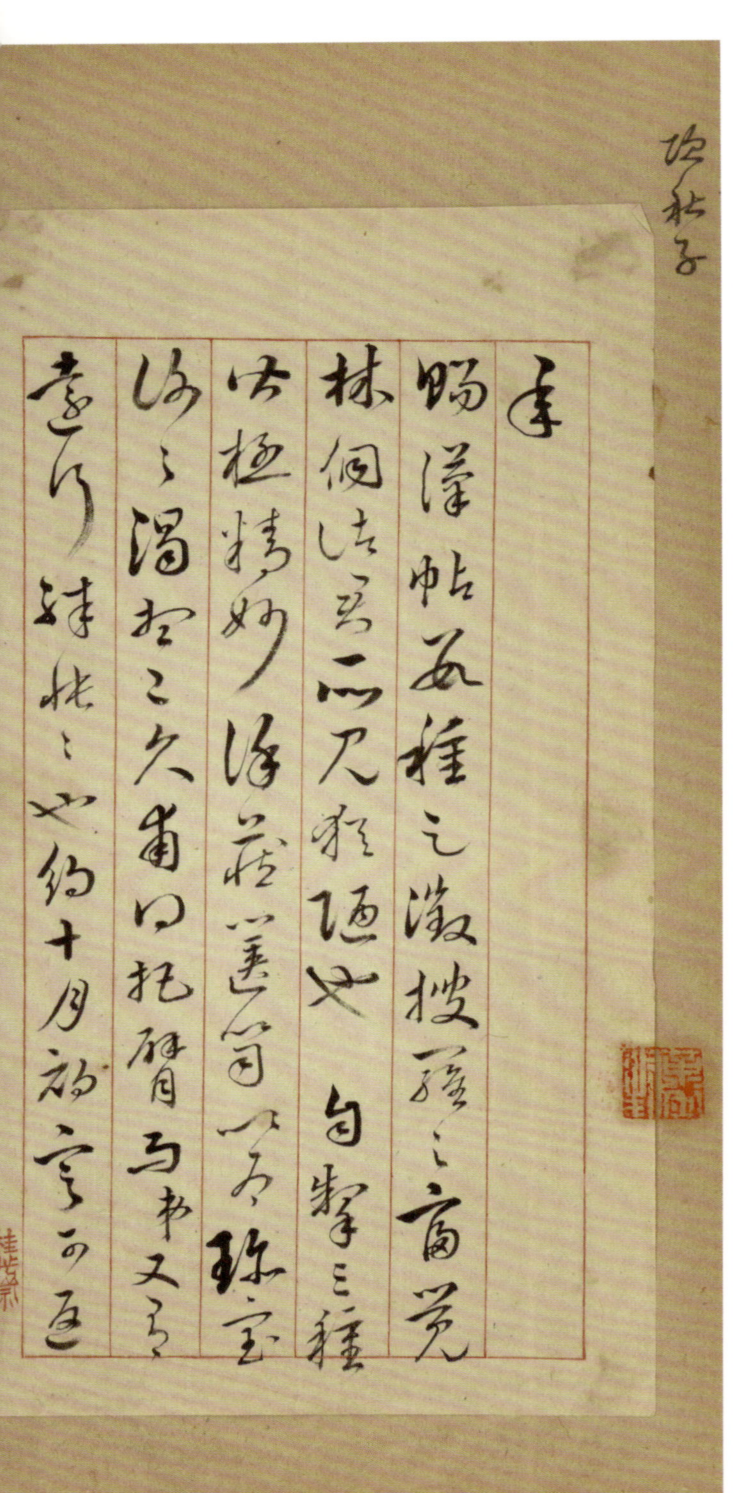

項墉致黄易札

承

賜漢帖數種，足徵搜羅之富，覺

林侗諸君所見猶陋也。自掔三種

皆極精妙，謹藏篋笥以爲珍寶，

謝謝。渴想已久，甫得把臂，而弟又有

遠行，殊悵悵也！約十月初定可返

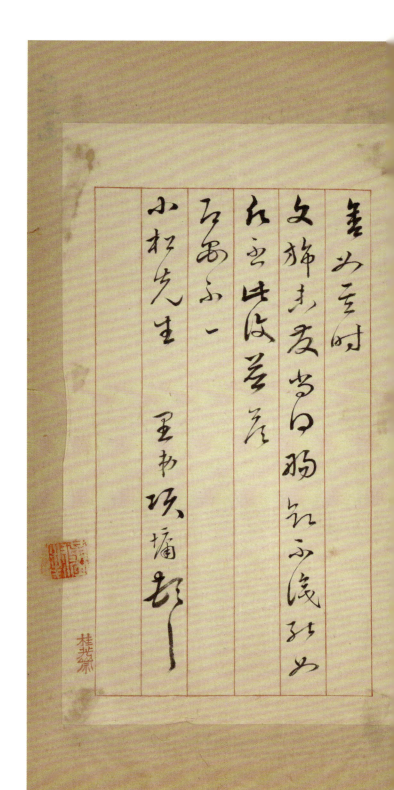

舍，如其時
文旆未發，當得暢叙，不識能如
願否？此復並候
即安，不一。
小松先生　　愚弟項墉頓首

【五〇六】

巴芝

三世知交，未通音問，殊甚歉懷。心畬家表叔旋徽，辱承老世伯大人念舊，賜書兼惠漢碑畫象諸刻，雅意殷拳，感激無極。先子素愛金石，所蓄不爲不多，而吴楚往來，行篋中半爲知交携去。姪抱殘守匱，謭陋無聞，兼之僻處山邑，秦漢文字渺不可得。老世伯篤性好古，久爲海内推崇，三河之所搜羅，多歐、趙諸公未及見。姪向慕最深，擬欲摒擋俗事，執贄來前，跧觀寶藏，並欲親證所疑，俾霧障得開，實爲萬幸！

◀巴樹穀致黄易札

三世知交，未通音問，殊甚歉懷。心畬家表叔旋徽，辱承老世伯大人念舊，賜書兼惠漢碑畫象諸刻，雅意殷拳，感激無極。先子素愛金石，所蓄不爲不多，而吴楚往來，行篋中半爲知交携去。姪抱殘守匱，謭陋無聞，兼之僻處山邑，秦漢文字渺不可得。

老世伯篤性好古，久爲海内推崇，三河之所搜羅，多歐、趙諸公未及見。姪向慕最深，擬欲摒擋俗事，執贄來前，跧觀寶藏，並欲親證所疑，俾霧障得開，實爲萬幸！

尊摹雙鈎刻本及新獲磨厓，便中務望
賜示，感快無有涯涘。附呈製墨二種，聊以伴函，伏希
鑒入。謹此奉覆，敬請
陞祺，統惟
霽照，臨書不勝依戀之至。

名正肅

【四六八】

方維翰致黃易札之二

小松九哥大人閣下：前聞
伯母大人之變，曾肅布唁，心計
九兄即當旋里。盼望已久，茲於
月之六日拜到
手章，敬稔
近似，特以匏繫菰城，既不能執紼

從事，又不獲握手言情。廿載遠違，今幸咫尺
清光，竟至望
雲翹首，依然不免屋梁明月之思，即此亦知冠裳之縛人不淺也，罪歉何如！
惠到碑刻，古雋可寶，曼生札、帖、圖

書亦交明。伊鐵筆不讓丁老，近今罕
覯，
閣下鑒賞不虚，渠亦甚仰
山斗也。介亭左遷來浙，初八日北上，未審曾
得見否？弟瀕年况味不堪，馮婦之羞今
更不免，此席堅却不許，疲劇之區，正
如掛帆入海，不知究竟，未堪縷述一

二。黛能因之圖面，真快不可云，恐未能耳。

九兄住杭約有幾時？

伯母葬期定於何日？萬乞

示知，俾得獻生蒭，少盡猶子之禮。

肅復並候

起居，不宣。愚弟方維翰頓首

十月七日燈下草草

〖四三九〗

◀ **余大觀致黄易札**

憶丁巳、戊午間，僕年纔弱冠，初學爲文，常偕東城金生登散花灘書樓，蒙尊甫楷瘿丈教以讀書作文之法，諄諄勸以學古爲務，暇即兼考六書，拜出示漢唐金石百四十餘種。其後壬戌、癸亥兩年，又益以天瓶司寇所藏五十餘種，皆江邨舊物，即明初雲間二沈下追文、董諸家墨迹，近今收藏家十不得一，真

希代之玩也。忽忽五十年事，猶如昨日，感領
教言，至今耿耿。朗齋三兄南還，得悉
興居清吉。篆刻之學自吾鄉顧、丁兩布衣
後無嗣音者，今玩吾
大兄所製，即使許、徐、歸、李見之，亦當束手摩
挲，久之驚嘆欲絶。因不揣冒昧，欲求
教二方留爲世守。昔三橋先生負此重名，貴人

有以厚幣進者，往往怒不肯與；聞有寒畯嗜古者求之，每笑而受之。僕欲援此爲例，倘吾大兄憐而與之，不勝厚幸。朗齋到署之便，肅椷附候

新禧，諸惟

珍攝，不備。

小松司馬大兄臺座　　名另泐

石二方皆兩面刻大者余某之印一面顒若二字
小者松屏二字一面大觀二字又及

【五〇一】

石二方，皆兩面刻，大者「余某之印」，一面「顒若」二字；小者「松屏」二字，一面「大觀」二字。又及。

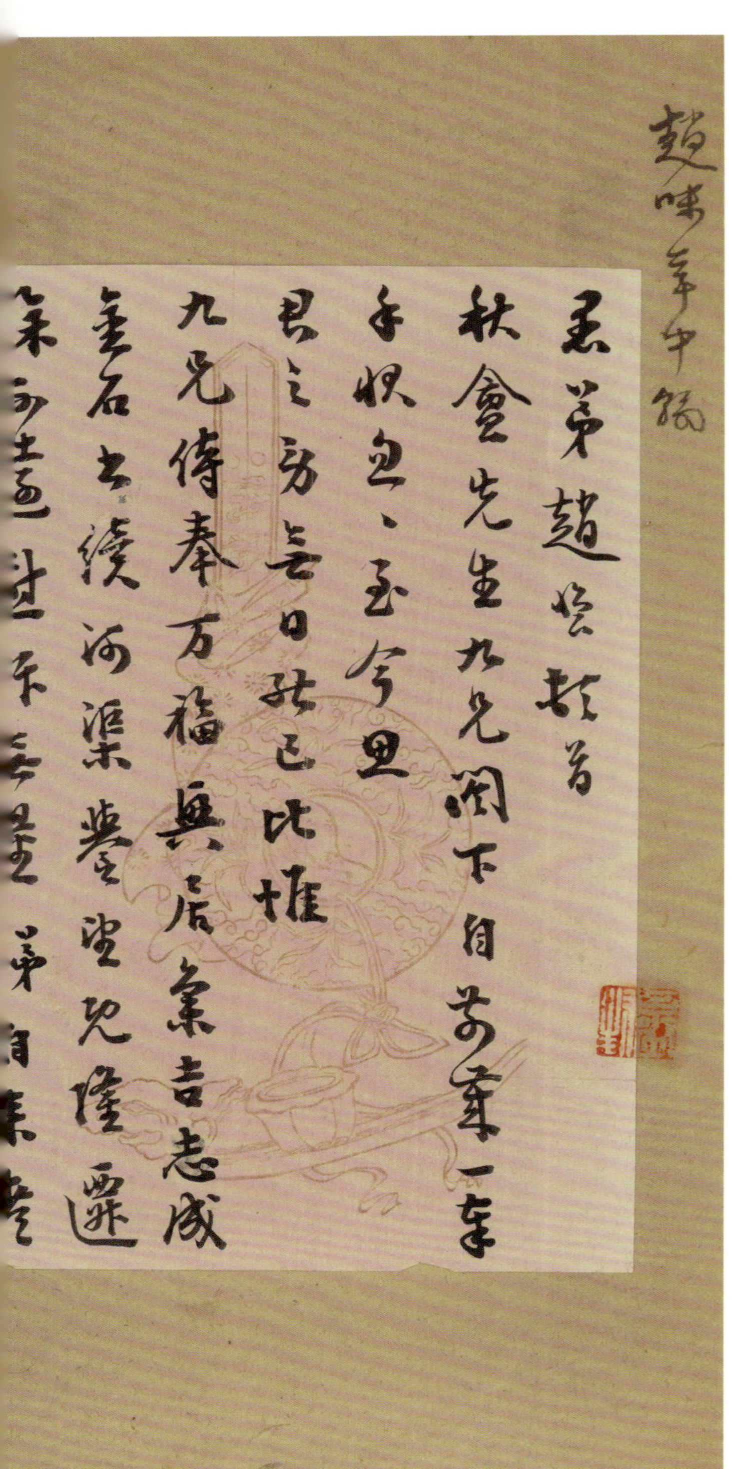

◀趙懷玉致黃易札之四

愚弟趙懷玉頓首，

秋盦先生九兄閣下：自前歲一奉

手狀，忽忽至今，思

君之勞，無日能已。比惟

九兄侍奉萬福，興居集吉，志成

《金石》，書續《河渠》，譽望既隆，遷

除不遠，慰忭無量。弟自來都

門，貧病交迫，揞拄之苦，有難備言，一月中能近几研不過數日，其俗可知。唯望
閣下因擢入都，豁我塵緒耳。
委題《探碑圖》，置之行笈，竟至年餘。昨因述庵先生由水程南歸，猛然省憶，率題奉繳，遲遲之愆，

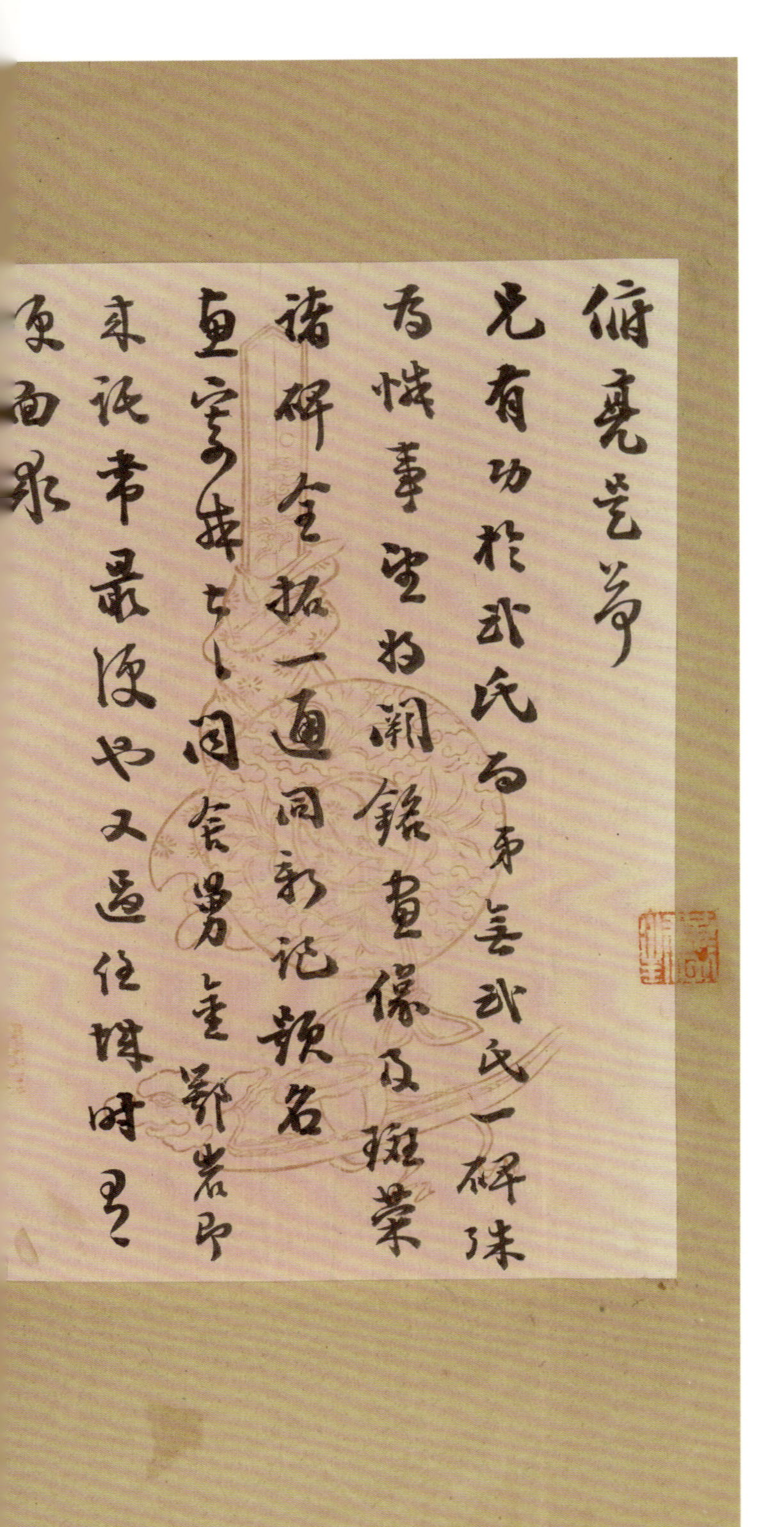

俯亮是荷。
兄有功於《武氏》，而弟無《武氏》一碑，殊爲憾事，望將闕銘、畫像及《斑》《滎》諸碑全拓一通，同新記題名惠寄，感甚，感甚！聞舍舅金鄂巖即來，托帶最便也。又，過任城時，有便面求

畫，如已點筆，亦祈
即寄。比來有新得碑刻否？幸
示一二，以廣見聞。述庵先生舟過，
想有竟日之留，當盡出所藏，共
相欣賞矣，羡羡！專此上問
升祺，《探碑圖册》附上，諸希
照察，不具。懷玉再頓首　三月廿二日

〔四二二〕

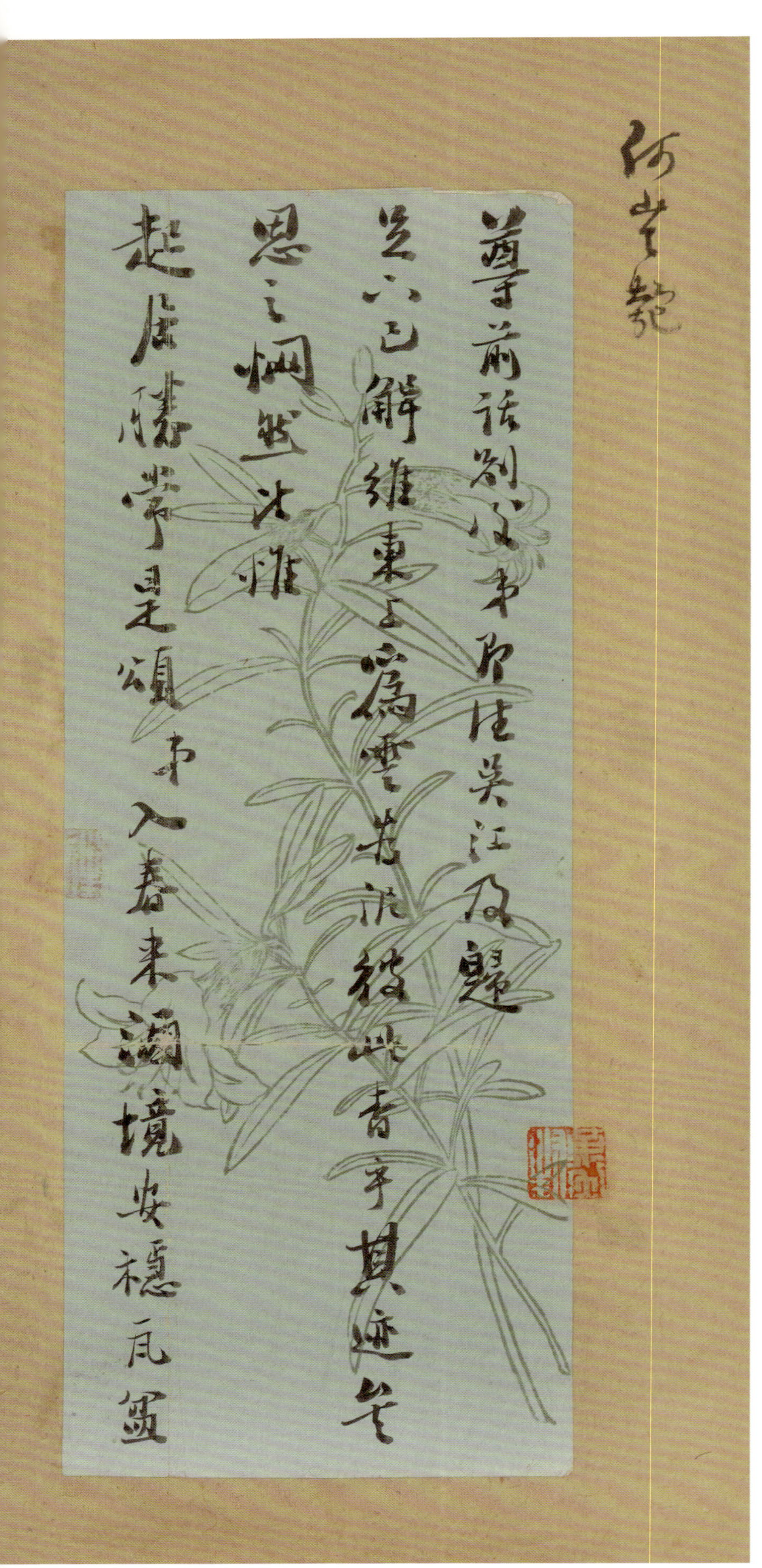

◀何錦致黃易札

尊前話别後，弟即往吴江，及歸，
足下已解維東上，爲雲爲泥，彼此杳乎其迹矣。
思之惘然，比惟
起居勝常是頌。弟入春來酒境安穩，瓦盆

無恙，且得新詞甚多，頗以爲樂。又值吴竹虚至，
信宿弊齋，談詩飲酒，極蕭閒之趣，看來我輩
清興方興未艾也。未識
足下搜金剔石之餘，亦曾念及賤子否耶？兹有

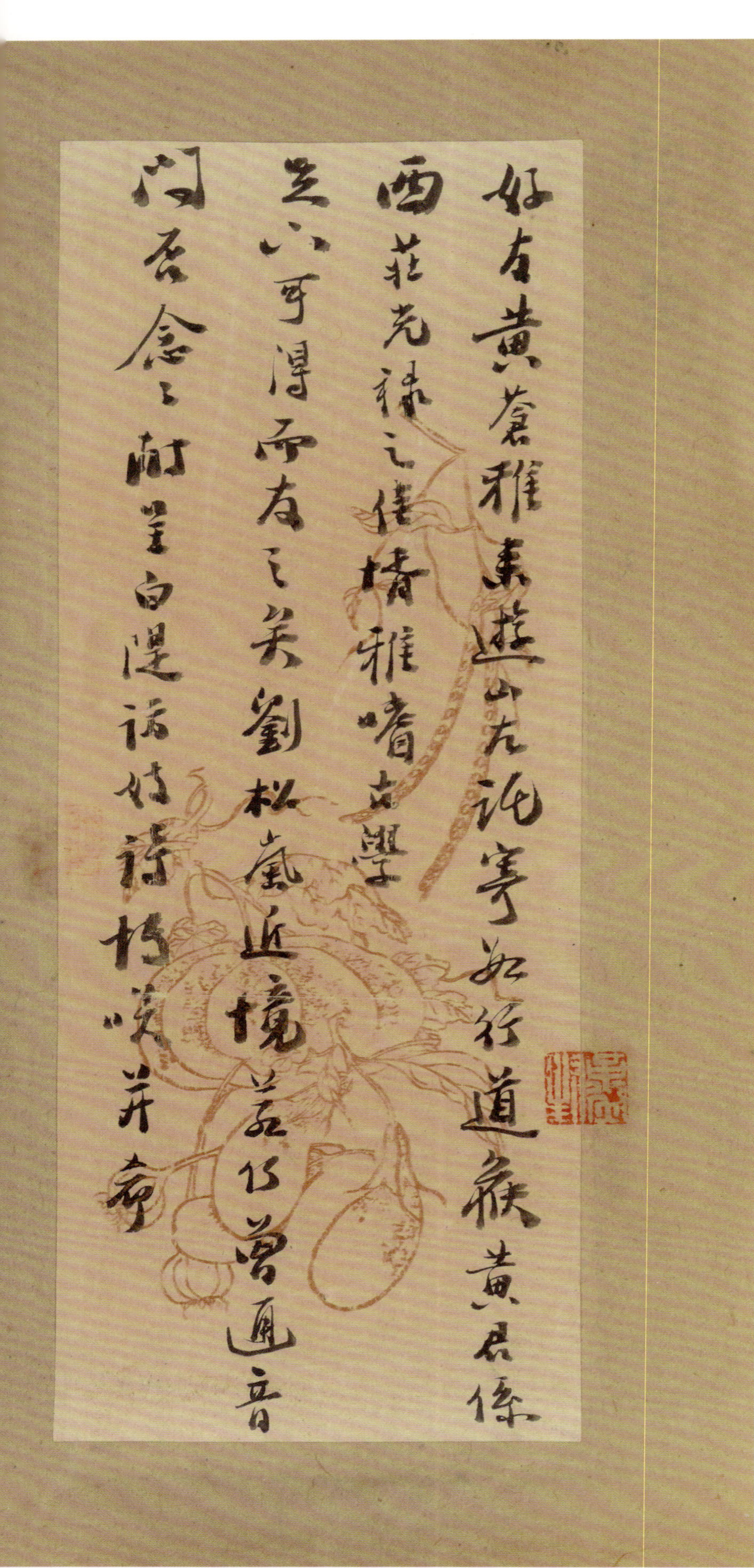

好友黄蒼雅來遊山左，托寄數行道候。黄君係西莊光禄之佳壻，雅嗜古學，足下可得而友之矣。劉松嵐近境若何？曾通音問否？念念。獻呈《白堤訪妓詩》博笑並希

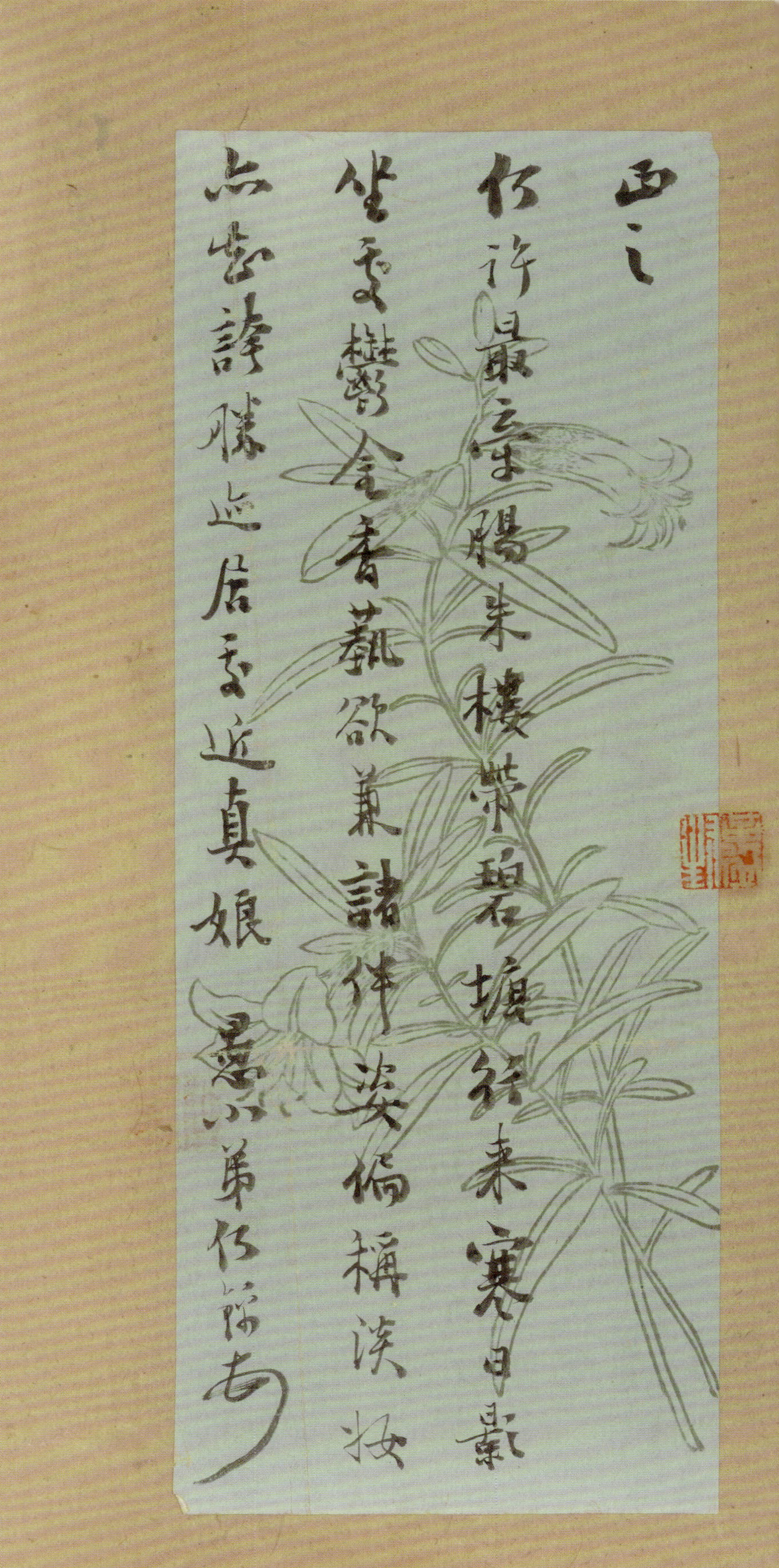

正之：

何許最牽腸，朱樓帶碧塘。行來寒日影，

坐處鬱金香。藝欲兼諸伴，姿偏稱淡妝。

亦知誇勝迹，居處近真娘。　愚小弟何錦頓首

〖五一六〗

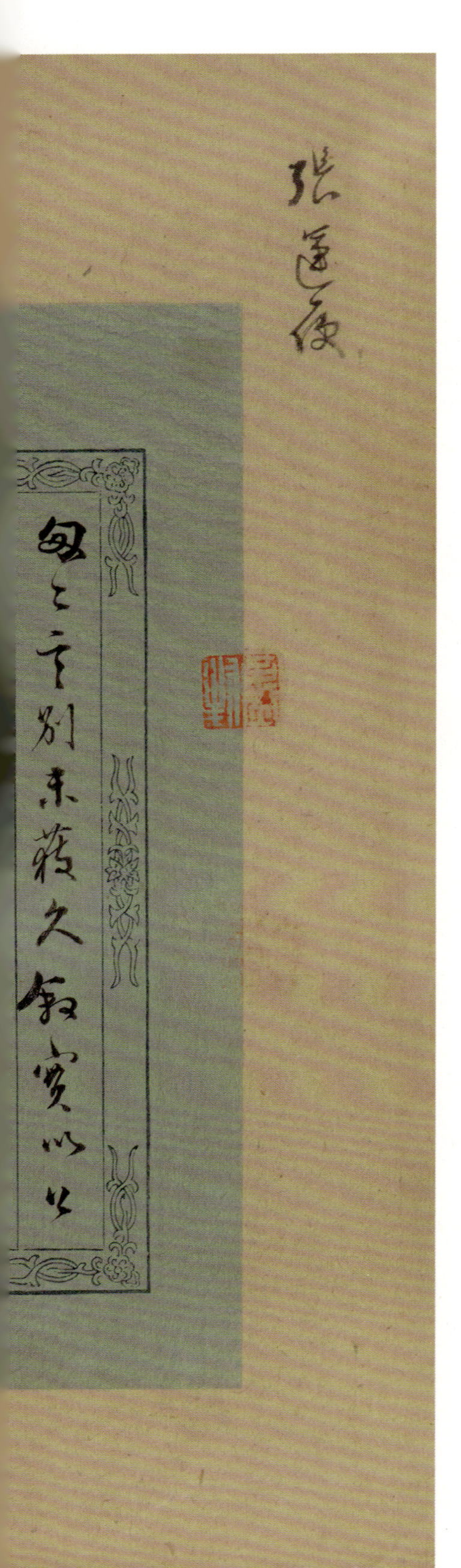

◀張映璣致黃易札

匆匆言别，未獲久叙，實以公務俗談，不敢深言，致擾九兄心曲也。維期秋中至浙，可圖暢叙耳。弟於自浙起身時得椒山先生手札摹勒上石，今日方寄到，特奉一幅，炎天偶爾展玩，庶可聊解愁思耳。耑此佈達，並候孝履，不備不莊。

治愚弟張映璣頓首上

小松九兄大人如晤

四月廿五日

【五二六】

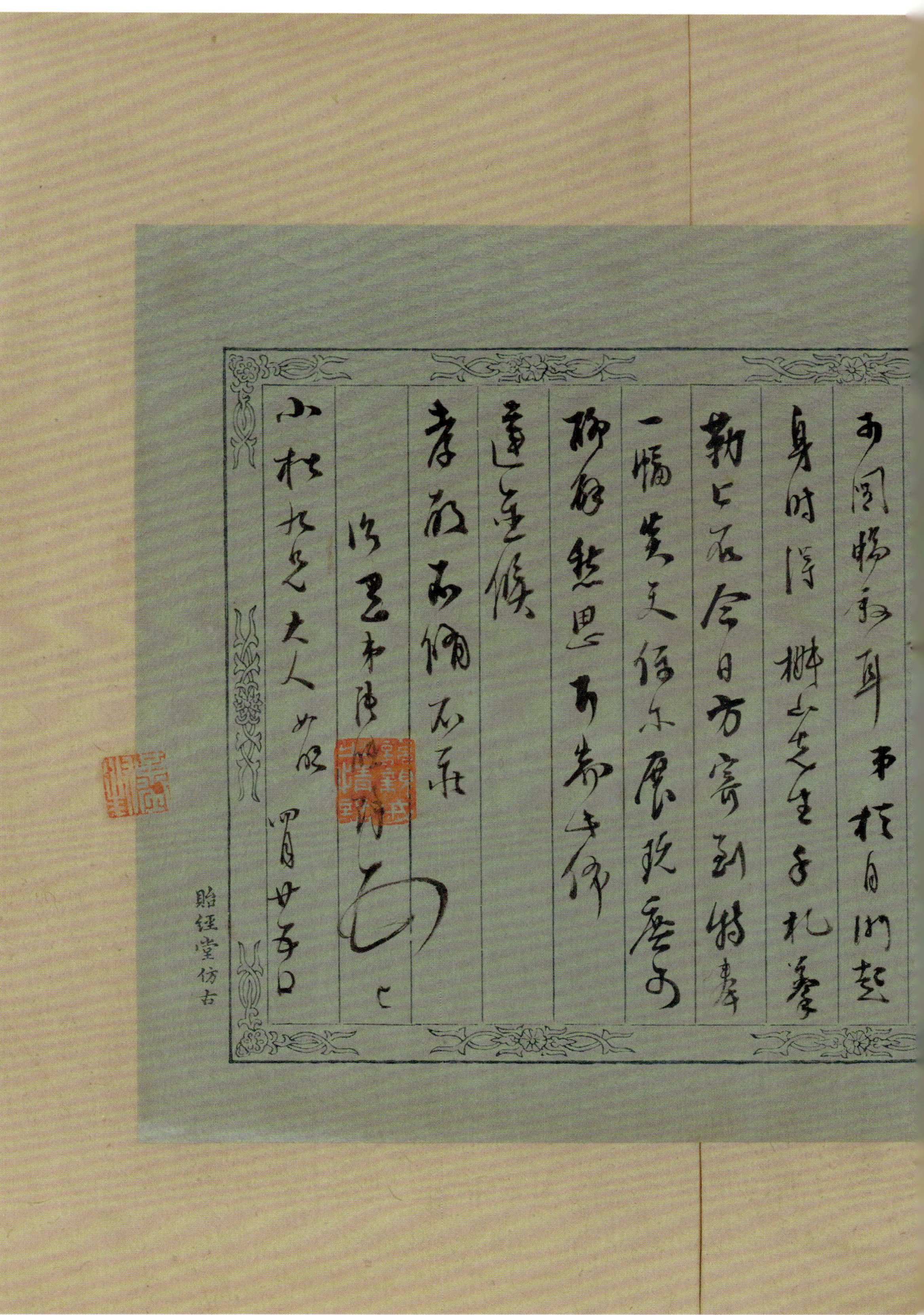
貽經堂仿古

而同暢為耳甹枉自册起
身時浮辮啟率手札參
新上元令日方寄到物事
一幅美夭倍示展玩展事
御有慈思万希亊倬
逹逹達候
孝友而偏不忘
修吳丰陳

小松六兄大人如晤
眉廾子口
貽鈺堂仿古

汪用成致黄易札之二

日前曾具寸械，交復堂轉寄，諒已入

照。邇維

九兄大人起居多福，滿擬來杭起復，暢聆

教益，聞河帥攀留，料理堤工事務，仰見

老成諳練，器重上游，弟把臂末由，益深馳繫耳！胞姪鈞，從九

職銜，昨健足回，知蒙

關照，已經早爲入册，兹令掮擋來濟，晋謁

崇階。渠雖有志上進，諸事未諳，大則工程段落，小則儀文應

對，教之誨之，同親子姪，亦見弟與

九兄之交非比泛泛。若以世情代之，正非弟之所仰望於

九兄也。鈞隨侍乃父，丹青鐵筆稍知二三，而作字極醜，倘

九兄於公事之餘，因其所知而進之，憐其未能而勵之，此衷銘戴，

更非楮墨所能宣者矣。明人合卷一件、陳眉公法書一幅，

聊展寸敬，伏冀

哂納。對箋一幅，敬求

法隸，暇時即望

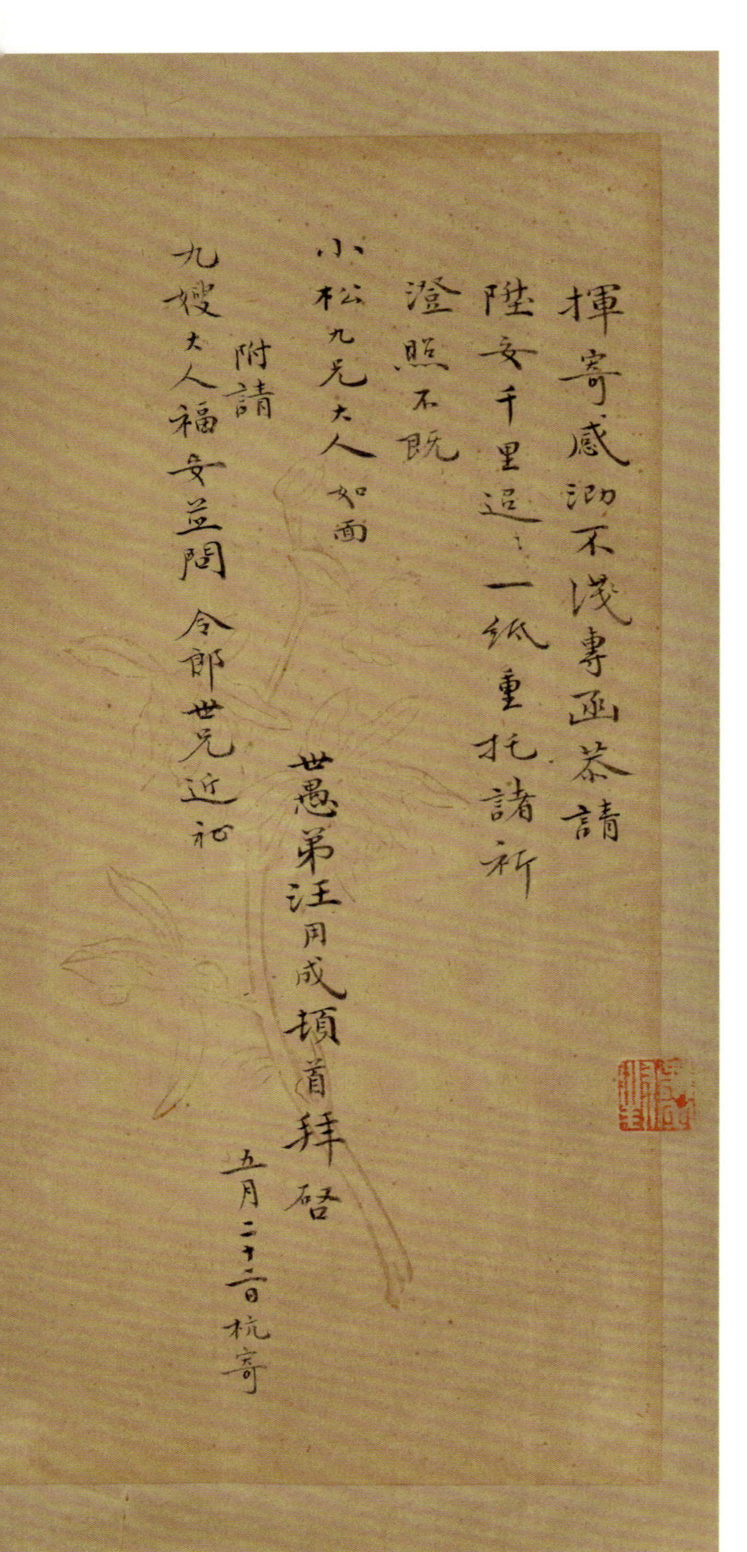

揮寄，感泐不淺。專函恭請
陞安，千里迢迢，一紙重托，諸祈
澄照，不既。
小松九兄大人如面
世愚弟汪用成頓首拜啓
五月二十二日杭寄
附請
九嫂大人福安，並問令郎世兄近祉。

〖三八四〗

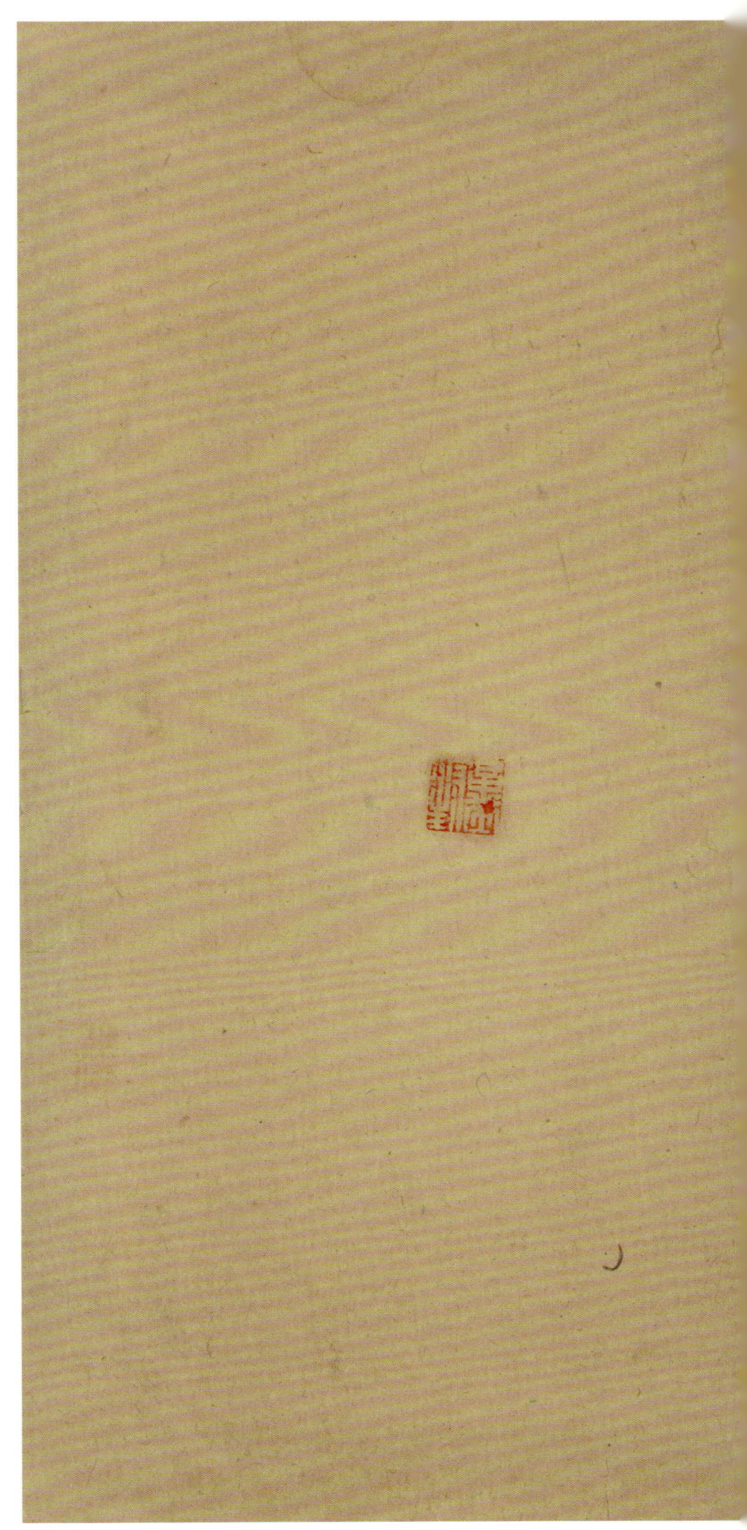

查淳致黃易札

別來兩度寒暄，莫頻箋問，每展玩漢瓦圖譜並鐵筆印章，

古情古意，不禁神馳心溯。頃接

瑤翰，以弟被讒鐫級，復荷

大兄關愛拳拳，實深敬佩。弟離此腥氈之地，未必非塞翁失馬，心本坦然，惟新舊賠項滋重，三十餘年蠻山瘴嶺之人，真束手無策。兹於是月初九日常州

胡太守來揚接替，弟暫寄鎮署以俟新任，並籌設法歸公之計，進退茫然，不堪覼縷。至受譏之原委，有未便形諸紙筆者，不久臺駕南還，藉可面叙一切也。

囑寄董小池一書隨即轉致矣。專此泐覆，並候綏祺，敬璧芳銜，不備。　　愚弟查淳頓首

〔五三七〕

古歡第十三册

古歡第十三 共十三冊

趙魏致黃易札之十三

金石之交，天涯寧幾，乃南北暌違，參商歲月。此碧落翁妙用，廣其搜羅，非故深其雲樹也。每於

手書特至，一快慰之。方、周二公來杭，諸惠俱已拜領，銘感奚似。寄到《裴岑碑》，兄書以爲信而可徵，但以所存原本較之，迥然不同，聰明絕世如

兄者且信之，弟復何言？烏什石壁既云有字，恐不難拓，惟有心人力致之耳，

抄文乞觀爲妙。豐潤鼎文與吾杭舊《志》所載三茅觀中宋紹興時《賜漢鼎

文》絶相似，但《志》較多十六字。韓門先生辨豐潤鼎爲宋鑄而未引此，豈豐潤鼎倣此而删去十六字歟？但《志》云「高尺有九寸，廣尺，兩旁出曲，上三尺，牛首」，未知款式符否？望細察之。易州《道德經》、《夢真容碑陰》、《景龍二年道經》，又唐刻《道經》、獲鹿縣《李如珪碑》、唐刻石幢、曲陽諸碑陰、王璠《清德頌》、《龐履温碑陰》、《龍藏碑陰》、《金剛經》、《心經》、柳州殘碑、歐陽《九歌》、衡水開元鐘銘、樓桑村《蜀先生廟碑》皆弟所無，有副者乞擲下，無則徐圖之可耳。歐陽《九歌》，此希世之寶，如石可得，當不惜重資購之，此事當

與薛氏寶《蘭亭》並傳千古也，

兄其勉之。孔林諸碑，弟已備有，所闕者尚有《韓敕禮器後碑》。石壇上太和、大中時唐人謁林題名二種、《景福元年滅黄巢紀功碑》未知皆存否？便中乞與莊谷太史商之。梁氏古帖爲蕉林書屋舊藏，必多明吴恭順及退谷古帙，兄如不欲爲弟致之，當奉上價也。《東觀餘論》可抄則抄之，不甚秘也。《隸釋》二書見在吾杭汪氏開雕，極其精善，年終必有拓本，無庸再寫。韓門先生未去世時已卧床年餘，故書帖皆未致也。松雪書不必亟亟，如無售處，不妨寄還。芑堂兄《金石契》尚在補跋，刻成當有贈也。弟《碑目》幾五百種，宋以下不列焉，容場後暇日書達。《柳敏碑》呈覽，北齊陽文碑當覓收送。跋書庸惡，聊以應命，俟再書之。耑此敬候

近安，神馳不一。

小松九兄良友足下

愚小弟趙魏頓首

奚九題籤未知書否，當另上。　外碑十種，無軒書乞致之。

六月十八日冲

【八一】

寄上諸碑：

《後魏薛靈藏造像記》《隋賀若誼殘碑》

《唐明皇御書孝經》《中宗盧正道敕》《竇居士神道碑》

《張希古墓志》《馮宿神道碑》《碧落碑》《碧落釋文》

《敕内莊使牒》

◀周震榮致黄易札之二十

黄師爺啓

歐碑不可不拓，蒙分二十通，非知我者能如是耶？謹奉到五兩二錢，拓工費用也，希收入。暑溽尚甚，伏惟珍攝，不宣。

小松九兄先生

弟震榮拜手

六月十又七日冲

【六六】

跋碑不可不搨，蒙分二十通，非知我者能如是耶？謹奉到五兩二錢，搨工費用也。希收入，兼瀆尚甚，伏惟珠搨不宣。

小松九兄先生

弟震榮拜手

六月十七日

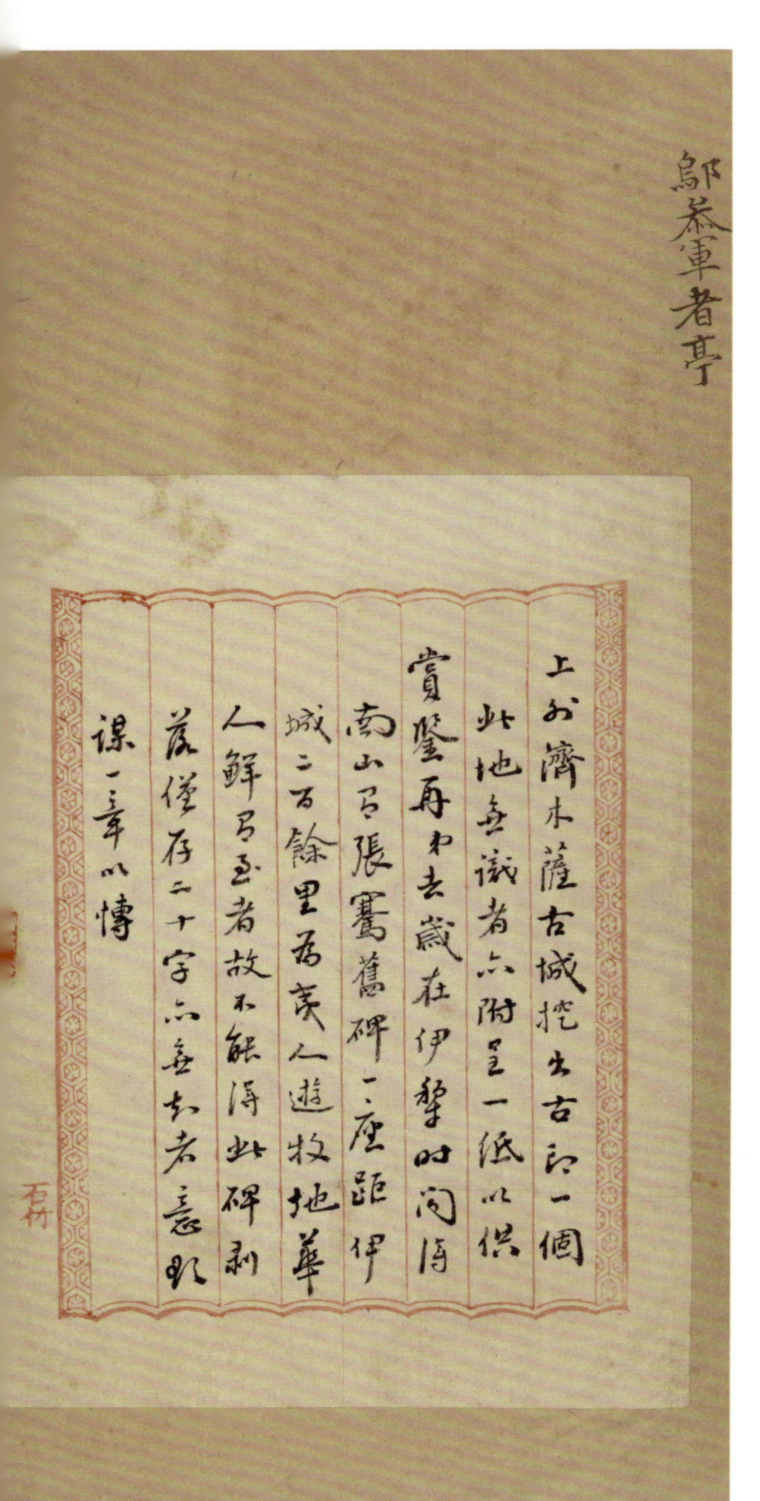

◀鄔玉麟致黃易札

上外濟木薩古城挖出古印一個，
北地無識者，亦附呈一紙，以供
賞鑒。再，弟去歲在伊犁時聞得
南山有張騫舊碑一座，距伊
城二百餘里，爲夷人遊牧地，華
人鮮有至者，故不能得。此碑剥
落，僅存二十字，亦無知者。意欲
謀一章以博

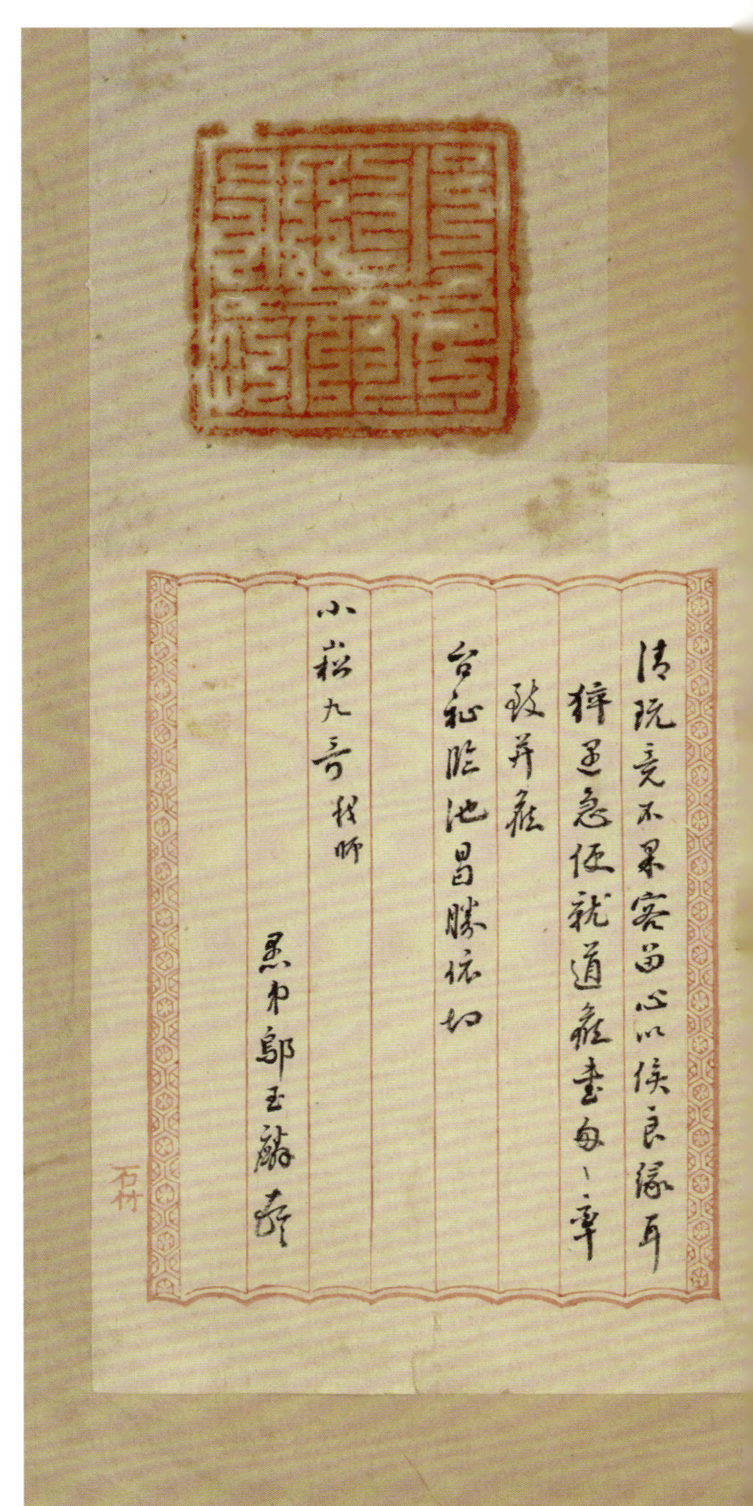

清玩，竟不果，容留心，以俟良緣耳。猝遇急使就道候書，匆匆率致，並候
臺祉，臨池曷勝依切。
小崧九哥我師
愚弟鄔玉麟頓首

【二一五六】

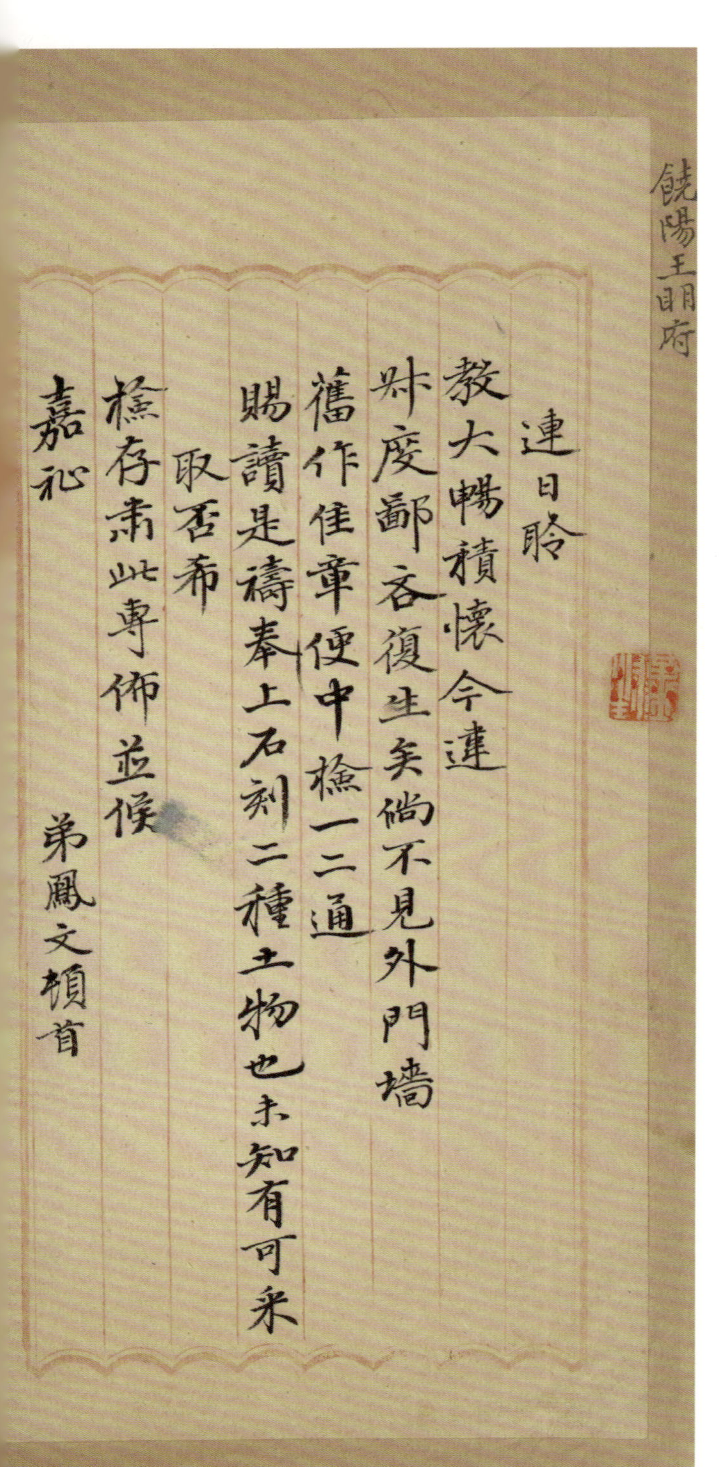

◀ 王鳳文致黄易札

連日聆

教，大暢積懷，今違

叔度，鄙吝復生矣。倘不見外門墻，

舊作佳章便中檢一二通

賜讀是禱。奉上石刻二種，土物也，未知有可采

取否？希

檢存。肅此專佈，並候

嘉祉。　　弟鳳文頓首

〔二一二〕

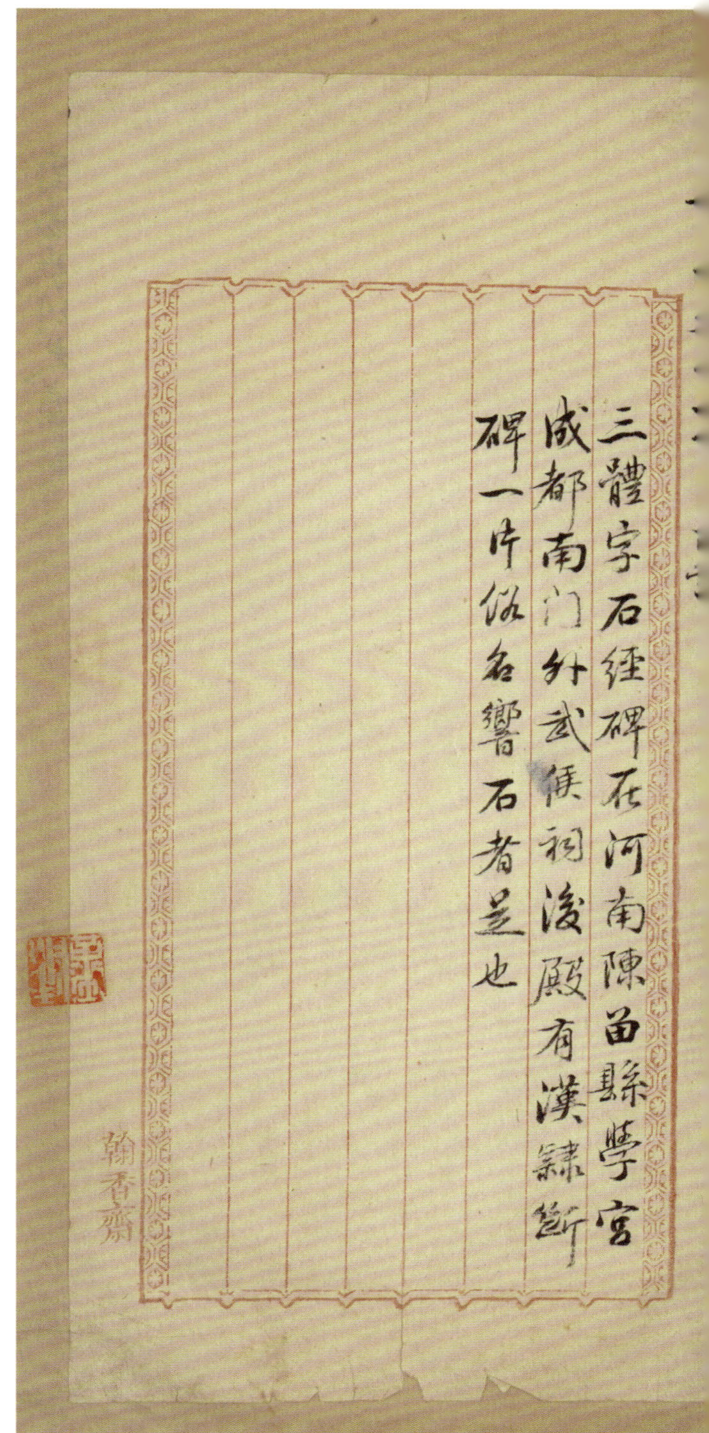
三體字石经碑在河南陳留縣學宮
成都南门外武侯祠後殿有漢隸斷
碑一片俗名響石者是也

翰香齋

► 張素箋

三體字石經碑在河南陳留縣學宮。成都南門外武侯祠後殿有漢隸斷碑一片，俗名「響石」者是也。

【一】

酉陽張刺史繡園

小兒之在巫峽間來得回奉書，近又進都。前承小松先生雅賜圖章，至今尚未寄去，暇時望為致謝。月內有人往楚，當即寄去，并道高情遠愛也。此佈，順候足下近祺好，不悉。

► 張兑和札

小兒久在巫峽間，未得回本署，近又進都。前承小松先生雅贈圖章，至今尚未寄去，晤時望爲致謝。月内有人往楚，當即寄去，並道高情過愛也。此佈，餘候足下返棹時面悉。
兑和頓首

〖五八九〗

張中致黄易札

數月以來辱承

先生種種費神，感激之私，惟有銘之心版。靈邑事固簡少，所喜可以藏拙，惟主人甫經蒞任，一切尚當部署，不無碌碌耳。承

囑拓取古碑，其《渤海太守》一碑，碑額略有字迹，碑文剥落不堪，模糊已極，兹已拓有一紙送

上，不過僅存其名。至《北齊趙郡王碑》，據《禮書》云，二十八九年，上奉

文搜拓古碑，曾經拓過，並無顯有一字，因在深山僻遠，稍費跋涉，容俟再令試驗。另

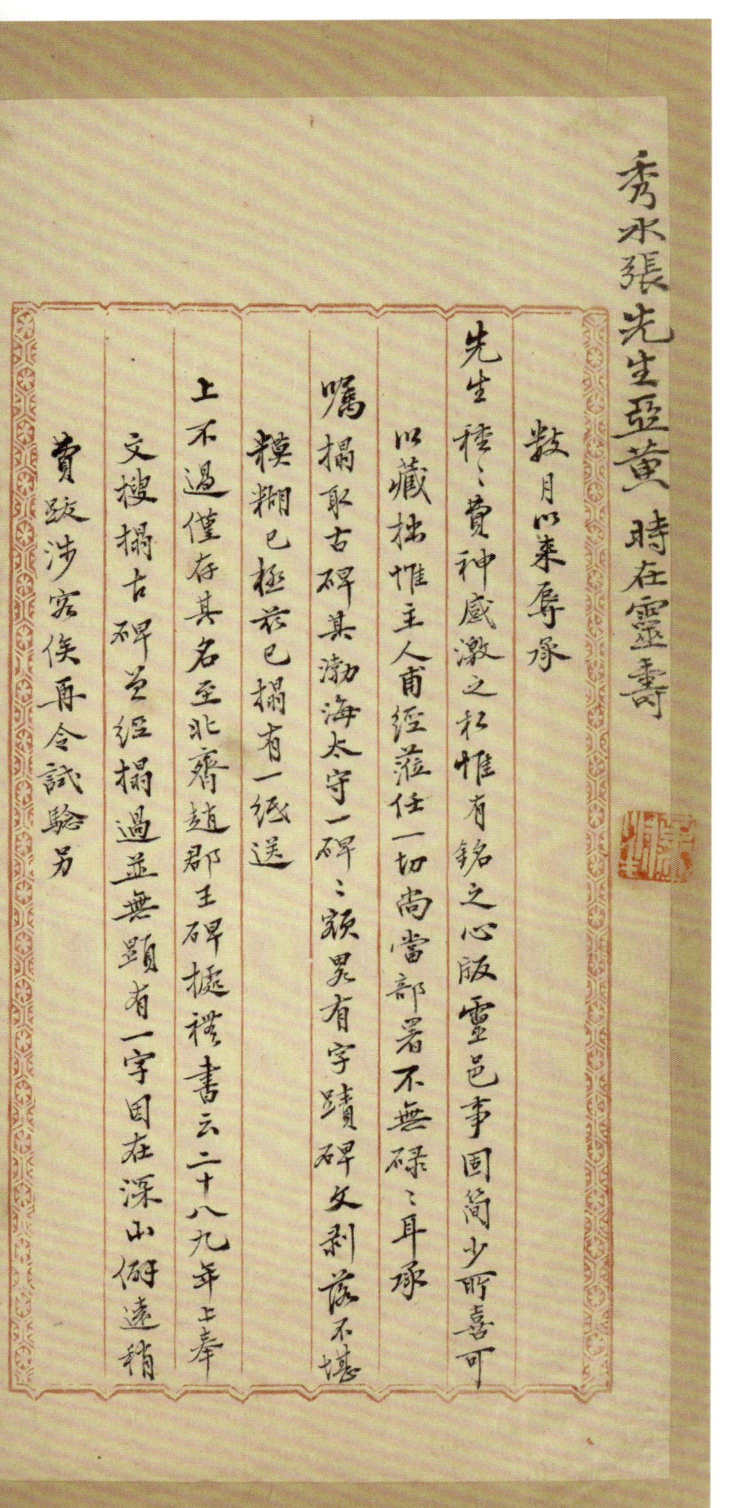
秀水張先生亞黄 時在靈壽

數月以來辱承

先生種種費神感激之私惟有銘之心版靈邑事固簡少所喜可

以藏拙惟主人甫經蒞任一切尚當部署不無碌碌耳承

囑拓取古碑其渤海太守一碑碑額略有字迹碑文剥落不堪

模糊已極兹已拓有一紙送

上不過僅存其名至北齊趙郡王碑據禮書云二十八九年上奉

文搜拓古碑曾經拓過並無顯有一字因在深山僻遠稍

費跋涉容俟再令試驗另

覆羽便，沕候

近禧，希

鑒不備。

馮均翁先生祈　叱候

貴東鄭老先生懇爲候安。

小翁老學長先生　　　　學弟張中頓首

【六〇】

潘中翰毅堂

潘有爲致黄易札之十三

頃與芝山自廠肆歸，得接
手翰，兼
惠金石種種，燈下展閱，精美莫狀，喜慰何俟
鄙言。弟屢承
厚愛，圖報之意未能免俗，覺胸中常有
宿物，只管不好過去耳。《石經》一册，敝師
覃谿先生跋尾精而詳，副頁十數幅揮之殆
盡。念生平奇遇，當囑芝山於行笈中加倍

珍重。

雅意已理會得，毋勞致囑也。《裴岑碑》經面達

莍谷先生，餘石印俱分致訖。鐵刀收到，謝謝。歡

宴未終，離情接踵，燈影炫目，芝山復在座

右，欲言百未申一，容續佈。特候

日祺，不宣。　弟有爲頓首

九先生足下

外附《石鼓》《云麾》《王母宮頌》，乞檢收。

【一〇二】

《秋影庵圖》現在蘭公前輩處奉題，當趕赴芝山帶寄也。
湘管齋主人想隨沈觀察辦差去，匆匆不及另札，晤時希道意，千萬，千萬！
芝山「寶墨齋印」頃得佳石，以新易舊云云。
孔廟漢隸二碑，已用六金購得矣，並謝費心！又及。

九月初一夜

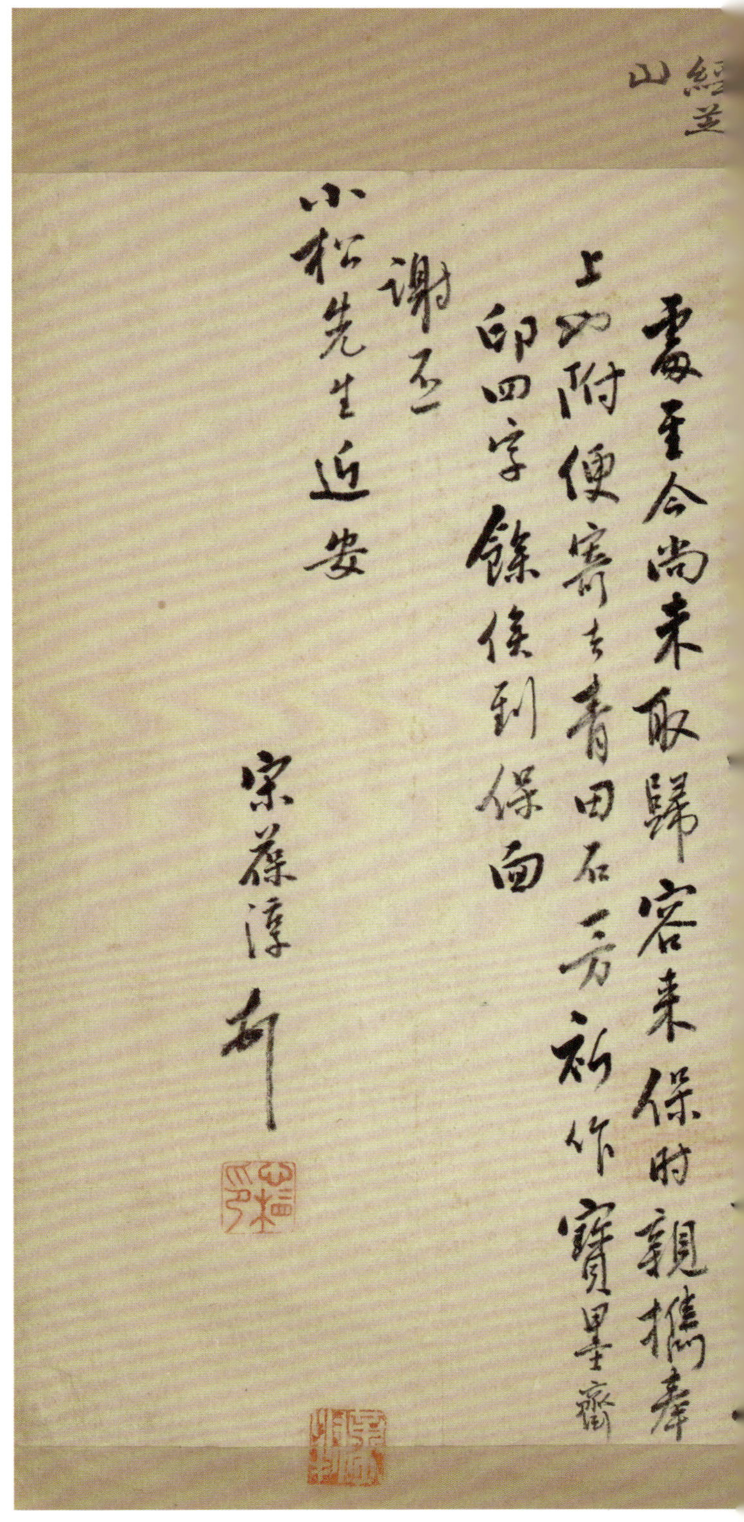
處至今尚未取歸容來保時親携奉
上也附便寄去青田石一方祈作寶墨齋
印四字餘俟到保面
謝不一
小松先生近安
宋葆淳頓首

► 宋葆淳致黄易札之二

廿一日取得《石經》殘本，即送至覃溪先生處，至今尚未取歸，容來保時親携奉

上也。附便寄去青田石一方，祈作「寶墨齋印」四字，餘俟到保面

謝，不一。

小松先生近安

宋葆淳頓首

〖一八九〗

吴璟致黄易札

會城把晤，暢聆
教言，諸蒙
青拂，至今銘泐不忘。承委隸文碑記，今得敝邑
東嶽廟中有隋之開皇、大業二碑，形蹟雖已剥
落，然而尚堪墨拓，弟處苦無紙墨，不能代爲辦
理，幸望將二物寄擲，即可以報
命矣。草此奉

聞，附候
文祉，諸惟
霽照，不宣。

小弟吴璟頓首

〖六二〗

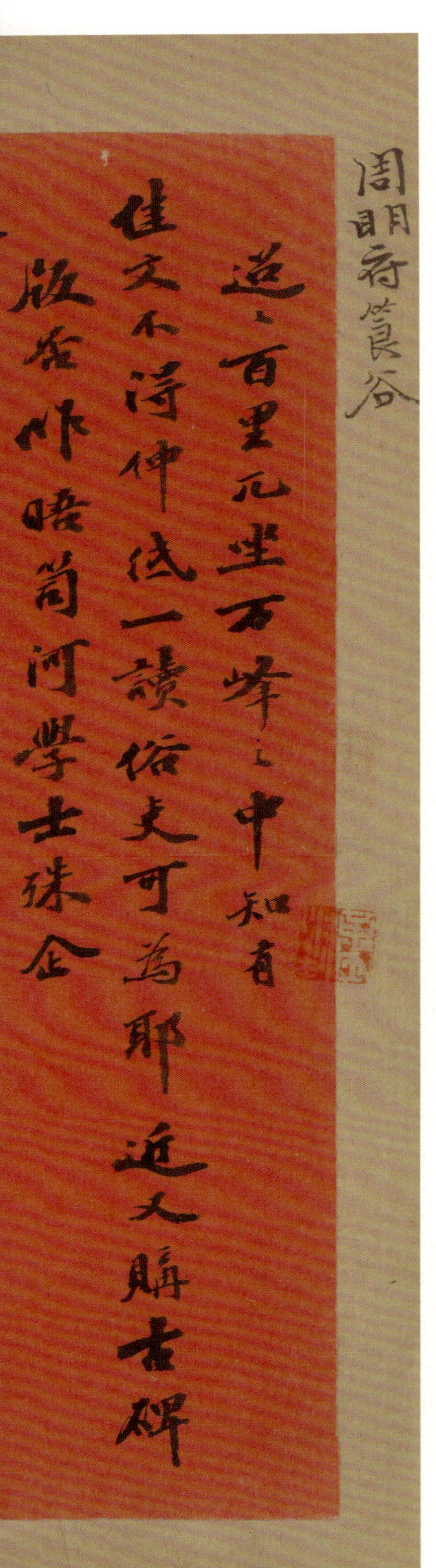

迢迢百里兀坐萬峰之中知有
佳文不得伸紙一讀俗吏可為耶近又購古碑
版否昨晤笥河學士殊企

◀周震榮致黃易札之二十一

迢迢百里，兀坐萬峰之中，知有
佳文，不得伸紙一讀，俗吏可爲耶？近又購古碑
版否？昨晤笥河學士，殊企
足音，不知
在都曾走會否？又有嘉定錢公子，係曉徵先生猶子，
亦癖於古，王廷尉極稱之，
兄見之否？奉到舊青田一方，仰求
鐵筆，瀆不止再三矣，不
揮之門外否？鄭公子不另札，或以元作先
示，真快事也。山中早晚已裘，不知城市何如，乞
以時珍攝，不宣。
小松九兄南元　　弟周震榮拜手
八月廿又四日冲

【六七】

二辟柘古玉廷尉極稀之
兄見之宜奉到舊青田一方柳求
鐵筆價不必再三矢不
揮之門外否　鄭公子不另札或以元仆先
承真快事也山中半晚已袤不如城市何如元
以時琭摘　不宣
小枚九元　南元
　　　　弟周震棠拜手
　　　　八月廿又曰冲

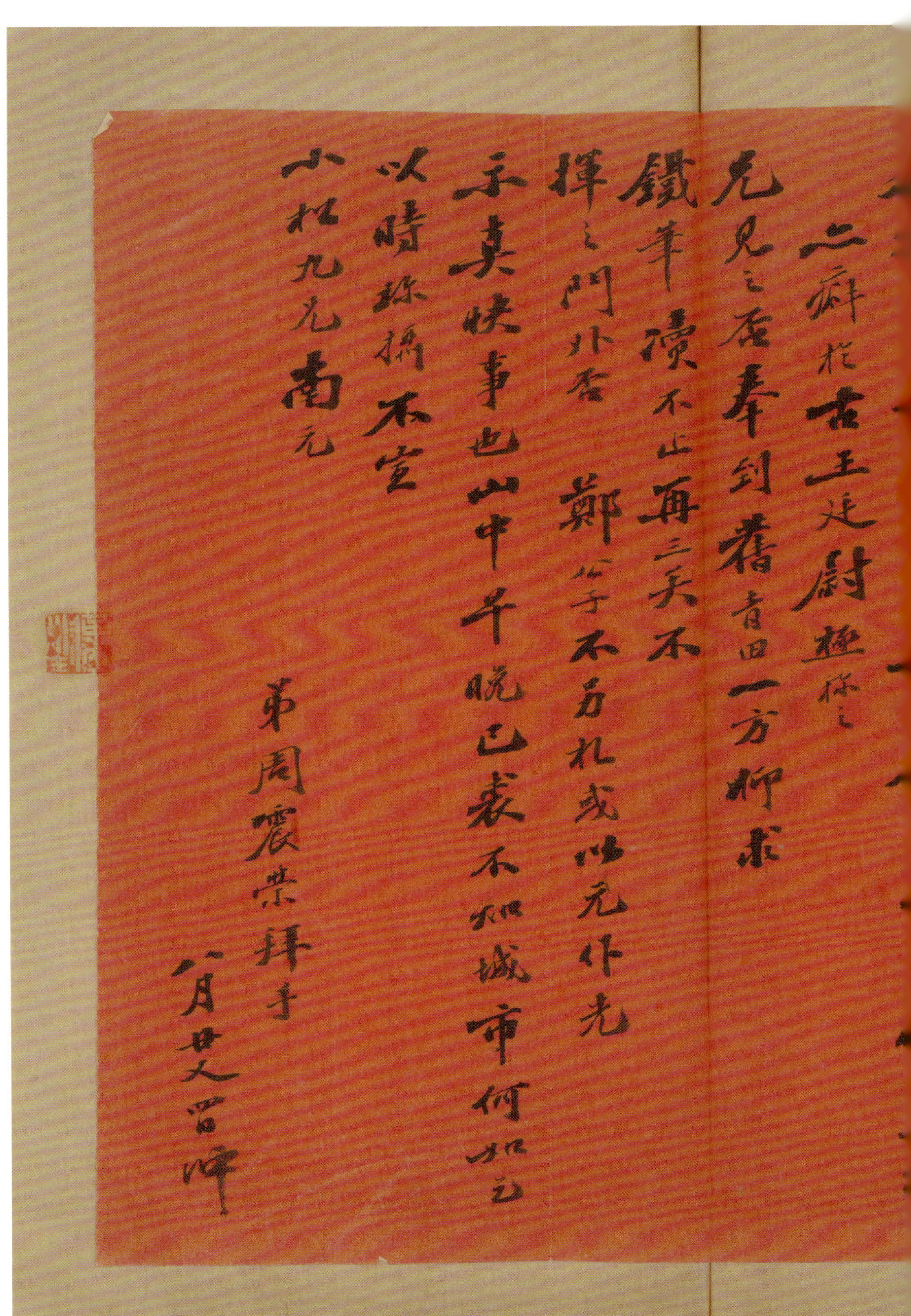

朱琰致黃易札之二

日前奉到
翰教，知
先生有京雒之遊，想
臺駕已回保城矣，念念！蒙
示《金塗塔瓦册》，名章稠疊，未
敢下筆。然愛古之心，弟與人同，
朝夕展玩，此中勃勃不能忍，聊
寫所見，爲諸公之殿，尚祈

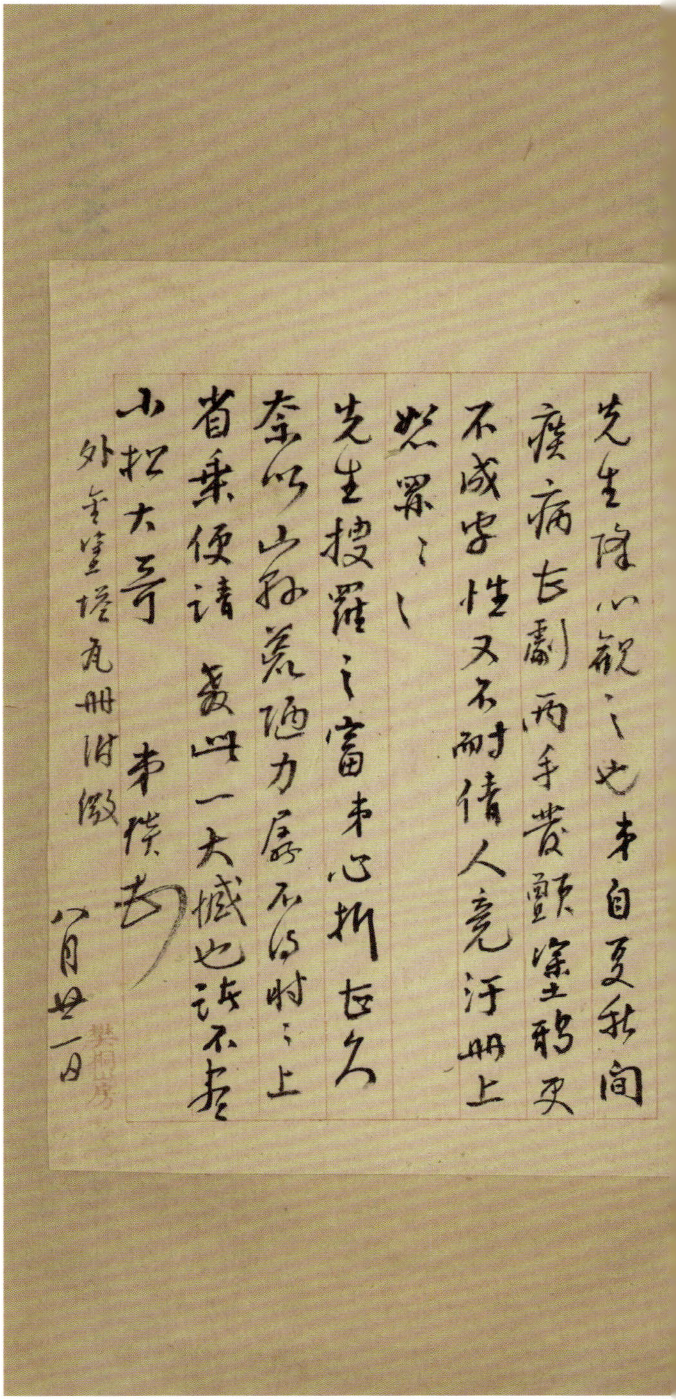

【一七六】

先生降心觀之也。弟自夏秋間
痰病甚劇，兩手發顫，塗鴉更
不成字，性又不耐倩人，竟污册上，
恕罪，恕罪！
先生搜羅之富，弟心折甚久，
奈何山縣荒陋力孱，不得時時上
省乘便請教，此一大憾也。諸不盡。
小松大哥　　弟琰頓首
　外《金塗塔瓦册》附繳。
　　　　　　　　　　八月廿一日

陳燦致黄易札

前寄上《道古堂集》並補一詩詩話，諒已入
照覽矣。
老伯母大人貴恙及令弟十哥完姻，諒
府報已悉，因不細述。沈菘翁於九月初二日化去，其一切皆募諸同人，
冬間將營，渠葬事，尚在不敷，
我哥古道照人，定能少助，故敢奉聞，知不訝也。專此並候
近祉，不一。
小窠九哥大人文席　　　愚弟期陳燦頓首　重九後五日

【七】

陳山人家照

▶ 陸費墀箋

太上琴心　　磴士求

〔一九四〕

▲余集致黃易札之六

敬求

篆刻，倘於保定即寄，不俟

榮赴後，更感。何日準行？再當奉

送也。京寓無石，不求佳者，得妙刻足矣。

黃九老爺　　愚弟集頓首

□□ 賤名或加「之印」「印章」「私印」等字，賤字或刻「蓉裳」或「秋室」皆可，白、朱俱可。

再求對子上用二方、引首一方，俱不必過大，約方六分。

疏華館　杭州　香風

余集　吹到

【一九五】

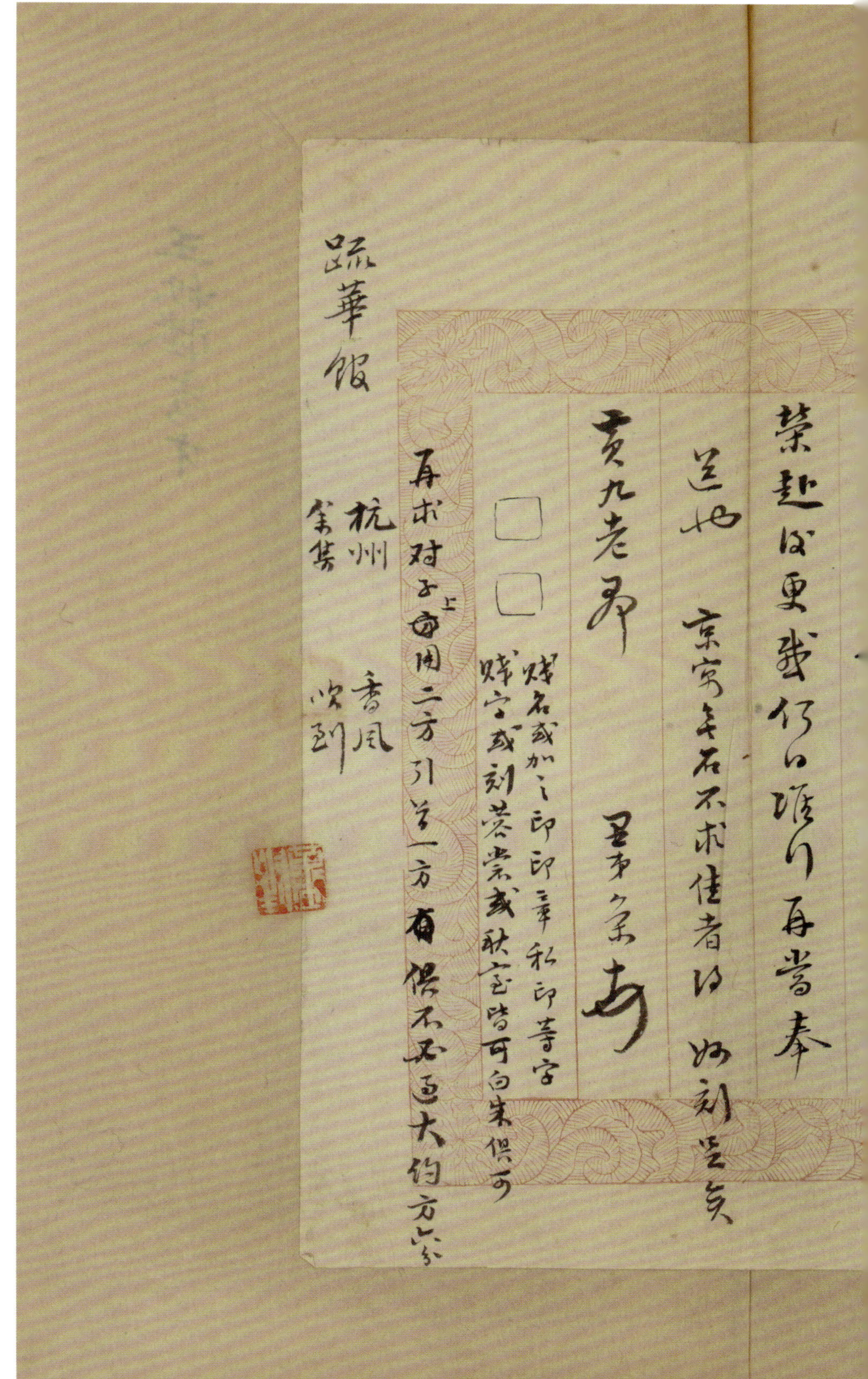

榮赴以更我何日歸堪再當奉

送也　京寓無石不求佳者　如刻畢矣

黃九老兄　羣弟余集頓

姓名或加之印印章私印壽字

姓字或刻蓉裳或秋室皆可白朱俱可

再求對子上面用二方引首一方　有俱不必過大約方六分

杭州余集　香風吹到

䟽華館

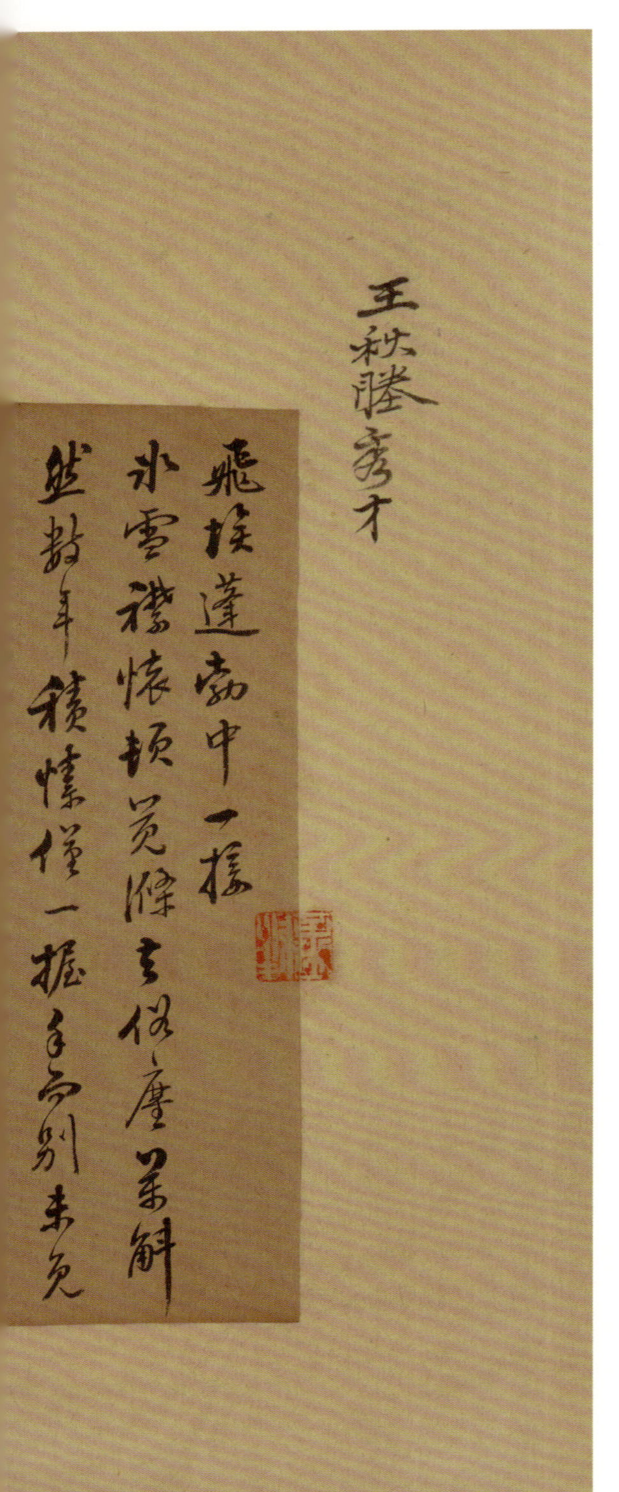

◀王復致黄易札之三

飛埃蓬勃中一接
冰雪，襟懷頓覺滌去俗塵萬斛。
然數年積愫僅一握手而别，未免
反增惆悵耳。頃役來接讀
手書，得悉
起居無恙，深爲忻慰。自吾
哥去後，廷尉公常在獻之及弟前道
及
大名，深爲傾倒。今寄來册頁書帖三
種，已爲面致。廷尉云「圖極精雅，詞亦
正宗，碑帖極承費心」，渠自有札致謝，

起居無恙，深爲忻慰。自吾
哥去後，廷尉常在懷，及不一晤道
及。
大人深爲傾倒。今寄來冊頁書帖三
種，已爲面致廷尉之圖，極精雅，詞亦
正宗。碑帖極好，費心甚，自有札致謝

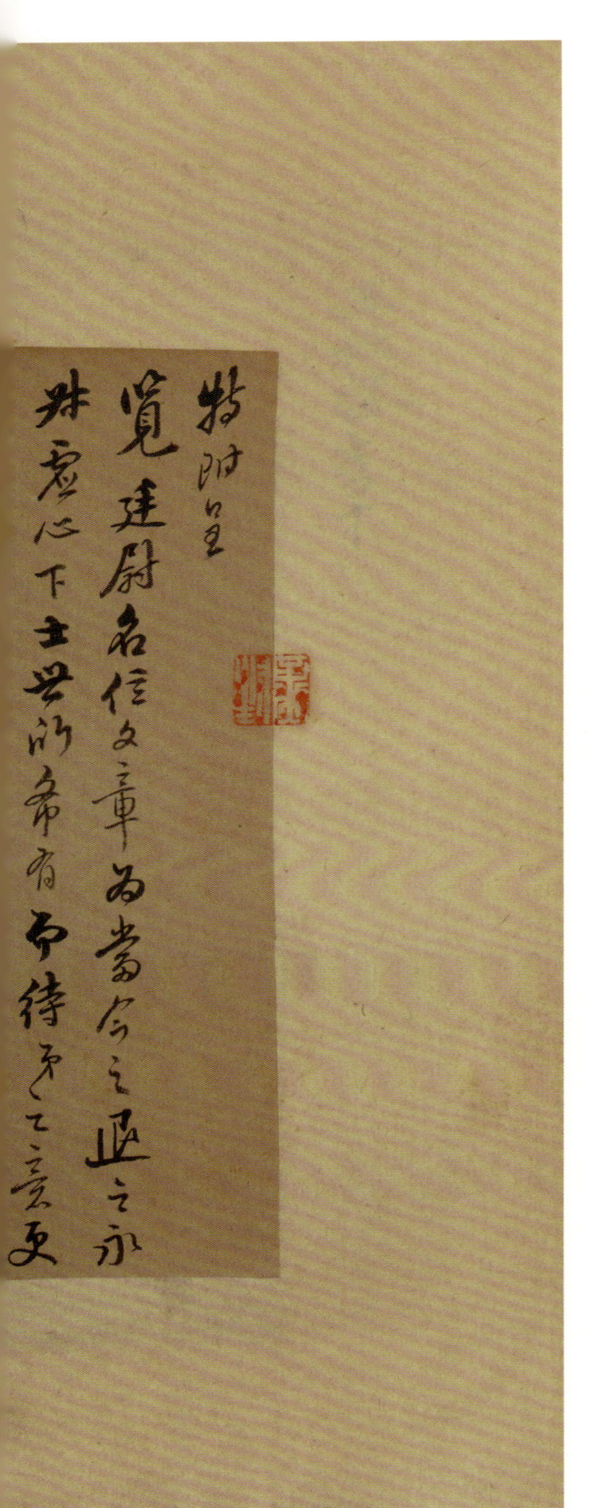
特附呈
覽廷尉名位文章爲當今之退之永
叔虛心下士世所希有而待弟之意更

特附呈

覽。廷尉名位文章爲當今之退之、永叔，虛心下士，世所希有，而待弟之意更覺肫誠，平生國士之知能有幾人？言之可爲感泣。獻之失意而去，於十五日在都起程，日内諒必與吾

哥相晤矣。獻之學問於今爲絶業，其於友朋之誼頗有古人意氣，相好中甚不易得也。弟前得家信，知舍下諸多拮据，且内子抱病，意欲於月底南歸一看，且俟明歲再來。如吾

哥於二十後即來都門，尚可相晤。

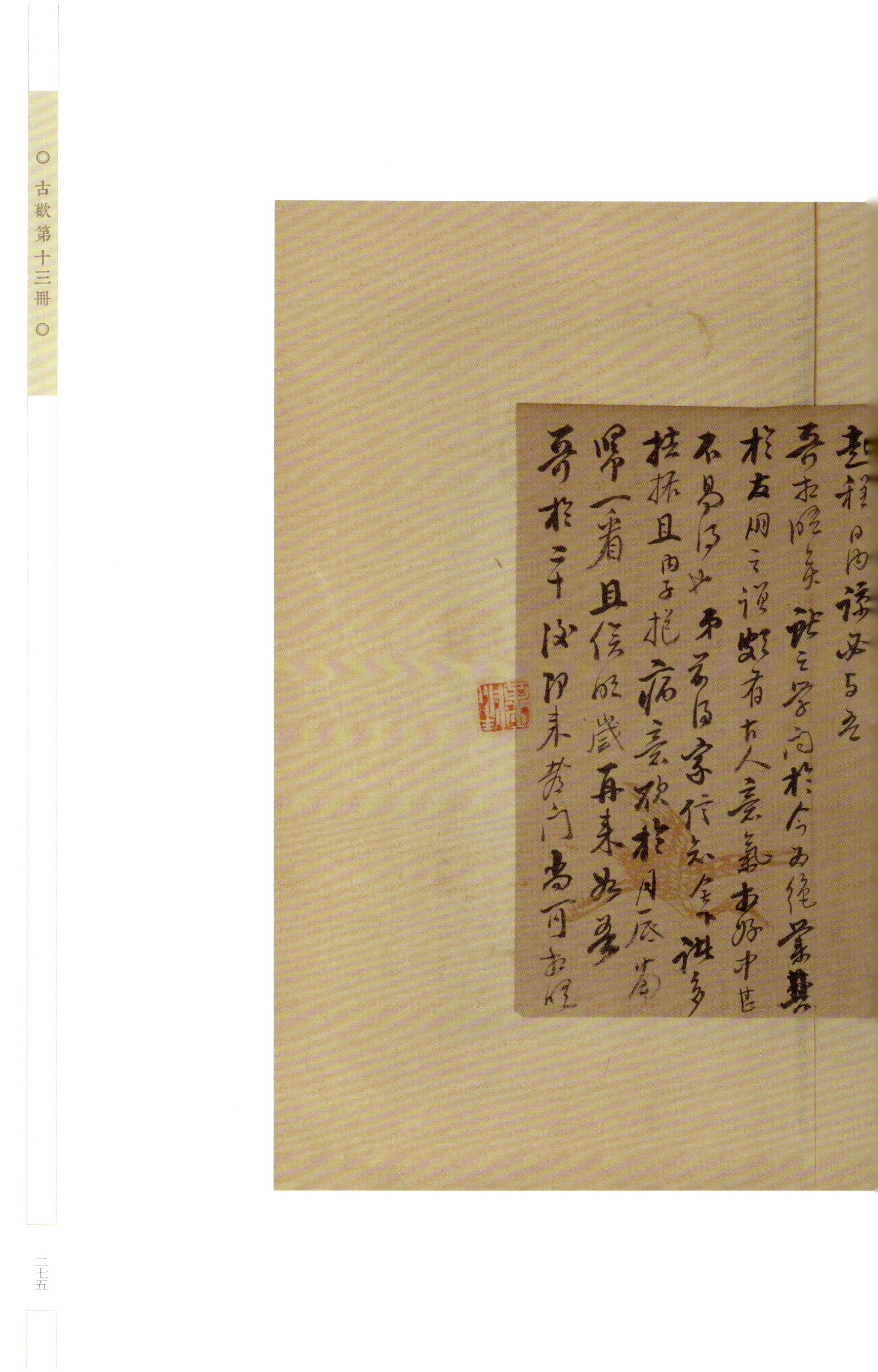

將來吾
哥來時，竟可到廷尉處卸車，
弟今日已面致之矣。忽忽奉
覆，兼請
安好，近刻二紙並呈
教定。良晤不遠，不盡縷縷。
小松九哥大人　愚弟復頓首
九月十七日
謹　空

弟於癸秋承
貴居停種種盛意，
至今感佩。乞爲
致意候安，又及。
刻下檢點案頭，忽見獻之與吾
哥對聯，不知何以遺失在弟處，今特附
上，乞撿收之。外竹庵札並致。

【三三】

震後萬端
安好垂動二派一并晉
教它良唔名遠不忘緒
亦杉九哥大人
而指槃秋水
貴居停雅~盛意
丞令盛佇元所
陪意候安及
剥下拾照由兄誠~与至
弓馭碡不至仁使失在冊云今牧門
上宅拾紉知竹丁礼苯敢
逐而後書
九月十吉
蛮而後書
謹啓

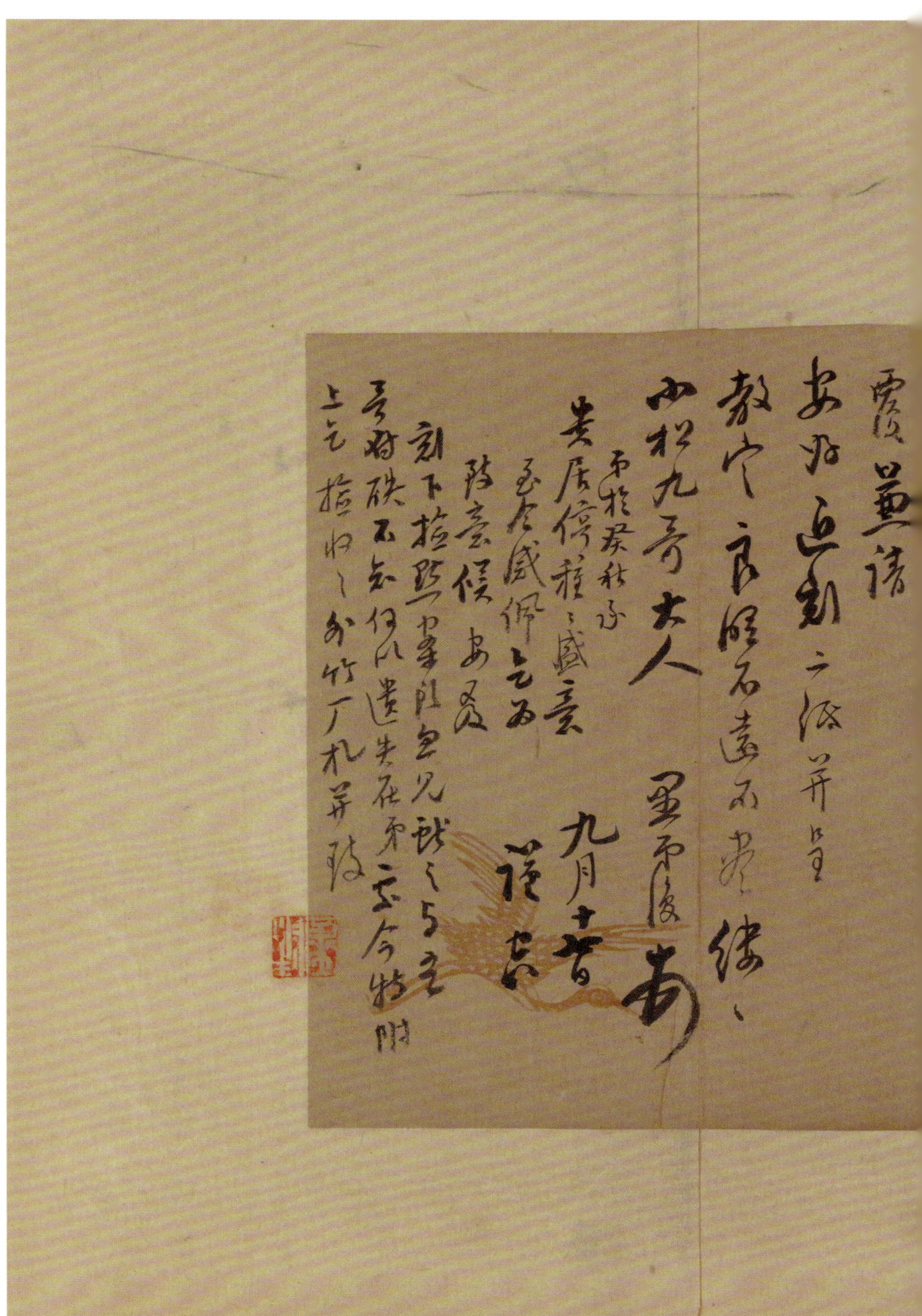

朱文藻致黃易札

耳
閣下名二十餘年矣，而從未一見
顔色，平生闕事。何春渚、陳二西兩先生頻道
風雅，得悉
梗概，深爲健羡。自愧東郭鄙人，里門株守，從前偶
遊都下，旋即南轅，不獲俶裝走謁爲悵也。近在趙晋
齋案頭得見新拓《武梁碑》，頓爾色飛神動，但不知
其碑今作何安頓？出土之時作何情狀？乞爲

詳示，俾嗜古者助譚資也。陝臯王述菴先生纂輯
《金石文薈》一書，凡金石題跋分類編録，所取金石至元
而止，所采題跋即現在人亦收之，其有雖非題跋而所
論有關某器某碑者亦收之。今屬弟分任纂輯，因
思
閣下留心金石，所見既多，必有
論著，倘得彙録一編，
寄示排纂，以富蒐羅，不惟後學藉有津梁，而古迹

〔三二一〕

堙没之餘，繇斯闡發，則
大雅之埤益良多矣。長山廣文桂未谷先生名馥，
與弟都門論交，今有一書，別無可達，
閣下治所不知相距遠近若何，想設法郵寄尚可
費神。書中瓦頭拓本是趙晋齋所寄，晋齋另拓一
副自行寄送，兹不兼及。率請
陞祺，臨穎依溯。丙午嘉平立春後三日書上
小松老先生閣下　　　教弟朱文藻頓首

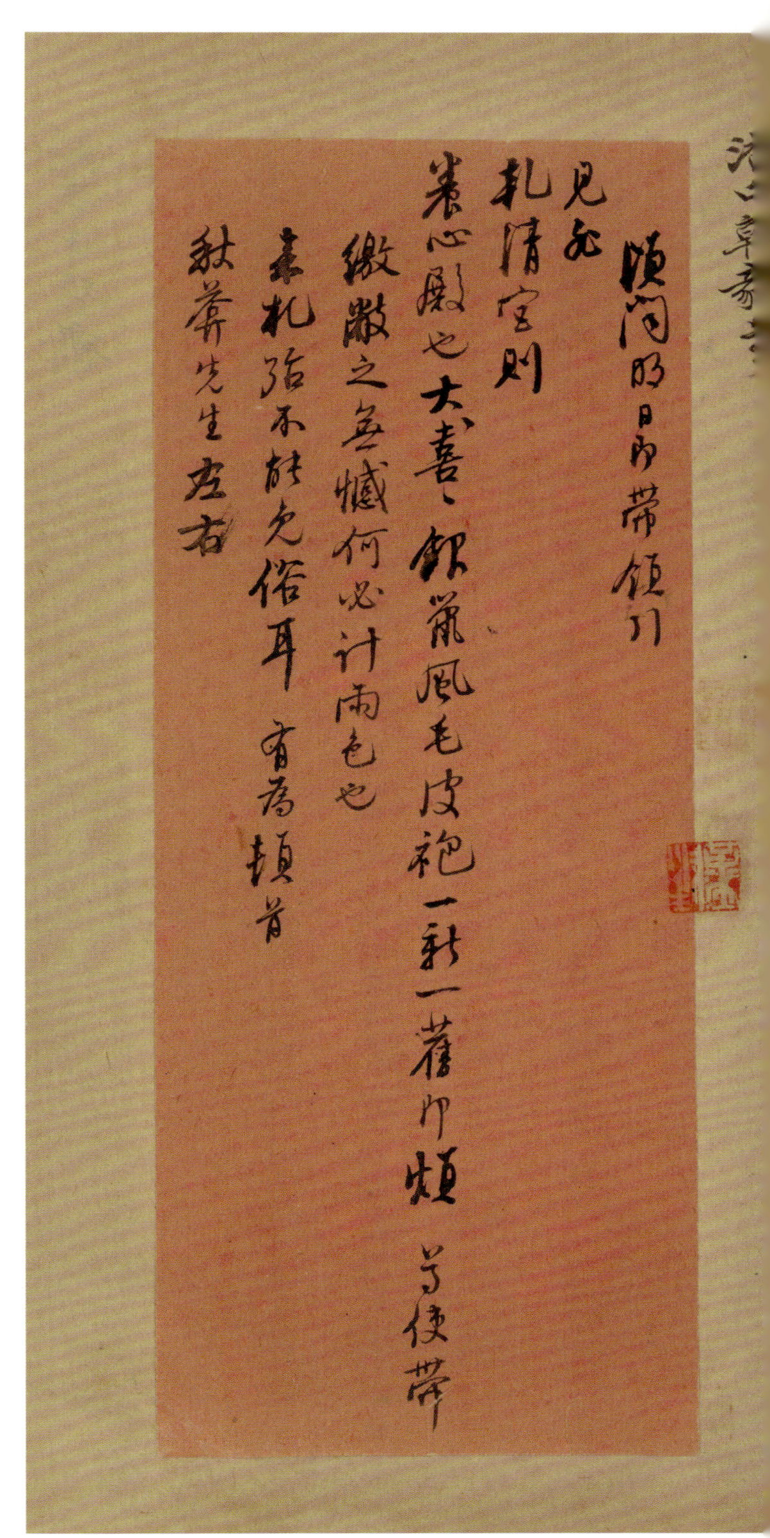

►潘有爲致黄易札之十四

頃聞明日即帶領引
見，非
乾清宫則
養心殿也，大喜，大喜！銀鼠鳳毛皮袍一新一舊，即煩尊使帶
繳，敝之無憾，何必計兩色也。
來札殆不能免俗耳。有爲頓首
秋䇷先生左右

【一〇四】

趙秀才晉齋

前月間接讀
手書，得悉起居清吉，不勝遥慰。弟緣居處上下無常，或時作
越遊，屢接書未報，知己必不以我爲疏也。前札與碑此日
諒呈覽矣。《裴岑碑》拜賜有日，反覆審之，恐非原刻，
兄當再察之。覃溪先生重摹《石經》本即弟所存本，

◀ 趙魏致黄易札之十四

前月間接讀
手書，得悉起居清吉，不勝遥慰。弟緣居處上下無常，或時作
越遊，屢接書未報，知己必不以我爲疏也。前札與碑此日
諒呈覽矣。《裴岑碑》拜賜有日，反覆審之，恐非原刻，
兄當再察之。覃溪先生重摹《石經》本即弟所存本，

即兄所見吴山本，雖稱古勁，絶少精彩，斷非鴻都舊迹。世所存惟北海先生「盤庚」百餘字爲最古，今亦不知流落何所矣。摹本容埸後補上。金石之緣至兄而四通八達矣，弟安得不妒？然亦不必妒，兄之餘即我之所有也。排山先生古金古瓦乞爲弟謀致之，所存本木刻故耳。

【八二】

芑堂兄日已來杭，囑筆問好，《金石契》補跋尚少六七十頁，冬間告成時奉贈也。川中貢院内有古碑卅餘，近聞金川得漢刻三通，已移置成都府内矣，並祈留意。庭桂將殘，燕雲自遠，奈何，奈何！

小松九哥大人　　愚弟趙魏頓首

間有數碑，俟後總上，又及。

七月廿七日冲

► 魏嘉瀔致黄易札

嘉瀔啓

小松九哥大人閣下：月之上浣接奉

手教，具紉

錦注。線緞抵領知

九兄早已購妥，中途沈擱，弟又疏於奉詢，今轉勞

神，特爲寄擲，弟益深感戢，愧謝交並。比稔

九哥履候凝禧，高懷朗暢。上谷勝地，金石之刻伯仲關中，

足下披剥莓苔，搜輯宏富，甚思襆被一行，飽觀清閟之玩。兹以秋試及期，復理素業，兼之去秋患瘍，纏染不已，至今猶以此身奉藥罏也，未遂斯志。毛檄既奉，旌節尚滯，幽燕鶴望，偉人敷政，必有愷悌新猷，弟將操筆而咏盛治、揚美德耳！春渚先生今年又無就緒，此月杪擬赴邗上，

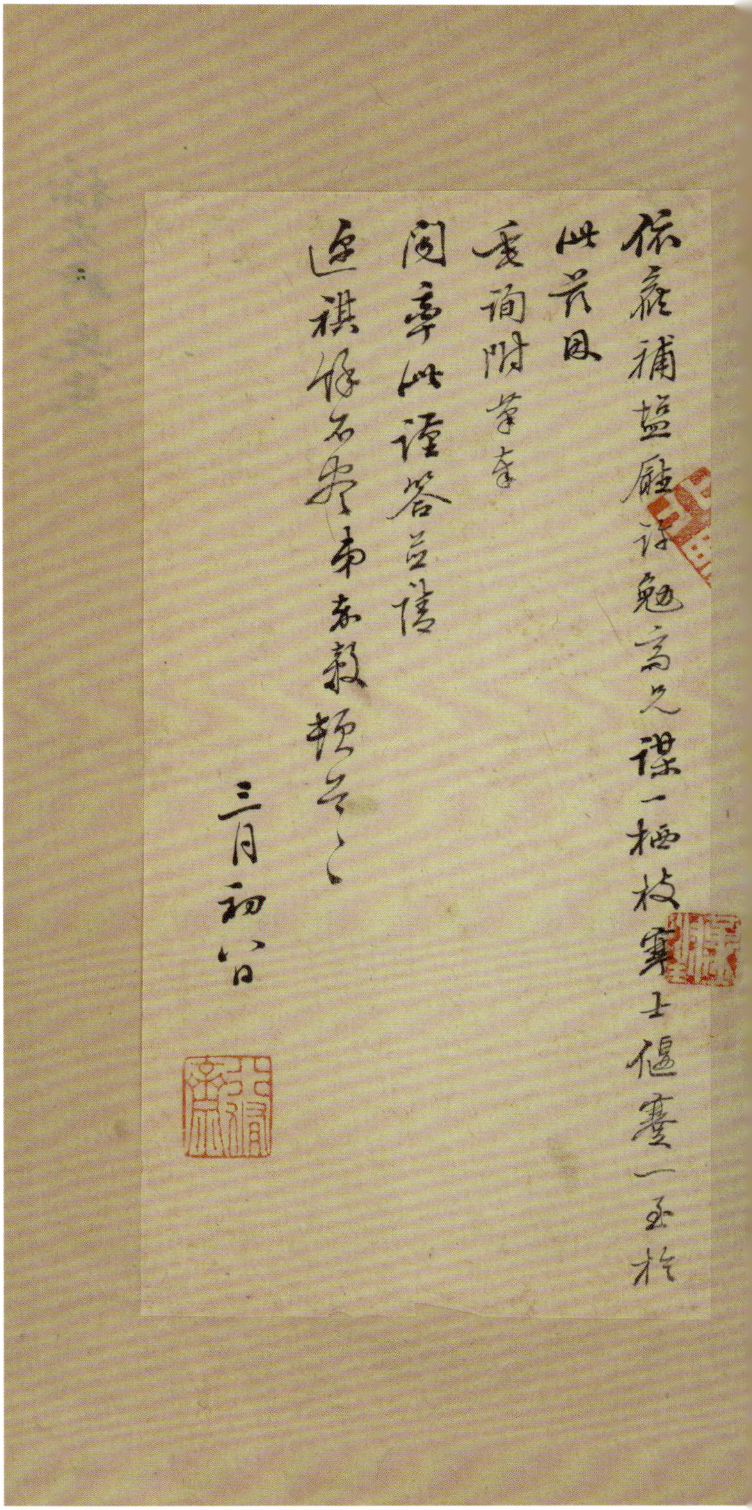

依候補鹽廳許勉齋兄謀一栖枝，寒士偃蹇一至於此。兹因
垂詢，附筆奉
聞，率此謹答，並請
邇祺，餘不盡。弟嘉穀頓首頓首
三月初八日

【二九】

徐友竹先生

相距匪遥圖晤不易停雲興感諒有同心也弟此番遊況

徐堅致黄易札

相距匪遥，圖晤不易，停雲興感，諒有同心也。弟此番遊況大是岑寂，久留於此甚覺無謂，擬於初一日入京一省家姊。嘗西上大同，蓋緣郡守吴公素稱至契，或可丐其潤色耳？承示漢碑二種，素所未見，正可補弟前此所臨者之闕。苦無油紙，又逼束裝，敢懇吾哥代爲一臨，秋間過此面領以謝。帖籤題就，深愧布鼓雷門也。對一聯，姑取其意，與吾哥有合；另一聯乞轉致惲先生。不及告别，更祈

西上大同蓋緣郡守吳公
素稱至契或可丐其潤色
耳承 示漢碑二種素所未
見正可補弟前此所臨者之闕
苦無油紙又適來意敢煩
哥代爲一臨秋間返時面領以謝
帖箋頗就深愧布鼓
雷門也對一聯姑取其意與
哥看合另一聯乞轉致惲先生
不及告別更祈

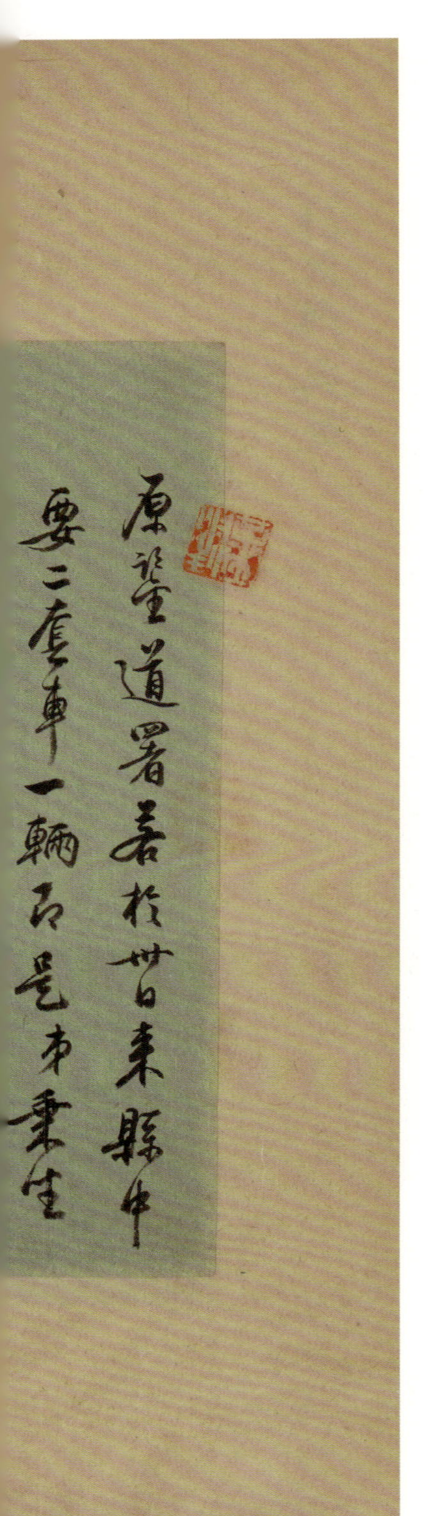

原鑒。道署若於卅日來縣中要二套車一輛，即是弟乘坐者，望吾哥加意留心，不致有「我馬瘏矣」之嘆，感不淺矣。草此布瀆，並候近安，餘惟後晤以悉。

小松學長先生

學弟徐堅頓首

廿七日燈下

【二一一】

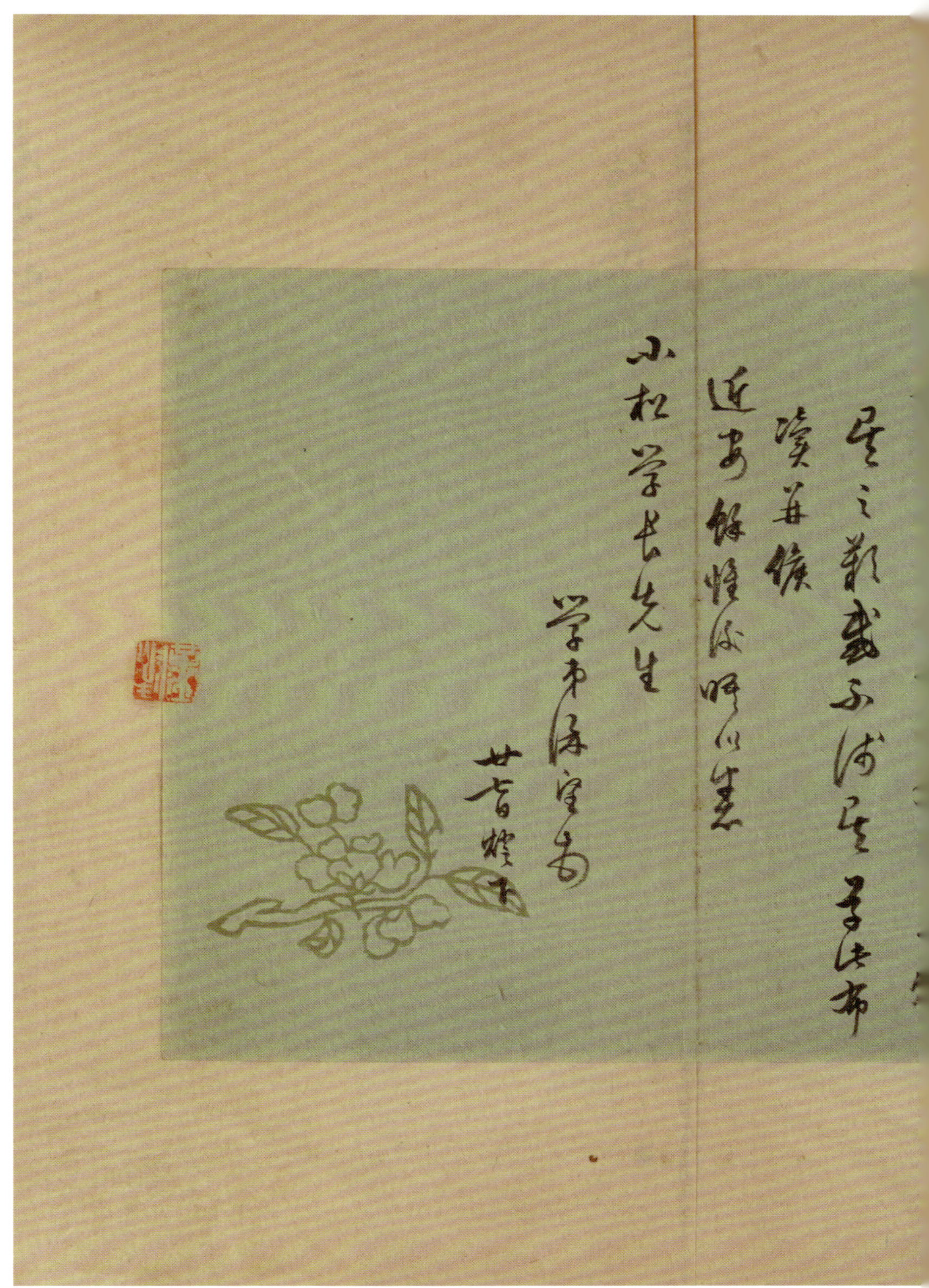
小松學長先生

◀ 嚴長明致黄易札之三

於秋滕處接奉

手緘，曠若覆面，並承寄示《魏元丕》《范巨卿》二碑以資眼福，何幸如之！《巨卿碑》曾見於朱思堂太守處，爲友人聶劍光携來者，今已十三載矣。未知老友存没，幸祈咨訪消息見示。今太守史君，弟舊好也，當思所以存問

辛卯～臣邠硯曾見于嵩山堂

太守受為友人贈飼先擕未

君之已十三歲矣未知老友在

没辛秋咨訪清見見不之太守

史君于舊物也嘗里名以石角

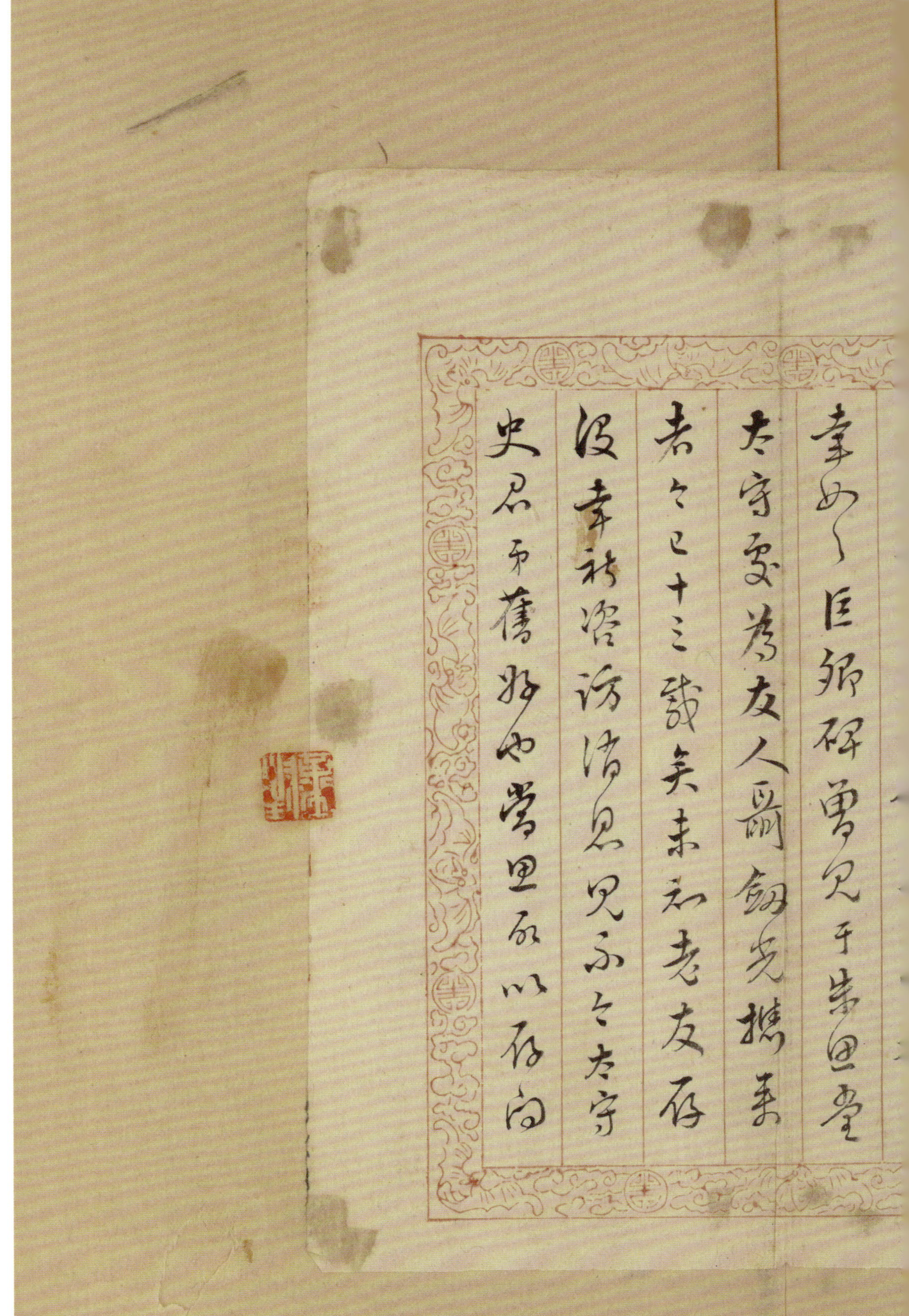

之者寄示碑目一本蒐采宏富

之者。寄示《碑目》一本，蒐采宏富，
多平生所未見者，物聚於所好，
信然。至關中所有漢碑未著於録者，
别開目録呈
覽，趙晋齋在彼，無難購覓也（暫存一兩日，即覓便寄上）。
再，泰山石刻有七，原石亡於乾隆
庚午，沈君凡民曾以兩本見惠，
紙墨精好，爲王虚舟先生故物。

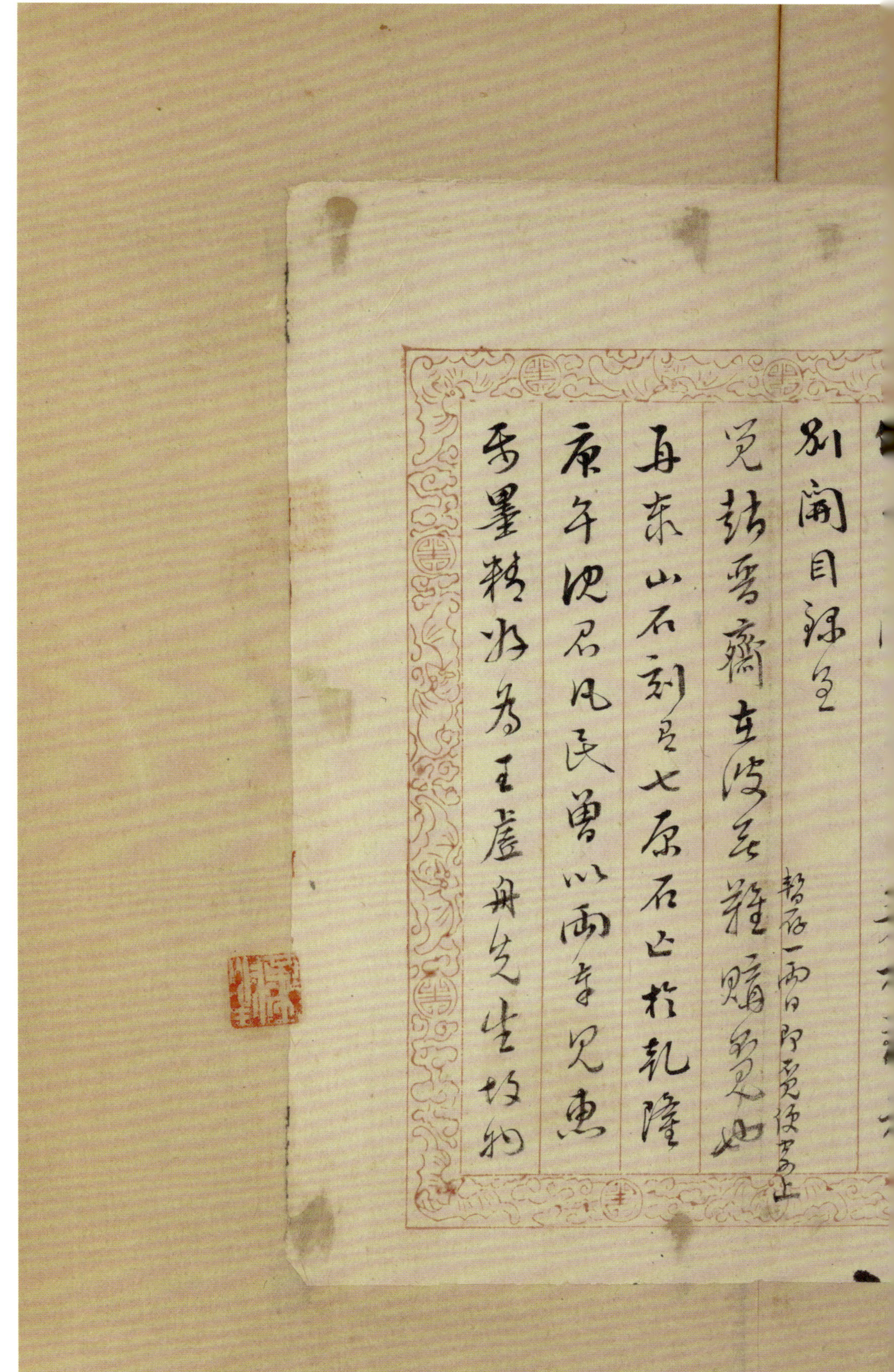
别開目録呈
覽訪晉齋[illegible][illegible][illegible]雜贈[illegible]也（暫存一兩日即覓便寄上）
再東山石刻共七原石亡於乾隆
庚午沈君鳳民曾以兩本見惠
[illegible]墨精妙為王虛舟先生故物

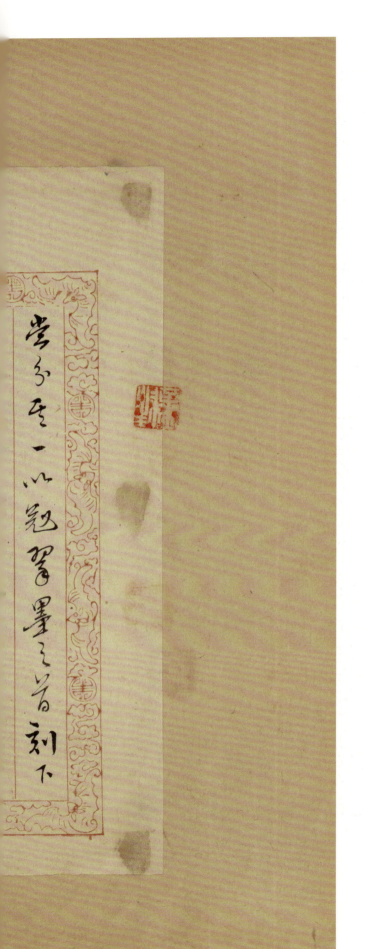

嘗分其一，以冠翠墨之首，刻下有人南歸，中秋前後可取到矣。來人正劇，又以體中小極，率此佈候

近祺，臨楮依溯，不具。弟長明頓首

小松先生足下　　七月望日冲

【二九〇】

佈絲
近禮收據係照
小松先生台下
七月望日泐

◀ 嚴長明致黃易札之四

前信發後，尚有暇刻，因將《碑目》略爲校勘付去。中有數種，弟所未得，大率非原石在尊齋，即在濟寧者，另單呈上，幸祈陸續惠寄，則百朋之錫不是過矣。附候日安，不一。 弟長明再頓首

尊齋兄主濤室志另乞呈上

事新陸機画帖別石囤之湯

不足逕矢附祈

日安不一

平葊再啟

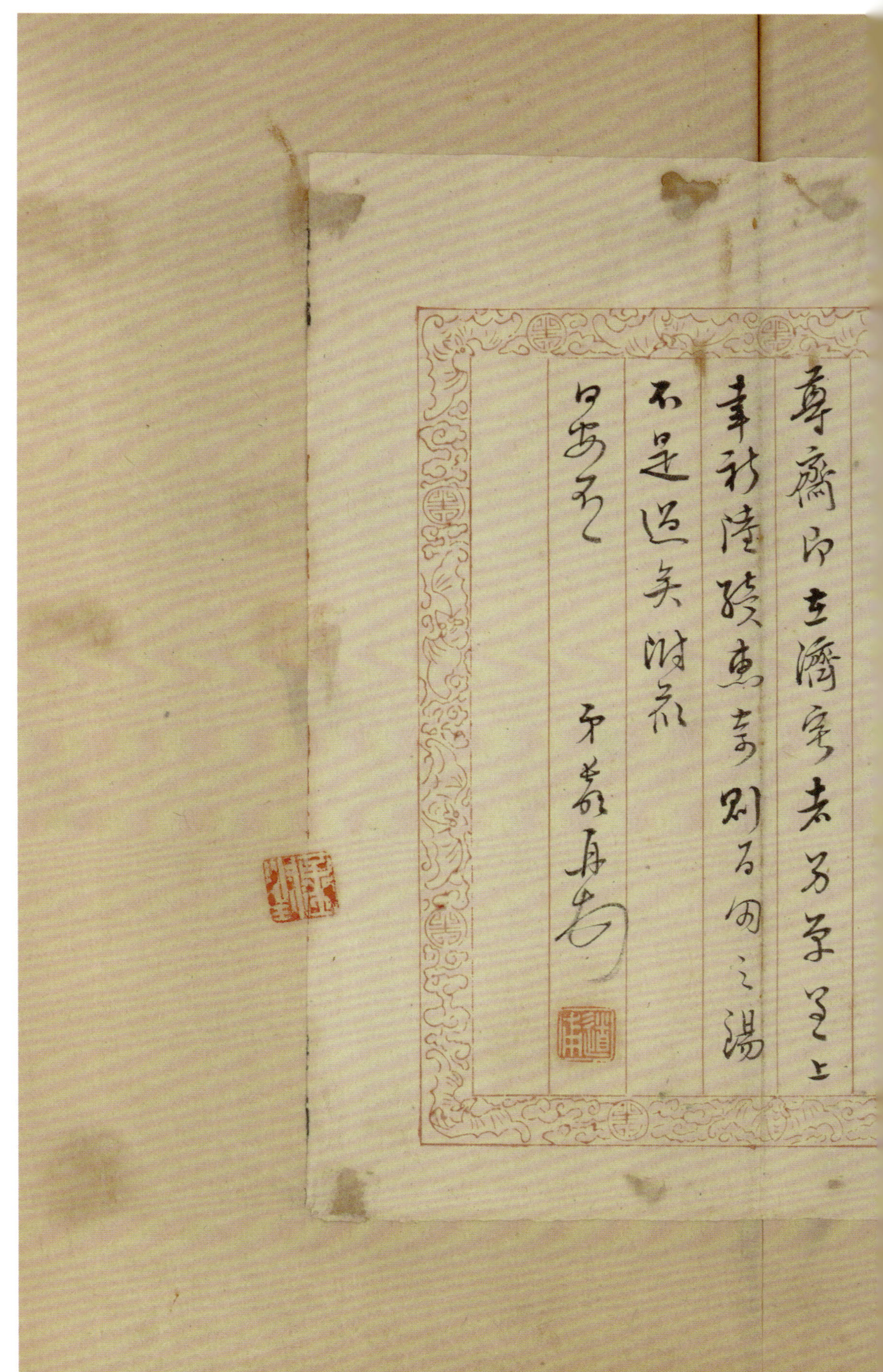

《漢中太守鄐君開石門道碑》（永平六年，八分書），在褒城縣石門内（此種甚奇且偉）。

《仙人唐公房碑》（無年月，八分書，有陰剥落），在城固縣昇仙里。

《魏盪寇將軍李苞題名》（景元四年，八分書），在石門潘宗洛題名後（完好）。

【二九二】

左城固路升仙里

魏盪寇將軍李苞題名

景元四年
八分書

立石白濤家藏拓題名後有

釋[文]

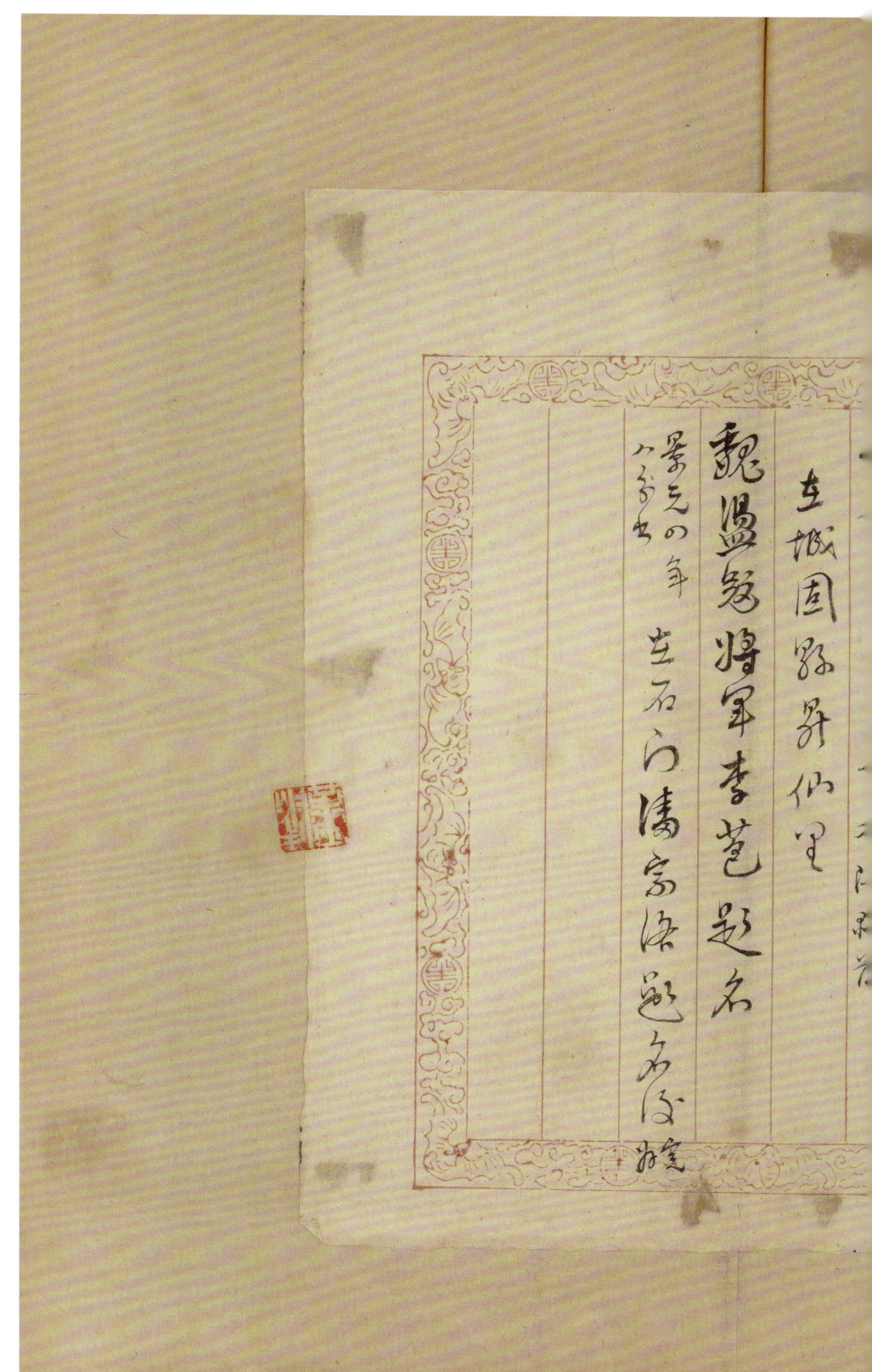

漢三公山碑

丁酉七月鐵生爲秋影盦主題籖

明少參寓林黄先生尺牘

▲ **題簽二種**

《漢三公山碑》（丁酉七月鐵生爲秋影盦主題籖）

明少參寓林黄先生尺牘

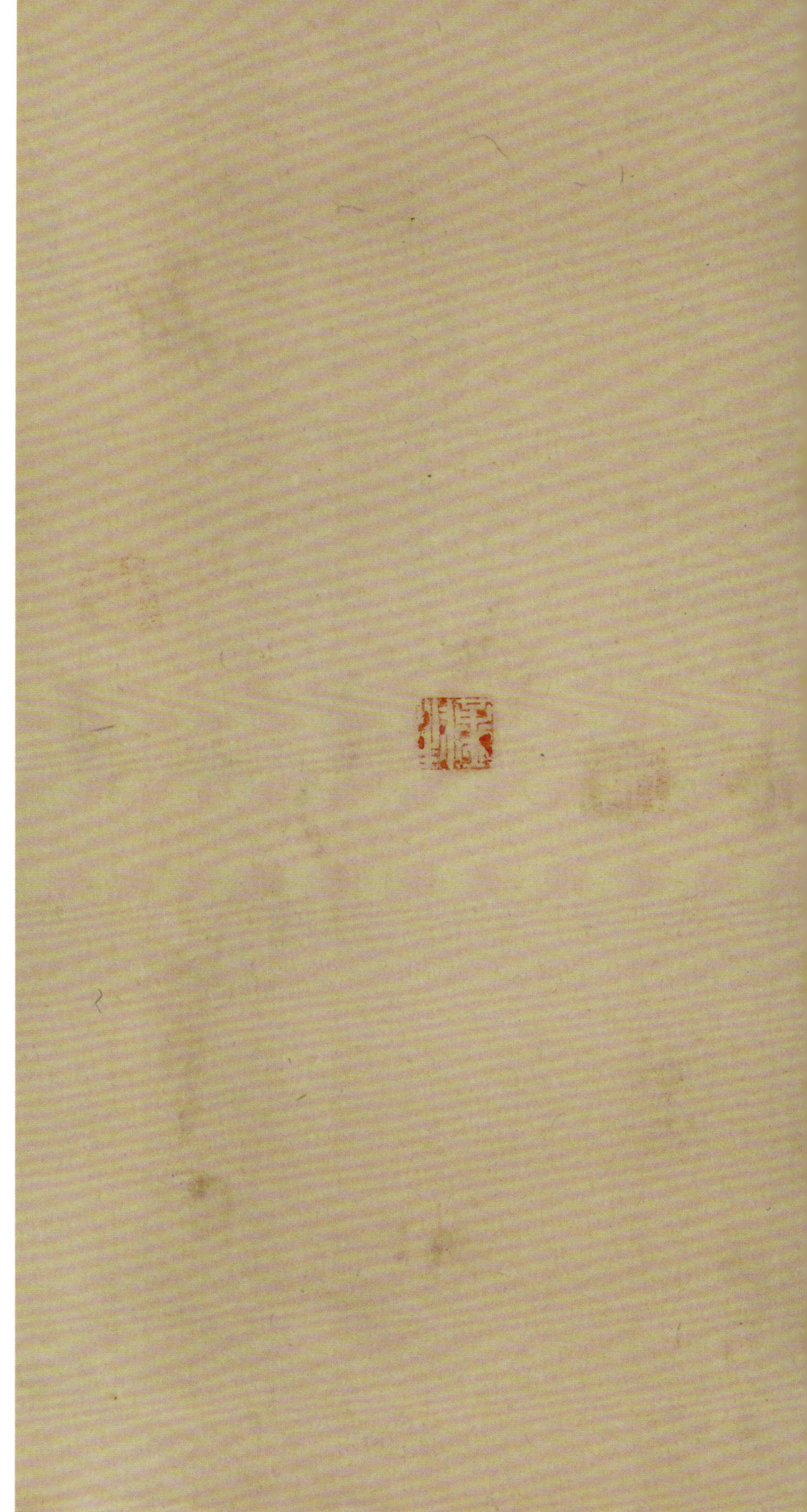

周明府篔谷

◀周震榮致黄易札之二十二

……來矣，鹿鹿往返，恐不足數生平歡也。謹擬十八日仰攀旌旆，作半日清談，知不却耳。震榮叩首

屆期希臨儷紫軒。十七日

【六八】

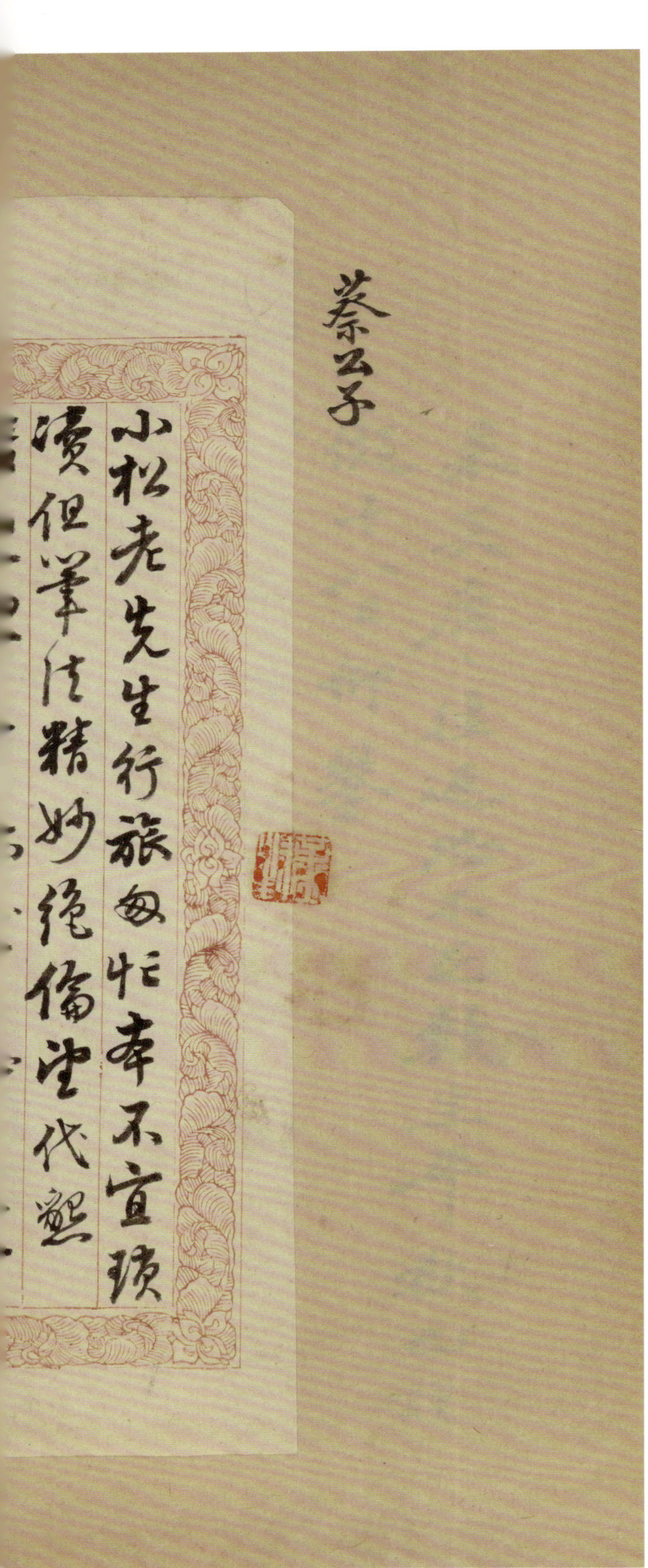

◀ 蔡本俊致黃易札之二

小松老先生行旅匆忙，本不宜瑣瀆，但筆法精妙絶倫，望代懇撥冗一揮，以爲珍藏之秘，幸甚，幸甚！率此佈候午安，不備。　　弟本俊頓首

紙四幅祈落雙款：

汝常　洛卿　千之　相田

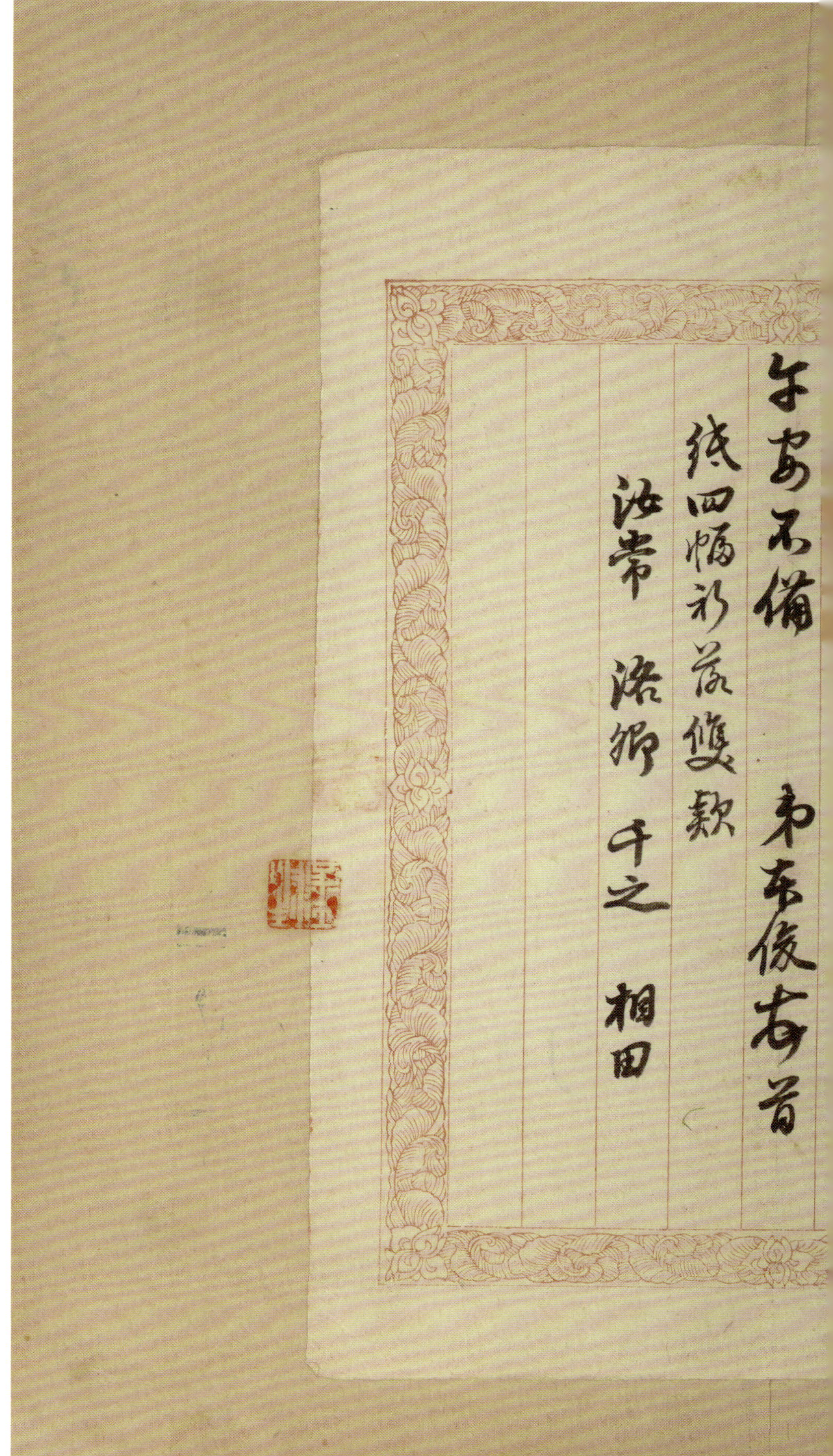

午安不備　弟本像拜首

紙四幅祈蔗雙款

汝常　洛卿　千之　相田

錢坫致黄易札之五

過保時諸承

盛德，謝謝！《倉頡碑》已得，猶欲佩一副否？《慈恩寺題名》《華岳廟宋人石幢題名》《寶室寺鐘銘》三事先附

上，有所得當陸續送去也。兹有友欲得《東坡雪浪盆口字》及《李克用題名》，祈各拓三副寄來爲妙。《元氏三公山碑》承賜四副，都爲人取去，且拓本平庸，若揀選一清楚本分惠最好，勿忘之也。「閲音」印想已刻好，外求名字小印一副，約方三分，未知肯許我否？永清處也有欲送之物，摺差不便，俟貢差上京時將從大理處轉之也。有信去，祈候，祈候，不一。坫頓首

小松先生良友

聞趙州大石橋底下唐宋人題名甚多，何不遣人視之且拓之耶？

並聞。

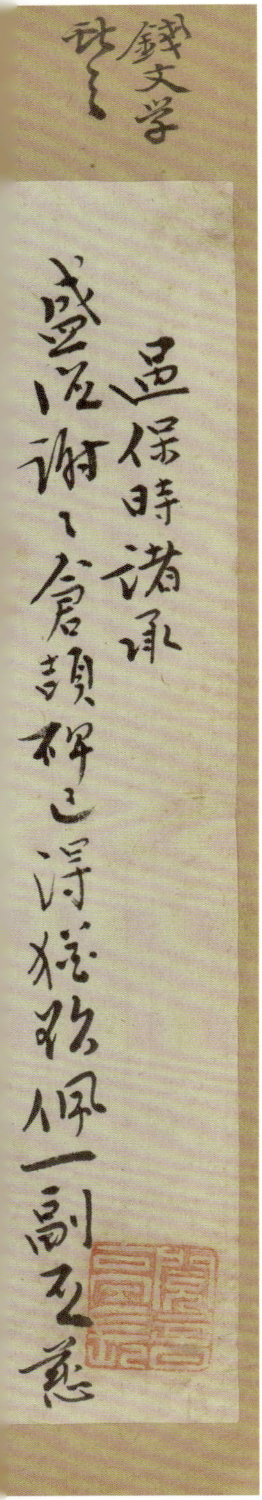

【二〇三】

上有所得當陸續送去也蒙有友欲得東坡雪浪盆口字及李克用題名許與搨三副寄來爲妙元氏三公山碑承賜四副都爲人取去且搨本平庸若揀選一清楚本兮惠最好勿忘之也閲言印書已刻好外未名字小印一刻約兮三兮未知肯許我否承情多也有欲送之物攔差不便俟有差上來時將從大理交轉之也有信當許俟之

石如拜

小松先生良友

聞趙州大石橋底下唐宋人題名甚多何不遣人視之且搨之即

并問

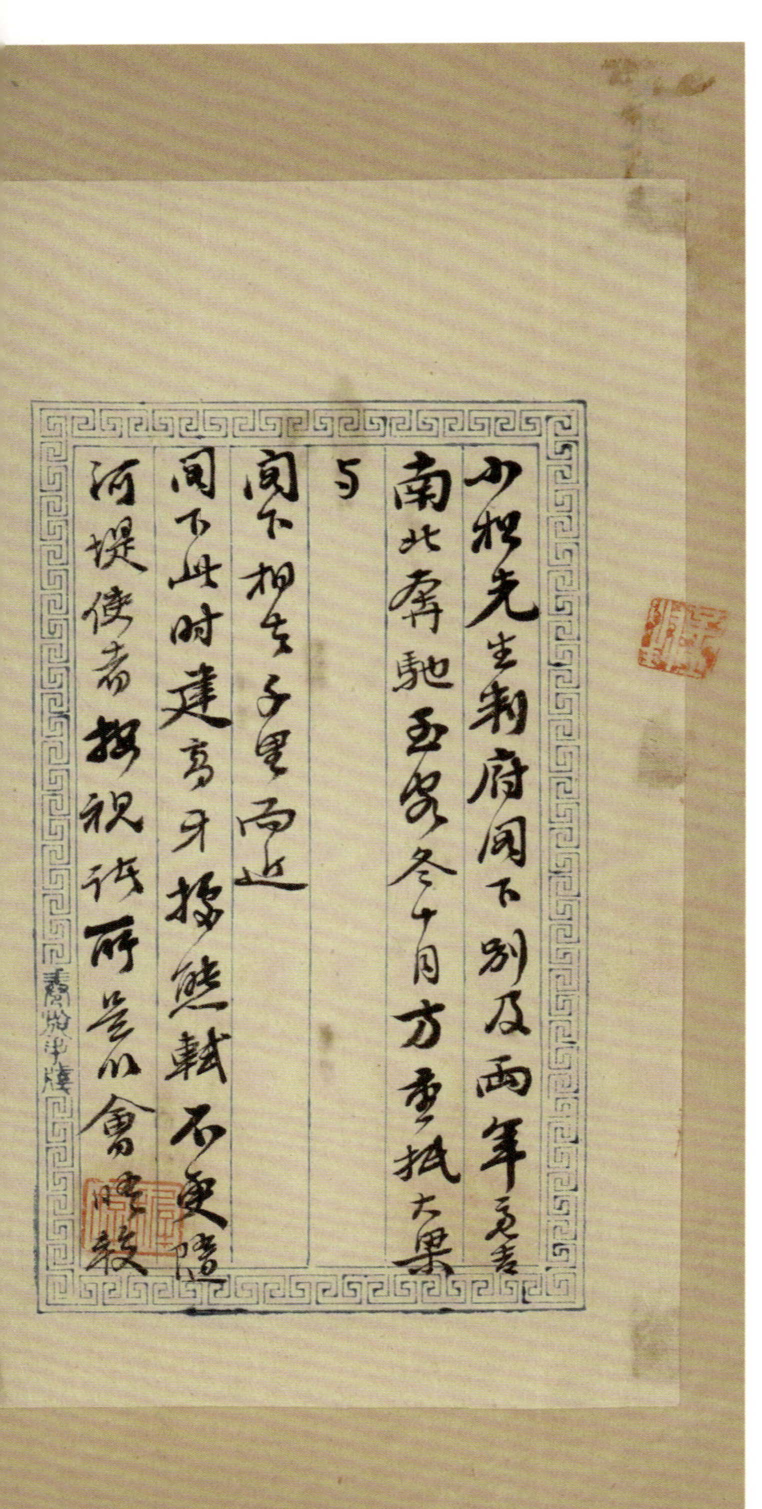

◀ 洪亮吉致黃易札之四

小松先生制府閣下：別及兩年，亮吉南北奔馳，至客冬十月方重抵大梁，與
閣下相去千里而近。
閣下此時建高牙、擁熊軾，不更隨
河堤使者按視諸所，是以會晤較

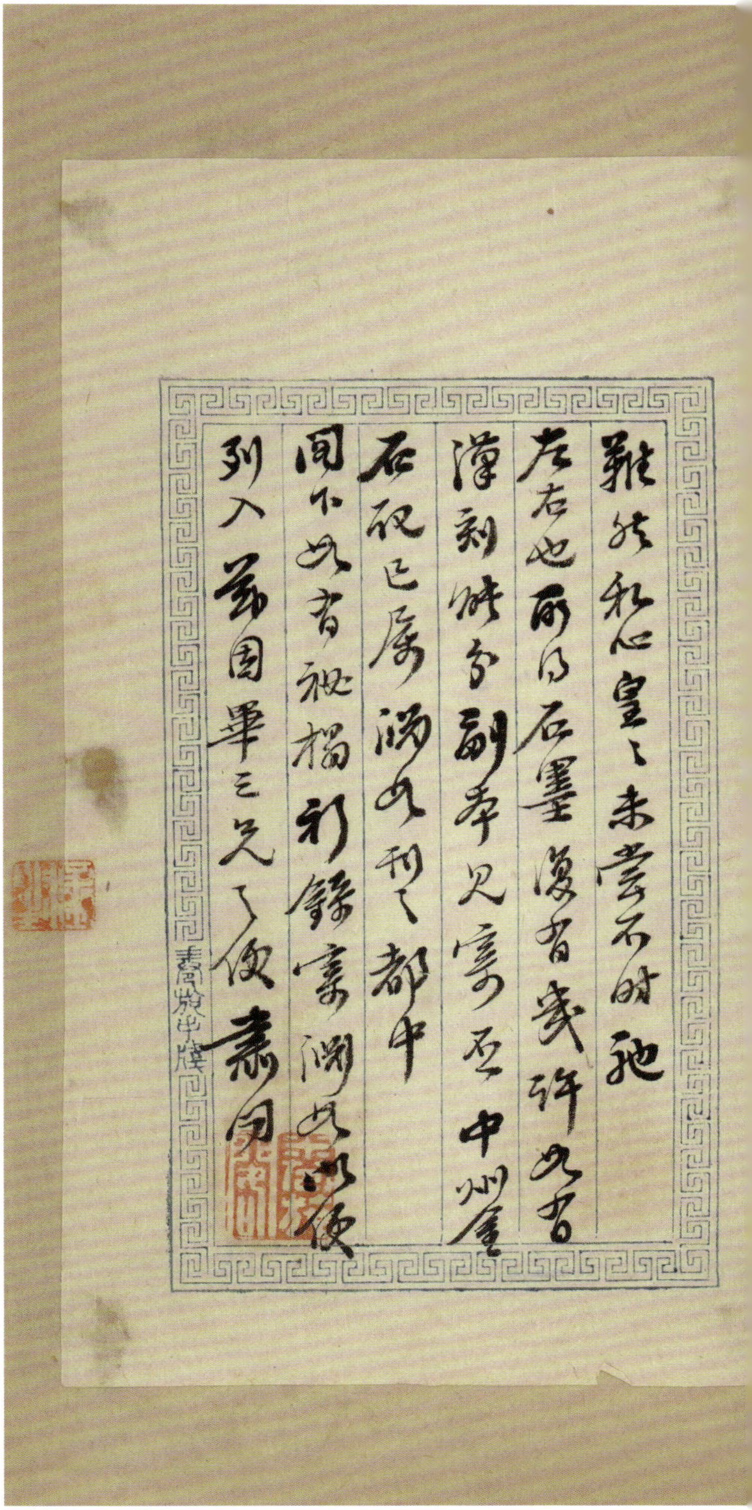

難。然私心皇皇，未嘗不時馳左右也。所得石墨，復有幾許？如有漢刻，能分副本見寄否？《中州金石記》已屬淵如刊之都中，閣下如有秘拓，祈録寄淵如，以便列入。兹因畢三兄之便，肅問

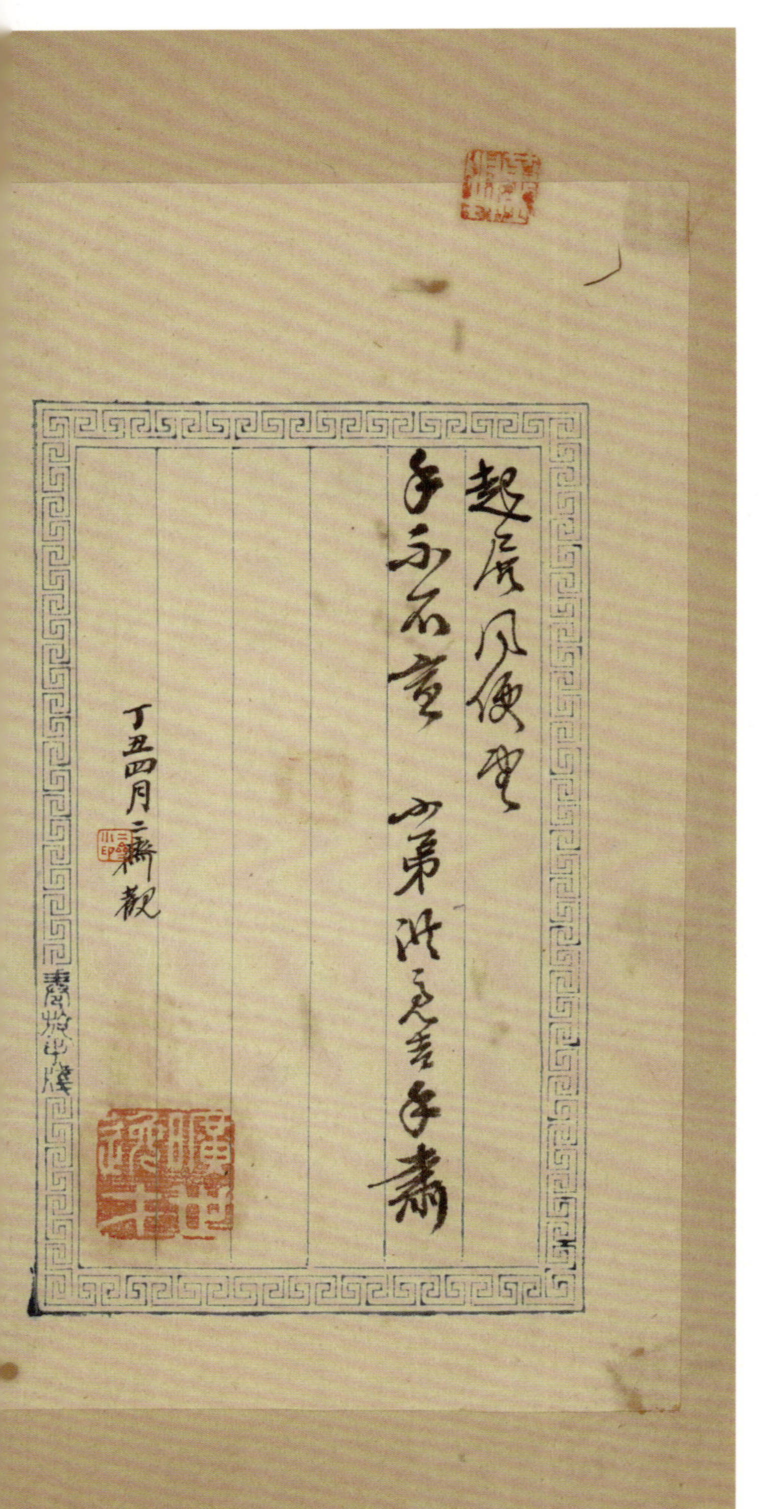

起居，風便，望

手示，不宣。　小弟洪亮吉手肅

丁丑四月二齋觀。

【三一〇】

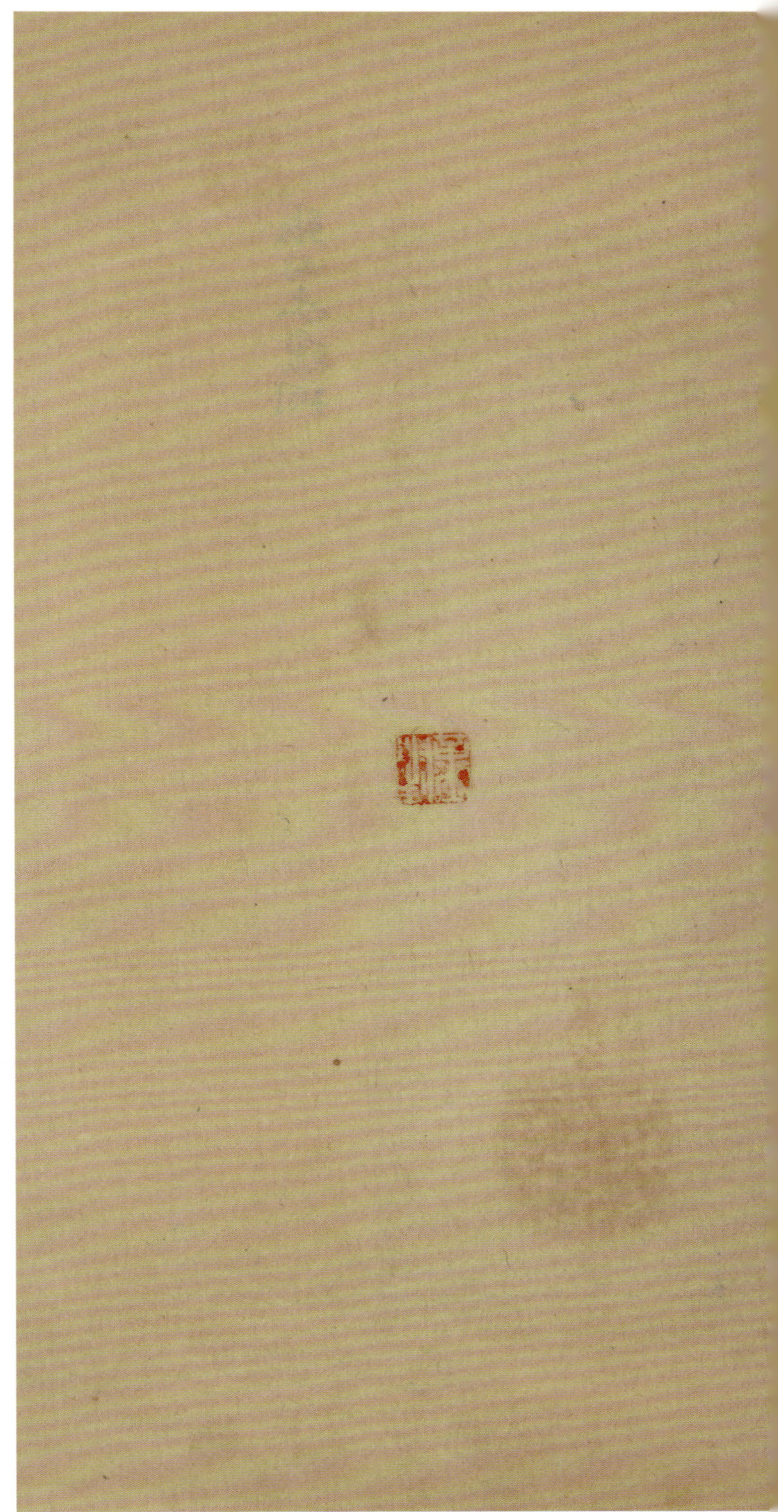

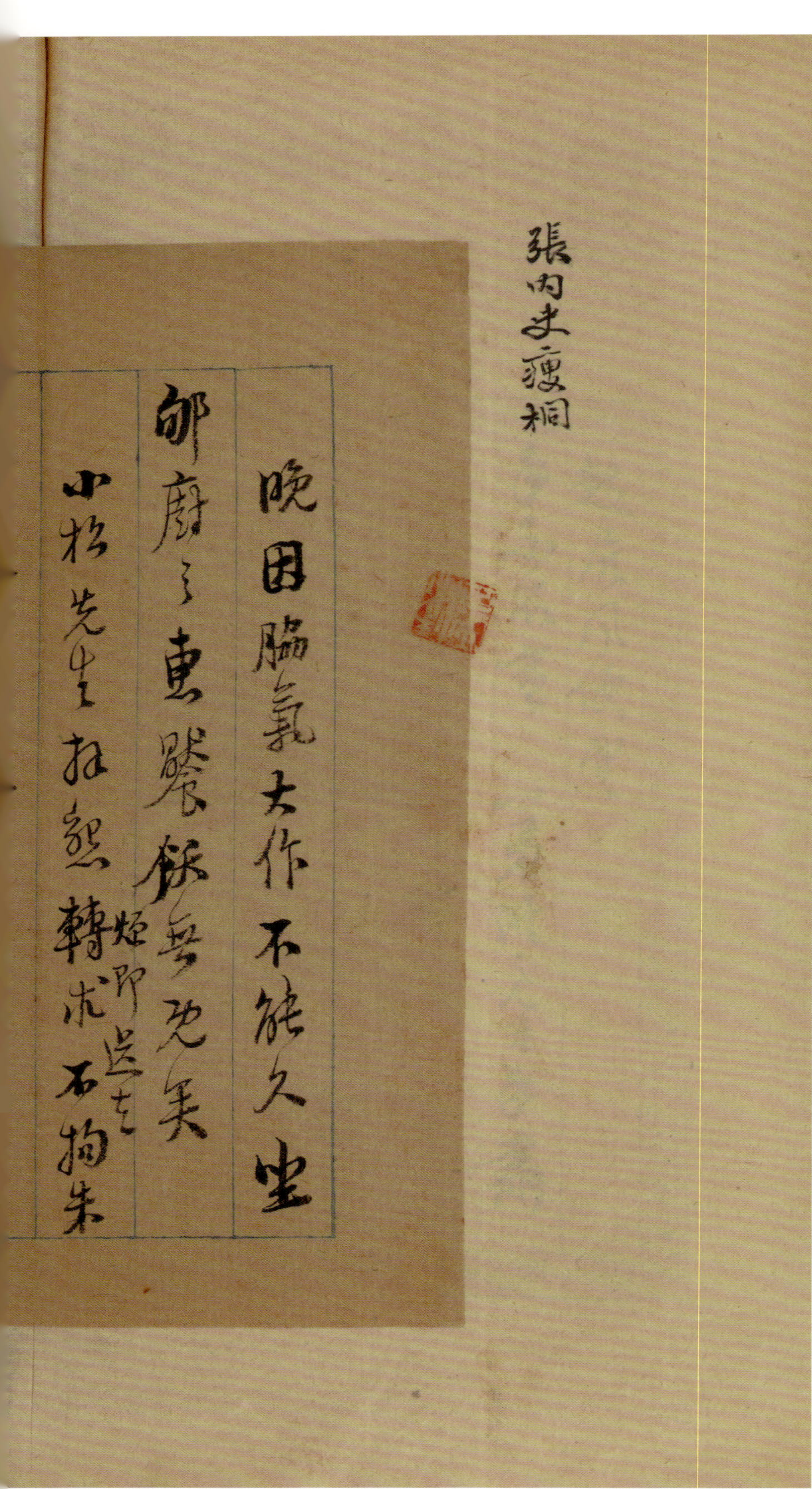
張内史瘦桐

晚因腦氣大作不能久坐
郇廚之惠饕餮無迹矣
小松先生指懇轉求不拘朱
墨即送去

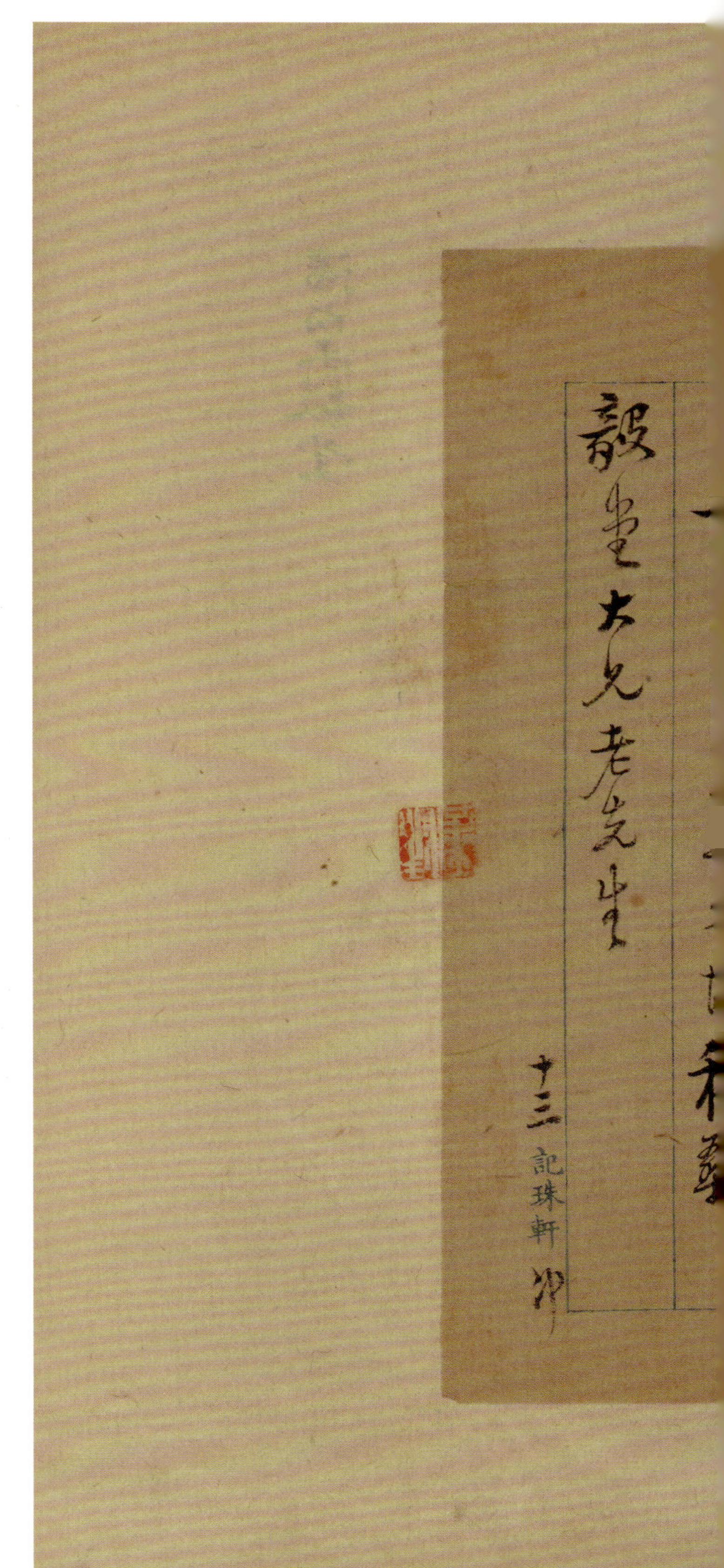

► 張塤致潘有爲札

晚因脇氣大作，不能久坐，郇廚之惠，厭飫無既矣。小松先生拜懇轉求，煩即送去，不拘朱白文，但恨無佳石耳！此上　　愚弟塤稽顙

毅堂大兄老先生　　十三　冲

〖五八九〗

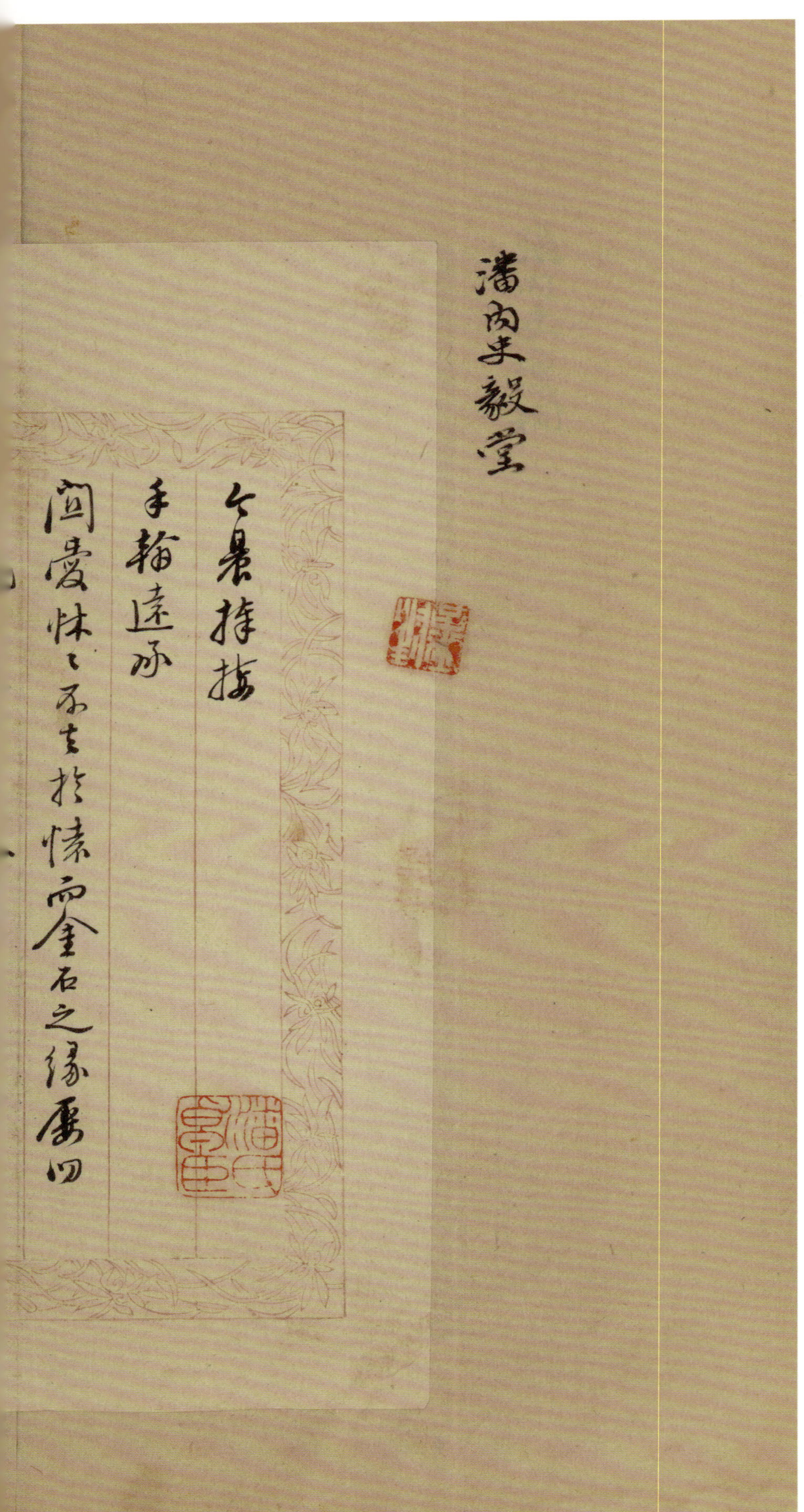

潘内史穀堂

今晨接接
手翰遠承
閣愛怵怵不去於懷而金石之緣屢四

潘有爲致黄易札之十五

今晨捧接
手翰，遠承
關愛，怵怵不去於懷。而金石之緣屢叨
嘉貺，目睫若不暇給，
先生厚我，則報稱愈難可知也，慚謝，慚謝！
付到各札，朝餔即分致訖，此時俱未奉有

四書明晨當遣力走索，奈何顧冀卿
書廿七字結構精嚴，燗燗寶光奪目，珍念
奚啻百琲，第此必無副本，受之增不安

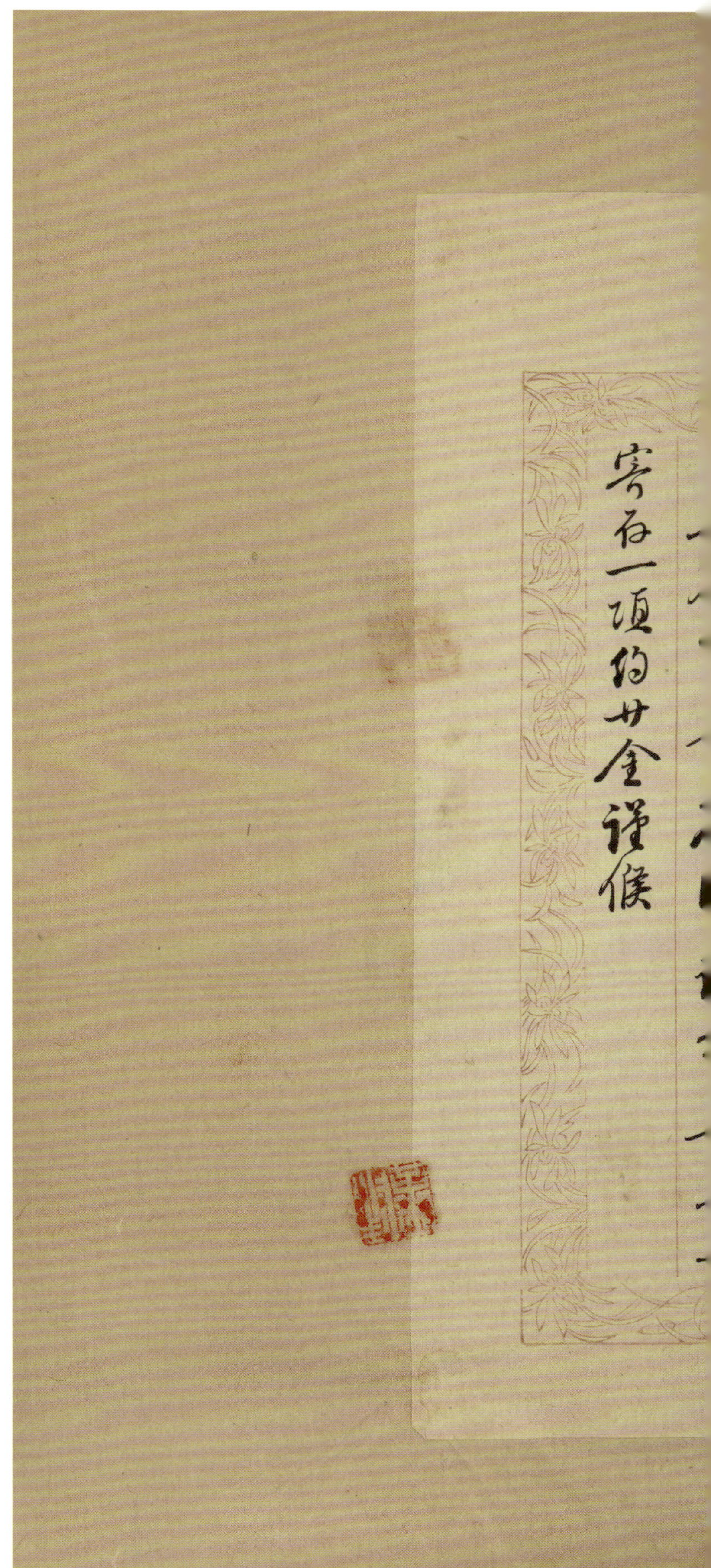

回書，明晨當遣力走索，奈何。顔真卿書廿七字，結構精嚴，炯炯寶光奪目，珍意奚取百琲，弟此必無副本，受之增不安也。册首十五字筆力亦遒勁可喜，是否中郎書，何必介意，且俟暇日詳考。日前獻之寄存一項，約廿金，謹候

札，至爲精付可耳。拜勅碑闕字處經

裁截填補，惜不能精揭，仍不能滿意。年

伯期爲覓便補寄，惶懼惶懼。嚴冬冒風雪

札至，爲轉付可耳。《韓敕碑》闕字處經裁截填補，惜不能精拓，仍不能滿意，希假期爲覓便補寄，惶懼，惶懼。嚴冬冒風雪，途次諸惟調攝，春風努力，到濟望錫玉音爲念。臨穎依依。有爲頓首
秋菴先生文侍　　臘月三夜燈下呵凍匆匆

救本家
蘭谷尊兄有札未道及
保雲已告畫一而知金石點時書七帖
足下亟須校官碑兩為精拓若將隆
頴令副拿上望
寫收為咮 金弟 寀筆内

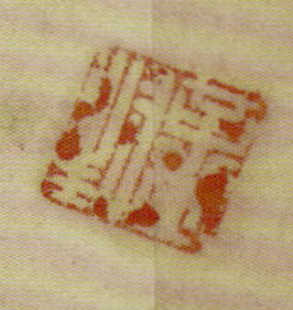

敝本家蘭公前輩有札來，道及
足下亟須《校官碑》，囑爲爲轉致（渠處已告盡了，可知金石亦時尚也，呵呵）。兹將陰、
額全副寄上，望
察收爲囑。舍弟屬筆問
安，述堂舍人均此致意，又渤。
蘭泉前輩 覃溪夫子 均有札，乞檢收。四日飯後又及。
蘭公前輩今晨遣人索得回書，並呈閱。朱 余 俱無札也。

【一〇四】

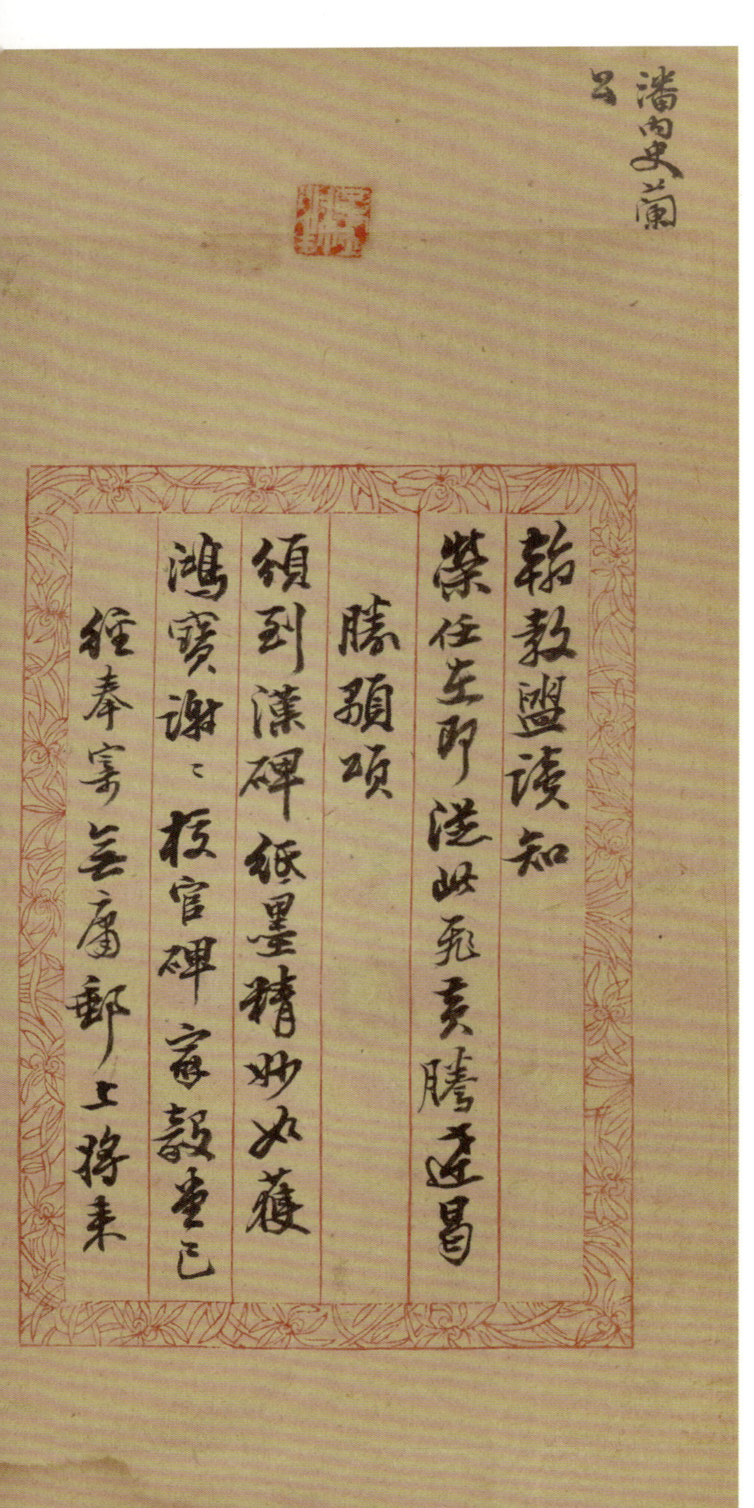

◀ 潘庭筠致黃易札之五

翰教盥讀，知
榮任在即，從此飛黄騰達，曷
勝顒頌！
頒到漢碑，紙墨精妙，如獲
鴻寶，謝謝！《校官碑》家穀堂已
經奉寄，無庸郵上。將來

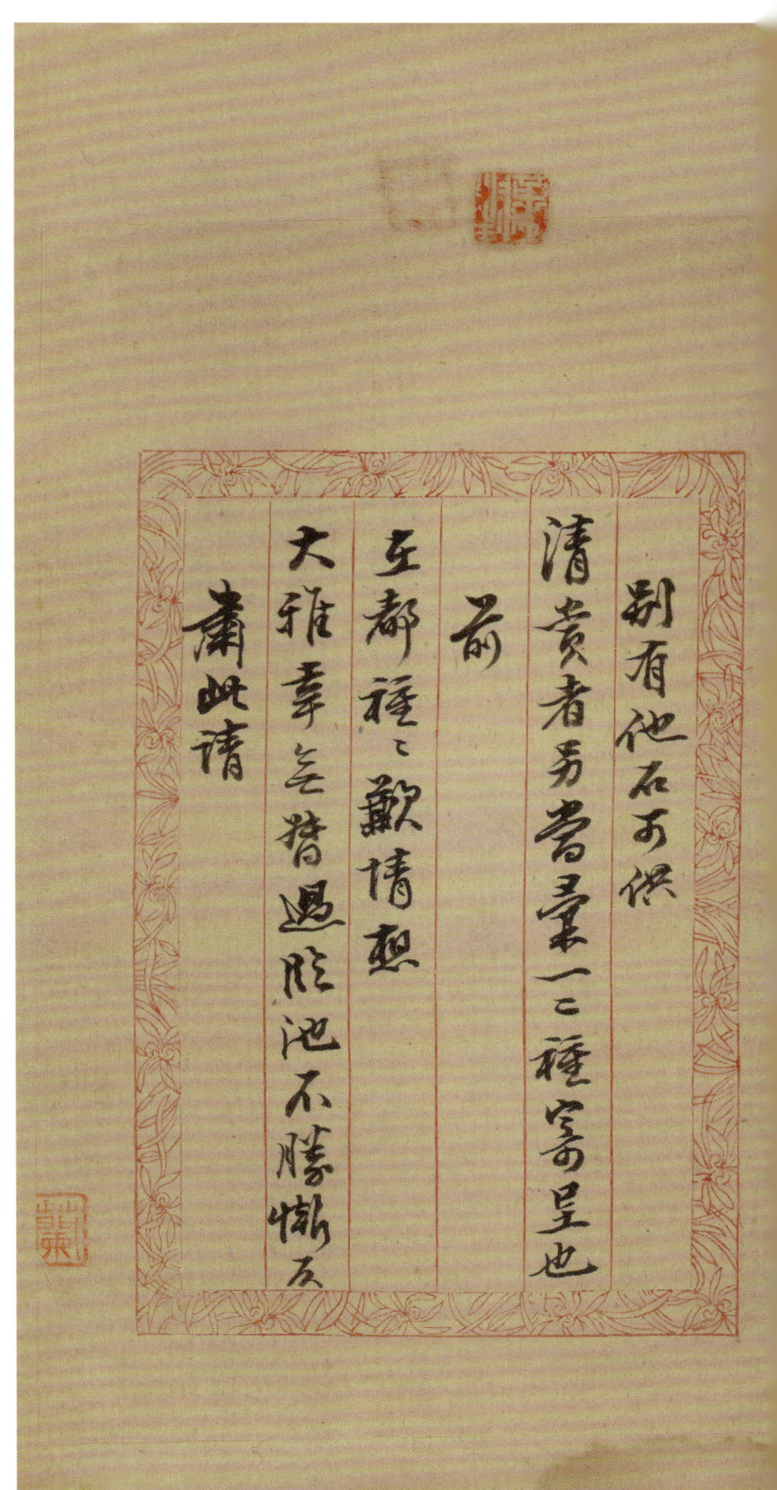

别有他石可供
清賞者，另當彙一二種寄呈也。
前
在都種種歀情，想
大雅幸無督過。臨池不勝慚仄，
肅此請

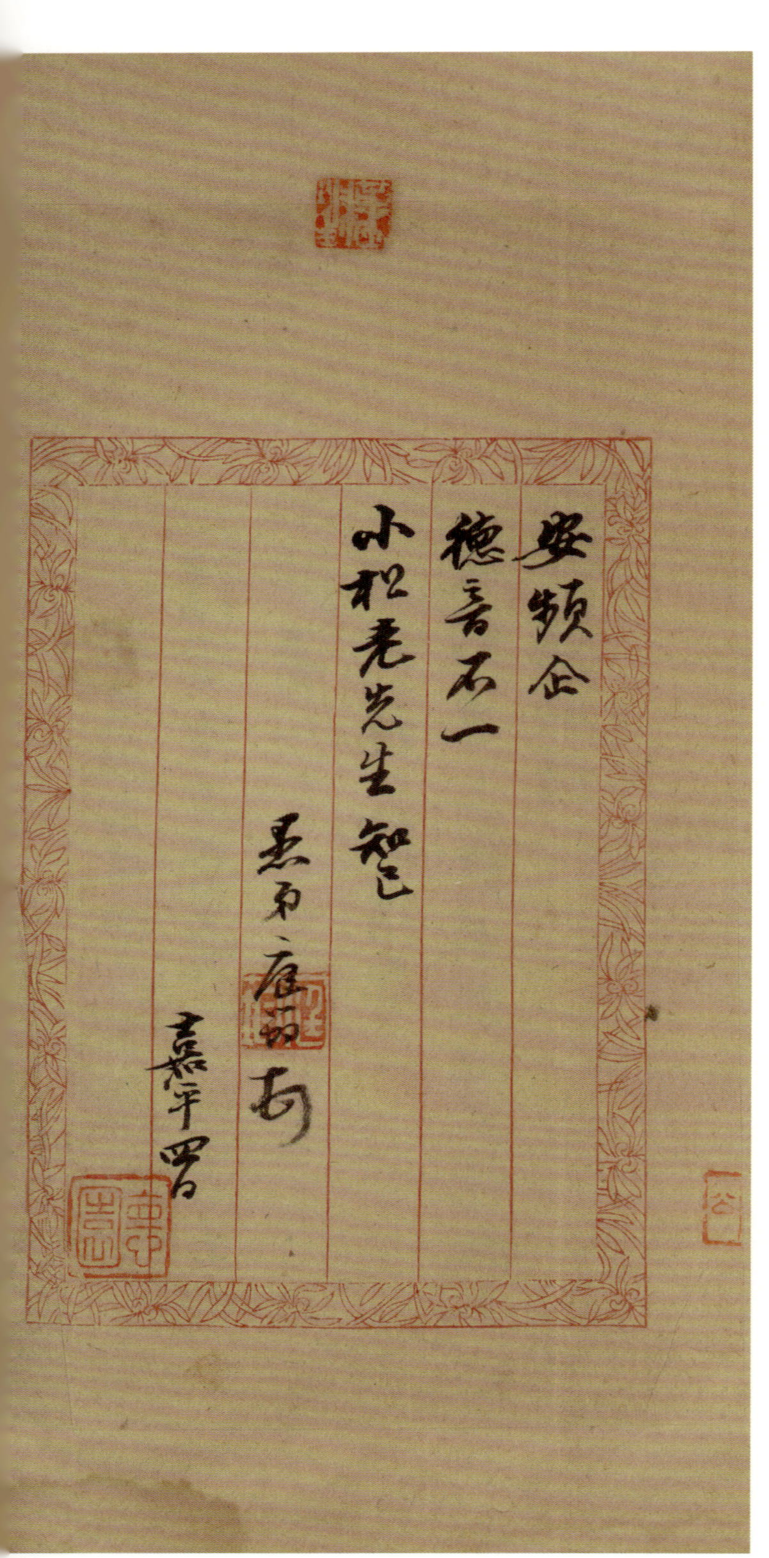

安，頻企
德音，不一。
小松老先生知己
愚弟庭筠頓首
嘉平四日

【一九九】

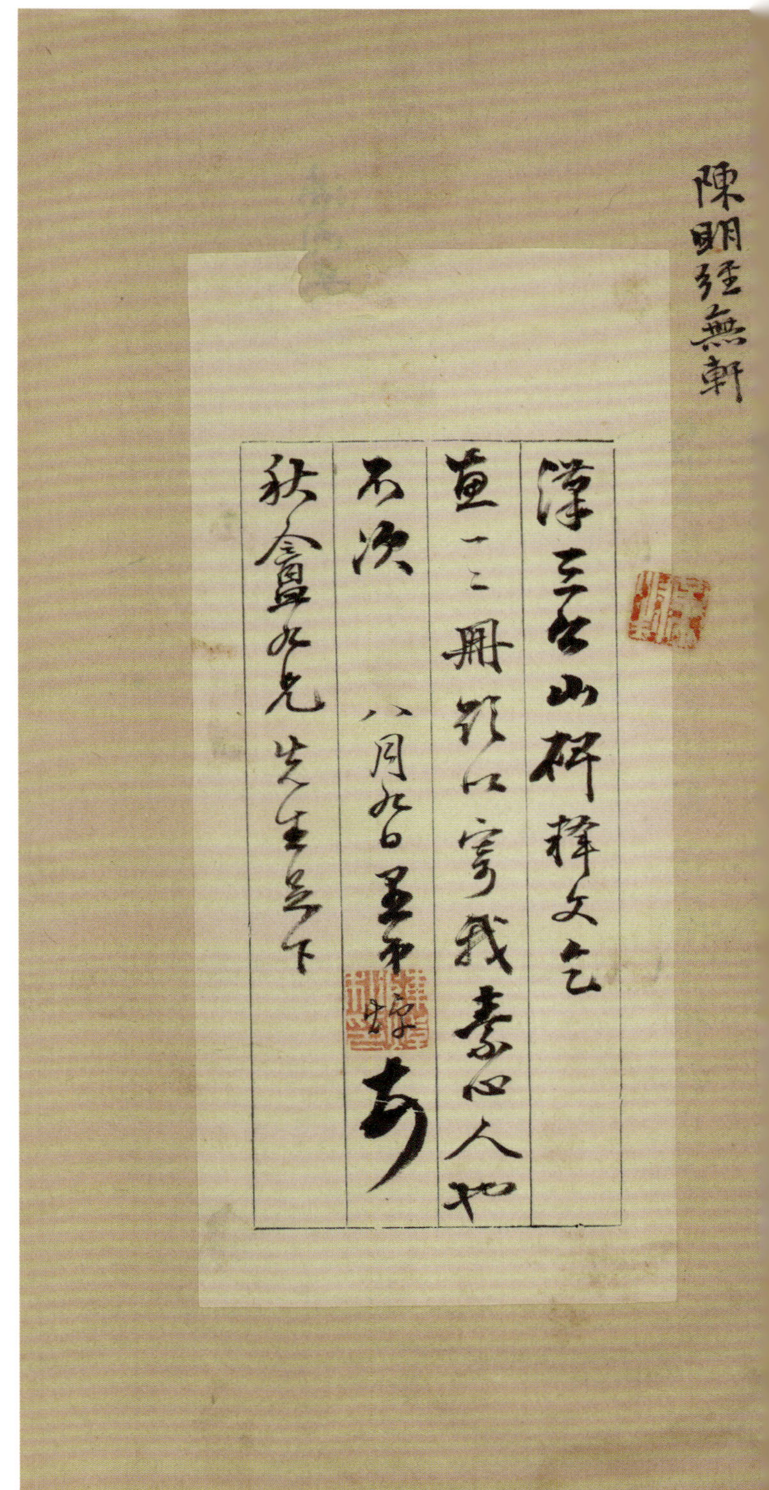

► 陳焯致黄易札之四

《漢三公山碑》釋文乞
惠一二册，欲以寄我素心人也，
不次。　八月九日，愚弟焯頓首
秋盦九兄先生足下

〖一六六〗

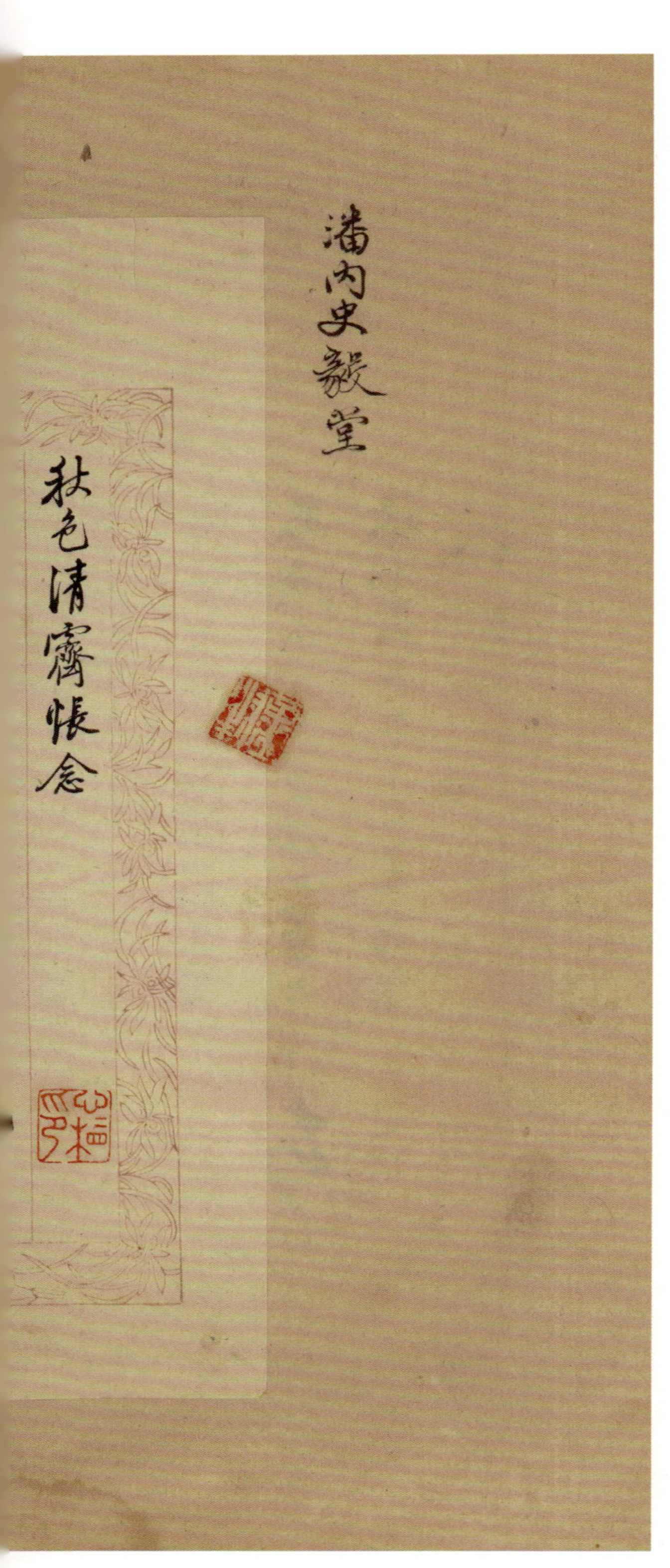
潘内史緘堂
秋色清霽悵念

潘有爲致黃易札之十六

秋色清霽，悵念
佳安不置。日前附郵筒寄去候札，内緘
碑刻兩通、青田石一枚，諒得
接收爲念。秋榜
無軒與芝山均落孫山，令人咄咄作書空
怪事。知己多不售，恒涕淚及之，無軒固

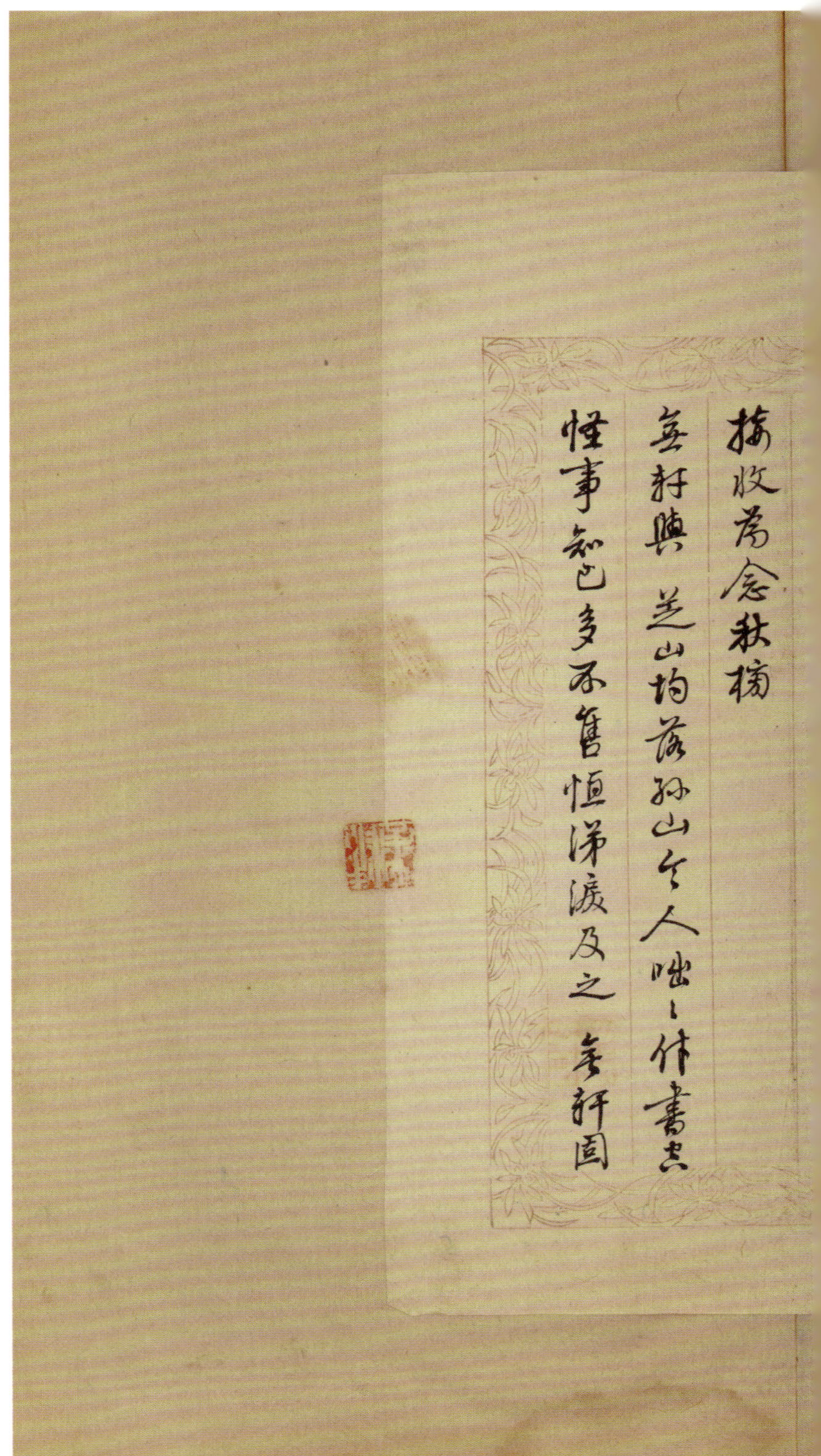

梅收爲念秋楊
無聊興　芝山均落孫山々人咄々作書去
怪事氣色多不售恆涕淚及之　年拜函

其尤切也。《石經》一册由
覃谿師處遞與芝山帶致，蓬萊閣
韻事不勝健羡耶！昨偶得《南海神廟
碑》一通，即附寄，倘得佳本，再行續致。
芝山行色匆匆，付問興居。臨穎依結。
秋蕣先生文侍　弟有爲頓首　九月十四夜

舍弟囑筆問安，又及。

〖一〇三〗

◀ 周震榮致黄易札之二十三

二十後有

入京之役，莫爲槐花黄否？鄭公子同去否？八月二十左

右想仍來此，撞破烟樓在此舉矣，賀賀。《歐陽碑》

何時可得？渴漢想梅直想吃耳，豈一望便可止

耶？此間雨已優渥，不知保定一帶同之否？鄭

明府乞問訊。

小松九兄執事　　弟震榮拜手

【六六】

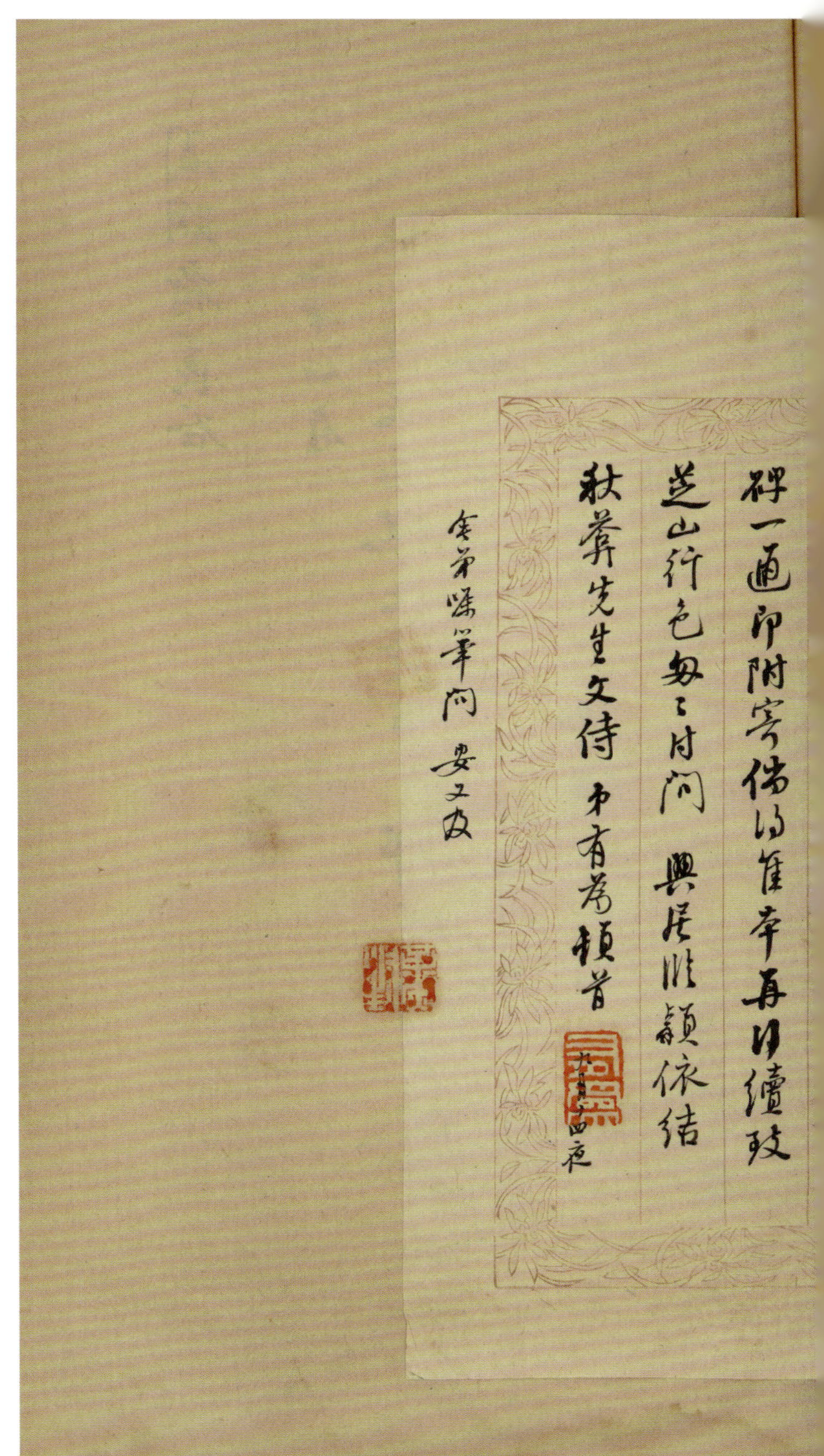
碑一通，即附寄，佛像俟本再行續致。

楚山行色匆匆，付問　興居，惟頌依結。

秋蕖先生文侍　弟有爲頓首　[illegible]酉夜

令弟賢箋問　安不及

耶此間而已優渥不知保定一帶同之否鄭

明府乞問訊

小松九兄執事

弟震榮拜手

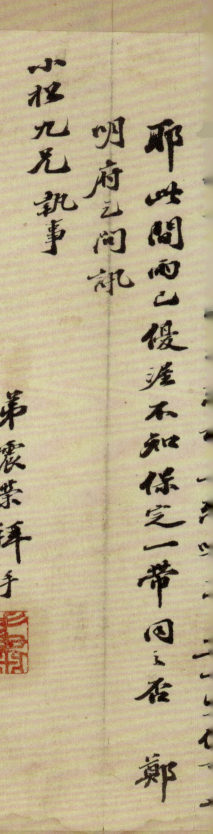

◀ 朱琰致黃易札之三

今日有一札附正定札中轉寄，諒需便未到。所懇者，前
諭和作《金塗塔》諸詩，原作留
案，爲友人携去，不得原委，
乞
示知，並題事來歷詳晰開明，
生發更易。風塵俗吏，舊
學荒蕪，兼以山僻陋逼，

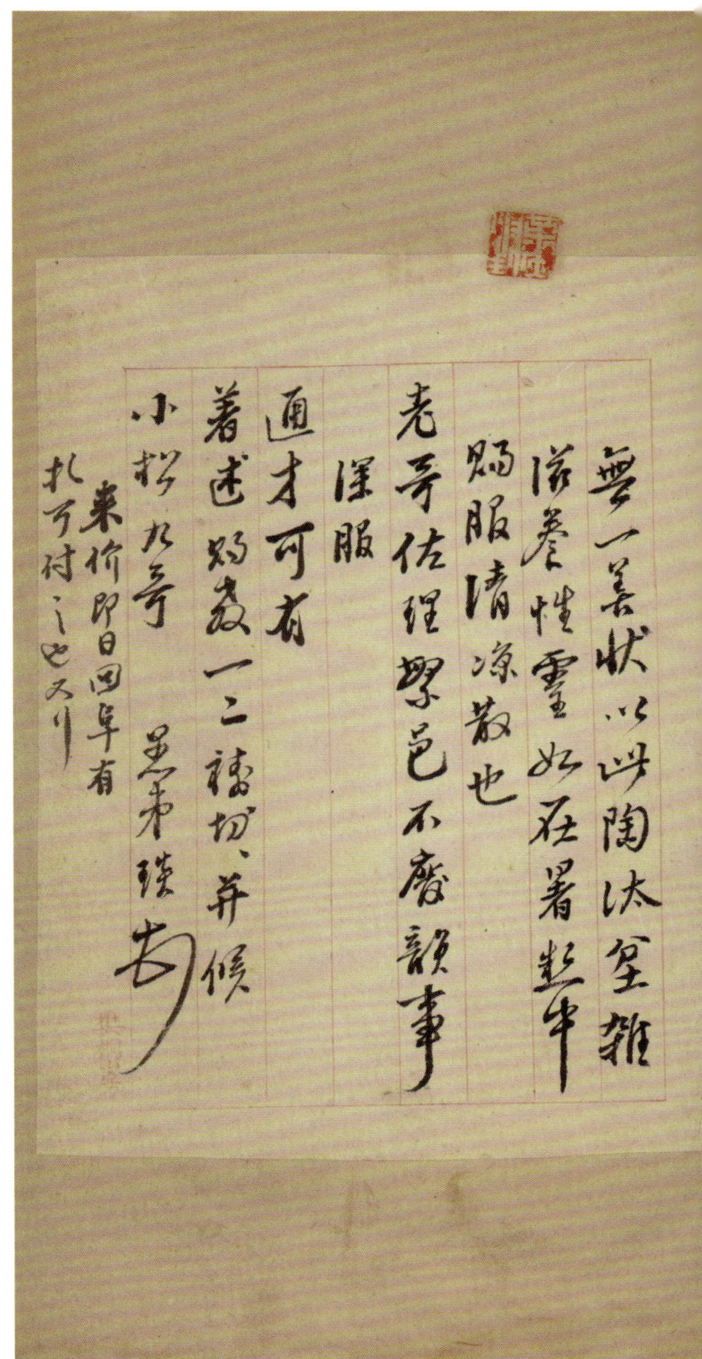

無一善狀，以此陶汰坌雜、
滋養性靈，如在暑熱中
賜服清涼散也。
老哥佐理繁邑，不廢韻事，
深服
通才。可有
著述？賜教一二，禱切，禱切！並候
小松九哥　　愚弟琰頓首
來价即日回阜，有
札可付之也。又拜。

〖一七五〗

◀何琪致黃庭札

別來又六閱月矣，

高情曠度，無日不在心目間也。

文旌近駐何地？下榻争延，聲價可想，而

詞場酒國亦知得我

哥爲光寵耳。小松藝業想更有進，福

兒亦無恙否？久托西溪，甚非本懷，況是

地荒僻，絶無可人，是以離索之感一日

九回，不獨當風雨時爲深也。今秋欲娶

妻矣，將來况味，雖挑泥填井，固知不足爲喻。奈老母望切，勢有不容緩者。筱飲二哥去冬有札寄我，詞意殷勤，甚可感也。近聞即欲回杭，故不作答，會面時希爲叱致。湘紉、澹和、壽石、以文諸君俱囑筆候

安，餘不多及，惟減飲加餐是冀。

夢珠大哥先生　　愚弟何琪頓首上

三月二十八日

外詩三首呈政，得一和之，爲更幸焉。

【五八六】

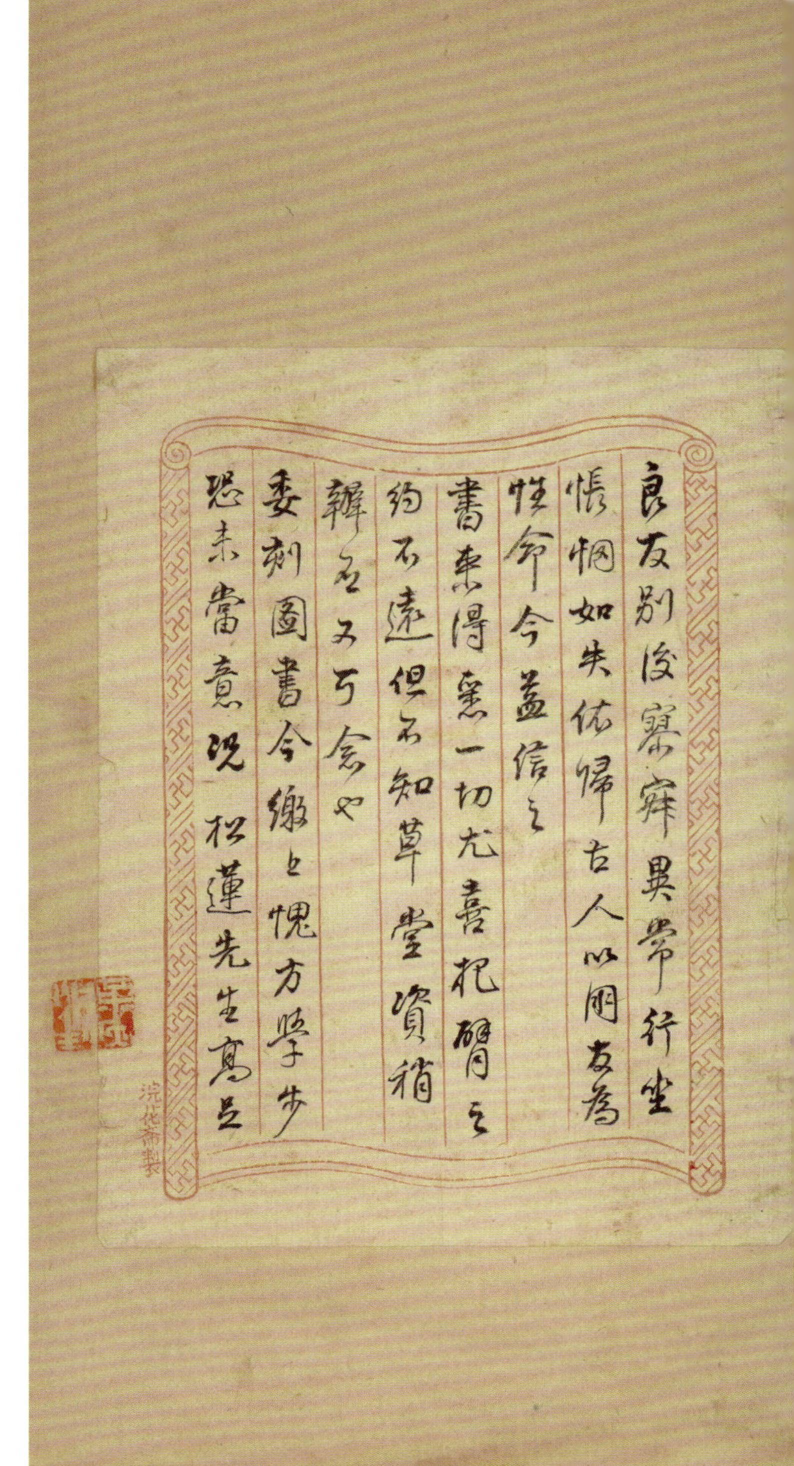

► 何琪致陸飛札

良友別後，寥寂異常，行坐悵惘，如失依歸。古人以朋友爲性命，今益信之。書來得悉一切，尤喜把臂之約不遠，但不知草堂資稍辦否？又可念也。委刻圖書今繳上，愧方學步，恐未當意，况松蓮先生高足

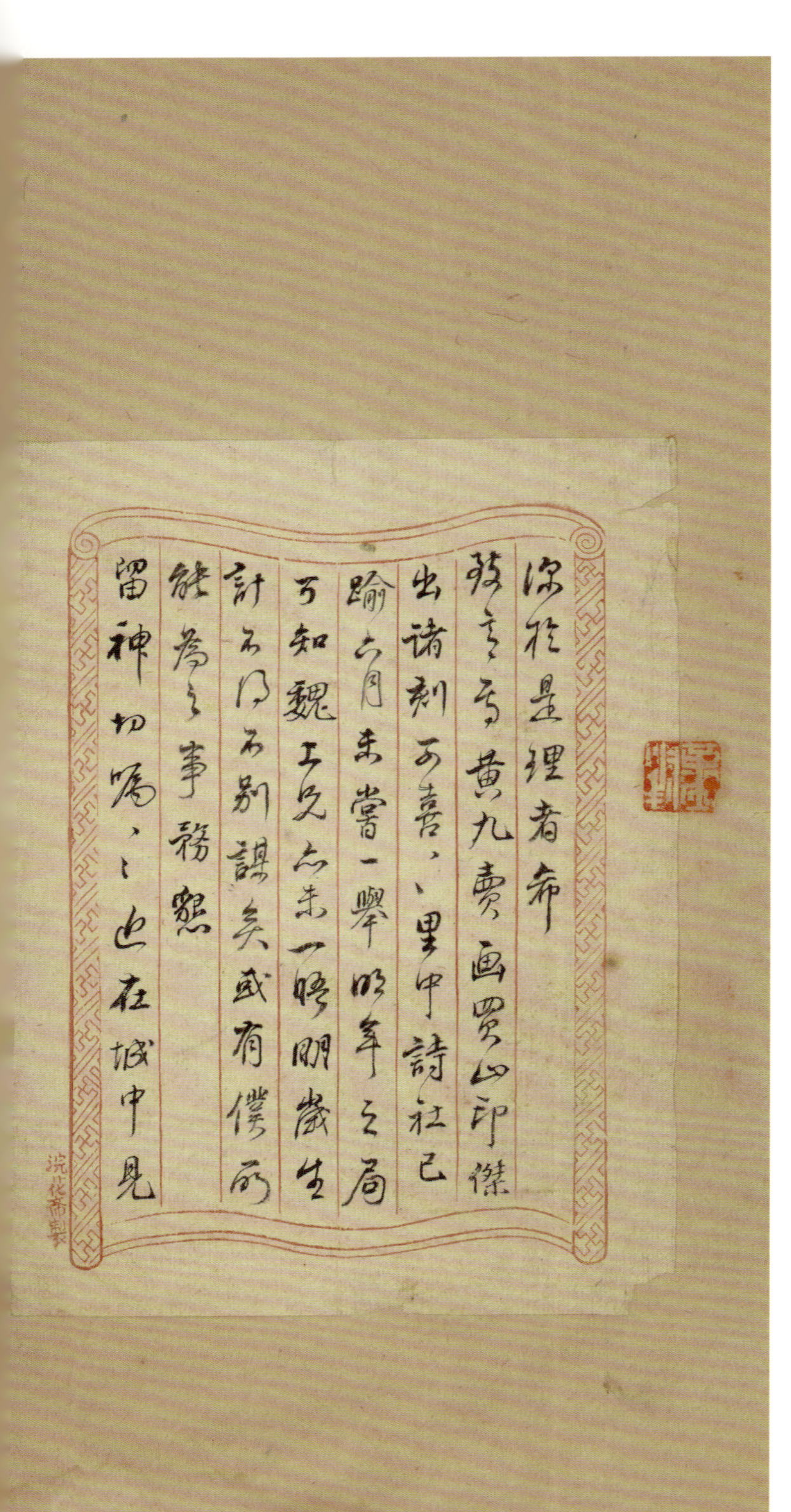

深於是理者，希
致意焉。黄九「賣畫買山」印傑
出諸刻，可喜，可喜。里中詩社已
逾六月未嘗一舉，明年之局
可知。魏上兄亦未一晤，明歲生
計不得不別謀矣。或有僕所
能爲之事，務懇
留神，切囑，切囑。近在城中見

一《碧湖雙槳》畫册，是樊榭先
生於中秋日泛舟碧浪湖迎朱
姬歸，而吴人爲作圖也，後附堇
浦、槐塘、授石諸老絶句。其人
素無畫名，而畫亦甚惡，僕欲
我
哥另畫一幀，裝成小册，徵善
書者列諸題咏於後，俾傳

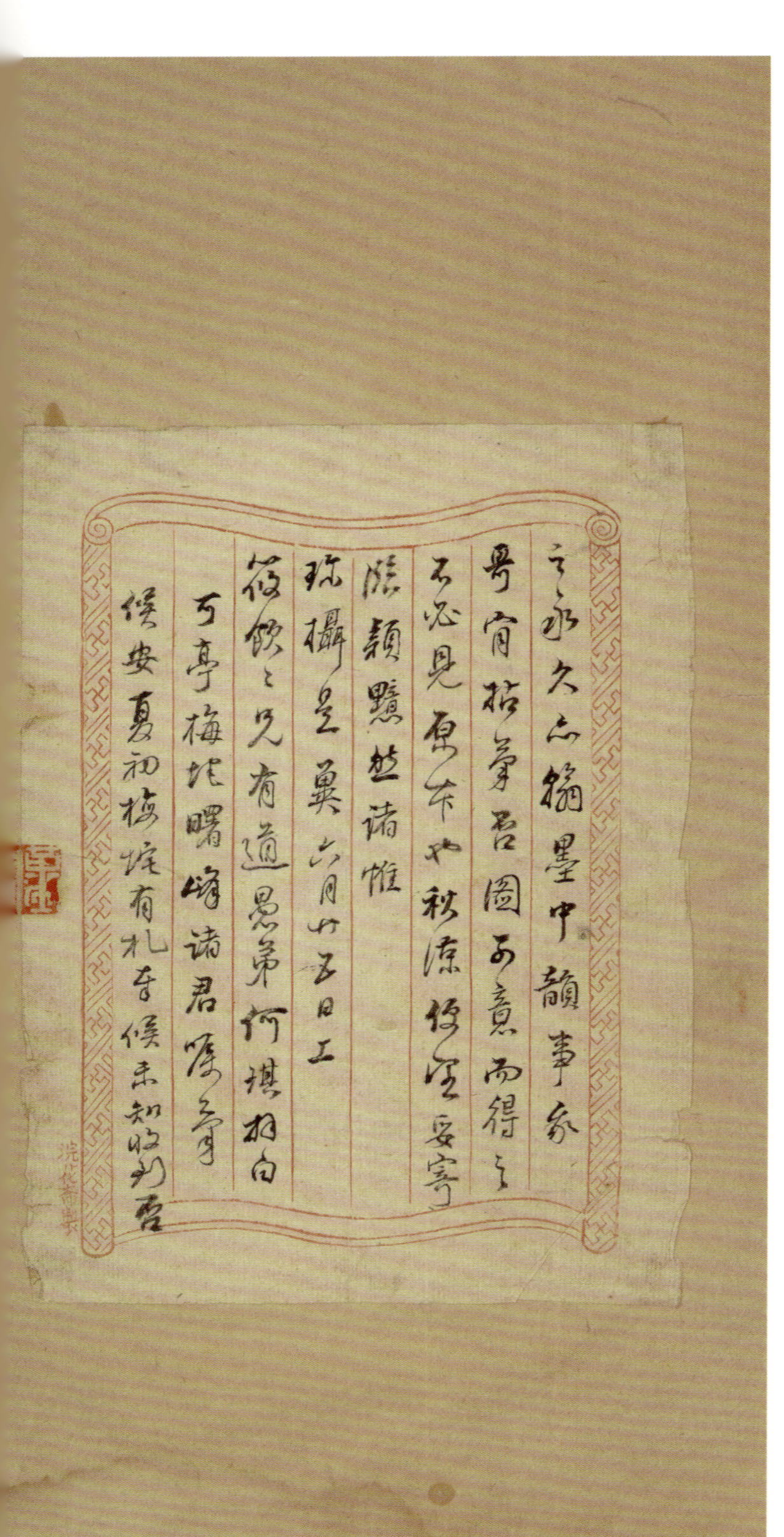

之永久，亦翰墨中韻事。我
哥肯拈筆否？圖可意而得之，
不必見原本也，秋凉便望妥寄。
臨穎黯然，諸惟
珍攝是冀。六月廿五日上
筱飲二兄有道。愚弟何琪拜白
　可亭、梅垞、曙峰諸君囑筆
候安。夏初梅垞有札奉候，未知收到否？

【五八六】

仇兄秋人

九哥京華之役並希　訂正

摸魚子贈别

這些兒舊懷難寫驚心又歌南浦可憐張緒門前柳隱隱烟痕如注歸未許又却是秋城自有芙容主天涯倦旅縱認得鄉山斜陽古道寂寞漢南樹

【五七】

仇夢巖致黄易札之三

《摸魚子·贈别

九哥京華之役》並希訂正。

這些兒、舊懷難寫，驚心又歌南浦。可憐張緒門前柳，隱隱烟痕如注。歸未許。又却是、秋城自有芙容主。天涯倦旅。縱認得鄉山，斜陽古道，寂寞漢南樹。

漫延佇，修竹依依日暮。催殘客裏時序。今年因甚無詩到，試托醉鄉分付。吟思苦。奈一寸、閒心不是安愁處。歡遊再數。但回首當年，水流雲在，孤艇且休去。（集玉田句。）

乙未天貺節稿

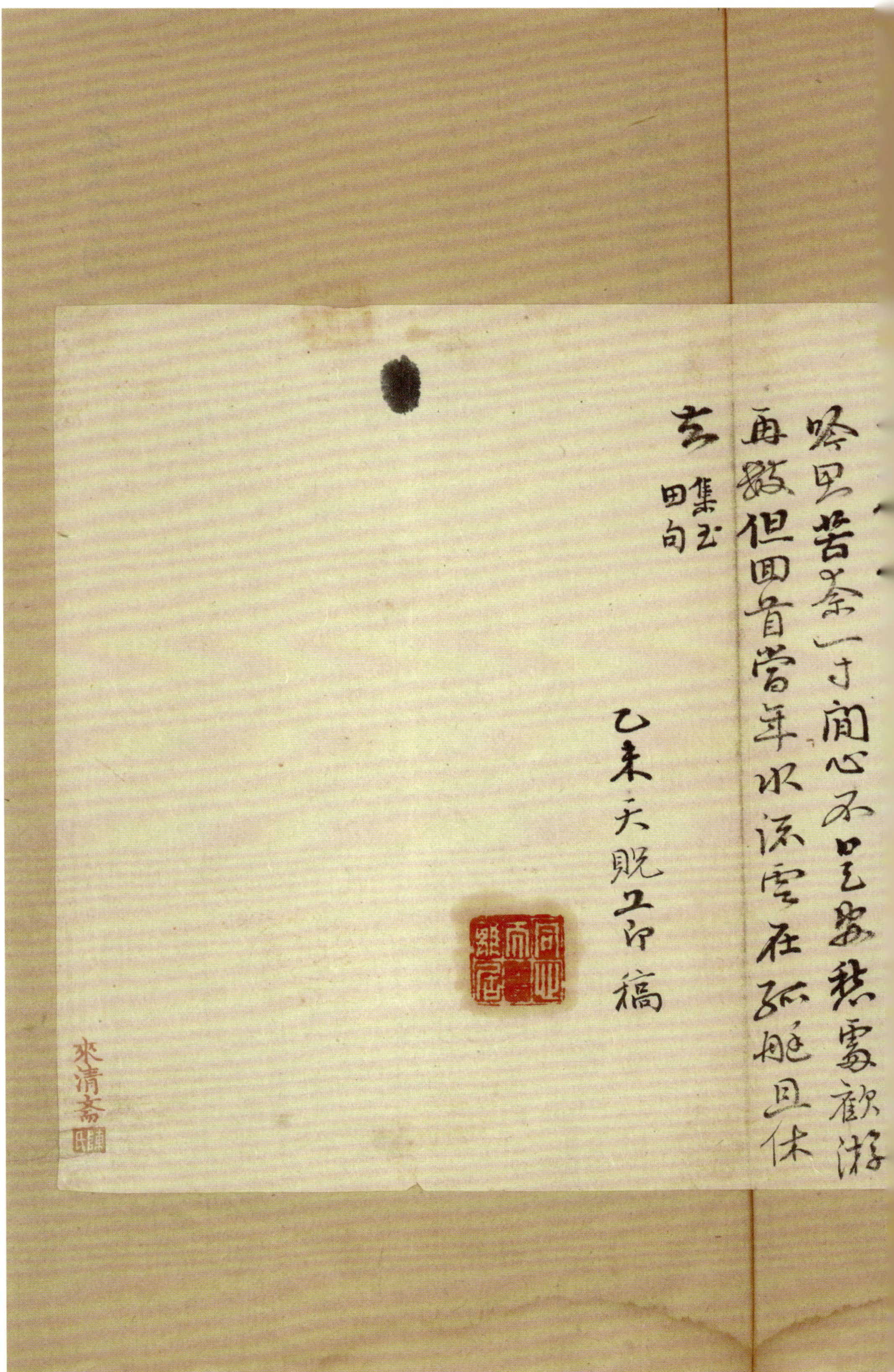

喚思苦茶一寸閒心不足安慰靈歡游再數但回首當年水流雲在孤帆且休去

集玉田句

乙未夭貺工印稿

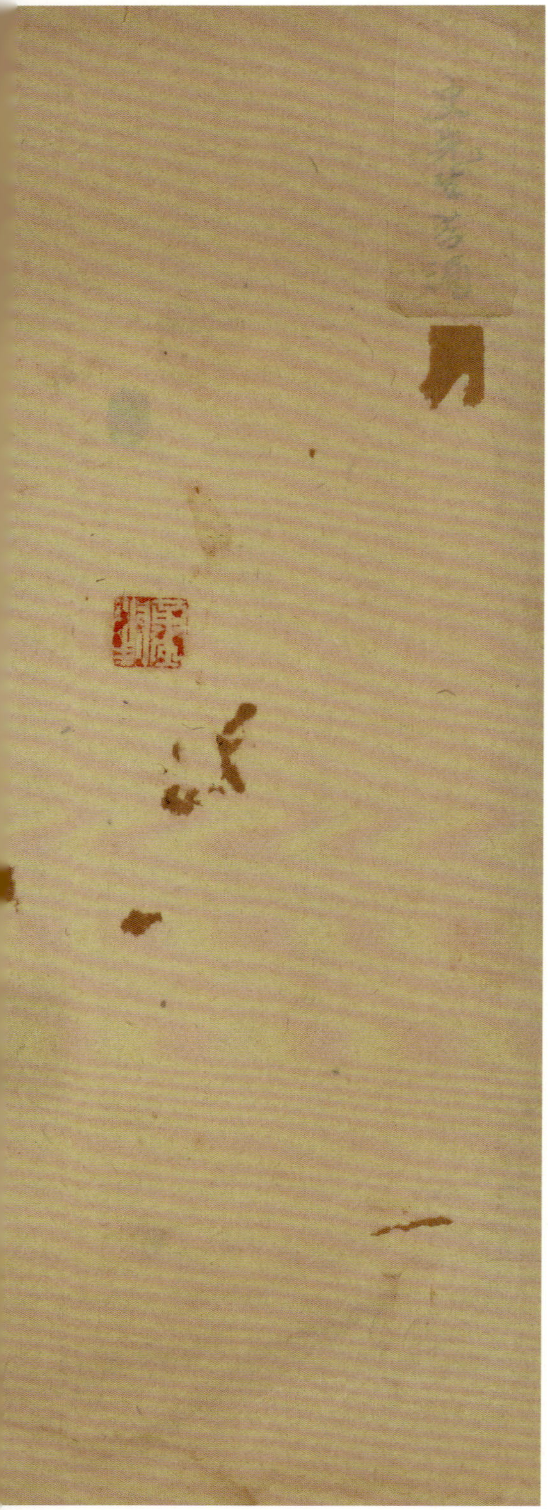

◀ 胡德琳致黃易札之二

客秋閲除目，知
足下揀發河東，可圖把晤，心竊喜之。
臘初因公至任城，詢之，則
文駕尚爾未到，深以爲悵。然於
河憲前説項者屢矣，
河憲亦云與
足下有世舊之好，意一見定有針芥之
投。新正接

胡太守書巢

客秋閲除目知

足下擢莅河東可圖把晤心竊喜之

臘初因公至任城詢之則

文駕尚留未到深以為悵然於

河憲前説項者屢矣

河憲亦云與

足下有世舊之好意一見定有針芥之

投新正接

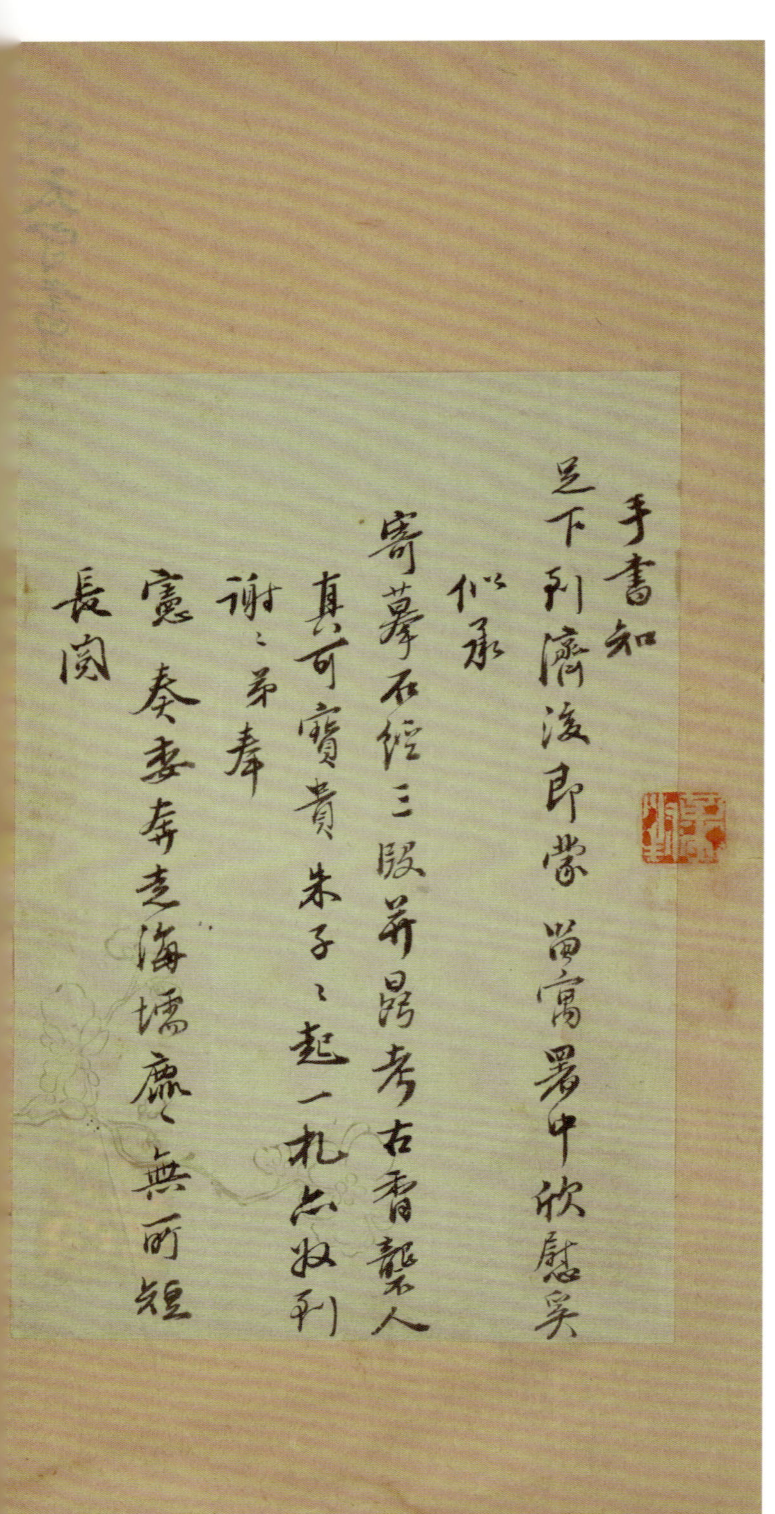

手書，知
足下到濟後即蒙留寓署中，欣慰奚
似。承
寄摹《石經》三段並《鼎考》，古香襲人，
真可寶貴。朱子子起一札亦收到，
謝謝。弟奉
憲奏委奔走海壖，鹿鹿無所短
長，閱

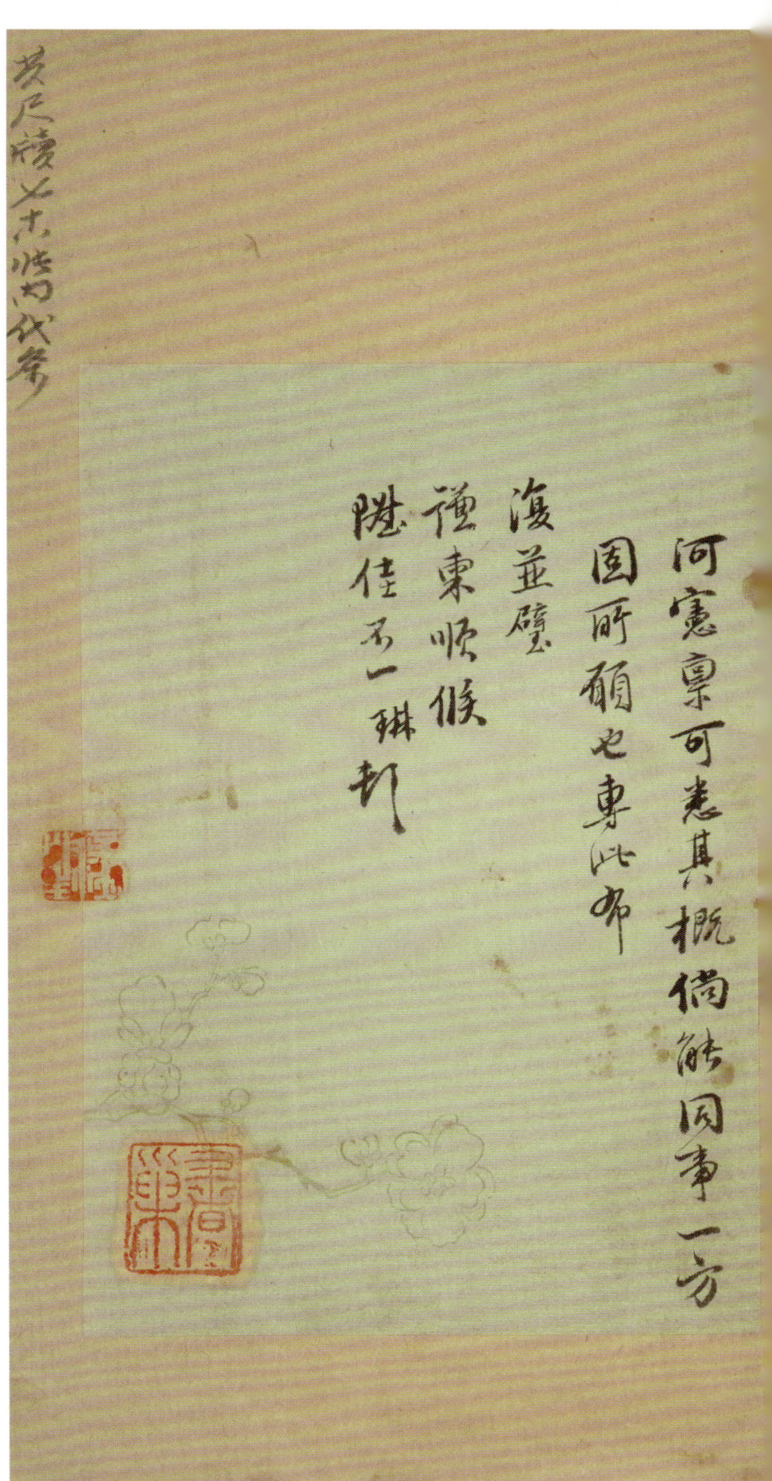

河憲稟可悉其概，倘能同事一方，
固所願也！專此布
復，並璧
謙柬，順候
陞佳，不一。琳頓首

〖一六五〗

書札撰者姓名索引

八畫

九畫

十畫

十一畫

十二畫

十六畫

十七畫

十八畫